KB174421

세계
노동
운동
사 3

| 일러두기 |

1. 고유명사의 우리말 표기는 국립국어연구원의 외래어 표기 용례를 따랐으나, 굳어진 표현이나 관행적으로
   사용되어 온 고유명사 표기의 경우 관례를 따랐다.
2. 〈찾아보기〉에서 정당명은 각 정당의 공식 명칭에 국가 표시가 없는 경우에도 내용 찾기의 편의성을 위해
   국가명을 앞에 일괄 표시했다.

# 세계노동운동사 3

1판 1쇄 | 2013년 1월 10일
1판 3쇄 | 2014년 8월 10일

지은이 | 김금수

펴낸이 | 박상훈
주간 | 정민용
편집장 | 안중철
책임편집 | 최미정
편집 | 윤상훈, 이진실, 장윤미(영업 담당)
업무지원 | 김재선

펴낸 곳 | 후마니타스(주)
등록 | 2002년 2월 19일 제300-2003-108호
주소 | 서울 마포구 합정동 413-7번지 1층 (121-883)
전화 | 편집_02.739.9929 제작·영업_02.722.9960 팩스_02.733.9910
홈페이지 | www.humanitasbook.co.kr

인쇄 | 천일_031.955.8083 제본 | 일진_031.908.1407

값 30,000원

ⓒ 김금수 2013
ISBN  978-89-6437-167-1 04300
      978-89-6437-164-0 (전 3권)

이 도서의 국립중앙도서관 출판시도서목록(CIP)은 e-CIP홈페이지(http://www.nl.go.kr/ecip)와
국가자료공동목록시스템(http://www.nl.go.kr/kolisnet)에서 이용하실 수 있습니다.(CIP제어번호: CIP2012005581)

김금수 지음

# 세계
# 노동
# 운동
# 사 3

후마니타스

세계노동운동사 3  차례

## 제19부 제2차 세계대전과 반파시즘 투쟁

# 세 계 노 동 운 동 사  1    차례

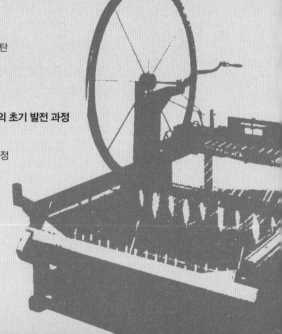

세 계 노 동 운 동 사  2  차례

# 제15부 1920~30년대 식민지·종속 국가에서 전개된 노동운동

# 1장
# 아시아

1927년에 혁명이 실패한 후 혁명 주체 역량은 크게 약화되었다.
얼마 남지 않은 소수 역량을 만약 일부 현상에만 근거하여 본다면,
당연히 동지들(이렇게 보는 동지들)로 하여금
비관적인 생각을 가지게 할 것이다.
그러나 그 본질에 비추어 본다면, 전혀 그런 것이 아니다.
여기에는 '한 점의 불꽃도 들판을 태울 수 있다'는 중국 옛말이 들어맞는다.
다시 말하면, 지금은 비록 아주 작은 역량에 지나지 않으나
그 발전은 매우 빠를 것이다.
중국의 환경에서는 그것이 발전의 가능성을 가지고 있을 뿐만 아니라
필연성까지 가지고 있다.
이 점은 '5·30 운동'과 이후의 대혁명운동에서 여실히 실증되었다.
우리는 사물을 관찰함에 있어서 그 본질을 보아야 하며,
그 현상은 입문의 길잡이로만 보고,
문 안에 들어서게 되면 곧바로 그 본질을 파악해야 한다.
이것만이 믿음직한 과학적 분석방법인 것이다.

_마오쩌둥(마오쩌둥 2001, 135~136)

1920~1930년대는 아시아 지역 국가들에서 근대적 노동운동이 시작되고 민족해방투쟁과 계급투쟁이 본격적으로 전개된 시기다. 이 시기 아시아 지역 식민지·종속 국가들에서는 경제 특유의 다면적 구조가 존속되었으며, 대부분의 국가경제는 봉건제 해체 단계에 접어들었고, 세계 자본주의경제와 국제분업 체계 속으로 강제 편입되었다. 식민지적 자본주의 전개가 급속하게 진행되면서 임금노동자가 크게 증가했다. 프롤레타리아트 증가는 광업과 제조업 부문에서 특히 두드러졌다. 공업 부문에서 이루어진 피고용자 비중 증가는 비교적 규모가 큰 기업에서 노동자 집적 강화와 그들의 숙련도 향상을 가져왔다.

이와 같은 노동자계급 구성 변화는 민족해방투쟁의 고양과 더불어 노동자계급의 조직 결성을 촉진했다. 이 시기 노동조합운동은 대중적 성격을 지니면서 모든 국민경제 부문에 확산되었다. 기업가 측의 반발과 식민지 권력의 탄압이 가해지는데도 여러 나라에서는 노동조합 전국 중앙 조직이 결성되었다. 이와 동시에 노동자계급의 국제적 결합도 발전했다. 이 시기에 전개된 대중적 노동운동은 세계경제공황을 겪으면서 노동자계급의 경제·사회적 권리에 대한 자본과 권력의 공격이 더욱 강화되고, 대량 실업이 존재하는 조건에서 갖가지 곤란을 겪었다. 여러 가지 난관 속에서도 노동자계급의 투쟁은 방위적 성격을 띠기는 했지만, 결코 멈추지는 않았으며 오히려 격렬한 양상을 나타냈다.

한편, 파시즘과 전쟁 위협이 커지는 상황에서, 아시아 국가들의 노동자계급은 민족해방투쟁의 전면에 나섰고, 민족해방운동 추진에서도 차츰 중요한 역할을 수행했다. 이와 더불어 노동자 정당 또는 사회주의정당의 출현은 민족해방운동 발전에서 새로운 단계의 도래를 의미했다. 그리고 노동자 대중 사이에서 사회주의사상이 보급됨으로써 민족해방투쟁과 계급해방투쟁의 결합 가능성이 점점 커졌다. 그뿐만 아니라 반제국주의 통일전선운동이 고양되었으며, 세계혁명운동의 여러 조류 사이의 상호 협력과 상호 결합 강화가 더욱 진전되었다(The USSR Academy of Sciences 1984, 541~542).

이 시기 아시아 지역 주요 국가들의 노동운동 전개를 살펴본다.


## 1. 중국

1921년 8월부터 1922년 5월 제1차 전국노동대회가 열리기 전 8개월 동안, 중국공산당과 노동조합 서기부의 지도에 따라 전국의 여러 공업도시와 철도·광산 부문에서 노동자투쟁이 일어났다.

상하이에서는 1921년 말 삼신三新 방적공장 노동자들의 파업투쟁을 비롯해 프랑스 조계의 부두노동자들, 그리고 영국과 미국의 담배공장 노동자들이 잇따라 비교적 규모가 큰 경제투쟁을 벌였다. 1921년 11월, 북쪽 지방의 롱해철도에서 큰 규모의 파업이 발생했다.

1922년 1월 12일 시작되어 3월 6일 종료되기까지 56일 동안 계속된 홍콩 선원 대파업은 중국 노동운동 고양의 중요한 기점이었다(중화전국총공회 1999, 65). 선원 파업의 직접적인 원인은 홍콩 선원들이 제국주의와 외국 자본가들의 가혹한 억압과 착취를 견디다 못해 벌인 저항행동이었다. 선원들은 파업 이전인 1921년 3월 중화해원공업연합총회(中華海員工業聯合總會) 설립 이후, 줄곧 자신들의 노동·생활 조건 개선과 권리 보장을 위해 크고 작은 투쟁을 벌여 왔다. 홍콩 선원 파업은 하이캉룬이라는 선박에서 시작되었는데, 이 선박의 선원들이 임금 인상과 노동조합 권리를 요구하며 파업에 돌입했다. 파업은 홍콩의 쿨리와 하역노동자조합의 지지를 받았으며, 이어 홍콩에 있는 모든 외양선과 국내선 선박의 중국인 선원들이 호응해 파업에 참가했다. 1월 말 홍콩 운수노동자들이 동정파업을 일으킴으로써 파업 노동자 수는 3만여 명으로 늘어났다.

그 뒤, 영국 식민지 당국이 파업 노동자를 살해했던 '사전沙田 참사' 이후, 이에 자극받은 노동자들이 시 전체의 동맹파업을 일으켰고, 파업 노동자 수는 10만여 명으로 불어났다. 2개월에 걸친 홍콩 선원 노동자 파업은 영국 식민지 당국의 무력 진압과 파괴음모를 이겨내고 임금 인상과 노동조합 인정 등의 성과를 거둔 뒤에 마무리되었다(중화전국총공회 1999, 65~66).

전국에 걸쳐 노동운동이 고양되는 가운데, 노동자의 단결과 통일을 촉진하고 노동자투쟁을 강화하기 위해 중화전국총공회 발의로 1922년 5월 1~7일까지 제1차 전국노동조합대회가 광저우에서 열렸다. 이 대회에는 12개 도시의 116개 노동조합, 34만 명의 노동조합원을 대표하는 173명의 대의원이 참가했다. 대표들 가운데는 공산당원, 국민당원, 무정부주의자, 상공업단체 대표 등이 들어 있었다.

대회는 10개 항의 결의안을 채택했다. 그 가운데 중요한 것은 8시간 노동일제 도입을 위한 투쟁, 파업 노동자에 대한 지원, 중화전국총공회 조직 원칙안(노동조합 조직의 산업별 원칙) 등이었다(The USSR Academy of Sciences 1984, 451~452).

제1차 전국노동조합대회가 폐막된 뒤, 얼마 지나지 않아 같은 해 7월 상하이에서 제2차 전국노동조합대회가 열렸다. 대회는 중국 혁명 역사에서 처음으로 반제·반봉건 민주혁명 강령과 사회주의와 공산주의 실현이라는 목표를 내세웠다. 대회는 또 혁명의 승리를 위해 "가장 진보적이고 가장 전투적인 무산계급과 공동으로 투쟁해야 하며, 전국 노동운동 현황을 파악해 이 운동을 집중하고 확대하며, 정확하게 지도해야 한다"고 결의했다.

이와 같이 노동운동이 고양되고 중국공산당이 노동운동과 긴밀한 결합을 실행하는 가운데, 군벌은 제국주의 열강의 압력을 받아 1922년 초부터 노동운동에 대해 폭력적인 탄압을 자행했다. 군벌은 2월 7일 강안, 창신뎬, 정저우, 신양 등지에서 무방비 상태인 파업 노동자들에 대해 진압과 살육을 저질렀다. 이 과정에서 노동자 52명이 죽고 300여 명이 부상당하는 이른바 '2·7' 참사가 일어났다(중화전국총공회 1999, 79).

2·7 참사가 발생한 뒤, 전국 각지의 철도와 다른 부문 노동단체들이 잇따라 군벌의 만행에 항의하고 징한철도 노동자들을 지지하는 활동을 전개했으나 군벌의 무력행사로 진압되었다. 6월에는 노동조합 서기부 리치한이 투옥되고, 노동조합 서기부 활동이 금지되었으며 서기부가 조직한 노동조합들이 해산당했다.

1922년 파업투쟁(파업 100건, 파업 참가자 약 30만 명)의 교훈은, 노동운동 발전을 위한 새로운 방향 모색과 제국주의·군벌·국내 반동에 대한 전 민족적 투쟁 전개에서 노동운동의 역할과 임무에 관한 문제가 중요하게 제기되었다는 사실이다.

1923년에는 쑨원이 이끄는 민족혁명당 — 국민당 — 과 중국공산당은 양당의 정치·조직적 독립성을 유지하면서 당면한 민족혁명 과제 해결을 위해 상호 결합해야 한다는 코민테른의 권고를 받아들였다. 국민당은 당시 유일한 민족혁명당으로서 노동자를 포함해 여러 사회계층과 광범하게 결합되어 있었으나, 공산당은 아직 대중 기반을 갖지 못했고 당원 수는 고작 230명에 지나지 않았다.

민족혁명가와 공산당원의 정치 블록 형성은 타협적 결정 — 즉, 공산당원과 사회주의 청년단원을 개인적으로 입당시킴과 동시에 국민당을 개조한다는 타협 — 에 따라 이루어졌다. 국민당 개조는 공산당원도 참가한 1924

년 1월 광저우에서 열린 국민당 제1회 대회의 결정에서 정식으로 명시되었다. 쑨원은 삼민주의(민족주의, 민권주의, 민생주의)에서 반제국주의와 일반 민주주의 원칙을 강조했다. 대회는 "노동자와 농민에 따른다"는 방침을 명백히 밝혔으며, 그 바탕 위에서 '반제·반군벌 혁명'을 추진하는 데서 모든 참가자와 협력할 용의가 있음을 표명했다(The USSR Academy of Sciences 1984, 453).

## 제1차 국공합작과 중화전국총공회 설립

1920년대 이후 중국 노동운동은 다른 식민지·종속 국가들의 노동운동과 마찬가지로 민족해방투쟁과 밀접하게 결합되어 전개되었다. 노동자계급 투쟁은 민족해방운동에서 전투적 성격을 키웠을 뿐만 아니라 프롤레타리아 특유의 투쟁 방식을 실행했다.

1920년대 들어 중국에서 전개된 민족해방투쟁과 노동운동의 전개에서 특기할 만한 일은 1923년 국민당과 공산당의 정치 블록 형성, 이른바 '제1차 국공합작'이었다. 앞에서도(제11부 3장) 살펴본 바와 같이, 1923년 쑨원이 이끄는 국민당과 중국공산당은 양당의 정치·조직적 자주성 유지를 조건으로 행동 통일 협정을 맺었다.

국민당의 개조는 1924년 1월 광저우에서 열린 국민당 제1회 전국대표자대회의 결정에서 공식 확정되었다. 이 대회에는 공산당원 10명이 참가했다. 대회는 당 이념의 기초인 쑨원의 삼민주의에 더해 반제국주의와 일반 민주주의 원칙이 강조되었다. 대회 선언문은 "국민혁명 운동은 반드시 전국 농민·노동자에게 의존해야만 승리할 수 있다"는 방침을 밝혔다. 그리고 대회에서 통과한 정치 강령 제11조는 "노동법을 제정하고, 노동자 생활을 개선하며 노동단체를 보장하고 그 발전을 지원한다"고 규정했다. 이로써 '국공합작'을 핵심으로 하는 반제민족통일전선이 공식으로 형성되었다(중화전국총공회 1999, 84~85).

통일전선 출범과 더불어 그 내부에서는 긴장이 끊이지 않고 조성되었다. 이것은 통일전선의 계급적 구성이 동질적이지 않았던 데서 기인했다. 그런데도 반제민족통일전선 형성은 광범한 인민대중을 정치투쟁에 참가하도록 촉진한 요인으로 작용했다.

통일전선 결성과 함께 국민당 제1차 대회의 노동정책에 관한 방침은 노동운동 부활과 발전에 더욱 유리한 조건을 만들었다. 특히 통일전선 건설과 국민당 개조는 광둥 지구 노동운동 발전을 촉진했다. 당시 광저우에는 여러 형태의 노동조합이 160개 정도 설립되어 있었는데, 이들 노조 사이에는 심각한 조직 대립과 분열이 존재했을 뿐만 아니라 대다수 조직들은 동업조합 성격을 띠고 있었다. 이런 노조들을 조직적으로 체계화하고 통일시키기 위한 활동이 추진되었다. 1923년 2월 광둥노동조합연합회가 창립되었고 1924년 봄에는 노동운동위원회가 설립되었다. 이 위원회는 통일전선 형성에 따른 유리한 조건을 활용해 노동조합을 새로 설립하거나 직업별 노조를 산업별 노조로 개편하고자 시도했다.

1924년 5월 8일 광저우노동자대표회의가 열렸다. 이 회의는 중국공산당 광둥지구위원회가 국민당 중앙집행위원회 노동부장 랴오중카이의 지지를 얻어 열렸다. 노동자대표회의는 전화, 전보, 기선, 철로, 운전사 등의 노동단체를 산업별 노동조합으로 개편했다. 조직 개편을 수용해 정식으로 노동자대표회의에 가입한 노조는 1924년 말에 이르러서는 40개에서 70개로 증가했는데, 이것은 시 전체 노조 절반에 해당하는 것이었다. 이로써 광둥과 광저우의 노동운동은 조직상의 중대한 전환을 이루었다(중화전국총공회

1999, 88).

노동자대표회의 출범 이후 곧바로 노동자 전투대 창설이 시작되었는데, 이 전투대를 공식으로는 '공단군'工團軍이라 불렀다. 노동자 전투대 규약에 따르면, 이것은 반혁명을 진압하는 데서 정부를 지원하고 노동자와 노동조합을 옹호하기 위한 조직이었다. 공단군의 존재는 당시로서는 매우 특수한 구상이었다("Regulations of the Cantonese Workers' Army," *Working-Class China in the Struggle against Imperialism*, 1927, 165~166; The USSR Academy of Sciences 1984, 509에서 재인용).

광저우노동자대표회의는 1924년 7~8월 사이에 영국과 프랑스의 조계 당국이 중국인을 차별하는 '신경률'[1]을 공포하자, 이에 대응해 사미엔沙面 조계 노동자들의 정치적 파업을 이끌었다. 파업은 승리를 거두었다. 파업 승리는 2·7 투쟁 실패 이후 처음 맞는 승리였고, 전국 노동운동이 침체에서 벗어나는 신호와도 같은 것이었다. 민족통일전선 성립 이후 진행된 전국적인 혁명 정세 발전은 여러 지역과 여러 부문에 걸쳐 노동운동 고양을 촉진했다.

1924년 10월, 노동조합의 합법성과 자립성, 그리고 기업주 단체와 대등한 지위를 인정하는 '노동조합법'이 공포되었다. 노동조합은 기업주와 단체협약을 체결할 권리, 노동조합의 자산을 소유하고 부문별로 단결할 권리를 갖게 되었다. 그러나 이 법률에는 노동자 단체에 대한 정부 통제 요소, 이를테면 노동조합 등록 의무, 현지 당국에 활동 보고를 제출할 의무, 강제조정 가능성 등이 포함되어 있었다(The USSR Academy of Sciences 1985, 510).

---

1_신경률(新警律)의 규정 가운데는 조계 출입시에 중국인에게 신분증 제시를 요구하는 조항이 들어 있었다.

1924년 말, 이른바 '북경정변'이 일어남에 따라 큰 정세 변화가 발생했다. 제2차 직봉 전쟁(직계군벌直系軍閥과 봉천군벌奉天軍閥의 전쟁) 기간에 직계군벌 제3로 총사령관 펑위샹이 쿠데타를 일으켜 베이징으로 돌아와 차오쿤 총통과 우페이푸를 퇴진시켰다. 펑위샹은 봉천군벌 장쭤린과 연합해 돤치루이를 임시정부 수반으로 옹립했다. 그 뒤로 펑위샹과 장주오린 사이에 갈등이 벌어지면서 펑위샹은 차츰 광둥의 국민당 정부에 접근했다. 북경 정변에 따른 정세 변화는 반동 진영 내부의 균열을 촉진했으며, 중국의 북부와 중부 지역에서 노동조합운동이 재건을 시도할 수 있는 계기가 되었다(중화전국총공회 1999, 91).

이와 같은 정세 변화가 진행되는 가운데, 1925년 초에는 노동자계급의 파업투쟁이 크게 고양되었다. 1925년 2월과 4월 상하이와 칭다오의 일본인 소유 방적공장에서 일어난 노동자 파업이 대표적인 투쟁 사례였다. 제1차 세계대전 기간과 그 이후 일본 자본은 중국 방직 산업에 대한 진출을 급속히 확대했다. 이에 따라 중국 방직 산업은 일본 자본의 중국 경제 침략에서 중요 영역으로 떠올랐다. 1925년 당시 일본 자본이 중국에 세운 방적공장은 모두 41개였고, 대다수는 상하이와 칭다오 두 지역에 자리 잡고 있었다.

일본인 소유 방적공장들은 그들이 갖고 있는 특권과 방대한 자금력으로 중국의 민족 방직공업의 존립을 위협했을 뿐만 아니라 중국 노동자들에 대해서는 야만적이고 혹심한 억압과 착취를 자행했다. 이런 사실들이 방적공장 노동자들의 파업을 촉발했다.

1925년 2월, 일본인 소유 방적공장 22개소에서 일하는 노동자 4만여 명이 대규모 파업을 벌였다. 4월과 5월에는 칭다오의 일본인 소유 섬유공장 노동자 1만여 명이 20일 넘는 파업을 감행했다. 상하이와 칭다오 섬유노동자들의 파업은 외국인 감독의 전횡과 해고, 노동조건 악화에 대한 경제적 항의로 시작되었으나, 투쟁이 진행되면서 점점 반제국주의 성격을 띠었다. 일본인 소유 방적공장 노동자들의 대파업은 군벌 통치 지역 노동자투쟁의 고조를 예고했으며, 이런 투쟁은 그 이후 발발한 '5·30 운동'의 전주곡이 되었다. 그리고 1925년 전반기에 우한, 베이징, 탕산, 항저우, 쑤저우, 창사, 난징, 그 밖의 여러 도시에서 짧은 기간의 경제 파업이 일어났다(The USSR Academy of Sciences 1985, 511).

이와 같은 파업투쟁의 고양과 혁명 정세의 발전에 따라 노동운동의 통일과 단결을 강화하고 민족해방운동에서 노동자계급의 지도적 역할을 높이기 위해 제2회 전국노동(조합)대회가 1925년 5월 1일 광저우에서 열렸다. 대회에는 160개 노동조합에 소속한 54만여 명의 노동조합원을 대표해 대의원 218명이 참석했다. 대회는 6일 동안의 토의를 거쳐 30개에 이르는 결의안을 채택했다. 그 가운데 중요한 것으로는 '노동자계급과 정치투쟁 결의안', '경제투쟁 결의안', '조직 문제 결의안', '노동자·농민 연합 결의안', '프로핀테른 가입 결의안' 등이었다. 노동자계급과 정치투쟁 결의안에서는 "노동자계급이 반드시 자유를 쟁취하고 정치권력을 탈취하는 정치투쟁을 전개해야 하며, 민족혁명에 반드시 참여해야 한다"고 밝혔다. 결의안은 또 노동자계급은 민족혁명에서 계급적 독립성을 유지하고 노동자계급의 주도권을 쟁취해야 한다고 표명했다.

제2회 전국노동대회의 주요한 성과의 하나는 '중화전국총공회 총칙'을 통과시키고 지도 기관을 선출함으로써 '중화전국총공회'를 정식으로 출범시켰다는 사실이다. 대회에서 통과된 총칙에 따라 25명의 집행위원이 선출되었고, 이들이 제1기 집행위원회를 구성했다. 집행위원회는 린웨이민을 위원장으로, 류사오치, 덩페이, 정이성을 부위원장으로 선출했다. 등중샤는 공산당 담당 서기로 선임되었고, 리리싼이 조직부장, 쑨윈펑이 경제부장을 맡았다.

제2회 전국노동대회는 중국공산당의 주도로 열렸다. 2·7 참사 이후 노동조합 집행부가 불법화되어 공개 활동을 할 수 없었기 때문에 중국공산당이 주도해 노동조합을 합법적인 산업별·지역별 노동조합으로 전환하는 동시에 조직 활동을 추진하고 있었기 때문이다.

한편, 국공합작에 따른 통일전선 형성 이후 혁명 정세의 발전에 위협을 느낀 반공 세력과 국민당 우파 세력이 '노동자반공동맹회'를 조직해 혁명 지향 노동운동을 공격하기 시작했다(중화전국총공회 1999, 96~97; 100).


## 5·30 운동

이런 노동 정세에서 1925년 여름 중국 노동운동사에서 '5·30 운동'[2]으로 부르는 대중적인 반제투쟁이 일어났다. 5·30 운동의 발단은 상하이의 반제국주의 총파업(1925년 6~9월)과 광저우·홍콩의 반영 대파업(1925년 6월~1926년 10월)이었다.

먼저 상하이를 중심으로 전개된 반제국주의 총파업부터 살펴본다.

1925년 4월과 5월 사이에 목화 가격은 상승한 데 반해 실 가격은 오히려 하락하면서 시장이 위축되었으며, 일본 자본가들은 이를 빌미로 생산을 축소하고 노동조건 악화를 시도했다. 5월 들어 일본 자본가들은 2월 파업의 결과로서 체결했던 합의를 공개 파기하고 파업에 적극 참가했던 사람들을 해고했다. 노동자들이 이런 일본인 자본가들의 조치에 항의해 파업을 일으

---

2_중화전국총공회는 '5·30 참사'로 표현하기도 한다.

키자, 일본 자본가들은 곧바로 공장폐쇄로서 위협하고 마침내는 총을 쏘아 한 노동자를 살해하는 사건마저 일으켰다. 이 사건이 5·30 운동의 직접적인 도화선이 되었다.

살인 사건이 일어난 그다음 날인 5월 16일 노동자, 상인, 학생 등 각계 35개 단체들이 발기하고 40여 개 단체들이 참가해 일인참살동포혈치회日人慘殺同胞血恥會를 조직했다. 일인참살동포혈치회는 노동자 파업 지원과 일본 상품 불매운동 호소, 피해 노동자 구제를 위한 모금 활동, 그리고 피살당한 노동자 장례 행사 등을 행했다. 상하이의 민족 자산계급도 반제운동에 동참했다.

5월 30일, 상하이의 노동자와 학생 2천여 명이 조계에 진입해 시위를 벌이면서 제국주의 반대 슬로건이 적힌 전단을 뿌리고 일본 제국주의 범행을 성토했다. 오후에는 1만 명에 가까운 군중이 경찰서 앞으로 몰려가 체포된 학생들의 석방을 요구했다. 이에 대응해 경찰서장 아이후호셍이 사격 명령을 내리자, 경찰은 기다렸다는 듯이 총격을 가했다. 사망자 13명을 비롯해 수십 명이 중상을 입었고 50여 명이 체포되었다. 이른바 5·30 참사가 벌어진 것이다.

같은 날 밤, 노동조합 대표들은 '상하이총공회' 설립을 결정했고, 위원장에 리리싼, 부위원장에 류화, 총무부장에 류사오치를 각각 선출했다. 중국공산당은 행동위원회 조직, 각 계급 반제 연합전선 결성, 그리고 상하이 전체 파업과 수업 거부 행위를 결정하고 상하이 총상회總商會로 하여금 휴점을 추진하도록 호소했다. 공산당은 이를 '3파罷'로 표현했는데, 파업罷工·파과罷課·파시罷市가 그것이었다.

6월 1일, 상하이총공회는 '6·1 선언'과 '전체 노동자 동지들에게 드리는 글'을 발표하고, 제국주의의 야만적인 살인 행위에 대항하기 위해 총파업을 전개하자고 호소했다. 이날부터 시 전체의 각 업종 노동자들이 잇따라 반제 총파업에 돌입했다. 당시 전국총공회 조사에 따르면, 6월 13일까지 외국인 투자 기업 107개에 종사하는 노동자 13만여 명이 총파업에 참가했다. 그리고 당시의 신문이나 역사 자료 등에 따르면, 7월 21일까지 206개 기업에 종사하는 노동자 20만여 명이 파업에 참가했다(중화전국총공회 1999, 103~107).

한편, 상하이총공회는 반제 연합전선 추진에서 중요한 역할을 수행했다. 6월 4일, 상하이총공회는 전국학생연합회·상하이학생연합회, 상하이상인연합회와 함께 반제국주의 통일전선 조직인 '상하이공상학연합회'上海工商學聯合會를 설립했다. 이 연합회는 6월 7일 계엄령 취소, 상하이 주재 영국과 일본 육·해군 영구 철수, 조계 내 공동 검열소 회수, 영사 재판권 취소, 살인자 징벌·배상, 노동자들의 노조 조직과 파업의 자유 등 17개 요구 사항을 제기했고, 이 요구 사항을 교섭에 내놓을 요구 조건과 반제투쟁에서 내걸 공동 강령으로 삼는다고 밝혔다.

총파업 투쟁이 확대되면서 각 부문에서 노동조합이 잇따라 조직되었다. 상하이총공회 지도로 조직된 노조는 6월 7일까지 44개였던 것이 총공회가 폐쇄된 9월 18일에는 소속 노동조합 수가 128개에 이르렀고 24만 명의 조합원을 포괄했다.

노동자계급의 총파업 투쟁이 갈수록 치열해지고 노조 조직이 확대되면서 영국, 미국, 일본, 이탈리아, 프랑스 등 제국주의 국가들이 상하이에 주둔시키고 있던 군함의 해군을 동원해 파업투쟁을 진압하려 했다. 5월 30일~6월 10일까지 12일 동안 영국인이 상하이에서 아홉 차례에 걸쳐 무력을 행사했고, 이 과정에서 60명이 죽고 70명이 중상을 당했으며, 많은 사람이 부상을 당했다(중화전국총공회 1999, 112~113).

6월 10일에는 대기업 조직인 총상회가 6월 26일부터 '3파 투쟁'에서 이탈해 영업을 시작하겠다는 의사를 표명했으며, 그 뒤 얼마 지나지 않아 중소 자본가들이 참가한 상하이 상인연합회도 상점 문을 열겠다고 선언했다. 7월 하순에는 제국주의자들이 자신들의 조계에 설치한 발전소 전기 공급을 중단하면서 기업주들에게 파업을 저지하라고 압박했다. 이와 동시에 군벌은 노동자투쟁에 대한 진압 행동을 더욱 강화했다.

이처럼 형세가 점점 불리해지자 상하이총공회는 교섭 과정을 거쳐 일부 경제적 요구 조건 수용을 조건으로 8월 25일 일본인 방적공장에서 작업 복귀를 결정했다. 그 뒤로 8월 28일에는 일본 선박 선원들이 작업을 재개했고, 9월 4일에는 조계 공부국 전기처電氣處 노동자들이 요구 조건을 관철하고 작업에 복귀했다. 마지막으로 가장 완강했던 영국 자본 기업의 노동자들도 9월 28일 작업 복귀 조건을 수용했다.

5·30 운동은 제국주의에 대한 각계각층 인민들의 분노를 불러일으켰고 상하이뿐만 아니라 전국 각지에서 대대적인 항의 집회와 시위를 촉발했다. 여러 지방에서 파업, 수업 거부, 동맹 휴점, 영국과 일본 상품 불매운동 등이 전개되었고, 집회와 시위에서는 '제국주의 타도', '불평등조약 폐지', '군벌 타도' 등의 구호가 제시되었다. 전국에서 약 1,200만 명이 운동에 직접 참가했고, 그 가운데 노동자 참가자는 약 50만 명이었다. 총파업 투쟁이 비록 성공을 거두지는 못했지만 각 지역 노동조합은 크게 성장했으며, 노동운동도 빠르게 고양되었고 발전했다. 그리고 상하이의 정치적 총파업은 1925~1927년에 전개된 국민혁명의 단서를 열었다(중화전국총공회 1999, 115).


## 광저우·홍콩 노동자의 대파업
상하이 5·30 운동에 관한 소식이 광저우에 전해질 무렵, 광저우의 노동자들과 노동조합들은 윈난 군벌 양시민과 류전환의 반란을 평정하는 데 모든 힘을 다하고 있었던 광저우 혁명정부를 지원하고 있었다. 이런 상황에서도 중국공산당 광둥 지구위원회와 전국총공회는 노동자와 학생, 그리고 인민 대중 1만여 명을 모아 6월 2일 제국주의 만행을 규탄하는 군중대회와 시위를 벌였다. 공산당 광둥지구위원회와 전국총공회는 홍콩과 광저우의 사미엔에 사람을 파견해 두 지역 노동조합과 파업 실행을 협의하기로 했다. 6월 13일 전국총공회는 광저우·홍콩 파업위원회 임시 사무처를 설치하고 파업 준비와 관련한 모든 일을 관장했다. 홍콩노동조직연석회의는 파업의 통일 적인 지휘 기구로서 '전홍콩공단연합회'를 발족했다.

6월 18일, 전국총공회는 '5·30 참사에 관해 홍콩 각 노동조직에 보내는 편지'를 발표하고 "곧바로 모든 노동자 동료들이 일치단결해 파업에 참가하도록 지시할 것"을 요구했다. 그리하여 6월 19일 나라 안팎을 진동시킨 광저우·홍콩 파업이 벌어진 것이다. 먼저 홍콩의 노동자 10만여 명이 파업을 벌였다. 6월 21일, 사미엔의 외국인 봉사사업 노동자들과 광저우 시내 외국인 상사 노동자들도 파업을 선언하고 다른 노동자들과 함께 '사미엔중국인 노동자상하이참사지원파업위원회'를 조직했다.

홍콩과 광저우 지역에서 큰 규모의 파업이 본격적으로 전개되자, 영국, 프랑스, 일본, 포르투갈, 미국 등은 차례로 총 80~90척의 군함을 광저우의 바이어탄에 파견했다. 이런 가운데 6월 23일 광저우의 노동자, 학생, 농민, 혁명 군인, 그리고 홍콩에서 광저우로 이동해 온 파업 노동자 등 약 10만여 명이 대대적인 집회와 시위를 거행했다. 시위가 진행되는 도중에 영국과 프랑스 군대가 시위 대열을 향해 기관총 사격을 자행했고, 백아담에 머물고 있던 제국주의 국가들의 군함에서도 군인이 시위 군중을 향해 발포했다. 제국주의자들의 총격으로 현장에서 시위 군중 52명이 사망했고 170여 명이 중상을 입었으며, 수많은 사람이 부상당했다. 제국주의자들의 이런 학살 행위는 중국 인민들의 분노를 폭발시켰고 파업투쟁의 격화를 불렀다. 6월 말에 이르러 파업 노동자 수는 25만 명으로 크게 늘어났다(중화전국총공회 1999, 124~125).

파업이 점점 격렬해지고 장기화의 조짐을 보이면서, 중국공산당 광둥지구위원회와 전국총공회는 파업 노동자들의 단결과 통일을 유지하기 위해 '파업노동자대표대회'를 조직해 파업 노동자들의 최고의사 결정기구로 삼았다. 파업노동자대표대회는 파업위원회를 선출해 집행 기구로서 역할을 수행하도록 결정했다. 파업 노동자 50명 단위로 선출된 800명의 대표들이 '광저우·홍콩파업노동자대표대회'(공인대표대회工人代表大會)를 조직했고, 7월 3일 파업위원회 규약에 따라 13명으로 구성된 '광저우·홍콩파업위원회'(파공위원회罷工委員會)가 설립되었다.

1925년 7월 9일 광저우·홍콩파업위원회는 영국 제국주의에 대항해 집중적인 타격을 가하기로 결정했으며, 홍콩 봉쇄를 정식으로 선포하고 무장한 노동자 규찰대를 편성해 봉쇄 임무를 수행하도록 했다. 홍콩에 대한 봉쇄는 식민지 당국에 대해 정치·경제적으로 전례 없는 타격을 입혔다. 홍콩 경제의 중심을 차지했던 선박 운수업과 상업은 업무를 중단해야만 했으며, 홍콩 시내 교통은 마비되었고 물가는 폭등했으며 길가에는 쓰레기더미가 높게 쌓였다. 얼마 전까지 번영했던 홍콩은 한꺼번에 '죽은 항구', '악취 나는 항구', '배고픈 항구'로 변했다(중화전국총공회 1999, 129)

홍콩에 대한 전면 봉쇄는 여러 가지 부작용을 수반하게 되었으므로 광저우·홍콩파업위원회는 국민당 좌파 지도자 랴오중카이와 협상해 7월 말에 '특허증 제도'를 실시하기로 했다. 이 제도는 '영국만을 대적한다'는 원칙을 실행하기 위한 것으로 "영국 상품과 선박이 아니고 홍콩을 통과하지 않는 경우에는 직접 광저우로 들어오는 것이 허용된다"고 규정했다. 영국 제국주의에 대한 직접적 경제 봉쇄는 제국주의 연합전선을 갈라놓았으며, 광둥 혁명정부의 양해와 지지를 획득했을 뿐만 아니라 노동자와 농민 동맹을 공고히 했다. 이에 따라 광저우·홍콩 대파업은 오랫동안 지속될 수 있었다. 홍콩에 대한 봉쇄는 정치투쟁이자 무장투쟁이었다. 전체 파업 과정에서 홍콩에 대한 무장 봉쇄를 수행했던 것은 파업위원회의 직접 지도에 따랐던 노동자 규찰대였다. 파업 규찰대는 1년여의 파업 기간에 봉쇄선에서 벌어진 크고 작은 전투에서 180명의 희생자를 냈다.

광저우·홍콩 대파업은 국민당 좌파와 광둥 혁명정부의 지지와 원조를 획득함으로써 장기전에 대비할 수 있었다. 광둥 혁명정부는 파업위원회에 매월 1만 원의 파업 경비를 지급해 파업 노동자 20여만 명의 숙식 해결을 도와주었으며, 동원東園을 파업위원회 사무와 파업 노동자들의 활동을 위해 사용하도록 제공했다. 또 광둥 혁명정부는 광저우에서 황푸 구간 도로개축 공사를 파업 노동자들에게 넘겨주었을 뿐만 아니라 무장 봉쇄, 밀수 단속, 치안 등의 분야에서 파업위원회에 일부 행정 특권을 주었다. 그 밖에도 파업 시작에서 1926년 6월까지 파업위원회가 확보한 국내외 기부금을 포함한 수입 총액 490만 원 가운데 280만 원이 조세와 혁명정부를 통해 받은 각종 기부금이었다.

한편, 광저우·홍콩 대파업은 광둥 혁명정권의 위상과 권위를 크게 강화했다. 광둥 성 일대에만 권력의 영향력을 미치고 있었던 국민당 정부가 1925년 7월 1일 스스로를 중화민국 국민정부로 선언하고, 북방 군벌의 타도와 국민정부 권력 주도의 중국 통일 실현을 공식 목표로 제시했다(The USSR Academy of Sciences 1985, 512).

1926년 7월, 북벌 전쟁이 시작되면서 혁명 정세는 북쪽으로 발전했다.

같은 해 10월 국민군이 우한을 점령하자, 국민정부는 근거지를 북쪽으로 이동시킬 준비를 했다. 이런 정세 변화에 대응하기 위해 파업노동자대표대회와 파업위원회는 홍콩에 대한 봉쇄를 중지하고, 광저우·홍콩 노동자들의 반제투쟁을 확대해 북벌 전쟁을 지원하고 봉건 군벌 통치를 타도하기로 결정했다.

광저우·홍콩파업위원회가 스스로 봉쇄 중지를 선포한 뒤, 파업 노동자들은 원래 직장으로 돌아가 복직을 요구하거나 다른 직업을 구했다. 그러나 3만여 명의 파업 노동자들은 갈 곳이 없어 광저우에 체류하면서 반제국주의 운동을 펼쳤으며, 일부는 농민 자위군 훈련을 맡기도 했고 국민혁명군에 참가하기도 했다.

1927년 광저우에서 4·15 반혁명 쿠데타가 발생한 뒤, 광저우·홍콩파업위원회는 지하로 들어가 파업에 참가했던 노동자들을 지도하면서 각종 투쟁에 참가했다. 1927년 11월에 이르러서야 비로소 광저우·홍콩파업위원회가 활동을 중지했다. 그러니까 정확히 계산하면 광저우·홍콩파업위원회는 1925년 6월~1927년 11월까지 총 2년 4개월 동안 존속했던 것이다. 광저우·홍콩 대파업은 장기간 투쟁이라는 점을 비롯해 엄격한 조직 체계, 치밀하고 다양한 전술, 파업의 완강함 등의 측면에서 중국 노동운동사에서뿐만 아니라 세계노동운동사에도 기록될 만한 사건이었다(중화전국총공회 1999, 129).


## 국민정부 북벌과 노동자투쟁

5·30 운동과 광저우·홍콩 대파업은 노동자계급과 각계각층 인민들의 반제국주의·반군벌 의식을 향상시켰고, 광둥 혁명 근거지의 통일과 공고화를

촉진했다. 한편, 베이징의 중앙 권력을 장악하고 있던 봉천계 군벌과 장강 유역의 일부 성들을 통제하고 있던 직계 군벌과 그 밖의 지방 군벌은 영국, 일본 등의 제국주의와 우익 부르주아지와 결탁해 혁명 세력에 대한 공격을 강화했다(중화전국총공회 1999, 143).

이런 정세를 배경으로 1926년 7월 9일 광둥의 국민정부는 북방 군벌이 지배하고 있던 베이징 정부에 대해 선전포고를 하고 북벌北閥 출정에 나섰다. 북벌은 '열강 타도', '군벌 타도, 중국 통일', '인민을 도탄에서 구함' 등의 명분을 내세웠다. 그러나 장제스를 지도자로 하는 국민당의 새로운 우파는 국민의 지지를 이용해 권력 기반을 장악하고 군벌의 지위를 대신해 새로운 반혁명 독재 통치를 확립하려는 의도를 갖고 북벌을 단행했다.

북벌의 제1단계(1926년 7월~1927년 3월)를 거치면서 국민정부의 북벌군은 우페이푸를 물리치고 쑨촨팡을 몰아냄으로써 중국의 거의 절반을 차지했다. 북벌군은 장시, 푸젠, 안후이, 저장, 장쑤 등 동남 다섯 개 성을 차례로 점령했는데, 이 지역들에서는 노동자·농민 운동도 빠르게 성장했다. 노동자 조직이 새롭게 설립되고 파업투쟁도 곳곳에서 일어났을 뿐만 아니라 노동자 대중의 경제생활과 정치적 지위도 전반적으로 향상되었다(중화전국총공회 1999, 152~155).

노동자계급 투쟁이 성장하는 동시에 통일전선 내부에서 생긴 모순도 첨예화했다. 중국 혁명의 두드러진 특징은 혁명의 전 기간을 통해 군사적 요인이 매우 크게 작용했다는 사실이다. 1925~1927년 사이에 일어난 사건들에서도 명백한 현상 — 정치지도와 국가관리에서 드러난 당과 군의 공생 관계 — 이 나타났다. 국민당 내에서 국민혁명군 총사령관 장제스 군사독재 그룹의 패권이 강화되었고, 이 그룹은 차츰 국민당과 국가기구를 장악했다. 그래서 북벌 시기에 전개된 노동운동은 극도로 모순된 상황에서 전개되었다고 할 수 있다(The USSR Academy of Sciences 1985, 513).

북벌 제1단계에서 노동운동은 급속하게 고양되었다. 1927년 봄에는 노동조합에 가입한 조직노동자의 수는 명목상으로 약 300만 명에 이르렀는데, 이것은 1926년 7월에 비해서는 두 배가량 증가한 것이었다. 노동운동의 주된 근거지는 우한과 상하이였는데, 1926년 말부터 정치투쟁의 중심이 광저우에서 우한으로 옮겨 왔다.

이 시기 외국자본에 대한 노동자계급의 투쟁에서는 경제적 요구와 정치적 요구가 긴밀하게 결합되는 양상을 보였다. 노동자들은 경제·법적 지위 향상을 위한 투쟁에서 상당한 양보를 쟁취했을 뿐만 아니라 한커우, 주장의 영국 조계 점거, 상하이의 정치적 총파업, 1927년 2월과 3월 봉기 등 대규모 정치 행동을 감행했다.

1926년 12월 26일, 주장의 부두노동자들이 노동조합 인정, 임금 인상, 처우 개선 등을 요구하며 파업을 일으켰다. 1월 6일 노동자 규찰대 대원 한 사람이, 영국인 하수인이 부두에 들어와 화물을 운반하면서 파업을 방해하는 것을 저지하다 영국 수병으로부터 구타를 당해 죽는 일이 벌어졌다. 주장 시 총공회와 공산당 시위원회는 수만 명의 노동자들을 동원해 영국 조계를 점령했다. 영국 조계의 회수를 요구하는 한커우, 주장 인민들의 투쟁은 전국 각지의 지지와 동조를 얻었다. 2월 19일과 20일에는 영국 정부 대표가 한커우와 주장의 영국 조계를 중국에 반환하기로 동의했다.

한편, 1926년 10월부터 1927년 3월 사이에 상하이 노동자들의 세 차례에 걸친 무장봉기가 이 시기 노동운동의 가장 특기할 만한 사례였다. 상하이 노동자들의 무장봉기는 북벌군의 진격에 호응해 상하이를 해방하기 위한 것이었다. 1926년 10월의 제1차 무장봉기는 준비 부족으로 실패하고 말았다. 제2차 무장봉기는 1927년 2월 19일 상하이 노동자들의 총파업으로 시작되었다. 2월 19~22일까지 총파업에 참가한 노동자 수는 36만 명에 이르렀다. 2월 22일 공산당 상하이 지구위원회와 상하이총공회는 총파업을 무장봉기로 전환하기로 결정했다. 그러나 북벌군 부대가 움직이지 않고 국민당이 계획했던 군사 반란과 상인의 동맹 휴점이 모두 실행되지 않았기 때문에 노동자들의 봉기는 고립되었다. 이에 따라 제2차 무장봉기도 실패로 끝났다.

제3차 상하이 무장봉기는 대규모 북벌군의 상하이 입성이 임박한 가운데, 3월 21일 노동자 80여만 명이 참가한 총파업에서 시작되었다. 파업 노동자들은 무장 규찰대 지도에 따라 경찰서, 파출소, 방범대, 그리고 전화국 등을 공격했다. 전투는 3월 22일 저녁 6시까지 계속되어 약 30시간 만에 끝났다. 3월 22일 상하이 시민대표회의가 열렸다. 여기서는 노동자들의 정치·경제적 요구 22개항을 채택하고 상하이 특별시임시위원회를 선출해 3월 29일 상하이 임시정부 수립을 준비했다.

3월 27일, 상하이총공회는 노동자대표대회를 소집해 새 집행부를 선출하고 조직 정비에 착수했다. 이로써 16개 산업 총공회와 8개 지역 노조연합회가 설립되었다. 3월 말까지 상하이총공회에 등록된 노동조합 조직은 모두 502개이고 조합원 수는 82만 명으로 급증했다(중화전국총공회 1999, 163).

이와 같이 중국 혁명 세력이 무장봉기를 벌여 주요 지역을 장악하자, 제국주의자들은 직접 군사 개입으로 대응했다. 1927년 3월 24일 영국과 미국 함대는 그 전날 국민군이 점령한 난징을 포격했으며, 4월 11일에는 제국주의 열강 대표들이 중국 정부에 최후통첩을 보내 외국 배척 운동 중지를 요구했다. 또 제국주의자들은 베이징의 소련 대사관 무장 습격, 상하이 소련 총영사관 봉쇄, 소련 선박 격침과 승무원 체포 등 소련 반대 행동을 취했다. 제국주의 열강의 이런 책략은 국민군 총사령관과 그 측근들의 사고방식과 일치하는 것이었다.

3월 26일, 장제스는 상하이를 향해 진격해 들어갔고, 4월 12일 반혁명 군사 쿠데타를 일으켰다. 장제스의 반란군은 4월 11일 밤 상하이총공회 위원장 왕소우화를 살해했고, 4월 12일에는 폭력배들을 동원해 노동자 규찰대 주둔지를 습격했으며 상하이총공회 사무소를 점거했다. 이 과정에서 노동자 60명이 죽고 220여 명이 부상당했다. 상하이총공회는 곧바로 노동조합대표대회를 열고 시 전체 총파업을 선언했다. 다음 날 파업 노동자들은 곳곳에서 반란군의 저지를 받았으나 6만여 명이 참가한 가운데 집회가 열렸고, 대회가 끝난 뒤 노동자들은 시위를 벌이면서 구속 노동자의 석방과 규찰대 소유의 총기를 반환해 줄 것을 요구했다. 장제스의 명령을 받은 반란군은 시위 군중을 향해 발포해 현장에서 100여 명이 사망했고 많은 사람이 부상을 당했다.

같은 날 상하이 공계연합총회는 상하이총공회를 점령해 총공회 해산을 선포했다. 4월 14일, 국민당 우파는 '상하이청공위원회'上海清工委員會[3]의 설립을 밝히고 상하이 노동운동을 억압했다. 1927년 4~8월 사이에 국민당 우파가 점령하고 있던 모든 성에서 쿠데타가 일어났으며, 이에 따라 얼마 전까지 국민당의 동맹 세력이었던 중국공산당과 노동자 조직, 농민 조직, 그 밖의 대중조직은 잔혹한 탄압을 받았다. 장제스 반혁명 집단이 일으킨 4·12 정변을 전후한 3~4개월 동안에 살해된 공산당원, 노동자·농민 대중, 학생 등의 수는 12만여 명에 이르렀고, 노동운동을 비롯한 대중운동은 차츰 쇠퇴했다. 4·12 정변으로 제1차 국공합작은 와해되었다(중화전국총공회 1999,

---

3_당내 불순분자와 공산주의자들을 제거하기 위한 위원회라는 의미를 띠고 있다.

166~169).

국민당의 이와 같은 반동 책략에 맞서 1927년 8월 1일, 저우언라이와 허룽 등은 난창에서 무장봉기를 조직해 중국 최초의 홍군 부대와 남부 농촌 지구의 파르티잔 근거지 건설에 성공했다. 이른바 '난창 봉기'다. 홍군은 이틀 뒤인 8월 3일 국민군으로부터 포위 공격을 당해 난창에서 물러나 홍콩 방면으로 후퇴했다. 8월 7일, 당 중앙위원회는 긴급회의를 열어 토지혁명 실시와 국민당 통치에 대항하는 무장투쟁 전개를 총노선으로 채택했다.

중국공산당이 8월 7일 회의에서 결정한 총노선은 봉기가 실패한 뒤 노동자계급과 인민들에게 혁명 부활의 희망과 투쟁 방향을 제시했다. 그러나 회의는 코민테른의 좌파 경향 영향을 받은 사람들이 우익 편향을 밀쳐 낸다는 명분을 내세웠지만, 오히려 그것이 좌경 오류를 범하게 되었다. 더구나 도시 노동운동의 구체적인 방침과 전략에서 좌경모험주의와 배타주의의 오류를 미처 극복하지 못했다.

이런 오류는 두 가지 측면에서 표출된 것으로 평가되었다. 하나는 당시 혁명이 퇴조기에 있었고 국민당 통치의 중심 도시들에서 일어난 혁명적 노동운동이 전략적 후퇴와 방어 방침을 올바르게 채택해 대중 사업의 진지를 보존·발전시키고, 노동자계급의 혁명 역량을 보호·축적해야 한다는 것을 인식하지 못했다는 점이다. 다른 하나는 노동자 대중의 조직 형식과 투쟁 방식에서 공개적이고 합법적인 조건과 적 진영 내의 모순을 이용하기를 거부했다는 점이다(중화전국총공회 1999, 181).

중국공산당은 1927년 8월부터 토지혁명과 무장저항에 관한 총노선에 근거해 후난, 후베이, 장시, 장둥, 그리고 인근 각 성과 북방 몇몇 지역에서 십여 차례의 크고 작은 노동자, 농민의 무장 폭동을 이끌어 농촌 혁명 근거지를 구축하기 위한 투쟁을 전개했다.

1927년 12월에는 광저우에서 폭동이 일어났다. 봉기 이전에 공산당 광둥 성위원회는 노동자 3천 명으로 구성되는 광저우 노동적위대와 광저우·홍콩 파업 노동자들로 구성되는 결사대, 그리고 정규군 병력으로서 군관교도단軍官教導團과 광저우·홍콩 파업 규찰대원으로 조직된 경위단警衛團을 조직했다. 12월 11일 새벽 폭동이 시작되어 10시간에 걸친 전투 끝에 폭동 부대와 노동자들은 광저우 시 대부분의 지역을 점령했다. 폭동이 승리한 뒤, 광저우 소비에트 정부가 설립되었고 전국총공회 위원장 쑤자오정이 주석으로 선출되었다. 그러나 광저우 폭동은 3일 동안만 유지되었을 뿐이었고, 연합한 군벌과 제국주의자들의 군사 지원으로 진압되었다. 이 과정에서 희생된 사람은 5,900명에 이르렀다(중화전국총공회 1999, 184~185).

난창 폭동이나 광저우 폭동 말고도 다른 지역의 노동자·농민 폭동에도 많은 노동자가 참여했다. 이를테면 1928년 주더와 천이가 지도했던 후난성 남부 지방의 폭동에서 전투에 참가한 노동자들 수가 모두 6,900여 명이었고 홍군에 가입한 노동자 수는 2,461명이었다.

1927년 혁명운동이 실패한 뒤 거의 반년 동안 백색테러가 극심하게 저질러졌으며, 그런 가운데서도 각 지역 노동자 대중은 저항 투쟁을 계속 전개했다. 그러나 이런 투쟁은 국민당의 극심한 탄압을 받았고, 많은 간부와 투쟁에 적극 참가한 노동자들이 체포되거나 희생당함으로써 투쟁 역량이 크게 손실되는 결과를 빚었다.

1928년 10월 27일 상하이에서 열린 제3회 중화전국총공회 보고서는 노동조합 상황을 다음과 같이 지적했다.

1925~1927년 사이에 노동자들이 투쟁을 통해 얻어 낸 성과는 모두 백지화되었다. 우리가 가지고 있는 통계에 따르면, 1928년 1~8월 사이에 10만 명이 넘

는 노동자와 농민이 학살되었는데, 이 가운데 2만7,699명은 공개 처형되었다. 현재에도 1만7,200명이 투옥되어 있다(웨일스 1981, 110에서 재인용).

마오쩌둥은 당시 국내 정치 상황을 다음과 같이 서술했다(1928년 10월 5일 작성).

광둥으로부터 시작된 자산계급 민주주의혁명은 도중에 매판 계급과 토호열신 계층에게 주도권을 빼앗겨 곧바로 반혁명의 길로 들어서게 되었으며, 전국에서 노동자·농민·평민은 물론 자산 계층[4]까지도 정치·경제적으로 하등의 해방도 얻지 못하고 여전히 반혁명 세력의 통치 아래에 있다.

중국 내부의 군벌들 사이의 모순과 투쟁은 제국주의 국가들 사이의 모순과 투쟁을 반영하는 것이다. 그렇기 때문에 제국주의 국가들이 중국을 분열시키고 있는 한, 군벌 각파는 도저히 타협할 수 없는 것이며, 타협한다 하더라도 그것은 모두 일시적인 타협이 될 것이다. 그러나 이런 일시적인 타협은 장차 더욱 큰 전쟁을 일으킬 수 있는 여지를 갖고 있다고 할 수 있다.

공산주의 인터내셔널과 중국공산당 중앙위원회의 지침에 따르면, 중국 민주주의혁명은 중국에서 제국주의와 그 도구인 군벌들의 통치를 전복시켜 민족혁명을 완성하고 토지혁명을 수행해 농민에 대한 토호열신계층의 봉건적 착취를 청산하는 것을 그 주요 내용으로 하고 있다. 이런 혁명실천 활동은 1928년 5월 지

---

4_ 여기서 말하는 자산 계층은 민족 자산 계층을 말한다.

난(濟南) 대학살 사건 이후 나날이 발전하고 있다(마오쩌둥 2001, 73~74).

## 국민당 정부의 노동정책과 리리싼의 모험주의

1928년 여름, 장제스를 수반으로 하는 국민당 신군벌이 봉천계 구군벌을 제압함으로써 국민당 정권이 표면상으로는 중국의 대부분 지역을 장악했다. 같은 해 8월 국민당 제2기 중앙위원회 제5차 전체회의(제2기 제5회 중앙위원회 전체회의)는 '군정 시기'를 종결하고 '훈정 시기'를 시작한다고 선언했다. 그러나 이런 선언은 실제로 장제스를 중심으로 하는 국민당이 전국적으로 반혁명 군사독재 체제를 강화하려는 의지를 드러낸 것으로 볼 수 있다(중화전국총공회 1999, 191).

국민당 정부는 1925~1927년 사이에 일어난 혁명운동에서 노동자계급이 보인 높은 정치적 적극성에 비추어 노동정책에 대한 관심을 기울이지 않을 수 없었다. 국민당은 반공 테러와 광범한 사회적 민중 선동을 시행하는 동시에 노동자계급에 대한 약간의 양보를 제시하는 한편, 노동자 대중에 대한 공산당의 영향력을 차단하고 정치적으로나 조직 면에서 노동자들을 반동적 정권의 사회적 지주로서 종속시키고자 했다. 이것은 계급 평화와 노동·자본 협력을 전제한 민족 개량주의 정책이었다(The USSR Academy of Sciences 1985, 513).

국민당 정부는 이런 정책 방침에 따라 혁명적 노동조합을 정부가 통제하는 노동조합으로 대체하거나 또는 형식상으로는 독립성을 갖는 '황색(어용) 노동조합'을 설립하려 했다. 또 국민당 정부는 전국·지역·산업별 노동조합 연합체를 해산시키고 노동조합을 직업별로 세분화했다. 그리고 국민당은 중국 노동자계급의 국제적 결합을 유도하는 데 성공했는데, '중국노동협회'는 암스테르담인터내셔널에 가맹했다(Khorkov 1977, 63~75; The USSR Academy of Sciences 1984, 516~517에서 재인용).

1920년대 말과 1930년대 초에 국민당 정부는 노동조합법을 비롯한 노동관계 법령을 제정했다. 법령 내용들은 1925~1927년 사이의 혁명기에 제기되었던 노동자들의 기본 요구들을 법 형식으로 승인을 하고자 한 사항들이었다. 단결권과 쟁의권, 노사 분쟁 해결에서 대등한 대표권 행사, 8시간 노동일제, 연차휴가와 정기 휴일제, 최저임금제 제정, 아동·여성 노동 착취 제한, 노동자 고용과 해고에 대한 고용주의 전횡 제한 등이 그것이었다.

그러나 이런 법률들은 분명하게 제한과 통제 성격을 지녔다. 국민당은 이들 법으로 노동조합을 정부에 종속하고, 강제중재 방식으로 파업 행위를 엄격히 제한하며 노동자의 산업·지역별 연합 조직과 그들의 계급 연대 움직임을 가로막았다(Khorkov 1977, 112~130; The USSR Academy of Sciences 1985, 517에서 재인용).

국민당 정부의 노동통제와 주체적인 투쟁 전술의 좌경 오류 등으로 노동운동이 침체 국면에 놓인 가운데, 전국총공회는 1929년 11월 7~11일까지 상하이에서 제5차 전국노동자대회를 비밀리에 소집했다. 새로운 집행위원회에서 샹잉이 위원장으로 추천되었다. 대회는 결의문을 통해 전국 노동자투쟁 강령을 바탕으로 각 산업과 각 지방 총공회가 각각의 투쟁 강령을 만들어 파업을 조직하고, 전국 노동자투쟁을 더욱 광범하고 과감하게 밀고 나가 총체적인 공격 태세를 만들어 적을 상대로 단호한 투쟁을 벌일 것을 호소했다. 그러나 대회의 이런 결정은 국민당 통치 지역, 즉 백구白區에서 노동운동을 전개하는 데서 좌경적 오류를 조장했다(중화전국총공회 1999, 203).

다음 해인 1930년 3월 13일에 열린 중국공산당 중앙위원회는 5월 1일 메이데이를 맞아 전국 총파업과 대규모 시위 방침을 결정했다. 이런 결정에 따라 전국총공회는 메이데이 전국 총파업과 시위를 실천하기 위해 3월 20~ 27일까지에 걸쳐 산업과 지방 총공회 대표자 회의를 소집했다. 회의는 무장 폭동을 준비한다는 방침에 따라 전국 주요 도시와 산업 중심지에서 정치 총파업을 조직하기로 했다. 각 지역의 당과 노동조합은 이 계획을 실현하기 위해 온 힘을 쏟았다. 그러나 5월 1일 메이데이 당일에는 상하이를 비롯해 10여 개 도시에서만 시위가 행해졌고, 참가한 노동자 수는 7,700여 명에 지나지 않았다. 계획과 실천 사이에는 엄청난 괴리가 있었고, 결국 당과 총공회 방침은 여전히 주관주의와 좌경모험주의 경향에서 벗어나지 못했다.

한편, 1930년 6월 11일 당 중앙위원회 정치국 회의는 리리싼이 기초한 '새로운 혁명의 고조와 한 개 성 또는 몇 개 성에서 우선적 승리'라는 결의안을 채택했다. 결의안은 당시 정세를 전국 차원에 걸쳐 이미 혁명 정세가 조성되었다고 단정하고 한 개 또는 몇 개의 성에서 우선적인 승리를 준비해 전국에 걸친 혁명정권을 건설하는 것을 '현재 당 전략의 기본 방침'으로 규정했다. 또 이와 같은 전략의 기본 방침을 실현하기 위해 노동자계급의 정치 파업을 조직해 총파업으로 확대하고 무장한 노동자들의 조직과 훈련을 강화함으로써 무장 폭동의 핵심 역량을 만드는 것이 우선적인 승리를 준비하는 주요한 전술이라고 밝혔다.

리리싼의 이와 같은 좌경모험주의적 방침과 계획은 제대로 실천되지도 않았을 뿐만 아니라 승리를 거두지도 못했다. 오히려 총파업을 준비하는 과정에서 투쟁 계획이 노출되어 국민당 정부의 공격을 받았다. 모험주의적 계획을 실행한 지 3개월여 기간에 백구에서는 공산당 11개 성 위원회가 파괴되었다. 그 산하 당 조직과 노동조합 조직들이 탄압을 받았는데, 우한, 난징, 창사, 지난, 칭다오, 톈진, 탕산, 선양, 하얼빈 등 많은 주요 도시의 당과 노동조합이 거의 대부분 와해되었다. 이런 사태를 맞아 1930년 9월 하순,

중국공산당 중앙위원회는 제6기 중앙위원회 제3차 전체회의를 소집해 리리싼의 오류를 비판하고, 그가 주도해 수립했던 모험주의적 계획을 취소했다. 그러나 공산당 제6기 중앙위원회 제3차 전체회의는 좌경적 경향에 대한 근본적인 비판과 철저한 청산을 하지 않은 채, 정치 파업과 총파업 조직, 대규모적인 집회와 시위 등의 계획, 그리고 조직 측면에서 배타주의 고수 등 좌경적 경향을 일정하게 유지했다(중화전국총공회 1999, 205~206).

한편, 국민정부는 1930년 12월부터 다음 해 1월 사이에 군 10만 명을 동원해 공산당 근거지에 대한 포위 공격을 시도했다. 그러나 홍군은 국민정부군을 적구赤區 깊숙이 끌어들여 유격전을 전개해 그들을 격파했다. 1차 공격에서 실패한 국민정부군은 곧이어 1931년 봄 병력 20여만 명을 동원해 제2차 포위 공격을 감행했다. 홍군은 국민군의 2차 공격도 격파했다. 두 차례의 포위 공격이 실패하자, 1931년 여름에 국민정부군은 장제스의 진두지휘로 정예부대 10만 명을 동원해 제3차 포위 공격을 단행했다. 이번에는 홍군이 고전을 겪는 가운데, 만주에서 일본군이 침략 전쟁을 일으킨 사건(만주사변)이 일어나 포위 작전은 중단되었다. 국민정부군의 포위 공격은 그 뒤로도 행해졌는데, 1933~1934년에 걸쳐 제5차 포위 공격이, 1936년에는 제6차 포위 공격이 시도되었다.


## 9·18 사변과 노동자들의 반제투쟁

1931년 9월 18일 중국의 동북부에 주둔하고 있던 일본 관동군이 선양을 점령하고 동북 지역으로 진격하는 사건이 벌어졌다. 이른바 '9·18 사변'이다. 국민당 정부는 일본군 공격에 대응하지 않았으며, 일본군은 4개월이 못되는 동안에 동북 3성을 점령했다. 1932년 1월 28일 일본군은 다시 상하이를 공격했다. 국민당 정부는 국내를 안정시킨 뒤 외국의 침략을 막아 낸다는 안내양외安內攘外 정책에 따라 '상하이 정전협정'을 체결했다.

일본 군대의 계속되는 침략 행위와 국민당 정부의 그릇된 정책은 중국 인민들의 격렬한 분노와 저항을 불러일으켰다. 상하이, 광저우, 한커우, 칭 다오 등의 여러 도시에서 일본의 침략 행위에 반대하는 노동자들의 파업이 일어났다. 상하이에서는 부두노동자 3만여 명이 일손을 멈춤으로써 일본 기선회사는 3개월 동안 총 90만 톤 분량의 작업이 이루어지지 않아 엄청난 손실을 입었다. 또 1·28 사건이 진행되는 가운데 상하이 서부 지역 일본인 소유 방적공장에서 일하는 노동자 3만여 명이 반일 파업을 일으켰다. 상하이의 다른 부문 노동자들도 반일 집회와 시위에 참가하고 의용 무장대와 운수대, 그리고 구호대를 조직했다(중화전국총공회 1999, 205~206).

이와 같이 9·18 사변 이후 국내 정세 변화와 항일 구국 운동 부활은 백구에서 전개된 노동운동 회복과 발전에 유리한 조건과 기회를 가져다주었다. 1931년에는 파업 359건, 파업 참가자 76만 명이었고, 1932년에는 파업 327건, 파업 참가자 121만6천 명이었으며, 1933년에는 노동쟁의 359건, 파업 참가자 69만1,500명이었다. 1935~1937년 사이에는 노동쟁의의 약 절반 정도가 파업으로 진전되었다(Pashkova, 317; The USSR Academy of Sciences 1984, 518에서 재인용).

일본 제국주의에 반대하는 노동자투쟁이 여러 가지 형태로 전개되는 가운데, 왕밍을 중심으로 한 좌경 기회주의자들은 중국의 실제 상황과 인민들의 구체적인 요구를 도외시한 채, 코민테른의 지시만을 고수해 "모든 제국주의를 반대하고, 소련을 수호하며 중국혁명을 수호해야 한다"고 강조했다.

왕밍을 비롯한 좌경 기회주의자들이 노동운동에 대해 끼친 부정적 영향에 대해 중화전국총공회는 다음과 같이 평가했다. 첫째, 좌경 기회주의자들은 노동자들의 항일 구국운동을 이끌면서 모든 것을 타도하고 일체 합작하지 않는다는 방침을 고수했다. 둘째, 이들은 각종 기념일마다 국민당 정부를 반대하는 격렬한 파업, 시위, 집회 등의 모험 활동을 전개했다. 셋째, 좌경 기회주의자들은 노동자들을 성급하게 동원해 국민당 통치를 끝장내려는 주관적인 기대에서 출발했으며, 대중의 실제 요구와 주관·객관적 조건을 충분히 고려하지 않았다. 넷째, 이들은 비밀 적색 노조 발전과 국민당 산하 어용노조 타도를 기본 방침으로 설정해 이를 고수했다.

이런 좌경적 경향 때문에 1933년 3월과 5월에 노동운동 지도자 뤄덩셴과 덩중샤 등이 체포되어 8월과 9월에 각각 처형당했다. 또 이 시기 백구에서 전개된 파업투쟁은 대부분 실패로 끝났고, 노동조합 조직도 계속 파괴당했다. 이에 따라 1933년 초에 이르러 중국공산당 임시 중앙과 전국총공회는 상하이에서 중앙 혁명 근거지인 장시 성 루이진으로 이동했다(중화전국총공회 1999, 213~217).

## 소비에트에서 전개된 노동조합운동

1927년 중국공산당 중앙위원회 8·7 긴급회의 결정에 따른 토지혁명전쟁이 실패하자, 1927년 가을 마오쩌둥의 지도로 징강산에 혁명 근거지가 세워졌고, 이어 1930년 상반기까지 후난, 후베이, 장시, 광둥, 그리고 그 부근의 성에 크고 작은 농촌 혁명 근거지 10개가 건설되었다. 1931년 9월에는 장시 남부 혁명 근거지와 푸젠 서부 혁명 근거지가 하나로 합쳐져 루이진을 중심으로 하는 중앙 혁명 근거지가 정식으로 설치되었다. 1933년 초에는 후베이, 허난, 안후이에서 철수한 홍군 제4방면군이 쓰촨 북부에 쓰촨-산시陝西 혁명 근거지를 건설했다. 그리고 1934년 겨울 후난-후베이 서부 근거지에서 철수한 홍군이 후난-후베이-쓰촨-구이저우 혁명 근거지를 세웠다.

이런 혁명 근거지들에 건설된 노동자·농민 정권은 소비에트 형태를 취했는데, 이들 근거지들은 소비에트 구역, 줄여서 소구蘇區로 불렸으며 국민당이 지배하는 백구白區와 구별해 홍구紅區라고 표현했다(중화전국총공회 1999, 220).

1931년 11월 7일 루이진에서 제1차 전국 소비에트 대표대회가 소집되었다. 이 대회에서는 '중화소비에트 공화국 헌법 대강', '노동법', '토지법' 등의 안건이 통과되었고, 마오쩌둥을 주석으로 하는 소비에트 공화국 임시중앙정부가 설립되었다. 대회 이후 노동법령 시행에 따라 각 소비에트에는 농업·운수막·점원-수예·공기업 노동자 등의 노동조합이 조직되었다. 이와 동시에 각급 노동자대표대회가 소집되어 각 소비에트에 보편적으로 성과 현, 그리고 구의 세 단위 노동조합연합회가 설립되었다. 1932년 8월, 소비에트 노동조합원은 15만 명 이상이었다(『中國工會歷史文獻』第3册, 570; 중화전국총공회 1999, 228)에서 재인용).

1933년 초 전국총공회가 중앙소비에트 소재지 루이진으로 옮겨 간 뒤, 전국총공회 소비에트중앙집행국이 설치되었다. 집행국의 위원장에는 류사오치가, 부위원장에는 천원이 선출되었다. 1933년부터 1934년 10월 홍군이 대장정을 시작하기 전까지 남부 지역 각 성의 소비에트 노동조합운동은 전성기에 이르렀으며, 전국 소비에트 노조의 조합원 수는 36만여 명이었다.

소비에트 노조는 광범위한 노동자 대중을 조직해 '노동법'[5]과 노동조합

5_1929년 10월 푸젠 서부 소비에트 상항에서 열린 제1차 노동자·농민·병사 대표 대회가 열렸는데, 이 대회에서 노동자들의 정치·경제적 권리 보장을 위한 '노동문제' 의안이 통과된 바 있었고, 1930년 2월 제2차 노동자·농민·병사 대표 대회에서 총 13개 조항으로 구성된 '노동보호법'이 통과되었다. 1930년 5월

활동 방침을 실행하기 위해 노력했다. 전국총공회는 당시 소비에트 노조의 역할을 다음과 같이 평가했다. 첫째, 소비에트 노동조합은 노동자들을 조직해 혁명 근거지 정권을 건설했고, 소비에트 정권의 주춧돌 구실을 했다. 둘째, 노동조합은 노동자들을 동원해 소비에트 경제 건설에 참여했고, 국민당의 경제봉쇄를 극복하기 위해 노력했다. 셋째, 노동조합은 노동자들을 조직해 문화와 기술 학습을 통해 소비에트 문화 건설에 참여했다. 넷째, 소비에트 노조는 토지개혁과 토지조사 운동에 참가했다. 다섯째, 노동조합은 노동자들을 동원해 혁명전쟁에 참여하도록 하고 또 이를 지원했다(중화전국총공회 1999, 238~243).

## 항일민족통일전선 정책과 노동운동의 지도 방침

1935년 1월 중국 홍군이 대장정을 진행하는 도중에 구이저우 성 북부의 쭌이에 도착했을 때, 당 중앙위원회는 거기서 정치국 확대회의를 소집했다. 쭌이회의는 보구와 리더 등이 군사적으로 공세를 취하지 못하고 단순히 방어만을 했기 때문에 국민당의 제5차 포위 공격을 분쇄하지 못했다고 지적했다. 쭌이회의는 마오쩌둥, 저우언라이, 왕자샹으로 구성되는 3인 소조를 설치해 홍군의 군사 지도권을 맡도록 결정했다. 3인 소조는 당시 당 중앙의 가장 중요한 지도 기구였다. 쭌이회의는 대단히 어려운 상황에서 중국공산

---

상하이에서 소집된 전국 소비에트 대표 대회에서 '노동보호법'이 통과되었다. 1931년 11월 전국 소비에트 대표 대회에서 통과된 '노동법'은 모두 12장 75조로 구성되었다. 법에는 고용 절차, 단체협약, 노동계약, 노동시간, 휴식 시간, 임금, 여성노동자, 청소년 및 아동노동자 보호, 사회보험, 노동쟁의 조정, 노동법 위반 단속 기구 등이 규정되었다. 이 법은 소비에트에서 국가 법령 형식으로 공포된 가장 완비된 최초의 노동법이었다(전국총공회 1999, 231~232)

당, 홍군, 그리고 혁명을 위한 지도체계를 바로 세운 전환점이 되었다.

마오쩌둥이 당과 군사 지도 역할을 수행하면서 장정을 이끄는 가운데, 1935년 12월 17일 공산당 중앙위원회는 산시陝西 성 북부 와야오바오에서 정치국 회의를 소집해 '현재 정치 정세와 당의 임무에 관한 결의'를 채택했다. 마오쩌둥은 당 일꾼 회의에서 '일본 제국주의를 반대하는 책략을 논함'이라는 보고를 했다. 정치국회의의 결의와 마오쩌둥의 보고는 당시의 정치 정세를 구체적으로 분석하고 모든 항일 역량을 동원·단결·조직해 가장 광범위한 항일민족통일전선을 건설해 항일 투쟁을 준비해야 한다는 기본 정책을 확정했다.

와요보 회의에서는 노동운동에 관한 결의도 채택되었다. 결의안은 모든 공개·반공개적 가능성을 이용해 광범위한 대중조직을 건설해야 하며, 노동자 대중의 정치·경제적 투쟁을 올바르게 지도해야 한다고 강조했다. 와요보 회의는 "이런 방식으로 노동자 대중의 두터운 역량을 축적해 최후의 전투를 준비하고, 중국 혁명에서 노동자계급의 주도권을 쟁취하는 것이 당의 노동운동에 대한 기본 원칙이다"라고 규정했다.

1934~1936년에 중국 중부에 자리 잡고 있던 혁명 근거지(소비에트)는 장제스 국민군의 공격을 받아 유지할 수 없었고, 중국공산당과 홍군의 잔존 부대는 산시·간쑤·닝샤 성 근방 오지의 북서부 지역으로 밀려났다. 장제스 국민당 정부는 중국공산당과 홍군 근거지를 없애기 위한 제6차 포위 공격을 준비하고 있었다. 이 무렵 중국공산당은 대중적인 기반을 잃게 되었으며, 도시에서 학생과 인텔리겐치아의 혁명적 부분과 일정한 결합을 갖고 있었다(The USSR Academy of Sciences 1985, 519).

장제스는 신해혁명 이후 군사력이야말로 모든 것에 우선한다는 사실을 통감하고, 유럽 지역에서 신무기를 구입해 장비 현대화를 꾀했으며, 직계 중앙군을 배치했다. 1936년 당시 중국의 총병력은 약 200만 명가량이었는데, 그 가운데 100만 명이 장제스 휘하에 있는 직계 군대였다.

한편, '북상 항일'을 멈추고 진용을 재정비하던 중국공산당은 1935년 8월 1일 중국공산당 중앙위원회와 중화 소비에트 정부 연명으로 항일전을 위해 일치단결해야 한다는 요지의 '8·1 선언'을 발표했고, 1936년 5월 5일에는 '정전강화 일치항일'이라는 내용의 전문을 보냈다. 그러나 장제스는 같은 해 10월 병력 20개 사단을 동원해 제6차 포위 공격을 감행했다.

이런 과정에서 이른바 '서안 사건'[6]이 발생했다. 장제스는 12월 25일 양후청과 장쉐량에게 다음과 같은 약속을 했다. 첫째, 국민당과 국민당 정부를 재조직하는 일, 즉 친일파를 몰아내고 항일 요소를 받아들이는 것, 둘째, 상하이에 있는 애국적 지도자들과 모든 정치범을 석방하고 인민의 자유와 권리를 보장하는 일, 셋째, '공산주의자를 토벌하는 정책'을 종식시키고 홍군과 함께 항일 연합전선 대열에 들어오는 일, 넷째, 모든 정당과 단체들, 주민과 군대를 대표하는 구국회의救國會議를 소집해 항일과 구국방침을 결정하도록 하는 일, 다섯째, 중국의 항일 전쟁에 동조하는 모든 나라와 동맹 관계에 들어가는 일, 여섯째, 국가를 구하기 위한 여러 가지 특별한 수단과 방법을 강구하는 일 등이다(쇼 1986, 113에서 재인용). 장제스는 이런 약속이 강요에 따른 것이라고 했으나, 한편으로 "약속은 지켜야 하는 것이며, 행동은 단호해야 하는 것이다"라고 피력했다. 그리고 루거우차오 사건을 시작으

---

6_1936년 12월 12일 장제스는 산시(陝西) 성 시안에 그 지역 군사 지도자들과 협의하기 위해 도착했다. 산시 성 평정사령관 양후청과 서북부 반도진압군 부사령관 장쉐량과 만나기 위해서였다. 늦은 밤 장제스가 머무르고 있는 동안 시안 사령부 병사들이 장제스의 호위병들에게 총격을 가했다. 장제스는 간신히 집을 빠져나오는 데 성공했지만, 30여 피트나 되는 구덩이 속으로 떨어지면서 심한 상처를 입고 보안군에게 감금되었다. 12월 12일 장제스는 장쉐량 측의 요청을 받아들이고 석방되었다.

로 항일 전쟁이 발발하면서 장제스의 약속은 대체로 이행되었고, 제2차 국공합작은 달성되었다.

1937년 7월 7일 일본 제국주의 군대가 베이징 서남쪽 교외의 루거우차오 부근에 주둔하고 있던 중국군을 공격하는 사건이 벌어졌다. 이른바 루거우차오 사변이다. 일본군 공격을 받아 중국 군인은 물론이고 전국에 걸쳐 인민들이 저항행동을 전개해 항일 전쟁이 발발했다.

루거우차오 사건 다음 날 중국공산당은 '전 민족 항전'을 주장하면서 국공합작을 제안했다. 9월 23일 장제스는 중국공산당의 합법적 지위를 인정한다는 담화를 발표하고, 국민당과 공산당의 제2차 합작과 항일민족통일전선 구축을 선언했다. 국공합작 방침에 따라 중국공산당이 이끄는 홍군과 남부 각 성의 유격대들이 차례로 국민혁명군 제8로군(팔로군)과 새로 편성된 제4군(신사군)으로 개편되어 화북과 화중의 항일 전선으로 배치되었다.

항일 전쟁이 시작되자 노동자 대중은 대중적인 항일 투쟁을 다양한 형태로 전개했다. 첫째, 창신뎬과 상하이 등지의 노동자들은 루거우차오 사건과 우쑹 사건을 맞아 항일 투쟁에 앞장섰다. 둘째, 전국에 걸쳐 '노동자구국회', '노동자전시봉사단' 등 여러 가지 형태의 노동자 항일 구국 단체를 조직해 투쟁했다. 셋째, 노동조합과 노동자 구국 단체들은 모금 운동과 항전을 지원하는 대중운동을 전개했다. 넷째, 항전 지역과 인근 지역의 노동자들은 군대를 위한 운반 작업과 공장을 내륙지역으로 이전하는 작업에 참가했다. 다섯째, 항일 전쟁이 발발한 뒤 상하이, 칭다오, 톈진, 우한 등지에서는 일본인 소유 공장이나 상점에서 일하는 중국인 노동자들이 잇따라 파업을 벌여 일본 제국주의 침략에 항의했다(중화전국총공회 1999, 273~276).

1920~1930년대에 걸친 중국의 노동운동과 사회혁명운동 과정은 발달한 자본주의국가들에서 전개된 그것과는 사뭇 다르게 진행되었다. 중국 사

회의 특징과 중국 혁명전쟁의 전략·전술에 관해서는 마오쩌둥 저작이 집약해서 제시해 주고 있다. 마오쩌둥은 "전쟁과 전략 문제"(1936년 11월)에서 중국의 특징을 다음과 같이 서술하고 있다.

중국의 특성은 독립적 민주주의국가가 아니라 하나의 반식민지·반봉건국가이며, 내부적으로는 민주제도가 없고 봉건제도의 압박을 받고 있으며, 외부적으로는 민족적 독립이 없고 제국주의의 압박을 받고 있다는 것이다. 때문에 이용할 의회가 없고 노동자들을 조직해 파업을 일으킬 합법적인 권리도 없다. 이런 상황에서 공산당 임무는 기본적으로 장기간의 합법투쟁을 통해 봉기와 전쟁으로 나아가는 것이 아니고, 도시를 먼저 점령한 후에 농촌을 탈취하는 것도 아니며 이와 반대되는 길을 걸어야 한다는 것이다. …… 대부분의 중국 영토 내에서의 당 조직 사업과 인민대중운동 사업은 무장투쟁과 직접 연결되어 있다. 단독적이며 고립적인 당 사업이나 민중운동은 없으며, 또 있을 수도 없다(마오쩌둥 2002, 244~247).

마오쩌둥은 당시 중국의 역사적 특징을 더 구체적으로 설명한다.

외래 자본주의가 중국을 침략해 중국 사회 내부에서 자본주의적 요소가 차츰 성장하게 되면서부터 중국은 식민지·반(半)식민지·반(半)봉건적 사회로 차차 전환되었다. 오늘의 중국은 일본 점령구에 있어서는 식민지 사회이고 국민당 통치 지구에서는 기본적으로 반식민지 사회다. 그러나 일본 점령 지구이든 국민당 통치 지구이든 그것은 다 봉건적·반봉건적 제도가 우세를 차지하고 있는 사회다. 이것이 바로 현재의 중국 사회 성격이며, 중국의 실정이다(마오쩌둥 2002, 375).

또 마오쩌둥은 중국 혁명전쟁의 특성에 관해서는 다음과 같이 밝혔다.

첫 번째 특성은 중국은 정치·경제적으로 발전이 불균형한 반半식민지 대국이며, 또 1924~1927년의 혁명을 겪었다는 점이다. 두 번째 특성은 적이 강하다는 점이다. 세 번째 특성은 홍군이 약하다는 점이다. 네 번째 특성은 공산당의 영도와 토지혁명이다. 이 특성은 첫 번째 특성의 필연적 결과라 할 수 있다. 이 특성에 따라 두 가지 상황을 점쳐 볼 수 있는데, 그 하나는 중국 혁명전쟁이 비록 중국과 자본주의 세계의 반동 시기에 처해 있기는 하지만 그래도 승리할 수 있다는 점이다. 다른 하나는 국민당과 첨예한 대조를 이루고 있다는 것인데, 국민당은 토지혁명을 반대하므로 농민의 원조가 없어 …… 그 전투력이 약화되고 있다는 점이다(마오쩌둥 2001, 235~238).

마오쩌둥은 "중국 혁명과 중국공산당"(1939년 12월)에서 중국 혁명의 성격을 '무산계급 사회주의혁명'이 아니라 '자산계급 민주주의혁명'이라고 규정하면서 그러나 이런 혁명은 낡은 형태의 자산계급 민주주의혁명이 아니라, 신민주주의혁명이라고 밝혔다. 신민주주의혁명은 바로 무산계급[7]이 영도하는 인민대중의 반제·반봉건 혁명이라고 설명했다(마오쩌둥 2002, 355).

신민주주의혁명에 관해서는 마오쩌둥이 그의 "신민주주의론"(1940년 1월)에서 자세히 서술하고 있다. 신민주주의혁명 이론의 기본 내용을 개괄하면 이렇다. 첫째, 중국 혁명은 민주주의혁명과 사회주의혁명이라는 두 단계로 나뉘어 나아가야 한다. 둘째, 중국 신민주주의혁명은 반드시 무산계급의

---

**7_**여기서 말하는 무산자는 산업노동자를 비롯해 도시 소공업과 수공업의 고용 노동자와 상점 점원, 농촌의 고용 노동, 그리고 도시 무산자를 포괄해서 말한다.

영도권을 견지해야 한다. 셋째, 중국의 신민주주의혁명은 반드시 무산계급 영도 아래 광범한 혁명의 통일전선을 조성해야 한다. 넷째, 중국 신민주주의혁명은 반드시 장기적인 무장투쟁으로 농촌이 도시를 포위해 전국 정권을 탈취하는 노선을 견지해야 한다. 다섯째, 중국은 식민지·반식민지·반봉건적 국가와 사회 상황으로부터 신민주주의 국가와 사회로 나아가도록 추진한 다음 다시 중국을 사회주의사회와 공산주의사회로 추진해 나가야 한다(마오쩌둥 1989, 271~284).


## 2. 인도

인도 노동자계급이 벌이는 투쟁은 민족부르주아지가 지도하는 민족해방운동의 주요한 구성 부분이었다. 1920년대와 1930년대에 걸쳐 마하트마 간디가 지도한 인도국민회의는 정치적 독립을 향한 점진적인 전진을 목표로 설정했다. 인도국민회의는 이와 같은 목표를 실현하기 위해 민족부르주아지 세력의 지도 아래 인도 사회의 계급과 계층들을 통합하고자 했다. 이런 방침에 따라 인도국민회의 지도자들은 모든 사회적 분쟁과 계급적 갈등을 계급 평화의 바탕 위에서 해결해야 한다고 주장했다. 민족부르주아지가 추구한 것은 인도 사회 상층만이 아니라 농민, 노동자, 도시 하층민도 민족해방투쟁에 참여시키면서 동시에 이 투쟁을 비폭력 행동 노선에 따라 추진하는 일이었다(The USSR Academy of Sciences 1985, 525).

인도국민회의는 사실상 대중의 반식민주의 운동 위협을 완화하면서 영국 제국주의와 협조하는 경향과 다른 한편으로는 민족적 저항운동에서 담당하는 주도적 역할이라는 양면성을 지니고 있었다. 국민회의의 이런 야누

스적 성격이야말로 안전판으로서 계획했던 인도국민회의 창설의 진정한 의도이기도 했다(조길태 1993, 70).

그러나 민족부르주아지가 목표로 했던 계급 평화는 결코 실현되지 못했다. 인도에서는 파업투쟁이 계속되었고, 그것도 1920년대 후반부터는 경제파업이 때로는 연대 파업이나 대중집회, 그리고 정치 시위로 이어지기도 했다. 1920년대 말에는 혁명 지향 노동조합이 출현했는데, 이런 노동조합은 완전 독립을 위한 투쟁과 노동자계급의 이익을 철저하게 옹호하는 노선을 견지했다.

식민지 인도에서 강력한 혁명적 노동조합을 건설하는 일은 큰 어려움이 따르는 과제가 아닐 수 없었다. 노동자의 정치적 무권리, 노동조합원의 높은 이동성, 압도적 다수 노동자의 문맹, 노동자 사이에 존재하는 종교와 카스트의 상이 등이 노동자계급의 조직적 결집과 계급적 자각 향상을 크게 제약했다.

이런 조건에서도 1925년 12월 칸푸르에서 공산주의자협의회가 열렸고, 여기서 '인도공산당' 창립이 선언되었다. 또 1926~1928년에는 벵골, 봄베이, 연합 주, 펀자브에서 공산주의자들이 주도해 노동자·농민당이 창립되었다. 이 조직 지도부에는 공산주의자 말고도 혁명적 민주주의자들도 참가했다. 이 조직은 인도국민회의와 대립하지 않은 가운데 민족해방운동과 근로인민의 이익을 옹호하는 투쟁에서 연합을 이루고자 노력했다. 일부 노동조합과 1930년대에 설립된 농민조합Kisan Sabhas은 이런 정당의 지도를 받으며 활동했다.

한편, 1928년에는 인도의 저명한 혁명가 바갓 싱을 지도자로 하는 사회주의공화연맹이 창립되었는데, 이 조직 결성에는 훗날 '인도공산당' 지도자의 한 사람이 된 아조이 고시도 참가했다. 이 무렵 자와할랄 네루와 수바스

찬드라 보스를 지도자로 하는 '전全인도독립연맹', '전인도청년연맹', '신청년 동맹' 등이 결성되었다.

1930년대를 특징지은 운동은 시민불복종운동이었다. 1930년대의 시민 불복종운동은 이전의 그것보다는 훨씬 적극적이었다. 10년 전 비협조 운동 이 무저항 운동이었던 것과는 반대로 시민불복종운동은 적극적인 저항운동 이었다. 비협조 운동은 인민들이 협조하지 않음으로써 행정부를 곤경에 빠 뜨리게 하려는 것이었으나, 시민불복종운동은 대규모 불법행위를 감행함으 로써 영국 지배 체제를 흔들어 놓으려는 것이었다(조길태 2000, 518).

이 운동은 광범한 대중 참여와 투쟁 형태의 다양성을 나타냈다. 상품 불 매운동과 동맹 휴업, 상점이나 가옥 폐쇄 등 집단행동hartal, 파업, 항의 집회, 시위, 식민지 당국이 제정한 각종 금지 조치 위반, 신문 발행 정지, 식민지 행정기관 내 부서에서 사퇴하기 등이 주요 투쟁 형태였다.

시민불복종운동의 대표적인 사례는 간디가 선택한 염세鹽稅에 대항하는 행동이었다. 모든 사람의 생활필수품인 소금은 많은 세금이 부과되는 국가 전매품으로서 어느 누구도 마음대로 소금을 제조하거나 판매를 할 수가 없 었다. 해안 지역 농어민들이 천연소금을 채취해 사용해도 그 사람들은 구속 당했다. 간디는 바닷물로 직접 소금을 만드는 행동을 실행함으로써 불복종 의지를 스스로 보였다. 간디는 뜻을 같이하는 79인과 함께 1930년 5월 12~ 25일 동안의 이른바 '소금 행진'을 벌였는데, 이 행진에는 수많은 군중이 함 께했다. 간디의 이와 같은 행동은 대규모 인민대중운동의 촉발제가 되었으 며, 인도 사람 수천 명이 간디의 충고에 따라 법을 어기면서 소금을 채취했다.

수많은 여성이 바닷물로 소금을 만들고, 그것을 시장에 내다 팔거나 사 면서 제국주의에 도전했다. 1930~1932년에 봄베이에서만 수천 명의 여성 이 부당한 식민 통치에 대항해 불복종운동을 펴는 간디의 민족운동에 참여했다. 1930년의 불복종운동은 인도 여성의 사회참여를 양과 질의 양면에서 변화시켰다(이옥순 2007, 233).

총독 정부는 강경 대응으로 맞섰다. 간디를 비롯해 국민회의 운영위원 모두를 구속했다. 간디는 다음 해 1월까지 투옥되었고, 네루는 6개월 징역형을 받았다. 식민 당국의 이런 조치에 대해 인도인은 격렬한 저항을 나타냈다. 캘커타(현재 콜카타), 델리, 페샤와르 등지에서는 폭력을 수반하는 집단행동이 행해졌다. 1931년 3월 에드워드 어윈 총독과 간디 사이에 협정이 맺어졌고, 총독은 투옥된 사람 대부분을 석방하고 가정용 소금의 개별 생산을 허용하기로 했다(조길태 2000, 518~520).

인도 급진주의 세력의 지도자였던 보스와 많은 젊은이는 이 협정을 총독 정부에 대한 항복문서라고 규정하고 영국 제국주의의 허황된 약속에 속아 인도 민족주의자들의 애국적 요구를 팔아넘겼다고 비난했다.

그 뒤에도 시민불복종운동은 계속되었고, 이 운동을 적극적으로 추진했던 민족해방운동과 노동운동 지도자들에 대해서는 극심한 탄압이 가해졌다. 1933년 당시 인도 감옥에는 민족해방 운동가와 노동운동 활동가 약 12만 명이 갇혀 있었다. 1934년에는 '인도공산당'이 비합법화되어 약 10년 동안 공개적인 활동을 하지 못했다(The USSR Academy of Sciences 1985, 526).

영국은 탄압 한 가지 방법만으로는 민족해방운동을 억누를 수 없다는 사실을 파악하고, 운동의 분열을 획책했다. 영국 식민 당국은 1935년에 '인도통치법'Government of India Act을 채택했다. 이 법은 1919년 제정된 인도 통치법 전문前文에 명시된 약속을 이행한다는 뜻에서 제정된 것이었으며, 또 영국의 인도 통치 정책이 일관성 있게 추진되고 있음을 보여 주기 위한 것이기도 했다.

1935년 인도통치법은 이전의 법률들이 규정하고 있던 특징들, 예컨대 의회, 내각책임제, 지방자치와 종파적 대표제 등을 그대로 유지하고 있었다. 여기에다 이 법은 두 가지 새로운 특징, 즉 중앙의 연방 원칙과 주州의 책임 정부 원칙을 도입한 것이었다. 그리고 이 법의 특징은 연방제 도입이었으며, 인도의 모든 주와 토후국들은 하나의 연방 단위로 통합되며 총독 밑에 양원을 설치하기로 규정했다. 연방의회에는 재산 자격을 갖춘 인도인 유권자들이 직접 선출한 의원들이 다수를 차지하게 되었다.

인도통치법의 또 다른 특징은 각 주에 책임제 정부를 도입하는 것이었다. 각 주의 의회는 주민이 선출한 의원으로 구성되며, 참정권은 재산 자격을 가진 성년 남녀에게만 주어졌다(조길태 2000, 491~492).

이처럼 인도통치법은 지방 토후나 대지주들에게 일정한 특권을 부여하는 동시에 민족·종교·사회적 갈등을 격화시키고자 의도했다. 그러나 이 법률 채택은 오히려 민족해방운동의 새로운 고양을 촉진했다. 대중운동, 특히 노동운동과 부분적이기는 하지만 농민운동 안에서 사회주의사상이 보급되기 시작했고, 사회개혁 슬로건이 민족해방운동 안에서 출현하기 시작했다.

민족해방운동과 사회개혁운동 추진 과정에서 이른바 불가촉천민不可觸賤民 운동과 같은 신분 차별 타파 운동이 함께 전개되었다. 오늘날 잘 알려진 인도의 카스트제도는 19세기 영국의 식민지 통치가 인도에서 재발견한 사회제도였다. 이것은 영국이 통치 편의를 위해 실시한 '인도 조사'와 같은 계량화한 각종 보고서와 실태 조사를 통해 밝혀진 것이다. 카스트는 브라만, 크샤트리아, 바이샤, 수드라라는 네 계층으로 구분되었다. 그런데 카스트의 정체성을 확인하는 과정에서 사회적 상승 이동을 추구하는 집단에는 네 계층의 카스트 바깥에 존재하면서 카스트를 가진 힌두로부터 접촉을 기피당해 이른바 '불가촉천민'이라고 불리는 최하층이 있다는 사실이 확인되었다.

불가촉천민은 고대『우파니샤드』에 나오는 '찬달라'라는 천민으로서 마을 밖에 격리되어 세습적인 직업에 종사하는 집단의 후예였다. 불가촉천민은 정복자에게 사로잡힌 노예나 사회에 적응하지 못한 낙오자들의 후예로 대개 죽음이나 배설과 관계되는 미천한 일에 종사하거나 전염병으로 죽은 시체를 취급해 오염원으로 취급당했다.

19세기 들어 불가촉천민들이 힌두 사원 참배를 비롯한 신분 차별 시정을 위한 요구들을 제기하기 시작했다. 19세기 말에 이르러 인구조사를 바탕으로 하층 카스트에 대한 정부 차원의 지원이 실시되었고, 1920년 중반부터 간디가 불가촉천민의 사회적 위상을 증진하는 운동을 벌이면서 불가촉천민제 폐지 운동이 본격화되었다. 마라타 지방 마하르[8] 출신의 브힘라오 람지 암베드카르 불가촉천민을 달리트Dalit(억압받는 사람)라고 불러서 계층의 정치·사회적 정체성을 형성하고자 했다. 암베드카르는 급수 시설, 우물, 학교, 병원 등 모든 공공시설 이용을 위한 대중투쟁을 조직했다. 맨 처음 획득한 성과가 '초다르 저수지'의 자유로운 사용이었다. 그다음에는 1930년 나시크 칼라함 사원 참배 운동을 전개했다(아히르 2005, 79~80).

불가촉천민이 다른 카스트처럼 힌두 사원에 들어갈 수 있는 권리를 얻기 위한 투쟁을 벌였다. 간디는 불가촉천민을 하리잔Harijan(신의 자식)이라 부르면서 불가촉천민제 폐지 운동을 지지했다. 이런 노력 끝에 결국 남부 탄조르의 브리데쉬와라 힌두 사원이 사상 처음으로 불가촉천민들에게 참배를 허용했다.

불가촉천민이 힌두 사원에서 참배할 수 있는 권리를 명목상 확보한 암

---

**8**_마하르는 청소를 하거나 죽은 동물의 가죽을 벗기는 천한 일에 종사하는 불가촉천민으로 1931년 당시 봄베이 주 불가촉천민의 68.9퍼센트를 차지했다.

베드카르는 다음 단계로 의회를 '힘의 사원'으로 설정해 불가촉천민도 의회에서 활동할 수 있도록 무슬림과 마찬가지로 '분리 선거구'를 책정해 달라고 정부에 요구했다. 1932년 인도 사회의 통합을 바라지 않은 영국 식민주의자는 그들의 요구를 받아들였다. 1932년 8월 16일 제임스 램지 맥도널드 결정[9]이 내려졌다. 이 결정에 따라 무슬림뿐만 아니라 불가촉천민에게도 분리 선거구를 적용해 통합 선거구에서 한 표, 분리 선거구에서도 한 표를 행사하는 이중 투표제로 선출되는 78개의 의석이 중앙 입법 회의에 배정되게 되었다.

간디는 이 결정에 반대해 무기한 단식을 선언하고 9월 20일 단식에 들어갔다. 간디는 자신의 항거가 불가촉천민 제도라는 '죄악'을 없애기 위한 힌두교도들의 궐기를 독려하기 위한 것이라고 했지만, 실제로는 간디가 인도 분열을 우려해 불가촉천민이 독립적인 정치 세력으로 대두하는 것을 꺼려 불가촉천민의 분리주의에 반대하는 것이 분명했다. 간디를 지지하는 힌두교도들의 암베드카르에 대한 압력은 실로 강대했다.

간디와 암베드카르는 일주일 동안의 협상 끝에 이른바 '푸나 협정'을 맺게 되었는데, 협정은 분리 선거구제를 통합 선거구에서 행하는 법정 유보 의석제로 대체하는 것이었다. 이 협정은 예비선거에서 4명의 불가촉천민 후보자를 선출하고, 선출된 4명 가운데 1명을 통합 선거로 실시되는 두 번째 본 선거에서 선출하는 것으로 규정했다. 불가촉천민이 분리 선거구를 포기한 데 대한 보상으로 의석수 할당이 78석에서 148석으로 거의 두 배로 상

---

9_영국 정부는 분리 선거구 결정에 앞서 모든 인도 대표에게 영국 결정에 따르겠다는 서명을 요구했고, 간디도 이에 서명했다. 그 뒤 식민 정부는 불가촉천민의 분리 선거구를 인정하는 결정을 내렸다. 이 결정을 이른바 램지 맥도널드 결정(Ramsey MacDonald Award)이라 한다.

향 조정되어 인구 비례에 대체로 접근했다.

그러나 협정 실행에서는 본래 목표가 실현되지는 못했다. 불가촉천민 후보는 선거를 두 번 치를 만한 여유가 없었고, 더구나 이런 제도로는 최종 선거 결과가 불가촉천민에게 반드시 유리한 것만은 아니었다. 왜냐하면 불가촉천민에게 배정된 148석은 카스트 힌두의 지지를 받는 불가촉천민이 차지하도록 되어 있었기 때문이다(옴베르트 2005, 89~92).

한편, 불가촉천민 출신 지도자 작지반 람이 1935년 전국적인 불가촉천민연맹을 결성하자, 암베드카르는 '인도독립노동당'을 결성했다. 1935년 식민 정부는 불가촉천민에게 중앙 의회와 주 의회에 일정 비율의 의석을 보장했고, 이듬해에는 특별 카스트로 지정했다. 1937년에 치러진 봄베이 주 지방선거에서 국민회의에 맞선 인도독립노동당은 불가촉천민에게 할당된 18석 가운데 16석을 차지했다. 암베드카르는 불가촉천민이 국민회의와 무슬림연맹에 이어 제3세력이라고 주장했다(이옥순 2007, 207~210).

1930년대 말에는 노동자계급 투쟁이 괄목할 정도로 고양되었다. 매년 400건의 파업이 일어났고, 파업 참가자의 총수는 50만 또는 52만 명에 이르렀으며 파업 손실일수는 900만 일이었다(Karnik 1960, 89; The USSR Academy of Sciences 1985, 527에서 재인용). 인도 노동운동 역사에서 특별한 사례로 기록된 투쟁은 칸프르 섬유노동자의 대규모 파업이었다. 이 파업은 때때로 중단되기는 했지만 1937년부터 1938년에 걸쳐 계속되었으며, 노동자 승리로 마무리되었다. 다른 산업부문 노동자와 철도노동자들이 섬유노동자와 연대하기를 표명하고 파업을 선언했다. 파업은 연대 집회와 연대 시위가 이루어지는 가운데 계속되었다. 당국은 섬유노동자의 요구를 수용했고, 노동조합을 합법 조직으로 인정했다.

노동운동이 고양되면서 노동조합 조직율도 크게 높아졌다. 1938~1939

년 사이에 등록된 노동조합 수는 271개에서 562개로 증가했으며, 노동조합
원 수는 26만1천 명에서 40만 명으로 늘어났다. 1938년 4월에는 전인도노
동조합회의와 전국노동조합연맹이 통합했다(Punekar 1948, 333~334; The
USSR Academy of Sciences 1985, 527에서 재인용).

노동운동의 대중성과 조직성이 강화되고 여기에 민족해방과 경제·사회
적 개혁 슬로건이 결합되면서, 인도국민회의 내의 여러 세력 사이에 분극화
가 진전되었다. 반동 세력과 지방자치주의 세력의 활동이 활발해졌다. 그들
은 1939년 국민회의 회의에서 사실상 좌파를 당 지도 기관에서 배제하는
데 성공했다. 또 그들은 대중조직 지도부에서 좌파를 추방하기 위한 캠페인
도 벌였다. 그러나 우파의 이런 노력과 영국 정부의 책략에도 불구하고 대
중적 반식민지 투쟁은 결코 멈추지 않고 계속되었다.


## 3. 인도차이나

### 민족해방운동과 노동운동의 본격적 전개

베트남에서는 1920년대 들어 민족해방운동과 노동운동이 본격적으로 전개
되었다. 1920년대와 1930년대에 걸친 식민지 체제 극복을 위한 민족해방
투쟁과 노동자계급의 반제국주의 그리고 반자본 투쟁의 전개 과정을 살펴
본다.

1920년대 중반 들어 혁명 지향 조직 또는 민족운동 조직이 체계를 갖추
었고, 이들 조직은 본격적인 활동을 시작했다. 1925년 6월, '베트남청년혁
명동지회'(이하 동지회)가 결성되었고, 2년 뒤인 1927년에는 '베트남국민당'
이 결성되면서 민족운동은 혁명적인 성격을 띠었다.

동지회는 응우옌 아이 꾸옥(뒷날의 호치민)이 중심이 되어 만든 조직으로서 겉으로는 민족주의 단체였으나, 실질에서는 베트남 최초의 혁명 지향 단체였다. 동지회는 처음 2년 동안 무엇보다도 마르크스주의자들을 양성하는 데 집중했다. 중국 광둥에 2~3개월 과정의 단기 교육과정을 열어 간부를 양성하는 한편, 장제스의 황푸군관학교와 모스크바 동방노력자공산대학에 유학을 보내 1925~1927년 동안 200명이 넘는 간부를 길러 냈다. 이들은 각지에서 조직을 확대하고 대중 활동을 벌여 1929년에는 회원 수를 800~1천 명으로 확대했다. 동지회는 기관지 『청년』*Thanh Niên*을 주간지로 발행하고 또 『혁명의 길』*Đường Kách Menh*이라는 책자를 발간했다. 동지회의 적극적인 활동가들은 북베트남 도시들과 탄광 지역에서 노동자투쟁을 지도하고 지원했다(유인선 2002, 340).

동지회보다 2년 뒤인 1927년 12월에 응우옌 타이 혹이 중심이 되어 교사, 학생, 언론인이 참여해 비밀리에 베트남국민당을 결성했다. 베트남국민당은 종래의 민족주의 운동에 비해서는 더 구체적인 강령을 내세우면서 민주·민족 혁명 완성과 피억압 민족에 대한 지원을 주장했다. 베트남국민당은 결성과 더불어 세력 확장에 힘을 쏟았는데, 1929년 초에는 세포조직 120개에 1,500여 명의 당원을 포괄하기에 이르렀다.

1930년 2월, 베트남국민당은 프랑스 군대에 대한 무장투쟁 계획을 세웠으며, 하노이 서북쪽 105킬로미터 지점에 있는 옌바이의 프랑스군 병영 공격을 감행했다. 그러나 기대했던 대로 베트남인 병사들이 봉기에 참여하지 않았을 뿐만 아니라 오히려 반격을 당했기 때문에 반란은 그날 밤으로 실패하고 말았다. 같은 날 밤, 몇몇 다른 지역에서도 봉기가 결행되었으나 프랑스군의 공격으로 진압당했다. 응우옌 타이 혹을 비롯한 국민당 지도자들은 거의 처형당했다.

민족주의 세력이 반식민주의 투쟁에서 쇠퇴의 길을 걷게 됨으로써 공산주의자들은 민족해방운동에서 더한층 무거운 책무를 떠맡지 않을 수 없었다. 1929년 5월 홍콩에서 열린 제1차 베트남청년혁명동지회 전국대표자대회에서 북부베트남위원회대표단은 동지회를 개편해 공산당을 조직하자고 제안했는데, 이 제안은 대회에서 부결되었다. 북부베트남위원회대표단은 결국 독자적으로 당 결성을 결의하고, 1929년 6월 17일 '인도차이나공산당'을 창립했다. 새로이 창설된 공산당은 기관지 『적기』*Cờ Đỏ*를 발행하고 선전 활동을 폈으며, 하노이, 하이퐁, 남딘, 사이공 등지에서 파업을 조직했다. 인도차이나공산당은 이런 활동과 투쟁을 통해 세력을 증대했으며, 그 영향력을 중부와 남부까지 확대했다.

한편, 동지회 지도부는 1929년 10월 남부 동지회를 모태로 해 '안남공산당'을 조직했다. 이들은 자신들만이 진정한 공산주의자이며 노동자계급의 대변자라고 주장하면서 다른 그룹을 거짓 혁명가 또는 기회주의자라고 비방했다. 다른 한편, 위의 두 정파와는 별도로 1926년 결성된 신월혁명당 지도자들이 주축이 되어 1930년 1월 중부 베트남에서 '인도차이나공산주의연맹'을 결성했다. 이로써 베트남에는 북부, 중부, 남부의 지역별로 나누어진 세 개의 공산주의자 조직이 생겨났다(마호 1986, 37~38).

베트남공산당의 분열 양상은 그다지 오래 지속되지는 않았다. 베트남 공산주의자들은 1930년 2월 3~7일까지 홍콩에서 코민테른 권고에 따라 합동으로 통합대회를 열었다. 이 자리에서 세 개의 조직이 통일을 이루어 '베트남공산당'을 창립했다.

2월 18일, 베트남공산당은 창립 결의를 발표하고, 당 강령 요강과 규약을 채택했다. 대회는 10개의 당면 슬로건을 결정했는데, 그 내용은 다음과 같다.

① 프랑스 제국주의, 봉건주의, 베트남의 반혁명 자본가계급을 타도하자.

② 인도차이나를 완전 독립시키자.

③ 노동자·농민·병사의 정부를 세우자.

④ 제국주의 은행과 그 밖의 각종 기업을 몰수해 노동자·농민·병사 정부의 감
독 아래에 두자.

⑤ 제국주의자와 베트남 반혁명 자본가계급의 모든 대규모농장과 재산을 몰수
해 빈곤한 농민에게 분배하자.

⑥ 하루 8시간 노동일제를 실행하자.

⑦ 공채와 인두세를 철폐하고 빈민에 대한 각종 과세를 면제하자.

⑧ 대중에게 모든 자유를 되찾아 주자.

⑨ 보통교육을 실행하자.

⑩ 남녀평등을 실현하자(마호 1986, 39).


1939년 10월 베트남공산당은 '베트남·캄보디아·라오스의 프롤레타리아트는, 언어·관습·인종은 다르지만 정치·경제적으로 밀접히 결합해야 한다'는 취지에 따라 '인도차이나공산당'으로 당명을 바꾸었다.

인도차이나공산당은 같은 해 10월 '부르주아민주주의혁명에 관한 테제'를 발표했다. 테제는 인도차이나 혁명의 성격을 프랑스 제국주의를 타도하고 봉건적 잔재를 일소하며, 토지를 농민에게 분배하고 인도차이나의 완전 독립을 임무로 하는 부르주아민주주의혁명으로 설정했다.


## 노동자, 농민투쟁과 응에띤 소비에트 운동

인도차이나에서는 프랑스 식민지 통치와 더불어 산업화가 진전되었고, 산

업화의 진전에 따라 노동자계급의 형성이 진행되었다. 먼저 1931년 당시 인도차이나 인구는 베트남 1,770만 명, 캄보디아 280만 명, 라오스 94만 명으로 합계 약 2,145만 명으로 추정되었다(滿鐵東亞經濟調查局, 『佛領印度支那篇』, 24~26; 마호 1986, 44에서 재인용). 1929년 당시 인도차이나 산업별 노동자 수는 농업 부문 8만1,188명, 상공업 부문 8만624명, 광업 부문 5만3,258명으로 합계 22만1천여 명으로 추정되었다(Bureau International Du travail 1937, 300~301; 마호 1986, 45에서 재인용).

1929~1933년 세계경제공황은 프랑스 경제에 대해서도 큰 타격을 가져다주었고, 이런 경제적 상황은 식민지 베트남에 대해 수탈 강화로 이어졌다. 이에 따라 노동자들의 대규모 투쟁이 곳곳에서 일어났다. 1930년 2월에는 비엔호아 근처의 한 고무농장 노동자 3천 명이 임금 인상과 노동시간 단축을 요구하며 파업을 일으켰고, 3월에는 통킹 지방의 남딘에 있는 직물공장과 응에안 성省 벤투이 성냥공장에서도 파업이 발생했다. 이렇게 시작한 파업은 북부와 중부 각지로 번져 여러 지역에서 전개된 노동자와 농민투쟁으로 확산되었다. 1930년 1년 동안 일어난 파업 건수는 129회였고 시위는 535회였으며, 총 참가자 수는 50만 명에 이르렀다. 이런 투쟁 과정에서 벌어진 최대의 사건은 '응에띤 소비에트'Nghê-Tĩnh Soviet 운동이었다. 1930년 2월 이후에 발생한 투쟁들은 공산당 성省위원회 산하 조직인 적색노동조합, 적색농민조합, 여성동맹, 청년동맹, 반제동맹 등이 지도한 경우가 많았다(유인선 2002, 348~349).

1930년 9월 응에안 성과 하띤 성에서 농민 봉기가 일어나 지방정부 행정 기구가 마비 상태에 빠져들었으며, 116개 농촌 지역에 인민의 권력기관, 즉 소비에트가 생겨났다. 공산당 지방조직은 농민투쟁의 선두에 섰고, 응에안과 하띤 성 당위원회는 선진 노동자들을 동원해 봉기 지구에 파견했다.

그리고 당 중앙위원회는 전국의 응에띤 소비에트 조직과 연대 행동을 전
개했다(The USSR Academy of Sciences 1985, 521).

응에띤 소비에트 운동은 약 1년 동안 진행되었다. 이 인민 권력기관은
근본적인 민주개혁과 새로운 사회질서 수립을 시도했다. 그러나 소비에트
를 이끄는 지도부 경험이 매우 부족하고 당 활동가 대부분이 체계적인 이론
을 갖추지 못했으며, 혁명의 주체인 노동자와 농민이 공고한 조직 체계를
갖추지 못했을 뿐만 아니라 동맹 세력을 끌어들이지 못해 소비에트는 프랑
스 군대의 무자비한 공격으로 분쇄당했다.

지방 각지에서 핵심 당원 수만 명이 체포되었고, 당 간부 500명이 사형
판결을 받았다. 1931년 3월 사이공에서 당 사무총장 쩐 푸를 비롯한 당 중
앙위원회 위원들이 거의 체포되었으며, 1931년 6월 5일 응우옌 아이 꾸옥
역시 홍콩에서 체포되었다(*A Modern History of Vietnam, 1917~1965*, 1970,
98; The USSR Academy of Sciences 1985, 521에서 재인용). 국제 민족운동과
진보 세력은 식민주의자의 테러 희생자 구원을 위한 광범한 캠페인을 전개
했다. 프랑스공산당도 베트남 애국자들을 지원하는 적극적인 투쟁을 벌었
다. 국제 여론의 압력을 받아 프랑스 식민 당국은 드디어 응우옌 아이 꾸옥
을 석방했다.

식민지 권력은 새로운 혁명운동 고양을 저지하고 인민대중의 불만을 누
그러뜨리기 위해 탄압과 개량 정책을 병행해 시행했다. 식민지 당국이 밝힌
인도차이나 개량 프로그램은 '더욱 폭넓은 선거권', '더욱 공정한 세제', 행정
과 임금 체계의 개선, 중소기업가에 대한 지원, 관개시설 건설 등을 약속했
다. 그러나 이런 정책은 인도차이나 인민의 저항을 완화하는 데서 별다른
효과를 가져다주지는 못했다(The USSR Academy of Sciences 1985, 522).

응에띤 소비에트 운동이 실패한 뒤, 프랑스에 대항하는 베트남 인민들

의 항쟁은 남부 코친차이나를 중심으로 다시 일어났다. 지도부가 대량으로 구속되어 있는 상황에서도 인도차이나공산당은 코민테른의 적극적인 지원으로 1932년에는 조직 재건에 착수할 수 있었다. 그러나 공산당은 본격적인 활동을 펴기는 어려웠다. 코민테른 지시가 베트남의 역사적 현실과 상당 부분 괴리되었고, 지도부 공백이 컸을 뿐만 아니라 식민지 당국의 탄압이 더한층 강화되었기 때문이다. 이 시기 베트남의 혁명운동은 퇴조기를 맞았다(유인선 2002, 349~350).

인도차이나공산당이 퇴조기에 머물러 있는 동안, 반식민주의 운동 전면에 등장한 진영은 트로츠키파였다. 인도차이나공산당이 주로 북부나 중부 출신들로서 중국이나 러시아에서 훈련을 받은 데 비해 트로츠키주의자들은 주로 남부 출신들로서 프랑스에서 교육을 받아 인도차이나공산당 간부들보다 자유주의적인 경향이 강한 편이었다.

베트남 최초의 트로츠키파 조직으로 알려진 '인도차이나 공산주의'는 1931년 코친차이나에서 따 투 터우를 중심으로 결성되었다. 트로츠키주의자들은 '동지회' 동조자가 아닌 스탈린주의자들과 손잡고 사이공 시의회 선거에 참가하기로 결정했다. 1933년 4월에 치러진 선거에서 두 사람이 당선되었고, 1935년 5월 선거에서는 베트남인에게 할당된 6석 가운데 4석을 획득했다. 두 차례의 선거는 반식민주의 운동의 새로운 유형을 보여 주었다(유인선 2002, 350). 이런 과정에서 인도차이나공산당은 트로츠키주의자들과 선거 블록을 형성해 일시적으로 협력했다(The USSR Academy of Sciences 1985, 524).

1935년 3월 인도차이나공산당 제1회 대회가 열렸는데, 여기에는 베트남과 라오스 당 조직 대표가 참가했다. 대회 결정에는 혁명의 새로운 단계 문제, 합법과 비합법투쟁 형태의 병행 이용, 반제국주의 통일전선의 기초로서 적색노동조합, 공산주의청년동맹, 적색농민조합, 적색사회보장협회 결성과 강화에 관한 문제 등이 다루어졌다.

새로운 국제 정세와 국내 정세의 변화에 대응해 그리고 코민테른의 권고에 따라 인도차이나공산당 행동 강령의 일부분 ─ 민족부르주아지의 애국적인 부분과 공통의 목적을 달성하고자 하는 그 밖의 주민층과 협력 가능성을 무시한 사실 ─ 이 수정되었다.

한편, 1935년 7월과 8월에 열린 코민테른 제7회 대회의 반파시즘 인민전선에 관한 결의는 파시즘과 전쟁 위협에 반대하는 투쟁을 전개하는 데서 광범한 전선 구축 필요성을 강조했다. 이 코민테른 결의는 침체 상태에 놓여 있던 인도차이나공산당에 대해서는 큰 반향을 불러일으켰다. 다른 한편, 1936년 프랑스에서 인민전선 정권이 수립된 사실도 베트남 민족해방운동에 대해서는 새로운 계기가 되었다. 게다가 식민지 당국 탄압 기관의 활동이 어느 정도 제한되고, 인도차이나공산당 간부들이 감옥에서 풀려났다. 노동자와 농민들은 공장과 촌락 단위로 '행동위원회'를 조직했으며, 이 행동위원회 결성과 동시에 여러 곳에서 노동자 파업이 일어났다. 1936년 11월과 12월 두 달 동안에만 파업이 40건이나 일어나 노동자 6천여 명이 파업에 참가해 공장 80군데가 정상 가동이 되지 못했다.

이런 정세 변화는 인도차이나공산당의 투쟁 전술 전환을 촉진했다. 인도차이나공산당 중앙위원회는 1937년 7월 트로츠키주의자와 협력하는 것이 당을 해치고 당원과 당 지지자들 사이에 유해한 노선을 심어 줄 수 있다는 이유로 트로츠키주의자와 맺은 블록 해소를 결정했다. 인도차이나공산당의 이와 같은 결정을 두고 트로츠키주의자는 공산당이 프롤레타리아트의 이익에 어긋나게 부르주아지와 손을 잡는다고 비난했다. 인도차이나공산당은 트로츠키주의자를 파시스트의 앞잡이라고 매도했다. 인도차이나공산당과 트로츠키주의자 사이의 논쟁은 1939년 9월 식민지 당국이 공산주의자 들을 탄압하면서 중단되었다(유인선 2002, 350~351).

인도차이나공산당은 급변하는 정세 속에서 1937년 3월 제2회 당 중앙위원회를 열어 민족통일전선에 관한 새로운 노선을 채택했다. 공산당은 모든 노동자 조직을 구원회, 동우회 조직으로 재편하고, '공산주의청년동맹'을 해산하고 '인도차이나민주청년동맹'을 새로이 결성했으며 대중조직을 더욱 확대했다. 또 합법 활동을 추진하고 있는 공산주의자 말고도 프랑스사회당 지부 소속 사람과 노동자, 자영업자까지 민주전선 결성에 참여하도록 독려했다. 이런 통일전선 활동의 진전에 따라 민주전선은 1937년의 중부와 1938년 북부의 국민대표의회의 민선의원 선거에서 승리를 거두었다.

그러나 1939년 프랑스 인민전선이 붕괴되면서 프랑스 식민지 당국은 인도차이나공산당을 불법화하고 공산주의자들에 대한 검거에 나섰다. 이런 정세에서 인도차이나공산당은 1939년 11월 중앙위원회를 열어 각계각층의 인민들과 소수민족을 포괄하는 '인도차이나반제민족통일전선' 창설을 결정했다. 회의는 민족해방과 독립을 최우선 과제로 설정했으며, '인도차이나 민주공화국 수립'을 중심 슬로건으로 채택했다(마호 1986, 53~54).

반제민족통일전선 운동이 추진되는 가운데, 1940년 6월 '평화 진주'라는 명분을 내세운 일본군이 베트남 북부를 침략함으로써 인도차이나의 민족해방운동과 혁명운동은 새로운 상황을 맞았다.


## 4. 필리핀

제1차 세계대전 기간에 미국은 필리핀 독립 승인을 약속했고, 글을 깨우친 남성에게 선거권을 부여했다. 그러나 1919년 당시 상황으로는 전체 인구의 6~7퍼센트만이 선거에 참여할 수 있었다. 선거를 통해서는 미국의 동의를 얻어 독립을 획득하려던 민족주의 경향의 부르주아 지주 정당이 다수 의석을 차지했다(Alexandrov 1986, 391).

1920년대 들어 농민투쟁과 노동자 파업투쟁이 고양 국면을 나타냈다. 필리핀 농민운동의 발전을 토대로 해 '전국소작농노동자총연맹'이 결성되었고, 1923년에는 민다나오 섬에서 대규모 농민 봉기가 일어났다. 노동자들은 1920~1922년 사이에 129건의 파업을 벌였다. 한편, 1924년 공산당의 전신前身인 '필리핀노동당'이 창립되었다.

세계경제공황 기간에는 노동자투쟁과 농민운동이 투쟁력을 최대한 발휘했다. 1930년 11월 7일, 필리핀공산당이 창립되었다. 1931년 공산당 대회에서 채택된 강령은 미국 지배로부터 독립과 반제 반봉건 투쟁 수행을 주요 목표로 설정했다. 공산당의 이런 활동에 대해 미국 식민지 당국은 공산당을 불법화하고 많은 당원을 검거했다.

필리핀 인민들의 투쟁과 독립청원사절단 활동, 그리고 필리핀 정당들의 독립을 쟁취하기 위한 활동에 따라 1934년 3월 24일 미국은 필리핀의 조건부 독립을 허용하는 내용의 '타이딩스-맥더피법'Tydings-McDuffie Act을 제정했다. 이 법안에 따르면, 과도 기간을 거쳐 10년 뒤 필리핀 독립을 승인하겠다는 것이다.

타이딩스-맥더피법에 따라 1934년 7월 10일 제헌의회를 구성할 대표자가 선출되었고, 1935년 2월 8일 제헌의회는 헌법을 승인했다. 9월 17일 시행된 독립 과도정부 대통령 선거에서 대통령에 케존, 부통령에 세르지오 오스메냐가 당선되었고, 11월 15일 독립 과도정부가 출범했다. 케존 행정부가 당면한 선결 과제는 국가안전보장과 심각한 경제문제, 그리고 일본과 관계 설정이었다. 당시 대일 관계에서 가장 중요시되는 문제는 일본인의 경제적 침투와 일본인 이민 유입이었다. 1930년대 일본인 이민은 3만 명에 육박했고, 일본 제품 수입은 매년 3천만 달러에 이르렀으며 일본인의 투자액은 1년에 3,200만 달러에 상당하는 액수였다(양승윤 2003, 58~60).

독립 과도정부 통치 기간에 농민 봉기가 여러 차례 발생했고, 노동자들은 크고 작은 파업투쟁을 자주 전개했다. 1937년 지하에서 모습을 드러낸 필리핀공산당은 반제국주의 통일전선 구축을 주요 실천 과제로 설정했다. 공산주의자들은 1938년 중반에 결성되어 조직노동자의 대부분을 대표했던 혁명적 노동조합 연합체 '집단노동운동'에 대해 큰 영향력을 행사했다. 1938년 10월, 공산당과 사회당은 필리핀공산당으로 통합했다.

1930년대 후반에 노동운동과 사회주의운동이 고양되면서 필리핀 정부는 노동정책을 개선했다. 정부는 1일 8시간 노동일제, 국영기업체에서 최저임금제 실시, 단체협약 체결에 관한 법안을 채택했다. 제2차 세계대전의 위협이 눈앞에 다가오면서 필리핀공산당은 반일 민족통일전선 구축을 호소했고, 1939년 말 필리핀공산당, 노동조합, 농민, 프티부르주아 조직들을 포괄하는 통일전선이 결성되었다(Alexandrov 1986, 392).


## 5. 인도네시아

인도네시아 노동자계급은 형성 초기부터 민족해방투쟁에 직접 참여했다. 1924년 5월 1일 인도네시아공산당은 자와, 수마트라, 칼리만탄, 셀레베스 등지에서 수천 명이 참가한 메이데이 집회와 시위를 조직했다. 공산당은 인민연맹Sarekat Rakyat을 통해 농민대중에 대한 조직과 선전 활동을 폈다. 이런 공산당 활동에 대해 심한 탄압이 가해지면서 당은 반합법 상태로 이행하지 않을 수 없었다.

이런 상황에서 인도네시아공산당은 1924년 6월에 인민연맹과 합동으로 대회를 열어 규약과 강령을 채택했는데, 여기서는 전 민족적이고 일반 민주주의적인 요구들이 강조되었고, 대회 슬로건으로는 '조직화!'가 설정되었다.

그러나 극심한 탄압이 지속되는 조건에서, 공산당으로서는 정치적 경험을 쌓은 지도부 형성이 곤란했을 뿐만 아니라 정치적 활동도 갖가지 어려움에 부딪쳤다. 1924년 당시 인도네시아공산당 지도부 내에서는 좌파 분파주의 경향이 우세했다. 이들은 인도네시아가 지향해야 할 반제 혁명은 프롤레타리아트의 역량만으로도 실현 가능할 것이며, 그런 혁명은 사회주의 성격을 갖게 될 것이라고 주장했다. 이와 같은 정세 판단은 1924년 12월 쿠타게다에서 열린 당 협의회에서 무장봉기 준비를 결정하는 데 주요한 근거가 되었다. 또 공산당은 비합법 상태에서 당을 재편성했으며, 인민연맹을 사실상 폐지했다.

인도네시아공산당은 무장봉기 계획을 실행하기 위해 선전 활동과 조직 활동을 전개했다. 당원은 8천~9천 명 정도였고, 공산당의 결정을 따르지 않고 독자적으로 활동을 편 인민연맹은 회원 10만 명을 포괄했다. 공산당의 영향력은 프티부르주아 민족주의 조직에까지 확대되었으며, 당세포는 인종 조직이나 일부 군대, 그리고 경찰 관련 조직에까지 확대되었다. 그러나 공산당에 입당한 당원들의 상당수는 공산당을 계급 정당 또는 전위 정당으로서가 아니라 독립을 목표로 하는 급진적인 조직으로 보았다.

이와 같이 공산당의 무장봉기 계획이 추진되는 가운데, 대중운동으로서 노동조합운동은 고양 국면을 나타냈다. 1925년 봄 당시 노동조합 수는 112개였고, 거기에 조직된 조합원 수는 5만8천 명이었다. 1925년 여름에는 제

1차 세계대전 이후 두 번째 파업투쟁의 큰 물결이 일어났다. 이것은 대중적 노동조합운동 발전의 표시이기도 했다. 노동조합원 수는 불과 몇 개월 사이에 급증해 30만 명에 이르렀다. 공산당의 무장봉기 방침과 노동조합의 대규모 파업투쟁에 대응해 정부 당국은 강력한 탄압으로 맞섰다. 1926년 5월 공산당의 출판 기관 대부분이 폐쇄되고, 공산당 지부나 인민연맹이 해산당했으며, 지도부에 대한 대량 검거가 시행되었다(The USSR Academy of Sciences 1985, 529).

이런 정세에서 1926년 11월 자와의 반텐, 바타비아(현 자카르타), 프리앙안에서 공산당이 주도한 무장 행동이 일어났다. 바타비아의 무장 행동은 다음 날 진압되었고, 반텐과 프리앙안에서 일어난 무장 행동도 12월 초에 이르러서는 거의 분쇄되었다. 다음 해인 1927년 1월 1일에는 수마트라에서 인민 봉기가 일어났다. 수마트라에서 발생한 봉기는 자와의 경우와는 달리 격렬한 전투를 수반했으나 1월 4일 진압되었다. 자와와 수마트라에서 일어난 무장 행동은 본질적으로 반식민지·반봉건적인 성격의 자연발생적 농민 투쟁이었다. 인도네시아에서 발생한 최초의 민족 봉기인 이 무장 행동은 식민지 권력의 위신에 큰 타격을 주었으며, 인도네시아 인민의 민족의식을 높여 주었다. 그러나 이와 같은 투쟁에는 극심한 탄압이 가해졌고, 엄청난 희생이 뒤따랐다(*Pemberontaken nasional pertama di Indonesia (1926), Disusun oleh Lembaga Sedjarah PKI, Djakarta*, 1961; The USSR Academy of Sciences 1985, 5291에서 재인용).

자와와 수마트라에서 일어난 봉기로 약 1만3천 명이 체포되었고, 그 가운데 일부는 총살당했다. 약 4,500명이 수감되었으며, 또 다른 1,308명은 그들을 수용하려고 1927년에 특별히 만든 이리얀자야의 보벤디굴의 악명 높은 감옥에 수감되었다(양승윤 1999, 316).

인도네시아공산당의 무장봉기가 실패로 끝난 뒤 몇 년 지나서는 사무직 노동조합이 다시 설립되고 일부 사업장에서 파업이 일기 시작했으며, 민족주의 정당 활동이 활발해졌다.

1927년 7월 4일 아흐메드 수카르노를 비롯한 젊은 민족주의자들이 '인도네시아민족주의자연합'을 결성하고 수카르노를 의장으로 선출했다. 1928년 5월 인도네시아민족주의자연합은 '인도네시아국민당'으로 개편했다. 국민당은 민족부르주아지의 이해를 대변하는 정당으로서, 식민지 정부에 대한 비타협과 인도네시아 대중 조직의 적극적인 운동을 통한 인도네시아 독립을 목표로 삼았다. 국민당은 인도네시아 최초의 합법적 정당이었는데, 민족주의를 이념으로 내세웠다. 인도네시아국민당은 1929년 5월에 이르기까지 자와의 주요 도시와 수마트라의 팔렘방에 지부를 설치했고, 반둥과 바타비아 그리고 수라바야 등 대도시에서 당원 3,860명을 확보했다. 1929년 말에는 당원이 1만 명에 이르렀다(양승윤 1999, 322~323).

한편, 지하에 들어간 공산당은 국민당을 지원하는 데 활동을 집중했으며, 1928년에는 좌파 민족주의자와 협력해 '인도네시아노동자계급동맹'을 설립했다. 그러나 1929년 여름 식민 당국의 탄압으로 인도네시아노동자계급동맹은 해체되었다. 같은 해 식민 정부는 수카르노와 국민당 지도자들을 투옥함으로써 국민당은 사실상 마비 상태에 들어갔고, 1931년 4월에 해산되었다(The USSR Academy of Sciences 1985, 530). 이런 상황에서 노동운동 내에서는 개량주의 조직의 영향력이 증대되었고, 1930년 5월에는 그들이 지도한 노동조합이 'PSSI'Persatuan Serikat Sekerja Indonesia라는 전국 중앙 조직을 결성하고 이 전국 조직이 1931년 암스테르담인터내셔널에 가입했다(ICEM Asia MNC 2011, 4).

1930년대 초에는 세계경제공황의 영향이 인도네시아에 전역에 파급되었고, 이에 따른 인민의 곤궁이 심각한 상태에 놓이게 됨으로써 인민대중의 투쟁은 다시 고양되었다. 1931년 4월에는 '인도네시아당'이 결성되었는데, 이 당은 인도네시아 독립의 즉시 선언을 주장하고 식민지 권력과는 비타협 원칙을 제시하는 동시에 노동문제에 대해서는 국민당보다 더 큰 관심을 나타냈다. 인도네시아 당은 몇몇 노동단체를 설립하기도 했으며, 노동조합 전국 중앙 조직 설립까지 시도했다.

1930년대 중반 들어 사회운동은 다시 활기를 띠게 되었고, 민족주의 단체들의 결속 움직임이 강화되었다. 1935년에는 새로 통일된 '대ㅅ인도네시아당'이 결성되었는데, 이 정당은 공산당이 민족주의 경향의 조직 내에 세포를 설치해 합법 활동을 추진하는 주요 거점 구실을 했다. 공산당은 코민테른 제7회 대회의 인민전선 결성 방침을 실천하는 동시에 1937년에 결성된 새로운 좌파 정당인 '인도네시아 인민 운동'Gerindo — 이 조직은 인도네시아에서 정치 민주화를 조건으로 네덜란드 정부와는 반파시즘을 위한 협력 수립의 용의가 있음을 표명했다 — 에 적극 참가했다(The USSR Academy of Sciences 1985, 530~531).

1939년에는 대인도네시아 당과 인도네시아 인민 운동의 노력으로 주요 민족주의 단체가 결합된 '인도네시아정치연맹'이 창설되었다. 인도네시아 정치연맹은 인도네시아인만으로 구성되는 의회 구성을 요구했으며, 11월에는 바타비아에서 인도네시아 국민의회를 개최해 인도네시아 사회에 비상한 관심을 불러일으켰다. 정치연맹의 상설 기관인 전 인도네시아 인민회의에는 정당과 사회단체 90개가 참가했다(양승윤 2005, 341~342).

1940년 5월 10일 히틀러는 네덜란드를 침공했고, 네덜란드 정부는 영국으로 망명했다. 전쟁이 진행되는 동안 인도네시아에는 별다른 변화가 없었다. 네덜란드가 히틀러의 침공을 당하던 날 인도네시아에는 계엄령이 선포되었고, 모든 정치 집회는 금지되었다. 1942년 1월 일본군이 인도네시아를 침공해 3월에 네덜란드의 항복을 받아 내면서 네덜란드의 인도네시아 식민 통치는 막을 내렸다.

# 6. 조선

## '문화정치'와 식민지 지배 체제의 재편

1920년대와 1930년대는 일본 제국주의 식민지 지배 상황에서 노동자계급 투쟁이 본격적으로 전개되었고, 노동운동이 무단적 탄압 상태에서 새로운 형태의 투쟁을 모색했던 시기였다.

일제는 1919년 3·1운동을 전후해 조선 인민의 강력한 저항에 부딪치자, 식민지 통치 방식을 '무단정치'에서 '문화정치'로 전환했다. 1919년 8월 일본의 해군 대장 사이토 마코토가 조선총독으로 부임하면서 '문화의 창달과 민력의 충실'이라는 슬로건을 내걸고 추진한 문화정치는 다음과 같은 정책들을 표방했다. 첫째, 총독부 관제 개편과 헌병 경찰 제도의 폐지, 둘째, 조선인 관리의 임용과 대우 개선, 셋째, 언론·출판·집회 등을 통한 민의의 창달, 넷째, 교육·산업·교통·경찰·위생·사회의 개선, 다섯째, 지방자치 실시를 통한 조사 연구 등이었다. 일제의 문화정치는 그 명분과 제시된 시책에도 불구하고 본질에서는 식민지 지배를 더욱 강화하고 억압 통치 방식을 호도하려는 것에 지나지 않았다.

한편, 일제의 이런 기만적인 문화 정책은 민족 분열을 조장했는데, 3·1운동 뒤 동요하고 있던 조선인 대지주, 자본가 등 부르주아지의 요구를 일정하게 받아들임으로써 이들을 개량화해 민족해방운동의 역량을 약화하려

했다. 조선총독 사이토 마코토의 '조선민족에 대한 대책'에서 친일 분자를 육성하는 방안을 다음과 같이 제시했다. 첫째, 귀족, 양반, 유생, 부호, 실업가, 교육가, 종교가 등을 대상으로 각종 친일 단체들을 조직할 것, 둘째, 수재교육의 이름으로 조선 청년을 친일 분자로 양성하며, 학식 있는 유지 출신에게 관직을 줄 것, 셋째, 조선인 부호, 자본가를 일본 자본가와 연결시킬 것, 넷째, 민간인 유지를 대상으로 수제회修祭會를 조직하도록 해 농촌 지도를 담당하게 할 것 등이었다.

일제의 문화정치는 폭압적인 식민지 지배의 본질을 그대로 유지하면서 기만적인 유화정책으로 민족해방운동을 분열시키려는 식민지 지배 강화 정책이었다. 이런 문화 정책은 식민지 경제정책의 재편성과 결합되면서 조선 사회 내부의 모순을 더욱 심화시켰다(한국역사연구회 1989, 284~285).

1920년대 조선 경제는 일본 경제에 대한 종속 심화와 더불어 전형적인 식민지 경제구조로 재편되었다. 일본 자본주의는 제1차 세계대전을 거치면서 막대한 자본축적을 이룩한 바탕 위에 독점자본주의 체제를 확립했다. 이 과정에서 농업과 공업이 불균등하게 발전했고, 농업생산은 정체되어 구조적으로 고미가高米價 현상이 일반화되었다. 정부는 낮은 쌀 가격을 유지하기 위해 폭리 단속, 물가 조정령, 쌀 수출 금지 등을 실시했지만, 구조적인 고미가는 해소되지 않은 채, 결국은 '쌀 소동'까지 벌어졌다. 일제는 적극적인 쌀 증산 정책을 실시하지 않을 수 없었으며, 식민지 조선에서 '산미증식계획'을 수립했다. 산미증식계획은 일본 자본주의 발전의 필수적 요건인 저임금 유지를 위한 쌀값 정책이었고 국제수지 대책이었으며, 조선을 식량 공급 기지로 확정하는 식민지 농업정책이었다.

산미증식계획은 조선 쌀의 대對일본 수출을 증가시켰을 뿐만 아니라 식민지 조선의 지주제를 재편·강화하는 역할도 했다. 토지개량의 중심 사업인 수리조합이 지주들을 중심으로 운영되어, 지주들은 저리의 농업금융 혜택을 받을 수 있었다. 이와 같은 일제의 적극적인 육성 정책과 자본의 결합에 힘입어 재래의 지주들은 조선 내부의 농업정책과 식민지 지배 체제의 담당자로 편입되었다(한국역사연구회 1989, 286~287).

제1차 세계대전을 거치면서 크게 성장한 일본 자본주의는 1920년부터 조선에 대한 자본 진출을 급격하게 증대시켰다. 조선총독부는 1920년 4월 회사령을 폐지하고 조선과 일본 사이의 관세까지 철폐해 일본 자본이 자유롭게 진출할 수 있는 길을 열었다.

1920년대 자본의 민족별 구성에서는 일본인 소유 자본이 약 70퍼센트를 차지해 압도적이었으며, 조선인 소유 자본은 10퍼센트에도 미치지 못했다. 나머지 조선인과 일본인 합작 자본도 실제로는 거의 일본인 소유 자본이었다. 공업 상황을 보면, 1920~1928년 사이에 공장 수는 2.6배, 자본금은 3.4배, 종업원 수는 2.2배 증가했다. 부문별 구성을 보면, 1925년 당시 식료품이 70.6퍼센트, 방직이 7.4퍼센트, 금속이 6.8퍼센트, 화학이 4.2퍼센트를 차지했다.

1920년대 일본의 본격적인 자본 수출은 조선에 식민지 자본주의의 기초를 마련했고, 자본·임노동 관계를 둘러싼 모순을 심화시켜 노동운동 발전의 기반이 되었다(역사학연구소 1995, 145~146).

1930년대 이후 일제의 조선에 대한 식민지정책은 식민지 산업의 군사적 재편성과 견고한 대륙 병참기지 건설을 위한 군사 파쇼 통치 체제로 전환했다. 일제는 파쇼 통치의 도구로서 군사력과 경찰력을 증강했으며, 이와 함께 철저한 사상 통제를 실시했다. 1936년에 '조선사상범보호관찰령'을 실시해 치안유지법 위반자(그 대부분이 항일운동 관련자다) 가운데 '전향'하지 않은 사람을 사상범이라며 감시했다. 1938년 5월 '국가총동원법'을 조선에도 적용하고, 같은 해 7월에는 '국민정신총동원조선연맹'을 만들었다. 그리고 각 지방 연맹 아래 10가구를 단위로 애국반을 설치했다.

일본 제국주의는 군사 파쇼 통치 체제 강화와 함께 군수공업을 중심으로 한 식민지 공업화 정책을 강력하게 폈다. 세계경제공황을 겪으면서 일본 경제는 농업 공황을 수반하는 파국을 맞았다. 일본은 이런 경제공황의 돌파구를 제국주의적 팽창정책, 일본 독점자본의 군사적 재편성, 식민지 체제 확대·재편, 중국 대륙에 대한 침략 등에서 찾았다. 이와 같은 제국주의 방책은 일본 독점자본의 군사적 재편성에 기초한 국가독점자본주의, 군국주의로 나아가는 도정이 되었다(한국역사연구회 1989, 302).

1930년대 이후 조선은 일본 독점자본의 군사적 재편성과 관련해 일본 국내 과잉자본의 투자지 성격과 중국에 대한 침략 전쟁의 전진기지(대륙병참기지) 성격이 더욱 강화되었다.

1930년대 전반기 조선에서 시행된 공업화 정책은 전력 개발에 집중되었다. 전력 개발은 기계공업 발달에 필요한 토대를 마련하기 위한 것이었다. 또 일본 자본은 시멘트, 비료, 화학 등 중화학공업과 만주 시장을 겨냥한 제사, 방직업 분야로 집중되어 진출했다. 1920년대에는 정미업을 중심으로 한 식료품공업, 방직공업이 중심을 이루었으나, 1930년대 전반기에는 군수산업에 관련된 부문이 눈에 띄게 늘었다. 1937년 중일전쟁이 발발한 뒤에는 군수공업화가 본격적으로 진행되었다.

1920년대 이후 조선에서 이루어진 식민지 공업화는 노동자의 양적인 증가를 가져왔다. 조선 노동자들은 식민지 특유의 저임금과 장시간 노동, 높은 산업재해와 민족적 차별, 그리고 무권리 상태에서 극심한 빈곤과 억압을 겪었다. 조선의 노동자계급은 1920년대에는 전국 중앙 조직을 결성하고 파업을 비롯한 다양한 형태의 투쟁을 전개했으며, 민족해방운동에도 폭넓게 참가했다. 1930년대에는 노동운동이 합법적 지위를 확보하지 목한 채, 혁명 지향의 비밀 조직을 토대 삼아 투쟁을 전개하면서 새로운 노선과 전술을 모색했다.

## 노동자계급의 내부 구성과 특징

일본 자본주의는 1920년을 전후해 독점자본주의를 확립하고 제1차 세계대전을 거치면서 비약적인 자본축적을 이룩함으로써 1920년대 이후에는 식민지에 대한 본격적인 자본수출을 추진했다. 이에 따라 비록 파행·기형적 산업구조이기는 했으나, 산업의 발달과 더불어 노동자의 양적인 증가가 이루어졌다. 그런데 경제구조의 파행·기형적 성격과 농촌에서 부단히 창출되는 농촌 과잉인구 존재 등은 당시 노동자계급 구성을 매우 복잡하게 만들었다. 노동자계급의 핵심이 되는 공장노동자는 상대적으로 적은 반면, 자유노동자 수가 압도적으로 많았으며 또 공장노동자도 기술과 숙련을 필요로 하는 중화학공업에 종사하는 노동자보다는 여성 노동이나 비숙련노동이 가능한 식료품공업, 방적공업 등에 종사하는 노동자가 훨씬 많았다. 또 지배적인 생산양식도 소상품생산이나 자본주의적 매뉴팩처 수준에 불과해 대부분의 공장 규모가 영세한 편이었다(한국노동조합총연맹 1979, 32; 김경일 2004, 43~44).

1920년대와 1930년대 노동자의 수에 관해서는 정확한 통계자료도 찾기 어렵거니와, 자료에 따라 상당한 차이가 존재한다. 공장노동자와 항만·토목·운수 부문을 포함한 노동자 총수는 1910년대 말에 10만 명을 넘는 것으로 추산되었는가 하면(최윤규 1986, 278; 319~322), 조선총독부 내무국 사회과의 조사에 따르면, 1922년 7월 당시 조선인 노동자 총수는 남자 88만

**표 1 | 일제강점기 노동자 수의 증가**  단위: 명

| 연도 | 국적 | 인원 | 총 노동자 수 | 공장노동자 | 광산노동자 |
|---|---|---|---|---|---|
| 1922 | 조선인 | 918,603 | 954,832 | 45,553 | 12,890 |
| | 일본인 | 18,083 | | 5,880 | |
| | 중국인 | 18,146 | | 3,244 | |
| 1928 | 조선인 | 1,136,017 | 1,185,004 | 87,864 | 27,207 |
| | 일본인 | 22,491 | | 7,098 | |
| | 중국인 | 26,496 | | 4,585 | |
| 1931 | 조선인 | 1,220,894 | 1,309,785 | 1,06781 | 30,093 |
| | 일본인 | 28,891 | | | |
| | 중국인 | 30,686 | | | |

주: 1922년과 1928년의 수치는 평균 5인 이상 사용 공장임. 1931년은 상시 5인 이상 사용 공장임.
자료: 조선총독부 내무국, 60~61; 조선철도협회, 1; 남만주철도경제조사회, 2; 조선총독부 1930, 1~2; 조선경제조사기관연합회 조선지부 편(1939).

2,291명, 여자 3만6,312명으로 합계 91만8,603명인데, 이 가운데 10인 이상 공장노동자의 총수는 4만8043명이었고 나머지 87만여 명의 구체적인 내역은 기록되어 있지 않다.

〈표 1〉에 따르면, 1922년의 전체 노동자 수는 100만 명에 미치지 못했고, 1928년에는 100만 명을 상회하는 수치를 보였으며 1931년에는 130만 명으로 증가했다. 1940년대에 들어 노동자 수는 더욱 늘어났는데, 1943년 11월 말 당시 노동자 수는 공장노동자 39만 명, 광산노동자 28만 명, 교통·운수 노동자 17만 명, 토목·건축 노동자 38만 명, 기타 53만 명으로 모두 175만 명으로 집계되었다(권영욱 1984, 223).

1920년대에 있어 전체 노동자 가운데 공장노동자 증가는 그다지 두드러진 편이 아니었고, 꾸준한 증가 추세를 나타냈다. 그것은 1920년대에 이루어진 일본 자본의 유입이 여전히 철도, 항만 등 식민지 통치의 기초 부문에 투하된 공공투자 쪽에 많았고, 민간 자본은 공업 부문보다는 농업, 수산업, 광업 등 원시산업부문에 많이 투자되었으며 공업도 농산물 가공 공업을 중

**표 2 | 1920년대 공장과 종업원 수 추이**

| 연도 | 공장 수 | 종업원 수 | | | |
|---|---|---|---|---|---|
| | | 조선인 | 일본인 | 기타 외국인 | 계 |
| 1920 | 2,087 | 46,200 | 7,108 | 1,971 | 55,279 |
| 1921 | 2,384 | 40,418 | 6,330 | 2,554 | 49,302 |
| 1922 | 2,900 | 45,553 | 5,880 | 3,244 | 54,677 |
| 1923 | 3,499 | 59,678 | 6,392 | 3,342 | 63,412 |
| 1924 | 3,845 | 63,483 | 6,330 | 3,371 | 73,184 |
| 1925 | 4,238 | 70,281 | 6,363 | 3,731 | 80,375 |
| 1926 | 4,293 | 73,345 | 6,102 | 4,003 | 83,450 |
| 1927 | 4,914 | 78,347 | 6,163 | 4,632 | 89,142 |
| 1928 | 5,342 | 87,864 | 7,098 | 4,585 | 99,547 |
| 1929 | 4,025 | - | - | - | 93,765 |
| 1930 | 4,261 | - | - | - | 101,943 |

자료: 전국경제조사기관연합회(1939, 16).

심으로 하는 초기·식민지적 영세 가공 공업과 약간의 방적공업에 투하되었기 때문이다. 1920년대 공장노동자 수의 추이는 〈표 2〉에서 보는 바와 같다.

1920년 당시의 공장 수는 2,087개였고 거기에서 종사하는 종업원 수는 5만5,279명이었으며, 공장당 평균 종업원 수는 27명이었다. 1930년에는 공장 수가 4,261개로서 10년 전에 비해 배 이상 늘어났으며, 종업원 수도 10만 명을 넘었으나 공장당 종업원 수는 24명으로 오히려 줄어들었다.

공장노동자의 수는 1930년대에 들어 해마다 증가해 〈표 3〉에서 보는 바와 같이 1930~1936년 사이에 공장 수는 4,261개에서 5,927개로 39.1퍼센트 증가했고 종업원 수는 10만1,943에서 18만8,250명으로 84.7퍼센트 증가했다.

공장 종업원 가운데 노동자 수는 1930년의 8만3,900명에서 1936년의 14만8,799명으로 약 1.8배가량 증가했다. 공장당 종업원 수도 평균 24명에서 32명으로 늘어났다.

노동자 수의 양적 증가는 1920년대를 특징지었던 경공업 중심에서 중화

**표 3 | 1930년대 전반기 공장과 노동자 수 추이**

| 연도 | 공장 수 | 종업원 수 | 노동자 수 | | | 직원 수 | 기타 종업원 수 |
|---|---|---|---|---|---|---|---|
| | | | 남 | 여 | 계 | | |
| 1930 | 4,261 | 101,943 | 55,612 | 28,288 | 83,900 | 10,207 | 7,836 |
| 1931 | 4,613 | 106,781 | 58,762 | 27,657 | 86,419 | 10,448 | 9,914 |
| 1932 | 4,643 | 110,650 | 60,826 | 28,774 | 89,600 | 10,727 | 10,323 |
| 1933 | 4,838 | 120,320 | 66,148 | 33,282 | 99,430 | 11,504 | 9,386 |
| 1934 | 5,126 | 138,809 | 74,494 | 38,787 | 113,281 | 14,373 | 11,155 |
| 1935 | 5,635 | 168,771 | 90,715 | 45,082 | 135,797 | 15,225 | 17,749 |
| 1936 | 5,927 | 188,250 | 98,249 | 50,550 | 148,799 | 16,374 | 23,077 |

자료: 조선총독부(1938, 120).

학공업 비율의 증대라는 노동자 구성 변화를 수반했다. 1930년의 경우, 전체 노동자 가운데 식료품공업에 32.2퍼센트, 방직공업에 22.7퍼센트가 종사하는 등 경공업 부문의 노동자가 전체의 대략 56퍼센트를 차지했으나, 1940년에는 그것이 각각 13.2퍼센트와 20.0퍼센트로 감소했다. 이와 대조적으로 중화학공업에 속하는 화학공업, 금속공업, 기계공업에 종사하는 노동자는 1930년의 경우 전체 노동자 가운데 각각 17.5퍼센트, 5.4퍼센트, 3.4퍼센트를 차지했는데, 1940년에 이르면 각각 27.4퍼센트, 6.2퍼센트, 12.5퍼센트를 차지해 그 비율이 두드러지게 증가했다(김경일 2004, 47).

한편, 광산노동자의 수는 1920년대에 있어서는 3만 명에도 이르지 못했으나 1930년대 들어 급격하게 증가했다. 1930년을 기준(3만1,100명)으로 하면, 1932년 6만4,466명으로 약 2배, 1936년 15만2,723명으로 약 4배, 1944년 28만8,071명으로 약 9배가량 증가했다.

공장노동자와 광산노동자와 함께 이 시기 노동자층의 커다란 부류를 형성했던 노동자는 토목·건축 종사자들이었다. 1933년에는 4만3,588명으로 전체 노동자의 20.4퍼센트였는데 1936년에는 11만8,212명으로 약 3배 증가했고 전체 노동자의 26.4퍼센트로 증가했다. 그리고 1938년에는 19만

3,237명으로 전체 노동자 가운데 차지하는 비율도 32.2퍼센트로 증가했다. 이와 같이 1930년대 들어 와서 토목·건축 노동자가 급증한 것은 일제의 식민지 지배를 위한 기간 시설로서 철도, 항만, 도로, 교량 등의 건설과 아울러 1930년대 이후에는 대륙 침략을 위한 항만과 도로, 공장 등의 건설에서 비롯되었다(김경일 2004, 49).


## 노동자계급의 상태

제국주의의 지배를 받고 있었던 식민지 국가들의 노동자계급이 공통적으로 가혹한 착취와 억압을 겪고 있었던 것과 마찬가지로, 일제 식민지 시기 조선의 노동자들도 값싼 노동력 착취의 대상으로 저임금과 장시간 노동, 열악한 노동조건, 그리고 무권리 상태에서 무참하게 고통당했다.

먼저 임금 조건부터 보면, 임금수준이 생계비에도 미치지 못하는 낮은 수준인데다, 실질임금은 상승되지 않고 오히려 하락하는 경향을 보였다. 1920년의 임금지수를 100으로 할 때, 1925년에는 실질임금 지수가 85, 1927년에는 83, 1929년에는 83으로 해마다 하락했다. 그리고 1936년을 100으로 할 때, 1940년에는 실질임금지수가 86, 1942년에는 62까지 하락했다(한국노동조합총연맹 1979, 25; 김경일 2004, 66). 민족별로도 임금격차가 큰 편이었는데, 1920년대 일본인의 최고임금이 3원82전이었던 데 비해 조선인 최고임금은 1원80전으로 일본인 노동자보다 2원10전이나 낮았다(강동진 1977, 191). 이런 통계는 물론 업종이나 직종, 기능 수준을 구분하지 않고 작성된 것이어서 정확성을 기대하기는 어렵겠지만, 민족별로 임금격차가 격심했을 것이라는 사실은 능히 추측할 수 있는 일이다.

기업의 그릇된 임금관리 관행과 일제의 임금통제 정책도 저임금을 유지하게 하는 유력한 방편이었다. 기업은 전표제를 통한 임금 지불, 공장 안에서 시행하는 벌금제, 불량품 배상 제도, 강제 저축, 의무 적립금 제도 등이 임금 조건을 나쁘게 만드는 요인으로 작용했다. 일제는 국가총동원법 제6조의 "종업자의 임금, 기타의 노동조건에 대해 필요한 명령을 할 수 있다"는 규정에 따라 1939년 4월부터 임금통제령을 시행해 최고 임금액을 설정했고, 이어서 1939년 9월 18일에는 임금을 동결하는 '임금임시조치령'을 발표했다. 1941년 7월에는 두 법령을 통합해 '개정 임금통제령'을 제정해 실시했다(김경일 2004, 66~67).

노동조건의 주요 구성 요소인 노동시간 동향을 보면, 장시간 노동이었다는 것을 확인할 수 있다. 1922년 당시의 공장과 광산에 대한 조선총독부 내무국 사회과의 노동시간 조사에 따르면, 공장과 광산노동자의 1일 평균 노동시간은 9.32시간. 휴식 시간은 1.32시간이었고, 공휴일은 한 달에 2.7일인 것으로 조사되었다.

그러나 노동시간을 업종별로 보거나 또는 다른 기관의 조사 결과에 따르면 장시간 노동의 실태가 드러난다. 1931년의 경우, 방직공업에서 11시간 이상 취업하는 비율이 약 78퍼센트, 식료품공업 약 71퍼센트, 기계공업 약 62퍼센트, 화학공업 약 39퍼센트였으며, 12시간 이상 일하는 공장도 1,199개소 가운데 493개소로서 대략 41퍼센트에 이르렀다.

특히 방직 공장에서는 장시간 노동이 유별나게 시행되었는데, 여기서 일하는 여성노동자는 주야 2교대로 12시간 이상 노동을 감내해야만 했다. 광산노동자의 갱내 작업은 2교대 또는 3교대로 이루어졌으며, 노동시간은 2교대의 경우에는 10시간 또는 12시간 정도였다. 전시체제 시기에는 일본이 조선에서 군수생산력 증강 정책을 강화하면서 공장과 광산노동자의 노동시간은 더욱 길어졌다. 일제의 공식 자료에 따르더라도 1937년 당시 9시

표 4 | 1920~1930년대 광산재해 실태

| 연도 | 노동재해 발생 건수 | 지수 | 사상자 수 | | | | |
| --- | --- | --- | --- | --- | --- | --- | --- |
| | | | 사망 | 중상 | 경상 | 합계 | 지수 |
| 1924 | 1,210 | 100 | 47 | 146 | 1,074 | 1,267 | 100 |
| 1926 | 1,969 | 162 | 86 | 294 | 1,873 | 2,163 | 155 |
| 1928 | 3,267 | 270 | 74 | 486 | 2,842 | 3,402 | 269 |
| 1930 | 2,812 | 232 | 76 | 479 | 2,497 | 3,052 | 241 |
| 1932 | 2,217 | 183 | 110 | 545 | 2,459 | 3,114 | 246 |
| 1934 | 4,614 | 381 | 188 | 867 | 4,523 | 5,578 | 440 |
| 1936 | 7,949 | 657 | 310 | 623 | 7,150 | 8,083 | 638 |
| 1938 | 9,571 | 791 | 366 | 2,423 | 6,842 | 9,631 | 760 |

자료: 조선총독부 식산국(1939, 168).

간 노동제를 실시하는 공장은 전체의 6퍼센트에 지나지 않았으며, 12시간 이상 노동하는 경우는 전체 공장의 41퍼센트에 이르렀다(조선총독부 학무국 사회과 1933, 36).

이와 같은 장시간 노동을 비롯한 매우 열악한 노동조건에서 일하는 노동자의 경우에는 산업재해율과 직업병 이환율이 높을 수밖에 없었다. 그러나 공장노동자의 산업재해에 관한 조사 통계자료는 거의 찾아볼 수 없다. 다만 산업재해가 다발적이었고 사상자 수가 가장 많았던 광산에서 발생한 산업재해에 관한 통계자료가 남아 있을 뿐이다.

통상적으로 다른 산업에 비해 광산의 산업재해가 가장 높은 편인데, 광산에서 발생한 산업재해 발생 건수는 해마다 늘어났다. 1924년을 기준으로 보면, 1930년대 초까지 약 2배의 증가를 보였고, '병참기지화' 정책이 본격화되는 1930년대 중반부터 급증하기 시작해 중일전쟁이 발발한 1937년 이후에는 무려 8배가량 증가했다. 이와 같이 산업재해 발생 건수가 증가하면서 산업재해로 인한 사상자 수도 거의 같은 비율로 증가했다.

이런 광산에서 발생한 산업재해 실태에 비추어 다른 산업에서도 산업재해와 직업병 발생률은 매우 높았을 것으로 보이며, 산업재해에 대한 보상체계가 구비되지 않은 상태에서 산업재해를 당한 노동자들의 고통은 극심했을 것은 분명하다.


## 노동자 조직

1920년대에 들어 임금노동자 수가 전반적으로 증가하고 임금노동의 중심인 공장노동자층도 상대적으로 성장했다. 식민지 기반 시설의 구축과 물자의 집산·운반, 그리고 도시의 발전 등에 따라 부두·항만, 철도역과 거리에서 운수·운반에 종사하는 노동자층이 계속 늘어났다. 이에 따라 전국 각지에서 '노동회', '노우회', '노동친목회', '노동계', '노동조합' 등의 명칭을 건 노동단체들이 각지에서 조직되었다. 조직 형태에서 보면, 1920년대 초반에는 지역 내의 여러 직종을 망라한 지역별 노동조합(지역합동노조)이 가장 대표적이었다.

1920~1935년 사이에 전국에서 조직된 노동조합의 총수는 4,294개였다. 노동조합 조직의 시기별 추이를 보면, 1920~1923년 사이에 조직된 노동조합의 수는 315개로 전체의 7.3퍼센트를 차지했으며, 1920년대 중·후반인 1924~1929년에는 1,714개(39.9퍼센트)의 조직이 결성되었다. 1930년대 초·중반에는 2,265개가 조직되어 전체의 절반이 넘는 52.7퍼센트를 차지했다(김경일 2004, 139).

1920년대 후반기 들어서는 많은 수는 아니었으나 전국적인 산업별 노동조합의 조직이 시도되었다. 조선철공총동맹, 전조선인쇄직공조합총동맹, 전조선신문배달부조합총동맹 등의 노동조합이 그것이었다. 이와는 대조적으로 지역별 노동조합 연합체는 거의 전국에 걸쳐 조직되었다. 경성노동연맹을 비롯해 평양노동연맹, 원산노동연합회, 함북노동연맹, 함남노동총동맹, 전북노동연맹, 진주노동연맹, 함평노동조합연합회, 광주노동연맹, 마산노동연맹 등 약 30개 이상이었다(한국노동조합총연맹 1979, 143).

1920년대 중·후반기에 활발하게 조직되었던 노동조합 결성에는 선진적 지식인이나 청년, 그리고 사회주의자들이 많은 역할을 수행했다. 이들은 독자적인 노동단체를 조직해 노동조합 결성이나 노동운동을 지도 또는 지원했다. 이 시기 노동조합은 때로는 조선공산당 또는 이른바 '사상단체'라 부르는 조직으로부터 직간접적으로 영향을 받아 결성되기도 했다. 사상단체는 1923년 8월 마산에서 최초로 조직된 혜성사彗星社를 비롯해 1926년 말 당시 전국에서 모두 338개 단체가 있었다. 이들 사상단체들은 애초에는 비합법 비밀결사의 형태로 존재했다가, 1925~1926년 무렵 합법 영역에 집중해 대중 단체인 노동·농민·청년 단체 결성과 활동 지도에서 중심 역할을 했다(김경일 2004, 141~143).

이와 같이 전국 각 지역에서 노동조합 조직이 활발하게 조직되는 가운데, 1920년대 전반기 들어 몇 개의 노동조합 전국 중앙 조직이 건설되었다. 1920년 4월에 결성된 '조선노동공제회'와 같은 해 2월에 조직된 '조선노동대회', 그리고 1922년 10월에 설립된 '조선노동연맹회'가 그것이다(김경일 2004, 92~101; 한국노동조합총연맹 1979, 127~135).

조선노동공제회는 1919년 선진적인 지식인이 주축이 되어 활동하고 있던 '조선노동문제연구회'를 모태로 한 것이었다. 이 단체는 이듬해 2월 7일 해체되었다. 조선노동문제연구회를 이끌었던 사람들은 각계각층의 인사들을 망라한 대동단결의 합법적 조직 운동을 노동자층에서 전개하기 위해 조선노동공제회를 창립하기로 했다. 그리하여 1920년 4월 3일 서울 인사동 명월관 지점에서 조선노동공제회 발기인 총회가 열렸는데, 이 총회에는 발기인 쪽에서 50명이 참가했고 그리고 개인 자격으로 인력거부, 지게꾼, 신문배달원과 같은 이른바 자유노동자 100여 명이 참가했다. 곧이어 4월 11일에는 서울 광무대(현재 을지로4가 소재)에서 발기인 286명을 포함해 678명이 회원으로 참석한 가운데 '조선노동공제회' 창립총회가 열렸다. 총회에서 회장에 박중화, 총간사에 박이규, 의사장에 오상근이 각각 선출됐다.

창립총회에서 노동공제회는 첫째, 인권의 자유평등과 민족적 차별의 철폐, 둘째, 식민지 교육의 지양과 대중문화의 발전, 셋째, 노동자의 기술 양성과 직업 소개, 넷째, 각종 노예의 해방과 상호부조 등의 강령을 채택했다. 이와 아울러 조선노동공제회는 "노동의 신성과 노동자의 존귀"를 바탕으로 "민족적·계급적으로 이중의 압박과 착취의 대상"이면서 "박멸과 자멸의 운명밖에 없는 조선의 노동자, 농민 대중"의 민족적·계급적 해방을 선언했다.

또 조선노동공제회는 조직의 당면 과제로서 노동자교육과 경제, 그리고 위생으로 설정하고, 그것을 실행하기 위한 대책으로 지식 계발, 품성 향상, 환난 구제, 직업 소개, 근검저축의 장려, 위생 장려, 일반 노동 상황 조사 연구와 기관지 발행, 일반 노동 문화 보급 등을 내세웠다.

조선노동공제회가 결성된 이후 전국 각지의 산업 중심지에서 조선노동공제회 지부들이 잇따라 조직되었다. 1922년 3월 말까지 전국에 설치된 지부 수는 50여 개에 이르렀다. 회원 수는 창립 당시의 678명이 1921년 3월에는 1만7,889명으로 증가했다.[10] 조선노동공제회 조직 사업은 지부 설치뿐만 아니라 주요 도시들에서 직업 또는 직종별 노동조합 조직에도 노력을 쏟았다. 서울의 인쇄직공조합, 전차종업원조합, 자유노동조합과 대구의 인

---

10_조선노동공제회의 회원 수는 약간 저평가된 추정이라는 점을 감안하고라도 서울과 지방 지부를 합해 62,837명으로 추산되기도 한다(신용하 1986, 124~126).

쇄직공조합, 토목공려회, 진주의 양화직공조합, 자유노동조합 등이 결성되었다.

조선노동공제회는 창립에서 해체에 이르는 2년 동안 노동자들의 의식을 계몽하고 노동 문화를 보급하기 위해 적극적인 노력을 기울였으며, 소비조합을 설치해 공제 활동을 벌였고, 노동쟁의에 대한 진상 조사와 중재를 행했을 뿐만 아니라 노동자들의 동맹파업에도 일정한 형태로 개입했다(신용하 1986, 162~163).

조선노동공제회의 이런 활동에도 불구하고 조직이나 활동 측면에서 일정한 한계를 나타냈다. 노동공제회는 전국적인 조직이었는데도 노동단체들의 연합체가 아니었으며, 각 회원들은 개인 자격으로 참가해 노동조합 전국 중앙 조직으로서 조직 위상을 확립하지 못했다. 회원 가운데는 지식인과 도시 중간층에 속한 사람도 많았으며, 지도부 대부분이 노동자의 권익 향상과 병행해 민족해방운동을 주요 목표로 삼았다.

조선노동공제회가 조직을 확대하고 활동 영역을 넓혀 가는 과정에서 각종 투쟁과 파업에 대해 일정한 지도 역량을 발휘했지만, 임금 인상이나 노동일의 단축과 같은 절실한 일상적 요구를 쟁취하기 위한 활동보다는 상호부조와 계몽 그리고 직업 소개 등의 활동에 치중했다.

이런 한계가 있었는데도 조선노동공제회는 '한국 최초의 근대적 노동단체'인 것은 분명하며, "근대적 노동조합 운동을 준비한 노동자 조직으로서 우리나라 노동운동 발전에서 중요한 선구적 역할을 수행했다"(김인걸 1964, 31; 37).

조선노동공제회와 거의 같은 시기에 전국 중앙 조직으로서 '노동대회'가 결성되었다. 노동대회는 김광제, 권직상 등이 중심이 되어 노동자의 상호부조와 인격 향상, 의식의 발달 등을 목표로 1920년 2월에 발기인 대회를 갖고, 같은 해 5월 창립총회를 개최했다. 노동대회는 전국에 걸쳐 지부 조직도 착수했는데, 서울을 비롯해 평양, 개성, 원산, 광주, 신의주, 마산 등지에 지부가 설치되었고, 회원 수는 한때 8천여 명에 이르렀다고 한다.

노동대회는 몇 개월 뒤부터 내부 분열에 휩싸이게 되었고, 1923년 무렵에는 조직 세가 크게 약화되었다. 노동대회는 뒤에서 서술하게 될 '조선노동연맹회'와 대립해 차금봉 등의 조선노동공제회 잔류파와 함께 조선노농대회 준비를 추진하다가 1924년 4월 '조선노농총동맹' 조직에 합류했다.

조선노동공제회와 노동대회는 민족주의와 사회주의, 그리고 지식인과 노동자계급이 완전히 분화되지 않은 상태에서 내부적으로 노선이나 계급·계층에서 매우 복합적인 구성을 내포하고 있었다. 그래서 노동조직으로서 독자적인 정체성을 확립하지 못하고 갖가지 분열 요소를 안고 있었다. 이런 시점에서 노동조합운동의 본래 성격과 임무를 충실히 정립해야 한다는 요구가 제기되는 가운데, 지식인과 노동자계급을 주축으로 사회주의 노선을 추구하는 새로운 노동조직이 출범하게 되었다. '조선노동연맹회'가 그것이었다.

1922년 10월 18일 창립된 조선노동연맹회는 첫째, 사회 역사의 필연적인 진화이법進化理法에 따라 신사회 건설을 기도함, 둘째, 공동의 힘으로 생활을 개조하기 위해 이에 관한 지식의 계발, 기술의 진보를 도모함, 셋째, 현사회의 계급적 의식에 의해 일치단결을 기도함을 강령으로 내걸었다.

또 조선노동연맹회는 '선언'에서 "자본주의의 독해毒害는 세계 도처에 왕양汪洋, 팽배澎湃해 생산의 권위를 가진 노동자를 기계시하고 그 노동력을 상품시해 오인吾人 노동자는 고민참통苦悶慘痛함이 인내하려 해도 다시 더 인내할 수 없는 절정에 달했도다"라고 하면서 현대자본주의의 모순을 비판했다. 그리고 선언은 식민지 조선 노동자의 비참한 생활 실태를 폭로하면서, "조선의 노동자도 자유와 평등과 평화를 위해 만국의 노동자와 단결해 분투코자 하노라"라고 밝혔다(한국노동조합총연맹 1979, 133).

조직의 구성과 관련해, 조선노동공제회가 개인 자격의 가입 형태를 취했던 것과는 다르게 조선노동연맹회는 개별 노동조합 가입의 연맹체 성격을 취했다. 그런데도 조선노동연맹회는 파쟁과 분열 때문에 노동조합 전국 중앙 조직으로서 명실상부한 역할을 수행하지 못했다.

이와 같은 기능과 역할의 한계는 조선노동연맹회의 조직 역량 축소를 가져왔고 결국은 해체에 이르게 만들었다. 창립 당시에는 경성전차종업원회를 비롯해 진주노동회, 대구노동공제회, 경성노우회, 광주노동공제회, 경성양화직공조합 등 13개 단체, 조합원 수 3만여 명이었던 조직 세가 1924년 4월 해체될 때는 불과 5개 단체만 남게 되었다.[11] 그런데도 이들 회원 단체가 당시 경인 지역에서 가장 잘 조직된 선진적 노동조합들로 구성되었다는 사실은 주목할 만하다(신용하 1989, 73).

조선노동연맹회는 조선노동공제회나 노동대회보다는 훨씬 진전된 활동 양상을 보였는데, 1922년 12월의 경성양화 노동자 파업을 비롯해 1923년 6월의 경성고무 여성노동자 파업, 1922년 12월~1923년 7월에 이르는 시기에 전개된 양말·고무·양복제조 노동자들의 파업을 지원했다. 조선노동연맹회 활동 가운데 주목되는 것은 조선에서 최초로 1923년 5월 1일, 메이데이 행사를 조직했다는 사실이다. 조선노동연맹회는 1924년 4월 '조선노농총동맹'의 결성을 계기로 해체되었다.

1924년 4월 20일 '조선노농총동맹'이 창립되었다. 조선노농총동맹 결성

---

11_신용하는 창립 당시 가맹단체 수가 10개 단체였으며, 회원 수도 2만 명 정도였다고 주장하고 있다(신용하 1989, 62~63).

에는 남선노농동맹 가입 단체 99개와 조선노농대회 가입 단체 54개, 조선
노동연맹회 가입 단체 5개, 그 밖의 무소속 14개 등 모두 172개 단체가 참
가했다.[12] 조선노농총동맹의 강령은 다음과 같다.

첫째, 오인은 노농계급을 해방하고 완전한 신사회를 실현할 것을 목적으로 함.
둘째, 오인은 단체의 위력으로서 최후의 승리를 얻을 때까지 철저하게 자본계
급과 투쟁할 것을 기함.
셋째, 오인은 노농계급의 현하(現下) 생활에 비추어 각각 복리증진, 경제 향상
을 기함(김경일 2004, 148).

조선노농총동맹은 창립 대회에 뒤이어 임시 대회를 소집해 행동 방향과
당면한 운동 방침을 토의하고 다음과 같은 4개항의 결의안을 채택했다.

첫째, 각 지방에 노동자 단체를 조직하고 원조하며 각 지방 노동자 상황을 조사
할 것.
둘째, 노동운동의 근본정신과 배치되는 이류(異類)단체는 파괴할 것.
셋째, 강습소와 팜프렛 등으로 노동자의 계급의식을 현저히 높일 것.
넷째, 노동자 임금을 최저 1일 1원 이상, 노동시간은 8시간제로 할 것(김경일
2004, 149).

조선노농총동맹은 이전의 조선노동공제회나 조선노동연맹회보다는 광

---

12_김윤환은 참가 단체 수를 181개, 출석 대표를 295명이라고 서술하고 있다(김윤환 1982, 123).

범한 조직을 포괄했고, 강령이나 결의를 통해 노동자의 구체적인 요구를 제기했을 뿐만 아니라 가맹 조직에 대해 더한층 나은 지도 역량을 발휘했다.

조선노농총동맹 출범 이후 많은 노동단체와 농민단체가 새로이 가입했는데, 가맹단체 수는 명확한 수치를 찾기 어렵다. 1927년 당시 조선노농총동맹에 가입한 단체는 직업별 조직이 108개, 지역별 조직이 40개, 그리고 혼합형이 6개 단체였다는 주장(채린), 1919년 7월 당시 137개 노동단체가 가맹했고 회원은 4만7천 명이라는 견해, 그리고 200여 개의 하부 조직과 4만5천 명의 회원을 포괄했다는 견해(김인걸), 가맹 조직은 260개였고 회원은 5만3천 명이었다는 주장(김윤환) 등이 있다(김경일 2004, 149~150).

조선노농총동맹은 이전의 전국 중앙 조직에 비해서는 활발한 조직 활동을 벌였으며, 노동자투쟁에 대해서도 직간접적인 지도와 영향력을 발휘했다. 조선노농총동맹이 노동운동 전반에 걸친 많은 역할을 수행했는데도 몇 가지 한계가 지적되었다. 첫째, 노동단체와 농민단체의 연합체로 구성되어 있어 노동자계급이 다른 계급과 구분되는 프롤레타리아의 선봉적 역할을 명확하게 인식하지 못했고, 둘째, 일제 경찰의 가혹한 탄압으로 활동의 자유를 구속당하고 있는 조건에서 활동의 합법성을 전취하기 위한 실천적인 강력한 투쟁을 조직하지 않았으며, 셋째, 내부의 무원칙한 대립으로 사상과 행동상의 통일이 보장되지 못함으로써 노동자·농민 단체의 분열을 야기했다는 점 등이다(김인걸 1964, 51~52). 여기에 더해 "민족해방에 대한 과업을 제기하지 못함으로써 반제·반봉건 혁명의 객관적 요구를 정확히 반영하지 못했다"는 지적도 있다(김경일 2004, 151).

조선노농총동맹은 결성된 이후 노동단체와 농민단체의 분리 문제가 줄곧 논의되어 오다가, 1927년 9월 7일 세포단체의 서면표결로 조선노동총동맹과 조선농민총동맹으로 분리, 결성되었다. 조선노동총동맹은 독자적인 조직으로 결성되었으나, 조직의 지도부가 조선공산당 사건에 관련되어 체포·투옥됨으로써 활동을 정상적으로 전개하지 못했다. 그러나 전국적으로 활발하게 조직된 노동조합의 지역 연맹체의 결성이나 산업별 노동조합의 출현은 조선노동총동맹의 직간접적인 지도나 영향으로 이루어질 수 있었다(김윤환 1982, 189).

## 노동자투쟁

1920년대 노동조합 조직의 확대·발전과 더불어 노동자투쟁도 지속적으로 증대되는 경향을 보였다. 1920년대 초두의 노동운동 전개 양상은 1919년의 3·1운동의 영향을 반영했다. 1919년의 파업 건수는 84건으로 노동자 9,011명이 파업에 참가했는데, 이는 1918년에 일어난 50건의 파업 건수와 파업 참가자 6,105명에 비교해서는 크게 늘어난 수치였다. 1920년에는 파업 건수가 1919년에 비해 조금 감소했지만, 여전히 1910년대에 비해서는 높은 수치를 보이고 있다(〈표 5〉 참조).

1920년대 초기에 전개된 대표적인 파업으로는 다음과 같은 사례를 들 수 있다. 1920년 서울 지역 고무공장, 양말공장, 양복제조, 금은세공, 구두제조 등의 노동자들이 일으킨 연쇄적인 지역 동맹파업, 1921년 부산 지역 부두노동자 5천 명이 참가한 총파업, 1922년 부산 조선 방직노동자 500여 명 참가의 파업·시위, 경성 인력거부 1천여 명의 파업투쟁, 1923년 부산 조선 방직노동자 1,700여 명이 참가한 파업, 평양 양말공장 노동자 1천여 명이 참가한 파업 등이었다.

이 시기 파업투쟁의 주요 원인을 보면, 임금 인상 또는 임금 인하 반대와 노동조건 개선 등 경제적 요구가 대부분을 차지하고 있었다. 그런데도 대부

표 5 | 1918~1923년 노동자 파업 양상
단위: 명, 건수

| 연도 | 건수 | 참가 인원 | | | | 원인 | | | 결과 | | |
|---|---|---|---|---|---|---|---|---|---|---|---|
| | | 조선인 | 일본인 | 중국인 | 계 | 임금 | 대우 | 기타 | 성공 | 실패 | 타협 |
| 1918 | 50 | 4,443 | 475 | 1,187 | 6,105 | 43 | 2 | 5 | 18 | 18 | 14 |
| 1919 | 84 | 8,383 | 401 | 327 | 9,011 | 76 | 4 | 4 | 12 | 35 | 37 |
| 1920 | 81 | 3,886 | 533 | 180 | 4,599 | 76 | 3 | 2 | 38 | 31 | 12 |
| 1921 | 36 | 3,293 | 11 | 99 | 3,403 | 30 | 1 | 5 | 14 | 18 | 4 |
| 1922 | 46 | 1,682 | 38 | 79 | 1,799 | 41 | 2 | 3 | 12 | 15 | 19 |
| 1923 | 72 | 5,824 | 53 | 164 | 6,041 | 64 | 2 | 6 | 22 | 49 | 1 |

자료: 조선총독부 경무국(1933, 143~144).

분의 파업은 일본인 고용주를 대상으로 했다는 점에서 민족·정치적 성격을 띠고 있었다. 파업 지속 기간을 보면, 대부분 단기간에 끝났다는 점에서 파업투쟁이 그다지 완강하지 않았음을 알 수 있다. 그리고 파업 결과를 보면, '성공'보다는 '실패'가 더 많았다.

1920년대 중·후반기 파업 동향은 〈표 6〉에서 보는 바와 같다.

1924년에 50건에도 이르지 않았던 파업 건수는 1928년에는 120여 건으로 증가했고, 파업 참가 인원에서도 1920년대 전반기에는 3천여 명 정도였는데, 1927년에는 1만 명을 넘어섰다. 파업의 원인에서는 임금 문제가 가장 큰 비중을 차지하는 가운데, 대우 개선에 관한 요구가 점점 커지고 있다. 파업의 결과는 실패한 사례가 많았다.

이 시기에 일어난 주요 파업으로는 1925년 서울의 전차 승무원 파업, 서울, 평양, 부산 지역의 인쇄노동자 파업, 1926년 1월 중순에서 4월 초순에 걸쳐 전개된 목포의 제유공 파업, 1927년 10~12월에 걸쳐 지속된 영흥 흑연광산노동자 파업, 일제 시기 대표적인 총파업으로 평가되고 있는 1929년의 원산 총파업 등을 들 수 있다. 이들 파업은 이전에 발생한 파업에 비해 비교적 오래 지속되었고 지역 노동단체들의 지원을 받아 지역적 연대 파업

표 6 | 1920년대 중·후반 파업 동향 단위: 명, 건수

| 연도 | 건수 | 참가 인원 | | | | 원인 | | | 결과 | | |
|------|------|--------|--------|--------|--------|------|------|------|------|------|------|
| | | 조선인 | 일본인 | 중국인 | 계 | 임금 | 대우 | 기타 | 성공 | 실패 | 타협 |
| 1924 | 45 | 6,150 | 30 | 571 | 6,751 | 35 | 4 | 6 | 14 | 13 | 18 |
| 1925 | 55 | 5,390 | 49 | 261 | 5,700 | 31 | 8 | 16 | 24 | 22 | 9 |
| 1926 | 81 | 5,648 | 203 | 133 | 5,984 | 44 | 6 | 31 | 27 | 24 | 30 |
| 1927 | 94 | 9,761 | 16 | 746 | 10,523 | 68 | 7 | 19 | 32 | 31 | 31 |
| 1928 | 119 | 7,212 | 112 | 435 | 7,759 | 49 | 23 | 47 | 33 | 39 | 47 |
| 1929 | 102 | 7,412 | 49 | 832 | 8,293 | 57 | 10 | 35 | 24 | 44 | 34 |

자료: 조선총독부 경무국(1936, 176~177).

의 양상을 띠었을 뿐만 아니라 총파업의 형태를 취하는 경우도 있었다는 점에서 대중적 파업의 발전된 형태를 나타냈다(김경일 2004, 196).

1920년대 후반기 주요 파업의 양상과 성격을 살펴본다.

### 1926년의 목포제유공장 파업

1926년 1월 15일 목포제유공장 노동자들이 임금 인상과 노동시간 단축, 그리고 인격적 대우 등의 요구 조건을 내걸고 파업을 벌였다. 목포제유공장은 면실유를 비롯한 식물성 기름을 만드는 제유공장으로 당시에는 조선에서 최대 규모의 시설을 갖추고 있었다. 목포제유회사는 조선면화회사, 조선방적회사, 조일정미소 등과 더불어 동일한 자본 계열이었기 때문에 목포제유공장 파업은 단순히 제유공장만이 아니라 지역에서 막대한 영향력을 행사하고 있던 자본과 대결한다는 의미를 지니고 있었다.

파업은 70여 일 동안 계속되었는데, 그 과정에서 회사 측은 파업 참가 노동자 126명을 해고했고 외지에서 노동자들을 모집해 공장으로 데려왔으며, 경찰은 노동조합 간부들을 조사하고 회계장부를 압수하는 등 일방적인 탄압을 자행했다. 이와 같은 탄압에도 불구하고 노동자들은 조사, 선전, 구

호 등의 부서를 구성해 조직적인 활동을 벌였고, 회사 측의 노동자 모집을 저지했을 뿐만 아니라 조합원들의 생활 보장을 위해 행상대를 조직하기도 했다.

파업이 장기화되면서 노동자들은 결사대를 조직해 공장을 습격했으며, 시설을 파괴하고 새로 들어온 노동자와 파업 이탈 노동자들에게 폭행을 가하고 집에 불을 지르는 행위 등 격렬한 투쟁을 전개했다. 파업 노동자들의 공장 습격으로 개입 구실을 잡은 경찰은 파업 지도자를 구속하는 한편, 경계를 강화했다

목포제유공장 파업은 자본과 경찰의 탄압으로 끝내 노동자들의 패배로 끝났지만, 파업을 통해 노동자들이 보여 준 단결과 투쟁성, 조직성, 의식성은 이 시기 노동운동과 민족해방운동의 수준을 한 단계 높였으며 이후의 운동에 큰 영향을 끼쳤다. 또 목포제유공장 파업은 직업별 노동조합의 결성과 지역 노동운동의 조직적 통일이 뒷받침되었다는 사실은 매우 주목되는 일이다(김경일 2004, 214).


영흥 흑연광산노동자 파업

함경남도 영흥군에 있는 일본의 유수한 독점자본 스미토모 그룹이 경영하는 흑연 광업소에서 영흥노동동맹 노산흑연광부노조 조합원 200여 명이 1927년 10월 중순 무렵 파업에 들어갔다. 요구 조건은 8시간 노동제의 실시, 임금 인상, 노동조건 개선 등이었다. 파업이 진행되고 있는 가운데 영흥에서 얼마 떨어져 있지 않은 다른 흑연광산인 장흥광부조합 흑석령黑石嶺의 광산노동자 100여 명도 비슷한 요구 조건을 내걸고 파업을 벌였다.

파업이 일어나자 영흥노동연맹을 비롯한 각 단체들은 파업에 대한 지지를 표명하고 후원에 나섰으며, 원산노동연합회에서는 파업 동정금을 보내

는 동시에 응모규찰대를 조직해 노동자 모집을 막았다. 회사 측은 가까운 지역에서 새로 노동자를 모집해 파업을 깨뜨리려고 시도했고, 광산 폐쇄와 파업 노동자 해고까지 단행하겠다고 위협했다. 경찰은 영흥노동동맹의 간부 3명을 구속했고, 노동자들의 모든 집회를 금지했다.

11월 말에는 영흥노동동맹 가맹 조직인 영흥인쇄공조합, 운수노동조합, 우차부조합 등에 속한 조합원 500여 명이 흑연광산노동자 파업에 대한 동정을 표시하고 노동동맹 간부 구속에 항의해 일제히 파업을 단행함으로써 영흥의 전 산업이 일시적으로 중지되는 사태가 벌어졌다. 이와 같은 소식을 들은 흑연 광산노동자 300여 명은 12월 1일 대오를 지어 영흥읍으로 행진했으며, 다른 파업 노동자들과 합세해 회사의 횡포와 일제의 탄압을 규탄하면서 하루 종일 시위행진을 강행했다.

파업은 점점 확대되어 다음 날인 12월 2일에는 영흥읍의 9개 전기공장의 노동자, 유기공장 노동자, 양조공장 노동자, 곡물무역상 조합의 노동자들 200여 명이 파업을 벌였다. 이와 같이 영흥 지역의 노동자들이 총파업에 돌입함으로써 이 지역 대부분의 산업이 일시적으로 마비 상태에 놓였다. 이런 상황에서 고용주들은 노동조합과 교섭을 벌여 파업 사태를 해결하고자 했다. 노동조합과 고용주 대표들이 영흥노동동맹 회관에서 교섭한 결과, 임금 인상과 구속 노동자 석방에 합의하면서 파업은 일단 마무리되었다.

영흥 노동자들의 총파업은 그 규모는 크지 않았지만, 한국 노동운동 사상 특기할 만한 투쟁으로서 몇 가지 특징을 보였다. 첫째, 일제 식민지 시기의 노동운동에서 최초의 총파업이었다. 둘째, 투쟁이 조직적으로 진행되어 지역 주민의 지지를 획득할 수 있었다. 셋째, 일제의 경찰이 탄압만으로는 사태 수습이 어렵다고 판단해 중재에 나서게 되었다(한국노동조합총연맹 1979, 79~80).

### 원산 총파업

1929년에 일어난 원산 총파업은 그 규모나 지속성, 그리고 노동자의 단결과 투쟁에서 당시에는 물론이고 그 이후에도 식민지 시기의 대표적인 파업 사례다(김경일 2004, 301).

원산 총파업은 1928년 9월 원산 교외에 있는 문평제유공장 파업에서 시작되었다. 이 파업은 영국인 소유의 라이징 선Rising Sun 석유회사 문평 유조소油槽所 기업주와 일본인 관리자가 조선인 노동자에게 심한 민족적 멸시와 차별 대우를 하며 저임금과 장시간 노동을 강요한 데 대한 조선인 노동자들의 저항이었다. 파업은 일본인 감독이 조선인 노동자를 구타한 사건에서 촉발되었고, 노동자 120명이 폭력 감독 해임을 비롯한 다섯 개 항의 조건을 내걸고 파업에 들어갔다. 원산노동연합회(이하 원산노련)는 파업을 해결하기 위해 회사 측과 교섭을 시도했으나 회사 측은 교섭 자체를 거부했다. 문평운송노동조합도 제유공장 파업에 동조해 파업에 들어갔다.

파업이 점점 확대되자 회사 측은 일제 경찰을 동원해 파업을 주도한 사람을 검거하도록 하는 한편, 새로 고용할 노동자 모집에 착수했다. 모집에 응한 노동자도 파업 중이라는 것을 알고는 모두 돌아가 버렸다. 결국 회사 측은 파업 20여 일 만에 노동자 측의 요구(폭행을 가한 감독 축출, 파업 노동자 면책, 파업 기간 중의 임금 40퍼센트 지급 등)를 받아들이고, 이 밖에 최저임금, 해고수당 지급, 병상자 위자료 지급 등에 관한 협정은 3개월 안에 정한다고 약속했다. 이 과정에서 노동자들은 노동조합을 조직해 원산노련에 가입했다(이원보 2005, 77).

그 뒤로 3개월이 지나, 노동자들은 회사 측에 합의 사항 이행을 촉구했으나, 회사 측에서는 아무런 답변이 없었다. 이에 원산노련은 1929년 1월 3일 긴급 집행위원회를 열어 8시간 노동제의 실시, 취업규칙 개정 등의 요구

조건을 제시했으며, 1929년 1월 14일 문평제유노동조합과 문평운송노동조합이 원산노련의 결정에 따라 파업을 단행했다. 원산 부두노동자도 파업을 벌여 이 회사의 화물 운송을 일체 취급하지 않았다. 그러자 회사 측은 일본 자본가 단체인 원산상업회의소(이하 원산상의)에 파업 해결을 위임했다.

원산상의는 파업을 주도한 원산노련을 파괴할 목적으로 1월 18일 부두 노동자 450명을 해고했다. 그리고 노동자 신규 채용을 통한 내부 분열 획책, 선전 유인물을 통한 모략중상, 새로운 어용노조의 조직 등 여러 가지 적대적인 수단을 동원했다. 1월 22일 원산노련은 이런 원산상의의 횡포와 기업주의 강압적인 태도에 맞서 파업을 선언했고, 1월 22~24일에 걸쳐 두량노조, 해륙노조, 결복노조, 운반노조, 원산중사조합, 원산제면노조 등에 속한 노동자 2천여 명이 총파업을 단행했다.

원산노련은 원산상의의 노동자 모집을 저지하기 위해 노동 규찰대를 전국 각지에 파견하고 강연회 개최, 가두연설, 전단 살포 등의 대중선전 사업을 진행했다. 또 원산노련은 파업 자금을 마련하기 위해 전 회원에게, 금주하고 한 사람당 하루에 5전씩 내도록 결정했다.

1월 26일 이후에는 원산노련 산하 양복직공조합, 우차조합, 인쇄직공조합, 양화직공조합 등이 파업에 참가함으로써 원산노련 소속 전체 노동조합원 2,200여 명이 일제히 파업에 참가하게 되었다. 2월 1일에는 임시로 부두 하역 작업에 종사하던 일본인까지 총파업에 동조해 작업을 중지했다.

이와 같이 총파업의 투쟁 열기가 갈수록 고조되고 노동자 측의 승리가 눈앞에 다가온 것 같은 국면에서, 일제는 경찰과 군인을 동원했다. 함경남도 경찰부는 경찰관 300여 명을 파견해 파업단 간부 7~8명을 검거하고, 원산노련 회원의 가정을 방문해 식량과 가옥 상태를 조사했다. 또 일본군 제19사단 함흥보병대 73연대와 74연대 군인 300명, 재향군인 400명, 소방대원 1천여 명이 창건과 철포로 무장하고 시가지를 행진해 계엄령을 방불하게 하는 공포 분위기를 조성했다(김경일 2004, 220).

일제 경찰은 원산노련 간부들을 계속 감시했으며, 1월 29일에는 원산노련의 장부까지 압수했고, 원산노련 소속 노조들을 수색해 모든 문서를 압수했다. 그뿐만 아니라 경찰은 모든 사회단체의 활동을 금지하고, 2월 7일에는 원산노련 위원장 김경식과 상무집행위원 4명을 협박과 폭력 등의 혐의로 구속했다.

이와 같이 자본과 일제의 경찰·군대 탄압이 극심하게 자행되는 가운데서도 노동자들의 투쟁 열기는 좀처럼 수그러들지 않았다. 원산노련은 2월 9일 진상 조사를 위해 원산에 와 있던 변호사 김태영을 위원장으로 선임하고 간부들을 보완해 투쟁을 계속했다. 파업 노동자와 그 가족들은 "한 잔의 술, 한 개비의 담배, 한 푼의 공비公費도 반동이다"라는 구호를 내걸고 하루 두 끼만 먹고 술과 담배를 끊어 거기서 나온 돈을 투쟁 기금으로 사용했다. 이와 같은 원산 노동자들의 치열한 투쟁에 대해 전국 각지의 노동조합과 사회단체는 파업자금을 지원했고, 열렬한 성원을 보냈다. 국내뿐만 아니라 일본, 중국, 프랑스, 소련의 노동자들도 격려와 후원을 보냈다.

총파업 대열을 흐트러뜨리기 위해 원산상의는 2월 19일 함남노동회라는 어용 노동단체를 설립하는 한편, 파업을 사회주의운동으로 몰아 치안유지법을 적용하겠다고 협박했다. 2월 중순부터 파업단의 식량은 떨어지기 시작했고, 일자리를 잃은 노동자의 생활은 말할 수 없이 곤란했다. 이런 상황에서 원산노련의 새 지도부는 강령에서 "노동운동의 통일과 무산자의 세계적 제휴를 도모하며 무산계급의 해방을 기한다"는 내용을 "생활 향상을 위한 노동자의 수양을 본위"로 하는 온건하고 타협적인 내용으로 바꾸었다. 이와 함께 원산노련의 새 지도부는 함남 지사나 경찰부장에게 원만한 해결을 탄원하는 한편, 지사나 원산 부윤의 조정에 전적으로 의존하는 타협적인 자세로 일관했다(김경일 2004, 221~222).

이런 과정에서 원산상의 내부에 분열이 일어나 파업 국면은 변화를 맞았다. 지금까지 원산상의와 보조를 같이해 온 조선인 자본가는 더 이상 사태의 원만한 해결을 기대할 수 없다고 판단해 원산노련의 요구 조건을 받아들이면서 노동자들의 직장 복귀를 기대했다. 3월 21일에는 인흥 운송점이 단독으로 원산노련의 요구 사항을 인정하고 노동쟁의를 해결하자, 몇몇 조선인 자본가가 이에 동조했으며, 이를 계기로 조선인 운송업자가 수적으로 절반 이상을 차지하는 원산운송조합은 분열되었다. 이런 사태 진전에 따라 원산노련은 긴급회의를 열어 조선인 고용주의 객주조합과 각 상회, 상점의 운반조와 결복 조원 240명 전원에게 3월 25일부터 직장에 복귀하도록 지령을 내렸다.

원산노련의 패배 가능성이 점점 커지고 조선인 자본가가 원산상의에서 이탈해 사태는 복잡하게 전개되는 상황에서, 4월 1일 오후, 노동자 10여 명이 함남노동회를 습격하는 일이 벌어졌다. 2일과 3일에도 노동자 수십 명이 출근하는 함남노동회 회원들을 구타해 여러 명의 부상자를 내고는 자취를 감추었다. 3일 오전 2시에는 노동자 10여 명이 함남노동회 간부의 집을 습격했다.

폭력 사태 이후 원산에는 수색과 검거 선풍이 불었으며, 경찰과 군대 병력이 증파되었다. 이에 발맞추어 함남노동회도 자위단이라는 폭력단을 조직해 무장을 함으로써 원산은 삼엄한 분위기로 돌변했다. 일제는 이런 공포 분위기에서 파업 노동자들을 궁지로 몰아넣었다. 마침내 원산노련은 회의를 열고 직장 복귀를 결정했다. 그리하여 원산 총파업은 84일 만에 패배로 끝났다.

원산 지역 노동자는 총파업 패배 이후에도 운동의 복원을 위해 원산노련 집행부를 다시 꾸리고, 1930년 1월에는 원산 총파업을 기념하는 대규모 집회를 여는 등 여러 가지 활동을 벌였다(이원보 2005, 80).

원산 총파업은 그 이후에 전개된 노동운동과 민족해방운동 전반에 대해 커다란 영향을 끼쳤다. 또 원산 총파업은 조선 노동자의 강인성, 완강성, 조직성을 보여 줌으로써 일제의 무단정치 실상을 폭로하고 민족해방운동을 한 단계 높이는 데 기여했다. 그리고 일제의 식민 통치를 반대하고 민족해방을 쟁취하는 것만이 식민지에서 노동자의 정당한 권리를 찾을 수 있다는 점과 민족해방운동에서 노동운동이 차지하는 역할이 매우 중대하다는 사실을 일깨워 주었다(김경일 2004, 224; 한국노동조합총연맹 1979, 125; 사회과학원 역사연구소 1988, 214).

1930년대 들어 조선의 노동운동은 안팎의 급격한 상황 변화를 맞아 운동의 발전을 위한 방향 전환을 단행하지 않을 수 없었다. 제1차 세계대전 기간에 경제적인 발전을 꾀했던 일본 자본주의는 1929년의 세계경제공황을 맞아 심대한 타격을 입었다. 일본 제국주의는 당면한 위기를 모면할 목적으로 밖으로는 1931년에 '만주사변'을 일으켜 전쟁을 도발하는 한편, 안으로는 일본 내에 '중요산업통제법'[13]을 공포·시행했다.

만주사변 이후 조선은 중국 침략 전쟁의 전진기지, 즉 대륙병참기지로서 중요성을 갖게 되었고, 중요산업통제법이 개정된 1936년 이전까지는 법의 통제를 받지 않을 수 있었기 때문에, 일본 자본의 조선 진출이 급격하게 증대되었다. 이에 따라 노동자의 양적 증가가 급속하게 진행되었으며, 특히

---

13_이 법은 독점체들 상호 간의 파국적 경쟁을 피하기 위해 중요 산업의 조업 시간, 판매 가격, 제품 수량을 강제로 제한하는 것을 목적으로 제정된 것이었다.

| 연도 | 건수 | 참가 인원 | | | | 원인 | | | 결과 | | | |
|---|---|---|---|---|---|---|---|---|---|---|---|---|
| | | 조선인 | 일본인 | 중국인 | 계 | 임금 | 대우 | 기타 | 성공 | 실패 | 타협 | 미해결 |
| 1930 | 160 | 17,192 | 172 | 1,608 | 18,972 | 89 | 26 | 45 | 41 | 63 | 56 | - |
| 1931 | 205 | 16,854 | 131 | 129 | 17,114 | 141 | 16 | 48 | 34 | 100 | 71 | - |
| 1932 | 152 | 14,170 | 591 | 63 | 14,824 | 99 | 14 | 39 | 30 | 69 | 53 | - |
| 1933 | 176 | 13,599 | 213 | 23 | 13,835 | 118 | 26 | 32 | 37 | 74 | 65 | - |
| 1934 | 199 | 12,941 | 86 | 71 | 13,098 | 134 | 16 | 49 | 57 | 86 | 56 | - |
| 1935 | 170 | 12,062 | 101 | 24 | 12,187 | 107 | 25 | 38 | 47 | 72 | 51 | - |
| 1936 | 138 | 8,100 | 145 | 1 | 8,246 | 86 | 13 | 39 | 34 | 32 | 72 | - |
| 1937 | 99 | 8,067 | 291 | 90 | 9,148 | 55 | 7 | 37 | 25 | 36 | 37 | 1 |

표 7 | 1930년대 파업 동향 (단위: 명, 건수)

자료: 조선총독부 경무국(1938).

군수산업 부문을 중심으로 노동자 수가 늘어났다.

일본 독점자본의 조선 진출이 확대되는 가운데, 세계경제공황에 따른 불황으로 타격을 입은 기업주들이 그 피해를 노동자에게 전가하려고 임금 삭감이나 노동자 대량 해고, 그리고 노동강화 등의 방법을 택했다. 이와 같은 착취와 억압에 대해 노동자들은 투쟁으로 대항하지 않을 수 없었다. 그 결과 1930년대 전반기에 노동자 파업은 급증했다.

〈표 7〉에서 보는 바와 같이 1931년에는 식민지 시기 동안 가장 많은 205건의 파업을 기록했고, 1930년대 후반에 이르기까지 파업은 높은 건수를 유지했다. 파업에 참가한 인원을 보면, 1930년에 가장 많은 수인 1만9천여 명을 비롯해 1931년에는 1만7천 명을 기록했다.

파업을 원인별로 보면, 임금에 관련된 것이 많은 편이었으며, 임금 인하를 반대하는 방어적인 성격의 파업이 우세했다. 파업의 결과를 보면, 성공보다는 실패가 많았다.

이 시기의 주요 파업으로는 부산 조선방직노동자 파업(1930년 1월), 신흥탄광노동자 파업(1930년 5월), 평양 고무공장 노동자 파업(1930년 8월),

부산 고무공장 노동자 연대 파업(1933년 7월), 흥남(1934년 10월과 1935년 7월)과 진남포(1935년 7월) 제련소의 노동자 파업을 들 수 있다.

이들 파업투쟁은 식민지에서 맞은 경제공황과 일제의 대륙 침략을 배경으로 노동자에 대한 착취가 강화되고 노동운동에 대한 공세가 전면화되는 가운데 발생했고, 그것이 비합법 영역에서 혁명적 노동운동가의 지도를 매개로 전개되어 완강한 양태를 드러냈다(김경일 2004, 318).

한편, 일제는 1930년대 이후 전시체제로 이행하면서 노동운동에 대한 탄압을 더욱 강화했다. 이에 따라 1932년부터는 기존의 노동조합이 대량으로 해산당하게 되었고, 1935~1936년 무렵에는 거의 모든 지방 노동단체도 표면상으로는 그 기능을 정지당한 채, 점점 자취를 감추었다. 1930년 말에 노동단체 재조직을 위한 조선노동총동맹의 해소론이 나왔으며, 가맹단체였던 인천노동연합회가 조선노동총동맹 해체를 건의하는 동시에 스스로 해체해 비합법 산업별 노동조합으로 개편하기도 했다(한국노동조합총연맹 1979, 175~176). 노동운동은 합법적 활동을 금지당하면서 비합법 형태로 이행하게 되었으며, 이른바 '지하적색 노동조합운동'으로 표현되는 혁명적 노동운동이 전개되었다.


### 혁명적 노동조합운동

혁명적 노동조합운동은 비합법 지하조직 형태로 전개되었기 때문에 그 규모나 조직 범위를 정확하게 파악하기는 거의 불가능하다. 일제의 발표에 따르면, 1931~1935년 사이에 '지하적색 노동조합' 사건으로 검거된 건수는 70여 건에 이르고, 투옥된 노동운동가 수는 1,759명이었다(윤여덕 1991, 201).

이 시기 혁명적 노동조합운동을 대표하는 것으로는 함경남도의 흥남 일대를 중심으로 1930년 말에서 1935년까지 네 차례에 걸쳐 전개된 이른바 '태평양노동조합운동', 경성을 중심으로 1933~1936년에 전개된 이재유 그룹의 운동, 원산을 중심으로 1936~1938년까지 활동한 혁명적 노동조합운동을 들 수 있다. 이 밖에도 1932년, 1933년, 1935년에 검거된 평안도의 '적색 노조 사건', 1933~1935년에 드러난 경상도의 '적색 노조 사건', 1932~1934년에 검거된 호남의 '적색 노조 사건'이 있었다(한국노동조합총연맹 1979, 212~217).

혁명적 노동조합운동은 사회주의운동과 국제노동운동의 일환으로 전개되었다. 이 운동은 코민테른이나 프로핀테른, 그리고 태평양 노동조합의 직접적 지도를 받거나 지원을 받았다. 예컨대 1930년 9월 프로핀테른이 발표한 '조선의 혁명적 노동조합운동의 임무에 관한 테제'(이른바 9월 테제)와 이듬해인 1931년 10월 상하이의 범태평양 노동조합 비서부에서 발표한 '조선의 범태평양 노동조합 비서부 지지자에 대한 동 비서부의 회신'(이른바 10월 서신)[14] 등이 그런 사실을 말해 준다.

또 혁명적 노동조합운동은 공산주의운동과 밀접한 연관을 가지고 있었다. 1925년 4월 17일 서울에서 조선공산당이 건설되었고, 4월 18일에는 고려공산청년동맹이 조직되었다. 1926년 조선공산당은 코민테른에 가입했다. 그러나 일제의 극심한 탄압으로 조직이 발각되어 1925~1928년까지 네

---

**14_**서신은 조선 노동운동 지도자들이 대중의 지지를 받기 위한 조직·정치적 지도를 충분하게 시행하지 못하고, 개량주의 노동조합 내부에서 혁명적 노동조합을 조직하려 한다고 비판하고, 혁명 세력은 노동자 대중 속에서 투쟁을 통해 누가 과연 자기들의 이익을 위해 투쟁하는가를 깨닫게 해야 한다고 주장했다. 이를 위해서는 임금 인하와 노동시간 연장 반대, 동일노동 동일임금, 산업재해, 질병, 실업에 대한 국가와 기업주 부담의 보험 제도 도입 등의 요구를 제기하고, 파업권과 출판·집회 자유 보장을 비롯해 조선과 만주에서 일본군 퇴각, 중국 혁명 지지를 표명했다.

차례나 공산당이 다시 조직되었다.

1928년 말에는 코민테른이 파벌 투쟁을 이유로 조선공산당에 대한 승인을 취소하고, 당의 재건 지령이라 할 수 있는 이른바 '조선 혁명 농민 및 노동자의 임무에 관한 결의'(이른바 '12월 테제')를 발표했다. 12월 테제는 조선의 혁명을 부르주아민주주의혁명이어야 한다고 지적하고, 종래의 조직 방법과 지식인의 주장을 버리고 공장노동자, 빈농을 획득해 종래의 파벌 투쟁을 청산하는 동시에 노동자·농민 단체에 대한 공작을 적극화해야 한다고 강조했다. 코민테른 12월 테제 발표 이후, 혁명적 노동조합운동은 노동자·농민 조합을 중심으로 광범한 인민대중의 역량을 단일 조직으로 결집한다는 방침에 따라 합법운동 시기의 산별노조 운동 원칙을 견지하며 공장 중심의 활동을 강화하려 했다.

혁명적 노동조합운동은 1930년대 노동운동의 중심 위치를 차지하고 있었는데도, 일제의 무자비한 탄압 속에서 지하의 비합법 상태에서 조직과 활동, 그리고 투쟁을 전개하는데서 분명한 한계를 지닐 수밖에 없었다. 그런 한계를 극복하기 위한 노력이 정치적 투쟁이나 무장투쟁으로 구체화되었다.

혁명적 노동조합운동의 주요 사례인 흥남의 태평양 노동조합운동, 경성의 이재유 그룹 운동, 원산의 혁명적 노동조합운동을 좀 더 자세히 살펴본다.

### 흥남의 태평양 노동조합운동

태평양 노동조합은 태평양 연안을 둘러싸고 미국, 영국, 일본 등 제국주의 세력과 사회주의 진영 사이의 첨예한 대립을 배경으로 태평양 연안에 위치한 여러 나라의 노동운동 지도를 위해 1927년 5월 중국 한커우에서 사회주의 진영이 주도해 결성한 조직이다. 태평양 노동조합은 상하이에 본부를 두고 비합법 상태에서 활동하면서 중국, 일본, 인도네시아 등 태평양 연안 국가의 노동운동에 직접 관여했다.

태평양 노동조합은 조선에서 중화학공업지대인 흥남, 특히 조선질소비료주식회사를 활동 거점으로 선정했다. 태평양 노동조합은 1930년 11월에 조직한 '연구회 집행국'을 1931년 1월 '좌익노동조합결성준비위원회'로 개편해 활동 기반을 마련했다. 같은 해 2월에는 '함흥산별위원회'를 설치했는데, 산업별 조직을 지향해 목공부, 화학부, 금속부, 철도부 등을 구성했다. 흔히 제1차 '태로'라고 부르는 이 조직은 1931년 중반기에 일제가 활동가 100~500명을 검거함으로써 와해되었다.

태평양 노동조합은 노동 현장에서 노동자를 결집하기 위한 구체적인 활동보다는 공장 내에서 독서회를 조직해 정기적으로 만나 교양과 학습을 한다든지, 공장 상황과 노동운동의 정세를 조사하는 정도의 활동을 추진했다(김경일 2004, 273)

1차 태로 사건에 이어 1931년 8월 조직 재건이 이루어져, 1932년 2월부터 제2차 태평양 노동조합운동이 시작되었다. 혁명적 노동조합운동의 잠정 지도 기관으로 '흥남좌익'이 결성되었고, 이 조직은 기관지『노동자 신문』을 발간했다. 같은 해 4월, 메이데이를 앞두고 핵심 간부들이 검거됨으로써 다시 조직은 해체되었다. 제2차 태로 사건에 이어 태평양 노동조합운동은 1932년 10월 다시 결성되어 조직 활동과 교양·선전 사업을 추진했다. 1933년 3월, 3·1운동 14주년 기념 투쟁을 준비하는 과정에서 간부 80여 명이 검거되어 조직은 또다시 와해되었다. 이른바 제3차 태로 사건이다. 1934년 11월에는 일제 경찰이 조선질소비료공장을 중심으로 '적색 노동조합'을 조직했다는 혐의로 노동운동가 20여 명을 검거했다. 이른바 제4차 태로 사건이다.

제1차에서 제4차에 이르는 태평양 노동조합 사건은 혁명적 노동조합이 태평양 노동조합의 직접 지도에 따라 투쟁을 집요하게 연속적으로 전개했다는 점에서 주목을 끌었다(김윤환 1982, 280).

### 경성의 이재유 그룹 운동

경성에서 이재유를 중심으로 한 혁명적 노동조합운동은 1932년 말부터 1936년 말까지 전개되었다. 이재유 그룹이 전개한 운동은 세 시기로 구분할 수 있다. 첫 번째 시기는 이른바 '경성트로이카 운동' 기간으로서 1932년 말부터 1934년 1월까지를 말한다. 두 번째 시기는 1934년 4월부터 이듬해인 1935년 1월 무렵까지 10개월 정도의 '경성재건그룹 운동' 기간이다. 마지막 시기는 1935년 1월부터 1936년 12월 말까지 2년에 걸친 '조선공산당 경성재건준비그룹' 기간이다(김경일 2004, 277~278).

각 시기별로 운동의 전개 과정을 살펴본다. 첫 번째 시기에는 이재유, 안병춘, 변홍대, 이현상 등이 중심이 되어 활동을 전개했고, 영등포 지역의 금속 산업, 용산 일대의 고무 업종을 중심으로 한 화학산업, 동대문 밖의 제사업을 중심으로 한 섬유산업 등에서 100명이 넘는 노동자를 조직 구성원으로 포괄했다.

첫 번째 시기의 노동운동은 일정 지역의 공장에서 노동자를 조직해 독서회나 토론회를 통해 계급의식을 높이는 한편, 대중투쟁을 지지·지원하는 활동을 벌였다. 조직 방법은 각 공장이나 직장에 노동자 3~5명으로 구성되는 공장반 또는 공장 그룹을 만들고 이를 지역적으로 통제하는 한편, 산업별 원칙에 따른 전국 조직을 결성하는 체계를 취했다. 경성의 영등포·용산·동대문 일대는 지역적 지구 조직을, 그리고 금속·화학·섬유 각 부문은 산업별 조직을 지향해 구체적으로 상정한 조직들이었다.

이 그룹이 1933년 9월 종연방직 파업에 개입하면서 경찰이 단서를 포착했고, 많은 조직 구성원이 검거되었다. 1934년 1월, 이재유가 검거되면서 조직은 일단 와해되었다.

두 번째 시기는 경찰에 검거된 이재유가 1934년 4월 서대문 경찰서에서 탈출해 이듬해 1935년 1월까지 활동한 기간이다. 이재유는 경찰서에서 탈출해 경성제국대학 미야케 시카노스케 교수의 집에서 40여 일 동안 은신했다가 거주를 옮겨 이관술, 박영출 등과 함께 다시 활동을 벌였다. 이들은 철도국 용산공장과 영등포공장, 경성전매지국 연초공장, 경성전기 전차과 등 비교적 규모가 큰 사업장을 대상으로 활동을 벌였다. 이들은 공장이나 지역에 대한 조사 활동을 비롯해 교육·선전 활동, 활동가 양성과 확보, 운동자금 조달하는 데 노력을 집중했다.

마지막 시기의 운동은 1935년 1월부터 이재유가 경찰에 검거되었던 1936년 12월 말까지 진행되었다. 이 시기에 이재유는 이관술, 변우식, 서구원, 최호극 등과 함께 서울에서 운동 그룹의 통일에 주력하는 한편, 1936년 10월에 '조선공산당경성재건준비그룹'을 결성했다. 준비그룹은 기관지『적기』를 발행해 노동자들에게 배포했다(김경일, 2004, 281~284).

이 시기 이재유 그룹은 대중적 기반이 취약해진 상태에서 조선공산당 재건을 주요 목표로 삼았다. 이 그룹은 조선의 사회 구성을 반半봉건·반半자본주의적인 사회로 규정하고, 조선 혁명의 성격을 부르주아민주주의혁명으로 규정했다. 이런 민족혁명은 민족부르주아지가 반동화되었기 때문에 노동자 대중이 프롤레타리아혁명을 수행하기 위해 그 전 단계인 민족혁명을 주도적으로 수행해야 한다고 주장했다(김경일 2007, 244). 1936년 12월 25일 이재유가 일제의 경찰에 체포되면서 경성 지방 혁명적 노동조합운동은 막을 내리게 되었다.

이재유 그룹의 혁명적 노동조합운동은 우선 일제의 폭압 상태에서 전개되었고, 노동자계급의 주체성과 자발성에 대한 신뢰를 바탕으로 독자적인 조직 체계를 구축했다. 이 그룹은 이론과 실천의 정확한 결합을 강조했고 민족문제와 계급문제를 통일적으로 결합하기 위해 노력했을 뿐만 아니라 민족혁명에서 노동자계급이 차지하는 지도적 임무를 강조했다. 그리고 민족혁명, 계급혁명을 위한 지도부 구축을 위해 노력했다.

### 원산의 혁명적 노동조합운동

1929년 원산 총파업 이후, 원산의 노동운동은 소강상태에 들어갔다가, 1930년대 들어와 혁명적 노동조합운동으로 되살아났다. 1930년 8월, 김현제를 비롯한 노동운동 활동가들은 '반제동맹준비회'를 결성해 활동하다가 이듬해 1931년 8월에는 원산의 혁명적 노동조합운동을 통일하기 위한 공산주의 그룹을 조직했다. 이 조직은 1932년 중순에 이르러 '산별노동조합 조직준비회'를 설치하고, 운수·목재·출판·금속·정미부 등으로 구분해 활동을 벌였다. 산별 노동조합 결성과 관련해 전국 조직의 경우에는 상향식 조직을 택했지만, 단일 지역 내에서는 하향식 조직을 절충하는 방식을 취했다.

이들은 합법단체인 원산노동연합회와 함남노동회 내에 혁명적인 경향의 분파를 형성해 혁명적 노동조합으로 개편하고자 시도했다. 또 각 세포조합의 하부 조직으로 반과 연구회를 조직해 분회를 결성했으며, 출판부를 두어 기관지를 발행하는 등의 활동을 추진했다.

원산의 혁명적 노동조합운동은 1936년 10월~1938년 10월 기간에 본격적으로 전개되었다. 원산 총파업 이후 이 지역에서 활동하다가 제1차 태평양 노동운동에 관련해 5년 동안 복역하고 출옥한 이주하를 비롯한 최용달, 이강국의 도움을 받아 원산의 노동자가 주도해 혁명적 노동조합운동과 민족해방통일전선 운동을 전개했다.

1936년 10월, 이들은 혁명적 노동조합의 준비 기관을 결성하고 기관지 『노동자 신문』을 발행했다. 이들은 철도·금속·화학이라는 3대 부문을 설정해 각 부문별로 하위 조직을 결성하고, 이들 각 부문 위원회를 총괄하는 중앙위원회를 설치하면서 원산을 중심으로 하는 혁명적 노동조합의 체계화를 구상했다.

이와 같은 조직 방침을 실현하기 위해 노력을 기울였던 원산 혁명적 노동조합운동은 1938년 4월, '적색노동조합원산좌익위원회'를 새로이 조직했다. 원산의 혁명적 노동조합운동은 일본 제국주의의 중국 침략과 전시체제 이행을 계기로 몇 가지 변화를 겪었다.

그 첫 번째 변화는 코민테른 제7회 대회가 채택한 반파쇼 인민전선 운동 방침을 수용해 항일민족통일전선전술을 채택하고, 애국적 민족부르주아지를 포함한 사회 계급의 동맹을 기반으로 궁극적으로는 소비에트 정권 수립을 전망했다는 사실이다.

두 번째 변화는 조직 방침에서 나타났는데, 반제국주의 통일전선을 위한 활동의 일환으로 혁명적 노동조합운동 건설과 병행해 반합법의 노동자 대중조직을 결성하려는 노력이다.

세 번째 변화는 자연발생적인 일상 투쟁을 통해 혁명적 노동조합 조직을 강화하고 나아가 이를 반제·반전 투쟁의 일환으로 발전시키고자 했다. 반제·반전 투쟁과 관련해 이 그룹은 결정적 시기의 무장투쟁을 계획했다. 반제·반전 투쟁과 무장투쟁 계획은 단순히 원산의 경우에만 한정되지 않았고, 같은 시기에 다른 지역에서 활동하고 있었던 혁명적 노동운동 세력도 다 함께 공유하고 있었다.

원산의 혁명적 노동조합운동 그룹은 1938년 7월 철우회鐵友會 결성 이후 조직을 확대하는 과정에서 일제 경찰에 단서를 잡혀 10월 중순 이후 관련자 110여 명이 체포·구금되면서 결정적 타격을 입었다. 이런 대대적인 탄압 속에서도 검거되지 않은 주요 활동가들은 일제가 패망할 때까지 활동을 계속했다(김경일 2004, 285~294).

# 2장
# 라틴아메리카

그는 어린애처럼 작고 갈퀴처럼 말랐다. 그가 니카라과 땅에 그처럼 단단히
뿌리박지 않았다면 길 잃은 한줄기 바람이 그를 멀리 실어갔을 것이다. 그가
사랑하는 땅을 굳게 딛고 서서, 아우구스트 세사르 산디노는 땅이 그에게
말한 것을 사람들에게 들려준다. 그가 잠자리에 몸을 누이면, 그의 조국은
슬픔과 사랑의 말들을 그에게 속삭인다. 산디노는 외국 점령군에게 짓밟힌
굴욕의 땅이 그에게 말해준 비밀을 이야기하고 사람들에게 묻는다. ─ 누가
나와 같이 이 땅을 사랑하겠는가? 산알비노 광부 스물아홉명이 앞으로
나선다. 이들이 니카라과 해방군 최초의 병사들이다. 글을 읽을 줄 모르는
그들은 미국 회사를 위해 하루 15시간 동안 금을 캐내고 가축우리 같은
숙소에서 겹겹이 쌓여 잠을 잤다. 그들은 다이너마이트로 광산을 폭파한 뒤
산디노를 따라 산으로 들어간다. 산디노는 작고 흰 당나귀를 타고 간다.
…… 산디노 병사들은 재규어(jaguar)처럼 물고 새처럼 날아간다.
뜻밖의 장소와 뜻밖의 시간에 그들은 적 뒤나 옆을 공격한 뒤
날갯짓 한번으로 사라져 버린다.

_에두아르도 갈레아노(갈레아노 2005, 104; 111)

## 1. 제국주의 지배와 노동자계급

1920~1930년대에 걸쳐 라틴아메리카 국가들에서는 산업 발전이 빠르게 진행되었고, 그것은 자본주의 관계 강화를 촉진했다. 그런데 경제·사회적 수준에서는 이 지역 국가들 사이에 현격한 차이가 존재했다. 예컨대 아르헨티나는 이 대륙 전체 규모의 제조업에서 차지하는 비율이 1938년 당시 31퍼센트였을 정도로 앞서 있었고, 이에 비해 볼리비아, 파라과이, 에콰도르, 중앙아메리카, 그리고 카리브 해역에 있는 대부분의 국가에서는 산업이 아직도 초기 단계에 머물러 있었다. 이 양극단적인 범주 사이에 칠레, 멕시코, 우루과이, 브라질, 베네수엘라, 콜롬비아, 페루, 쿠바가 있었는데, 이들 국가에서는 산업 발전이 점진적으로 진행되었다. 발전 수준의 격차는 이들 국가 내부의 개별 지역 사이에서도 대단히 컸다. 전前 자본주의적 관계가 잔존하고 있는 광대한 농업지대와 거대한 대공업 센터가 공존하고 있다는 사실은 라틴아메리카에서 진행된 자본주의 발전이 매우 기형적이었음을 말해주는 것이다(The USSR Academy of Sciences 1985, 542).

이와 같은 불균형한 경제구조가 형성된 이유는 라틴아메리카 국가들의 경제가 세계 제국주의 경제체제에 편입되었기 때문이었다. 라틴아메리카 대륙은 주요 제국주의 국가들 사이의 격심한 경쟁 마당이 되었으며, 이 경쟁에서 점점 결정적 우위를 차지한 것이 미국이었다. 미국은 라틴아메리카 시장에서 경쟁 상대를 밀어내면서 라틴아메리카의 대외무역을 자기의 이익에 종속시켰고, 이들 국가를 채무노예적인 차관 올가미에 가두었다. 나아가 미국은 경제 팽창과 침략적 대외정책으로 아이티, 도미니카공화국, 쿠바, 니카라과를 점령했으며, 멕시코에 대한 도발을 시도했다. 외국 독점체는 라틴아메리카 천연자원을 장악하고 근로인민을 착취해 막대한 이윤을 손에 넣을 수 있었다.

외국자본과 토착자본의 이중적 억압은 라틴아메리카 노동자 상태를 더욱 열악하게 만들었다. 대부분의 라틴아메리카 국가들에서는 노동관계법은 아직도 크게 부실한 채, 초보 상태에 머물러 있었다. 1930년대에 이르러서는 멕시코, 칠레, 아르헨티나에서 비교적 체계적인 사회보장제도가 실시되고 있었다. 칠레, 아르헨티나, 코스타리카, 쿠바 등 몇몇 나라에서는 8시간 노동법이 제정되었으나 실제로 충실하게 시행되지는 않았다. 대부분의 국가에서는 노동자의 기본 권리가 제도적으로 보장되지 않은 채, 노동자는 무권리 상태에서 혹심한 억압과 착취를 당했다(Ye Ye, 1973; The USSR Academy of Sciences 1985, 544에서 재인용).

이런 상태에서 1917~1940년까지 라틴아메리카 대륙의 노동자 수는 배로 증가해 약 1천만 명에 가까이 이르렀다. 경제적으로 가장 발달한 칠레의 경우는 공장노동자 수가 해마다 약 4퍼센트씩 증가했다. 아르헨티나에서는 공장노동자 수가 1914년의 38만3,500명에서 1935년 54만4천 명으로 증가했다(*An Outline History of Argentina*, 1961, 278; The USSR Academy of Sciences 1985, 545에서 재인용).

이처럼 노동자 수가 증가하고 핵심적인 구성 부분인 공장노동자 비중이 커지며 노동자투쟁이 점점 고양되는 가운데 노동조합운동도 새로운 전기를 맞게 되었다. 라틴아메리카 대륙 각지에서 직업별 노동조합의 분산성을 지니고 있는 수많은 소규모 노동조합이 대규모 산업별 노동조합으로 전환하기 시작했다. 아르헨티나, 브라질, 콜롬비아, 멕시코, 칠레, 쿠바에서는 전국 규모의 노동조합 조직이 결성되었다.

1929년 5월에는 프로핀테른에 가맹한 노동조합들이 몬테비데오 대회에서 '라틴아메리카노동조합총동맹'을 결성했다. 이 조직은 모스크바의 프로핀테른과 우호적인 관계를 유지했다. 이 대회에는 프로핀테른을 비롯해 멕시코, 아르헨티나, 에콰도르, 브라질, 엘살바도르, 파라과이, 과테말라, 볼리비아, 칠레, 쿠바, 페루, 콜롬비아, 코스타리카, 우루과이, 미국의 대표가 참가했다. 이 조직은 라틴아메리카 노동운동 사상 가장 큰 위기 속에서 조직되었다.

한 걸음 더 나아가 1938년 9월에는 멕시코 시에서 라틴아메리카노동총동맹이 결성되었다. 대회 소집은 멕시코노동총연맹이 수행했다. 여기에는 공산주의자, 사회주의자, 생디칼리스트, 아프리스타Apristas(아메리카혁명인민동맹), 가톨릭, 무당파 등 라틴아메리카의 중요한 모든 노동자 조직이 대회에 참가했다. 참가국은 아르헨티나, 칠레, 볼리비아, 콜롬비아, 파라과이, 베네수엘라, 니카라과, 코스타리카, 페루, 에콰도르, 쿠바, 우루과이 등이었다. 브라질의 주요 노동조합들은 비합법 상태에 있었기 때문에 대표를 파견하지 못했다. 라틴아메리카노동조합총동맹은 라틴아메리카노동자총연맹으로 통합되었다. 라틴아메리카노동자총연맹의 중심 슬로건은 "라틴아메리카 해방을 위해"였다. 1944년 당시 가맹 조직 총조합원 수는 400만 명 정도였다(Foster 1956, 349~351).

라틴아메리카 국가들의 정부도 프롤레타리아트의 역량 증대를 고려해 탄압과 아울러 노동자의 요구에 대한 양보를 취하지 않을 수 없었다. 예컨대 칠레에서는 1920년대 중반에 계급 모순을 완화하기 위한 사회 개량이 실시되었는데, 의무적 사회보장제와 8시간 노동일제가 그것이었다.

라틴아메리카에서 전개된 노동운동 발전은 복잡하면서도 곤란한 조건에서 진행되었다. 각국의 노동자계급은 1920년대의 격렬한 계급투쟁을 거쳐 세계경제공황이라는 극히 불리한 상황에서 노동자계급의 절박한 이익을 지키기 위해 완강한 투쟁을 단행해야 했으며, 1930년대 후반에는 전쟁과 파시즘의 위협에 대해 투쟁하는 인민전선의 주축으로서 자기 임무를 수행해야만 했다.


## 2. 1920~30년대 라틴아메리카에서 전개된 노동운동

1920~1930년대 사이에 라틴아메리카 국가들에서 전개된 노동자투쟁은 침체와 고양을 거듭하면서 많은 기복을 나타냈다. 1920년대에 들어와서야 노동조합운동이 본격적으로 진행되었고, 노동운동이 전략 목표를 설정하고 이를 실현하기 위한 투쟁을 펼쳤다. 각국 노동운동의 전개 과정과 사회변혁운동을 개괄적으로 살펴본다.


### 아르헨티나

1920년대 초기 아르헨티나 여러 계층의 인민이 외국자본 횡포에 대한 수많은 저항을 벌였다. 민족부르주아지도 여기에 합류했다. 이런 저항 투쟁의 영향을 받아 1916~1922년까지 집권했던 이폴리토 이리고옌 정부는 영국인과 미국인이 통제하고 있던 정육업과 석유산업 국유화에 관한 법률을 입안했다. 노동정책에서도 일정한 개선을 시행했다. 8시간 노동일제, 일요 휴무제, 최저임금제 등을 도입했다.

1922년 선거에서 카를로스 마리아 데 알베어 정부가 성립되어 1928년까지 집권했다. 데 알베어 정부는 노동운동을 비롯한 사회운동과 민주주의 운동을 탄압했다. 이에 따라 사회변혁 운동은 침체 국면에 들어섰다.

1920년대 들어 노동조합의 단결과 활동이 침체된 가운데, 노동단체들은 아르헨티나노동조합연맹 설립으로 하나의 중앙 조직으로 통합하려는 시도가 있었다. 아르헨티나노동조합연맹은 산업별 노동조합 체계를 지향했으나 1926년 당시 가맹 조직은 52개였고 노동조합원은 약 8천 명에 지나지 않았다. 아르헨티나노동조합연맹의 이런 조직상의 취약성은 거대 조직인 철도노동조합을 포괄하지 못했기 때문이었다.

1926년 2월에는 노동조합원 7만5천 명을 포괄하는 '철도노동조합'이 결성되었고, 이를 바탕으로 새로운 전국 중앙 조직인 아르헨티나노동총연맹이 설립되었다. 아르헨티나노동총연맹에 가입한 조직은 18개 연맹과 2개의 철도노동조합, 즉 철도노동조합과 철도종업원동맹이었고, 조합원은 모두 약 93만 명이었다.

1930년에는 노동총동맹CGT이 창설되었다. 노동총동맹은 아르헨티나노동총동맹과 아르헨티나노동조합연맹이 산하 조직이라고 선언했다. 노동총동맹은 1933년에 발표한 선언문에서 노동총동맹은 노동조합이 아닌 정당이나 단체로부터 독립적이라고 천명했다. 1935년에는 분열이 일어났는데, 노동조합 91개에 속한 2만4천 명이 생디칼리스트 지도로 노동총동맹을 탈퇴해 아르헨티나노동조합연맹을 재조직했다. 노동조합 550개에 속한 노동자 25만 명은 사회주의 노선을 표방하며 노동총동맹에 잔류했다.

1931년 11월 선거에서 후안 바우티스타 후스토 장군이 당선되었는데, 후스토 정부는 노동운동에 대한 탄압 정책을 시행했고, 1932년 말에는 파업금지법을 공포했다. 이와 같은 정세가 계속되면서 1930년대 중반부터는 인민전선을 수립하고 군사독재 정권을 반대하는 모든 세력을 통합하고자 하는 운동이 적극적으로 전개되었다. 파업투쟁을 벌이는 가운데 노동자 통일운동도 강화되었다. 1936년 1월 7일, 노동조합 조직 68개가 파업 중인 건설노동자를 지원하기 위해 하루 동안의 연대 파업을 단행하자는 데 동의했다. 사회주의자, 공산주의자, 무정부주의자들이 반제반파시즘 인민위원회를 결성했으나 정부의 탄압 정책으로 본격적인 투쟁을 펼치지는 못했다(Alexandrov 1986, 562~563).

이런 상황에서 노동총동맹CGT은 1936년과 1942년 정기총회에서 사회보장제도와 최저임금수준, 여성·아동 노동자에 대한 효율적인 보호, 적극적인 반독점운동을 결정하는 혼합위원회를 설치할 것과 제과점에서 일하는 노동자의 야간노동 금지를 요구했다.

이런 정책 요구들을 둘러싸고 심각한 이념 대립이 일게 되었고, 끝내 조직 분열이 발생했다. 노동총동맹은 1943년 사회주의자가 이끄는 노동총동맹-1과 공산주의자와 사회주의 연합 세력이 주도하는 노동총동맹-2로 분리되었고, 이런 분열은 후앙 도밍고 페론이 노동운동에 대한 지배권을 장악할 때까지 계속되었다(Troncoso & Burnet 1962, 47~50).


## 칠레

1920년대 들어 칠레의 정치 정세가 격변을 겪는 가운데 노동운동도 여러 가지 어려움을 겪었다. 1920년 칠레의 대통령 선거에서 급진당, 민주당, 자유당으로 구성된 자유동맹의 아르투르 알레산드리 팔마가 대통령에 당선되어 노동자들을 위한 법률 제정, 임금 인상, 노동시간 단축, 사회보험제도 도입을 시도했으나 초석, 동, 양모 등의 수출 부진에 따른 경제 불황으로 그 시행에 어려움을 겪었다.

1924년 9월에는 한 장교 집단이 쿠데타를 일으켰으며, 정권은 루이스 알타미라노 장군이 주도하는 군사평의회로 이관되었다. 그러나 군사평의회가 질서 수립을 하지 못함으로써 1925년 1월에 카를로스 이바네스 델 캄포 대령이 중심이 되어 쿠데타를 일으켜 새로운 군사평의회를 구성했다. 1925년 3월에 팔마가 유럽에서 귀국해 군부로부터 정권을 이양받았다. 팔마는 의회를 해산하고 공산당을 불법화했으며, 수많은 사람을 투옥했다. 그리고 1925년 6월 초석·광산 노동자 파업을 무참히 진압했다.

1929년부터 시작된 세계경제공황 시기에 칠레의 수출은 크게 하락했고, 초석을 비롯한 구리 광산과 그 밖의 다른 산업부문의 기업들이 폐쇄되었다. 1932년에 35만 명의 실업자가 발생했고, 파업과 시위, 실업자 행진이 벌어졌다. 1931년 드디어 캄포 정부가 물러났다(Alexandrov 1986, 566).

1932년 6월, 다시 쿠데타가 발생해 공군 사령관 마르마두케 그로베 바예호와 카를로스 다빌라가 주도하는 정부에 정권이 이양되었다. 반제국주의와 반봉건 슬로건을 내걸고 수행된 쿠데타는 노동자, 학생, 프티부르주아 층의 지지를 받았다. 새로운 정부는 '사회주의 공화국'을 표방했다. 바예호-다빌라 정부는 이와 같은 슬로건과 목표를 내세웠지만 실제로는 아무런 개혁적 조치를 취하지 않았으며, 이것은 오히려 인민의 불만을 불러일으켰다. 더욱이 다빌라는 정부에서 이탈해 6월 16일 새로운 쿠데타를 일으켜 독재 체제를 수립했다. 1932년 9월 바예호 독재 체제는 타도되었고, 1932년 10월 대통령 선거에서 아르투르 알레산드리 팔마가 다시 당선되었다. 팔마가 재선되어 집권할 때까지 칠레에서는 네 차례의 쿠데타와 일곱 차례에 걸친 정권 교체 시도가 있었다(강석영 1996b, 194).

이와 같은 정치적 격변이 진행되는 가운데, 1935년에는 인민전선위원회가 결성되었다. 1936년에는 공산당과 사회당이 행동 통일에 관한 협정을 체결하고 인민전선을 수립했다. 여기에는 칠레노동총연맹과 부르주아 야당인 민주당과 급진당이 참여했다.

한편, 1930년대 들어서는 노동운동 통합 노력이 구체화했다. 사회주의자들이 주도했던 합법적 노동조합들로 조직된 '공인노동조합전국총연맹'과 1936년 아나르코생디칼리스트가 조직한 '노동총동맹'CGT이 결성되었다. 1936년 2월 철도노동자 총파업이 결행된 뒤, 노동운동 통일 움직임은 더욱 구체화되었다. 1936년 12월 산티아고에서 노동조직들이 통합 논의를 거친 끝에, 1937년 1월 칠레노동총연맹 설립을 결정했다. 칠레노동총연맹은 마르크스주의 노선을 택했다. 칠레노동총연맹은 1938년 당시 노동조합원은 9만 명이었으나 1940년에는 40만 명으로 급증했다(Troncoso & Burnet 1962, 63~64).

칠레 노동운동은 1936년 이후 인민전선 운동에 참가했으며, 1938년 대통령 선거에서 인민전선 공식 후보인 페드로 아기레 세르다를 당선시키기 위해 적극적인 활동을 폈다. 세르다 대통령은 인민의 자유를 회복시켰고, 민족 산업 발전 계획을 발표했다. 그러나 외국 독점자본이나 대농장주에 대해서는 아무런 규제 조치를 시행하지 않았다. 그런데도 칠레 인민전선의 승리는 1930년대 라틴아메리카에서 반제국주의 세력이 이룩한 중요한 성과로 평가되었다(Alexandrov 1986, 568).


## 브라질

브라질에서 노동조합이 조직되기 시작한 시기는 1900년대 초였으며, 노동조합운동이 본격적으로 전개된 때는 1930년대부터였다. 브라질에서 노동조합 형식을 갖춘 최초의 노동자 조직은 1903년 리우데자네이루에서 설립된 '화부·부두노동자조합'과 1906년에 결성된 '화물차기사조합'이었다. 전국 단위 노동조합으로는 1906년에 조직된 브라질노동총연맹이 첫 번째였는데, 이 조직은 전국 중앙 조직으로서 기능과 역할을 수행하지 못했으며,

1920년대 말에 해체되었다.

제1차 세계대전 이후 브라질 주요 도시들, 즉 상파울루, 포르투알레그리, 헤시피 등에서 노동자 조직이 잇따라 결성되었다. 인쇄·철도·섬유 노동자가 노동조합 조직의 선두에 섰다. 그리고 노동자들이 벌이는 파업은 점점 일반적인 양상이 되었다.

1920년대 후반까지 조직노동자들은 대체로 정치 활동에 개입하는 것을 스스로 억제하고 있었다. 1925년 사회주의정당이 등장해 노동자들의 요구 실현을 지지함으로써 부분적인 성과를 거두었다. 사회주의정당보다 앞서 1922년에 결성된 공산당은 거의 10년 동안 탄압을 받아 제대로 활동을 전개하지 못했다.

1922년 대지주이며 외국자본과 결탁한 아르투르 다 실바 베르나르데스가 정부 수반이 되어 독재 체제를 수립해 노동운동을 탄압하기 시작했다. 한편, 베르나르데스 정부는 노동자계급의 불만을 누그러뜨리기 위해 노동자·자본가·정부 협동체로서 '전국노동평의회'를 설치하고 5월 1일 메이데이를 공휴일로 지정했으며 노동자들에게 매년 2주간의 유급휴가를 제공했다. 그러나 노동자계급의 거센 투쟁을 멈추게 할 수는 없었다.

이 시기에 노동자들은 수많은 대규모 파업을 일으켰으며, 농민들은 게릴라전까지 감행했다. 군인 반란도 곳곳에서 일어났다. 1924년 7월 5일 상파울루 시에 자리 잡은 군부대에서 반란이 일어났으며, 3주 동안 계속된 반란은 노동자들의 지원을 받았고 정부군 공격을 격퇴했다. 그 뒤로 반란군은 그곳을 떠나 다섯 달 동안에 걸쳐 게릴라전을 벌였다(Alexandrov 1986, 550).

노동자투쟁과 농민운동이 고양되는 가운데, 1928년에는 '노동당'Partido Trabalhista이 창립되었다. 1930년 제2차 전국 대회가 개최될 때는 조합원 10

만 명 이상이 소속된 58개 노동조합 대표 181명이 참가했다. 대부분의 당원은 상업·수송·철도·해운·섬유 노동조합 소속이었다.

1929년에는 두 개의 전국 중앙 조직이 창설되었는데, 그 하나는 브라질노동총연맹이었고, 다른 하나는 전국노동총연맹이었다. 브라질노동총연맹은 마르크스주의 경향을 띠었고, 전국노동총연맹은 온건 노선을 취했다 (Troncoso & Burnet 1962, 77~78).

1929~1933년 세계경제공황은 브라질 경제에 막대한 피해를 가져다주었고, 사회 모순을 격화했다. 노동자 파업투쟁과 농민운동이 격렬하게 펼쳐졌다. 이와 같은 상황에서 시행된 1930년 3월에 실시된 대통령 선거는 대단히 복잡한 정치 지형을 만들었다. 보수집중당 줄리오 프레스치스 드 알부케르크가 대통령에 당선되었으나, 제툴리우 도르넬레스 바르가스가 군대 지원을 얻어 1930년 10월에 권력을 장악했다. 바르가스는 헌법을 폐지하고 의회를 해산시켰으며 노동운동을 극심하게 탄압했다.

바르가스 정권의 이와 같은 군국주의 체제에서 파시즘의 위협이 점점 증대되었다. 파시스트들은 1932년 10월에 '국가통일행동'을 결성해 파시즘 선전과 회원 모집을 서둘렀다. 이런 파시스트의 적극적인 활동에 대응해 1935년 1월에는 사회주의자, 공산당원, 무정부주의자, 노동조합 간부, 자유민주주의 부르주아지, 그 밖의 반제국주의 세력이 결합해 '민족해방동맹'을 조직했다. 민족해방동맹은 강령에서 민주주의 실현, 민족의 자유에 관한 요구, 생활 상태 개선을 목표로 제시했다. 이 동맹에 150만 명이 가입했다. 바르가스는 1935년 7월 민족해방동맹을 불법화했다. 그러나 민족해방동맹은 비합법 상태에서 파시즘의 위협에 맞서 투쟁을 전개했다(강석영 1996b, 132).

1930년대 바르가스 통치 시기에는 보수 진영의 브라질 통합주의 운동과 진보 진영의 민족해방동맹 사이의 대립이 계속되는 가운데, 노동운동은 조직을 확대하고 사회정책에 대한 요구들을 제기할 수 있었다. 그러나 바르가스 정권은 정부 정책에 협조적인 노동조합에 대해서는 합법적으로 승인했고, 그렇지 않는 노동조직에 대해서는 심한 탄압과 통제를 가했다. 파업은 제도적으로 금지되었고, 노동조합 조직은 경찰 감시를 받아야만 했다. 브라질노동자총연합은 1930년대 후반에 해체될 때까지 계속 사양길로 접어들었다. 사실상 바르가스가 1937년 '신조합국가'Corporate New State를 주장하면서 노동운동은 극심한 침체를 겪게 되었다.

바르가스의 신조합국가에서는 파업이 '반사회적이고 노자 관계에도 해로우며, 국가 생산의 고귀한 이익에 배치되는 것'으로 규정되었고, 단체교섭 기능은 노동재판소 결정으로 대체되었다. 요컨대 신조합국가는 노동조합을 사회 안전 수단 확립과 개인의 불공평 해결을 위한 행정적 대리 기구 지위로 변질시켰다(Troncoso & Burnet 1962, 79).


**니카라과**

20세기 초부터 미국은 니카라과에 대해 군사 압력을 집중함으로써 강력한 통제를 가해 왔다. 니카라과는 미국 독점자본의 사실상 식민지였다. 1917년 니카라과 대통령 차모로 바르가스는 부담이 따르는 수많은 협정을 미국과 체결했다(Alexandrov 1986, 543).

니카라과는 1909~1933년까지 미국의 정치·군사·경제적인 지배와 개입을 받아 오면서, 독재 체제를 유지하기 위해 '국가방위군'Guardia Nacional을 설치해 정치 안정을 꾀했다.

이와 같은 상황에서 니카라과 최초 노동조합 전국 조직인 '니카라과노동기구'가 1924년에 결성되었다. 조직 강령은 '노동자 해방은 조직과 교육, 그리고 공제를 통해 이루어져야 한다'고 강조했다. 니카라과노동기구는 전국 15개 지부를 기초로 활동을 조직했는데, 각 지부마다 야간학교를 운영했고 공식 기관지인 『노동자 발전』 *La Evolución Obrera*을 발간했다. 니카라과노동기구 창설자이자 후원자인 소포니아스 살바티에라가 노동부 장관에 임명되어 노동관계법 제정에 착수했으나, 동료인 아우구스토 세사르 산디노가 살해당하자 관직에서 사퇴했다. 그 뒤로 니카라과노동기구는 아나스타시오 소모사 가르시아 정권 아래서 자기 기능과 역할을 다하지 못했다(Troncoso & Burnet 1962, 120).

니카라과 노동운동은 노동조합운동을 통해서보다는 미국 제국주의에 대항하는 민족해방운동에서 더 큰 임무를 맡게 되었다. 1920년대 후반기 들어 니카라과에서 일어난 첨예한 정치투쟁이 내전으로 전화됐다. 미국은 그들이 세운 괴뢰정부를 지탱하기 위해 1926년 12월에 새로운 무력 개입을 시작했는데, 이에 대응하기 위해 니카라과의 애국자들은 간섭자와 그 공범자들을 상대로 무장투쟁을 전개했으며, 투쟁은 전 인민적 성격을 띠었다. 봉기군 지도자는 자유를 위한 용감한 투사이자 유능한 사령관인 산디노였다. 산디노군은 주로 농민들로 구성되었는데, 여기에 노동자, 학생, 진보적 생각을 가진 군인이 합세했다. 봉기군이 내건 요구는 미국 간섭군의 철수와 미국이 내세우는 먼로주의[1] 철폐였다. 라틴아메리카의 진보 세력들이 니카

---

1_미국의 제5대 대통령 제임스 먼로는 1823년 12월 2일 의회에 보내는 연차 교서에서 유럽 제국의 아메리카 대륙에 대한 불간섭, 아메리카의 비식민지화, 미국의 유럽 불간섭 등 3원칙을 근간으로 하는 미국 외교 기본 정책을 발표했다. 이것을 '먼로 선언'이라고 한다. 1815년 나폴레옹전쟁이 끝나자, 중남미의 에스파냐, 포르투갈 식민지는 독립을 선언하기에 이르렀다. 그러자 당시 태평양 연안에까지 진출해 아메리카 대륙까지 진출을 기도하고 있던 제정러시아는 신성동맹에 참가한 유럽의 군주국과 손을 잡고 중남미의 독립국가에 대한 간섭을 획책했다. 미국은 이런 움직임을 자국에 대한 위협으로 간주하고, 이런 움직임을 방지하려 했다. 이것이 먼로 선언 배경이다. 먼로주의는 '일방적이고 위선적인 정책'이라고 해 라틴아메리

라과 봉기군을 지원했다. 라틴아메리카의 다른 나라에서 온 수백 명이 니카라과 파르티잔 부대에서 함께 싸웠다(Ponce 1962, 164; The USSR Academy of Sciences 1985, 548에서 재인용).

전력이 상대에 비해 열세이고 자유주의 부르주아지가 배신행위를 했는데도, 니카라과인의 영웅적인 투쟁은 1933년 1월 미국 군대를 니카라과에서 철퇴시킬 수 있었다. 전투에서 산디노군을 이기지 못했던 반동군은 비열한 책동을 사용해 정부와 교섭을 벌이기 위해 1934년 2월에 마나과에 온 봉기군 지도자와 그의 동료를 살해했다. 반동군은 곧이어 봉기군을 습격해 제압했다(The USSR Academy of Sciences 1985, 548). 산디노를 살해했던 소모사 가르시아가 미국 해병대 지원을 등에 업고 쿠데타를 일으켜 정권을 장악했다. 소모사 일족은 1979년 산디니스타 혁명으로 타도될 때까지 이 나라를 통치했다. 소모사 일족은 43년 동안 집권하면서 미국 정부로부터 많은 지원을 받았다. 프랭클린 루스벨트 대통령은 그를 가리켜 "소모사는 개새끼였지만, 우리의 개자식이다"라고 했다(푸엔테스 1997, 400).

니카라과 인민의 민족해방운동 경험이 보여 주는 것은 비록 작은 나라에서일지라도 혁명적 대중은 제국주의자에 대항해 싸워 그들을 물리칠 수 있다는 사실이다. 또 광범한 근로자층을 반제투쟁의 통일전선에 결집시키는 일이 무엇보다 중요하며, 제국주의에 반대하는 라틴아메리카 국가 투사들이 국제 연대의 강고한 힘을 발휘했다는 점이 투쟁의 교훈으로 남게 되었다.

---

카 국가들로부터는 배척당했다. 그것은 먼로주의가 유럽 간섭은 금지한 반면, 라틴아메리카에 대한 미국 간섭은 배제하지 않았기 때문이었다.

## 멕시코

1920년 들어 멕시코는 경제 위기를 맞아 큰 타격을 입었다. 산업과 농업생산은 급격하게 저하되었고, 방대한 실업자군이 출현했으며 노동자·농민 저항이 거세게 일어났다. 알바로 오브레곤 정부는 인민 저항에 대응해 탄압 정책을 폈다. 1924년 선거에서는 오브레곤 내각의 내무부 장관직을 역임했던 플루타르코 엘리아스 카예스가 대통령으로 당선되었다. 카예스 정권은 농업개혁을 실시하고 교회의 부동산 소유권을 박탈해 교회의 권리를 50년 동안의 임대권으로 대체했다. 그러나 미국과 외국자본 그리고 멕시코 반동 세력의 압력 때문에 카예스 정부는 개혁 정책을 포기할 수밖에 없었다 (Alexandrov 1986, 536).

결국 카예스는 민족부르주아지 이익을 옹호했고 인민대중의 궁핍한 생활은 해결하지 못했다. 더욱이 카예스 추종자이며 노동조합운동 지도자인 루이스 모로네스가 산업·상업·노동부 장관직을 맡아 노동자 파업투쟁을 적극 통제했다.

세계경제공황을 맞아 멕시코는 광물 채취량과 농산물 생산량이 감소했고, 1932년에는 실업인구가 34만 명에 이르렀다. 정부는 노동자투쟁을 저지하기 위해 정치 파업을 금지했고, 강제조정제도를 실시했다. 이런 제도와 정책이 시행되었는데도 노동자투쟁은 계속되었다. 철도·광산·전력·면직·제화 산업노동자와 그 밖의 다른 부문 노동자들이 파업을 벌였다. 이와 함께 농민 저항도 커졌으며, 실업자 운동도 고양되었다.

세계경제공황 시기에 두 차례 정권이 바뀌었으며, 1929년의 파스쿠알 오르티스 루비오 정부와 1932년의 아벨라르도 로드리게스 정부는 농업개혁과 노동관계법 제정 등 개혁 정책을 시도했으나 성직자와 지주, 그리고 군부 등 반동 세력의 반대로 시행하지 못했다.

1934년 대통령 선거에서 멕시코혁명에 참여했던 장군이 당선되어 1940년까지 대통령직을 유지하면서 경제·사회 개혁 정책을 폈다. 라사로 카르데나스 정부는 먼저 출판·집회·결사의 자유를 보장하고 공산당도 합법화했다. 1934~1940년까지 1,800만 헥타르 이상의 토지를 대지주로부터 몰수해 농민 100만 명에게 분배했다. 노동정책과 관련해 8시간 노동일제를 시행했고, 단체행동권을 인정했다. 그리고 외국의 공장공업과 그것과 관련을 갖는 지방 자본의 재산을 부분적으로 몰수하기 시작했다. 1937년 6월, 미국과 영국인 소유 철도회사가 몰수되었고, 일부 버스회사와 전차회사, 인쇄소 등이 수용되었다. 공립 교육이 개선되었고, 많은 학교가 새로 설립되었으며 국가의 보조금을 받는 노동자 대학도 설립되었다(Alexandrov 1986, 537~538).

1938년 3월, 정부는 석유산업 국유화에 관한 법률을 채택했고, 이 법에 따라 북미 회사 13개와 영국 회사 4개, 그리고 그 지사들의 모든 개인 재산과 부동산을 몰수했다. 1938년 7월에 제정된 법에 따라 국영 석유회사인 페트롤레오 멕시카노Petroleos Mexicanos(Pemex)가 멕시코 전역에서 석유 탐사, 채취, 정유와 석유 생산물의 교역을 접수했다.

카르데나스 정부의 이와 같은 정책은 외국자본과 이들과 이해관계를 함께하는 반동 세력의 엄청난 반발을 불러일으켰다. 미국과 영국의 석유 독점이 지원하는 반정부 반란이 일어났다. 정부군은 노동자와 농민으로 구성된 의용군 부대 지원을 받아 반란을 진압할 수 있었다.

카르데나스의 개혁 정책이 시행되는 상황에서 노동운동도 고양 국면을 맞았다. 1936년에는 멕시코지역노동자총연맹의 활동 부진이 남긴 공백을 채우기 위해 멕시코노동총연맹이 결성되었다. 1938년 국민혁명당이 '멕시코혁명당'으로 개편되면서 멕시코노동총연맹은 사실상 멕시코혁명당의 노동 부문 정치 세력으로 편입되었다.

멕시코노동총연맹은 창설된 지 겨우 2년 만에 노동조합 3,595개 조직에 노동조합원 94만5,913명을 포괄하게 되었다. 멕시코노동총연맹은 사실상 카르데나스 정권의 권력구조에서 핵심 세력을 이루고 있었다. 멕시코노동총연맹은 대통령의 문맹퇴치운동에 협력하는 것을 비롯해 교육 운동에도 참여했고, 정부가 군사교육 의무령을 공표하자, 멕시코노동총연맹 조합원들 가운데 보병 의용군 147개를 조직하기도 했다. 노동운동의 이와 같은 기조는 1940년 8월 대통령 선거에서 마누엘 아빌라 카마초가 당선되어 새로운 정권이 출범할 때까지 계속되었다(Troncoso & Burnet 1962, 102~103)

## 쿠바

1920년대 들어 쿠바는 경제 위기를 맞아 설탕 생산이 쇠퇴하고 은행들이 파산하는 사태가 벌어졌으며 국가 예산의 엄청난 적자가 발생했다. 쿠바 정부는 모간은행에서 500만 달러 차관을 제공받았으며, 그 대가로 미국에 유리한 금융 개혁을 실시할 것을 약속했다.

정부의 이와 같은 대미 의존 정책에 대해 노동자계급과 민족 세력이 집회, 시위, 파업, 그리고 그 밖의 반미 성격의 저항운동을 벌였다. 1922년 2월, 미국은 드디어 철군 조치를 취해야만 했다.

1924년 11월에 실시한 대통령 선거에서 헤라르도 마차도 모랄레스가 당선되었다. 모랄레스 정부는 쿠바에서 미국 자본이 갖는 지위를 우대했다. 그리하여 미국 자본이 광산 부문, 제조업, 전력 생산, 수송 그리고 지방 경제를 지배하게 되었다. 쿠바에 대한 미국의 자본 투자는 1929년 당시 15억 달러에 이르렀다.

미국의 쿠바 경제 지배는 노동자계급의 저항을 불러일으켰다. 1925년 제당산업에 종사하는 노동자가 대규모 파업을 일으켰다. 이와 함께 농민의 저항과 학생운동이 확대되었다. 정부는 이런 대중투쟁과 저항행동에 대해 번번이 군대와 경찰을 동원했다(Alexandrov 1986, 540).

노동자계급은 투쟁을 벌이는 과정에서 1925년 최초의 노동조합 전국 중앙 조직인 '쿠바전국노동자총연맹'을 결성했다. 쿠바전국노동자총연맹은 1928년 말에 이르러 조합원은 7만 명 이상을 포괄할 수 있었다. 같은 해에 '쿠바공산당'이 창설되었다. 그러나 쿠바 반동 세력과 보수 정치 세력은 노동운동과 공산당 활동에 대해 적극적인 공세 활동을 전개했다. 1926년에는 공산당이 불법화되었으며, 노동운동과 학생운동에 대한 탄압도 더욱 강화되었다.

1929~1933년 세계경제공황은 쿠바 경제에 큰 타격을 안겨 주었다. 설탕 수출이 감소하면서 가격은 크게 떨어졌고, 생산은 급격하게 줄어들었다. 실업자는 60만 명에 이르는 대부대를 형성했다. 설탕 생산량 삭감을 계획한 이른바 '차드본Chadboune 협정'[2](쿠바의 경우, 삭감량은 생산량의 3분의 1 이상이었다)에 참여함으로써 사태는 더욱 악화되었다.

이와 같은 경제 위기 상황에서 노동자·농민·학생·실업자 파업과 시위가 격렬해지기 시작했으며, 1931년 8월에는 마차도 독재 체제에 반대하는 폭동이 일어났다. 미국은 마차도 체제가 계속 유지될 경우, 쿠바 사태의 정상화가 불가능하고 이런 사태의 지속은 쿠바인뿐만 아니라 쿠바 내 미국 기업의 손실도 클 것이라고 판단해 마차도 사퇴를 종용했다. 그러나 마차도는

---

[2]_1902년에 체결된 브뤼셀 설탕 협약에 이어 1932년 주요 설탕 수출국 사이에 체결된 설탕 생산과 판로에 관한 협정을 말한다. 차드본 협약은 1937년에 체결된 국제설탕이사회의 협약 체결로 효력을 상실하게 되었다.

물러나기를 거부했다. 1933년 8월 12일 군부가 마차도 정권을 무너뜨렸다.

후임자로 라몬 그라우 산 마르틴이 권력을 장악했으나 1934년 1월 마르틴 정부는 전복되고, 쿠바 권력은 사실상 풀헨시오 바티스타 살디바르에게로 집중되었다. 1940년까지 7년 동안 7명의 대통령이 취임했으나, 아무런 실권을 갖지 못했다.

이와 같은 정치 상황의 급격한 변화가 진행되는 가운데, 노동자 파업투쟁과 농민 폭동이 계속되었다. 1935년 3월, 노동자계급의 정치적 총파업이 발생했다. 총파업 투쟁은 정부의 강경 진압으로 무참하게 실패했으며, 이후 노동운동은 침체 국면에 접어들었다.

바티스타는 노동자 총파업과 농민 폭동에 대처하기 위해 1936년 이후에는 정책 변화를 시도했고, 수많은 법률 제·개정을 시도했다. 1938년 9월에는 민주주의 단체와 공산당이 합법화되었고, 노동조합운동도 활기를 되찾게 되었다. 같은 시기인 9월, 멕시코 시에서 열린 '라틴아메리카노동자총연맹' 총회에서 노동단체 통합이 결정되었다. 이 결정에 따라 다음 해에 노동조합 700개 소속 조합원 40만 명을 대표하는 대의원 1,500명이 아바나에서 모여 '쿠바노동자총연맹'을 창립했다. 이 새로운 전국 중앙 조직은 마르크스주의 이데올로기를 지지했다.

1940년 제2차 전국 대회가 개최되었을 때, 조합원은 50만 명에 이르렀다. 이 대회에서 채택한 결의 가운데 하나는 사회법안의 빠른 채택을 요구한 것이었다. 사회법안에서 요구한 것은 주 44시간 노동시간제와 주 1일 유급 휴일제, 동일노동 동일임금, 연 1개월 유급휴가제 등이었다(Troncoso & Burnet 1962, 109~110)

그 밖의 라틴아메리카 국가들에서도 1920~1930년대에 걸쳐 노동운동이 본격적으로 전개되었고, 민주주의와 민족해방을 위한 투쟁에 적극 참가했을 뿐만 아니라 사회혁명 지향의 정치 활동을 폭넓게 전개했다.

에콰도르에서는 1925년 미국의 과야킬 키토 철도회사에서 발생한 파업투쟁이 권력과 충돌을 빚으면서, 코르도바 보수 정권의 전복을 재촉했다. 우루과이에서도 파업투쟁이 이어졌는데, 여기서는 노동자들이 임금 인상과 8시간 노동일제, 그리고 자본가의 횡포를 막을 수 있는 법률 준수를 요구했다. 1924년에는 과테말라, 1928년에는 콜롬비아에 있는 미국 회사 유나이티드 푸르츠 컴퍼니의 대규모농장에서 노동자 파업이 일어났다(The USSR Academy of Sciences 1985, 546~547).

한편, 라틴아메리카 몇몇 나라에서는 프티부르주아의 혁명적 민주주의 운동이 활발하게 추진되었다. 베네수엘라학생연맹은 후안 비센테 고메스 독재에 반대해 무장투쟁을 벌였고, 1918년에는 이른바 '28년 세대들의 반란'이 있었다. 이것은 학생들의 저항을 지지하는 군부 내 일부 장교의 가세로 발단되었다(강석영 1996b, 409).

앤틸리스제도에는 이른바 네그리튀드(흑인파)의 조류가 형성되어 있었지만, 그들의 반제국주의·반식민주의 슬로건은 인종주의와 민족주의 색채로 물들어 있었다. 아르헨티나, 페루, 그 밖의 나라들에서는 대학 개혁을 요구하는 운동이 계속되었다.


## 3. 사회주의·공산주의 운동

1920년대 후반 들어 라틴아메리카에서 공산주의운동이 급속하게 성장했다. 공산당은 아르헨티나(1918년), 멕시코(1919년), 우루과이(1920년), 칠레 (1922년), 브라질(1922년), 과테말라(1922년), 온두라스(1924년), 쿠바(1925

년), 에콰도르(1926년), 파라과이(1928년), 페루(1928년) 등에서 활동을 전개했다. 이들 정당은 노동운동과 밀접하게 결합했고, 근로인민의 투쟁을 조직하고 전투적이고 혁명적인 노동조합 결성을 위해 노력을 기울였으며, 공산당 상호 간의 연대와 코민테른 관계 강화를 위해 힘썼다.

라틴아메리카 공산주의운동을 주도한 정당의 하나는 아르헨티나공산당이었는데, 이 당 활동은 여러 가지 점에서 모범 구실을 했다. 특히 1928년에 열린 아르헨티나공산당 제8회 대회는 라틴아메리카 대륙에 다가올 혁명의 성격에 관해 토의를 진행했다. 1920년대 라틴아메리카 노동운동과 민족해방운동에는 반제투쟁 임무에 대해 일정 정도 과소평가하는 경향이 있었다. 무정부주의자들은 '일체를 해방하는' 충동적인 혁명 지침에 충실한 나머지, 제국주의와 투쟁을 벌여야 하는 당위성과 구체적 임무 설정을 경시했다. 또 사회주의자들은 외국 독점자본이 팽창하는 가운데, 세계 제국주의가 라틴아메리카 국가들을 종속시킬 위험을 제대로 파악하지 못했다.

아르헨티나 공산주의자들이 프티부르주아·개량주의적 이론과 벌인 논쟁에서 강조한 점은 아르헨티나는 형식적으로는 독립국이지만 실제로는 영국과 미국 제국주의에 종속되어 있는 국가라는 사실이었다. 또 이와 같은 종속 강화는 결국에는 민족 주권의 완전한 상실을 가져올 수 있다는 것이 주장의 요점이었다. 아르헨티나공산당 제8회 대회의 주요 결정은 당면한 혁명의 성격을 부르주아 민주주의·반제국주의·토지 혁명이고, 이 혁명은 사회주의혁명 단계로 나아가는 길을 열게 될 것이라고 규정했다(*Esbozo de Historia del Partido Comunista de la Argentina*, 1948, 64~65; The USSR Academy of Sciences 1985, 550에서 재인용).

브라질공산당은 1920년대에 대중 획득, 무엇보다 먼저 노동자계급 획득에서 일정한 성공을 거두었다. 당원은 아직 소수(당시 당원 수는 1천 명을 넘지 않았다)였지만, 몇몇 주요 도시에서는 노동자들 사이에 상당한 영향력을 발휘하고 있었다. 당은 노농 블록 형성을 위한 조건으로서 프롤레타리아트의 통일을 이룩하기 위한 노동조합 내부 활동을 전개했다. 이 블록의 제1회 대회 결의는 이 조직을 '공업 프롤레타리아트의 의식 있는 전위가 지도하는 근로인민의 통일전선'이라고 지적했다.

반제국주의 통일전선 결성을 위한 브라질공산당 활동은 매우 곤란한 조건에서 수행되었다. 당은 짧은 기간, 즉 1927년 1~8월까지에 걸쳐 합법적으로 활동했을 따름이었다. 그런데도 1928년 지방선거에서 당원 두 사람이 리우데자네이루 시 참사회 의원으로 당선되었다. 그리고 노동운동의 통일을 위한 당의 끈질긴 투쟁은 1929년 브라질노동총연맹의 결성을 성취할 수 있었다. 당시 브라질노동총연맹은 8만 명 이상의 노동조합원을 포괄했다.

칠레공산당은 대중들 사이에서 큰 권위를 가지고 있었다. 광산 지역 노동운동의 기반 위에서 칠레 최초의 노동자 정당이 건설되었는데, 광산노동조합운동의 전설적 지도자이자 인민의 진정한 벗으로 알려진 루이스 에밀리오 레카바렌이 주도해 만든 사회주의노동당이 그것이었다. 이 정당은 식민지·종속 국가들의 진보 정치 세력과 마찬가지로 창당할 당시부터 러시아 혁명의 영향을 받았다. 사회주의노동당은 1922년 랑가과에서 열린 제4회 대회에서 '칠레공산당'으로 당명을 바꾸었다.

1927년 대통령 선거에서 당선된 이바녜스 델 캄포는 정당을 해체하고 노동조합을 해산시켰으며, 많은 정치인, 노조 지도자, 군인을 추방했다. 이런 상황에서 칠레공산당은 지하로 숨어들어 부르주아 민주주의를 실현하기 위해 투쟁을 펼쳤으며, 극히 어려운 조건에서도 노동조합운동 안에서 지위를 확보하고 청년과 농민 속에서 활동을 전개했다.

한편, 1933년에는 공산당과는 별개로 칠레사회당이 설립되었는데, 칠레

사회당은 어떤 면에서는 칠레공산당보다 더 급진적이었다. 칠레공산당 내에서 트로츠키주의를 신봉하거나 레닌의 혁명 노선은 받아들이되 코민테른 지시에 따르는 것은 용납할 수 없다는 사람들이 모여 만든 정당이었기 때문이다. 이때부터 칠레사회당과 칠레공산당이라는 두 정당이 한편으로는 두 정당이 한편으로는 서로 협력하면서, 다른 한편으로는 서로 경쟁하면서 칠레 노동자·대중 운동을 이끌었다(The USSR Academy of Sciences 1985, 551).

멕시코 공산주의운동도 어려운 조건에서 세력을 축적했다. 멕시코공산당은 라틴아메리카 국민의 민족해방투쟁에서 큰 역할을 수행한 '아메리카 반제연맹' 결성을 주도했다. 1929년에는 노동조합 전국 중앙 조직인 '멕시코통일노동조합총연맹'이 건설되었는데, 이 조직 결성에도 공산당의 기여가 컸다. 1929년 6월 정부는 공산당 활동을 금지했고, 12월에는 공산당원에 대한 대량 검거가 행해졌다. 그래서 공산당은 비합법 상태로 이행했다.

쿠바공산당은 1925년에 창립되었는데, 노동운동과 학생운동 선진분자들이 참여했다. 쿠바공산당 지도자는 마르크스주의자 카를로스 발리뇨와 훌리오 안토니오 메쟈였다. 1924년 대통령 선거에서 당선된 모랄레스가 1928년 재선된 뒤 독재정치체제를 강화하자 1928~1933년에 노동자와 학생을 중심으로 한 인민대중의 저항이 고조되었다. 1930년에는 제당산업을 중심으로 한 산업노동자 파업이 발생했고, 1931년에는 농촌 지역을 중심으로 폭동이 일어났다. 이 과정에서 공산당도 대중 사업과 조직 활동을 활발하게 전개했다(강석영 1996a, 324).

페루에서는 마르크스주의 사상가 호세 카를로스 마리아테기와 그의 동지들의 노력으로 1928년 페루공산당(1930년까지는 사회당으로 호칭했다)을 창립했다. 마리아테기는 라틴아메리카에서 전개되는 공산주의운동의 문제들을 해명하는 데 큰 공헌을 했다. 그는 프티부르주아적인 선험적 교의, 즉 혁명은 부르주아 민주주의 실현을 목표로 해야 한다는 주장을 두고 논쟁을 벌이면서, 혁명을 사회주의적 목표의 실현에 이르기까지 수행할 필요가 있음을 강조했다. 그는 라틴아메리카 사회의 계급들이 혁명 과정에서 맡을 역할에 대해 깊이 분석하고, 라틴아메리카 부르주아지가 지닌 혁명적 잠재력이 한계를 갖고 있다는 점을 지적했다.

1926년 5월 12일 에콰도르사회당이 창립되었는데, 창립 대회는 코민테른 가입 결정을 채택했다. 에콰도르사회당은 1931년에 공산당으로 명칭을 바꾸었으며, 1926년을 공산당 창립일로 정했다. 에콰도르공산당은 창립과 더불어 도시노동자뿐만 아니라 에콰도르 인민의 최대 다수를 차지하고 있고 가장 혹심하게 착취당하고 있는 인디오 사이에서 활동을 전개했다. 당 지도자의 한 사람이며 인디오 사이에서 처음으로 당세포를 조직한 헤수스 구알라비시는 에콰도르 인디오 최초의 노동조합을 설립(1926년)한 사람이기도 하다. 코민테른 제6회 대회에서 에콰도르공산당을 대표한 리카르도 파레데스도 인디오 사이에서 큰 권위를 가진 사람이었다(The USSR Academy of Sciences 1985, 552).

1928년 2월에는 파라과이공산당이 창립되었는데, 당은 같은 해 9월에 코민테른 가입을 결정했다. 당은 곧 지하활동을 할 수밖에 없었다. 각국에서 창립된 공산당 이외에도 이미 1920년대 초에 중앙아메리카공산당(1922년 창립) 지부로서 중앙아메리카 국가들에서 마르크스주의 조직을 결성하려는 시도들이 있었고, 그 뒤로 여기에 기초해 과테말라공산당(1922년), 온두라스공산당(1924년), 살바도르공산당(1930년)이 결성되었다. 이런 조직들은 100명 전후의 당원을 포괄한 소규모 조직이었고, 사회주의사상의 선전가 그룹에 지나지 않았다. 그런데도 이런 당들은 대중과 일정한 결합을 이룩했고, 노동조합 조직과 활동을 지원하기 위해 열성적으로 노력했다.

라틴아메리카 공산당들은 1929년 6월 부에노스아이레스에서 제1회 라틴아메리카 공산당 회의를 열었다. 회의에서는 공산주의운동의 전략과 전술, 노동운동과 반제운동 통일, 노동자계급과 농민의 동맹 결성 등에 관한 문제들이 토의되었다. 이 회의는 라틴아메리카 공산주의운동이 새로운 발전 단계에 들어섰으며, 진보 세력의 행동 통일 문제가 실천 과제로 제기되었음을 반영하는 것으로 해석되었다(*El movimiento revolucionario latino-americano: Versiones de la Primera Conferencia Comunista Latinoamericana, Junio de 1929*, 1929; The USSR Academy of Sciences 1985, 553에서 재인용).

라틴아메리카 공산당 회의보다 한 달 앞선 1929년 5월에는 계급·혁명적 노동조합운동이 우루과이 수도 몬테비데오에서 '라틴아메리카노동조합연합'을 결성했다. 대회 참가자들은 라틴아메리카 노동조합운동의 당면 문제들을 토의하고 발전 방향을 제시했다. 특히 관심을 끈 것은 농업노동자 조직화, 여성·인디오·흑인·이주민의 상태, 청년노동자의 조직화 문제 등이었다.

한편, 1925년에는 '전아메리카반제연맹'이 결성되었는데, 이 연맹의 활동은 진보적인 노동조합, 민주적인 인텔리겐치아, 학생·문학가·예술가 사이에서 큰 지지를 받았다. 라틴아메리카 각국에 결성된 반제연맹 조직들은 각각의 활동을 추진하면서 유럽 국가들의 진보단체들과도 연대와 교류를 이룩했다. 1927년에는 라틴아메리카 반제연맹 대표들이 브뤼셀에서 열린 국제반제대회 활동에 참가했다. 각국에서 진행된 반제연맹 지부 결성은 그 뒤로 인민전선 운동 조직의 기초 구실을 했다(The USSR Academy of Sciences 1985, 555).

# 4. 세계경제공황과 계급투쟁

1929~1933년 세계경제공황은 라틴아메리카 국가들을 황폐화해 절망적 상황으로 몰아넣었다. 생산은 격감하고 수많은 중소기업가는 몰락했으며, 수백만 명에 이르는 실업자가 거리를 배회하는가 하면 기아에 허덕이는 사람들의 참상이 어느 곳에서나 목격되었다. 이런 양상은 멕시코 고원에서 파타고니아에 이르기까지 각 곳에서 볼 수 있는 광경이었다.

공황은 라틴아메리카 국가들에서 제기되는 경제·사회적 문제들을 더욱 첨예하게 만들었다. 정치적인 불안, 특히 폭력으로 이루어지는 빈번한 정권 교체는 대부분의 국가에서 나타난 현상이었다. 어떤 국가에서는 부르주아 개량주의 정부가 반동적인 지주 과두와 군부와 동맹을 맺음으로써 정권을 탈취당했고(아르헨티나, 우루과이), 반대로 공공연한 친제국주의 정부 대신에 부르주아 민족주의 그룹이 정권을 장악하기도 했다(브라질, 볼리비아, 콜롬비아).

라틴아메리카의 정치적 파국은 심각한 경제·사회적 구조의 위기에서 비롯된 것으로서 어떤 부르주아 정당이나 독재 정권도 이런 위기 국면에서 벗어날 수 있는 길을 찾지 못했다. 그들이 제안하는 프로그램은 모든 문제를 외국자본과 '협력'을 강화하고, 사회석 욕구를 자제하는 데서 그 해결책을 찾고자 했다.

공황의 폐해가 커지면서 인민대중의 적극성이 두드러지게 고양되었다. 이 시기에 대륙을 휩쓴 격렬한 정치적 사건들이 자주 일어났는데, 노동자계급은 그 한복판에 서게 되었다. 실업자 시위와 집회가 라틴아메리카 전역에서 잇따라 열렸다. 가장 완강한 계급투쟁이 벌어진 곳은 칠레와 쿠바였다 (The USSR Academy of Sciences 1985, 556).

칠레는 다른 나라 경우와 마찬가지로 공황에 따른 타격으로 심각한 경제 곤란을 겪었고, 정치적으로도 격변을 맞았다. 1931년 7월 무렵 막대한 양의 초석이 국내 하치장뿐만 아니라 유럽의 창고에까지 쌓였고, 계속되는 국가 예산 부족으로 군 병사의 봉급마저 지급하지 못하게 된 상태에서 실업자 봉기와 주민들의 항의 시위가 격렬하게 일어났다. 1931년 7월 25일과 26일에 걸친 노동자, 학생, 사무직원, 부르주아 주민층까지 참가한 산티아고의 파업은 이바녜스 델 캄포 독재 정권의 퇴진을 이끌어 냈다.

1931년 8월에는 기아와 궁핍에 반대하는 총파업이 발생했고, 9월 초에는 수병이 봉기했다. 1931년 12월에 후안 에스테반 몬테로가 취임해 질서 확립을 시도했으나, 1931~1932년 칠레 정국은 무정부 상태에 이르렀다. 1932년 6월 4일에는 수도 수비대가 봉기해 몬테로 정권을 무너뜨렸다. 권력을 군부로 이행했는데, 쿠데타의 실질적 주동자는 국방부 장관 바예호였다. 군부는 칠레를 '사회주의 공화국'으로 선언했는데, 이 공화국은 '국가사회주의'라는 프티부르주아 사상의 실현을 지향했다. 사회주의 공화국 정부의 프로그램은 근로인민의 물질·법적 지위를 개선하며, 외국 독점체의 권력을 제한하기 위한 일련의 진보적 방침을 포함했다. 그러나 정부 안에는 바예호와 같은 선진적이고 민주적인 견해를 가진 사람과 더불어 반동적이고 친제국주의적인 정치가도 있었다.

이 정부는 줄곧 다양한 정치 세력과 사회 세력의 압력을 받았다. 한편으로는 군부 안에서 자신들의 군사력을 조직해 전투 준비를 하고 있는 세력이 있었고, 다른 한편으로는 공산주의자들이 주도해 노동자농민혁명위원회를 결성했으며 몇몇 도시에서는 노동자평의회가 조직되었다. 그리고 각지에서 집회와 시위가 벌어졌다. 군부 안에서도 많은 사람이 민간으로 정권 이양을 해야 한다고 주장했다.

끝내 1932년 10월 대법원장이 정권을 이양받았다. 그 뒤 12월 선거에서 아르투르 알레산드리 팔마가 대통령으로 재선되어 집권했다. 팔마는 종전과는 달리 질서 수립과 경제 회복에 주력했다. 또 의회에서 불필요한 마찰을 피하기 위해 온건 내각을 구성했다. 그 결과 1932~1938년 동안 의회를 통제하면서 엄격한 보수주의 정책을 시행했다(강석영 1996b, 194).

쿠바에서는 1933년 8월 12일 헤라르도 마차도 모랄레스 정권이 붕괴된 뒤, 곧바로 알베르토 에레라 장군이 집권했다가 카를로스 마누엘 데 세스페데스에게 정권을 이양했다. 1933년 9월 3일 풀헨시오 바티스타 살디바르와 파블로 로드리게스 등 하사관이 주축이 되어 반란을 일으켰고, 일부 공군과 포병이 합세해 아바나 지역의 군사시설을 통제함으로써 데 세스페데스 정권이 무너졌다. 쿠데타 이후 쿠바 신정부는 신군부와 대학생들의 지지를 받은 라몬 그라우 산 마르틴이 1933년 9월 10일~1934년 1월 16일까지 주도했다. 마르틴 정부는 일련의 진보적 법령, 특히 8시간 노동일제 시행을 공포했다.

진보적 성격을 띤 마르틴 정부에 대해 미국 루스벨트 대통령은 승인을 거부했고, 그 때문에 각 세력 사이에는 날카로운 분열이 생겼으며 쿠바의 정세는 자못 혼란스러웠다. 1934년 미국이 쿠바에 대한 군사 개입을 시도하려는 상황에서 대령으로 진급한 살디마르가 군부의 시시를 업고 다시 쿠데타를 일으켜 마르틴 정권을 무너뜨렸다(강석영 1996b, 324~325).

이와 같이 계속적인 반동 세력의 쿠데타와 제국주의의 정치적 간섭이 행해지는 가운데, 노동자계급은 반독재·반제국주의 투쟁을 전개했다. 1934년 4월에 열린 쿠바공산당 제2회 대회에서는 반동정권에 반대하고 반제 혁명의 승리와 노동자·농민의 권력 장악을 목표로 투쟁하며, 무장 부대와 자위 그룹을 편성한다는 결의가 채택되었다.

1935년 3월, 노동자계급은 반동 진영에 대해 새로운 공격을 가했다. 전국에 걸쳐 민주주의 질서 회복을 요구하는 파업이 일어났다. 정부는 군대의 힘과 미국의 지지를 얻어 총파업으로 진전된 파업투쟁을 억누를 수 있었다. 이로써 1933~1935년에 전개된 부르주아민주주의혁명운동은 끝났으나, 운동에서 치러진 희생이 결코 헛된 것은 아니었다. 1934년에 미국은 미국 측에 무력 개입의 권한을 부여했던 '플랫수정조항'Platt Amendment[3]을 폐기하지 않을 수 없었다. 미국은 관타나모의 군사기지를 계속 보유하고 쿠바에서 경제적 지위를 유지하고 있기는 하지만, 플랫수정조항의 폐지는 쿠바 인민에게는 완전한 주권을 쟁취하는 도정에서 획득한 중요한 승리로 인정될 수 있다(The USSR Academy of Sciences 1985, 558).

1930년대 초에는 라틴아메리카의 다른 국가들에서도 계급투쟁이 맹렬하게 벌어졌다. 브라질 노동자들은 1930년의 부르주아혁명의 결과에 대해 결코 만족하지 않았다. 1931년 10월과 11월에 걸쳐 브라질 대도시 헤시피 노동자들이 혁명적 병사의 봉기를 적극적으로 지지했다. 3일 동안 헤시피는 봉기자들의 수중에 있었다. 같은 해, 히우그란지두술 주州 이타쿠이에서는 봉기를 일으킨 근로인민들이 평의회를 결성했는데, 평의회 권력은 며칠 동안 유지되었다.

아르헨티나의 노동자도 이 시기 일련의 대규모 파업을 일으켰다. 1929년에는 125건의 파업이 발생했는데, 그 가운데 특기할 만한 사건은 군대와

---

3_오빌 플랫 상원 의원을 위원장으로 하는 쿠바 관계위원회의 보고서로 제출되었기 때문에 이 이름이 붙었다. 미국-에스파냐 전쟁에서 패배한 에스파냐로부터 분리되어 미국 군정의 관할에 들어간 쿠바는 1901년 2월 독자적인 헌법을 제정해서 독립 체제를 정비했다. 당시 카리브 해 지역에 야심을 품은 독일의 진출에 위협을 느낀 미국은 쿠바의 독립 보전이라는 명목으로 쿠바 내정 간섭권과 해군기지의 차용권 등을 포함한 플랫수정조항을 쿠바 신헌법에 부대 조항으로 삽입해 쿠바를 사실상의 보호국으로 삼았다. 이 조항은 1934년 루스벨트 대통령의 정책에 따라, 폐기될 때까지 미국의 쿠바 개입 근거가 되었다.

경찰의 힘으로 진압한 코르도바 주 샌프란시스코 총파업과 로사리오 총파업이었다. 1932년에도 노동자계급의 대공세가 있었는데, 이때는 석유·전차궤도·통신 노동자가 파업을 벌였다. 몇몇 도시에서 적극적으로 투쟁한 노동자는 식육공업노동자였다.

세계경제공황 시기 라틴아메리카 국가들에서 전개된 노동운동의 중요한 특징은 농업노동자와 인디오가 적극적으로 행동한 것이었다. 엘살바도르 농업노동자의 파업은 1932년 1월 마르티네스 독재에 반대하는 인민 봉기로까지 발전했다. 이 봉기는 미국과 영국 측에 큰 불안을 안겨 주었고, 이 두 나라는 살바도르 연안에 군함을 급파했다. 봉기는 극도로 잔인하게 진압되었으며, 2만 명가량이 희생되었다. 같은 해 온두라스의 미국 회사가 경영하는 대규모농장에서 소요가 일어났으며, 볼리비아에서는 인디오가 대토지 소유자를 상대로 빈번하게 투쟁을 벌였다. 막시밀리안 마달레나 통일노동조합이 주도한 1929년의 콜롬비아 농업노동자 투쟁은 항만·철도 노동자의 지지를 받았다. 이와 같이 농업 프롤레타리아트와 도시 프롤레타리아트 운동의 직접적인 결합이 이루어졌다(The USSR Academy of Sciences 1985, 559).

라틴아메리카 노동자계급은 세계경제공황 시기에 강력한 혁명 세력으로 대두했다. 노동지계급의 투쟁 목표는 사신들의 권익 쟁취뿐만 아니라 반동적 독재 타도와 민족해방운동의 전략적 목표 — 반제국주의 혁명의 수행 — 실현으로 설정되었다.


## 5. 인민전선 구축을 위한 투쟁

세계경제공황을 겪으면서 자본주의 세계는 정치·사회적으로 극도로 첨예한 모순들을 안게 되었다. 이와 같은 변화와 더불어 근로인민의 적극적인 행동에 직면한 지배계급은 그들의 지배 방식을 수정하지 않으면 안 되었다. 지배층의 정책 변화에서 나타난 중요한 특징은 개량주의 경향이 강화되었다는 사실이었다. 이것은 경제에 대한 국가 개입을 확대하고 근로 대중에 대한 양보를 확대함으로써 자본주의경제를 강화하고 정치·사회 분야에서 야기되는 긴장을 완화하고자 한 데서 나온 책략이었다.

개량주의 요소는 멕시코, 칠레, 콜롬비아, 브라질 정부가 추구한 정책의 특유한 내용이었다. 예컨대 1930년 부르주아혁명 직후 1930~1934년에 걸쳐 브라질 대통령 바르가스는 경제의 국가 부문 창설에 착수했고, 노동 관련 중요 법령 — 공업노동자를 위한 8시간 노동일제, 중재재판, 14~16세의 아동노동에 관한 법령 — 을 공포했다. 그러나 이와 동시에 민족부르주아지의 이익을 대표하고 있었던 당시의 브라질 정부는 결코 탄압 정책을 포기하지는 않았다(The USSR Academy of Sciences 1985, 560).

한편, 1930년대 초부터 지배계급은 점점 파시즘에 기대를 걸었다. 이 시기에 라틴아메리카에는 파시스트당이나 파시스트 조직이 출현했는데, 브라질의 '국가통일행동', 아르헨티나의 준군사 테러리스트 조직 '시민군단', 우루과이의 '조국전위단', 칠레의 '백위대', 멕시코의 '금셔츠대' 등이 그것이었다.

특히 브라질 파시스트 운동은 매우 위협적인 규모로 진전되었다. '국가통일행동' 조직은 주, 지역, 공장, 농원 등에 지부를 설치했으며, 1년 반 동안에 조직원이 다섯 배 가까이 증가했고 1933년 말에는 거의 20만 명에 이르렀다. '국가통일행동' 조직은 경찰대와 협력해 행동하고, 민주주의자나 노동조합 활동가, 진보적인 지식인에 대해 테러와 위협 행위를 일삼았다.

아르헨티나 시민군단도 폭력단이 흔히 취하는 습격 전술을 쓰기 시작했다. 또 파시스트는 자기들의 신조를 선전하기 위해 대학 강좌를 이용했다. 부에

노스아이레스대학교 법학부는 파시즘 이데올로기 센터의 하나였다(*Problems of Ideology and National Culture in Latin America*, 1967, 196; The USSR Academy of Sciences 1985, 561에서 재인용).

칠레에서는 독일의 히틀러와 이탈리아의 무솔리니로부터 영향을 받은 파시스트와 국수주의자, 그리고 전체주의자들이 1932년에 '칠레나치당'을 결성했다. 이들은 1937년 3월 의회 선거에서 하원 의원 3명을 당선시켰다. 1938년 보수주의 청년들이 창설한 '국민팔랑헤당'은 로마교황을 추종했다(강석영 2003, 285).

라틴아메리카 국가들에서 파시즘을 보급한 센터는 이탈리아와 독일 대사관이었는데, 여기서 이탈리아와 독일 파시스트들은 선전 작전을 폈으며 친파시스트 그룹이나 조직에 자금을 제공하고 그들의 정책을 조정했다. 어떤 국가에서는 지배층이 독일과 이탈리아가 채택한 정치적 방법을 받아들이려는 경향마저 보였다(The USSR Academy of Sciences 1985, 561).

라틴아메리카 국가들에서 파시스트 운동이 강화되고 독재적 정치체제가 파쇼화하는 경향은 중대한 위협이었다. 이런 위험은 당시 외국 제국주의의 힘에 고무된 지배층이 전쟁 준비를 강화함으로써 더욱 커졌다. 지배층의 이와 같은 반민족적 정책은 각국에서 인민의 분노를 자아냈으며, 민주적이고 반제국주의적인 세력의 저항을 불러일으켰다. 이런 정황을 배경으로 인민전선 운동이 민주주의 제도 옹호와 파시스트 위협 제거, 그리고 반동정권 타도와 인민정권 수립을 목표로 세력을 확장했다.

라틴아메리카에서 전개된 인민전선 운동의 일반 슬로건은 각국의 구체적인 정세에서 나온 요구들로서 보완되었다. 이를테면 볼리비아와 파라과이의 경우, 군사행동 중지, 대사면 실시, 노동조합 결성에 관한 권리 승인, 노동단체 내부 문제에 대한 경찰 간섭 폐지, 대학 자치 보장 등이 그런 것이었다. 노동자계급의 경제적 요구, 즉 임금 인상, 사회보험제도 실시, 노동시간 단축, 최저임금제 확립 등은 일반 민주주의 슬로건과 결합되었다.

각국에서 전개된 인민전선 운동을 살펴본다.

라틴아메리카에서 인민전선 조직을 창설하기 위해 처음으로 적극적인 활동을 전개한 국가는 브라질이었다. 1934년 가을 브라질에서 대중적 민주단체 '인민조사위원회'가 설립되었는데, 이 단체는 '국가통일행동'의 테러행위와 경찰의 불법적인 탄압에 대한 공개적인 조사를 실시했다. 이 위원회는 혁명적 성향의 노동자, 학생, 지식인, 군인을 결집했다. 이것은 반제·반파시즘 세력의 광범한 전선을 꾸리기 위한 중요한 한 단계였다. 1935년 초부터 인민전선 하부 조직이 형성되기 시작했으며, 3월 30일에는 새로운 민주주의 조직인 '민족해방동맹'NLA이 대두했다.

1935년 7월 5일 민족해방동맹은 강령을 발표했는데, 주요 임무로서 대공업 기업의 국유화를 통한 국가경제에서 제국주의적 독점체의 지배 일소, 근본적 토지개혁, 파시스트 활동 금지, 인민전선에 기초한 민주정부 수립을 설정했다. 이것은 민주주의와 반제국주의, 그리고 반과두제 혁명을 위한 프로그램이었다. 민족해방동맹에는 진보적 노동조합, 청년학생동맹, 문화옹호센터, 브라질여성동맹, 그 밖의 민주단체가 참가했다. 1935년 중반에 동맹은 약 150만 명을 포괄했다(Koval 1968, 245; The USSR Academy of Sciences 1985, 563에서 재인용).

민족해방동맹의 세력 강화에 불안을 느낀 바르가스 정부와 반동 정치세력은 노동자가 아닌 다른 계층 사람들을 동맹에서 분리시키고, 인민전선을 분열시키기 위해 민족해방동맹에 대한 난폭한 중상 캠페인을 시작했다. '국가통일행동'은 정부의 비호 아래 민족해방동맹의 활동가들에 대한 테러공격을 조직했으며, 노동단체와 민주단체의 건물을 파괴했다. 그런데도 민족해방동맹은 위축되기는커녕 오히려 갈수록 강화되었다. 이에 따라 정부는 마침내 1935년 7월 12일 민족해방동맹의 활동을 금지하는 조치를 내렸다. 정부의 이런 조치에 항의해 전국에서 파업과 대중행동이 일어났다.

민족해방동맹이 비합법 상태로 이행되면서 두 가지 상반된 양상이 나타났다. 한편으로는 곤란이 예상되는 투쟁에 불안감을 가진 프티부르주아층의 이탈이 행해졌고, 다른 한편으로는 바르가스 정부를 타도하기 위해 곧바로 행동을 일으켜야 한다는 주장이 확산되었다. 1935년 11월 브라질 몇몇 도시에서 봉기가 일어났다. 민족해방동맹의 과격파들과 공산주의자들이 리우데자네이루, 히우그란지두노르치, 페르남부쿠에서 봉기를 일으켰고, 리우데자네이루에서는 정부군 막사를 습격해 군인을 사살하는 일까지 벌어졌다. 나탈 시에서 일어난 봉기는 헤시피와 리우데자네이루까지 급속히 확산되었고, 여기서는 며칠 동안 인민정부가 수립, 유지되었다. 그러나 혁명 세력의 과감한 행동은 잔인하게 진압되었으며, 민족해방동맹 지도자들은 무거운 형을 언도받았다.

1936년 이후 계속되는 정치적 불안정 속에서 1938년에 실시될 대통령 선거계획이 준비되었다. 그러나 바르가스는 고이스 몬테이루 장군의 지원을 받아 1937년 11월 10일 친위 쿠데타를 일으켜 의회를 폐쇄하고, 1936년 프란시스쿠 캄푸스가 초안했던 새로운 헌법을 공포하는 동시에 독재 체제의 신국가 수립을 선언했다(강석영 1996b, 132~133). 인민전선의 패배와 이른바 신국가의 선언 이후, 브라질의 노동운동과 인민전선 운동은 대단히 어려운 상태에 빠져들게 되었다.

아르헨티나에서 전개된 인민전선 운동은 대단히 어려운 조건에서 펼쳐졌다. 1930년 이리고옌 정부를 무너뜨린 군부는 곧바로 두 진영으로 분열되었다. 아구스틴 페드로 후스토 장군이 이끄는 집단은 과두 체제로 복귀할 것을 기대했다. 그러나 호세 펠릭스 우리부루 장군이 이끄는 집단은 완전한 해결책으로 준₩파시스트 연합체 수립을 주장했다. 과도정부의 대통령으로 취임한 우리부루 장군은 1919년에 결성된 '애국동맹' 지도자였다. 청년 장교들은 반공주의를 영속화하고 민족주의를 표방하면서 협동주의를 지지했다. 그는 집권 후 군부와 벌인 갈등을 해결하기 위해 여러 가지 유화책을 구사했으나 결국에는 실패했고, 1931년 11월 선거에서 군부를 대표한 국민민주당 후스토 장군이 대통령에 당선되었다.

후스토 정부는 노동운동에 대해서는 우리부루의 탄압 정책을 답습했으며, 1932년 12월에는 파업금지령을 채택했다. 후스토 정부의 정책에 대해 '시민군단'을 중심으로 모인 파시스트들은 권력에 호응해 행동했다.

반동파와 파시스트에 대항하기 위한 인민전선 결성은 여러 가지 어려움에 부딪쳤다. 우선 노동조합 전국 중앙 조직인 아르헨티나노동총연맹 지도부의 기회주의적 방침과 사회당이나 무정부주의자, 그리고 그 밖의 진보 정치 세력의 소극적 태도 때문에 인민전선은 끝내 결성되지 못했다.

그러나 1936년 의회 선거에서는 '좌익대중전선'Frente Popular Izquierda의 활동은 야당이 승리하는 데 큰 역할을 수행했다. 그러나 1938년 대통령 선거에서는 선거 블록을 형성하지 못해 반동 세력의 대표였던 로베르토 마리아 오르티스와 라몬 카스티요가 대통령과 부통령으로 당선되었다. 반동정권 대두와 제2차 세계대전 발발로 파시즘의 위협이 증대되는 상황에서, 노동운동의 통일 움직임이 촉진되었다. 1939년 여름, 아르헨티나노동연합과 '아르헨티나노동조합연맹' 대회에서 두 조직 사이의 긴밀한 협력을 확립하기로 결정했다. 이와 같은 노동조합운동 내부의 연대와 협력을 위한 노력이 행해졌는데도 노동운동 내부 분열은 계속되어 인민전선을 세우고 강화하는 데 중대한 제약 요인으로 작용했다.

칠레에서는 진보 진영과 반파시스트 세력의 통일을 위한 투쟁이 광범하게 진행되었다. 칠레공산당은 1935년 8월에 노동총동맹CGT, 사회당, 급진파 그룹과 함께 모든 반정부 세력에 대해 광범한 인민전선 결성을 제안했다. 1936년 3월 8일에 급진당, 사회당, 민주당, 노동조합 통일전선이 인민전선에 참가할 것을 표명했다. 인민전선에 참가한 정당과 조직들 사이에는 인민전선의 목표와 임무에 대한 견해 차이도 컸을 뿐만 아니라 전선의 지도권을 둘러싸고도 많은 갈등이 생겼다. 그런데도 인민전선은 강화되었으며, 이와 더불어 노동운동의 통일을 위한 노력이 커졌다. 1936년 2월 철도노동자의 총파업이 발생한 뒤 노동운동 통일 움직임은 더욱 구체화되었는데, 1937년 1월에는 칠레노동총연맹이 결성되었다. 칠레노동총연맹 사무총장은 사회당 소속이었고, 사무차장은 공산당 소속이었다.

1938년 대통령 선거에서 인민전선의 공식 후보인 급진당 소속 세르다가 당선되었다. 인민전선이 내세운 프로그램은 민주적 자유 옹호, 경제 계획화, 독점체 일소, 무상교육, 사회보장제도 개선, 실업해소, 토지개혁 등을 포함했다. 세르다 정부의 정책은 노동자들의 요구를 수렴하고자 했다. 출판·집회의 자유가 부활되었고, 주요 식료품 가격이 인하되었으며 몇몇 분야의 노동자 임금이 인상되는 동시에 생산개발처와 같은 계획기관이 설치되었다. 또 농민을 위한 은행신용이 개설되고, 보건과 교육 분야에서도 개혁이 이루어졌다(The USSR Academy of Sciences 1985, 568~569).

세르다 정부의 이와 같은 개혁 정책의 시행에 공포를 느낀 반동 세력은 군부와 공모해 1939년 8월 쿠데타를 일으켰으나 칠레 인민전선의 단호한 반격에 부딪쳐 실패하고 말았다.

칠레 인민전선은 공산당, 사회당, 칠레노동총연맹 등의 강력한 지지를 받고 있었으나, 애초에 인민전선의 프로그램에 동조했던 부르주아지는 인민전선에서 이탈하기 시작했고 정부 내에 일정한 지위를 차지하고 있었던 민족부르주아지는 국내개혁 과정을 달갑지 않게 생각했다. 또 사회당 내에서도 반공 사상을 가진 사람들의 주장이 강화되었으며, 인민전선 내에서 노동자계급이 헤게모니를 장악하지 못하고 노동자·농민의 동맹마저 구축하지 못한 결과, 분열 양상이 끊이지 않았다. 그런데도 칠레 인민전선 운동은 반동 세력에 대해 결정적인 타격을 가하지는 못했으나, 노동운동과 민주운동이 갖는 큰 가능성을 보여 주었고 그 실제적인 역량을 확인할 수 있었다.

멕시코에서는 계급투쟁이 첨예화하는 가운데, 각 세력들 사이의 극단적인 대립이 구체적으로 드러났다. 한편에서는 반동 세력이 국가의 파쇼화를 위해 노력을 쏟았고, 다른 한편에서는 반파시즘·반제국주의 세력이 광범한 동맹을 형성하려는 활동을 전개했다.

1934년 12월, 반파시즘·반제국주의 세력의 지지를 받아 민족혁명당 좌파 지도자인 카르데나스 장군이 이 나라 대통령에 취임했다. 카르데나스 좌파 부르주아 정부는 중요한 민주주의적 개혁 프로그램을 실시했다.

1937년 6월에는 정부가 철도산업을 국유화했는데, 이것은 철도노동자 4만5천 명이 외국자본의 방대한 투자에 반대해 파업을 단행한 결과였다. 또 정부는 1938년 3월에 영국과 미국계 석유회사 자산을 국유화했다. 이 국유화 조치는 멕시코 석유노동연맹 파업에 대해 석유노동자 임금 인상을 명한 최고재판소 결정을 외국 독점체가 거부한 데 대한 멕시코 정부의 회답이었다.

1938년 9월 민족혁명당은 당명을 '멕시코혁명당'으로 개칭하고, 내부 구조를 개편해 노동자, 농민, 대중(소상인, 기술자, 전문가 및 사무원), 군인 등 4개 부문 정치 세력을 멕시코혁명당에 포괄했다. 멕시코혁명당 안에는 노동자총연합, 전국농민연맹, 독립적인 노동조합, 협동조합, 청년단체, 여성단체 등이 가입했으며, 가입 조직들의 독립성은 보장되었다. 공산당은 가입을 표명했으나 형식상 가입은 하지 않았다(강석영 1996a, 151~152).

한편, 카르데나스 정부는 1936년 에스파냐에서 내란이 일어난 이후 공화파를 지지해 많은 반프랑코파 인사를 받아들였으며, 1939년 제2차 세계대전이 발발하자 이탈리아의 에티오피아 침공과 나치의 폴란드 침략을 비난했다.

카르데나스 정부의 반제국주의적이고 반과두제적인 정책은 반동파의 적대행동을 불러일으켰다. 1938년 5월 사투르니노 세디요 장군이 외국인 석유 대자본가의 지지를 받아 중부 지역 주민을 끌어들여 반란을 일으켰으나 곧바로 진압되었다.

이와 같은 정치 정세는 인민전선 결성을 위한 유리한 조건을 조성했다. 1936년 멕시코노동총연맹이 결성되었는데, 노동조합원은 창립 때 20만 명이었던 것이 제2차 세계대전이 시작될 때에는 150만 명으로 증가했다.

1936년 말에 멕시코공산당, 멕시코노동자총연합, 그리고 몇몇 독립 노동조합이 인민전선조직위원회를 결성했다. 1938년 민족혁명당이 멕시코혁명당으로 개편됨으로써 멕시코혁명당은 인민전선 유형에 가까운 조직으로 기능하게 되었다(The USSR Academy of Sciences 1985, 568~569).

그런 가운데서도 라틴아메리카에서 정치적으로 가장 노련한 멕시코 부르주아지는 인민전선 운동을 주도하면서 운동을 자신들의 이익에 종속시키고자 했다. 민주 세력의 지지를 바탕으로 정책을 시행하고 있는 카르데나스 대통령이 집권하고 있는 동안에는 멕시코혁명당은 정부의 진보적 정책을 지지하지 않을 수 없었다. 그러나 1940년 카마초가 대통령에 당선되고 난 뒤, 부르주아지는 반제국주의적 민주개혁 프로그램을 뒤바꾸기 위해 당내의 주도적 지위를 이용하고자 했다.

그 밖의 라틴아메리카 국가들에서도 반제국주의 운동과 민주주의 운동이 고양되었으며, 그 과정에서 민주주의 세력의 광범한 동맹 형성을 위한 운동과 투쟁이 여러 가지 형태로 전개되었다. 우루과이에서는 인민전선의 하부 조직이 결성되었고, 페루에서는 선진적인 노동자와 학생을 포함한 민주연합 '반파시스트운동'이 활동을 벌였다. 또 라틴아메리카 국가 민주 세력의 결합에서 큰 의의를 갖는 것은 에스파냐 인민과 광범한 연대 운동을 벌인 일이었다. 에스파냐 내전이 시작되었을 때 에스파냐 국토에서 파시스트와 싸우기 위해 라틴아메리카 국가들에서 많은 의용군이 파견되었다.

1920년대와 1930년대에 걸쳐 라틴아메리카에서 전개된 노동자투쟁은 노동자계급에게는 혁명의 학교였으며, 그들은 민주주의와 사회 진보를 위한 투쟁에서 주도적 역할을 수행했다. 라틴아메리카 국가들에서 형성되고 운동을 전개한 인민전선은 민주주의혁명과 반제국주의 혁명을 위한 임무를 해결하기 위해 투쟁했다. 또 인민전선은 라틴아메리카에서 파시즘의 대두를 막고 반동 세력의 책동에 대항해 민주주의를 옹호하기 위해 적극적인 행동을 벌였다. 그리고 파시즘과 전쟁 위협에 대한 라틴아메리카 노동자계급 투쟁은 라틴아메리카가 전쟁과 파시즘의 거점이 되는 것을 결코 용납하지 않았다(The USSR Academy of Sciences 1985, 571~572).

# 3장
# 아프리카

아프리카여, 나는 그대를 잊지 않는다.

아프리카여, 나는 그대 안에 있다.

상처에 찔린 가시처럼

마음 한가운데 서있는 수호신처럼

아프리카여, 아프리카여

나로 하여금 그대 투석기의 돌이 되게 해 다오.

나의 입으로 하여금 그대 상처의 입술이 되게 해다오.

그러나, 그러나

만국의 노동자, 농민이여

나는 다만 그대들의 형제가 되고자 한다.

......

평원은 여명을 알리는 광장이 되고

지배자들의 교지(狡智)로 박살난

우리들의 힘을 규합하자.

눈과 코의 모순이

얼굴의 조화를 창조하듯이

지상 모든 민족의

고뇌와 반항의 통일을

힘차게 선언하자.

_프란츠 파농(파농 1978, 139~140)

# 1. 제국주의 열강 지배 강화와 민족해방운동

20세기 접어들면서 제국주의 열강은 아프리카 영토 분할을 완료했으며, 제1차 세계대전 이후 제국주의 독점체들은 아프리카 대륙에 대한 식민지적 착취를 더욱 강화했다. 아프리카 대륙은 제국주의 식민지정책 시행에서 가장 확실한 부의 원천이었다.

영국 제국주의는 아프리카에 거대한 식민제국을 건설해, 영국 본토의 30배가 넘는 900만 제곱킬로미터 지역을 지배했다. 이미 20세기 초에 영국 식민지가 지배하는 아프리카 주민은 거의 5천만 명에 이르렀다.

프랑스 제국주의는 아프리카에서 프랑스 본토보다 17배나 큰 900만 제곱킬로미터의 영토와 4천만 명 이상의 아프리카인을 지배했다. 독일은 제1차 세계대전 때까지 영국이나 프랑스보다 적은 300만 제곱킬로미터의 영토와 약 1,500만 명의 아프리카인을 식민지 상태에서 지배했다.

이탈리아는 160만 제곱킬로미터의 영토와 130만 명의 주민을, 벨기에는 본토의 100배가 넘는 230만 제곱킬로미터의 지역과 2천만 명의 주민을 지배하고 있었다. 또 포르투갈은 230만 제곱킬로미터의 지역에서 800~900만 명의 주민을, 에스파냐는 40만 제곱킬로미터의 지역에서 약 100만 명의 주민을 지배했다. 제1차 세계대전으로 기존의 아프리카 식민 세력 사이의 영토 분할은 일정한 변화를 가져왔다.

제국주의 열강은 식민지 정권을 수립해 아프리카인을 악랄하게 착취했다. 식민주의자들은 아프리카인이 소유하고 있던 토지의 상당 부분을 몰수했다. 1900년 당시 아프리카 토지의 90.4퍼센트가 유럽인의 소유였다. 이런 정황을 반영해 당시 아프리카에서는 신랄한 속담이 유행했다. '백인이 이 땅에 들어왔을 때 그들은 성경을, 우리는 땅을 가지고 있었다. 그러나 지

금은 백인이 땅을, 우리가 성경을 가지고 있다.'

아프리카 원주민 수백만 명이 대규모농장, 철도와 도로 건설 현장, 그리고 광산과 채굴장에서 중노동을 했다. 아프리카 대륙의 풍부한 천연고무, 목화, 코코넛, 땅콩, 상아, 다이아몬드, 황금, 그리고 많은 천연자원이 제국주의자들에게 공급되었다.

그리고 식민주의자들은 단일경작제도를 강제로 도입해 아프리카 농민들로 하여금 단일 농작물만을 경작하도록 강요했고, 그것을 헐값으로 사들였다. 그뿐만 아니라 식민주의자들은 거의 대부분의 지역에서 무거운 세금을 부과했으며, 농민들에게 상당 기간을 임금 지불 없이 강제노동을 시켰다 (Alexandrov 1986, 423~425).

이와 같은 제국주의 식민지 통치는 계급투쟁과 반제국주의 민족해방투쟁을 촉진했다. 파업과 같은 투쟁 형태는 노동운동에서 일반화되었고 농민 저항운동은 정치적 목적을 표방하면서 전개되었으며, 그리고 신흥 민족부르주아지와 토착 지식인도 반제투쟁에 폭넓게 참여했다.

한편, '범아프리카' 이념은 시간이 지남에 따라 일정한 성과를 거두었다. 1919년 제1차 범아프리카 대회가 프랑스 파리에서 열렸다. 범아프리카 대회는 파리 강화회의 참가국들에게 아프리카인의 식민지 정부 참여와 노예노동과 강제노동 반대 등을 요구했다. 1921년, 1923년, 1927년에 각각 2차, 3차, 4차 대회가 잇따라 열렸다. 범아프리카대회는 아프리카 대륙이 반제국주의 세력을 규합하고 아프리카인의 민족적 자각을 고양시키는 데 중요한 역할을 했다.

제1차 세계대전과 제2차 세계대전 사이에 아프리카에서 전개된 노동운동과 민족해방운동은 한 차원 더 높은 수준으로 발전했다. 무장투쟁이 북아프리카 여러 나라에서 일어났다. 이집트에서 폭동이 발생했고, 프랑스 식민주의자와 에스파냐 식민주의자에 대항해 리프공화국(모로코 북부)에서 전쟁이 일어났으며, 나이지리아, 케냐, 콩고 등에서 인민 봉기가 발생했다.

자본주의의 일시적 안정기에도 아프리카의 혁명투쟁은 쇠퇴하지 않았다. 파업이 계속되었으며, 농민들 사이에서도 저항이 계속되었다. 특히 리비아, 소말리아, 모로코, 중앙 콩고, 앙골라, 카메룬, 차드, 마다가스카르와 그 밖의 지역에서 농민투쟁이 격렬하게 전개되었다.

아프리카 국가들의 경제 상황을 악화시킨 1929년의 세계경제공황은 노동자와 농민, 그리고 근로인민 투쟁을 촉발시켰다. 또 파시즘과 전쟁 위협에 대항하기 위한 세계적인 투쟁 대열에 아프리카인의 참여가 두드러졌다. 그러나 당시에 제국주의에 대항해 투쟁하는 아프리카 인민들의 노력은 결정적인 성공을 거두지는 못했다. 다만, '아프리카의 각성'이라는 역사적 발전 과정이 막 시작되었던 것이다(Alexandrov 1986, 427~428).

1920~1930년대 사이에 아프리카 국가들에서 전개된 노동운동과 민족해방운동을 지역별로 살펴본다.


## 2. 북아프리카 국가들

### 이집트

1922년 2월 28일, 영국은 이집트에 대한 보호령을 철폐하고 이집트가 독립 왕국임을 선언했다. 그러나 영국 군대는 여전히 이집트를 점령하고 있었으며, 그 밖에도 여러 가지 형태의 영국 지배는 그대로 존속되었다. 영국은 이집트에서 자신의 지배력을 유지하기 위해 지주와 매판 부르주아지의 이익을 대변하는 '자유입헌당' 창당을 지원했다.

1923년 4월, 이집트에서는 입헌군주제 수립을 규정한 헌법이 시행되었다. 1924년 1월에는 이 나라 역사상 최초의 의회 선거가 실시되었는데, 당시 이 나라 민족해방운동을 지도하고 있었던 부르주아지와 지주들 중심의 와프드당이 압도적 다수표를 획득했다. 정부를 처음으로 조직한 정당도 와프드당이었다.

와프드당 정부 출범은 노동운동이 고양된 시기와 거의 같이했다. 1924년 2월 말, 알렉산드리아에서 노동자들이 몇몇 기업을 점거하고, 요구가 완전히 관철될 때까지 투쟁을 계속했다. 이들 기업 소유자인 유럽인 자본가들은 노동자들의 투쟁 기세에 놀라 노동자들에게 일정 정도의 양보를 하는 동시에 임금 인상을 단행했다. 노동자들이 쟁취한 투쟁 승리는 노동자들의 자신감과 용기를 북돋았다. 그리하여 전국에 걸쳐 기업 점거 운동이 전개되었고, 기업관리가 파업위원회로 넘어간 곳도 있었다. 파업 노동자들은 8시간 노동일제 제정과 임금 인상을 요구했고, 이와 동시에 정치적 요구도 제기했다. 경우에 따라서는 연대 파업이 벌어진 곳도 있었다.

이와 같은 노동자투쟁에 대해 와프드당 정부는 엄격하게 대응했으며, 경찰과 군대까지 동원했다. 1924년 5월에 정부는 이집트노동총동맹을 해산 조치하고 지도부 간부들을 재판에 회부했다. 프로핀테른과 긴밀한 관계를 유지해 왔던 혁명적 노동조합 자리에 와프드당은 '이집트노동자총연합'을 설립 배치했다. 이와 동시에 정부는 1924년 5월에 '이집트공산당'의 많은 지도자를 체포했다.

와프드당 정부는 노동운동이나 공산당 활동에 대해서는 철저한 탄압 정책을 폈으나, 영국 제국주의에 대해서는 영국군 철수와 영국인의 치외법권 철폐 등을 주장하면서 이집트 독립을 위해 노력했다. 영국 식민주의자와 와프드당 정부 사이의 갈등과 모순이 점점 커지는 가운데, 1924년 11월 이집트군 총사령관이었던 영국의 장군 리 올리버 피츠모리스 스택 경이 살해된 사건을 빌미 삼아 푸와드 국왕은 와프드당 정권 총사퇴와 의회 해산을 명령했다. 1926년까지 의회 활동은 중지되었고, 지주와 매판 세력의 지지를 받은 새 정부는 영국인과 밀접한 협력 관계를 수립했다. 새 정부는 노동운동과 공산주의운동에 대한 탄압 조치를 취했는데, 1925년 7월에 공산당 활동이 금지되었고, 당 지도부와 열성 당원들은 모두 체포되었다. 또 와프드당이 설립한 노동조합도 탄압을 받았으며, 이집트 노동자총연합은 해산당했고 파업은 금지되었다(The USSR Academy of Sciences 1985, 532).

이와 같은 탄압이 가해지는데도 1920년대 후반 들어 이집트에서는 철도·광산·담배·대규모농장·인쇄 노동자 등이 주도하는 대규모 파업과 반제국주의 저항운동이 일어났다. 1927년 7월 와프드당 대표 자글룰 파샤가 사망하고 그 뒤를 이어 나하스 파샤가 당 대표가 되었으며, 1928년 선거에서 다시 집권당이 되었다. 그 뒤로도 와프드당은 푸와드 왕정과 식민주의자에 대항하는 자유주의 정당으로서 탄압을 받기는 했으나 집권당의 지위를 유지했다. 그러나 푸와드 국왕은 1930년 선거 이후 보수주의자들로 구성된 내각을 새로 임명하는 동시에 정당 활동을 불법화했다.

1929~1933년 세계경제공황은 이집트의 정치·경제·사회 상황의 악화를 초래했다. 이집트 수출의 5분의 4를 차지하는 면화 수요 감소와 가격 하락은 농민대중에게 극도의 곤궁한 생활을 가져왔다. 이런 상황에서 계급 모순은 격화되고 반제국주의 투쟁이 격렬하게 전개되었다. 1930년 여름, 카이로와 알렉산드리아, 그리고 여러 도시에서 민주주의, 의회제, 헌법 수호 슬로건을 앞세운 대중운동이 시작되었다. 이집트 몇몇 도시에서는 이런 운동이 무장봉기로 전화했다. 이스마일 시드키 정부는 영국군 지원을 받아 대중운동을 강경하게 진압했다. 그러나 혁명적 봉기는 기세를 계속 이어갔다.

1930년 10월, 정부는 1923년에 제정한 헌법을 폐지하고 새 헌법을 입안했다. 새 헌법은 의회 권한을 축소하고 왕의 권한을 확대하는 내용을 담았다. 정부의 이런 강압통치에 대해 헌법을 발효해 의회 선거를 다시 실시해야 한다는 요구가 거세게 제기되었다. 이와 같은 요구를 둘러싼 최대의 충돌은 1931년 5월 14~16일까지 카이로 교외 노동자 거주 지역에서 일어났다. 이 봉기를 주도한 노동자들은 바리케이드를 구축하고 경찰대와 군대를 상대로 전투를 벌였다. 이 충돌에서 봉기자 40명이 죽고, 1천 명 이상이 부상당했다(The USSR Academy of Sciences 1985, 532~533).

이와 같은 극심한 탄압이 가해지는데도 이집트 반제국주의 투쟁은 1934~1936년 사이에 다시 고양되었다. 1934년 여름 카이로를 비롯한 여러 도시에서 노동자의 대중 파업이 발생했는데, 노동조합 승인과 식료품 가격 상승에 따른 임금 인상 등이 요구 조건으로 제기되었다. 1934년 8월, 이런 대중투쟁의 압력에 밀려 반동적인 정부는 퇴진했고, 1931년에 구성된 의회도 해산되었다. 1935년 1월, 와프드당 지지자들은 국민의회를 열어 정치·경제 개혁안을 채택했다. 1935년 12월에는 1923년 헌법이 다시 효력을 발휘하게 되었다. 이것은 반제투쟁에서 민족운동 세력이 쟁취한 승리였다(Alexandrov 1986, 433).

1935년 11월에는 대중투쟁이 다시 불붙었다. 11월 13일, 카이로에서 4만여 명이 참가한 시위가 일어났고, 11월 14일에는 시위대와 군대 사이에 전투가 벌어졌다. 11월 말에는 수도가 마비되는 사태가 생겼다. 노동자, 학생, 수공업자 등이 경찰과 군대를 습격하고 바리케이드를 설치했다. 이런 대중투쟁의 진전은 영국의 양보를 이끌었다.

1936년 5월의 의회 선거에서 와프드당이 승리해 무스타파 엘나하스를 수반으로 한 정부가 구성되었다. 영국은 이집트에 대한 군사 점령을 끝내겠다고 선언하고서도, 1936년 8월 26일 수에즈운하 일대에 군대 1만 명을 주둔시킬 수 있는 권리를 영국에 부여하는 불평등조약을 체결하도록 이집트에 강요했다.

1936년 8월에 조인된 이 조약은 치외법권제를 폐지하고 군대와 국가기관에서 영국인 장교와 관리 특권을 폐지했으나 완전한 독립은 달성되지 않았다. 조약의 많은 조항은 제2차 세계대전 종결 후에야 비로소 이행되었다.

1938년 3월에 '이집트노동조합연맹'이 결성되었고, 연맹은 노동조합의 합법화를 요구하는 파업운동을 전개했다. 제2차 대전 발발과 더불어 노동조합 조직은 해체되었고, 파업은 금지되었다(The USSR Academy of Sciences 1985, 533).


## 알제리

알제리는 프랑스 식민지 가운데 가장 큰 나라였다. 알제리 산업 발전은 낙후된 상태에 놓여 있었고, 1924년 당시의 임금노동자 수는 11만 명이었으며 그 대부분은 운수, 조선소, 건설, 상업에 종사하고 있었다(Ageron 1969, 83; The USSR Academy of Sciences 1985, 533에서 재인용). 알제리 부르주아지는 주로 소규모 생산 분야에 종사하고 있었으며, 농업은 비교적 잘 발달되어 있었다. 토지의 막대한 부분이 식민주의자 손에 장악되어 있었고, 가부장적인 봉건적 관계가 유지되고 있었다. 전반적으로 알제리의 정치와 경제는 프랑스와 프랑스 독점자본의 지배를 받았다(Alexandrov 1986, 439).

알제리 노동조합운동과 사회주의운동은 19세기에서 뿌리를 내리기 시작한 전통을 지니고 있다. 그러나 알제리 노동자계급의 민족적 다양성과 프랑스사회당의 온정주의·동화주의 노선은 알제리인 노동자의 대중운동 발전을 가로막았다. 사회당의 이런 노선에 대해 프랑스공산당 알제리 지부는 비판적인 태도를 취하면서 알제리인 노동자들을 조직된 계급투쟁에 참가시키기 위해 노력을 기울였다.

여러 가지 형태의 심한 탄압과 박해에도 불구하고 진보적 노동조합은 꾸준히 활동을 전개해 적지 않은 성과를 이룩했다. 1924년 한 해 동안 노동자들이 벌인 파업은 23건이었는데, 그 가운데 10건은 노동자 승리(임금 인상이나 8시간 노동시간실시)로 끝났다(*Red International of Trade Unions* no. 5(64), 1926, 712; The USSR Academy of Sciences 1985, 534에서 재인용).

1925년 당시 프랑스공산당 알제리 지부는 당원 1,500명을 포괄하고 있었는데, 이들은 주로 유럽인이었고, 알제리아인 당원은 대부분 프랑스에 망명 중에 있는 사람들이었다. 1926년에는 프랑스에 거주하는 알제리인 노동자들이 일종의 인민주의 조직인 '북아프리카의 별'North African Star을 조직했는데, 이 조직은 그 뒤로 혁명적 민주주의 조류의 맹아가 되었으며, 알제리 애국자들에게 가장 유력한 조직이 되었다(아일리프 2002, 410).

1927년 '아랍국민대회' 개최는 주목할 만한 사건이었다. 대회는 아랍인의 참정권을 확대하고 출생지 규약을 폐지할 것을 요구했다. 프랑스 식민지 당국은 알제리 민족운동 성장을 억누르고자 노력했다. 프랑스는 민족운동 조직의 결성을 금지하고 조직 지도자와 구성원들을 투옥했다.

세계경제공황 시기에 알제리에서는 곡물 가격이 하락하고 올리브유 수출이 감소했다. 그 결과, 경작 지역이 줄어들었으며 천연자원의 생산이 격감했다. 많은 노동자가 일자리를 잃었고 농민들은 궁핍 상태에 빠져들었다.

이와 같은 정황을 배경으로 1920년대 말부터 도시노동자 파업투쟁이 일기 시작했고, 농촌의 고용 농민, 빈농, 토지를 갖지 못한 농민들이 공동 투쟁을 벌이기도 했다. 알제리 인민은 경찰 탄압이나 유럽 식민주의자의 토지

수탈에 항의했고, 이들이 무장 저항을 조직한 경우도 있었다.

대중적인 민족 저항운동에는 민족부르주아지, 회교도 인텔리겐치아, 도시와 농촌의 프티부르주아층도 참가했다. 혁명적이고 민주주의적인 민족운동 발전에 크게 영향을 끼친 것은 과학적 사회주의사상과 공산당의 실천적 활동이었다.

1930년대 들어 알제리의 반제국주의 투쟁이 강화되었다. 1932년부터는 알제리에서는 블리다, 틀렘센, 오레스와 왈스니스 산지, 엘우에드의 오아시스 지역에서 농업노동자와 빈농 투쟁이 시작되었다. 그들은 토지 수탈, 세금, 삼림과 국유지 출입 금지에 반대하고, 토착 관리kaids와 프랑스인 행정관의 횡포 방지를 요구했다. 이런 운동은 1934~1936년 사이에 도시로 확대되었는데, 여기서 농촌 근로자는 도시의 노동자와 함께 공동 집회·시위, 그 밖의 대중행동을 전개했다. 1935년에는 세티프의 프랑스군 수비대 소속의 알제리인 병사들이 처음으로 권력에 반대해 무기를 들었다(The USSR Academy of Sciences 1985, 533).

한편, 알제리에서 파시스트의 움직임이 활발해지면서 파시즘의 위협에 반대하는 대중운동이 일어났다. 도리오당Doriot Party에서 파견된 파시스트 테러 분자들이 폭력 행동을 저지르고, 1935년 7월에는 그들의 무장 부대가 시위행진을 벌이기도 했다. 알제리 시 근교에서는 파시스트의 이런 행동에 항의해 주민 1만5천 명이 참가한 대규모 시위가 행해졌다.

1935~1937년의 알제리 민족운동이 당면한 주요 임무는 파시즘의 위협에 반대하고 프랑스 인민전선을 지지하는 일이었다. 1936년 한 해 동안에 알제리공산당은 항의 집회를 150회가량 열었는데, 여기에 참가한 사람은 약 5만 명에 이르렀다. 참가자 가운데 절반가량이 알제리인이었다. 1935년 당시 알제리공산당의 당원 수는 약 5천 명이었다. 알제리공산당은 이슬람

교도회의의 틀 안에서 민족·종교적 조직과 더불어 공동 행동을 벌임으로써 많은 민족주의자로부터 신망을 받을 수 있었다.

알제리공산당은 1936~1938년에 걸쳐 에스파냐 내전에서 국제여단에 공산당원 2천 명을 파견했다. 그러나 알제리공산당을 지지한 사람은 대부분이 유럽인 노동자들이었고, 알제리 노동자 대부분은 '북아프리카의 별'을 계승한 '알제리인민당'을 지지했다. 1938년에는 '알제리인민연합'이 창설되었으며, 이는 대중적 무장투쟁의 기반이 되었다(The USSR Academy of Sciences 1985, 535).

## 튀니지

제1차 세계대전 이전에 튀니지는 프랑스의 보호국이었으나, 사실상 프랑스는 튀니지에 식민 정부를 수립했다. 모든 권력은 프랑스 총독 수중에 있었다. 대부분의 각료들은 프랑스인이었으며, 프랑스 민간인 감독관이 각 지방에 배치되었고, 프랑스 군대가 튀니지에 주둔했다(Alexandrov 1986, 436).

프랑스 식민지 지배 상태에서, 민족부르주아지는 제헌의회를 소집해 헌법을 제정하고 민족 독립 정부를 수립하는 것을 목표로 설정했다. 1920년 이와 같은 요구를 실현하기 위해 사절단을 파리로 파견했다. 그러나 프랑스 정부는 이런 요구를 단호히 거부했다. 이에 타알리비가 지도하는 튀니지 민족주의 그룹은 프랑스 지배에 대항해 투쟁을 벌이도록 대중에게 호소했다. 1920년에 결성된 '입헌자유당'이 민족해방투쟁에서 중요한 역할을 담당했다.

프랑스 노동운동 발전은 튀니지에서 전개되는 민족해방투쟁에 큰 영향을 끼쳤다. 1919년과 1920년에 튀니지에서 대규모 파업이 일어났다. 1919년에 프랑스사회당튀니지연맹이 설립되었는데, 이 조직은 1920년에 프랑스공산당튀니지연맹이 되었다. 제1차 튀니지노동조합대회가 1920년에 열렸는데, 노동조합원들이 대부분 프랑스 국적을 갖고 있었지만, 그들은 튀니지인과 연대를 갖고자 노력했다(Alexandrov 1986, 437).

1924년 여름에 튀니지에서는 노동운동이 고양되었다. 부두·광산 노동자, 그 밖의 많은 노동자가 파업에 참가했다. 이와 같은 파업투쟁은 1924년 12월 3일의 튀니지노동자총동맹 건설로 이어졌다. 그러나 튀니지노동자총동맹은 곧바로 탄압을 받게 되었고, 조직 결성을 주도했던 사람들은 체포되어 1925년 말에 튀니지에서 추방되었다.

1930년대 초에는 반제국주의 투쟁이 새롭게 강화되었다. 투쟁이 강화된 것은 알-하비브 부르기바가 이끌었던 민족주의자 그룹 활동에 힘입은 바 컸다. 이 그룹은 인텔리겐치아와 민족부르주아지의 지지를 획득했으며, 동시에 일부 농민과 노동자의 지지를 이끌어 냈다. 부르기바는 봉건적 잔재와 후진성 극복과 함께 사회개혁을 주장했고, 식민지 억압에 반대했다. 1934년에 부르기바가 지도하는 이 그룹은 민족주의 정당인 '데스투르Destour당'(헌법)에서 탈퇴해 '네오(신)데스투르당'을 창설했다. 1937년 당시 네오데스투르당은 지부 약 400개에 당원 2만8천 명, '골수 지지자' 약 40만 명을 확보하고 있었다(아일리프 2002, 409).

네오데스투르당은 이런 강력한 조직을 바탕으로 1938년에는 총파업을 주도했다. 그러나 총파업에 대해 정부는 극심한 탄압을 자행했다. 전국적으로 계엄령을 선포했고, 민족주의자 200여 명을 체포했으며, 데스투르당과 신데스투르당을 해산했다(공일주·전완경 1998, 283).

프랑스에서 인민전선 정부가 성립된 이후, 튀니지에서는 강압적인 식민지 지배를 완화하는 몇 가지 조치를 시행했다. 정치범 석방, 출판·집회 제한 폐지 등이 그것이었다. 공산당의 합법 활동이 부활되고 통일노동총동맹이 재건되었다. 여기에는 유럽인 노동자와 튀니지 노동자가 함께 가입했다.

프랑스에서 인민전선 정권이 붕괴된 이후에는 네오데스투르당은 튀니지 의회와 튀니지 정부 수립을 요구했다. 이런 요구를 지지해 1938년 4월에는 튀니스 시에서 대중적 시위가 거행되었다. 이에 식민지 권력은 시위를 해산시키기 위해 군대를 파견했으며, 네오데스투르당 활동을 금지하는 동시에 당 활동가 2천 명 이상을 체포했다. 제2차 세계대전이 발발하면서 프랑스 제국주의는 전쟁 기간에 튀니지 민족해방운동을 진압할 수 있었다(The USSR Academy of Sciences 1985, 536).


## 리비아

제1차 세계대전 이후 리비아의 민족해방운동은 러시아 10월 혁명의 영향을 받아 한층 높은 단계로 고양되었다. 1918년 11월에 부족 지도자들은 '트리폴리타니아 공화국' 건국을 선포했고, 입법위원회와 행정위원회를 구성했다. 1919년에 이탈리아는 어쩔 수 없이 트리폴리타니아의 자치를 인정했다. 같은 해 트리폴리타니아 헌법이 제정되고 '민족개혁당'이 창당되었다(Alexandrov 1986, 435).

이탈리아에서 파시스트들이 권력을 장악한 뒤, 파시스트들은 적극적인 식민지정책을 추구해 리비아 애국 세력을 억누르기 시작했다. 리비아 민족 세력은 여러 해 동안 끈질긴 저항을 계속했다. 이탈리아는 1928년 트리폴리타니아를 점령했고, 1930년에는 페잔을, 1932년에는 키레나이카를 점령했다. 리비아 지도자 오마르 무흐타르가 1931년 파시스트에게 체포되어 교수형을 당했다.

리비아 인민 항쟁이 실패한 뒤, 리비아는 이탈리아의 천연자원과 곡물 공급지가 되었으며, 동시에 상품시장이 되었다. 식민주의자는 가장 비옥한 땅 23만 헥타르를 빼앗았다. 이탈리아 지주는 빼앗은 토지에 거대한 자본주의적 농장을 건설했다. 땅과 가축을 잃은 리비아 농촌 주민은 비참한 처지에 놓이게 되었다. 국민경제는 몰락 상태에 빠졌다. 그러나 리비아 애국 세력은 운명과도 같은 이런 사태를 그대로 받아들일 수는 없었다(Alexandrov 1986, 435~436).

## 3. 중앙아프리카 국가들

### 에티오피아

러시아혁명 이후에는 인민대중운동이 더욱 활발해졌다. 군인들 사이에서 보수 세력에 반대하는 저항운동이 일어났고, 농민들도 자신들의 요구를 내걸고 투쟁을 벌였다. 신新에티오피아당은 1918년과 1923~1924년에 노예무역을 금지하는 법령을 채택했다. 이런 개혁 조치는 구舊에티오피아당의 저항을 불러일으켰다. 1928년 타파리 마코넨은 구에티오피아당의 두 번에 걸친 반란을 진압한 뒤, 네구스Negus라는 최고 군주 호칭을 받았으며, 사실상 여제를 권력에서 축출했다. 1930년 여제가 죽자, 그는 하일레 셀라시에 1세라 칭하고, 에티오피아 황제가 되었다.

1930년대 초 에티오피아는 여전히 저개발 농업국가였다. 제조업은 아주 낮은 차원에서 출발해 일정 정도 발전해 있었다. 대부분의 주요한 기업은 이탈리아인이 지배했다. 세계경제공황은 에티오피아 경제에 심한 타격을 가져다주었으며, 근로인민의 상태를 크게 악화시켰다.

이 무렵 에티오피아에서는 상당한 정도의 개혁이 단행되었다. 영국이 소유한 아비시니아은행의 이권을 도로 사들였고, 국립은행도 설립했다. 1931년에는 황제의 권력과 정부의 중앙집권화를 통합하는 법률이 채택되었다. 황제는 입법 주도권을 가지고, 의회는 황제가 제출한 예산안을 승인할 뿐이었다.

한편, 에티오피아를 둘러싸고 제국주의 열강들, 즉 프랑스, 이탈리아, 영국은 에티오피아를 자신들의 이해관계에 종속시키려 경쟁을 벌였다. 1934년 가을부터 이탈리아는 에티오피아를 공략하기 위한 활동을 적극적으로 전개했다. 당시 불간섭주의 노선을 취하고 있던 프랑스와 영국은 이탈리아가 에티오피아를 점령하는 것을 묵인했다. 이탈리아 파시스트는 1935년 10월 3일, 에티오피아에 대한 군사행동을 시작했다. 이에 에티오피아 인민은 자신들의 나라를 지키기 위해 항쟁을 벌였으나, 1936년 5월 이탈리아의 에티오피아 점령을 결국 막아 내지 못했다. 이탈리아의 에티오피아 침략 행위에 반대하는 운동이 각국에서 일어났는데, 남아프리카연방, 케냐, 이집트 등지에서는 에티오피아 인민과의 연대를 위한 투쟁이 전개되었다(Alexandrov 1986, 435~447).


## 수단

1899년부터 수단은 공식적으로는 영국과 이집트의 공동 관리 상태에 놓여 있었다. 그러나 실제로는 영국이 군軍과 민民에 대한 최고 통수권을 장악하고 있었다. 영국 식민주의자들은 수단을 대규모 면화 생산지로 조성하려 했다. 이런 필요에 따라 영국은 대규모 관개시설과 새로운 철도를 부설했으며, 최초의 산업 공장을 건설했다. 이에 따라 민족부르주아지와 프롤레타리아트, 그리고 지식인이 형성되었다(Alexandrov 1986, 449).

수단 민족 세력은 식민주의자에 대항해 줄기찬 투쟁을 전개했다. 영국 식민지 당국은 수단 통치를 위해 봉건적인 상류층 협력을 얻기 위해 노력했다. 1922년 그들은 이른바 '간접 통치 제도'를 도입해 봉건영주와 부족장을 식민지 기구 관리로 등용했다. 수단 영토의 3분의 2가 폐쇄되었으며, 그곳에서는 전 자본주의적 관계가 유지되었다.

수단 애국 세력은 영국과 결코 타협하지 않았다. 1924년 그들은 장교 아브드 알라티프가 지도하는 '백기연맹'White Flag League이라는 지하조직을 건설했다. 이 연맹이 지도해 전개된 반영 투쟁은 무자비하게 진압당했다. 같은 해 수단 총독 스택 경의 암살 사건과 관련지어 영국은 수단에서 이집트 군대와 관리를 축출하고 대대적인 검거를 감행했다. 1929년부터 시작된 세계 경제공황은 수단인의 곤궁한 생활을 초래했고, 이에 따라 반제국주의 항쟁 물결이 나라 전체를 휩쓸었다. 이런 투쟁 과정을 통해 수단의 민족 역량은 영국 지배에 대항해 반제운동을 전개할 수 있을 만큼 성장하고 있었다 (Alexandrov 1986, 450).

## 나이지리아

나이지리아에서 반제국주의 운동이 고양되고 민족운동 조직이 세력을 증대하면서 영국 식민지 당국은 몇 가지 정책상의 양보를 취했다. 1922년 영국은 '클리포드 헌법'Clifford Constitution을 제정하고 이 헌법에 따라 아프리카인 10명을 포함해 46명으로 구성된 입법위원회를 설치했다. 민족민주당은 선거에 참여해 3석을 확보했다.

1929~1933년 세계경제공황의 치명적인 영향으로 나이지리아 노동자계급 투쟁은 새로운 국면을 맞게 되었다. 1929년에는 식민당국이 동부 거주

민에게 과중한 세금을 부과하자, 이에 항의해 대중시위가 벌어졌다. 주로 여성으로 구성된 시위대는 부당한 조세 폐지와 야자수 수매 가격 인상을 요구했다. 시위대는 백인에게 본국으로 철수할 것도 요구했다. 식민주의자들은 시위대를 향해 발포해 여성과 어린이 약 80명을 사살했고, 많은 부상자를 냈다. 아바 반란Aba Revolts이라 부르는 이 항쟁은 조직력과 계획성 부족으로 실패했다. 그러나 이 항쟁은 새로운 투쟁을 조직하고 실행하는 데 좋은 계기가 되었다.

1933년에는 라고스 지식인 대표가 모여 '라고스청년운동'Lagos Youth Movement이라는 조직체를 만들었다. 이 조직은 다시 '나이지리아청년운동'NYM으로 이름을 바꾸었고, 1938년에는 과업과 목표를 명문화한 예비선거 헌장을 발표했다. NYM은 나이지리아가 자치권을 반드시 인정받아야 하며, 국가의 내정을 스스로 관리할 권리를 가져야 한다고 식민지 당국에 요구했다 (Alexandrov 1986, 451).


## 케냐

1921년 여름 아프리카인은 나이로비 근교에서 임금 인하에 반대하는 집회를 열었다. 집회에 참가한 사람들은 공무원 해리 투쿠가 지도하는 '청년키쿠유협회'의 설립을 선언했다. 케냐 역사상 최초의 이 반제국주의 조직은 토지 수탈에 반대하는 운동을 전개했고, 영국 국왕에게 전달할 청원서를 작성했다. 그러나 식민지 당국은 투쿠를 체포했고, 이 때문에 1922년 3월 인민대중의 정치적 시위가 결행되었다. 영국 식민지 당국은 케냐 노동자 대중의 저항을 무자비하게 진압했고, 노동자 150명을 살해했다. 영국은 1921년 자신들의 지배 체제를 강화하기 위해 동아프리카의 케냐, 우간다, 탕가니카를 통합한 영국 연방 설립 구상하게 되었다.

1920년대 말과 1930년대 초에 케냐에서 반제국주의 운동이 다시 고양된 형태로 전개되었다. 새로 설립된 '중앙키쿠유협회'는 아프리카인 토지 수탈을 중지할 것, 유럽인과 아프리카인 노동자에 대한 평등한 권리를 인정할 것, 입법위원회에서 아프리카인의 대표권을 인정할 것, 지방의회 의장과 의원을 선거로 선출할 것 등을 요구했다. 이 협회는 다른 단체들과 함께 선전과 선동 활동을 전개했으나 1940년에는 활동을 금지당했다. 그러나 케냐 농민들을 포함한 민중운동은 제2차 세계대전 직전까지 계속되었다(Alexandrov 1986, 454~455).


## 우간다

제1차 세계대전이 끝난 뒤, 영국의 식민지 우간다에서 반제국주의 운동이 일어나기 시작했다. 1918년 최초의 아프리카인 정치조직인 '청년부간다협회'가 설립되었고, 1921년에는 '바타카Bataka(농민)협회'가 조직되었다. 이 두 협회는 나중에 '바타카협회'로 통합되었다. 바타카협회는 지방정부 구성에 아프리카인 참여와 몰수된 토지의 반환을 요구했다. 1927년에 우간다에서 봉건영주의 독단을 제한하는 법률이 통과되었고, 농민은 토지 임대의 상속권을 얻었다.

제2차 세계대전 이전에 우간다에는 약 8만 명의 노동자가 있었는데, 이들은 반제국주의 운동에 참여했다. 1939년에는 아프리카인의 운수노동조합이 결성되었다. 반제국주의 운동에서 주목할 만한 것은 1938년에 창립된 '킨투[1]의 후예'Sons of Kintu라는 정치조직이었다. 이 조직은 아프리카인에 대한 경제적 차별을 반대하고 사회생활의 민주화를 위해 투쟁했으나 곧 활동을 금지당했다(Alexandrov 1986, 456).


## 4. 남아프리카 국가들

### 니아살랜드, 북北로디지아, 남南로디지아

이 세 나라는 영국 식민지였는데, 특히 영국은 남로디지아(현 짐바브웨)에서 황금 생산 지역과 비옥한 토지를 확보했다. 제1차 세계대전 말에 이미 총인구 85만 명 가운데 유럽에서 이주해 온 인구가 약 3만 명에 이르렀다. 북로디지아(현 잠비아)에서는 납·구리·아연 광산이 채굴되었다. 북로디지아와 니아살랜드(현 말라위)에 거주하는 식민주의자는 소수였다. 북로디지아의 경우 아프리카인 95만 명, 식민주의자 3천 명이었고, 니아살랜드의 경우 식민주의자는 1천 명 정도였다. 이들 지역은 유럽인에게는 기후 조건에 적응하기가 어려웠고, 예상되는 광물 양도 적었기 때문에 백인 정착민의 관심을 끌지 못했던 것이다.

제1차 세계대전 이후 영국은 영국 남아프리카회사에 모든 것을 위임해 지배했던 남·북 로디지아 지배 형태를 바꾸었다. 1922년에 남로디지아는 의회를 설치한 백인 식민지가 되었고, 북로디지아는 영국 보호국으로 되었다. 영국은 남로디지아에서 1930년 '토지분배법령'을 채택했는데, 이 법령에 따라 유럽인만이 거주하는 94개 지정 보호구역이 설정되었다. 이 지역 안에서는 아프리카인은 토지소유가 허가되지 않았다. 이 법령의 시행으로

---

1_킨투는 15~19세기까지 존속된 부간다의 전설적인 건국자다.

아프리카인은 토지를 빼앗겼으며, 지방의 많은 농민이 몰락했다. 이와 유사한 법령이 1928~1929년에 북로디지아에서도 시행되었다. 니아살랜드에서는 식민주의자를 위한 보호구역은 설치되어 있지 않았으나, 유럽인 대농장주가 가장 좋은 토지를 차지하고 있었으며 아프리카인은 백인으로부터 토지를 임대받거나 고용 노동자로서 일하지 않으면 안 되었다.

제1차 세계대전과 제2차 세계대전 사이에 남·북 로디지아에서 광산업이 발전했다. 금광을 비롯해 석면·크롬·주석·구리·코발트·석탄 광산이 채굴되었다. 1937년 당시 남로디지아에서는 광업에 종사하는 인구가 거의 9만 명에 이르렀다.

아프리카인 노동자와 농민 상태는 매우 열악했고, 1930년대 들어 아프리카인의 계급투쟁과 민족투쟁이 강화되기 시작했다. 1936년 북로디지아 구리 광산에서 저임금과 차별적 노동조건에 항의하는 최초의 대규모 파업이 발생했다. 식민 당국은 군대를 동원해 이 파업을 깨뜨렸는데, 그 과정에서 6명이 죽고 22명이 부상당했다.

1930년대 니아살랜드와 북로디지아, 남로디지아에서는 노동자 조직과 민족운동 조직이 결성되어 활동을 전개했다. 니아살랜드에서는 '니아살랜드민족협회'가 조직되어 니아살랜드인의 이익을 위해 투쟁했으며, '망대'望臺, watchtower라는 종교 조직이 설립되었고 곧이어 원주민협회가 출현했다. 남로디지아에서는 '산업·상업노동자연맹'과 '로디지아반투유권자협회'가 설립되었다. 양 로디지아의 복지협회가 생겨나 지식인과 그 밖의 도시 주민층을 포괄했다(Alexandrov 1986, 457~458).

## 남아프리카연방

1920년대 후반 이후 남아프리카연방 노동운동은 백인 노동자와 아프리카인 노동자를 분리시키는 이른바 '유색인종 격리' 정책의 시행에 따른 매우 복잡한 상황에서 전개되었다. 백인 노동자와 아프리카인 노동자 사이의 분할은 1924년에 제정된 '쟁의조정법'Industrial Conciliation Act에서 제도화되었다. 1924년 법에서는 피고용자 정의에서 '통행증을 소지한 원주민'을 배제했다. 당시까지는 아프리카 남자들만이 통행증을 휴대해야 했기 때문에 아프리카 여성들은 등록된 노동조합에 가입할 수 있었다. 그러나 여성의 노동조합 가입 자격은 아프리카인 모두에게 통행증을 휴대하도록 강제함으로써 없어지게 되었다. 쟁의조정법은 다름 아닌 모든 아프리카인 노동자를 노동조합에서 배제하기 위해 제정된 것이다(한국노동사회연구소 1995, 8).

1924년에 제정된 쟁의조정법은 단체교섭과 분쟁 조정에 관한 제도적 장치를 마련함으로써 산업 평화를 이룩하는 데 일차적 목적을 두었으며, 이와 더불어 백인 노동자에게 숙련노동의 독점을 보장함으로써 인종주의를 받아들이게 해 그들의 지지를 획득하고자 의도했다. 백인 노동자를 보호하기 위한 다른 법률들, 즉 '합리적인 임금'의 기준에 관해 규정한 임금법Wage Act과 광산에서 백인 노동자 고용을 확대한 '광산노동법'Mines' Works Act이 쟁의조정법에 뒤따라 제정되었다.

이와 같은 백인 노동자 보호정책은 두 가지의 상반된 결과를 낳았다. 그 한 가지는 반숙련 백인 노동자, 특히 준국영기업에 고용된 사람들의 대부분은 사실상 국가의 품에 포섭되었다는 사실이다. 예컨대 백인철도노동조합Spoorbond과 백인금속·철강노동조합Ysteren Staal은 정부와 협력 관계를 유지함으로써 실리를 취했다.

다른 한 가지는 흑인 노동자에 대한 억압과 차별이 더욱 강화되었다는 사실이다. 흑인 노동자는 계약을 파기한 사람들을 규율하는 '장인·도제법'Master and Servants Act을 적용받았으며, 통행증 체계와 생활의 거의 모든 측면을 지배하는 일련의 인종분할 법률에 따라 통제받고 억압당했다. 이런 가운데서도 흑인 노동자들은 독자적인 노동조합 조직을 결성해 투쟁을 전개했다. 흑인 노동운동가는 대부분 남아프리카공산당 당원이었다(한국노동사회연구소 1995, 9).

식민지 통치 세력의 이런 새로운 정책은 결국 백인 노동운동에 대해서는 매우 유해한 작용을 했다. 이와 관련해 남아프리카공산당 강령 "남아프리카의 자유를 향한 길"에서 다음과 같이 천명했다.

사회주의를 배반한 우파 세력으로부터 지도받고 독점자본가들이 제공한 양보와 특권으로 매수당한 백인 노동자의 압도적 다수는 사회주의 원리와 노동자계급의 통일을 받아들이지 않았다. …… 1922년[2]에 뒤이은 몇 년 동안은 백인 노동자의 적극성과 계급의식이 부단히 상실되었던 시기였다(The USSR Academy of Sciences 1985, 539에서 재인용).

남아프리카공산당 제3회 대회(1924년 개최)는 이와 같은 새로운 경향을 고려하면서 계급투쟁에 점점 적극적으로 참가하기 시작한 아프리카인 프롤레타리아트 조직화를 위해 노력을 집중하기로 결정했다. 공산당은 '공업·상업노동자동맹' — 아프리카인 약 25만 명을 포괄한 전국적 노동조합 조직 — 의 활동에 참가했다. 1920년대 말에 이 조직이 붕괴된 뒤, 공산당은 계

---

2_1922년은 광산노동자의 봉기가 발발했던 해다.

급투쟁 노선을 지향하는 노동조합 결성을 주도했다.

남아프리카 정세는 코민테른 제7회 대회의 특별 토의 대상이 되었다. '남아프리카 문제에 대한 집행위원회 결의'는 남아프리카공산당이 아프리카인 노동자에 대해 더욱 깊은 주의를 기울여야 할 임무를 지닌다고 강조했다. 결의는 또 노동조합 활동 분야에서 당이 갖는 주요 임무는 아프리카인 노동자를 노동조합에 결집시키는 일이라고 지적했다(Lerumo 1980, 113; 116; The USSR Academy of Sciences 1985, 540에서 재인용). 이런 결정들은 남아프리카공산당이 계급투쟁의 새로운 조건에 따라 활동들을 전환하도록 촉진했다.

1928년에는 아프리카 노동자 약 1만 명이 5개의 남아프리카·비유럽인 노동조합연맹에 가입했다. 1929년에 이 노동단체들은 프로핀테른에 가맹했다. 이 시기에 꽤 많은 수의 아프리카인 노동자와 혁명적 인텔리겐치아가 공산당에 입당했는데, 이들 가운데 많은 사람은 민족해방운동, 노동조합운동, 공산주의운동 역사에서 탁월한 역할을 수행했다. 1929년 당시의 공산당 당원 수는 약 3천 명이었다(The USSR Academy of Sciences 1985, 540).

1933~1939년 사이에 아프리카인 노동자 수는 배로 증가해 80만 명에 이르렀고, 아프리카인 프롤레타리아트는 계급투쟁에서 주요한 지위를 확고히 차지했다. 1939년 당시 금광은 노동자 36만4천 명을 고용하고 있었는데, 그 가운데 4만3천 명이 백인 노동자였고, 32만1,400명이 아프리카인이었다. 1936년 당시 아프리카인 광산노동자 52퍼센트가 남아프리카 국내에서 모집되었고, 48퍼센트가 남아프리카 외부에서 모집되었다. 1911년에 이미 정부는 아프리카인 광산노동자의 파업을 금지하는 동시에 '광산노동법'에 따라 백인 노동자에게 숙련 작업을 독점시키는 규정을 설치했다(Thompson 1995(일본어판), 296).

권력의 탄압에 따른 많은 장해에도 불구하고, 노동조합 조직을 위한 활동은 계속 전개되었다. 케이프타운과 더반의 공업지구에서는 대규모 노동조합, 특히 봉제노동자와 운수노동자의 노동조합이 결성되었다. 이런 노동조합은 비인종적 기초 위에서 결성되었는데, 백인이든 흑인이든 간에 모든 노동자를 조직 대상으로 받아들였다.

한편, 계급투쟁을 지향하는 노동운동은 노동조합 안에 들어가 노동조합을 자신들의 영향력 아래에 두고자 했던 파시스트 기도에 반격을 가했다. 1935년에는 파시스트 이탈리아가 에티오피아를 공격했을 때, 케이프타운·더반·포트엘리자베스의 부두노동자들은 이탈리아 배에서 무기와 군사 자재 하역을 거부했다. 1937년 공산당은 케이프타운에서 다른 반파시스트 운동 단체와 더불어 주간지 『가디안』*The Guardian* 발행을 시작했는데, 이 신문은 남아프리카 노동운동과 민주주의 운동에서 중요한 역할을 행했다. 남아프리카공산당은 노동자계급과 민주주의 여론에 호소해 증대하는 파시스트 위협에 맞서 경계심과 단결로서 대응할 것을 강조했다.

1930년대에 있어 남아프리카공산당 내에서 극좌 분파주의 분자들이 세력을 휘두름으로써 공산주의운동과 노동운동이 겪은 곤란은 대단히 컸다. 1939년 모세스 코타네 사무총장을 필두로 하는 새로운 정치국이 선출된 뒤, 공산당은 세력을 재건했으며 대중과 결합을 강화할 수 있게 되었다. 신지도부는 코민테른 제7회 대회 결정에 따라 당내 분파주의에 대한 단호한 투쟁과 통일전선 정책을 수행했다(The USSR Academy of Sciences 1985, 541).

# 제16부 러시아에서 추진된 사회주의 건설과 코민테른 활동

# 최초의 사회주의사회 건설

우리가 말하고자 하는 바는

······ 다른 나라에서 프롤레타리아혁명이 먼저 승리하지 않고서도

다른 나라 프롤레타리아의 동조와 지지를 받는 가운데

우리나라에서 프롤레타리아가 권력을 잡고

그 권력을 이용하여

완벽한 사회주의사회를 건설할 수 있는

가능성이 있다는 사실이다.

_이오시프 스탈린

(Stalin 1940, 156; 일리, 2008, 457에서 재인용)

## 1. 자본주의 열강의 간섭과 대응

세계 자본주의국가 열강의 군사적 간섭을 물리친 소비에트의 노동자계급은 10월 혁명의 성과를 지켜내고, 사회주의 건설을 위한 여건들을 만들어 내야만 했다. 그러나 여전히 소비에트 국가의 대외 정세는 복잡한 가운데 긴장 상태가 유지되고 있었다.

1920년대 후반 들어 자본주의국 열강의 반反소비에트 도발이 빈번하게 일어났다. 1927년에는 중국과 영국에서 소비에트 대표부에 대한 도발 행동이 조직되었고, 같은 해 6월 소비에트 전권대표 보이코프 표르트가 살해되었다. 영국 보수당 정부는 소비에트와 맺은 외교 관계를 단절했으며, 자본주의국 열강들은 소비에트 인접 국가들에 대해 무력도발을 감행했다. 1929년에는 중국 군벌이 소비에트 영토에 대한 무력공격을 시도했다. 이런 상황에서 소비에트연방은 새로운 사회 건설을 위해 가장 유리한 외적 조건을 확보하지 않으면 안 되었다(The USSR Academy of Sciences 1985, 23).

소비에트연방이 추구한 대외정책은 제국주의와 파시즘에 반대하고 평화를 위해 투쟁하는 동시에 일체의 침략과 식민주의, 다른 나라 영토의 침탈과 그 나라 국민의 노예화, 그리고 다른 나라 내정에 대한 간섭을 원칙적으로 반대하고 모든 민족의 자결권과 민족·사회적 해방을 위한 혁명투쟁 수행을 지지하는 것이었다(The USSR Academy of Sciences 1985, 23~24).

자본주의국가들이 소비에트연방을 외교적으로 고립시키려는 시도는 결코 성공을 거두지 못했다. 1924년에는 1918년 이후 소비에트 공화국을 포위하고 있던 외교적 봉쇄가 결국 해체되었고, 1925년 1월 소비에트연방은 21개 국가와 외교 관계를 수립했다. 1920년대 후반과 1930년대 초에 소비에트연방은 터키, 독일, 아프가니스탄, 이란, 핀란드, 리투아니아, 라트비아,

에스토니아, 폴란드, 프랑스와 불가침·중립조약을 체결했다. 그리고 1930년대 초에는 미국, 에스파냐, 체코슬로바키아, 루마니아, 불가리아, 벨기에 국가들이 소비에트연방과 외교 관계를 수립했다.

소비에트 정부는 1934년 9월 국제연맹에 가입했는데, 이 기구가 평화 유지와 군축 문제를 건설적으로 해결할 수 있을 것으로 기대한 것은 결코 아니었고, 파시즘의 침략에 반대하는 투쟁에 관심을 갖는 국가들을 지지하는 동시에 이 목적을 위해 국제연맹을 활용하고자 했다.

1929~1932년의 세계경제공황에 따른 새로운 전쟁 위협을 증대시키기 위해 1930년대 들어 자본주의국 열강은 반反소비에트 노선을 다시 강화했다. 열강들이 추구한 것은 파시즘 체제의 독재 시행, 경제 군사화, 그리고 침략 전쟁 도발 등을 통해 공황에서 벗어나고자 했으며, 동시에 자본주의사회가 안고 있는 적대적 모순을 해결하려 했다.

1930년대 초 전체주의 국가와 파시즘 국가는 본격적으로 침략의 길에 들어섰다. 1931년 일본의 군국주의 세력은 중국 동북부에 침입해 만주를 점령했다. 이것은 극동에서 전쟁 발화점 구실을 하게 되었다. 1933년 히틀러가 정권을 장악한 뒤로 독일은 전쟁 준비에 광분했으며, 이로써 세계전쟁의 새로운 주요 무대가 출현했다. 1935년에는 파시스트 이탈리아가 에티오피아 침략 전쟁을 시작했으며, 1936년 여름에는 독일과 이탈리아의 에스파냐 공화국 침입이 시작되었다. 전쟁 불길이 유럽 영역으로 확대되었다. 1936년 조인된 독일과 이탈리아의 군사·정치 조약(베를린-로마 추축樞軸), 독일과 일본의 조약(반코민테른 '반공' 협정)은 세계전쟁 도발 방침을 결정한 침략 블록 형성의 선언과도 같은 것이었다(The USSR Academy of Sciences 1985, 25).

소비에트 정부는 침략 전쟁을 저지하기 위해 외교적 노력을 기울이는 한편, 자본주의국가 노동자계급이 벌이는 평화를 위한 투쟁, 피억압 민족의 해방운동, 그리고 평화 옹호를 위한 광범한 민주주의적 반전운동을 결합하기 위해 다양한 노력을 기울였다.

1933년 소비에트연방은 프랑스, 핀란드, 체코슬로바키아, 발트 해 연안 국가들에게 어떤 국가가 침략을 받을 경우 상호 원조에 관한 집단적 협정을 체결할 것을 제안했다. 1935년 소비에트와 프랑스, 소비에트와 체코슬로바키아 사이에 상호 원조 조약이 조인되었다. 1936년에는 몽골 인민공화국과 상호 원조 의정서를 체결했는데, 이것은 몽골과 소비에트연방에 대한 일본 제국주의의 침략 계획을 저지하는 데 큰 역할을 수행했다.

소비에트연방은 국제연맹에서 집단 안전보장 체제의 수립과 전쟁상인에 대한 효과적인 대책 강구를 주장했으며, 이탈리아의 에티오피아 침략 저지와 독일·이탈리아의 에스파냐 개입 반대를 위한 활동을 적극적으로 추진했다.

1920년대와 1930년대에 소비에트연방은 중국 인민에 대해 다양한 형태의 원조를 제공했다. 소비에트 노동자계급은 중국 혁명을 지원하기 위한 캠페인을 조직했고, 1925년 9월 5일에는 중국 혁명에 대해 영국이 무력간섭을 준비한다는 보도가 나왔을 때, 이를 반대하기 위한 여론 형성을 비롯해 여러 가지 행동을 폈다.

1937년 일본이 중국 공격을 시작했을 때, 소비에트연방은 중국에 대한 원조 의사를 표명했다. 유럽 열강의 지지를 획득하는 데 실패한 중국 국민당 정부는 소비에트연방과 불가침조약을 맺었고, 이 조약은 중국에 대한 소비에트연방의 원조를 보장했다.

또 소비에트 정부는 독일·이탈리아의 에스파냐 간섭을 막기 위해 정력적인 외교 노력을 펼치는 한편, 에스파냐 내란을 국지화해 그것이 세계적인 충돌로 전화하는 것을 막으려고 불간섭 협정 체결에 참가했다. 소비에트연방은 에스파냐 공화국에 방대한 군사·경제 원조를 행했다. 전쟁 중에 소비에트 공화국은 항공기 649대, 전차 347대, 장갑 자동차 60량, 포 1,186문, 기관총 2만486정, 소총 49만7,813정과 그 밖에 대량의 무기 탄약과 군사 장비품을 에스파냐 공화국에 보냈다. 또 소비에트 정부는 군사 고문 그룹과 기술자와 기사, 그리고 노동자들을 파견해 군수공업을 창설하고 조직하는 것을 지원했다(Meshcheryakov 1981, 51; The USSR Academy of Sciences 1985, 29에서 재인용).

그리고 소비에트 인민은 에스파냐 공화국을 돕기 위한 국제 연대 운동의 선두에 섰다. 국제여단 소속으로 직접 전투에 참가한 세계 54개국의 반파시스트 의용병 4만2천 명 가운데 소비에트연방에서 참가한 지원병은 약 3천 명이었다. 1936년부터 소비에트의 근로인민은 에스파냐 애국자와 그 가족들을 위한 구원 기금을 모집해 송금했으며, 1937년 3월부터는 반파시즘 운동 참가자의 자제들을 소비에트연방에 머물게 해 보통교육과 기술교육을 받도록 했다.

소비에트연방이 국제적 결합을 확립하는 데 노동자계급과 그 조직들은 주도적 역할을 수행했다. 소비에트연방 노동자계급은 프로핀테른, 공산주의 청년인터내셔널, 국제 혁명전사구원회, 반제동맹 등에서 국제 반파시즘 운동과 반전운동에 적극적으로 참가했다. 또 소비에트 노동자 집단은 독일, 프랑스, 영국, 스웨덴의 노동단체와 상호 연대를 위한 여러 가지 협정을 체결했는데, 소비에트 노동자들에 대해서는 사회주의 건설 계획의 이행을 위한 의무가 강조되었고, 다른 나라 노동자들에 대해서는 반전·반파시즘 투쟁 강화와 노동조합 활동의 개선, 제국주의자의 반소비에트 계획 폭로 등의 의무가 지워졌다(The USSR Academy of Sciences 1985, 30).

소비에트 공화국 노동자계급은 자본주의국가들에서 전개된 노동자투쟁과 반파시즘 운동 그리고 피압박 민족의 민족해방투쟁을 다양한 형태로 지원했다. 먼저 1926년 영국 총파업 투쟁이 일어났을 때는 영국 노동자 지지를 위한 집회와 시위를 조직했다. 영국의 탄광노동자들이 파업을 일으켰을 때는 많은 액수의 지원금을 모금했다. 또 소비에트 노동자들은 유럽 국가들과 인도, 일본, 시리아, 캐나다 등 여러 나라의 파업 노동자들에 대해서도 물질·정신적 지지를 보냈다. 1927년에는 소비에트 노동자들이 오스트리아 빈 노동자들의 혁명적 투쟁을 지원했으며, 1929년 베를린에서 전개된 메이데이 시위에 대해 경찰이 발포를 한 사건이 일어났을 때에는 항의행동을 벌였고, 독일 노동자 7명의 사망자와 부상자에 대한 구원 캠페인을 벌였다. 그리고 소비에트연방 노동자들은 테러와 탄압에 따른 희생자 구원 활동도 전개했다.

한편, 소비에트 노동자계급도 국제 프롤레타리아트의 광범위한 원조를 받았다. 자본주의국가 노동자 대표단들의 소비에트연방 방문이 확대되었는데, 1924년부터 1934년까지 소비에트를 방문한 외국 노동자 대표단은 120명이었다(*Trade Union in The USSR: Documents and Materials* vol. 2, 1963, 680; The USSR Academy of Sciences 1985, 33에서 재인용).

자본주의국가의 노동자와 노동조직들은 소비에트연방에서 추진된 5개년계획 기금을 위한 모금, 기술 장비의 구입과 소비에트로 발송, 생산기술과 기술 진보에 관련된 정보 제공, 5개년계획 건설지역에서 협정이나 계약에 따른 직접적인 활동 참가 등의 방식으로 구체적인 원조를 수행했다. 이런 원조는 물질적인 수치로는 그다지 크지 않은 편이었지만, 그것이 갖는 정치·이념적 영향은 매우 컸다고 평가할 수 있을 것이다(The USSR Academy of Sciences 1985, 33).

## 2. 사회주의의 건설

1920년대 중반 들어서는 소비에트 공화국의 사회주의경제 구조가 뿌리를 내리기 시작했다. 대규모 공업에서 사회주의적 부문이 차지하는 비중은 1925년의 경우 총생산의 96.1퍼센트, 공업 전체로서는 81퍼센트였다(Academy of Sciences of the USSR 1972, 140~141). 전소 러시아 전력화 계획은 계속 추진되고 있었고, 공장제 대공업의 부흥도 거의 완료되었으며, 1925년 당시 이 부문의 생산고는 전쟁 이전의 4분의 3에 이르렀다. 경작 면적도 거의 전쟁 이전 수준에 도달했으며, 농업 총생산고는 전쟁 이전 수준을 넘어선 112퍼센트였다. 공장제 공업의 노동자 수는 전쟁 이전 수준을 회복했으며, 사회주의사회의 물질적 기반을 창출하기 위한 조건들도 서서히 형성되었다.

이와 같이 사회주의 건설이 진행되는 가운데 1924년 1월 21일 레닌이 사망했다. 레닌이 사망한 뒤 소비에트 노동자계급이 떠맡은 책무는 레닌의 사회주의 건설 계획 — 그 전제는 사회주의적 공업화와 농업의 사회주의적 개조, 문화혁명의 실현이었다 — 을 실천하는 일이었다(The USSR Academy of Sciences 1985, 35).

1925년 12월에 열린 제14회 전소연방공산당(볼셰비키)[1] 대회는 사회주의 발전의 길을 설정하면서 소비에트연방을 기계·설비의 수입국에서 그것의 생산국으로 전화하고, 자본주의 포위 상태에 있는 소비에트연방을 자본주의 세계경제의 부속물로 되지 않기 위해 사회주의적 공업화의 노선을 채택한다고 선언했다. 또 대회는 결의문에서 "사회주의가 점점 실생활의 현실로

---

1_이 대회에서 러시아공산당(볼셰비키)의 당명은 전(全)연방공산당으로 바뀌었다.

전화되고 있다는 점과 신경제정책을 기반으로 하는 프롤레타리아트의 경제적 공세와 사회주의 방향으로 진행되는 소비에트 경제 전진"을 강조했다.

그런데 사회주의적 공업화의 추진에서 러시아 자본주의가 해결하지 못한 과제들, 즉 국가의 기술·경제적 후진성 극복, 중공업 건설, 외국자본 지배 청산 등이었다. 이와 같은 주요 과제들을 해결하기 위해서는 자본주의적 자본축적과는 다른 원천을 창출해야만 했다. 기본적 생산수단에 대한 사적 소유 폐지는 부르주아지의 기생적 소비를 근절시켰고, 그것은 자본축적의 한 가지 원천이 되었다. 또 토지 국유화와 지주제 폐지는 봉건지대나 자본주의 소유의 지대 형태로 지불했던 농민의 지출을 농업 부문의 막대한 자금으로 전환하게 만들었다. 농민세가 대폭 인하된 결과, 농민들은 그들의 경제생활 개선을 위한 많은 액수의 자금을 취득할 수 있었다. 그리고 외국인 자본가 소유 기업의 국유화와 부채의 폐기 ― 1917년 말, 그 채무는 640억 금 루블에 이르는 거액이었다 ― 도 공업화에 필요한 자금 조달을 가능하게 했다(The USSR Academy of Sciences 1985, 37~38).

사회주의적 공업화를 위한 더욱 안정적이고 결정적인 자본축적 원천은 사회주의경제 부문이었다. 1929년부터는 사회적 생산은 사회주의경제 부문 내부에서 진행되는 축적으로 이루어졌다. 사회주의적 공업화는 역사상 처음으로 추진되었다. 그렇기 때문에 당과 노동자계급은 아직 아무도 밟지 않은 길을 걸어가지 않으면 안 되었다. 소비에트 노동자계급이 축적한 혁명적 투쟁과 창조적 활동의 경험이 실증한 것은, 자연발생성에 대한 의식성의 승리가 혁명적 에너지와 창조적 에너지를 만들어 내고 있다는 것이었다.

사회주의사회 건설을 둘러싸고 제14회 당대회를 전후해 논쟁이 일어났다. 제14회 당대회가 개최될 즈음 중앙위원회 정치국원이었던 그리고리 지노비예프와 레프 보리소비치 카메네프를 필두로 하는 '신반대파'2가 구성되었고, 이들은 이전에는 트로츠키주의에 반대했지만 제14회 당 협의회 개최 이후 트로츠키주의 주장을 찬성했다. 제14회 당대회에서 그들은 사회주의 사회 건설을 위한 당 노선 결의에는 찬성했으나, 그 뒤 바로 서유럽에서 사회주의혁명이 수행되지 않으면 소비에트연방의 사회주의 건설은 불가능하다고 밝혔다. 그리하여 지노비예프, 카메네프, 트로츠키의 사상 경향은 소비에트연방에서 사회주의 승리 가능성을 부정했던 멘셰비키의 견해와 일치했다(황인평 1986, 210~211).

1923~1924년에 패배한 트로츠키, 1925년 12월에 분쇄된 '신반대파'는 트로츠키-지노비예프의 블록에 합류했다. 트로츠키-지노비예프 블록의 지도자와 적극적 활동가들은 1927년에 열린 제15회 당대회에서 축출되었다 (The USSR Academy of Sciences 1985, 37~38).

1929년에는 국민경제 발전을 위한 제1차 5개년계획[3](1928~1929년부터 1932~1933년까지)이 채택되었다. 경제 발전 5개년계획은 국가의 경제·사회적 발전 속도와 규모를 최초로 규정한 종합적인 계획이었다. 즉, 제1차 5개년계획에서 기본이 된 경제적 임무는 다음과 같은 내용을 뼈대로 했다. 중공업의 지속적인 발전, 중공업에 바탕을 둔 국민경제 전 부문의 급속한 성장, 국민경제 가운데 사회주의 부문 비중 제고, 국민경제의 모든 전선에 걸친 자본주의 요소의 단호한 배제 등이 그것이었다(포노말료프 1992a, 46).

사회주의적 공업화는 다른 한편으로 노동자계급의 수적 증대를 비롯해

---

**2**_일찍이 스탈린과 더불어 '삼두체제'를 이루고 있었던 지노비예프와 카메네프가 스탈린과 결별해 패배한 뒤, 트로츠키와 제휴해 스탈린과 정치적 우파(부하린, 톰스키, 루이코프)에 대항해 만든 그룹을 말한다.

**3**_제15차 당대회(1927년)에서 '제1차 5개년계획 작성에 대한 지령'이 채택되었고, 이것을 기초로 국가계획위원회가 구체적인 계획안(최소 안과 최대 안)을 작성하고 제5차 전(全) 연방 소비에트 대회(1929년 5월)에서 최대 안을 채택해 제1차 5개년계획이 법률로 채택되었다.

정치·사회적 역량 증대와 문화·기술적 수준의 고양을 가져왔다. 또 노동자 계급의 영향력이 커진 결과, 그들이 국가관리에 광범위하게 참가했다. 각종 선거에서 유권자의 적극성이 높아졌으며, 소비에트 구성 내에서 노동자의 비중이 더욱 높아졌다. 1927년의 당시 시市 소비에트 986개소의 노동자 대의원은 5만2,100명(47.9퍼센트)이었으며, 그 가운데 현장노동자 출신은 4만1,500명(38.1퍼센트)이었다. 1931년의 경우는 시 소비에트 936개소의 노동자 대의원은 7만8,800명(56.5퍼센트)이었고 그 가운데 현장노동자 출신은 5만8,600명(42퍼센트)이었다. 현·주·지방·공화국, 그리고 연방 소비에트 대의원 가운데서도 노동자 대표의 비중은 증가했다. 예컨대 제6회 전全 연방 소비에트 대회(1931년)의 의결권을 갖는 대의원 1,576명 가운데 노동자 대의원은 858명(54.4퍼센트)이었다(*The Working Class in the Running of the State(1926~1937)*, 1968, 75~76; The USSR Academy of Sciences 1985, 41에서 재인용).

권력기관의 상층부 내에서도 노동자가 차지하는 주요 직무들이 점점 불어났다. 1930년대 초에는 사회주의적 겸임제가 널리 보급되었는데, 이것은 노동자 집단에서 파견된 현장노동자가 인민위원부나 그 밖의 중앙 국가기관의 활동에 직접 참가할 수 있는 통로가 되었다. 노동자의 최대 대중조직인 노동조합은 사회주의적 공업화 과정에 적극적으로 참가했다. 노동자계급의 물질적 개선과 노동생산성 향상, 노동조합의 역할 제고를 위해서 노동조합의 재편성이 이루어졌다.

1930년에 열린 제16회 당대회가 채택한 결의는 국민경제 재편과 노동자의 물질적 생활 상태 개선, 문화·계몽 활동과 대중에 대한 정치교육, 그리고 자본주의국가와 식민지 국가의 노동자계급과 프롤레타리아 연대를 강화하는 데서 노동조합이 취해야 할 임무를 규정했다. 또 당 중앙위원회는 노동조합 중앙평의회 활동을 강화할 목적으로 경험 있는 당 활동가 그룹을 평의회 기구에 파견했다(The USSR Academy of Sciences 1985, 42).

한편, 1933년에 폐지된 노동인민위원부의 기능이 노동조합으로 이관되었다. 이것은 사회보험과 노동보호의 모든 사업과 자금, 전 연방에 걸친 요양소와 휴게소의 관리에 대한 책임을 노동조합에 맡기는 것이었다. 또 각 기업에서 노동자와 농민이 시행하는 현장 검사 기관의 모든 권한, 노동자들에게 공급되는 식료품과 소비재 공급에 대한 통제, 임금·주택공급·의료 등에 대한 규제, 그리고 횡령과 낭비에 대한 시정 조치 권한도 노동조합 관장사항으로 되었다(History of the Communist Party of the Soviet Union vol. 4, 1971, 289~290; The USSR Academy of Sciences 1985, 42에서 재인용).

생산관리에 대한 노동자 직접 참가도 확대되었다. 참가 형태의 한 가지는 1920년대 초에 이미 출현했던 생산회의였다. 제14회 당대회는 생산회의의 역할을 다음과 같이 규정했다.

공장 또는 그 밖의 대기업이나 경영체에서 생산회의는 광범한 노동자 대중을 소비에트 경제 건설의 실제적 임무를 수행하도록 하는 가장 좋은 방편이며, 근로인민의 이익과 사회주의국가의 경제적 성취 사이의 밀접한 연관 관계에 대한 이해를 높이고 현장노동자들 가운데서 경영·행정 활동가의 새로운 층을 발탁하고 양성하는 최량의 형태다(The CPSU in the Resolutions …… vol. 3, 270; The USSR Academy of Sciences 1985, 42~42에서 재인용).

생산회의는 생산과 노동의 조직에 관한 모든 문제와 기업의 물자 공급 문제 등을 심의하고 결정했다. 기업들에서는 생산 효율 향상과 생산고 증대, 제품원가 인하와 품질 향상, 노동조건 개선과 노동자 생활수준 향상을 위한 효과적인 제안들이 행해졌다. 노동자들은 생산조직에서 제기되는 각종 현안들을 해결하는 데 참가함으로써 기업관리의 경험을 취득할 수 있었다.

그런데 이런 과정에서 노동조합의 역할이 논쟁의 대상으로 떠올랐다. 신경제NEP 시기의 '노동의 군사화'는 거부되었고, 노동조합은 형식상 국가로부터 독립적인 존재였다. 그러나 이 독립성은 환상적인 것이었다. 네프 체제에서 공업의 '관제고지'는 확고하게 국가의 손에 장악되어 있었다. 볼셰비키가 전면적으로 통제하고 있는 상태에서 노동조합이 노동자 국가의 이익과 정책에 반대한다는 것은 결코 상상할 수 없는 일이었다. 노동조합 독립에 대한 최초의 침식은 그들의 생산성 향상에 대한 관여에서 나타났다. 이때문에 노동조합은 노동규율을 유지하고 파업을 비롯한 '무정부주의적 방법'을 방지해야 할 책무를 떠맡지 않을 수 없었다. 그리하여 노동조합의 성격 그 자체가 미묘한 변화를 겪었다. 정치적으로 적극적인 노동자 대부분이 경영자의 지위와 공직으로 승진되었으며, 일반 조합원 가운데 노동조합 중앙평의회로 대표되는 지도자들의 권위가 급속하게 증대되었다(Carr 2004, 135~136).

혁명 직후부터 1921년 사이의 국가 건설 과정을 분석한 레밍톤은 신생 소비에트 국가와 노동자계급 사이의 관계는 농업이 경제의 근간을 이루고 있는 사회에서 자본주의를 전복시키고 사회주의로 대치하는 가운데 동원되었던 국가 이데올로기의 산물로 보았다. 공장위원회와 노동조합 등 노동자들의 힘을 결속시킬 수 있던 기관들이 요새화된 당과 국가에 부속되는 개별 조직으로 전락하고, 소비에트조차도 말단 행정기관 성격으로 변질된 것은 경제 현실과 국가 체제가 표방하던 이데올로기 사이의 모순에서 나온 구조적 현상이었다는 지적(이인호 1991, 29)은 여러 가지 함의를 지니고 있다.

제13부 1장에서 인용한 바 있거니와, 10월 혁명 후 공장위원회가 가장

적절한 노동자 민주주의 기구로 정착해 가는 조짐을 이미 보이고 있었을 때 볼셰비키가 그것을 이미 관료 기구화한 노동조합에 통합시킨 것이 소비에트 정권이 노동자 국가로서의 명분과 내용을 상실하게 된 중요한 계기가 되었다고 풀이한 카르멘 시리아니의 설명이(Sirianni 1982, 40~43; 이인호 1991, 29에서 재인용), 다시금 이 시기 국가권력과 노동자계급 사이의 관계를 숙고하게끔 한다.

이런 가운데서도 제1차 5개년계획의 추진은 사회주의사회 건설을 위한 물질적 기반을 창출했다. 5개년 계획의 실현은 이 시기 자본주의 세계를 덮쳤던 경제공황의 진행과 대비되면서 그 성과가 두드러지게 부각되었다. 공황 국면에서 최악의 징후들, 특히 대량 실업 사태를 소비에트연방이 맞지 않게 됨으로써 어떤 국민경제도 시장의 철칙대로 맡겨 놓을 수 없다는 신념을 더욱 확고하게 했다(Carr 2004, 152).

사회주의경제 기반을 이룩한 소비에트 노동자계급은 새로운 임무 해결에 착수했다. 국민경제의 기술적 재편성 추진을 비롯해 사회적 노동의 생산성 향상, 제조원가의 인하와 제품 종목·품질 개선이 그것이었는데, 이것은 제2차 5개년계획에서 설정된 생산력 발전을 위한 주요 목표였다. 제2차 5개년계획의 달성 여부는 노동자계급이 새로운 기술을 취득할 수 있는 능력에 달려 있었다. 그렇기 때문에 노동자계급의 기술적 숙련과 교육 수준을 높이는 일이 우선적인 과제로 제기되었다.

이런 과제 해결을 위해 사회주의적 경쟁 원리와 합리화 운동에 대한 노동자의 대중적 참여가 광범위하게 실시되었다. 1927년부터 공업 기업 내에서 합리화 운동의 제안들을 심의하고 노동자 발명가에 대한 기술적 원조를 조직하기 위한 특별 부서가 출현하기 시작했다. 1932년에 결성된 전연방발명가협회는 생산 혁신 운동의 대중적 기반을 넓혔다. 1937년 당시 이 협회는 많은 노동자를 포함해 약 30만 명의 회원을 확보했다(*From Capitalism to Socialism: Problems Central the History of the Transition Period in The USSR, 1917~1937* vol. II, 173; The USSR Academy of Sciences 1985, 49에서 재인용). 신기술의 합리적 이용이나 노동자의 기술교육 문제는 당 기술회의 나 시ff 단위나 공장의 활동가 모임에서 널리 토의되었다.

사회주의 경쟁의 선행 단계들 ― 예컨대 이조토프 운동⁴ ― 은 경쟁의 새로운 고양을 위한 유리한 조건을 만들었다. 1935년 가을에는 스타하노프 운동이 시작되었다. 우크라이나 도네츠 지역의 첸트랄나야 이르미노 탄광 에서 1935년 8월 30일 밤, 채탄노동자 스타하노프가 보갱노동자와 함께 새 로운 작업 방법을 조직해 한 교대 작업에서 102톤의 석탄을 채굴했는데, 이 것은 기준 수량의 14배에 이르는 신기록이었다. 이를 계기로 '스타하노프 운동'이 소비에트연방의 많은 탄광, 광산, 공장, 철도, 새 건설 지역 등에서 벌어졌다.

스타하노프 운동은 새로운 원리에 따른 노동과정 조직, 기술 과정 합리 화, 생산과정에서 이루어지는 노동의 합리적 분할, 기능 노동자의 보조 작 업 배제, 작업장 최적 설치, 노동생산성 급성장 확보, 노동자 임금 인상 보 장 등을 주요 목표로 설정했다(*Directives on Economic Matters Issued by the CPSU and the Soviet Government* vol. 2, 1957, 483; The USSR Academy of Sciences 1985, 51에서 재인용). 사회주의 경쟁은 노동 의욕을 고취하고 노 동자의 의식과 태도를 바꾸는 데 중요한 역할을 수행했다. 그러나 이 운동

---

**4**_도네츠 탄광에서 일하는 니키타 이조토프라는 사람이 농촌에서 처음으로 탄광에 온 청년노동자들을 지도한 결과, 몇 개월 뒤에 새 기술을 취득한 노동자들이 생산량을 거의 두 배 넘게 달성해 이른바 이조토 프 운동을 확산시킨 것을 가리킨다.

은 노동강화에 대한 일반 노동자들의 반발을 불러일으켰을 뿐만 아니라 생산성 향상에 대한 조건부 책임을 맡은 현장 관리자의 심한 저항을 낳기도 했다.

이런 문제와 한계에도 불구하고 사회주의 경쟁과 합리화 운동 등을 통해 사회주의 공업화는 빠르게 진전되었다. 소비에트연방이 고도의 생산 성장률을 달성할 수 있었던 것은 경제 발전을 위한 계획화 체계와 기술적 재편성 등이 주요한 동인이 되었다. 소비에트 공화국이 세계에서 최초로 국민경제의 계획화 시스템을 구축한 것은 사회주의적 생산관계를 창출하는 데서 기본 요건으로 작용했다.

이와 더불어 사회주의 공업화 시기에 소비에트연방은 구러시아로부터 물려받았던 경제·기술적 후진성을 극복하고 국민경제의 기술적 재편성을 달성했다. 1937년 당시 공업생산의 80퍼센트는 제1차와 제2차 5개년계획 기간 중에 새롭게 건설된 기업 또는 전면적으로 재편성된 기업에서 생산되었다(*Basic Trends Underlying the Construction of a Socialist Economy*, 259; The USSR Academy of Sciences 1985, 52에서 재인용).

사회주의적 공업화를 추진한 결과, 국민경제의 발전적 구조가 창출되었다. 국민소득 가운데 산업부문(광공업, 건설, 운수)이 차지하는 비중은 1913년의 43.3퍼센트에서 1937년의 62퍼센트로 증대되었다. 생산수단 생산은 1940년 당시 공업생산고의 61퍼센트 이상을 차지했다. 국민경제의 중요 부문이었던 기계공업의 비중이 높아졌고, 새로운 부문, 즉 자동차, 항공기, 모터·터빈 제조, 공작기계, 화학산업의 거의 전 부문이 이 시기에 세워졌다. 그리고 국민경제의 기술적 재편성을 바탕으로 소비에트 군사력의 재정비와 조직적 재건이 이루어졌는데, 이것은 방위력의 강화로 이어졌다(The USSR Academy of Sciences 1985, 52). 생산력이 급성장하면서 공업과 농업의 비율이 큰 폭으로 변화되었는데, 총생산고에서 공업이 차지하는 비율은 1913년의 42퍼센트에서 1937년의 약 79퍼센트로 증가했다. 매우 짧은 기간에 소비에트연방은 경제·기술적으로 발달한 유럽 자본주의국가들보다 뒤떨어지지 않는 공업을 창출할 수 있었다.

이와 같은 사회주의적 공업화의 진전과 더불어 노동자계급은 사회주의 건설의 모든 측면에서 영향력을 확대했다. 특히 농업의 사회주의적 재편성을 수행하는 과정에서 큰 영향력을 행사했다. 1920년대 중반에는 공업생산과 농업생산의 발전 속도에서 큰 차이가 있었다. 1925~1926년과 1926~1927년의 농업생산 증대는 19.2퍼센트와 4.1퍼센트였는데, 이에 비해 공업생산 증대는 42.2퍼센트와 18.2퍼센트였다(Trapeznikov 1981, 47; The USSR Academy of Sciences 1985, 54에서 재인용).

이처럼 농업 부문에서 위기적 현상이 누적되기 시작했다. 농민 경영의 소규모화가 계속 진전되면서 경영의 수익률은 갈수록 저하되었다. 영세한 개인 경영이 신기술을 바탕으로 수익률을 높이지 못한 것은 생산성이 극히 낮은 노동에 의존해 왔기 때문이었다. 이런 농업 부문의 위기 현상을 극복하고 사회주의 건설에서 근로 농민의 적극적 참여를 촉진하기 위해 협동조합 계획의 실현이 당면 과제로 떠올랐다.

1927년 12월에 열린 전연방공산당(볼셰비키) 제15회 대회는 농업 집단화 전개에 관한 방침을 채택했다. 대회 결정은 현재 소규모 개인 농민 경영을 대규모 집단경영으로 결합하고 재편하는 임무가 농촌 경제에서 당의 기본 임무로서 설정되지 않으면 안 된다고 밝혔다. 이 단계에서 시행되어야 할 농업정책은 빈농을 주축으로 중농을 콜호스(집단농장) 운동으로 끌어들이고, 농촌의 사회주의적 재편성을 목표로 한 투쟁에서 근로 농민대중을 노동자계급 주위에 단결시켜 부농을 고립화시키며 결국에는 계급으로서 없애는 일이었다. 이런 농업의 집단화 방침은 매우 광범한 부농의 거센 저항에 부딪칠 수밖에 없었다. 부농의 저항행동은 국지적 성격을 띠었고, 그것은 중농과 밀접한 관계를 맺은 노동자계급과 빈농의 힘으로 제압되었다.

이런 가운데서도 1929년 말 농업의 전면적인 집단화가 시작되었다. 1929년 10~12월에는 농민 가구 240만 호가 콜호스에 가입했으며, 그다음 해인 1930년 1~2월에는 농민 가구 약 1천만 호가 콜호스에 가입했다(Ivnitsky 1972, 247~260; The USSR Academy of Sciences 1985, 56에서 재인용). 콜호스 건설 과정에서 트랙터공업과 농업기계공업 등의 농업 관련 제조부문이 단기간 내에 건설되어 콜호스와 소프호스(국영농장) 생산의 기술적 재정비를 가능하게 했다.

1929년 11월에 열린 당 중앙위원회 총회는 조직 활동과 정치 활동 경험을 지닌 노동자 2만5천 명을 농촌에서 전개하는 상시적인 활동에 파견한다는 결정을 채택했다. 소비에트 사회의 선도적 계급이 참여한 이 사업은 노동자계급이 콜호스를 돕는 대중적 사업, 전 국가적 사업으로 전화되었다. 농촌에 파견된 노동자의 대부분은 주요 공업 부문의 활동가형 노동자들이었다. 그들은 선진적인 생산기술과 조직성을 지닌 노동자들로서 그 가운데 압도적 다수(70퍼센트 이상)가 공산당 당원이었다(The USSR Academy of Sciences 1985, 57).

제2차 5개년계획 말, 콜호스는 농민 경영의 99퍼센트 이상을 조직했다. 새로운 계급, 즉 콜호스 농민이 생겨나게 되었다. 이제 가장 광대하고 가장 후진적인 경제 부문이 선진적 부문으로 전화했고, 사회주의 공업과 더불어 계획적 발전에 바탕을 둔 사회주의사회의 동질적 경제·사회적 기초를 형성하게 되었다. 농업의 집단화와 더불어 사회주의는 국민경제 전체를 포괄하는 단일 체제가 되었다. 생산수단의 사회적 소유는 전 인민적(국가적) 소유와 콜호스(협동조합적) 소유의 두 가지 형태가 되었으며, 이것은 소비에트 사회의 지배적 경제기초로 자리 잡았다.

사회주의 건설 과정에서 새로운 사회의 주축 세력인 근로인민의 지식·문화 분야 개조와 향상도 주요한 정책 과제로 제기되었다. 문화혁명은 러시아 프롤레타리아트가 권력을 획득하면서 곧바로 시작되었다. 레닌은 "우리가 역사에서 최대의 정치적 변혁 문제를 해결한 뒤에는 우리는 다른 임무에 당면하게 되었다. 그것은 문화적인 임무다"라고 밝혔다(Lenin 1977, 72; The USSR Academy of Sciences 1985, 59에서 재인용). 그는 또 자본주의 체제에서 축적된 문화, 지식 그리고 기술의 유산을 자본주의적 도구로부터 사회주의 도구로 전환시켜야 한다고 지적했다.

제15회 당대회는 제1차 5개년계획의 중요한 임무 가운데 하나로서 도시와 농촌에서 대중의 문화 수준을 큰 폭으로 향상시키고 소비에트연방 민족들의 문화를 발전시키는 일을 제기했다.

당과 국가의 주요한 노력은 우선 문맹과 무학의 일소에 맞추어졌다. 초등교육제도의 도입 계획이 입안·실시되었다. 1928~1929년의 교육비 지출이 전년에 비해 두 배 정도로 증가되었다. 제1차 5개년계획의 시행과 더불어 성인의 학교 외 교육이 두드러지게 확대되었다. 사회주의 건설이 전개되는 동안에 수천만 명이 학교 외 교육을 받았다. 각 민족 언어의 학습 문헌이 대량으로 발간된 것은 러시아인 이외의 민족들을 대상으로 교육을 보급하는 데 큰 보탬이 되었다.

1934년에는 초등의무교육제도가 시행되었으며, 부분적 또는 완전한 중등학교의 넓은 망이 형성되었다. 1933~1937년 사이에 도시와 공업 지구에 7년제 의무교육이 실시되었고, 교사 요원을 양성하기 위해 이전의 시설, 전문학교, 강습회가 확장되거나 신설되었다.

국민교육 분야에서 설정된 목표는 사회주의사회의 인간 형성, 국민경제·과학·문학·예술 분야에서 유능한 인재 양성, 그리고 착취에 바탕을 둔 이전의 사회질서에서 유지되어 온 정신노동과 육체노동의 심한 대립 제거였다(The USSR Academy of Sciences 1985, 61).

문화혁명의 진행 과정에서 새로운 '소비에트 인텔리겐치아'가 형성되었다. 1927년에는 저명한 인텔리겐치아 대표자 그룹이 '사회주의건설지원을 위한 과학자·기술자의 전연방협회'를 설립했다. 1929년에는 이 협회에 546명이 참가했는데, 1932년 말에는 회원이 1만1천 명으로 크게 늘어났다(Kavanov 1971, 97; The USSR Academy of Sciences 1985, 62에서 재인용). 새로운 인텔리겐치아의 형성, 특히 공업 부문에서 그 원천이 된 것은 조직적 재능을 나타낸 선진적 노동자와 농민이 지도적 지위로 대량 발탁되었기 때문이다.

1930년대 말에는 사회주의경제의 토대 구축과 더불어 사회주의 문화가 건설되었는데, 그것은 집단주의, 국제주의, 애국주의, 혁명적 휴머니즘, 역사적 낙관주의를 특징으로 했다(The USSR Academy of Sciences 1985, 63).


## 3. 소비에트 사회의 변화된 양상

소비에트연방은 제1차와 제2차 5개년계획을 추진한 결과, 사회주의국가로 '대변화' 또는 '대변혁'을 실행했다. 1936년 또는 1937년에 생산과 교환의 주요 수단이 공공 부문에서 소유·운영되었으며, 정치권력이 공산당 주도로 행사되었고 경제는 경제 계획의 기초 위에서 운영하는 국가가 되었다.

1937년 콜호스와 소프호스가 국가가 수매하는 전 생산품의 98.5퍼센트

를 담당했으며, 국영과 협동공업
이 모든 공산품의 99.8퍼센트를
담당하게 되었다. 1913년 당시
전체 인구의 16.3퍼센트를 차지
했던 지주, 부농, 대·소 부르주

| 표 1 | 소비에트연방의 공업생산 추이(1928~1937년) | | | 단위: 100만 톤 |

| 구분 | 1927~1928 | 1932(1차 계획 종료) | 1937(2차 계획 종료) |
|---|---|---|---|
| 석탄 | 35.0 | 64.0 | 128.0 |
| 석유 | 11.7 | 21.4 | 28.5 |
| 철강 | 6.7 | 12.1 | 17.7 |
| 선철 | 3.2 | 6.2 | 14.5 |

자료: 김학준(2005, 309).

아지는 1937년에는 사회 계급으로서는 존재하지 않게 되었다. 이에 반해
1913년까지는 전체 인구의 17퍼센트를 차지했던 노동자계급이 1937년에
는 32.6퍼센트로 증가했으며, 57퍼센트는 집단농장에 속해 있었다. 1927년
과 1928년의 노동자 총수는 약 1,100만 명이었고, 1932년에는 2,300만 명
으로 증가했으며, 1937년에는 2,700만 명에 이르렀다(톰슨 2004, 377).

〈표 1〉은 제1차 경제계획과 제2차 경제계획의 실시에 따른 공업생산의
추이를 보여 준다.

소비에트 공화국이 제1차와 제2차 5개년계획을 통해 달성한 성과들을
좀 더 구체적으로 보면, 1928~1937년 사이에 이룩된 대규모 공업 부문 생
산 증가율은 매년 15~16퍼센트였으며, 국민총생산은 이 기간에 매년 6.5~7
퍼센트 증가했다(김학준 2005, 309).

소비에트연방이 이와 같은 '대변혁'을 이룩함으로써 소비에트 인민의 존
재 상황에도 큰 변화가 일어났다. 노동자의 수적 증가와 함께 대기업에 종
사하는 노동자의 집중이 커졌다. 제2차 5개년계획 말에는 공업노동자의 63
퍼센트가 종업원 1천 명 이상의 대기업에서 일했으며, 소비에트 노동자
25.9퍼센트는 종업원 5,001명에서 1만 명 또는 1만 명 이상의 거대 기업에
서 일했다(*Labour in The USSR. A Statistical Handbook*, 1933, 73; The USSR
Academy of Sciences 1985, 65에서 재인용). 그리고 소비에트연방은 '옥양목
의 러시아'에서 '금속의 러시아'로 전환되었으며, 금속노동자가 소비에트 노

동자계급 가운데 가장 큰 부대가 되었다. 1928년에는 금속노동자가 공업노동자의 14퍼센트를 차지했는데, 1937년에는 28.3퍼센트의 구성을 보였다(*Industry in The USSR*, 1957, 24; The USSR Academy of Sciences 1985, 65에서 재인용).

또 노동자계급의 조직성과 사회주의적 의식성, 그들의 정치적 활동 수준, 그리고 노동의 적극성도 크게 성장했다. 1936년에 공장노동자와 사무직 노동자 그리고 전문직 노동자의 83퍼센트 이상이 노동조합원이었으며, 노동자 10명 가운데 한 사람은 공산당원이었다(Poletaev & Senyavsky 1972, 30; The USSR Academy of Sciences 1985, 66에서 재인용).

농민의 사회적 본성과 태도도 정치·경제·사회적 요인의 영향을 받아 변화하지 않을 수 없었다. 농촌의 계급분화는 종료되었으며, 사회주의적 대경영인 콜호스 농민이 형성되었다. 콜호스 제도가 정착된 이후 노동자와 농민이 창출한 정치적 동맹의 바탕에는 전 인민적(국가적) 소유와 콜호스(협동조합적) 소유 형태의 단일한 경제적 토대가 조성되었다.

그리고 사회주의 건설 기간에 새로운 소비에트 인텔리겐치아가 형성되었다. 1928~1937년 사이에 소비에트 고등교육 시설은 전문가 56만8,600명을 배출했다. 과학자는 8만 명이었는데, 혁명 전의 러시아에서는 1만1,600명에 지나지 않았다(*Sixty Years of the Soviet Economy*, 141; The USSR Academy of Sciences 1985, 68에서 재인용).

1936년 12월 5일에 열린 제8회 전소 연방 소비에트 대회는 소비에트 신헌법을 채택해 사회주의를 법으로 확인했다. 헌법은 사회 발전의 수준에 맞추어 소비에트연방의 경제적 기초가 사회주의경제 체제와 생산수단·생산도구의 사회주의적 소유라는 것을 선언했다. 헌법은 생산수단의 사회적 소유에 따른 완전한 지배, 착취와 피착취계급의 일소, 사회주의의 중요한 원칙 — 개인으로부터는 능력에 따라, 개인에게는 노동에 따라 — 의 실현을 명기했다. 1936년 헌법은 사회주의 건설의 총결과로서 소비에트 사회의 구조에 따른 사회적 통일 달성을 확인했다. 그리고 헌법은 사회주의적 국제주의, 민족 동등권, 모든 소비에트 민족의 형제적 우의와 협력을 민족 정책의 주요 원칙으로 설정했다.

1936년 헌법의 특징은 민주주의의 실현을 최대의 목표로 설정했다는 사실이다. 헌법은 언론·출판·집회의 자유, 양심의 자유, 노동자가 여러 사회단체에 결합할 수 있는 자유, 개인의 불가침과 서신의 비밀을 보장했다. 헌법은 일체의 정치적 제한을 철폐함으로써 모든 시민의 완전한 법적 평등을 실현하고자 했다. 헌법은 소비에트 시민의 권리를 보장하는 동시에 사회주의 제도의 강화와 옹호의 의무, 그 밖의 법률 준수를 요구했다.

그런데 소비에트 사회의 발전 과정에서는 극복하지 않으면 안 될 중대 문제들이 존재했다. 특히 스탈린의 개인숭배, 사회주의적 민주주의 규범의 침해는 사회주의 건설에서 중대한 해악으로 작용했다. 소비에트연방에서 사회주의가 이미 승리하고 착취계급과 그들의 경제적 기반이 일소된 조건에서, 또 소비에트 인민의 정치·사회적 통일이 이미 달성된 상황에서 스탈린은 소비에트연방의 사회주의 지위가 강화되고 소비에트 국가가 발전하면 할수록 계급투쟁이 점점 격화된다는 잘못된 교의를 제기했다.[5] 실제로 이 잘못된 교의는 사회주의 법질서의 침해와 대중 탄압을 정당화하는 데 사용되었다(*Overcoming the Cult of Personality and Its Consequences*, 1956, 16; The USSR Academy of Sciences 1985, 71에서 재인용).

---

5_1937년 중앙위원회 총회에서 스탈린이 내놓은 테제로서 착취계급이 소멸한 뒤에도 강대한 국가권력이 존재한다는 모순을 정당화하기 위해 스탈린이 고안해 낸 특이한 교의를 말한다.

스탈린의 테제는 당과 국가의 우수한 일꾼, 중앙위원과 중앙위원 후보, 소비에트 군사령관, 그리고 그 밖에 아무 죄도 없는 당원과 비당원에게 대규모의 탄압을 가할 수 있는 근거가 되었다. 당시 당과 인민에게는 스탈린이 권력을 악용하고 있다는 사실이 잘 인식되지 않고 있었다. 소비에트 시민들은 스탈린을 사회주의를 승리로 이끌기 위한 투사로 생각하고 신뢰했다. 그러나 사회주의 법질서의 파괴와 대량 탄압은 당에 대해서나 사회주의 건설에 대해 중대한 손실을 가져왔다(포노말료프 1992a, 187~190).

역사학자 에드워드 핼릿 카의 스탈린 비판은 자못 혹독하다. 스탈린은 레닌에게는 없었던 허영을 갖고 있었는데, 그것은 실제 관직 유지와 장식뿐만 아니라 절대 복종과 그의 잘못 없음에 대한 인정을 요구했다고 평가했다. 그는 그의 의견에 반대하거나 그에 대해 반감을 가진 사람들에 대해 잔혹하고 보복적이었다고 했다. 스탈린의 대중에 대한 태도는 모멸적이었고, 그는 자유와 평등에 대해 무관심했을 뿐만 아니라 그는 소비에트연방 이외의 다른 나라에서 혁명 발발 전망에 대해 매우 냉소적이었다는 것이다.

스탈린은 50살의 탄생일(1929년 12월 21일)에 야망의 정점에 서게 되었다. 그의 난폭하고 독단적인 권력 행사에 관한 레닌의 우려가 그 중요성을 인정받기에 충분한 일이 실제로 벌어지고 있었다. 집단화, 강제수용소, 대규모적인 구경꺼리 재판, 그리고 지난날 그에게 반대한 경험이 있는 사람들뿐만 아니라 그가 권력의 자리에 오르도록 원조했던 많은 사람까지도 재판 유무에 관계없이 무차별하게 탄압했다. 출판·예술·문학·역사·과학에서의 엄격하고도 획일적인 강제와 모든 비판적 의견에 대한 억압은 말소될 수 없는 오점을 남겼다고 카는 지적했다(Carr 2004, 169~172).

홉스봄은 그런데도 소련에서 시행된 어떤 급속한 근대화 정책도 당시의 상황에서는 무자비할 수밖에 없었고, 대다수 인민의 의사에 반해 그들에게 상당한 희생을 안겨 주는 것이었기 때문에 어느 정도는 강제적일 수밖에 없었다고 주장한다. 또 '계획들'을 통해서 이런 정책을 수행하는 중앙집권적인 통제경제는 마찬가지로 불가피하게 경제사업보다는 군사작전에 더 가까웠다는 설명을 덧붙였다(Hobsbawm 1996, 380).

이런 곤란한 상황에도 불구하고 사회주의 건설은 계속되었다. 소비에트 연방의 정치·경제·문화적 권위와 경제·방위에서 발휘한 발전 동력은 평화를 지키는 투쟁과 제국주의 침략 정책에 반대하고 인민들 사이의 동등한 관계를 확립하기 위한 투쟁의 유효한 수단으로서 그리고 세계의 변혁운동과 민족해방운동을 위한 강력한 지지의 발판으로 이용되었다(The USSR Academy of Sciences 1985, 67).

## 2장

# 자본주의의 부분적 안정과 소련 사회주의 건설 시기의 코민테른

노동조합은 자본주의 세계 전체를 통해
프롤레타리아 대중조직(포괄적인 조직)의 가장 중요한 형태다.
그 밖의 여러 형태(공장위원회·경영위원회 등) 대중조직도 매우 귀중한 것이고,
커다란 혁명적 미래를 갖고 있다.
그러나 이 새로운 대중조직의 형태들은 이제 겨우
광범한 노동자 대중에게 전반적으로 승인받기 시작하였다.
또 소비에트와 같은 프롤레타리아의 새로운 대중·포괄적인 조직 형태는
혁명이 직접 시작되었을 때 비로소 가능해진다.

_코민테른 제5회 확대집행위원회 총회의 "코민테른 당의 볼셰비키화에 관한 테제"
(동녘편집부 1989a, 239).

# 1. 코민테른 제5회 대회

자본주의국가들의 부분·상대적인 안정 시기의 노동운동과 사회주의 변혁 운동은 혁명적 강습强襲이 아니라 진지전, 즉 상대적으로 온건한 투쟁으로 전환했다. 이 시기에는 자본공세를 막아 내고 근로인민의 당면한 정치·경제적 요구들을 옹호하며 노동자계급과 그 조직을 전면적으로 강화하는 일이 노동운동의 주요 임무로 제기되었다.

코민테른이 변화된 조건에서 당면한 노동운동 임무에 관한 토의를 시작한 것은 제5회 대회에서였다. 대회는 1924년 6월 17일~7월 8일까지 모스크바에서 열렸다. 대회에는 대의원 504명이 출석했는데, 이들은 공산당과 노동자당 49개, 인민혁명당 1개, 그리고 국제조직 10개를 대표했다. 대회에는 조선 대표도 참가했다. 이 대회는 코민테른 창설자의 한 사람이었고 지도자였던 레닌이 사망해 참석하지 못한 최초의 대회였다.

코민테른 제5회 대회와 제5회 확대집행위원회총회(1925년 4월)에서 토의된 중심 의제는 당의 사상·조직적 강화 방침, 새로운 유형의 실제적인 전투적 당으로 전화하는 문제, 혁명적 프롤레타리아 운동의 창조 등이었다.

코민테른 제5회 확대집행위원회총회는 '코민테른 당들의 볼셰비키화에 관한 테제'에서 다음과 같이 밝혔다. "혁명 발전의 속도가 완만해지고 장기화하면서 볼셰비키화란 슬로건의 중요성은 감소되는 것이 아니라 오히려 더욱 증대되고 있다"라고 강조하면서 "볼셰비키 당은 혁명의 물결이 최고조에 달했을 때 저절로 성립되는 것이 아니다. 볼셰비키 당은 노동자계급의 모든 투쟁에 참가함으로써 그 투쟁을 통해 형성된다. 코민테른이나 그 주변에 있는 우파 분자나 동요 분자는 혁명적 사건의 급속한 발전이 없다면 당의 볼셰비키화라는 슬로건은 부적당해진다고 생각하고 있다"라고 천명했다. 또 "그들은 혁명적 발전 속도가 완만해지고 그것과 관련해 프롤레타리아층 일부의 동요가 심해져 반혁명적인 사회민주당에 유리한 분위기가 커지면, 오히려 당의 볼셰비키화라는 슬로건은 그만큼 더 필요해진다는 사실을 이해하지 못한 것이다. 왜냐하면 바로 이런 사태에서 공산주의자는 동요에 대한 방벽을 만들어 내고 프롤레타리아 전위의 가장 우수한 분자를 우리 대열 내에 묶어 내며 이런 분자들의 수를 늘려 프롤레타리아혁명의 깃발 그 자체를 견지하고 아무리 어려운 환경에서도 프롤레타리아적 중핵 ─ 온갖 조건에서도 프롤레타리아혁명을 준비, 조직할 수 있는 ─ 을 결집할 수 있도록 그만큼 더 끈기 있게 활동하지 않으면 안 되기 때문이다"라고 강조했다. 그리고 "당은 필요한 경우에는 혼란에 빠지지 않고 질서 있게 비합법 상태로 이행할 수 있고 또 그 합법성을 손쉽게 방기하는 일 없이 합법 활동과 비합법 활동을 결합시킬 수 있으며, 어떤 사소한 것이라도 모든 '합법적인' 단서를 이용해 지하생활의 테두리를 돌파하고 혁명을 준비하는 공공연한 대중운동의 선두에 설 수 있을 만큼 유연성을 갖지 않으면 안 된다. 또한 그 때 자신의 기본적인 혁명적 임무에 늘 충실하지 않으면 안 된다"고 강조했다(동녘편집부 1989a, 229).

코민테른은 당 사업 전개에서 '두 가지의 기본적인 위험'이 존재함으로 이를 고려하지 않으면 안 된다고 밝혔다. "그 하나는 '훌륭한' 원칙을 가지고는 있지만 당면 시기의 대중적인 노동운동과 접촉할 능력을 갖추지 못한 '순수' 공산주의자의 분파로 전화될 위험이 있고, 또 다른 하나는 당이 광범한 노동대중의 획득을 위한 투쟁과 공산주의의 원칙에 대한 충성을 결합하지 못해 무정형의 반☆사회민주주의적인 당으로 전화될 위험이 그것이다. 분파주의와 편협성이라는 스킬라[1], 무정형과 애매성이라는 카리브디스[2] 양자를 피할 능력을 갖는 것 ─ 이것이 당의 볼셰비키화를 촉진하는 것의 의

미이다"라고 지적했다(동녘편집부 1989a, 229~230).

코민테른은 볼셰비키화를 다음과 같이 설명하고 있다.

볼셰비키화는 여러 나라의 주어진 구체적인 정세에 레닌주의의 일반 원칙을 적
용하는 능력인 것이다. 볼셰비키화는 그것을 장악함으로써 '연쇄' 전체를 끌고
가는 것이 가능한 그런 주요 '고리'를 쥐는 능력이다. 그러나 이 '고리'는 지금 우
리가 보고 있는 것처럼 다양한 사회·정치 정세에서는 모든 나라에서 똑같을 수
는 없다. 볼셰비키화는 코민테른의 가장 우수한 유럽 여러 당에서 이제 겨우 시
작된 장기간의 '지속적인' 과정이다. 앞으로 수행되어야 할 일은 거대하고, 그
해결에는 많은 세월이 필요하다(동녘편집부 1989a, 233에서 재인용).

또 코민테른은 볼셰비키화의 가장 중요한 전제 조건은 대중을 획득해
낼 수 있는 올바른 정책이라고 규정하면서 "볼셰비키 당의 주요한 기초적인
조직 형태는 생산점生産点에서의 당세포다. …… 공장·경영의 당세포 외에
노동조합, 공장·경영위원회, 협동조합 등과 같은 조직 내의 활동과 아울러
일련의 보조적인 무당파 조직 — 세입자, 실업자, 퇴역군인 등의 조직(그 내
부에는 당 프렉션이 만들어진다) — 의 창설에 힘을 쏟을 수 있고, 또 그렇게 하
지 않으면 안 된다. 볼셰비키화를 위해서는 우리 당이 모든 기회를 이용해

---

**1_**스킬라(Scylla)는 그리스 신화에 나오는 바다괴물. 포르키스(Phorkis)의 딸로서 머리는 여섯이고 하체
는 뱀 모양인데, 메시나(Messina) 해협에 살면서 그곳을 지나는 뱃사람을 잡아먹고 살다가 뒤에 헤라클
레스의 손에 죽는다.

**2_**카리브디스(Charybdis, 해신)는 포세이돈과 대지의 여신 가이아의 딸로서 엄청난 대식가여서 제우스
가 번개를 때려 그녀를 시칠리아 가까운 바다 속에 던졌다. 그녀가 하루에 세 번 바닷물을 마신 다음 그것
을 토해낼 때 커다란 소용돌이가 일어났다고 한다.

노동자 조직의 그물망을 가능한 한 조밀하게 또 다양하게 만들어 낼 필요가 있다. 모든 크고 급박한 문제를 이용해 이런저런 느슨하고 '자유로운' 조직 — 그것이 생명력을 갖고 있는 한 — 을 만들어 내지 않으면 안 된다"고 표명했다(동녘편집부 1989a, 253).

코민테른은 '볼셰비키화와 노동조합 내에서의 활동'에 대해서도 '테제'에서 밝혔는데, 노동조합은 자본주의 세계 전체를 통해 프롤레타리아 대중조직(포괄적인 조직)의 가장 중요한 형태라고 규정했다. 공장위원회와 경영위원회 같은 다른 대중조직도 매우 중요하고 혁명적 미래를 갖고 있으나, 이 새로운 대중조직의 형태들은 이제 노동자 대중에게 전반적으로 승인받기 시작했다는 것이다.

노동조합 내 활동에 대해서는 기존 사회민주당계와 그 밖의 노동조합(황색노동조합, 국수사회주의·기독교·파시스트적 노동조합) 내에서 추진하는 활동에 큰 주의를 기울일 필요가 있다고 했다. 이런 조건에서만 노동조합 내 개량주의적 상층부(노동귀족과 노동관료)의 독점적 권력을 현실적으로 타파할 수 있다는 것이다(동녘편집부 1989a, 239).

코민테른은 통일전선전술에 관해서도 기본 방침을 밝혔다.

통일전선전술은 바로 대중을 혁명적으로 선동하고 조직하는 방법, 요컨대 사회민주당이 아직 수많은 나라에서 다수를 차지하고 있는 현재의 운동 단계에서 공산주의자가 광범한 노동자 대중에게 접근하기 위한 올바른 방법이었고, 지금도 그렇다. 통일전선전술은 결코 코민테른 내 우파 분자들의 독점물이 아니다. …… 코민테른의 지지에 따라 수행되고 있는 국제노동조합운동의 통일을 목표로 한 투쟁은 앞으로 여러 해가 걸릴 것이다. 국제노동조합운동의 통일이라는 사상은 노동자 대중의 광범한 층에서 받아들이기 시작하고 있다. 머지않아 이 문제가 모든 나라의 모든 노동조합 내에서 가장 시급한 문제가 될 때가 올 것이다. 코민테른은 통일전선전술(특히 제5회 세계대회의 해석에 따른 노동자·농민 정부라는 슬로건)의 적용에 겨우 이제 막 착수하려 하고 있다(김성윤 1986, 261~262에서 재인용).

코민테른의 강령과 전술에 대한 논쟁이 구체화된 것은 1926년 여름 트로츠키주의자와 '신반대파'가 만들어 낸 반레닌주의·반당적 합동 블록이 코민테른과 전연방공산당의 기본 노선에 대항해 공격을 감행한 데서 비롯되었다. 트로츠키주의자는 강령이 제시한 지침에 대해서뿐만 아니라 구체적인 정치문제, 특히 영국 문제와 중국 문제에 대해서도 자체 정강을 내걸고 맞섰다(김성윤 1986, 261~262).

1926년 5월 영국에서 탄광노동자들이 중심이 된 총파업이 발생했는데, 코민테른 집행위원회 간부회는 영국 노동자와 광범한 연대 운동을 벌일 것을 호소하면서 암스테르담인터내셔널과 코민테른의 행동 통일이 필요하다는 성명을 발표했다. 또 코민테른은 '우리가 무슨 일이 있더라도 달성해야 하고 또 달성하기를 원하는 세계 프롤레타리아트의 국제적 연대 행동을 실현하기 위해서는' 혁명적 조직들과 개량주의적 조직들 사이의 의견 불일치를 보류하는 것이 필요하다고 밝혔다.

영국 총파업이 패배로 끝난 뒤에도 탄광노동자들만이 같은 해 11월 말까지 완강한 파업투쟁을 전개했는데, 트로츠키주의자와 반대파는 영국·러시아노동조합위원회(이하 영·러위원회)에 대한 코민테른과 당의 정책[3]에 대

---

3_1926년 7월 영·러위원회에 파견된 소비에트연방 노동조합 중앙평의회 대표단은 "될 수 있는 대로 결렬을 피하면서 영·러위원회의 영국 측 대표를 파업 중인 탄광노동자에 대한 전면적 지원 세력으로 끌어

해 맹렬한 공격을 가했다.

지노비예프가 전연방공산당 중앙위원회 정치국에 제출한 테제는 소비에트 노조는 영·러위원회에서 즉각 탈퇴해야 한다는 내용을 담았다. 지노비예프의 주장은 다음과 같았다. 자본주의의 안정은 이미 종료되었거나 종말에 가까워졌고, 자본주의 체제는 혁명적 폭발의 시기로 접어들었기 때문에 세력을 결집시키기 위한 전술은 더 이상 유효하지 않다는 것이었다.

지노비예프에 이어 트로츠키와 카메네프도 소비에트 노동조합이 영·러위원회에서 탈퇴할 것을 요구했고, 주요 타격을 영국 노조회의 총평의회 좌파 쪽으로 돌리라고 제의했다. 트로츠키는 "영·러위원회의 출발점은 미숙하고, 발전이 너무 더딘 공산당을 건너뛰려는 조급한 충동이었다. 이것은 심지어 총파업이 일어나기도 전에 전체 경험에 잘못된 특징을 부여했다"고 주장했다.

스탈린이 "만약 영국의 반동적 노동조합들이 자국의 반혁명적 제국주의자들에 맞서 기꺼이 우리나라의 혁명적 노동조합들과 블록을 맺으려 한다면, 우리가 왜 이런 블록을 환호해서는 안 되는가?"라면서 영·러위원회의 역할을 강조한 데 대해 트로츠키는 다음과 같이 맞받았다. "만약 '반동적 노동조합들'이 자국의 제국주의자들에 대항해 투쟁할 수 있었다면, 이들은 반동이 되지 않았을 것이다. 스탈린은 반동적이란 개념과 혁명적이란 개념을 더 이상 구분할 수 없다"(트로츠키 2009, 138; 143).

소비에트 공산당 중앙위원회 정치국은 지노비예프의 테제도, 트로츠키와 카메네프의 제의도 모두 거부했다(김성윤 1986, 263). 그러나 1927년 영

---

들여야 한다"는 방침을 취하도록 지시를 받았다.

국 정부가 '인도에서 공산주의 선전'을 구실삼아 소련과 외교 관계를 단절하자, 영국노동조합회의는 영·러위원회에서 탈퇴하면서 소련을 강도 높게 비난했다(헬러스 1994, 173).

1926년 5월, 지노비에프는 또 하나의 테제를 제출했다. 그는 코민테른 집행위원회가 중국공산당으로 하여금 국민당에서 탈퇴하도록 지령해야 한다고 제안했다.[4] 그러나 전연방공산당 중앙위원회 정치국은 이 제안을 '중국에서 혁명운동 말살을 초래하는' 방침이라고 평가했다.

그러나 현실은 코민테른 방침과는 전혀 다르게 전개되었다. 장제스 군대는 중국 전체를 군사적으로 장악하기 위해 '북벌'을 시작해 1927년 2월에는 양쯔 강 근처까지 진격했다. 중국공산당은 상하이에서 국민당을 지지하는 총파업을 주도했으며, 3월에는 노동자들이 권력을 장악했다. 장제스가 며칠 만에 현지에 도착해 노동자 조직을 깨뜨리기 위해 국민당 군대를 편성했다. 코민테른 집행위원회 대표들은 중국공산당에 대해 무기를 숨기고 어떤 일이 있어도 무기를 사용하지 말라고 명령했다. 1927년 4월 12일 국민당 군대가 드디어 반격을 개시했다. 상하이에서는 공산당과 노동자 조직이 철저하게 탄압을 받았다. 이로부터 3개월도 못가서 국민당 '좌파'의 지도자들도 장제스와 타협하고 공산주의자들로부터 등을 돌렸다. 국민당 좌파를 이끈 왕징웨이는 나중에 1930년부터 1944년 죽을 때까지 일본 점령 중국 지역 괴뢰정권의 수괴가 되었다(헬러스 1994, 177~178).

---

4_1926년 초에 코민테른이 중국 국민당을 준회원 자격으로 받아들이고 장제스를 명예위원으로 선출했다. 그러나 장제스는 3월 20일 국민당 본부의 모든 직위에서 공산주의자들을 몰아냈고 쑨원의 정치철학에 대한 비판을 금지했으며, 국민당 중앙위원회를 통해 국민당에 참여한 공산당 당원 전체의 명단을 제출하라고 공산당 쪽에 요구했다. 천두슈와 그의 동지들은 소련인 고문의 권고에 따라 장제스의 조치에 동의했다(도이처 2007, 441)

트로츠키와 지노비예프 등 반대파는 이 밖에도 코민테른의 기본 방침에 반기를 들었고, 세계혁명 과정의 발전 전망에 관한 코민테른의 기본적 평가와 결론을 수정해야 한다고 요구했다. 논쟁을 불러일으킨 주요 의제는 일국사회주의 건설 가능성에 관한 문제였다. 1926년 10월 26일~11월 3일까지 열린 제15회 전연방공산당 협의회에서 트로츠키와 지노비예프는 사회주의 건설에 따르는 여러 가지 어려움을 들어 일국사회주의 건설에 대한 회의적 주장을 폈다.

트로츠키주의자들은 유럽 프롤레타리아트로부터 '직접적인 국가 차원의 지지'를 받지 못한다면 소련에서 사회주의를 건설한다는 것은 불가능하며, 소련에서 시행되는 사회주의 건설은 세계혁명을 방기하고 프롤레타리아 국제주의를 망각하는 것이라는 주장을 제기했다. 반대파의 이론적 토대는 트로츠키의 '영속혁명론'이었다.

트로츠키는 저서 『영속혁명』에서 '영속혁명론'을 구체적으로 서술했다. 그는 영속혁명론에 통합되어 있는 세 가지의 핵심적인 개념을 제시하고 있다. 영속혁명론의 첫 번째 측면은, 민주주의혁명에서 사회주의혁명으로의 전환이다. 민주주의혁명과 사회주의 건설 사이에서 혁명은 영속적으로 발전해 갈 수밖에 없다는 것이다. 두 번째 측면은 사회주의혁명 그 자체와 관련되어 있다. 경제, 기술, 과학, 가족 제도, 도덕, 일상생활에서 진행되는 혁명들이 복합적인 상호작용을 통해 발전하는 가운데서 사회가 온전하게 균형 상태에 도달하지는 않는다. 사회주의혁명 그 자체의 영속적인 성격은 바로 이 점에 있는 것이다. 세 번째 측면을 이루고 있는 것은 바로 사회주의혁명의 국제적 성격이다. 국제주의는 결코 추상적인 원칙이 아니라, 세계경제의 성격, 생산력의 국제적 발전, 그리고 세계 차원의 계급투쟁에 대한 이론·정치적 반영인 것이다. 사회주의혁명은 일국적 기반 위에서 시작된다.

그러나 그것은 결코 일국의 기반 내에서 완성될 수는 없다. 일국의 틀 내에서 프롤레타리아혁명의 유지는 단지 한때의 상황일 수밖에 없다. 비록 그것이 소련의 경우에서 보듯이 상당히 오랜 기간 동안 지속된다 할지라도 그렇다. 프롤레타리아독재가 고립될 경우, 프롤레타리아국가는 필경 내·외적 모순들의 희생물로 전락될 수밖에 없다. 고립된 프롤레타리아국가의 유일한 출구는 선진국에서 프롤레타리아혁명이 승리하는 데 있다. 한 나라의 혁명은 그 자체로 자족적인 하나의 총체가 아닌 것이다. 그것은 오직 국제적인 사슬의 한 고리일 뿐이다. 세계혁명은 비록 일시적인 퇴조와 썰물이 있다 할지라도 영속적인 과정인 것이다(트로츠키 1989, 135~138).

트로츠키의 주장은 결국 일국사회주의는 성공할 수 없다는 것이다. 세계적 규모에서 혁명이 승리하지 못하면 소비에트 국가의 프롤레타리아트 권력을 '변질과 부패'로부터 구해 낼 수 없을 것이며, 제국주의의 정치·경제적 압력에 따라 사회주의경제가 붕괴될 수밖에 없을 것이고 소련에서는 자본주의 관계가 부활하게 될 것이다. 이런 곤란을 극복하는 길은 전쟁을 일으키는 것을 포함해 모든 수단을 동원해 인위적으로 세계혁명을 '촉진'하는 데서 찾지 않으면 안 된다. 이와 관련해 트로츠키는 사회주의 건설의 성공을 위해 평화 유지를 추구한 소련의 대외정책을 '변질'로 규정했다(The USSR Academy of Sciences 1985, 150).

반대파의 이와 같은 주장에 대해 코민테른 집행위원회 제7회 확대총회(1926년 11월 22일~12월 16일)는 단호한 태도를 취했는데, 총회에서 채택한 결의는 다음과 같다.

코민테른 집행위원회 제7회 확대총회는 소비에트 국가가 객관적으로 국제 혁명의 주요한 조직적 중심이라고 생각한다. 확대총회는 소련공산당이 과거의 모든 활동과 현재의 모든 활동을 통해 말로서만 아니라 실제로 프롤레타리아 국제주의를 증명하고 이 국제주의의 위대한 모범을 보여 왔음을 확인한다. 확대총회는 민족적 편협성이라는 비난을 소련공산당에 대한 중상이라고 생각한다(김성윤 1986, 267에서 재인용).

코민테른 집행위원회 간부회는 제7회 총회의 심의를 통해 지노비예프를 코민테른 집행위원회 의장 직무에서 해임했다.

제7회 확대총회는 국제 정세와 코민테른의 임무를 검토하면서 현재의 시기가 자본주의의 부분적 안정화 시기임을 강조했다. 그것과 함께 자본주의의 안정화를 일시적이고 애매한 것으로 만든 특히 중요한 요인으로서는 소비에트사회주의공화국연방에서 진행된 사회주의 발전, 영국 자본주의의 쇠퇴, 영국에서 첨예화한 계급투쟁, 그리고 중국의 민족혁명을 들었다.


## 2. 코민테른 제6회 대회

코민테른 제6회 대회는 1928년 7월 17일~9월 1일까지 모스크바에서 열렸다. 대의원 532명이 57개의 당과 9개 국제조직을 대표해 참가했다. 조선 대표는 의결권이나 심의권도 갖지 못한 채 방청권만 가지고 대회장에 입장할 수 있었다.[5] 제6회 대회는 다음과 같은 주요 문제를 토의했다. 코민테른 강

---

5_당시 조선공산당은 1927년 12월 20일 서울에서 비밀리에 제3차 당대회를 개최해 성립한 조선공산당 중앙집행위원회 이른바 서상파(서울파와 상하이파의 연합)와 1928년 2월 27일 독자적인 당대회를 통해 성립한 조선공산당 중앙집행위원회 엠엘(ML)파로 나뉘어져 있었는데, 서상파는 이동휘와 김규열을 파견

령 문제, 제국주의 전쟁의 위험에 대한 투쟁 방침, 식민지·반식민지에서 전개될 혁명운동, 소련의 경제 정세 문제 등이 그것이었다.

코민테른은 국제노동운동의 역사적 경험을 고찰하고 앞으로의 발전 전망을 제시한 문서를 처음으로 채택했다. 코민테른 강령은 세계혁명은 "각각 시기를 달리하고 성격을 달리하는 여러 과정으로 이루어져 있다"고 지적하고, 그것은 '곧, 순수한 프롤레타리아혁명, 프롤레타리아혁명으로 성장·전화해가는 부르주아민주주의혁명, 민족해방전쟁, 식민지혁명'이 그것이라고 설명했다.

대회는 "제국주의시기에 격렬해진 자본주의 발전의 불균등성 결과로 자본주의의 형태는 다양하고 각 국에서 그 성숙도가 형형색색이며, 혁명적 과정의 여러 조건이 다양하고 독특하다. 이런 상황 때문에 프롤레타리아가 권력에 도달하는 길과 그 속도가 다양한 것, 많은 나라에서 프롤레타리아독재에 도달하기까지 약간의 과도단계가 필요한 것, 그 후에도 각각의 나라에서 사회주의가 건설되는 형태가 다양한 것은 역사적으로 결코 피할 수 없다"고 지적했다.

강령에서는 객관적 조건의 다양성을 고려해, 세 가지 유형의 국가와 그것에 대응하는 프롤레타리아 권력으로의 이행을 위한 세 가지 유형이 정식화되었다.

첫 번째 그룹에 속하는 유형은 강대한 생산력과 고도로 집중화된 생산을 수행 하고 있고, 소규모 경영의 비중이 비교적 작으며 훨씬 이전부터 부

---

했고, 엠엘파는 양명과 한해를 모스크바로 파견했다. 그러나 코민테른 제6회 대회 위임장 심사위원회는 두 대표단 가운데 어느 한 쪽에만 대표권을 인정해 줄 수 없다는 이유를 들어 의결권과 심의권을 주지 않고 방청권만 허용하게 되었다(성균관대학교 임경석 교수가 이메일 문서로 자료 제공).

르주아 민주주의 정치제도가 확립되어 있는 고도의 선진적 자본주의국가들 (미국, 독일, 영국)이다. 두 번째 유형은 자본주의 발전이 중위의 수준에 있는 나라들(에스파냐, 포르투갈, 폴란드, 헝가리, 발칸반도 국가들 등)로서, 이들 국가의 특징은 농업 부문에서 반봉건적 관계가 두드러지게 잔존하고 있고 사회주의를 건설하는 데 필요한 일정한 최소한의 물질적 전제들이 존재하고 있으며, 부르주아 민주주의적 변혁이 완료되지 않았다는 사실이다.

세 번째 유형에는 식민지·반식민지·종속 국가들이 속하는데, "공업이 어느 정도의 맹아를 가지고 있거나 또 때로는 공업이 상당히 발달했지만 대부분의 경우 자주적으로 사회주의를 건설하기에는 불충분하고 국가의 경제에서나, 그 정치적 상부구조에서나 봉건·중세적 관계들, 또는 '아시아적 생산양식'의 관계들이 우세하며, 마지막으로 주요한 광공업, 상업, 은행, 주요한 운송수단, 대토지소유, 대규모농장이 외국 제국주의 그룹의 수중에 집중되어 있는 식민지·반식민지 국가들(중국, 인도 등)과 종속 국가들(브라질, 아르헨티나 등)"이 그것이다.

강령은 이 세 가지 분류에 따라 그 각 그룹의 혁명적 노동운동 전략 방침을 정식화했다. 고도로 발전한 자본주의국가들의 경우, 강령의 기본적 요구는 사회주의혁명의 직접적 실현이었다. 중위의 발전 수준에 있는 국가들의 경우, 일부는 부르주아민주주의혁명에서 사회주의혁명으로 상대적으로 급속한 성장·전화가 가능할 것으로 예상했고, 그 밖의 경우에는 부르주아 민주주의적 성격의 임무를 광범하게 동반한 프롤레타리아혁명의 다양한 형태가 가능하다고 규정했다.

그리고 식민지·종속 국가들의 경우, 여기서 중심적 의의를 갖는 것은 한편에서는 봉건제도와 전前 자본주의적인 착취 형태에 대한 투쟁과 농민의 토지혁명 수행이며, 다른 한편에서는 민족 독립을 위해 외국 제국주의와 투쟁을 전개하는 일이다. 여기서 프롤레타리아트의 승리가 가능한 것은 일련의 준비단계를 거쳐 부르주아민주주의혁명에서 사회주의혁명으로 성장·전화하는 시기에만 가능하고, 또 사회주의를 성공적으로 건설하는 것은 프롤레타리아독재가 확립된 국가와 국제 프롤레타리아 운동의 원조·지지를 얻을 경우라고 지적했다(동녘편집부 1989a, 116~118).

코민테른의 강령에서 제시된 전략·전술적 방침은 그 나라의 지배적인 사회 정치·경제적 관계에 따라 결정될 수밖에 없으며, 이런 관계들에서 객관적으로 도출되는 노동자계급과 근로인민 그리고 피억압자의 임무에 따라 규정되었다. 그러나 몇 가지 원칙적인 문제는 미해결인 채 남아 있었다. 무엇보다도 프롤레타리아 권력으로의 이행을 위한 정치적 슬로건과 요구 조건에 관한 문제, 특히 노동자·농민 정부의 슬로건 문제였다. 또한 강령에는 혁명적 정세가 존재하지 않은 상황에서 제기되는 과도적 요구가 고려되지 않았다. 그런 점에서 강령이 일정의 '도식주의'와 경직성을 내포하고 있다는 비판에서 벗어나기는 어려웠다. 그리고 강령이 이 시기 일반 민주주의적 요구가 지닌 자립적 의의를 과소평가한 것은 전략 방침에서의 도식주의와 '좌파주의', 그리고 사회주의혁명에 대한 접근에서 매우 협소한 이해에 따른 결과로 해석될 수 있다(The USSR Academy of Sciences 1985, 154~155).

코민테른 제6회 대회는 파시즘과 파시즘화의 위험에 대한 토론을 총괄하고 강령 속에서 다음과 같이 밝혔다. "제국주의 시대, 계급투쟁의 격화, 내란 요소의 증대 — 특히 세계 제국주의 대전 이후의 증대 — 는 의회주의의 파산을 초래했다. 그 결과, '새로운' 통치 방식과 형태가 생겨났다. 예컨대 내각 내의 실력 각료 그룹inner cabinet, 과두 지배적인 흑막 집단의 성립, '인민 대의제'의 역할 저하와 위조, '민주주의적 자유'의 제한과 폐지 등이 그것이다. 부르주아·제국주의적 반동의 공세 과정은 특별한 역사적 조건에서는 파시즘의 형태를 취한다(동녘편집부 1989a, 93에서 재인용). 여기서 말하는 역사적 조건이란 자본주의적 관계들의 불안정성, 계급으로부터 탈락한 다수 사회적 분자의 존재, 도시 프티부르주아지와 인텔리겐치아의 광범한 층이 겪는 빈곤화, 농촌 프티부르주아지의 불만, 프롤레타리아트 대중행동의 끊임없는 위협이라고 지적했다.

강령은 또 파시즘적 방법을 "독특한 사회적 데마고그, 이를테면 반유태주의, 고리대자본에 대한 부분적인 공격, 의회에 대한 '말 많은 곳'이라는 공격적인 선동 등을 통해 프티부르주아와 인텔리겐치아 등을 포함한 대중의 불만을 이용해 결속된 유급 파시스트 전투대, 당기관, 당관료의 직계 조직을 만들어 내는 방식으로 그들을 매수하는 방법"이라고 설명했다.

그리고 강령은 파시즘의 주요 임무를 다음과 같이 규정했다. "노동자의 혁명적 전위, 즉 공산주의적인 프롤레타리아층과 그 간부들을 분쇄하는 것이다. 사회적 데마고그와 그 매수, 그리고 적극적인 백색테러를 결합시키는 것, 또 대외정책 부분에서 설정된 극단적인 제국주의적 침략성이 파시즘의 특징이다. 파시즘은 부르주아에게, 특히 위기적인 시기에는 반자본주의적인 언사를 사용하지만 일단 국가권력의 중추에 발판을 확보하면 그 반자본주의적인 언사를 버리고 대자본의 테러독재라는 정체를 차츰 분명하게 드러낸다(동녘편집부 1989a, 94에서 재인용).

코민테른은 파시즘의 위험을 과소평가하는 견해에 대해서나 파시즘 도래의 불가피성을 주장하는 견해에 대해서 공통적으로 경고했다. 이와 같은 문제 제기에 따라 파시즘의 위협을 저지하는 데서 요구되는 결정적인 역할은 노동자계급과 그 동맹자의 투쟁이라고 지적했다(The USSR Academy of Sciences 1985, 156~157).

코민테른 제6회 대회는 전쟁 문제, 전쟁의 다양한 형태에 대한 코민테른의 이론·정치적 주장을 정식화하고 각 지부에 대해 전쟁 위협에 대한 투쟁에서 필요한 실천적인 임무를 제기했다. 코민테른은 강령에서 "세계의 새로운 재분할을 지향하는 거대 자본주의국가들 사이의 제국주의적 투쟁은 제1차 세계 제국주의 대전(1914~1918년)으로 나타났다. 이 전쟁은 세계 자본주의 전 체제를 뒤흔들고 그 전반적 위기의 시기적 단서를 열었다. 이 전쟁은 국가자본주의라는 무쇠 주먹을 만들어 냄으로써 교전국들의 국민경제 전체를 전쟁에 봉사하게 하고 비생산적 지출을 이를 데 없는 규모로 확대하며, 방대한 양의 생산수단과 살아 있는 노동력을 파괴하고 광범한 인민대중을 어려운 지경에 떨어트리며 공업노동자, 농민, 식민지 국민에게 헤아릴 수 없을 정도의 부담을 지웠다. 이 전쟁은 불가피하게 계급투쟁을 격화시켰으며, 계급투쟁은 대중의 본격적인 혁명적 행동으로, 내란으로 성장·전화하기에 이르렀다"고 진단했다(동녘편집부 1989a, 90에서 재인용).

코민테른은 또 세계 자본주의 전체의 격렬한 동요와 계급투쟁의 격화가 프롤레타리아 국제 혁명의 단서를 열었으며, 유럽 대륙에서나 식민지·반식민지 국가들에서도 혁명과 혁명적 행동을 촉발시켰다고 파악했다.

1918년 1월 핀란드에서 발생한 노동자 혁명, 1918년 8월 일본에서 일어난 '쌀 폭동', 1918년 11월 반봉건적 군주제의 지배를 무너뜨린 오스트리아와 독일에서 벌어진 혁명, 1919년 3월 헝가리의 프롤레타리아혁명과 조선에서 행해진 봉기, 1919년 4월 바이에른에서 이루어진 소비에트 권력 수립, 1920년 1월 터키[오스만제국]에서 벌어진 부르주아 민족혁명, 1920년 9월 이탈리아 노동자의 공장점거, 1921년 3월 인도 선진적 노동자의 봉기, 1923년 불가리아에서 일어난 봉기, 1923년 가을 독일에서 발생한 혁명적 위기, 1924년 12월 에스토니아에서 일어난 봉기, 1925년 4월 모로코에서 발생한 봉기, 같은 해 8월 시리아에서 생긴 봉기, 1926년 영국에서 일어난 총파업, 1927년 빈에서 결행된 노동자 봉기. 이 모든 사실들과, 마지막으로 인도네시아에서 발생한 봉기, 인도에서 벌어진 심각한 동요, 아시아 대륙 전체를 뒤흔든 위대한 중국 혁명과 같은 사건들은 국제 혁명이라는 단일한 사슬의 하나하나 고리이고, 자본주의의 극히 심각한 전반적 위기의 일부분이다(동녘편집부 1989a, 91).

코민테른 제6회 대회가 채택한 제국주의 전쟁의 위험에 대한 투쟁 방침 테제는 전쟁에 대한 노동자계급의 주장과 전술을 담았다. 테제는 "역사적 현상으로서 전쟁은 인간 고유의 '악한 본성'에 기인한 것도 각 정부의 '악한' 정책에 기인한 것도 아니며, 사회가 착취·피착취 계급으로 분열되어 있는 데서 연유한다. 자본주의야말로 현대사에 있어 모든 전쟁의 원인이다"라고 표명했다.

대회는 전쟁의 종류를 분류했는데, 제국주의 국가 상호 간의 전쟁, 프롤레타리아혁명이나 사회주의 건설을 수행하고 있는 나라에 대한 제국주의적 반혁명 세력의 전쟁, 제국주의에 대한 민족혁명전쟁, 특히 식민지 국가들이 수행하는 전쟁 등이 그것이라고 밝혔다. 대회는 또 "제국주의에 대한 피억압 민족의 전쟁은 정당할 뿐만 아니라 혁명적인 전쟁이며, 현재 세계 프롤레타리아혁명의 일환을 이루는 것이다"라고 지적하고, 노동자계급은 민족혁명전쟁을 지지하며 프롤레타리아혁명과 프롤레타리아독재 국가의 방위를 조직해야 한다고 강조했다(김성윤 1986, 299~300).

그리고 제6회 대회는 전쟁 관련 투쟁이 결코 쉬운 일은 아니라고 한 레닌의 지적에 대해 주의를 기울여야 한다고 촉구하면서, 제국주의 전쟁의 위협에 반대하는 투쟁에 더욱 큰 국제적 성격을 부여하고 혁명적 반전 행동을 국제적 규모에서 결합·조정할 것을 모든 지부에 호소했다(김성윤 1986,

299~300). 코민테른 제6회 대회의 제3의제 '식민지에서의 민족혁명운동'은 8월 14일의 제29차 회의에서 21일의 제40차 회의까지 열두 차례의 회의에서 심의될 정도로 중대 사안이었다. 대회는 "식민지·반식민지 국가에서의 혁명운동에 대해"(동녘편집부 1989b, 270~327)라는 테제를 채택했다.

테제는 "제국주의의 착취 대상인 식민지는 이전보다 더욱 커진 제국주의자 사이의 분쟁과 전쟁의 끊임없는 원천이 되고 있다. 지금까지 어느 정도 독립을 유지해 온 여러 국가와 민족에 대한 제국주의 국가의 약탈 전쟁이나 새로운 전쟁 계획도, 새로운 식민지 재분할을 둘러싼 제국주의 열강 사이의 격심한 전쟁 준비도 끊임없이 계속되어 왔다"고 지적했다.

테제는 식민지·반식민지를 둘러싼 상황을 매우 구체적으로 분석했다.

광대한 식민지·반식민지 세계는 혁명적 대중운동의 꺼지지 않는 용광로가 되었다. 거대한 역사적 의의를 지니는 이런 현상의 바탕에는 두 가지 중요한 측면의 변화가 있다. 한 가지는 제국주의 전쟁 중 또는 그 후에 주요한 식민지·반식민지 내부의 경제·사회 구조에 생긴 변화로서, 자본주의적 공업 발전 요소의 강화, 농업 위기의 격화, 프롤레타리아의 증가와 그 조직화의 개시, 광범한 농민 대중의 궁핍화 등이다. 다른 한 가지는 국제 정세에서 생긴 변화로서, 한편으로는 세계대전 중에 주요한 제국주의 국가들이 부딪친 곤란과 전후 세계 자본주의의 위기, 그 후 제국주의적 '평화'의 결과로서 영국·일본·미국·프랑스·이탈리아·네덜란드의 식민지정책의 약탈적 침략성이 더욱 강화된 것을 들 수 있으며, 다른 한편으로는 러시아가 제국주의 세력으로부터 반(反)제국주의적 프롤레타리아 세력으로 전화한 것, 소비에트연방 민족들이 독립을 지키기 위해 세계 제국주의와 투쟁해 거둔 승리, 소련에서 추진된 민족문제의 혁명적 해결과 사회주의 건설의 혁명적 영향, 뒤이어 자본주의국가들에서 진행된 공산주의운동 강화, 그리고 식민지 옹호 행동 등을 들 수 있다(동녘편집부 1989b, 275에서 재인용).

이런 상황은 식민지·반식민지 국가의 방대한 인민대중의 정치적 각성을 큰 폭으로 촉진시켜 혁명·대중적 봉기를 불러일으켰고, 이들 봉기는 대부분의 경우 반제국주의 해방 투쟁과 국내 계급투쟁 세력의 발전이 긴밀하고 독특하게 결합한 데 기초를 두고 있었다고 코민테른은 평가했다.

테제는 국제적으로 중요한 의의를 갖는다고 판단되는 중국 혁명운동을 비롯해 인도, 인도네시아, 라틴아메리카 여러 나라의 혁명운동 현상을 분석하고, "식민지·반식민지 혁명운동의 기본적인 문제는 모두 자본주의 체제와 사회주의 체제 사이의 거대하고도 획기적인 투쟁 — 현재 세계적 규모에서는 제국주의와 소비에트연방 사이의, 각각의 자본주의국가 내부에서는 부르주아적인 계급지배와 공산주의운동 사이의 투쟁 — 과 직접적으로 관련되어 있다"고 설명했다.

그리고 테제는 제국주의를 상대로 한 투쟁에서 승리를 거둘 수 있는 가장 확실한 보장책은 전 세계의 혁명적 프롤레타리아와 식민지의 근로 대중이 협력하는 것이라고 주장했다.

테제는 또 '식민지 경제와 제국주의의 식민지정책'에 대해 깊이 있게 고찰했다. 그 중심적 내용은 이렇다.

제국주의의 식민지 지배는 본질상 해당 종속국에 대한 경제적 압박뿐만 아니라 경제외적 강제에도 바탕을 둔 제국주의 국가 부르주아의 독점이다. 그때 이 독점은 두 가지 기본적인 기능으로 나타난다. 이 독점은 한편으로는 식민지의 무자비한 착취라는 목적에 봉사한다(각종 형태의 직·간접 공납 징수, 자국 공업

제품의 판매, 자국 공업을 위한 저렴한 원료 획득, 극히 저렴한 노동력의 이용에 바탕을 둔 초과이윤 등). 다른 한편으로 제국주의적 독점은 자기의 존립조건을 보존하고 발전시키는 목적에 봉사한다. 즉, 식민지 대중을 예속시키는 기능을 수행하는 것이다(동녘편집부 1989b, 285).

자본수출의 기능과 관련해 테제는 이러했다.

식민지로의 자본수출은 식민지에서 자본주의적 관계들의 발전을 촉진한다. 수출된 자본 가운데 생산 목적을 위해 투자된 일부는 부분적으로 공업적 발전을 촉진한다. 그러나 이 발전은 식민지 경제의 독립성을 높이는 방향으로가 아니라, 제국주의 국가의 금융자본에 대한 식민지 경제의 의존을 심화시키는 방향으로 행해진다. 일반적으로 식민지에서는 수입된 자본의 거의 전부가 원료의 점유 취득과 채취 또는 1차 가공에 집중된다.

수입된 자본은 또 원료의 송출을 더욱 용이하게 하고 식민지를 본국과 더한층 긴밀하게 결합시키는 교통수단 체계(철도·조선·항만 건설 등)를 확충하기 위해 사용된다. 즐겨 사용되는 농업 투자형태는 값싼 식량의 생산과 막대한 원료 자원의 독점을 목적으로 하는 '대규모농장'(Plantation)에 대한 출자다. 식민지의 저렴한 노동력으로부터 착취한 잉여가치의 대부분이 본국으로 보내지는 것은, 식민지 국가경제의 고양과 그 생산력의 발전을 그만큼 심하게 지체시키며, 식민지의 정치·경제적 해방에 장해가 되고 있다(동녘편집부 1989b, 290).

테제는 결론적으로 다음과 같이 서술한다.

식민지에 대해 제국주의가 시행하는 모든 경제정책에서 일관되고 있는 것은 식민지의 종속을 유지·강화하고 착취를 확대하며, 식민지의 자주적 발전을 가능한 한 억제하려는 노력이다(동녘편집부 1989b, 291).

코민테른 제6회 대회에서 '식민지에서의 혁명운동'과 관련해 집행위원회 동양서기국 책임자 오토 빌레 쿠시넨이 기초한 테제 초안을 둘러싸고 큰 논쟁이 일었다. 쿠시넨의 보고에서 큰 무게를 차지했던 것이 '탈식민지화론'에 대한 비판이었다. 탈식민지화론은 제국주의의 식민지정책이 식민지의 공업화를 촉진한다는 주장을 뒷받침했다. 이 이론의 지지자들은 영국 자본주의가 인도의 공업화에 대해 관심을 기울이고 있으며, 영국 자본의 침입에 의해 인도의 봉건적 관계는 실질적으로 무너지고 자본주의적 공업화가 진전되고 있다고 주장했다. 즉, 인도 부르주아와 제국주의의 정치적 불일치의 근거가 소멸했다는 것이다. 이 주장은 당시 영국과 인도 공산당 지도자들 사이에서 지배적인 것이었다.

쿠시넨은 탈식민지화론을 냉엄하게 비판하면서 제국주의 정책이 인도의 공업화를 추진하기는커녕, 거꾸로 그 예속화를 심화시키고 있다는 것, 토지혁명이 이루어지지 않고 있는 조건에서 인도 농촌의 빈곤화가 공업 발전의 장해가 되고 있다는 것을 지적했다. 그는 민족부르주아지가 동요하는 정책을 펴고 있긴 하지만, 객관적으로는 대중운동을 격발하는 데 일정한 역할을 수행해 온 것을 언급하는 동시에, 대중운동에 대한 민족개량주의의 유해한 영향과 싸울 필요성을 강조했다. 그러나 현 단계에서 주요한 공격은 민족부르주아지가 아니라 지배적인 제국주의 블록에 대해 집중해야 한다고 주장했다. 쿠시넨의 이런 보고에 대해 영국과 인도의 당 대표들은 완고하게 반대 의사를 표시했다. 대회는 탈식민지화 이론을 철저히 비판하면서 이를 배격했다(동녘편집부 1989b, 270~271).

식민지 국가의 민족부르주아지 특성에 관한 문제도 테제에서 중요한 위치를 차지했다. 테제는 "식민지 국가의 민족부르주아는 제국주의에 대해 동일한 태도를 취하는 것은 아니다. 민족부르주아의 일부, 우선 첫째로 상업부르주아는 제국주의 자본의 이익에 직접 봉사하고 있다(이른바 매판 부르주아). 이들은 대체로 제국주의에 대한 봉건적인 동맹자나 높은 보수를 받고 있는 토착관료와 똑 같이 민족운동 전체와 적대하는 반민족적·제국주의적 주장을 일관되게 옹호한다. 토착 부르주아의 나머지 부분, 특히 토착 공업의 이익을 반영하는 부분은 민족운동의 기반에 서지만, 특히 동요하는 자세를 보이면서 타협으로 기울기 쉬운 경향을 나타내고 있다. 이 조류는 민족개량주의(또는 제2회 대회 테제의 용어에 의하면 '부르주아 민주주의적' 조류)라고 부를 수 있다"고 분석했다.

대회는 식민지 국가에서 혁명운동을 추진하는 데서 농민이 수행하는 역할에 대해 다음과 같은 견해를 밝혔다.

농민은 프롤레타리아와 함께, 또 프롤레타리아의 동맹자로서 혁명의 추진력이다. 수백만을 헤아리는 방대한 농민대중은 가장 발전한 식민지에서조차 주민의 압도적 다수를 이루고 있다(몇몇 식민지에서는 인구의 90퍼센트를 점한다).

대회는 또 테제를 통해 노동운동의 단계적 상황에 대해 고찰했다.

식민지·반식민지 국가들에서 전개된 노동운동 최초의 고양(1919~1923년)은 세계대전 후에 계속된 민족혁명운동의 일반적 고양과 유기적으로 결합되어 있고, 토착 부르주아를 선두로 한 반제국주의 투쟁의 이익에 노동자계급의 계급적 이익이 종속되어진 것이 그 특징이었다. 노동자의 파업이나 기타 행동은 그 것이 조직적 성격을 띠고 있는 한, 통상적으로 프티부르주아 인텔리겐치아에 의해 조직되었고, 인텔리겐치아는 노동자의 요구를 민족투쟁 문제에 한정하고 있었다. 이에 반해서, 코민테른 제5회 대회 이후 식민지에서 시작된 노동운동의 제2 고양 국면이 나타낸 중요한 특징은 식민지 노동자계급이 독자적인 계급 세 력 ― 민족부르주아에 대립해 자기의 직접적인 계급적 이익을 위해, 또 일반적 으로 민족혁명에서의 헤게모니를 위해 그 민족부르주아와 투쟁하는 세력 ― 으 로서 정치 무대에 등장했다는 사실이다. 과거 몇 년 동안의 역사는 ― 무엇보다 도 먼저 중국 혁명의 실례에 의해, 뒤이어 인도네시아의 봉기 실례에 의해 ― 식민지 혁명의 새로운 단계의 이런 특성을 선명하게 확증하고 있다. 인도에서 도 노동자계급이 민족 개량주의적 지도자의 영향으로부터 이탈해 가고 있고, 영국 제국주의자와 자국 부르주아에 대한 투쟁에서 독자적인 정치적 요인이 되 고 있는 것은 모든 사정이 말해 주고 있다(동녘편집부 1989b, 299).

코민테른 제6회 대회가 채택한 '식민지에서 전개되는 혁명운동에 관한 테제'에서 특히 눈길을 끄는 대목이 있는데, 그것은 조선에 관한 부분이다. 그 내용은 이렇다.

조선에서 공산주의자는 프롤레타리아 사이에서 추진하는 활동을 강화하고, 조 선노동총동맹과 농민총동맹 조직의 활동성을 전면적으로 향상시켜 조직 강화 를 꾀해야 한다. 또 노동조합을 개조하고 노동조합으로 노동자계급의 가장 중 요한 층들을 끌어들여 경제투쟁과 정치적 요구들을 결합시키는 데 노력해야 한 다. 약탈적인 식민지 체제의 조건에서 농민의 궁핍화가 극심해지고 있는 결과, 토지혁명은 점점 절실한 의의를 갖게 되었다. 대규모 종교적 민족단체(천도교)

에 참가하고 있는 근로 대중 사이에서 끈질기게 혁명적 계몽활동을 수행해 그들을 민족개량주의적 지도자의 영향으로부터 해방시키는 것이 필요하다. 기존의 모든 혁명적 대중조직 내부에서 공산주의의 영향력이 강화되어야 한다. 개인적 가맹에 기초한 일반적 민족혁명당의 설립에 노력하는 것이 아니라, 공동의 행동위원회를 수단으로 다양한 민족혁명 조직의 활동을 조정·통합하고, 프롤레타리아·공산주의적 지도 아래 혁명적 분자의 진정한 블록을 만드는 데 노력해야 할 것이다. 그때 프티부르주아 민족주의자의 불철저함과 동요를 비판하고 그들을 대중 앞에서 끊임없이 폭로해야 한다. 특히 이것은 당 대열 내의 유해한 분파주의의 극복이라는 절대적으로 필요한 작업을 쉽게 수행할 수 있게 해줄 것이다(동녘편집부 1989b, 319~320).

코민테른 제6회 대회는 소련의 국내 정세와 전연방공산당의 당내 정세에 대한 문제를 검토했다. 소련의 경제 정세에 대한 예프게니 바르가의 보고는 그동안의 경제적 성과와 소비에트 사회에서 이루어진 사회주의적 요소의 성장을 지적하고, 소련 경제에서 계획화의 역할을 강조했으며 사회주의 건설의 어려움과 앞으로의 발전 전망을 제시했다. 드미트로 마누일스키는 전연방공산당의 당내 정세에 관한 보고 가운데서, 트로츠키주의 반대파의 존재가 단순히 '일국적' 현상이 아님을 강조했다.

대회는 소련에서 거둔 사회주의의 성공이 국제 노동자계급의 지위를 강고히 하고 대중의 혁명운동을 촉진하고 있음을 확인했으며, 각국의 당 대표단은 전연방공산당과 중앙위원회의 정치·조직적 방침을 승인했다. 대회는 또 "트로츠키 그룹은 강령문제, 정책문제와 조직문제에 관한 견해에서 멘셰비즘 노선으로 전락했고, 객관적으로 소비에트 권력에 반대하는 투쟁 기관으로 전화했다. 따라서 이 그룹은 소련공산당에서 제명한 것은 정당하고도 불가피한 일이었다"고 밝혔다(김성윤 1986, 304~305).

그리고 코민테른 제6회 대회는 조선·쿠바·뉴질랜드·파라과이 공산당과 아일랜드노동자연맹, 에콰도르사회당, 콜롬비아 혁명적 사회당을 코민테른 지부로 승인했다(The USSR Academy of Sciences 1985, 149~150).

코민테른 제6회 대회의 특징적 성격에 대해서는 여러 가지 견해가 제시되고 있다. 제프 일리는 제6회 대회의 특징을 한마디로 '좌선회'left turn로 표현했다. 코민테른은 자본주의 역사의 '제1기'(1923년까지)와 '제2기'(1924~1928년)가 각각 혁명적 위기와 상대적 안정기라는 특징을 지녔다면, '제3기'는 위기가 다시 전개되면서 서유럽의 경제적 난관이 심화되어 혁명의 기회가 새롭게 열리는 시기로 규정했다고 보았다. 이 시기는 각국의 공산당에게 철의 규율과 개혁주의자들과의 단호한 분리를 요구했고, 또 공산주의 정당들에게 반자본주의 세력의 유일한 재집결지가 되어야 하며 노동자계급의 개혁주의적 환상을 깨뜨리고 사회민주주의자들과의 일체의 협력에 반대할 것을 요구했다는 것이다.

일리는 이와 같은 정세 판단에 따라 소련 지도자들은 제6회 대회를 기점으로 자신들이 내린 결정에 대한 무비판적 복종이라는 새로운 기준을 강요했으며, 이것은 유감스럽게도 동시에 소련 내부에서 스탈린주의 부상을 나타냈고, 이제 소련은 코민테른을 자신의 궤도 안으로 완전히 흡수하게 되었다고 보았다(일리 2008, 461; 467).

코민테른의 이런 변화를 두고 일리는 매우 비관적인 평가를 했다.

혁명적 낙관주의가 살아남은 공간이었던 소련과 그것의 조직적인 판박이인 코민테른은 지식인에게는 갑갑하고 냉담했으며, 비판적인 이론작업을 퉁명스럽고 공격적으로 배척했다. 설상가상으로 비민주성도 점차 심화되었다. 1928년 이후 각국 공산당에서 이루어진 스탈린주의화는 헌신적이고 창조적이며 관용적인 사회주의 지식인에게는 하나의 정치적인 패배였고, 특히 1934년 이후 소련에서 숙청이 진행되는 동안에는 유럽 민주주의의 위기만큼이나 좌절을 불러일으켰다. 스탈린주의를 통해 마르크스주의는 하나의 이론적 전통으로서 대중적인 창조성의 상당 부분을 잃어버렸다. 독립적인 사상가들은 공산주의운동의 주변으로 밀려나거나 아예 바깥으로 쫓겨났다. 서유럽 마르크스주의자들은 이런 복잡한 부담의 이면에서 세 겹의 패배감에 괴로워했다. 서유럽의 혁명 실패, 파시즘의 승리, 소련의 스탈린주의화 앞에서 서유럽 마르크스주의자들은 점점 더 뒤로 물러났다(일리 2008, 476~477).

던컨 핼러스는 코민테른 제6회 대회의 특징을 '초좌익주의'로 비판했다.

3기의 초좌익주의는 너무 극단적이었기 때문에 각국 공산당들이 기권주의 입장을 취해 수동적 태도를 갖게 해 노동자계급 운동으로부터 사실상 고립당하게 만들었다. 그리하여 공산당들은 자국 지배계급에게 아무런 위협도 가하지 못했고 소련 대외정책에 아무런 위험도 제기하지 않았다(핼러스 1994, 185).

# 제17부 1929~33년 세계경제공황과 노동자투쟁

1장 대공황과 노동자투쟁

2장 공황 극복을 위한 주요 자본주의국가의 정책

# 1장
# 대공황과 노동자투쟁

공황은 '황금의 20년대'를 지켜보았던 가난한 사람들의 삶을 산산이 찢어
놓았다. 서유럽의 모든 거대 도시들에서 그들은 몹시 여위고 지친 얼굴로
누더기 차림을 한 채, 무거운 발을 끌며 무료 급식소를 찾아다녔다. 또 세계
나머지 지역 소작지에서 농민들은 소작료와 세금을 내기에 충분할 만큼
곡물 가격이 오르기만을 애타게 기다리면서, 혹시 땅을 떼이지 않을까
두려워하고 뭐든 먹을 것을 재배해 끼니를 이으려 애썼다. 자본주의
관점에서 보면 가장 덜 '진보한' 사람들 — 그때까지도 화폐 경제에 거의
편입되지 않았던 자급형 영세농들 — 이 오히려 가장 잘 살아남았다.
노동력을 판매해 생계를 이어간 사람들은 의지할 데가 전혀 없었다. 전
같으면 미국으로 이민이라도 갈 수 있었지만,
이제는 대량 실업 탓에 그 길마저 막혔다.
런던, 시카고, 베를린, 파리, 글래스고, 마르세유, 바르셀로나, 캘커타,
상하이, 리오, 더블린, 카이로, 그리고 아바나 등 어디나 황폐하기는
마찬가지였고, 도처에 만연한 비참함은 새로운 희망의 도화선이 될 수도,
광기에 찬 절망의 전조가 될 수도 있었다.
1930년대는 희망과 절망이 모든 도시의 거리에서 힘겨루기를 하던
10년이었다. 그것은 혁명과 반혁명이 격렬하게 투쟁하던 10년이었다. 그
10년은 세계를 또다시 전쟁으로 몰아넣은 반혁명의 승리로 끝이 났고,
새로운 전쟁의 야만성은 1914~1918년의 대학살조차 무색하게 만들었다.

_크리스 하먼(Harman 2008, 470)

세계 자본주의는 1924~1927년의 상대적 안정기를 겪은 뒤 '전반적 위기' 국면을 맞았다. 그것은 자본주의경제가 과거와는 다른 몇 가지 위기 요소를 안고 있었기 때문이다. 첫째, 러시아 사회주의 체제가 성립됨으로써 자본주의는 이제 유일한 포괄적인 세계경제체제 역할을 그만두게 되었고, 세계는 자본주의와 사회주의 양극체제로 바뀌었다. 둘째, 국제 노동자계급과 식민지·종속 국가 인민들이 자본주의적 착취와 억압에 대한 투쟁을 추진하는 가운데, 투쟁의 강력한 물질·정신적 토대를 만들어 냈다. 셋째, 국가독점자본주의 형성을 들 수 있다. 이것은 전쟁 수행을 위해 경제에 대한 국가의 간섭과 통제가 실시되면서 성립되었고, 위기 상황에 대처하기 위한 자본주의의 대응 양식으로 나타났다. 넷째, 자본주의경제 자체의 불안정성 증대이다. 러시아가 자본주의 세계경제체제에서 이탈함과 동시에 세계시장 축소, 식민지·종속 국가의 민족운동 고양에 따른 독점자본의 해외시장 활동 제약, 공장설비의 만성적 유휴 상태, 대량 실업의 상시적 존재 등으로 인해 불안정성이 더욱 증대되었다(김준호 1982, 187~188).

이런 세계 자본주의의 위기 요소는 1929년 10월 24일 이른바 '검은 목요일'Black Thursday에 일어난 미국 뉴욕 주식시장 붕괴를 기점으로 해 1929~1933년의 대공황으로 표출되었다.

공황은 자본주의 재생산 과정의 대폭적인 교란 현상으로 나타난다. 공황이 발생하게 되면 자본주의경제 체제가 일시적으로 마비 상태에 빠지고 생산력이 심하게 훼손된다. 공황의 가장 일반적인 현상은 과잉생산과 투매, 물가하락 그리고 신용 수축이다. 생산 축소와 기업 도산이 발생하고, 노동자의 임금 하락과 실업 증대가 두드러지게 나타난다. 그리하여 빈곤과 생활고가 극심해진다(大阪市立大學經濟研究所 1965, 169).

미국에서 시작된 1929년 대공황은 세계적인 규모로 파급되었고 이에 따라 각국은 자국 경제를 보호하기 위해 비상수단을 동원하게 되었으며, 그것이 누적되면서 경제활동을 위축시켰고 공황은 더욱 심화되었다. 그 결과 공업생산, 고용, 국민소득 등의 경제 상황이 전반적으로 악화되었고 실업도 대폭 증가했다. 국제무역도 큰 타격을 받아 1932년 국제무역액은 1929년에 비해 35퍼센트 정도 감소했고, 무역량도 25퍼센트 줄어들었다. 또 국제금융 관계와 국제경제 질서에서도 큰 변화가 나타났는데, 금본위제는 1931년에 영국에서 그리고 1933년에는 미국에서 각각 폐지되었고 그 뒤를 이어 거의 대부분의 나라들에서 폐지되었다. 그리고 1931년 금융공황 이후에는 수입할당제, 수입금지, 수입허가제 등 수입제한 정책이 광범하게 채택되었다(김종현 2007, 506~507).

이와 같이 자본주의 세계경제가 대공황 발발에 따라 파국상태로 접어들었다. 제국주의 열강들은 상대적 안정의 붕괴와 위기의 격화에 대응해 공황에서 벗어나기 위한 길을 뉴딜이나 파시즘 체제로 상징되는 혼합경제체제(국가독점자본주의)의 강화와 군사 부문 확대, 그리고 전시경제에서 구하고 배타적 블록경제[1]를 형성하고자 했다(김준호 1982, 190).

그렇다면 공황의 원인은 무엇인가. 공황은 자본주의의 내부 모순이 쌓여 표출된 것인 만큼, 공황이라는 구체적인 현상이 나타나는 데는 많은 요인이 함께 작용한 결과라고 할 수 있다. 그래서 공황의 원인을 다루는 공황이론

---

1_블록경제는 1933년 런던세계경제회의가 전쟁 채무를 둘러싼 채권국 영국·미국·프랑스의 이해 대립과, 금본위국과 금본위 제도에서 이탈한 나라들 사이의 이해 대립으로 결렬되고 난 뒤에 경제적 국가주의, 자급자족적 경제봉쇄가 경제정책의 지주로 등장하면서 성립되었다. 영 제국 블록(파운드 블록: 영국과 영국연방국가들), 독일의 광역경제권(독일과 동유럽 국가들), 달러 블록(미국과 라틴아메리카), 금 블록(프랑스·벨기에·스위스·네덜란드·이탈리아·폴란드), 대동아공영권(일본·만주·인도차이나반도, 남방 국가들의 엔 블록)으로 분열된 세계경제는 블록 사이의 불균등 발전의 심화와 정치적 적대 관계의 형성으로 인해 블록 자체가 공격·팽창적 무기로 변화되었다.

도 다양한 접근을 통해 제시되고 있다(김기원 1984, 107~119; 양동휴 2006, 21~28).

월리엄 스탠리 제번스의 태양흑점설과 같이 자연현상에서 공황의 원인을 찾는 이론을 비롯해 기업가의 장래 예상이라는 심리 작용에서 공황의 원인을 찾는 케인스의 이론, 자본주의 사회관계의 내부 모순에서 공황의 원인을 설명하는 이론 등이 있다. 비교적 체계를 갖춘 공황 이론을 살펴본다.

먼저 노동자 대중의 소비 제약을 공황의 원인으로 파악하는 이론과 소비재에 대한 수요와 공급의 불균형으로 공황을 설명하는 이론, 그리고 독점자본주의 단계에서 발생하는 과소소비와 관련짓는 공황이론은 과소소비론의 범주에 속한다. 임금과 이윤의 반비례적 분배 관계를 중요시하는 신리카도 학파의 이론, 그리고 자본의 유기적 구성변화에 따른 이윤율의 경향적 저하법칙 이론이 있다. 이 밖에도 농산물 교역 조건 악화에 따른 지출 수요 감소를 공황과 관련짓는 이론, 경제구조 변화에 주목하면서 국제적 채권·채무 관계에서 공황의 원인을 찾는 이론도 있다.

이들 공황이론은 극히 추상적인 것이기 때문에 특정 시기, 특정 국가의 공황을 설명하는 데는 많은 한계를 드러낸다. 그래서 각 이론에 대한 반론이 제기되고 있고, 그 이론적 한계와 문제점이 지적되기도 한다. 공황이라는 현상이 자본주의의 내부모순 표출이라 할 만큼 매우 복합적인 현상이어서 아직 이렇다할 통설로서 공황이론이 정립되어 있다고 보기는 어렵다. 다만 제1차 세계대전과 1920년대를 거치면서 경제구조의 불안정성이 진전되어 1930년대 대공황을 불러일으켰다는 사실, 이것이 대공황 연구에서 가장 지속적으로 다루어지는 주제 가운데 하나다(양동휴 2006, 21).

실제로 자본주의경제에서 주기적인 경기변동은 항상 존재해 왔고, 미국을 비롯한 세계경제가 1930년대를 전후해 하강 국면으로 반전한 것도 결코 우연한 일은 아니었다. 그러나 1929년 미국 주식시장 붕괴에 뒤이은 전 세계적인 경기 침체는 40개월 이상 지속되는 대단히 길고도 혹독한 것이었고, 자본주의 역사에서 그야말로 유래를 찾을 수 없는 대공황으로 기록되었다. 공황이 회복 국면에 들어선 뒤에도 생산 후퇴는 상당한 기간 계속되었으며, 1930년대 불황은 제2차 세계대전 직전 군수생산 붐이 일면서 종지부를 찍었다.

1929~1933년 공황이 자본주의 세계의 생산력 발전에 끼친 물적 손해는 실로 막대했다. 은행 제도는 도산의 속출로 완전히 혼란 상태에 빠져들었고, 국제통화 위기가 자본주의국가들의 금융구조를 뒤덮었다. 공업공황이 농업공황과 겹쳐 판매 시장을 둘러싼 경쟁을 격화시켰으며, 제국주의 국가들 사이의 대립이 더욱 첨예화되었다.[2]

대공황의 가장 심각한 폐해는 무엇보다도 대량 실업이었다.[3] 임금을 받기 위해 고용된 사람들에게 공황의 가장 중요한 결과는 전례를 찾기 어려운 방대한 실업 규모였고, 그 실업이 어느 누구도 예상하지 못할 정도로 오래 지속되었다는 사실이다. 공황기 가운데 최악의 시기(1932~1933년)에 영국과 벨기에 노동력 인구의 22~23퍼센트, 스웨덴의 24퍼센트, 미국의 27퍼센

---

2_미국의 경우, 대공황 기간에 은행 5천여 개소가 문을 닫았고 1930~1932년 사이에 기업 8만5천 개가 파산했으며, 1929년 83억 달러에 달했던 농업 소득은 1932년에는 33억 달러로 하락했다. 뉴욕 증권시장의 주식시장 가치는 1929년 10월의 870억 달러에서 1933년 3월의 190억 달러로 하락했다. 유럽의 경우, 1931년 봄부터 1932년 겨울까지 2천 개가 넘는 은행이 문을 닫았으며 기업의 도산도 날로 늘어나 1932년 봄에는 2천여 개에 이르던 것이 그 이듬해인 1932년에는 월평균 3,500개 기업이 도산했다(정종수 2000, 427~429).

3_국제연맹의 국제노동국이 추산한 바에 따르면, 실업자군은 약 3천만 명이었으며, 미국의 경우 실업자 수는 1929년의 155만 명에서 1933년의 1,300만 명으로 발표되었다(The USSR Academy of Sciences 1985, 262).

트, 오스트리아의 29퍼센트, 노르웨이의 31퍼센트, 덴마크의 32퍼센트, 그리고 독일 노동력 인구의 44퍼센트가 실업자였다. 이에 못지않게 중요한 점은 1933년 이후 회복기에도 1930년대 평균 실업률이 영국과 스웨덴의 경우 16퍼센트 미만으로, 나머지 스칸디나비아 국가들, 오스트리아, 미국의 경우 20퍼센트 미만으로 떨어지지 않았다는 점이었다. 이런 경제적 재난에 따른 폐해는 실업자 구제를 비롯한 공공 사회보장제도가 미국 경우처럼 아예 존재하지 않았거나, 또는 20세기 말 기준에서 보아 극도로 빈약했기 때문에 공황은 인민의 삶을 파괴하는 세계적 악성 유행병과도 같은 것이었다(Hobsbawm 1996, 92~93).

대공황 시기에는 국제노동운동이 새로운 고양의 단초를 열었고, 각 세력들이 재편성되고 대중투쟁의 새로운 형태와 방법에 대한 점검이 이루어졌다. 또 노동자 조직의 정치·조직·사상적 강화가 진행되었고, 지금까지 수동적이었고 정치적으로 중립이었던 근로인민의 전 계층이 창조적 능동성을 발휘하게 되었다(The USSR Academy of Sciences 1985, 263).

이 시기에 전개된 대중적 노동운동은 노동자계급의 경제·사회적 권리에 대한 자본과 권력 측 공격이 더욱 강화되고, 대량 실업이 존재하는 조건에서 갖가지 곤란을 겪게 되었다. 여러 가지 난관 속에서 노동자계급의 파업투쟁은 방위적 성격을 띠기는 했지만, 결코 멈추지는 않았다. 1929~1932년의 3년 동안 자본주의국가 15개국에서 파업이 18,794건 발생했고, 파업 참가 노동자 수는 851만5천 명이었으며 노동손실일수는 8,476만8,700일이었다. 그 가운데 영국 1,468건, 미국 2,700건, 프랑스 3,601건, 독일 1,304건, 일본 6,889건, 체코슬로바키아 688건, 중국 1,333건, 인도 480건의 파업이 일어났다. 이들 파업은 주로 광산, 섬유, 철도 산업을 중심으로 발생했으며, 많은 파업이 정부 측 탄압을 받으면서 단행되었다(Foster 1956, 313).

세계경제공황기의 투쟁 가운데 가장 중요한 정치적 의의를 갖는 것은 실업자 투쟁이었다. 실업자 투쟁은 이전에 비해 아주 큰 규모로 진행되었으며, 조직적이고 목표 지향 성격을 띠었다. 실업자 운동의 슬로건이나 요구들 — 빵 획득을 위한 투쟁, 실업급여와 사회보험을 요구하는 투쟁, 강제퇴거 반대 투쟁, 공공사업의 수립을 요구하는 투쟁 등 — 은 지역·부분적 성격을 띤 것이 아니라 전국·계급적 성격을 띤 것이었다. 실업자 운동이 활발하게 벌어졌던 국가는 미국, 독일, 영국, 캐나다, 프랑스, 오스트리아, 폴란드, 네덜란드 등이었다.

1930년 2월 초, 서유럽 국가 공산당 대표들이 독일 뒤셀도르프에서 회의를 열어 1930년 3월 6일을 '국제실업반대투쟁의 날'로 정할 것을 제안했다. 이 제안은 대중들 사이에서 강한 반향을 불러일으켰다. 이날 유럽과 미국 공업도시의 가두와 광장에서 수만 명이 참가한 집회와 시위가 결행되었으며, 노동자들은 공황의 무거운 짐을 노동자에게 떠넘기는 지배계급의 정책을 결코 받아들일 수 없다고 선언했다.

1931~1932년에는 인민들 사이에서 자조自助 운동이 일어났다. 미국 시애틀에서는 어부노동조합이 물고기를 잡아 과일과 채소를 가져온 사람들과 물품을 교환했고, 나무를 벌채하는 사람들은 땔감을 다른 물건과 교환했다. 이런 자조 조직은 모두 22개가 있었는데, 지부 각각에는 식료품과 땔감을 다른 물품이나 용역과 교환하는 물자 배급소가 있었다. 1932년 말에 이르면 37개 주에 330개 자조 조직에 가입한 회원은 30만 명에 이르렀다. 그러나 1933년 초에는 대부분 활동을 멈추었다. 경제적인 난관 속에서 너무 큰 일을 시도했기 때문이었다.

자조 운동 가운데 가장 주목되는 사례는 펜실베이니아 탄광노동자의 경우다. 펜실베이니아 광산에서는 실직한 광산노동자들이 팀을 이루어 회사

소유 소규모 광산에서 석탄을 채굴해 도시로 실어 날라 시세보다 싼값에 팔았다. 1934년까지 광산노동자 2만 명이 차량 4천 대를 이용해 '밀매' 석탄 500만 톤을 생산했다. 그러나 이런 행위가 법원에 기소되었는데, 현지 배심원단은 유죄를 평결하려 하지 않았다. 이런 행위는 현실적인 필요에서 나온 단순한 행동이었지만, 변혁적인 가능성을 담고 있었다(Zinn 2005, 395).

영국에서 전개된 실업자 운동은 '전국실업자운동'이 중심이 되어 추진되었다. 이 조직은 1921년 전후 공황기에 영국공산당이 주도한 '전국실업자위원회운동'으로 출범했다가 1930년대 공황을 맞아 조직을 재편해 전국 차원에서 실업자 운동을 전개했다.

실업자 운동의 주요 투쟁 형태는 1929년, 1930년, 1932년, 1934년, 1936년에 조직된 '전국 기아 행진'이었다. 특히 1932년 기아 행진이 최대 규모였으며, 시위 군중과 경찰이 충돌하는 사태까지 벌어졌다. 1936년 전국기아 행진에는 25만 명이 참가했다. 영국의 실업자 운동은 공황 때문에 경제적 타격을 크게 받았던 산업 지역(이른바 재난 지역)의 지역 단위 투쟁을 토대로, 전국실업자운동으로 총괄하는 전국 차원의 투쟁으로 확장되었고, 1930년대 중반 전국실업자운동은 회원 10만 명을 포괄하는 강력한 조직으로 발전했다.

1930년대 영국 실업자 운동은 실업문제에 대해 소극적이었던 노동당이나 실업자 운동에 대해 '적대적 무시' 태도를 취했던 영국노동조합회의와는 대조적으로 상대적으로 소수 정파였던 영국공산당이 주도력을 발휘해 실업자 운동을 대중운동과 대중조직의 형태로 발전시켰다는 사실은 영국 실업자 운동의 특징으로 지적할 수 있다

프랑스의 경우 미국이나 영국과 같은 전국 조직이나 기아 행진은 전개되지 않았지만, 프랑스공산당이 중심이 되어 파리 지역이나 실업 타격이 컸

던 지역들에서 실업자 운동을 전개했다. 1933년 11월에는 릴에서 파리까지 최초로 실업자 행진이 전개되었는데, 행진이 있기 전에 북부 지방의 모든 지역에서 실업자 총회가 구성되고 행진을 조직하기 위한 지역위원회가 창설되었으며, 진정서를 제기할 대표가 선출되었다. 실업자 운동 조직을 담당한 샤를 티용에 따르면, 총실업자 120만 명 가운데 원조를 받는 실업자는 30만 명에 지나지 않았다(김신양 1998, 50). 노동운동 차원에서는 프랑스노동총동맹에서 분리된 통일노동총동맹이 주도해 전국실업자위원회를 건설했으며 실업자 운동을 주도했다.

독일에서는 실업자 운동이 활발하게 전개되었고, 파업투쟁이 계속되었을 뿐만 아니라 대중적 기아 행진이 확대되었다. 실업자 운동은 전국실업자위원회를 중심으로 전개 되었는데, 이 조직은 실질적으로 독일공산당 활동가들이 주도했으나, 형식상 노동조합운동에 속해 있었다. 지역 수준에서 기아 행진(1930년 5~6월, 1930년 11월~1932년 11월)이 전개되었으며, 1931년 여름 기준으로 전국에 걸쳐 실업자위원회 1,500개에 회원 8만 명이 참가하고 있었다.

1930년 10월에는 베를린에서 금속노동자 13만 명이 파업을 일으켰는데, 여기에는 다른 산업노동자들도 합류했다. 1931년에는 대규모 파업이 발생했는데, 노동자 약 30만 명이 참가한 루르와 북부 슐레지엔 광산 파업이 그것이었다. 1932년에는 베를린 운수노동자 파업이 제기되었는데, 여기에는 노동자 2만2천 명이 참가했다(The USSR Academy of Sciences 1985, 307).

# 2장
# 공황 극복을 위한
# 주요 자본주의국가의 정책

전국산업부흥법은 경영자와 노동자, 그리고 정부가 동의한
일련의 법전을 통해 물가와 임금을 고정시키고 경쟁을 제한함으로써
경제를 통제하고자 고안된 것이었다.
전국산업부흥법은 처음부터 거대 기업이 지배했고,
그들의 이익에 이바지했다.
버나드 벨루시가 그의 『전국산업부흥법의 실패』에서 언급한 것처럼
전국산업부흥법의 I편은 국가권력의 상당 부분은
고도로 조직되고 자금이 풍부한 동업협회(Trade association)와
산업결합체(industrial combine)에 넘겨주었다.
미조직 대중, 다른 말로 표현해 소비자로 알려진 사람들은
이제 막 날갯짓을 하는 노동조합운동의 조합원들과 마찬가지로
전국산업부흥법의 초기 조직이나 기본 정책의 형성에
실제로 아무런 발언권을 행사하지 못했다.

_하워드 진(Zinn 2005, 392)

1929~1933년 세계경제공황은 앞에서 살펴본 바와 같이 세계적 규모에서 진행된 심각한 불황이었으며, 그것은 대단히 길고도 혹독한 곤궁을 빚어냈다. 독점자본주의 단계에서 나타난 공황은 자본주의의 자동조정 기능만으로 극복될 수 없었을 뿐만 아니라, 이를 방치했을 경우 자본주의 그 자체 기반을 송두리째 뒤흔들 수 있다는 사실을 보여 주었다.

이런 상황에서 대부분의 국가들은 국민경제에 직접 개입해 그것을 통제함으로써 공황을 극복하고 자본주의를 유지·발전시키고자 시도했다. 그러나 공황 극복을 위한 국가 개입 형태는 나라마다 달랐다. 특히 미국과 독일 정부 정책이 극히 대조적인 면을 보였다. 미국은 뉴딜정책을 통해 민주주의 전통을 살리는 가운데 유효수요를 창출함으로써 과소소비 문제를 해결하려 했다. 이에 반해 독일은 전체주의 이념을 바탕으로 사회정책 수단을 통해 실업을 줄이고 공황을 극복하려 했다. 인민전선 체제의 프랑스는 미국과 독일의 중간 형태의 정책을 추구했다. 즉, 프랑스 정부가 추구한 경제정책은 미국 뉴딜정책의 축소판이었던 것에 반해 그 기본이념은 오히려 독일의 정책에 가까웠다. 한편, 영국의 경우, 정부의 개입 형태는 미국과 약간 달랐지만, 공황 극복의 이념은 미국과 유사했다(김종현 2007, 508~509). 공황 극복을 위한 주요 자본주의국가 정책과 경제 회복 과정을 미국 뉴딜을 중심으로 살펴본다.


## 1. 미국

세계경제공황 발발 당시, 허버트 클락 후버 정권(1929년 3월~1933년 3월)은 정부 권한으로 경제에 개입해 간섭하고 통제하거나 실업자와 빈민을 구제하고 공공사업을 벌이는 등 공황 대책을 적극 강구하는 것은 자유방임주의를 해치고 미국의 전통에 배치되는 것으로 간주했다. 또 정부가 시행하는 경제관리는 필연적으로 모든 자유의 바탕이 되는 경제적인 자유를 파괴하게 되고, 결국 그것은 사회주의적인 방법이 되는 것이며 중간 계층을 파시즘으로 이끄는 길이라고 경고했다. 결국 정부가 경제문제나 실업문제에 개입해 이를 조정하는 것은 국민을 '국가의 노예'로 삼는 것이며, 국민의 진정한 자유는 상실된다고 주장했다(정종수 1988, 29).

후버는 또 대공황이 국제 문제이기 때문에 각국의 협력을 통해서만 그 해결이 가능하다고 판단했다. 그러나 해외시장은 1930년 이후에는 더 이상 개척할 여지를 남겨 놓지 않았다. 그래서 그는 국내 문제보다는 국제 문제에 더 큰 관심을 가지고 1930년에는 관세법을 개정해 관세장벽을 쌓았고, 1931년에는 정부 사이의 배상과 채무에 관한 1년 동안의 지불유예를 선언했다. 이런 정책 기조에 따라 후버는 1932년 6월에 로잔회의를 열고 1933년 6월에는 런던세계경제회의를 개최하도록 주선해 세계경제공황에 대처하기 위해 노력했지만, 별다른 성과를 거두지 못했다.

후버 대통령은 공황이 점점 심각한 상태로 빠져들어 돌이킬 수 없는 지경에까지 이르자, 정부가 그동안 시행해 온 정책을 수정하지 않을 수 없었다. 그는 오랫동안 고수해 왔던 통화수축정책을 어느 정도 완화해 자금 유통을 조장하게 되었고, 각 부문의 기업인, 실업자, 주택 소유자, 저당 채무 농민을 위한 원조를 강구하게 되었다.

또 후버 정부는 지방정부와 자선단체의 구제 활동이 자금 고갈로 마비 상태에 놓이게 되자, 1932년 7월에는 긴급구제건설법Emergency Relief and Construction Act을 제정해 주정부에 대한 구제 지출용 대부 자금과 공공사업 활동을 위한 자금을 책정했다(박무성 1979, 76~78).

이 밖에도 후버 정부는 반통화수축 조치로 1932년 2월에 '글라스-스티갈Glass-Steagal 법'을 제정해 연방 준비의 필요액을 완화함으로써 신용공급을 원활하게 했다. 그리고 연방주택대부법Federal Home Loan Bank Act을 제정해 부흥금융회사 기능을 확충하고 건축 사업 부흥을 시행했다.

이와 같은 후버 정부의 공황 대책은 경제의 악순환 방지에만 급급했을 뿐 적극적인 회복 정책으로는 턱없이 미흡했다. 결국 후버 정부의 공황 극복을 위한 노력은 시장에 대한 자유방임주의 관념, 재정적 보수주의, 그리고 정부 역할에 대한 제한된 조치 때문에 실패로 끝나고 말았다. 공황은 여전히 깊은 터널 속에 머문 채 결국에는 뉴딜정책의 출현을 기다려야만 했다 (정종수 1988, 33).

플랭클린 루스벨트가 미국의 제32대 대통령에 취임한 1933년 3월 4일은 대공황이 최악 상태에 놓여 있는 때였다. 대공황은 이제 고전적 자유방임정책으로는 도저히 극복될 수 없다는 것이 명백해지면서, 종래와는 근본적으로 다른 어떤 새로운 방책이 강구되지 않으면 안 되었다. 이런 상황에서 루스벨트는 취임하자마자 133일 동안에 걸쳐 공황 극복을 위한 방책들을 내놓았다. 1933년 3월 9일 긴급은행법Emergency Banking Act 제정을 시작으로 6월 16일 전국산업부흥법National Industrial Recovery Act, NIRA으로 마무리되는 15개 법안을 제정해 뉴딜[1]의 골격을 마련했다. 이른바 '100일 회의'로 불리는 이 기간에 설정된 정책은 부흥Recovery, 구제Relief, 개혁Reform을 목표로 내세웠다.

루스벨트의 개혁은 위기를 극복하고 체제를 안정화하는 방식으로 자본

---

1_뉴딜(New Deal)은 '새로운 정책'을 일컫는데, 원래는 포커 게임에서 새 게임을 시작하기 위해 카드를 다시 친다는 뜻의 표현이다.

주의를 재조직하는 동시에 루스벨트 정부 초기에 일기 시작한 심상치 않은 자생적 반란 — 소작농과 실업자들의 조직화, 자조 운동, 몇몇 도시에서 벌어진 총파업 — 을 막는다는 두 가지 절박한 필요를 충족시켜야 했다(Zinn 2005, 392).

루스벨트 대통령은 뉴딜정책의 채택에 앞서 네 가지 중요한 강령을 구체적으로 제시했다. 첫째, 위기에 놓인 미국 민주주의를 구출하기 위해서는 국가경제를 근본적으로 개혁할 필요가 있다. 이것은 공화당 정부와는 달리 대공황의 원인이 국내 경제의 파탄에서 비롯된 것으로 보았기 때문이었다. 둘째, 국민경제 전 영역에 걸쳐 국가 통제를 필요로 한다. 셋째, 경제 사회 구조 자체를 자유경쟁이 아닌 더 큰 집권화와 통제로 이끌어야 한다. 넷째, 노사관계를 조정해 구매력을 향상하고 대규모 공공사업을 추진해 실업자를 구제하고 보험 제도들을 설치해 사회정책을 수행해야 한다(박무성 1979, 91).

이런 프로그램을 기본 바탕으로 수립된 뉴딜정책 중심 내용, 즉 산업정책, 농업정책, 공공사업 정책, 재정정책, 노동정책을 살펴본다.

'뉴딜의 산업정책'은 가장 핵심적인 정책으로서, 그것은 전국산업부흥법을 기초해 전개되었다. 이 법에 따른 산업정책 목표는 정부와 산업 사이의 협동 체제를 확립해 산업 상호 간의 협동과 경영-노동 사이의 협력을 촉진하고, 이를 통해 고용수준을 향상해 국민의 구매력을 촉진하는 데 설정되었다. 또 농업과 공업의 생산물 가격을 높여 마비 상태에 빠져 있는 유통시장에 활기를 불어 넣고 경기순환을 호전시킴으로써 모든 부문에 걸쳐 경제 부흥을 꾀하고자 한 것이 목표였다. 그리고 이 법은 임금 인상과 노동시간 단축으로 노동자의 소득을 증대시키는 한편, 공공사업 계획을 통해 실업자를 흡수하고 경기회복을 도모하는 것을 주요 목표로 삼았다.

이런 목표들을 달성하기 위해 법으로 규정한 중요 사항은 '공정 경쟁 규약'과 노동자 권익 보호 조항, 그리고 공공사업과 건설 계획에 관한 것이었다. 공정 경쟁 규약은 기업가 자신들의 자율적인 규제와 정부의 공식적인 규제를 결합하는 것을 목표로 했는데, 이 규약은 1933년 이전부터 경영자 단체들이 특수 산업 분야에서 시행해 왔던 사항들을 더욱 발전시킨 것이었다. 여기에 포함된 생산제한 정책은 지나친 경쟁과 과잉생산을 방지해 가격을 유지하고 이윤을 보호하기 위해 채택된 것이었고, 가격규제 정책은 기업의 가격 인하 경쟁을 방지하고 공정 경쟁을 전개하도록 해 그들의 이익을 최대한 보호하고자 한 것이 그 목적이었다.

다음으로 노동자 권익 보호에 관한 규정은 노동자 단결권과 단체교섭권을 보장하고, '황견계약[2]'을 불법화했으며 최고노동시간제와 최저임금제를 강제화했다. 그리고 공공사업과 건설 계획에 관한 규정을 실행함으로써 공공사업 추진 목적을 주로 실업자에 대한 구제와 정부의 자금 살포에 따라 구매력을 증진하고자 했다. 이런 정책 시행에 따라 지금까지 주정부가 전담해 수행해 왔던 실업 구제대책을 연방정부가 수행하게 되었다.

전국산업부흥법에 바탕을 둔 산업부흥정책은 시행 초기부터 계약 체결을 비롯해 여러 가지 어려운 문제에 부딪쳤다. 그것은 가격규제권 문제, 물가 인상 문제, 경영자단체의 대표권 문제, 독점 문제, 노동조합 요구 문제, 중소기업 문제 등이었다.

이런 문제들을 둘러싸고 전국산업부흥법은 1933년과 1935년에 걸쳐 혹독한 공격을 당해야만 했다. 대기업들은 정부가 노동관계에 적극 개입하는

---

2_노동자가 노동조합에 가입하지 않거나 노동조합으로부터 탈퇴 또는 특정 노동조합에 가입하는 것을 고용조건으로 하는 것을 말한다.

데 대해 불만을 나타냈고, 중소기업들은 독점체의 성장에 대해 비판적이었으며 자유주의자들은 반트러스트법 적용 정지를 비난했다. 소비자층은 물가 인상에 분노를 나타냈고, 노동자 측은 규약의 실제 결과에 대해 실망을 표시했으며 법률가들은 정책 자체가 위헌이라고 주장했다(Limk & Catton 1973; 정종수 1988, 42에서 재인용).

전국산업부흥법에 대한 비판여론이 높아져 이를 둘러싼 찬반론이 거세게 주장되는 가운데 1935년 5월 27일 대법원이 위헌판결을 내렸고, 이에 따라 전국산업부흥법에 기초한 모든 활동은 중지되었다. 위헌판결의 근거는 첫째, 전국산업부흥법 규약에 법적 구속력을 가지는 권한을 아무런 표준 제한을 설정하지도 않은 채 의회가 대통령에게 위임한 것은 삼권분립주의 위반임으로 무효라는 것이고, 둘째는 전국산업부흥법은 통상 규제 조항 위반으로서, 지방정부에 위임되어야 할 주州 내 통상 분야에 대해 주 사이의 통상권을 부당하게 사용했다는 것이었다.

위헌판결이 나자마자 곧바로 기업들의 과열 경쟁이 되살아났고, 노동시간 연장을 비롯해 임금 저하와 실업자 증가 그리고 아동노동 고용이 보편화되었다. 이런 상황에서 전국산업부흥법을 대체할 수 있는 새로운 통제 방법이 요구되었다. 후기 뉴딜정책에서도 전기前期와 마찬가지로 반독점정책을 더욱 강화해 적극적인 개혁 정책 추진이 필요했다.

1935년에는 전국노동관계법National Labor Relation Act(Wagner Act)이 제정되었는데, 이 법에 근거해 새로이 전국노동관계위원회가 설치되었다. 또 사회보장 확충을 위해 사회보장법Social Security Act이 제정되었고, 1938년 6월에는 공정노동기준법Fair Labor Standard Act이 제정되어 노동정책이 제도화되었다.

전국산업부흥법은 노동정책에서 노동관계를 규율하는 법률체계를 갖추는 계기를 마련했는데, 쟁의행위에 대한 민사 면책[3]과 노동삼권 침해 행위에 대한 특별 구제 제도로서 부당노동행위 제도를 설치했다. 또 최고노동시간제와 최저임금제를 제정했고 아동노동을 폐지했다. 그리고 전국산업부흥법은 고용 촉진에도 일정한 기여를 한 것으로 평가되었다. 그러나 전국산업부흥법은 당초 각계각층의 이해관계를 반영한다는 의도에서 제정되었으나, 실제로는 대기업 중심으로 운영되었다.

뉴딜이 추구한 경제 조직화의 주된 목표는 대공황을 극복해 경제를 안정화하는 것이었고, 다른 하나의 목표는 반란이 현실적인 혁명으로 전화되지 않도록 하층계급 사람들을 원조하는 것이었다. 그러나 루스벨트 대통령이 취임할 때 우려했던 그대로 노동자계급의 파업투쟁을 비롯한 민중 저항이 여러 형태로 일어났다.

다음으로 '뉴딜 농업정책'은 농업조정법Agricultural Adjustment Act, AAA(1935년 5월 12일 제정)을 근거로 전개되었다. 미국 농업은 이미 1920년대부터 불황 상태에 있었는데, 이런 농업 불황이 대공황을 더욱 심각한 상황으로 몰아갔기 때문에 농업정책은 대단히 중요한 영역이었다. 미국의 농업이 안고 있었던 근본 문제는 과잉생산과 과소소비로 인한 농업 구조 불균형이었다.

농업조정법에 기초를 둔 농업정책의 핵심은 정부 개입을 통한 생산 통제 정책과 농산물 가격 인상·유지 정책이었다. 농업정책 목표는 농산물 가격을 인상해 기준연도(1909~1914년)의 평형 가격으로 회복시키고, 농업소득을 증대해 농민의 구매력을 높임으로써 총수요 확대를 통한 전반적인 경제 회복을 꾀하고자 한 것이었다. 생산 조정 정책과 더불어 중요한 농민 구제책으로는 여러 가지 입법을 통한 농민 부채 감소, 농촌 부흥 사업 추진,

---

**3_**쟁의행위에 대한 민사 면책에도 불구하고 법원이 여러 가지 예외를 설정해 사용자의 손해배상청구를 받아들이는 사례가 많았다(김유성 1997, 263).

농업노동자와 소작농 문제 해결 등이 포함되어 있었다.

뉴딜 농업정책은 농산물 가격 지지 정책, 농민 구제 정책, 토지 보전 정책을 핵심 내용으로 했다. 농산물 가격 지지를 위해서는 평형 가격 설정, 생산 통제, 생산 삭감에 대한 보상 지불, 농산물 가공세 부과 등이 실시되었으며, 그 집행을 위한 기관으로 농업 조정청이 설치되었다.

농민 구제 정책은 농업 불황과 대공황으로 곤경 상태에 놓인 농민들에게 금융 원조를 제공하고자 긴급 농지 저당법을 제정했다. 그리고 토지 보전 정책은 토양 보전과 개선, 토지의 효율적 사용, 토양 자원의 낭비적 사용 방지, 토양 침식 방지를 목적으로 한 것이었는데, 이 정책의 실질적 목적은 농민의 소득 향상이었다(정종수 1988, 50~53).

뉴딜 농업정책의 기초가 되었던 농업조정법 규정들이 1936년 1월 대법원 위헌판결로 효력을 잃게 되었는데, 그 근거는 어떤 특정 행동에 동의하기 위해 정부가 보상금을 지불할 권한이 없다는 이유에서였다. 즉, 어떤 특정 지역이 위험에 직면했다고 해 의회가 헌법에서 제한한 권한을 이탈하는 것은 허용될 수 없기 때문에, 가공세 부과와 보상금 지불은 연방정부 과세권 남용이고 생산제한 협정은 주권州權에 유보된 권한을 침해하는 것이라고 판시했다. 이에 따라 농업조정법 주요 규정이었던 생산제한 정책과 가공세, 그리고 보상금 제도는 무효화되었지만, 시장판매협정과 상품금융회사 운영, 그리고 과잉생산 억제 조항은 존속하게 되었다.

뉴딜 농업정책은 일반적으로 평가할 때 불황에 빠진 농업 회복이라는 측면에서는 기대한 만큼 큰 효과를 거두지는 못했으나, 농촌 부채 감소, 자작농 증가, 농업 능률화, 농촌 안정 등 단기 구제라는 측면에서는 상당한 성과를 올릴 수가 있었다(김종현 2007, 510~511).

'뉴딜 공공사업 정책' 가운데 가장 야심차게 추진된 것은 테네시계곡개발공사Tennessee Valley Authority, TVA 사업이었다. 여기서 말하는 테네시계곡이란 앨라배마, 조지아, 켄터키, 미시시피, 노스캐롤라이나, 테네시, 버지니아 등 7개 주에 걸친 10만4천 제곱킬로미터에 해당하는 지역을 말한다. 뉴딜 정부 주도로 테네시계곡 지역의 종합개발과 실업 구제 등을 목적으로 테네시계곡공사법이 1933년 5월 18일 제정되었다.

테네시계곡 지역은 남북전쟁이 끝나기 전까지 미개발 지역으로 남겨진 미국 최후의 미개척 지역이었으나, 그 뒤로 목재, 석유, 천연가스 등을 채취하기 위한 자본 진출이 이 지역을 급속하게 황폐화시켰다. 이와 더불어 테네시 강 개발에 대한 관심이 높아졌고, 1820년대에는 정부 차원에서도 운하 개설과 수력발전 개발 등에 대한 권고와 시도가 이루어졌으나, 결실을 거두지 못했다. 그런 가운데 대공황에 따른 대규모 실업 사태가 발생하면서 테네시 강 유역 종합개발과 실업 구제를 목적으로 한 대규모 지역 종합개발 사업이 본격적인 계획으로 설정되었다.

테네시계곡개발공사의 목표는 법률상 다음과 같이 규정되었다. 첫째, 최대한 홍수 통제, 둘째, 수상 운수를 목적으로 하는 테네시 강 최대한 개발, 셋째, 홍수 통제와 수상 운수를 방해하지 않는 최대한의 발전, 넷째, 표준 이하 토지의 적절한 이용, 다섯째, 해당 지역에 대한 조림, 가능한 토지에 대한 적절한 식수, 여섯째, 이 지역 주민의 경제·사회적 복지 증진 등이다.

테네시계곡개발공사에서 설정한 주요 사업들은 전력 산업 증대, 전력 수요 확대, 그리고 농촌 사회 전력화 사업을 주요 내용으로 하는 전력 사업, 토양 보전, 수리시설 정비, 저렴한 화학비료 생산, 과학적 영농 방법 보급 등의 사업을 통한 농업 개선 사업, 산림자원 보존과 식수 사업, 그리고 홍수 방지를 위한 30여 개 댐 건설 사업 등이었다.

테네시계곡개발공사는 국가가 주도하는 전형적인 종합개발계획이었다.

이런 계획은 전통적인 미국 자본주의 제도에 큰 수정을 가하게 된다는 이유로 당시 많은 비판의 대상이 되었으나, 그것은 뉴딜과 같은 강력한 국가정책에 따라 비로소 실행될 수 있는 것이었다. 테네시계곡개발공사는 뉴딜 기간에는 뚜렷한 효과를 거두지는 못했지만, 그 이후에 지속적으로 정책 효과를 나타냄으로써 뉴딜정책이 남긴 최대의 국가적 유산이 되었다(김종현 2007, 512).

'뉴딜 재정정책'은 산업정책을 비롯한 주요 정책을 시행하는 과정에서 반드시 요구되는 정책이었다. 뉴딜정책의 전기前期 시행 과정에서 취해진 정부 재정지출은 침체 상태에 빠진 산업을 부흥하기 위한 일시적이고 긴급하게 채택된 유수정책이었다. 그러나 공황이 장기화되고 대량 실업이 계속되면서 긴급 구제 목적의 뉴딜 재정정책은 질적 전환이 요구되었다. 이에 따라 뉴딜 정부는 긴급구제법Emergency Relief Act을 제정해 6년 동안에 걸쳐 90억 달러에 이르는 자금으로 노동자 약 800만 명의 일자리를 만들었다(정종수 1988, 73).

그러나 1937년 경기후퇴를 분수령으로 해 뉴딜 재정정책은 새로운 국면을 맞았다. 후기 뉴딜 재정정책은 민간투자 부족분을 보충할 정도의 규모로 그리고 지속적으로 행해질 필요가 있다는 판단에 근거했다. 이른바 보정적 재정정책이 그것이었다.

루스벨트 대통령은 1938년 신경제정책에 따른 경제 회복 계획을 의회에 제출했는데, 이것은 정부가 적자재정을 통해 공공사업에 대한 투자를 촉진해 경기 침체를 회복하고 완전고용을 실현하려는 데 목표를 둔 정책이었다. 적자재정을 통한 공공투자는 사적 투자 부족을 보충해 경기회복과 고용 증대를 위한 중요한 역할을 수행했다. 후기 뉴딜에서는 케인스의 경제 이론[4]이 중요한 이론적 근거가 되었다.

뉴딜이 끝났을 때, 자본주의는 본래 그대로의 모습으로 남아 있었다. 부자들은 여전히 국가의 부를 지배하고 있었고 법률과 법원, 경찰, 신문, 교회, 대학들 역시 수중에 장악하고 있었다. 수백만 명에게 루스벨트를 영웅으로 만들기에 충분할 만큼의 도움이 있기는 했으나, 대공황과 위기를 불러일으킨 바로 그 체제 — 낭비와 불평등 체제이자 인간의 필요보다 이윤을 우선시하는 체제 — 는 여전히 굳건하게 존재했다.

대공황 극복을 목표로 한 뉴딜정책은 흑인에게는 그다지 효과적인 혜택을 주지 못했다. 흑인은 대부분 소작농, 농장 일꾼, 이민자, 가내노동자들과 마찬가지로 최저임금과 실업보험, 사회보장, 농장보조금 등을 적용받기에는 자격 미달이었다. 흑인 노동자들은 일자리를 얻는 데서도 차별을 받았다. 그들은 마지막에 고용되고 제일 먼저 해고당했다.

뉴딜 개혁이 잇달아 채택되고 있던 1935년 3월 19일, 할렘은 드디어 폭발했다. 흑인 1만 명이 거리를 휩쓸면서 백인 상인의 재산을 파괴했다. 경찰 700명이 투입되어 흑인들의 소요를 제압했다. 이 과정에서 흑인 두 사람이 희생되었다(Zinn 2005, 403~404).

많은 미국인이 이 위기와 반란의 시기에 자신들의 생각을 바꾸기 시작했다. 유럽에서는 히틀러가 등장했다. 태평양 건너에서는 일본이 중국을 침략하고 있었다. 새로운 제국들이 서유럽의 제국들을 위협했다. 미국에서도 전쟁은 그리 먼 일이 아니었다.

---

4_케인스는 1938년 2월 루스벨트 대통령에게 보내는 서한을 통해 신용과 파산 문제의 해결, 저리·단기 금융정책의 확립, 적절한 실업 구제 제도의 창설, 정부 자금 또는 정부가 보증하는 원조를 통한 공공사업과 기타 투자의 실시, 소비재 수요의 증가를 충당하는 데 필요한 생산재에 대한 투자, 내구재 산업에 대한 정부 주도의 투자를 제안했다.

## 2. 영국

영국 정부는 대공황을 극복하기 위해 적극적인 노력을 기울였는데, 그 정책 방안들은 매우 다양했다. 1931년의 금본위제 이탈과 파운드화의 평가절하, 신용팽창에 따른 이자율 인하와 투자 확대, 1932년의 일반관세 도입과 장기 자본수출 규제, 주택 건설 확대 추진, 직물·철강·조선 등 구산업의 침체와 대비되는 전기·화학·자동차 등 신산업의 급속 성장 추진, 그리고 1935년 이후 지속적으로 증가한 군비 지출 등이 그것이었다(Winchi 1969; 양동휴 2006, 63에서 재인용).

영국은 1931년 9월 과거 1세기 이상에 걸쳐 지켜 온 금본위제를 폐지하고 변동환율제를 채택하는 동시에 파운드화의 평가절하를 단행했다. 금본위제에서 이탈한 직후부터 1920년대에도 불황에서 벗어나지 못했던 영국 경제는 수출 증가, 수입 감소, 그리고 고용 증대를 통해 크게 호전되었다. 즉, 금본위제에서 이탈한 1년 뒤 파운드화의 가치는 약 40퍼센트 하락했으나, 그 이후에는 거의 안정을 나타냈다. 파운드화 가치 하락은 무역 관계를 개선시켰다. 파운드화 평가절하에도 불구하고 영국연방국가들과 이집트, 스칸디나비아 국가들, 라틴아메리카 국가들의 화폐도 평가절하되었기 때문에 수입 가격은 상승하지 않았다(김종현 2007, 513).

또 자금을 싸게 공급하기 위해 이자율을 인하했는데, 이는 국공채 이자 부담을 줄여 균형 재정을 유지하려는 재무성의 전통적인 정책의 일환이었다. 그러나 금리 인하는 민간 산업의 회복을 가능하게 한 직접적 요인으로 작용했다. 이자율이 급속하게 하락하자 전반적으로 투자 지출이 늘면서 이것이 경기회복을 주도했다(양동휴 2006, 65).

다음으로 영국은 공황 극복을 위해 보호관세를 도입했는데, 1932년 영국은 오타와 협정에 따라 경제 블록을 형성하는 한편, 일반적 보호관세를 규정한 수입관세법Import Duties Act을 제정했다. 종래에는 보호관세가 예외적인 것이었기 때문에 수입품의 약 83퍼센트를 무관세로 수입하던 영국이 이 법에 따라 공업원료와 일부 농산품 등 수입품의 약 25퍼센트만을 무관세로 수입하고, 나머지 수입품에는 모두 관세를 부과했다. 이와 같은 일반관세 도입에 따라 영국은 영국연방국가들에 대해서는 관세 특혜를 줄 수 있게 되었을 뿐만 아니라 그 밖의 나라들에 대해서는 더 큰 교섭력을 가질 수 있게 되어 수출을 위한 더한층 유리한 조건을 갖게 되었다.

그리고 영국은 산업 합리화 정책을 시행했는데, 이것이 영국 산업 발전에 대해 큰 자극을 주었다. 정부는 산업의 재조직을 통해 가장 효율적인 공장에 생산이 집중되도록 유도하고 자동차, 레이온, 전기기구, 비행기, 화학공장 등의 신산업 분야에 대한 합리화를 추진했다(김종현 2007, 544).

주택 건설 정책도 경기회복에 큰 역할을 담당했다. 당시 국내총생산GDP의 약 3퍼센트를 차지할 정도이던 건축 산업은 1933년과 1934년에는 국내총생산 성장에 17퍼센트 정도 기여했다. 간접 효과까지 포함한 고용 창출효과는 1931~1935년 사이에 증가분의 30퍼센트 정도로 추계되었다. 이런 주택 건설 호황의 지리적 분포를 보면, 고용 창출 효과는 자동차, 화학, 정밀기계와 같은 신산업의 급속한 성장을 반영한 것일 수도 있다. 그래서 신산업의 성장이 경기회복을 이끌었다는 주장들도 제기되었다(Worswick 1984; 양동휴 2006, 66에서 재인용).

## 3. 독일

1930년대 대공황기에 독일은 다른 나라에 비해 더한층 혹독한 시련을 겪었다. 독일은 패전 뒤 전쟁배상금 부담과 이를 해결하기 위한 외자도입, 특히 미국에서 들여온 단기외채 누적은 전승국의 배상금 압력과 함께 독일의 금융 구조를 극히 불안하게 만들었다. 1931년 은행 공황으로 금융 질서는 거의 무너지고, 하인리히 브뤼닝 정권이 시행한 디플레이션 정책도 아무런 효과를 거두지 못했다. 그뿐만 아니라 디플레이션 정책은 국민의 구매력을 급격히 감퇴시켰고 이윤 전망을 흐리게 함으로써 투자를 격감시켰다. 이와 함께 수출 격감이 불경기를 심화했으며 생산도 급격하게 감소했다. 그 결과, 실업이 크게 증가해 1932년에는 등록된 실업자가 600만 명이었고, 비등록 실업자도 100만 명으로 추산되었으며, 이들 가족까지 합하면 당시 독일 인구의 3분의 1 이상이 실업 상태에 있었다(김종현 2007, 517).

1933년에 정권을 장악한 히틀러 나치 정권은 실업문제 해결을 최우선 정책 과제로 채택하지 않을 수 없었다. 1933년 봄에 포고된 제1차 4개년계획은 독일 농민을 구제해 국민에 대한 식량 공급을 늘리고, 실업문제를 극복해 독일 노동자들을 구제할 것을 기본 목표로 삼았다. 이에 따라 1932년 말부터 1935년까지 고용 창출을 위해 총 52억 마르크가 지출되었는데, 이것은 3년 동안 독일 국민총생산의 2.5퍼센트에 해당하는 액수였다. 고용 창출을 위한 이런 투자는 민간투자 촉진책과 더불어 투자심리 등 민간의 기대를 낙관적으로 반전시켰는데, 이런 정책은 라인하르트Reinhardt 프로그램[5]을

---

5_라인하르트 프로그램은 1933년 6월 1일 공표된 것으로 직접적 고용 창출과 함께 민간투자를 촉진하기 위해 이전의 조세감면 조치를 유지하고 확대하는 내용을 포함한 정책이다.

위시한 직접적 고용 창출 정책의 큰 성과로 평가되었다(양동휴 2006, 107).

1934년 11월 독일 재무장 계획이 실천에 옮겨지면서 나치 정권의 경제 목표는 크게 변화했다. 새로운 경제 목표는 농업과 공업의 발전을 통해 자급자족 경제를 실현해 제1차 세계대전 때와 같이 경제봉쇄를 당하더라도 그것을 극복해 낼 수 있는 경제력을 배양하는 것이었다. 이런 목표에 따라 정부의 군비 지출은 1933~1939년 사이에 총 900억 마르크에 이르렀다. 이 금액은 1938년 한 해 국민소득과 맞먹는 것이었다.

여기에 정부가 지출한 공공사업과 경상경비를 합치면, 정부 부문이 경제에서 차지하는 비중은 1929년의 35.9퍼센트에서 1938년에는 57퍼센트로 증가했고, 국민소득에서 정부 지출이 차지하는 비중도 1929년의 11퍼센트에서 1930년대 말에는 거의 50퍼센트로 증가했다. 결국 독일 경제에서는 정부가 가장 큰 투자가인 동시에 가장 큰 소비자였다. 경제활동에 대한 정부 개입은 농업, 공업, 상업, 무역, 노동 등 거의 모든 경제 부문에 걸쳐 행해졌다.

나치 정부는 강력한 통제를 바탕으로 소비재 생산을 되도록 억제하고 생산재 생산을 우선하는 방향으로 경제를 운용했으며, 특히 1937년 제2차 4개년계획부터 국내 부족 자원에 대한 대체산업 육성에도 노력을 기울였다. 그 결과 소비재 산업의 완만한 성장에도 불구하고 생산재 산업과 수입 대체산업은 빠르게 발전했다(김종현 2007, 518~519).

나치 정부는 초기에 팽창하는 재정지출 증대를 통해 유효수요를 창출해 경기회복세를 이끌었다. 다만, 고용 창출 조치만이 아니라 산업연관 효과가 높은 모토리지룽motorisierung(자동화), 재무장 등 광범위한 부문에 대한 지출을 수행했다. 또 나치 정권은 "단순히 경제에 자금을 투하하고 소득이 증대되기를 기다리는 데 머무르지 않았다. 정부 지출 정책을, 다른 경제 부문을 통제하고 이를 강화하는 수단으로 사용했다"(Overy 1996, 48; 양동휴 2006, 111에서 재인용).


## 4. 프랑스

프랑스는 대공황 극복 정책을 시행하는 데서 다른 자본주의국가들과는 다른 몇 가지 특징을 보였다. 그것은 1936년 5월 이후 '인민전선' 정권이 공황 탈출을 위해 시행한 정책들이 '사회 개혁'과 '관리경제' 등을 기초로 한 데서 나온 결과였다.

대공황 초기 프랑스 정부는 다른 나라들과는 달리 전통적인 금본위제를 계속 유지했다. 그러나 프랑스 경제력이나 금융 상황에 비추어 볼 때, 프랑화 권위를 오랫동안 유지한다는 것은 불가능한 일이었다. 국제수지 적자와 자본의 해외 도피는 금의 유출을 유발해 결국에는 프랑화 가치를 저하시켰으며, 이런 상황에서 프랑화의 평가절하가 불가피하다는 주장들이 나왔다. 그러나 여러 계층이 이에 반대해 프랑화 평가절하는 시행되지 않았다.

이와 같은 상황에서 1935년 수상에 취임한 라발은 디플레이션을 통해 프랑화를 구제한다는 정책을 추구했다. 라발의 디플레이션 정책은 균형예산을 취한 가운데 모든 가격과 지대, 이자, 임금 등 고정소득을 일률적으로 10퍼센트씩 삭감하는 것을 주요 내용으로 한 것이었다. 그러나 라발의 정책은 균형예산을 실현하는 것부터 실패했다. 그것은 심한 디플레이션으로 정부 지출 삭감보다도 세입 감소가 더 컸기 때문이다. 그뿐만 아니라 소득 삭감은 노동자계급과 급진적 하급 관료 말고도 디플레이션으로 고통을 겪어 온 대다수 중산층, 농민, 소상인의 강한 반발을 불러일으켰다. 라발의 디플레이션 정책은 마치 독일에서 브뤼닝의 디플레이션 정책이 히틀러의 출현을 위한 분위기를 조성한 것과 마찬가지로 인민전선 성립의 계기가 되었다(김종현 2007, 545).

인민전선은 뒤에서 자세히 살펴보겠지만, 파시즘을 저지하기 위해 공산당, 사회당, 급진사회당이 중심이 되고 프랑스노동총동맹과 지식인까지 연합해 만든 전선체다. 인민전선은 1936년 5~6월 선거에서 승리해 레옹 블룸 정권을 탄생시켰다.

블룸 정부가 당면한 최대 정책 과제는 대공황에서 탈출하는 일이었다. 블룸 정부는 1936년 5~6월의 대규모 파업에 대한 정책 대응이라는 명분으로 일련의 '사회 개혁' 시책을 실행했다. 정부는 프랑스노동총동맹 지도부와 경영자단체 대표 사이의 교섭을 통해 마티뇽 협정Accord Magtignon을 체결하도록 유도했다. 협정 내용은 단체협약권 승인과 1936년 5월 25일 현재 수준보다 7~15퍼센트 임금 인상, 주 40시간 노동일제와 연 2주일 유급휴가 법제화 등이었다. 이런 일련의 노동정책은 실제로 임금을 30퍼센트 정도 인상한 것과 같은 효과를 유발한 것으로서, 계획이 목표로 한 총구매력 증대는 거의 실현된 것이나 다름없었다(김종현 2007, 546).

이와 함께 농민층 구매력 증대를 위해 소맥국小麥局을 설치해 농산물시장의 조직화를 꾀했다. 소비자와 농민, 그리고 제삼자 대표로 구성되는 소맥국 중앙회의에서 소맥 가격 수준을 공정하게 결정하는 동시에, 생산 조정이나 소매국을 통한 매상 등의 시책에 따라 대★제분업자나 곡물 상인의 투기와 부당이득을 배제하고자 한 것이 정책 목적이었다. 거기에는 중·남부의 많은 빈농과 소작농을 공황에 따른 몰락에서 구출하고 도시와 농촌, 노동자와 농민의 전통적 대립을 극복하고자 하는 의도도 내포되어 있었다(마츠다 1983, 344).

다음으로 블룸 정권이 시행한 개혁 정책의 하나가 주요 산업 국유화 계획이었다. 국유화 계획에는 금융자본가의 영향력을 약화하기 위한 프랑스 은행Banque de France 국유화와 철도·군수 산업 국유화가 포함되어 있었다. 그러나 이런 국유화 계획은 제대로 실현되지 못했다. 발권은행을 국유화했지만, 실제로 금융자본의 영향력을 약화시키지는 못했으며, 철도 국유화는 명분뿐이었고 군수산업 국유화는 오히려 생산의 와해만을 초래했다(김종현 2007, 546).

인민전선 정부는 1936년 9월 국내외 인플레이션 압력을 받아 태환 정지, 금의 수출 금지, 그리고 거래소 폐쇄 등의 조치(금본위제에서의 이탈)를 취하는 동시에 마침내 프랑화 평가절하를 단행했다.

인민전선 정부의 개혁적인 계획과 정책들은 프랑스가 공황에서 탈출하는 데는 실패했다. 오히려 물가는 상승하고 생산은 회복되지 않은 가운데, 봄·여름 동안 걸쳐 획득한 임금 인상 효과도 실질상으로는 나타나지 않았다. 프랑스 경제는 침체되었고, 인민전선 정부는 퇴진했으며 1938년 11월에는 민족주의적인 보수주의자인 폴 레노가 이끄는 새 내각이 들어섰다.

# 제18부 파시즘과 전쟁 위협에 대한 노동자계급 투쟁

# 파시즘의 위협과
# 그에 대한 대응

파시즘은 객관적 상황의 필요에 대한
대응으로서 나타난 정치운동이었으며,
결단코 우발적 요인들이 합쳐져 나온 결과가 아니었다.
또 동시에 파시즘이라는 해결 방식이
퇴행적 성격을 띠고 있었다는 것도 명백하다.
파시즘은 그 당시 수많은 나라들이 겪고 있었던
본질적으로 유사한 제도적 교착 상태에 대한
하나의 탈출구를 제시했지만,
그러한 치료법을 시행하게 되면 어디에서나
죽음에 이르는 병을 낳고 말았다.
이것이 바로 여러 문명들이 절멸해가는 방식이다.

_칼 폴라니(폴라니 2009, 566)

파시즘 연구 권위자인 에른스트 놀테는 제1차 세계대전 종결 다음 해인 1919년부터 제2차 세계대전이 끝난 1945년까지를 '파시즘의 시대'로 규정한다. 놀테의 이런 테제에 대해 볼프강 비퍼만은 "유럽에서 전개된 파시즘의 역사는 동시에 반파시즘의 역사이다"라고 강조하고 있다(김수용 외 2001, 2).

1920년대 후반 들어 이탈리아 파시즘은 '민주주의 이후 체제'postdemocratic regime로 점점 변화했다. 에스파냐, 폴란드, 리투아니아, 알바니아, 유고슬라비아 등은 모두 1920년대에 의회민주주의를 땅에 묻어 버렸고, 헝가리의 권위주의는 1932년에 줄러 굄뵈스 치하에서 더욱 강화되었다. 1933년에는 중부 유럽의 사회민주주의 심장부 역시 무너졌다. 오스트리아는 엥겔베르트 돌푸스의 가톨릭 권위주의를 통해, 독일은 나치의 권력 탈취를 통해 무너졌고 결국 1918년의 민주공화국 가운데서 체코슬로바키아만이 유독 살아남았다. 1934년에는 불가리아, 라트비아, 에스토니아 등에서 우파의 무자비한 진군이 계속되었고, 그리스의 민주주의는 1936년에 무너졌다. 파시즘은 국제적으로는 제3제국의 해외 침략을, 국내적으로는 자국 사회의 주된 위협 — 노동자의 권리와 사회주의, 소비에트 공화국 연방, 민주주의, 평화, 문화적 자유, 너그러운 문명의 가치, 개인의 자유, 진보 등에 대한 위협 — 을 의미했다(일리 2008, 479~481).

이와 같은 파시즘의 발흥이 유럽 전체를 휩쓰는 가운데, 반파시즘 투쟁이 완강하게 전개되었다. 투쟁을 주도한 사람들은 파시즘의 주요 공격 대상이었던 공산주의 투사, 기층 사회주의자, 좌파 지식인 등이었다. 반파시즘 투쟁의 주요 사례로는 1934년 2월 12일 경찰의 억압에 저항해 린츠에서 무장봉기를 일으킨 오스트리아 방위동맹의 필사적인 항거, 같은 날 우파의 폭력에 대항한 프랑스 사회당과 공산당 주도의 전국 총파업과 시위, 그리고 아스투리아스 광산노동자들의 14일에 걸친 반란을 비롯한 1934년 10월에스파냐 노동자계급 봉기 등을 꼽을 수 있다. 이 밖에도 각국에서는 크고 작은 반파시즘 투쟁이 계속해서 전개되었다. 파시즘의 위협과 부르주아지의 사회적 전략에 대응하기 위해서는 무엇보다 노동자계급의 투쟁 역량과 정치적 동맹의 강화가 요구되었고, 이와 함께 자본과 반동 세력의 공격을 저지·극복하기 위한 과학적인 전략과 전술의 수립·실천이 강구되어야만 했다.


## 1. 파시즘이란 무엇인가?

1920년대부터 최근에 이르기까지 파시즘에 관한 연구는 혼란스러울 정도로 다양한 해석과 서로 다른 견해들로 점철되었다. 이것은 유럽에서 수행된 파시즘 전개가 전체적으로 볼 때 고양과 후퇴의 과정을 되풀이하면서 파상적 양상을 보였고, 또 국가와 지역에 따라 여러 가지 형태와 다양한 특징을 나타냈을 뿐만 아니라 권력 획득 방법도 서로 달랐던 사실을 직접 반영하고 있다.

파시즘의 사전적 의미는 아주 단순하다. "제1차 세계대전 후에 나타난 극단적인 전체주의·배외주의적 정치 이념 또는 그 이념을 따르는 지배 체제를 말한다. 파시즘은 자유주의를 부정하고 폭력적인 방식의 일당독재를 주장하며 지배자에 대한 절대적인 복종을 강요한다. 또 대외적으로는 철저한 국수주의·군국주의를 지향하며 민족지상주의, 반공을 내세워 침략 정책을 주장한다"(〈네이버〉 어학사전).

'완성된' 파시즘 체제가 지닌 기본 측면들로서는 첫째, 노동자계급을 비롯한 피지배계급 운동 분쇄와 이들 계급을 체제 내로 강제 통합, 둘째, 자본 축적을 위한 국가의 광범한 개입, 셋째, 시민의 권리 박탈과 사회에 대한 전면적 감시·통제체제 수립, 넷째, 의회제 통제로부터 국가권력 집행 기구의 자립과 이를 통한 무제한적 국가 폭력 사용 등이 지적되고 있다(김세균 1987, 7).

여기서는 파시즘에 관한 몇몇 특징적인 정의를 살펴보기로 한다. 파시즘 연구의 권위자로 알려진 로버트 팩스턴은 파시즘을 다음과 같이 정의한다.

공동체의 쇠퇴와 굴욕, 그리고 희생에 대한 강박관념적 편견을 특징으로 하는 정치적 행동의 한 형태이자, 일체감, 에너지, 순수성의 보상적인 숭배를 두드러진 특징으로 하는 정치적 행동의 한 형태다. 또 그 안에서 대중의 지지를 등에 업은 결연한 민족주의 과격파 정당이 전통적 엘리트층과 불편하지만 효과적인 협력 관계를 맺고 민주주의적 자유를 포기하며 윤리적 또는 법적인 제약 없이 폭력을 행사해 대내적 정화와 대외적 팽창이라는 목표를 추구하는 정치적 행동의 한 형태다(Paxton 2005, 218).

일본의 파시즘 연구가 마루야마 마사오는 다음과 같이 주장한다.

파시즘은 20세기 가장 첨예하고 전투적인 형태의 반혁명 세력이다"라고 간략하게 정의한다. 그는 세계사 진행 자체가 정지되지 않는 한 완전한 동질화는 현실적으로 불가능하기 때문에 파시즘은 영원히 '미완성'인 채로 남아 있게 될 것이며, "그 때문에 반혁명의 총체적인 조직화를 지향하는 이른바 끝없는 운동으로만 존재한다. 그러므로 파시즘은 현대사회에서 '능동적 허무주의'가 숙명적으로 걸어가야 할 길이다(서동만 1983, 30~31에서 재인용).

파시즘에 대한 마르크스-레닌주의 정의는 흔히 코민테른의 강령과 결의를 기초해 행해지는 경우가 많다. "권력을 장악한 파시즘은 가장 반동적이고 배타적 애국주의적이며 제국주의적인 금융자본주의 요소의 개방적이고 테러적인 독재 체제다"(패스모어 2007, 35).

코민테른 제6회 대회는 '강령'에서 파시즘 대두의 배경을 다음과 같이 설명하고 있다.

> 제국주의 시대, 계급투쟁 격화, 내란 요소 증대 ― 특히 세계 제국주의 대전 이후 증대 ― 는 의회주의 파산을 초래했다. 그 결과, '새로운' 통치 방법과 형태가 생겨났다(예를 들면, 내각 내 실력 각료 그룹inner cabinet과 과두 지배적인 흑막 집단 성립, '인민 대의제'의 역할 저조와 변조, '민주주의적 자유' 제한과 폐지 등). 부르주아·제국주의 반동의 이런 공세 과정은 특별한 역사적 조건에서는 파시즘의 한 형태가 된다. 그런 조건은 다음과 같은 것이다 ― 자본주의 관계들의 불안정성, 계급으로부터 탈락한 다수 사회 분자의 존재, 도시 프티부르주아와 인텔리겐치아 등 광범위한 층의 빈곤화, 농촌 프티부르주아의 불만, 마지막으로 프롤레타리아 대중행동의 끊임없는 위협 등이다. 자기의 권력을 더한층 안정시키고 그것을 강고하고 항구적인 것으로 하기 위해 부르주아는 부득이 의회 제도로부터 정당의 상호 관계나 결합에 구애받지 않고 파시즘적 방법으로 이행하지 않을 수 없게 된다(동녘편집부 1989a, 93에서 재인용).

그리고 강령은 파시즘의 주요 임무를 다음과 같이 규정했다.

> 노동자의 혁명적 전위, 즉 공산주의적인 프롤레타리아층과 그 간부들을 분쇄하는 것이다. 사회적 데마고그와 그 매수, 그리고 적극적인 백색테러를 결합하는 것, 또 대외정책 부분에서 드러나는 극단적인 제국주의적 침략성이 파시즘의

특징이다. 파시즘은 부르주아에게 특히 위기적인 시기에는 반자본주의적인 언사를 사용하지만, 일단 국가권력의 중추에 발판을 확보하면 그 반자본주의적인 언사를 버리고 대大자본의 테러 독재라는 정체를 차츰 분명하게 드러낸다(동녘 편집부 1989a, 94에서 재인용).

파시즘의 본질을 파악하기 위해서는 파시즘 체제의 생성 요인에 대한 이론들을 살펴볼 필요가 있다. 파시즘 체제의 생성 요인에 관한 연구는 대략 다음과 같이 분류되고 있다. 중산층 이론, 마르크스주의 이론, 대중사회 이론, 도덕적 위기론 등이 그것이다(강기용 1995, 5).

중산층 이론은 중산층 지지에 따라 파시즘 체제가 성립했다고 주장하는 이론으로서, 지그문트 노이만, 윌리엄 앨런 콘하우저, 시모어 마틴 립셋 등이 중산층론 주창자들이다. 이들은 파시즘의 생성 요인이 중산층의 역할에 있다고 보고, 사회계층구조의 변화에서 비롯된 중간층의 불안 심리와 돌발적인 경제 불황에 따른 경제·사회적 지위상실에 대한 '중간층의 공포'가 파시스트 정당의 비약적인 발전을 가져온 직접적인 원인이라고 설명한다. 그러나 이 이론은 중산층을 중간적 지위로 편의에 따라 해석하고 있고, '중간층의 불안감'이 막연할 뿐만 아니라 중간층이 지지했기 때문에 파시즘 체제가 성립되었다는 이론은 매우 단편적이라는 비판을 받고 있다(강기용 1995, 8~20).

마르크스주의 이론은 사회파시즘론, 반파시즘 통일전선론, 독점자본주의 위기론 등으로 세분할 수 있다. 사회파시즘론은 1928년 코민테른 제6회 대회를 거치면서 명료하게 되었는데, 파시즘은 혁명적 프롤레타리아 운동과 혁명 상황의 성숙에 대한 부르주아지의 대응수단이라는 것이다. 그래서 파시즘 체제는 자본주의적 사회·정치 구조와 그 체제의 모순 속에서 생성되는 것으로 혁명이 눈앞에 임박했다는 증표가 된다고 했다. 또 코민테른은 사회민주주의도 계급투쟁을 부정하고 반공을 앞세우기 때문에 파시스트라고 규정했다. 사회파시즘론은 노동자계급의 통일전선 구축을 가로막았으며, 파시즘은 내부 모순 때문에 스스로 붕괴할 것이라는 오류를 범하게 되었다.

반파시즘 통일전선론은 1935년의 코민테른 제7회 대회에서 행한 게오르기 디미트로프의 보고로 집약된다. 파시즘의 권력 장악은 '하나의 정부에서 또 하나의 정부로 단순히 교체'된다고 말할 수 있는 것이 아니라, '지배의 한 국가형태, 즉 의회제 민주주의가 또 하나의 국가형태인 공공연한 테러독재로 대체'되는 것을 의미한다고 해석했다. 그리고 모든 자본주의국가가 반드시 파시즘화된다는 명제는 폐기되었고, 파시즘에 대응하기 위해서는 반파시즘 통일전선 노선을 선택해야 한다는 주장이 강조되었다(마루야마 마사오 1983, 40~41).

마르크스주의자 모리스 돕은 파시즘 체제의 생성 요인을 독점자본주의의 위기에서 찾는다. 돕은 독점자본주의 위기는 독점자본 체제가 착취할 수 있는 분야의 광범위한 발전은 물론이고 더욱 집약적인 발전까지도 봉쇄되면서 발생되었고, 이런 한계를 타개하기 위해서는 새로운 종류의 특수한 정치체제, 즉 독재 체제를 필요로 한다는 것이다.

돕은 파시즘 생성 요인으로 세 가지 전제 조건을 제시하고 있다. 첫째, 투자 분야의 한계 때문에 막다른 골목에 놓인 채, 정상적인 해결을 찾지 못하는 자본가계급의 실망, 둘째, 대안 부재 상태에서 파시스트의 강령을 통해 기운을 되찾은 궁핍한 중산계층 또는 몰락계급의 존재, 셋째, 노동자계급의 단결력과 계급의식 부족, 그리고 정치적인 취약성이 그것이다(Dobb 1937, 262~264; 강기용 1995, 28에서 재인용).

니코스 폴란차스는 파시즘 체제 형성 요인을 자본주의가 독점자본주의로 이행하는 시기에 나타나는 모순의 축적에서 찾는다. 그는 파시즘 체제 생성은 지배계급 내의 새로운 분파, 즉 거대 독점자본층이 헤게모니를 독점하려는 정치권력 블록의 재조직화를 의미하며, 지배계급 내 모순 심화와 첨예화 과정은 곧 파시즘 발생과 권력 장악 과정으로 나타난다고 주장한다.

풀란차스는 또 노동자계급의 이데올로기 위기와 혁명 조직의 위기가 나타나면서 파시즘이 대두한다고 지적하고, 노동자계급의 이데올로기 위기는 노동조합주의, 개량주의와 같은 부르주아 이데올로기와 무정부주의, 대중 자발주의spontaneism, 농민 반란 같은 프티부르주아 이데올로기의 영향력이 증대하는 현상으로 나타난다는 것이다. 그리고 풀란차스는 파시즘이 성립하는 데는 중간 계층의 역할이 필수적이라고 설명한다(강기용 1995, 30~31).

풀란차스의 파시즘론은 구조주의 인식론을 바탕으로 자본주의사회에서의 '정치의 부문 이론'regional theory of the political을 구축하려는 시도(풀란차스 1986, 11~24)로서, 코민테른이 갖는 경제주의 측면에 대한 비판을 행하고 있다. 풀란차스는 파시즘을 제국주의 단계의 정치적 위기에 상응해 발생하는 '예외적'인 국가형태라고 정의한다. 그는 파시즘 이외에도 예외적 국가형태로서 보나파르티즘과 군사독재 체제를 들면서, 이런 예외적 국가의 형태들은 공통적으로 정치 위기에 상응한 것으로 보았다. 풀란차스는 사회구성체가 제국주의 사슬에서 차지하는 위치에 따라 정치 위기와 혁명적 상황을 구분하는데, 러시아의 경우는 사회구성체가 제국주의 사슬에서 가장 약한 고리에 위치하고 있었기 때문에 사회주의혁명이 가능했고, 파시즘이 성립한 독일과 이탈리아의 사회구성체는 다음으로 약한 고리에 위치하고 있었기 때문에 정치적 위기가 발생했다고 설명한다(Poulantzas 1974, 23~24; 강병식 1992, 15~16에서 재인용).

마르크스주의 경제학자 폴 스위지는 파시즘의 발생 배경을 다음과 같이 설명한다. 제국주의 재분할 전쟁의 결과, 경제·사회적 구조가 심각하게 교란된 국가들에서는 사회주의혁명이 성공을 거두지 못하고 자본주의 생산관계를 토대로 한 계급 균형의 시기가 도래한다. 그런 조건에서 자본주의 모순이 심화되면, 국내에서 심각한 공황이 일어나고 그 공황은 제국주의 팽창이라는 의례적인 방법만으로는 해결될 수 없다. 바로 이런 상황이 파시즘이 뿌리를 내리고 성장하는 데 필요한 토양이 된다(스위지 2009, 460).

마르크스주의 파시즘 이론에 대한 비판은 독일의 대자본이 파시즘 체제의 생성에 어떤 영향력도 주도적으로 행사하지 않았다는 데 초점이 맞추어지고 있다. 그러나 이런 비판은 현실을 호도한 측면이 크다. 왜냐하면 독일에서 나치즘이 대두할 시기에 독점자본가들 사이에는 '강력한 권력' 수립과 의회민주주의 폐지에 대한 요구가 차츰 커졌고, 거대 금융자본은 나치당을 실제로 여러 측면에서 지원했다.

파시즘의 생성 요인과 관련해 대중사회 이론은 파시즘 체제를 자본주의 발전과 함께 등장한 대중사회의 산물로 파악하고, 대중사회의 특징을 파산한 대중, 사회의 원자화, 경쟁적인 사회 환경, 도시화와 그것에 수반하는 판단 부재 현상, 고립감, 고독감 등으로 표현한다. 이런 대중사회의 특징은 대중의 절망적인 불안을 낳게 되고 대중의 불안은 파시즘 체제의 토양이 되며, 정치 선동가들은 이런 토양을 이용해 파시즘 체제를 구축한다는 것이다.

대중사회 이론과 유사한 맥락에서 도덕적 위기론이 파시즘 체제의 형성 이론으로 등장하고 있다. 도덕적 위기의 특징으로서는 도덕적 가치가 배제된 몰가치적 부의 추구, 권력에 대한 맹목적 광신, 이성의 위기, 도덕적 가치의 붕괴와 해체가 지적되고 있다. 이런 이론들은 객관적인 요인을 도외시할 뿐만 아니라 주관적 가치에서 파시즘 생성의 요인을 찾고 있다는 점에서 비판을 받고 있다.

앞에서 살펴본 이런 파시즘에 대한 정의와 생성 요인에 관한 이론들은 개별적이거나 경향적인 성격을 지니고 있다. 파시즘에 관한 연구는 대단히 광범위하다. 예컨대 프랑크푸르트학파의 파시즘론, 전체주의론의 파시즘론, 근대화론의 파시즘론, 세계체제론의 파시즘론 등이 그것이다. 이 가운데 세계체제론의 파시즘론은 중심, 주변, 반+주변으로 지역을 나누어 파시즘 연구를 비교사적으로 다루었다는 점에서 관심을 끈다.

세계체제론자인 월터 골드프랭크는 『파시즘과 세계경제』에서 파시즘을 각국에서 각기 다른 정도로 실현되는 파시즘의 각 '단계'와 여러 '이론'을 통해 파시즘을 해명하고자 했다. 그는 파시즘 이론은 크게 보아 자유주의와 마르크스주의로 대별할 수 있다고 했다. 골드프랭크는 자유주의 이론들이 이데올로기, 분파, 운동 등 측면에 초점을 맞추어 파시즘을 고찰하려는 데 반해, 마르크스주의 이론들은 정권과 그 기능 측면에 초점을 맞추어 고찰하려 한다고 설명한다(서동만 1983, 117~142에서 재인용).

그는 "자유주의자들은 파시스트 정권에 대해 논의할 때, 운동단계에서 일어나는 의회주의 정권에 대한 위협과 시민권에 대한 권위주의 또는 전체주의적인 제한에 초점을 맞추게 되고, 결국은 파시즘과 공산주의를 똑같이 과격한 독재 집단으로 규정한다. 반면에 마르크스주의자들은 반공주의·반노동자적 독점자본 정권의 배후에 가려진 의도와 전략을 읽어 내려고 하는 경향이 있으며, 결국은 파시즘과 자유주의를 똑같이 자본가 집단으로 규정한다"고 주장한다. 또 그는 자유주의 이론은 ① 근대화에 따른 긴장, ② 개발 독재, ③ 민주주의 붕괴를 중시하고, 마르크스주의 이론은 ① 극단적인 위로부터 혁명, ② 제국주의 상호 간의 경쟁, ③ 위로부터 벌어지는 반동적인 계급투쟁 등을 강조한다고 서술했다.

골드프랭크는 '파시즘과 세계 체제'와 관련해 몇 개의 가설적 명제를 제시한다. 첫째, 파시즘이란 핵심부에서 발생한 생산력 과잉, 심각한 인플레이션, 높은 실업률과 주변부의 생산품에 대한 침체된 수요 등으로 인해 정체하고 있는, 심지어는 수축하고 있는 세계경제가 드러낸 현상이다. 둘째, 파시즘은 단순한 경제적 침체 때문에 형성된 것이 아니라, 세계정치에서 영국 지배로부터 미국 지배로 패권이 이행된 데 따라 불안과 혼돈이 초래한 결과로서 생성된 것이다. 셋째, 서로 다른 그룹들이 세계 체제에서 차지하는 위치와 기회를 사용해 차별적인 호소, 성공, 결과 등에서 발견되는 파시즘의 많은 변종을 그 시대 세계적인 흐름의 하나로 설명할 수 있다는 것이 그런 명제다.

그는 결론 부분에서 두 가지 질문을 던지고 있는데, "현재와 다가올 미래는 어떠할까?"와 "이탈리아와 독일의 경우가 그러했듯이, 오늘날의 반주변부 파시스트 정권들이 핵심부에서 예견되는 파시즘 전조가 되고 있는 것은 아닌지?"가 그것이다.

오피츠는 제3세계 파시즘 현상에 대해 설명하면서 그 사회 내부의 경제 관계가 산업적으로 미발전된 농업국가일지라도 그 사회에 수립된 독재 체제가 외국 독점자본의 이익을 보호하는 정치체제이면 파시즘 체제로 보아야 한다고 주장한다(김세균 1987, 94에서 재인용).

지금까지 보아 온 대로 파시즘이 무엇인가에 대한 '개념의 명확화' 작업은 그리 간단하지만은 않다. 1960년대 후반 이후 파시즘론을 둘러싼 학계 동향은 한마디로 '혼란과 부적응'이라는 표현으로 총괄될 수 있고, 파시즘론의 계보를 설정할 정도로 다양하고 복잡한 양상을 보이고 있다. 1960년대 후반 이후 파시즘론의 세계적 르네상스 중심지가 된 서독에서는 놀테가 1967년에 '고전적 파시즘'(양차 대전 사이의 파시즘)에 대한 동시대인의 대표적 이론을 연대순으로 정리했다. 그 뒤로 서독의 볼프강 아벤트로트가 아우구스트 탈하이머, 허버트 마르쿠제, 알프레드 로젠베르크, 오토 바우어, 안젤로 타스카의 연구들을 분류, 집약했다. 1968년에는 라인하르트 퀴늘의 연구를 비롯한 연구 성과들을 전체주의 이론의 거부라는 관점에서 분류가 진행되었다. 이런 과정을 거쳐 1973년에는 새로운 세대를 대표하는 학자의 한 사람인 A. 쿤의 연구에 따라 '분류학'으로서는 일정한 수준에 이르게 되었다(야마구치 야스시 1983, 33~42).

쿤은『파시즘의 지배 체제와 현대사회』라는 저서에서 연대기적 분류, 정치적 기준에 다른 분류, 체계적 기준에 따른 분류라는 세 가지 상이한 기준에 따른 분류 방법으로 이제까지의 모든 파시즘론에 대해 위치를 부여하고, 그 위에서 독자적인 파시즘론을 구축하려 했다. 연대기적 분류에서는 마르크스주의 파시즘론, 민족 파시즘론, 전체주의 파시즘론, 근대화론적 파시즘론을 다루었다. 정치적 기준에 따른 분류에서는 보수주의, 자유주의, 마르크스주의의 세 종류로 나누고 있다. 그리고 체계적 기준에 따른 분류에서는 첫째, 초정치transpolitisch와 정치 내적binnenpolitisch, 둘째, 특수화singularisierend와 일반화generalisierend, 셋째, 자율autonomistisch과 타율beteronomistisch로 나누었다(서동만 1983).

야마구치 야스시는 논문을 통해 쿤의 분류 작업이 갖는 한계와 보완해야 할 내용까지를 검토한 뒤, 오늘날의 파시즘론이 답해야 할 몇 가지 물음을 던진다. 첫째, 파시즘은 세계사적으로 볼 때, 이미 과거의 역사(예를 들면 놀테가 말하듯이 제1차 세계대전과 제2차 세계대전 사이의 파시즘 시대)에 속한다고 볼 수 있는가? 둘째, 제2차 세계대전 이후에도 아직 파시즘의 가능성이 남아 있다고 한다면, 그것은 고도 자본주의국가에서인가 아니면 개발도상국가에서인가? 셋째, 그 각각에 있어 가능한 파시즘의 새로운 형태는 어떤 것인가? 숙고해 볼만한 명제가 아닐 수 없다.

이처럼 '혼란'과 '부적응'을 떨치기 어려운 파시즘의 정의와 개념 정립은 아무래도 파시스트 운동에 대한 비교 연구를 필요로 한다. 이른바 '비교 파시즘론'의 이론 틀이 요구된다는 것이다. 말하자면 비교 연구를 통해 추출된 최소한의 중요한 공통점들을 파시즘의 본질로 규정하고자 하는 의미다. 놀테가 제시한 유럽 파시즘의 공통된 성격은 이런 비교 연구의 한 효시가 되고 있다(김수용 외 2001, 10).

놀테의 이른바 '파시즘이 갖는 최소한의 공통점'은 3개항에 걸친 파시트적 '부정'否定과 1개항의 조직 원칙, 1개항의 조직 특성, 그리고 1개항의 기본 목적을 총괄하고 있는데, 대략 다음과 같이 요약될 수 있다.

첫째, 부정: 반마르크스주의, 반자유민주주의, 반보수주의.

둘째, 지도의 원칙.

셋째, 당의 군대.

넷째, 전체주의 목적(Nolte 1968, 385; 김수용 외 2001, 10~11에서 재인용).

놀테의 이런 파시즘 기본 성격 규정은 경제적인 측면이 배제되었다는 사실과 파시즘의 본성으로서 '반보수주의'가 적시되었다는 점이 비판 대상이 되었다.

미국의 정치학자 스탠리 조지 페인은 놀테의 모델을 기본으로 해 파시즘의 개념을 구성했다. 페인은 파시즘의 본성을 세 개의 범주로 분류해 구체적인 내용을 제시하고 있다.

(1) 파시트적 부정

① 반자유민주주의

② 반공산주의

③ 반보수주의


(2) 이데올로기와 목적

① 새로운 민족주의적이며 권위주의적 국가 창조

② 초계급적이며 통합된 국민경제 조직

③ 제국의 창설, 또는 주변 세력과 관계에 있어서 과격한 변화 추구

④ 이상주의적 성향의 새로운 문화 형성 추구


(3) 스타일과 조직

① 대규모 군중집회에서 신비롭고 낭만적인 분위기 연출과 미학적 구조 강조

② 당의 군대 창설을 목적으로 하는 대중 동원의 군사화

③ 폭력의 정당화와 폭력 행사를 향한 강한 의지

④ 극한적인 남성 위주와 남성 지배 원칙

⑤ 젊음의 강조와 젊은 세대 찬양

⑥ 권위주의적이며 카리스마적인 지도자 원칙(Payne 1980, 7; 김수용 외 2001,
11~12에서 재인용).


놀테와 페인의 비교 연구를 통한 파시즘론은 파시즘 생성 요인에 대한
정치사·사회사적 분석이 결여되었다는 비판을 받기는 했으나, 올바른 파시
즘 이해를 위한 종합적인 고찰에 이바지했다는 점은 널리 인정되었다.

다음으로 파시즘 비교 연구에서 빼놓을 수 없는 것이 일본의 파시즘 연
구자 야마구치 야스시의 방법론이다. 야마구치 야스시는 파시즘 비교 연구

에서 '운동으로서 일반적 특성', '사상으로서 일반적 특성', '파시즘 체제의 특질'을 기본 틀로 삼고 있다.

운동으로서 일반적 특성은 다음과 같다. 첫째, '지도자 원리'를 조직 원칙으로 하고 있다. 둘째, 제복을 착용한 정치적 폭력의 전문 부대(예컨대 이탈리아의 돌격단squadre, 독일의 돌격대sturm-abteilung, SA를 불가결한 요소로 한 새로운 정치운동 유형을 창출한다. 셋째, 이런 경우에도 주된 대중운동 기반을 거대 자본과 사회주의적 노동자운동 사이에서 협공당하는 넓은 의미의 중간 계층들에서 찾는다. 넷째, 운동의 지도자층에는 제1차 세계대전에서 낙오된 '군인 전역자'를 중심으로 그 밖의 여러 유형에 속하는 사회적 '탈락자' 집단 출신자들이 많이 집결한다.

다음으로 사상으로서 일반적 특성은 다음과 같다. 첫째, 국민사회가 빠져 있는 심각한 '통합의 위기'를 격렬한 민족주의 고양과 강렬한 '지도자' 숭배 방식으로 극복하고자 시도한다. 둘째, 파시즘이 단순한 보수 반동과 다른 점은 단지 민족주의와 '지도자' 찬양에 머무는 것이 아니라, 기성 전통 지배 체제에 대한 상당히 과감한 — 그러나 권위주의 경향 — 재편성을 추구한다. 이 경우 재편성 구상은 마르크스주의적 사회주의운동에 대한 과격한 적대와 기성 전통 지배층에 대한 반발로부터 유래하는 독특한 양면성을 나타낸다. 셋째, 이런 경향은 파시즘 사상이 그 나라 지배층의 위기의식뿐만 아니라 정치·사회적 몰락 위기에 놓인 중간 계층의 위기의식까지 강렬하게 반영하고 있다.

이런 특성을 지닌 파시즘은 다음과 같은 사상 내용을 갖는다. 첫째, '민족공동체의 해체를 기도하는 자'에 대한 폭력의 긍정, '지도자' 원리에 바탕을 둔 국가와 사회의 재편성, '민족성' 강조와 '민족공동체' 재건, 강대한 '권력국가' 건설과 '민족의 활력을 끌어내고 민족 생존 유지와 그 발전을 꾀하기' 위한 전쟁의 긍정과 찬미다. 둘째, 한편에서는 반사회주의(반마르크스주의), 반자유주의(반의회주의), 반국제주의인 동시에 다른 한편에서는 많은 경우 단순한 보수주의나 전통주의에도 그리고 금권주의적인 '자본주의'에도 반대한다는 '기성 사상의 전면 부정'이다. 셋째, 심정, 감성, 직관, 행동, 폭력이 이성에 대해 우위에 있다고 주장하는 '생의 철학'과, 차별을 합리화하고 '강자의 권리'를 주장하는 '사회 다원주의'라는 두 가지 요소를 혼합한 파시스트 특유의 인생철학과 사회철학이 합리주의와 계몽주의, 요컨대 '프랑스혁명 정신'에 대치된다.

그리고 파시즘 체제의 특질은 다음과 같다. 첫째, 일당독재와 그것을 가능하게 하는 '강제적 동질화'gleichschaltung의 획일적이고 전면적인 조직화 강행, 둘째, 자유주의 권리의 전면적인 억압과 정치경찰을 중핵으로 하는 테러의 전면적 제도화, 셋째, 파시즘 사상을 체현한 '새로운 질서'와 '새로운 인간형성'을 위한 대중 '동원', 넷째, 군·관료기구·재계·교회 등 기성 지배층의 반동화된 부분(이른바 '권위주의적 반동')과 넓은 의미의 중간 계층을 기반으로 한 급진적 대중운동의 지도자층이나 그것에 대체되는 '혁신 장교' 또는 '혁신 관료'(이른바 의사혁명擬似革命)와 맺는 정치적 동맹 등이 그것이다 (山口定 2006, 26~33).


## 2. 파시즘의 위협과 노동자계급

앞에서 파시즘 '개념의 명확화'를 위한 다양한 견해들을 살펴보았듯이, 파시즘은 제1차 세계대전과 뒤이은 '혁명적 위기' 상황에서 그것에 대한 반동으로 대두했다. 제1차 세계대전이 파시즘 대두의 직접적 바탕이 되었다기보다는 파시즘이 탄생할 수 있는 정치·사회·문화적 계기를 제공했다. 먼저 문화 면에서 볼 때, 전쟁 때문에 미래에 대한 낙관적이고 진보적인 전망이 상실되었고, 인류의 자연스러운 조화에 대한 자유주의 상상에도 의혹이 드리워졌다. 또 사회 측면에서 볼 때, 전쟁은 불안에 떠는 퇴역 군인(그들과 그들을 뒤따르는 젊은 형제들)[1]을 양산했는데, 이들은 낡은 법이나 도덕을 무시하고 자신들의 분노와 환멸을 표현할 길을 찾아 나섰다. 그리고 정치적으로는 전쟁이 기존 제도 — 자유주의건 보수주의건 간에 — 가 지닌 역량으로는 해결할 수 없는 커다란 경제·사회적 긴장을 불러일으켰다(Paxton 2005, 28).

　이념 측면에서 보면, 파시즘은 사적 소유에 대항하고 계급해방과 인간해방의 목표를 실현하기 위해 노동자계급을 주체로 내세우고자 하는 사회주의 세력과 공산주의 세력에 대한 반작용으로 나타났다. 유럽의 지배계급은 노동자계급을 기존 정치·사회적 구조 안으로 편입시켜 공산주의 가능성을 막아 내기 위해 여러 가지 방편을 동원했다. 한편, 자유주의와 보수주의는 이런 봉쇄 정치의 일환으로 의회 민주주의를 고수하면서 '국민적 통합'을 강조했다. 이와 같은 상황에서 파시즘은 공산주의 또는 사회주의 배격과 노동운동 말살을 목적으로 광범한 대중을 동원하고자 했다. 그러나 그런 시도는 전혀 다른 정치적 기획을 목적으로 했는데, 급진적 반동이 바로 그것이었다. 다시 말해 파시즘은 반동 문화의 전통을 계승하고 있었지만 근본적으로는 새로운 방식, 즉 대중을 반사회주의·반공산주의 기획에 동원하는

---

1_청년기를 전쟁과 함께 보냈지만, 싸울 기회를 놓쳐 버린 젊은이들로서 특히 광신적인 파시스트들이 많았다. 히틀러의 선전 담당이었던 파울 요제프 괴벨스는 발이 안쪽으로 휘는 병(내반족) 때문에 참전하지 못했다.

방식을 통해 형성되었다(네오클레우스 2002, 30).

그리고 파시즘이 태어나는 데 필요한 주요 전제 조건의 하나가 문화적 뿌리였다. 파시즘은 개인의 자유, 이성, 자연스러운 인류의 조화, 진보에 대한 믿음이라는 자유주의 신념에 맞섰던 19세기 후반의 반발이었다. 1914년 훨씬 이전부터 새롭게 유행한 반자유주의 가치, 더욱 공격적인 민족주의와 인종주의, 그리고 본능과 폭력에 대한 새로운 미적 태도에서 파시즘이 싹을 틔우는 데 필요한 지적·문화적 토양이 생겨나기 시작했다(Paxton 2005, 32).

파시즘 문화에 담겨 있는 이데올로기는 반지성주의, 민족과 국가에 대한 강조, '구성적 인간'[2]이라 할 수 있다. 당시 반지성주의 경향은 신비주의 또는 허무주의와 맥락을 함께하면서 형성되었다. 반지성주의는 사람들의 비판·사회적 역할을 강조했던 자유주의·마르크스주의 관점을 거부했으며, 이를 통해 파시즘은 맹목적인 군중을 끌어들이려는 이데올로기를 쉽게 관철시킬 수 있었다.

파시즘의 반지성주의는 일차적으로 당시 적대 관계를 맺고 있던 마르크스주의를 거부하는 데서 나온 것이었지만, 다른 한편으로 그런 반지성주의 이념은 지적이지 않은, 단순한 '노동자'를 끌어들이려는 전략적 차원에서 나온 '사악한 정치전략'으로 해석될 수 있다(김수용 외 2001, 102; 104).

파시즘 이데올로기의 하나가 '운명 연관성'을 강조하는 민족 개념인데,

---

**2_**구성적 인간은 새로운 인간을 의미하는데, 여기서 말하는 새로운 인간이란 바로 숭고함과 영웅성을 지닌 인간에 대한 요청을 가리킨다. 고트프리트 벤은 "오로지 숭고한 인간, 즉 비극적으로 투쟁하는 인간만이 있다. 역사는 오로지 이런 인간만을 다루며, 이런 인간만이 인류학적으로 심오한 의미를 지닌다"고 했다(김수용 외 2001, 112~113에서 재인용).

독일 파시즘은 민족이라는 개념을 매우 높은 상위 개념으로 올려놓았으며, 더구나 그 개념은 배타적 애국주의라는 정치 이데올로기를 관철하는 대단히 중요한 무기가 되었다.

그리고 파시즘이 바탕을 두고 있는 또 하나의 이데올로기는 니힐리즘을 극복하는 '구성적 인간'에 대한 요청이다. 파시즘은 역사 과정에 대해 회의적이었던 니힐리즘을 비판하면서 그 대신 새로운 '건전성'을 내세웠다. 즉, 역사에 대한 거부가 니힐리즘의 특징이라면, 파시즘은 '역사'에 대한 새로운 낙관주의적 요청을 내세운 것이다. 니힐리즘의 극복과 동일한 맥락에서 요청된 '구성적 인간'이란 바로 숭고함과 영웅성을 지닌 인간에 대한 요청을 뜻한다. '새로운 인간'에 대한 요청 뒤에는 타민족에 대한 배척과 새로운 국가 건설을 위한 호전성 이데올로기가 도사리고 있었다(김수용 외 2001, 112~114).

지금까지 파시즘 탄생의 직접적 배경과 계기, 그리고 전제 조건에 관해 살펴보았거니와, 제1차 세계대전 이후에 도래한 '분노의 시대'와 '혁명 상황'을 배경으로 헝가리를 비롯해 오스트리아, 폴란드, 불가리아, 루마니아, 에스파냐, 영국, 핀란드, 프랑스, 일본, 그리스, 그리고 중동부와 중유럽 국가들에서 반동 독재 권력이 수립되기 시작했다. 그리고 자본주의의 전반적 위기의 산물인 파시즘은 1929~1932년의 경제대공황에 따른 자본의 심각한 곤란으로 강한 충동을 받게 되었다.

파시즘이 최초로 정권을 장악하게 된 것은 1922년 이탈리아에서 무솔리니 독재 권력 수립이었다. 그 뒤 1933년 히틀러가 독일에서 권좌에 오르면서 파시즘 돌진은 폭력적이고 위협적인 존재가 되었다. 이런 파시즘 득세를 계기로 해 거대 부르주아지의 반동은 유럽뿐만 아니라 전 세계를 자신들의 영향권 안으로 재편하려 했다.

현실에 비추어 본다면, 부르주아 민주주의적 정치제도를 반동적으로 개조하려는 강력한 지향은 훨씬 이전부터 준비된 것이었다. 특히 제국주의와 자본주의 전반에 걸친 위기 진전은 부르주아지로 하여금 자신들의 지배를 유지·강화하기 위한 권력의 장악을 추구하도록 만들었다. 말하자면 지금까지 시행되어 온 사회 통치 형태는 별로 유효하지 않은 것으로 인식하게 된 것이다.

파시즘은 '획일적 통합'gleichschaltung이라는 선동적인 구호를 앞세운다. 그것은 소극적으로는 지배 체제에 대해 거점이 될 수 있는 크고 작은 인민의 모든 자주적 집단 형성과 유지를 저지하는 동시에, 적극적으로는 대중매체를 총체적으로 동원함으로써 인민대중의 생활양식까지도 획일화 대상으로 삼으려 한다. 요컨대 이질 요소를 배제함으로써 강제로 동질성을 부여하고자 하는 것이며, 이 과정에서 강요된 '민족공동체'의 보증을 목적으로 국가권력 장치는 정치 도구로서 세련된 모습을 갖게 된다. 결국 이런 구조를 통해 파시즘 지배가 실현되었다. 중요한 사실은 이런 지배 도구가 역설적이게도 구조적으로는 국가의 미美라는 옛 시민계급의 꿈을 현실 정치에서 관철하고자 함으로써 '종합예술작품'과도 같은 파시즘적 시민국가의 이데올로기를 창출했다는 사실이다(김수용 외 2001, 37~38).

서유럽에서 전개된 파시즘의 진전은 전체적으로 고양과 후퇴를 거듭하면서 파상적으로 이루어졌다. 최초의 진전은 1919~1923년에 진행되었다. 자본주의의 상대적 안정기에는 파시즘 팽창이 중단되지는 않았으나, 대부분의 국가들에서 그다지 유력한 형태를 취하지는 않았다. 파시즘의 제2 물결은 1929~1933년 세계경제공황을 맞아 높아졌는데, 1933년 1월 독일에서 이루어진 파시즘의 권력 장악이 유럽 대륙의 파시즘화 과정에서 강력한 촉진제가 된 경우였다.

초기 단계에서 파시즘은 광범한 프티부르주아층이나 계급 탈락 분자, 청년층을 자기편으로 끌어들이기 위해 '굴욕당하고 모욕받은 자'의 이익을 지키는 투사의 탈을 쓰고 민족주의 개념을 계급 개념과 교묘하게 결합시켰다. 이와 함께 파시즘은 요란한 약속과 극적인 효과, 그리고 배타적 애국주의 선전을 통해 '밑으로부터의' 운동으로서 또는 반자본주의적 운동으로까지 자처했다. 파시즘은 이와 같은 목적을 달성하자마자 가장 반동적인 거대 독점 부르주아지와 그들을 둘러싸고 있는 집단 권력으로서 계급성 정체를 노골적으로 드러냈다(USSR Academy of Sciences 1985, 268).

노동자계급과 그 정치·경제적 조직이 파시스트가 자행하는 테러의 주요 대상이 되었다. 이것은 잔인하고 교활한 면에서, 그 유래를 찾기 어려운 신 카베냐크 무리가 어떤 계급적 배경을 갖고 있는가를 분명하게 보여 주었다. 파시스트 지도자들은 노동운동과 국제 사회주의운동에 대해 일관된 증오심을 드러냈고, 세계 최초의 사회주의국가를 무너뜨리려는 계획을 갖고 있었다. 그것을 뒷받침한 것은 다름 아닌 제국주의 열강과 거대 부르주아 세력이었다.

1931년 11월 독일 경찰이 압수한 나치당 문건 — 나치의 테러 계획을 담은 '복서하임 문서'Boxheim papers — 을 보면, 나치 전략가들이 다른 많은 독일인과 마찬가지로 사회주의혁명을 예견하고 있었으며, 그것에 대항하는 직접행동을 계획하고 있었다는 사실이 드러난다. 나치 지도부는 1931년 당시 혁명운동에 강력히 대항하는 것이 국민으로부터 광범위한 지지를 받는 길이라고 확신했다(Paxton 2005, 105).

이런 파시즘 운동에 대해 거대 부르주아지가 일찍부터 두터운 지지를 보내고 있었던 것은 잘 알려진 일이다. 이런 지지는 정치적 공감의 표명에서부터 물질·정치적인 직접 지지에 이르기까지 여러 가지 형태로 나타났다. 이를테면 1922년 이탈리아에서 파시스트 조직이 소유하고 있던 자금 대부분이 기업가와 대지주의 자발적인 기부금 형식으로 조성되었다. 그 뒤 이탈리아 파시스트 국가와 독점자본과의 관계는 굳건하고 안정적이었다.

독일의 경우, 파시스트 운동은 1920년대 중반부터 대공업자본과 대금융자본의 지지를 받았으며, 1930년대 초부터는 파시스트가 티센, 플릭, 게르하르트 슈뢰더, 얄마르 샤흐트 등의 지원을 발판 삼아 라인-베스트팔렌 중공업 기업주로부터 지원을 확보할 수 있었다. 막대한 자금이 선거전이나 돌격대의 무장 유지를 위해 '민족사회주의독일노동자당' 금고로 흘러들어갔다. 1932년 가을에는 독일 중공업의 주요 그룹 대부분이 정부 부처의 지도적 역할을 히틀러에게 맡겨야 한다는 요구를 제기했다(*History of Fascism in Western Europe*, 87~98; 172, 209; The USSR Academy of Sciences 1985, 269에서 재인용).

한편, 파시스트가 노동자계급을 자기편으로 끌어들이기 위해 노력을 기울이지 않았던 것은 결코 아니었다. 독일 나치당은 자기들이 이름부터 '노동자당'Arbeiterpartei임을 내세웠고, 무솔리니는 지난날의 사회주의자 동지들을 끌어들일 계획을 세우기도 했다. 그러나 그 결과는 그다지 성공적이지 못했다. 초기 파시스트 정당의 사회적 구성에 대한 분석은 한 가지 점에서 일치한다. 일부 노동자들이 파시즘 정당에 호감을 가진 것은 사실이었지만, 정당 구성원에서 노동자가 차지하는 비율은 언제나 전체 인구에서 노동자가 차지하는 비율보다 훨씬 낮았다. 어쩌면 이 소수의 파시스트 지지 노동자들만으로도 충분했을지 모른다. 파시스트 정당이 노동자들을 일부라도 끌어들일 수만 있다면, 파시스트 폭력이 타협하지 않은 나머지 노동자들을 다스리는 구실을 삼을 수 있을 것이기 때문이었다. 이것은 파시스트에 대한 반동 세력 지지의 보상이었다.

파시즘이 제공한 또 하나의 위세는 그들 스스로가 가세해 만들어 낸 무질서를 극복하는 방법이었다. 민주주의가 제대로 기능할 수 없게 만들고, 입헌 국가의 신임을 떨어뜨릴 목적으로 폭도를 풀어놓았던 나치와 이탈리아 파시즘 지도자들은 이제 질서를 회복할 수 있는 유일한 비非사회주의 세력임을 자처하고 나섰던 것이다. 요컨대 파시스트들은 좌파와 권력을 나누지 않고도 대중의 지지를 받으며 정권을 유지해 나갈 수 있는 새로운 방법을 제시했는데, 이 방법은 반동 세력의 경제·사회적 기득권이나 정치적 지배권에 대해 위협을 가하지도 않았다. 사실상 부르주아지와 보수 기득권 세력은 그들 나름대로 권력의 문을 여는 열쇠를 쥐고 있었다(Paxton 2005, 103~104).

특히 거대 자본가들이 세계경제공황기에 파시즘을 거리낌 없이 지지하고 포용하게 된 것은 다음과 같은 두 가지 이유 때문이었다. 즉, 그 하나는 파시스트당이 노동운동과 혁명운동을 탄압할 태세를 확고히 갖추었다는 사실이고, 다른 하나는 파시스트당이 광범한 대중들을 상대로 한 이데올로기적인 기만 술책과 좌익 급진적 감정을 없앨 수 있는 정책을 성공적으로 수행할 수 있을 것으로 판단했다는 사실이다. 실제로 거대 자본가들은 현재의 의회 제도가 위기에 놓인 상태에서 대중에 대한 통제력을 잃게 된 것을 우려한 나머지, 자신들의 지배력 유지를 가능하게 하는 사회적 기반 확대·강화를 위한 방편을 파시즘에서 찾았다.

이와 같은 파시즘의 위협 증대는 국내외 정세와 계급 세력들 사이의 역관계, 그리고 정치적 전통과 구조 등에 따라 규정되었다. 정치적으로 안정된 상태를 유지하고 있는 국가들에서는 부르주아지가 굳이 테러와 폭력적 방법에 의존하기보다는 정치·사회적 방책을 선택했다.

이런 사회적 방책의 고전적 사례는 1933년 집권한 미국 대통령 루스벨트의 뉴딜정책이었다. 앞 장에서 살펴본 바 있거니와, 루스벨트 대통령은 경제대공황을 맞아 미국의 경제·사회 구조를 '혁신'하고, 노동법을 대폭 개정했으며 근로인민에게 효과적인 원조를 제공함으로써 경제 위기를 극복할 수 있었다.

다른 몇몇 국가들에서는 부르주아지가 개량주의적 사회민주당 지도자를 수반으로 하는 '노동자' 정부를 수용했다. 예컨대 영국의 1929~1931년에 걸친 제2차 맥도널드 노동당 정부, 덴마크의 1932~1940년에 걸친 토르발 스타우닝 정부, 스웨덴사회민주당 내각 등이 그것이었다. 또 부르주아지는 부르주아 정치가를 수반으로 하는 이른바 '거국일치' 정부 또는 연립정부(벨기에, 네덜란드)에 사회개량주의당 대표자를 내각에 받아들이기도 했다.

부르주아 개량주의는 1930년대의 대단히 긴박한 정세와 사회주의운동이 고양되는 조건에서 새로운 특징을 드러냈다. 부르주아국가의 사회적 기능이 확대되고 그 기능이 점점 복잡해졌다. '사회적 파트너십'에 관한 우익사회주의 이론을 유산자 계급이 받아들이는 상황이 되었다. 자유주의 부르주아지는 사회개량주의자의 투쟁 슬로건인 '민주정치', '완전고용', '소득재분배', '소유에 대한 참가' 등을 점점 차용했다. 이런 부르주아지의 사회적 전략이 목표로 한 것은 독점체와 금융과두제의 무제한적인 정치 지배를 덮어 가리고, 노동운동을 부르주아 민주주의 파트너로 삼아 자본주의 체제 유지를 온전하게 하려는 것이었다(The USSR Academy of Sciences 1985, 271).

| 연도 | 월 | 일 | |
|------|----|----|---|

**1867** 미국에서 백인 우월주의 집단인 KKK(Ku Klux Klan)가 창설된다. KKK는 기능적으로 파시즘과 관련된 최초의 현상이라고 할 수 있다. KKK 창시자들은 국가가 공동체의 정당한 이익을 지켜주지 못한다고 생각했다. 그들은 흰 가운과 모자로 제복을 차려 입고, 자신들의 운명을 위해 폭력이 정당화될 수 있다는 신념으로 무장했다. 이들의 주장은 파시즘 운동이 제1차 세계대전과 제2차 세계대전 사이 유럽에서 기능하는 방법을 미리 보여준 일종의 예고편으로 평가받는다.

**1894** 1906년까지 프랑스 전역을 뒤흔든 '드레퓌스사건'이 일어나다. 이 사건은 당시 프랑스를 비롯한 유럽 전역에 일고 있던 심각한 반(反)유대주의와 민족주의 정서, 계급 갈등을 적나라하게 보여주는 사건이었다.

**1911** 프랑스에서 '프루동 모임'을 통해 '국가사회주의'(National Socialism)가 처음으로 모습을 드러내다. 이 모임은 '유대 자본주의'에 대한 비난을 둘러싸고 '민족주의자와 좌익 반민주주의자'를 통합하기 위한 목적으로 만들어진 일종의 연구회였다. 모임을 주도한 조르주 발루아는 한때 '악시옹 프랑세즈'(Action Française)에서 활동했는데, 과격한 민족주의·반공화주의 단체인 악시옹 프랑세즈를 진정한 파시즘의 첫 번째 운동으로 여기는 이들도 많다.

**1914** 6월 28일, 오스트리아 황태자 부부가 사라예보에서 세르비아 청년의 손에 살해당했다. 이 사건을 계기로 제1차 세계대전이 일어났다.

**1917** 러시아혁명. '2월 혁명'이 일어나 니콜라이 2세가 퇴위하고 로마노프왕조가 막을 내리다. 뒤이어 '10월 혁명'이 일어나서 세계 최초로 사회주의 정권이 수립되었다. 볼셰비키 혁명의 성공은 유럽의 상류층과 중간 계층에게 커다란 충격을 주었고, 사회주의자들에게는 새로운 힘을 주었다. 그러나 러시아 이외의 다른 곳에서는 혁명이 성공하지 못했고 유럽은 자유주의, 보수주의, 사회주의를 중심으로 하는 여러 '이즘'이 각축을 벌이는 혼란에 빠져들었다. 사회주의에 대한 공포는 파시즘 등장과 세력 확장에 결정적인 역할을 했다.

**1918** 1월 8일, 미국 우드로 윌슨 대통령이 '민족자결주의'를 내용으로 하는 14개 조항을 발표하다. 제1차 세계대전이 종결되면서 오스트리아-헝가리제국이 해체되다. 체코슬로바키아, 폴란드가 독립을 선언했으며, 오스트리아와 헝가리에서도 공화국이 수립되었다.

**1919** 공식적으로 '파시즘'이 탄생하다. 1919년 3월 23일 이탈리아의 무솔리니는 밀라노의 산세폴크로 광장에 약 100명이 모인 가운데 '사회주의와 전쟁을 선포'했다. 이때 무솔리니는 자신들의 운동을 '전 투자 동맹'이라는 뜻의 '파시 디 콤바티멘토'(Fasci di Combattimento)라 불렀다.

**6 28** 제1차 세계대전을 마무리하는 조약으로 베르사유조약이 체결되다.

**8 11** 독일에서 '바이마르헌법'이 공포되다.

**9 12** 이탈리아의 시인이자 모험가, 군인인 가브리엘레 단눈치오가 피우메를 점령하다. 단눈치오는 이듬해 1920년 12월까지 피우메를 통치했는데, 무솔리니는 훗날 이 시기에 단눈치오가 점령지에서 행한 제복 차림의 행진과 팔을 쭉 뻗는 식의 '로마식 경례', 구호 외치기 등을 모방해 활용했다.

**1920 11 21** 이탈리아에서 포(Po) 계곡 사건이 일어나다. 제1차 세계대전 후 실시된 첫 선거(1919년 11월)에서 승리를 거둔 이탈리아 사회주의자들이 포 계곡의 거대한 농촌 지역을 장악하면서, 지주들의 불만이 커졌다. 사회주의자들은 노동조합을 통해 농장주들을 압박했고, 이에 위협을 느낀 지주들은 공공 당국의 무관심 상태에서 파시스트들에게 도움을 요청했다. 그 결과 1920년 11월 21일부터 파시스트 행동대가 밤마다 지역 사회주의 사무실들을 약탈하고 불태우기 시작했다. 포 계곡의 '검은 셔츠단'은 소작농들에게 일자리와 농토를 제공하고 지주들의 편의도 보아주면서 점차 세력을 확장해 나갔다.

**2 24** 독일 뮌헨의 한 맥주홀에서 아돌프 히틀러가 '국가사회주의독일노동자당'(나치당)의 출발을 선언하다.

**1921 11** 이탈리아 무솔리니가 새로운 강령을 통해 파시즘 '운동'에서 '국가파시스트당'이라는 정당으로 변신을 선언하다.

| | | |
|---|---|---|
| 1922 | 10 말 | 무솔리니가 '로마 진군'을 통해 총리직에 오르면서 최초의 파시즘 체제가 탄생하다. 이로써 사회주의자와 자유주의자가 이끌던 의회 정치 체제가 막을 내리고 파시즘 통치가 시작되었다. 로마 진군은 파시즘의 위협 앞에 공권력이 굴복함으로써 합법적으로 이루어진 권력 이양이었다. |
| 1923 | 11 18 | 무솔리니의 로마 진군에 감명을 받은 독일 히틀러가 뮌헨 맥주홀에서 반란을 일으켰다가, 다음 날 바로 시위대와 함께 체포되고 말았다. 그는 5년 징역형을 받았으나 8개월 만에 석방되었다(이때 감옥에서 『나의 투쟁』(Mein Kampf)이라는 책을 저술하기도 했다). 이 사건을 계기로 히틀러는 지방의 정치가에서 전 국민의 관심을 받는 인물로 떠올랐다. |
| 1924 | 6 10 | 이탈리아사회당 자코모 마테오티 서기장이 과격파 파시스트들에게 납치, 살해당했다. 이 사건은 무솔리니 정권의 잔인함을 보여 준 것으로 국내·외에서 큰 파장을 일으켰다. 처음에는 반대 세력들이 항의의 뜻으로 의회에서 자진 사퇴하는 등 무솔리니가 정치적으로 곤경에 빠지는 듯 보였으나, 무솔리니는 오히려 이 기회를 이용해 1925년 1월 일당독재 체제를 구축했다. |
| 1929 | 10 24 | 미국 뉴욕 주식시장에서 주가가 대폭락하면서 '대공황'이 시작되다. |
| 1932 | 7 | 포르투갈의 카르모나 대통령이 경제학 교수 출신 안토니우 데 올리베이라 살라자르를 총리로 임명하다. 집권 초에 포르투갈에서 가장 강력한 파시즘 조직을 뿌리 뽑아 버린 살라자르는 잠시 동안 국가 통합을 위해 파시즘적 수단 – 조합주의 노동조직, 청소년 운동(포르투갈소년단, 유명무실한 '유일당'이며 당원들이 푸른 셔츠를 입었던 포르투갈군단 등 – 으로 '새로운 국가'(Estado Novo) 체제를 강화하려 하기도 했으나, 기본적으로 살라자르 정권은 반파시즘적이었다. |
| | 31 | 독일 총선거에서 나치당이 37퍼센트 지지를 얻어 제1당이 되다. |
| | 8 | 독일 슐레지엔에서 '포템파 사건'이 일어난다. 이는 5명의 나치 돌격대원들이 슐레지엔의 포템파에 사는 폴란드계 공산주의 노동자를 살해한 사건이었다. 당시 나치당은 정부에 압력을 행사해 살인범들이 받은 사형선고를 무기징역으로 감형시켰다. 포템파 사건은 내부의 적을 겨냥한 폭력이 합법화되는 파시즘 폭력의 본질을 뚜렷이 보여 주었다. |
| | 11 | 미국에서 프랭클린 루스벨트가 대통령에 당선되다. |
| 1933 | 1 | 독일의 힌덴부르크 대통령이 히틀러를 총리로 임명하다. |
| | 2 28 | 베를린에서 '독일제국 의회 의사당 방화 사건'이 일어나다. 이 사건이 공산주의자의 소행으로 밝혀지자 히틀러는 공산혁명에 대한 공포심을 이용해 수권법을 의회에서 통과시켰다. 이로써 히틀러는 독재 체제를 확립하게 되었다(3월 27일). |
| | 3 | 미국 루스벨트 대통령이 뉴딜정책을 시작하다. |
| 1934 | 6 30 | 독일에서 '긴 칼의 밤'(Nacht der Langen Messer) 사건이 일어나다. '긴 칼의 밤'은 히틀러가 자신의 통치에 방해가 되는 에른스트룀을 비롯한 나치 돌격대 내의 과격파들과 몇몇 보수파 인사, 군 장성 등을 잔인하게 살해한 사건이었다. 150~200명이 살해당한 것으로 알려져 있다. 이 사건 이후 히틀러에게 의구심을 품고 있던 이들은 모두 입을 다물게 되었다. |
| | 8 | 독일 힌덴부르크 대통령이 사망하면서 히틀러가 총통 및 총리 자리에 오르다. |
| 1935 | 9 15 | 독일에 인종차별법인 '뉘른베르크 법'이 선포되다. 뉘른베르크 법은 이민족 간 결혼을 금지하고, 유태인에게서 시민권을 박탈하는 등의 내용을 담고 있었다. |
| | 10 3 | 이탈리아가 팽창주의 정책 일환으로 에티오피아를 침략했다. 이탈리아는 1936년 5월 마침내 에티오피아를 병합하는 데 성공했다. 에티오피아를 침략하면서 무솔리니는 영국과 프랑스를 비롯한 국제사회에서 신뢰를 잃었으나 대신 국내에서 열광적인 지지를 이끌어 낼 수 있었다. |
| 1936 | 7 | 에스파냐에서 내란이 일어난다. 2월 총선에서 정권을 잡은 좌파 인민전선 정부(제2공화정)에 대항해 국가주의자들(파시스트, 군부 세력, 로마가톨릭교회, 토지소유자, 기업가 등)이 반란을 일으킨 것이었다. 반란 세력은 10월 프란시스코 프랑코 장군을 국가 주석으로 추대했으며, 독일과 이탈리아는 11월에 프랑코 정권을 승인했다. 내란은 1939년까지 지속되었는데 국제적으로 보수주의자, 파시즘 이탈리아, 나치 독일이 프랑코 장군의 반란 세력을 지원했고, 미국과 유럽 각국, 소련은 공화파를 지원했다. |
| | 10 25 | 히틀러와 무솔리니가 '로마-베를린 추축'을 결성하다. |
| | 11 25 | 독일과 일본이 소련에 대항하기 위한 '반(反)코민테른 협정'을 체결하다. |

| | | |
|---|---|---|
| 1938 | 3 | 독일, 오스트리아 병합. |
| | 9 | 독일, 영국, 프랑스, 이탈리아가 '뮌헨회담' 개최. 뮌헨 협정에 따라 독일이 체코슬로바키아 서쪽 수데텐 지방을 합병했다. |
| | 11 | 독일에서 9일 밤부터 10일 새벽까지 '수정의 밤'(Kristallnacht) 사건이 일어나다. 하룻밤 동안 독일 전역에 있는 유태인이 급진적 나치당원들로부터 습격을 받아, 유대교 회당 수백 채가 불타고, 7천여 개의 유태인 상점이 파괴되었으며, 2만여 명에 이르는 유태인이 수용소로 보내졌다. 또 91명의 유태인이 즉결 처형당했다. |
| 1939 | | 에스파냐의 프랑코 장군이 내란에서 승리하다. 프랑코의 권위주의 독재 정권은 그가 사망한 1975년까지 지속되었다. |
| 9 | 1 | 독일이 히틀러의 명령에 따라 폴란드를 침공하면서 제2차 세계대전이 일어나다. |
| 1940 | 5~6 | 네덜란드와 노르웨이가 차례로 독일에 항복하다. 6월 14일에는 독일군이 프랑스 파리에 입성, 22일에 독불 휴전 조약이 체결되었다. 이로써 프랑스에서는 제3공화정이 끝나고 친독 정권인 비시 (Vishy) 프랑스 정권이 수립되었다. |
| | 6 10 | 이탈리아 무솔리니가 대연합국 선전포고를 발령하고 전쟁에 뛰어들다. 무솔리니는 이후 히틀러와 대등함을 과시하기 위해 침략 전쟁에 심혈을 기울였지만 승리를 쟁취하지 못한 채 오히려 대중의 열광과 인기를 잃어버렸다. |
| | 9 27 | 독일과 이탈리아, 일본의 '3국 조약'이 조인되다. 이로써 제2차 세계대전의 추축국이 결성되었다. |
| 1941 | 4 | 독일이 유고슬라비아와 그리스를 침략하다. |
| | 6 | 독소 전쟁 시작. |
| | 12 | 일본의 진주만 공습으로 '태평양전쟁'이 일어나다. |
| 1943 | 7~9 | 연합군이 이탈리아 시칠리아에 상륙하다. 히틀러와 제휴한 것이 큰 화를 불러올 것이 분명해지자, 왕당파와 반대파 파시스트들이 국왕 엠마누엘레 3세로 하여금 무솔리니를 파면하고 체포하게 했다(7월 25일). 그 뒤 이탈리아는 연합군에게 항복을 선언했다(9월). |
| | 9 12 | 히틀러가 특공대를 보내 감금되어 있던 무솔리니를 구출하다. 히틀러는 무솔리니를 살로 지역에 세운 새로운 파시즘 공화국('이탈리아 사회주의 공화국')의 독재자 자리에 앉혀 주었다. |
| 1944 | 6 6 | 연합군 노르망디 상륙 작전 |
| 1945 | 4 28 | 무솔리니가 독일군 차량에 숨어 탈출하려다 이탈리아 파르티잔에게 발각되어 사형당하다. |
| | 30 | 히틀러가 베를린의 총통 관저 지하 은신처에서 자살하다. |
| | 5 7 | 독일, 연합군에 무조건 항복. |
| | 8 6, 9 | 미국이 일본 히로시마와 나가사키에 역사상 최초로 원자폭탄을 투하하다. 결국 일본은 8월 15일 무조건 항복을 선언했다. |

자료: 팩스턴(2005, 577~585).

# 2장

# 독일과
# 오스트리아에서 전개된
# 반파시즘 투쟁

나치즘은 합리적 분석 대상이 되기 어려운 현상이다.
문화·경제적으로 가장 선진적인 유럽 국가들 가운데 하나가
묵시적인 어조로 세계적 강국이나 파괴에 대하여 말하는 지도자 밑에서,
그리고 너무도 역겨운 인종 증오 이데올로기 위에 세워진 체제에서
전쟁을 계획했고 약 5천만 명을 죽인 세계적 대화재를 일으켰으며,
상상을 불허하는 성격과 규모의 잔학행위 — 수백만 명의 유태인들을
기계적 방식으로 대량 학살한 것에서 정점에 달한 — 를 저질렀다.
아우슈비츠를 앞에 두고는,
역사가의 설명력이 사실상 보잘것없는 것이 되어 버리는 것 같다.

_어안 커쇼
(Kershaw 1993; Hobsbawm 1996, 109에서 재인용)

# 1. 독일 노동자계급의 반파시즘 투쟁

독일 나치즘은 제1차 세계대전에서 패배함에 따른 막대한 부담과 경제 대공황이 초래한 경제적 폐해, 그리고 바이마르공화국의 정치 불안정 등을 역사적 배경으로 생성되었다. 더 거슬러 올라간다면 프로이센 군국주의 전통과 나폴레옹 독일 점령 이후 본격적으로 형성된 민족주의, 나치즘 대두를 용이하게 한 바이마르헌법 체제(의회 의원 선거에서 비례대표제와 명부식 투표 방법 도입, 국민 창안과 국민투표제, 그리고 비상대권 채택 등), 그리고 베르사유 체제 등이 독일 파시즘 생성의 역사적 배경으로 지적되기도 한다(강기용 1995, 214).

독일은 제1차 세계대전에서 패배함으로써 1919년 6월 28일 베르사유조약을 체결하게 되었고, 이에 따라 많은 것을 잃었다. 알자스로렌이 프랑스에 반환되었고 서프로이센과 슐레지엔, 그리고 포젠이 재건된 폴란드에 할양되었으며, 단치히는 국제연맹이 감시하는 자유도시로 남았다. 또 '폴란드 회랑'Pollish Corridor[1]이 만들어져 동프로이센이 독일에서 지리적으로 분리되었다. 그리고 독일은 식민지를 상실하게 되었고, 오스트리아와 통일을 추진하는 일이 불가능해졌다. 독일군 규모는 10만 명으로 제한되었고, 라인 강 왼쪽 기슭은 협상국 군대의 감시 속에 무장이 금지되었으며, 협상국 군대의 점령 상태는 시간이 어느 정도 지나야만 종결될 수 있었다(풀브록 2000, 239).

1921년 1월에는 파리 회의에서 전쟁 책임에 대한 배상금 규모가 정해졌

---

**1**_미국의 은행가 찰스 도스가 이끄는 위원회의 배상금 지불안이다. 배상금 총액은 확정하지 않은 채, 독일이 1925년 8월까지 매년 2억 마르크는 자체 조달하고, 8억 마르크는 차관으로 조달하며, 이후 천천히 액수를 상향 조절해 1928~1929년에는 정상 연불액 25억 마르크를 지불하도록 규정했다.

는데, 그 당시까지 지불한 200억 마르크 외에 추가적으로 2,260억 금金마르크를 42년 동안 지불하기로 되었다. 배상금 문제는 '도스안'으로 잠정적인 해결을 볼 수 있었다. 도스안은 독일의 이해관계와 미국의 경제적 팽창주의를 결합시킨 것이었다. 1929년 6월에는 제1차 세계대전 연합국 측에 배상금 지불을 약속하는 — 배상금 액수가 낮게 조정되기는 했지만 — 국제협정 '영안'Young Plan이 채택되었다. 그 뒤 1932년 미국의 후버 대통령이 배상금과 외채 지불을 유예했고, 결국 1932년에는 배상금 지불이 최종 중지되었다.

베르사유조약 체결과 배상금 지불을 둘러싸고 반공화주의·반민주주의 세력들은 그것을 정치 쟁점으로 삼아 바이마르공화국의 정치적 책임으로 돌렸다. 그것은 바이마르 공화 체제에 대한 강한 불신을 불러일으켰다.

한편, 패전에 따른 영토 상실은 대규모의 실향민 유입을 가져왔고, 전쟁 종료에 따라 1천만 명에 가까운 군인이 사회로 복귀함으로써 사회불안 요소가 더욱 커졌다. 이들은 사회에서 정착할 수 있는 직업 전문성을 지니지 못했기 때문에 사회에서 소외된 채 두터운 불만 층을 형성했다(김수용 외 2001, 21).

이런 가운데 1929~1933년 세계경제공황이 발생해 심각한 경제·사회적 그리고 정치적인 충격을 던졌다. 전쟁 패배에 따른 불안정 요소가 미처 해결되지 않은 상태에서 발생한 대공황은 독일 경제에 치명적인 영향을 끼쳤다. 단기 외채에 크게 의존하고 있던 상황에서 외채가 급속하게 빠져나갔다. 그리고 대량 실업 사태가 극심한 사회불안을 불러일으켰다. 1929년 9월에 130만 명에 이르렀던 실업자가 그 이듬해인 1930년 9월에는 300만 명 이상으로 증가했고, 1933년 초에는 다시 600만 명으로 늘어났다. 더욱이 공식 통계에 누락된 수치가 있었고, 또 당시 상당히 많은 노동인구가 정규 노동시간에도 못 미치는 시간 동안 일하고 있었음을 고려한다면, 독일 노동인력 절반가량이 실업 상태에 있었다. 게다가 실업자 가운데 실업급여를 받을 수 있는 사람은 20퍼센트에 지나지 않았다(폴브룩 2000, 254).

경제공황에 따른 노동자계급의 곤란과 궁핍, 탄압을 공공연하게 주장하는 부르주아지의 이기적 요구, 그리고 나치 세력의 테러는 계급 사이의 대립을 격화했고, 노동자계급 투쟁을 부추겼다. 자본 측 공세에 대한 노동자 저항은 점점 강화되었고 투쟁에서 보인 그들의 태도는 갈수록 완강해지면서, 부르주아지는 심각한 불안을 느꼈다. 이런 상황에서 독점 부르주아지 사이에는 '강력한 권력'의 수립과 의회제 민주주의 폐지에 대한 요구가 차츰 커졌다(The USSR Academy of Sciences 1985, 307).

심각한 경제 위기는 드디어 1930년 3월 27일 허먼 멀러 총리가 이끄는 내각을 물러나게 했다. 개혁적 사회주의자였던 멀러는 1928년 6월 이후 사회주의정당을 비롯해 가톨릭계 중앙당Zentrumspartei(젠트룸), 온건 중도 성향 사회민주당, 그리고 보수적인 국제주의 정당인 인민당까지 5개 정당이 연합한 연립정부를 이끌었다. 연립 정권은 어떤 바이마르공화국 정부보다도 오랜 기간인 21개월 동안(1928년 6월~1930년 3월) 집권했다.

그러나 이런 집권은 강력한 힘의 상징이라기보다는 대안 부재를 나타내는 형상에 지나지 않았다. 연립 정부가 처음 구성되어 비교적 안정 시기인 1928년 6월에도 정계는 정파 사이의 심각한 정책 불일치 때문에 혼란에 빠져 있었다. 이런 이유로 2년 뒤 대공황으로 수백만 명이 일자리를 잃게 되는 사태가 발생했음에도 정치권에서는 아무런 조치를 취할 수가 없었다. 좌파는 세금을 높여서 실업 수당을 늘리려 했고, 온건파와 보수파는 사회 비용을 줄여 세금을 낮추려 했다. 사회보험이냐 세금부담이냐를 놓고 암초에 부딪친 연립 정부는 침몰하기 시작했다.

1930년 3월 이후 독일 의회에서는 과반수 정치 세력 구성이 불가능한 상태였다. 그래서 가톨릭 노동조합 간부였던 하인리히 브뤼닝이 과반수 지지를 받지 못한 채, 파울 폰 힌덴부르크 대통령이 헌법 제48조에 따라 위임받은 비상대권에 따라 총리가 되었다. 브뤼닝 내각이 들어서자 의회의 회기와 입법이 줄어든 반면, 헌법 제48조에 따라 대통령의 긴급명령권을 이용하는 빈도가 늘어났다. 이렇게 브뤼닝 정부는 부르주아 의회 제도를 계통에 따라 깨뜨려 나가는 길을 걸었다. 히틀러가 정권을 장악하기 전까지 독일인은 거의 3년 동안 의회에서 과반수를 구성하지 못한 비상 정부의 통치를 받아야만 했다(Paxton 2005, 92).

나치당은 1920년대 후반과 1930년대 전반기에 걸쳐 급속한 성장을 이룩했다. 멀러 정권이 물러나면서 독일 정치 체제가 교착 상태에 빠졌던 1930년 3월 27일 당시에는 나치당은 아직 소수 정당에 지나지 않았다. 1924년 말에 출옥한 히틀러는 1925년에 나치당을 재건했고, 나치당은 1920년대 말과 1930년대 초기의 지지 기반이었던 바이에른이라는 좁은 범위에서 벗어나 독일 전역으로 조직 영역을 확대해 나가면서 다양한 사회집단으로부터 지지를 획득하기 위해 노력을 기울였다. 나치당 지지 기반은 여전히 하위 중간 계층과 개신교도, 교육받은 상위 중간 계층, 전문직 종사자, 그리고 노동자계급의 일부였다. 나치당은 1928년 5월 선거에서 2.5퍼센트 득표율을 기록하고 겨우 12개 의석을 확보했을 정도였다(풀브룩 2000, 255~257).

1929년 나치당은 우익 언론 재벌 알프레트 후겐베르크가 이끄는 민족국민당과 연대해 '영안' 반대 투쟁을 전개했다. 그 투쟁은 나치당에게 엄청나게 큰 광고 효과를 가져다주었다. 또 전통적인 우익 집단과 연대했다는 사실 자체가 나치당이 신뢰할 만한 정치운동 조직이라는 인상을 심어 주었다.

나치당의 약진은 1930년 9월 선거를 통해 이루어졌다. 그 선거에서 나치당은 640만 표(18.3퍼센트)의 지지와 의석 107개를 확보함으로써 의회에

표 1 | 1930년 9월 의회 선거 결과

| 정당 | 득표수 | 득표율(%) | 의석수 |
| --- | --- | --- | --- |
| 사회민주당 | 4,590,160(3,263,354) | 24.5(29.8) | 143(153) |
| 나치스 | 2,457,686(4,380,029) | 18.3(2.6) | 107(12) |
| 중앙당/바이에른인민당 | 1,322,032(1,504,148) | 14.8(15.2) | 87(78) |
| 공산당 | - | 13.1(10.6) | 77(54) |
| 민족국민당 | 1,361,762(1,395,684) | 7.0(14.2) | 41(73) |
| 국민당 | 5,185,637(4,656,445) | 4.5(8.7) | 30(45) |
| 경제당 | 1,577,365(2,678,207) | 3.9(4.5) | 23(23) |
| 국가당(민주당) | 8,575,244(9,151,059) | 3.8(4.9) | 20(25) |
| 바이에른인민당 | 6,379,672(809,771) | - | - |
| 기타 | 6,379,672(809,771) | - | - |

주: 민주당은 1930년 7월에 당명을 국가당으로 바꾸었다. 괄호 안의 수치는 1928년 5월 선거 결과다.

자료: *Geschichte der deutschen Arbeiterbewegung, Chronik, II: 1917~1945*(1966, 220; 259); 홍성곤(1998, 90)에서 재인용.

서 사회민주당에 이어 제2정당으로 부상했다. 이 선거에서는 '중도 부르주아 정당들'이 몰락하고 나치당과 공산당이 높은 지지를 받았다. 공산당은 선거에서 약 460만 표를 얻어 77석을 확보했다(1928년 5월 선거에서는 54석을 획득했다). 사회민주당은 143석을 확보했으나 이전에 비해 10석을 잃게 되어 다음 선거에서는 지금보다 훨씬 불리한 결과가 발생할 것을 우려해 브뤼닝 내각을 '묵인'하기로 결정했다.

독일 나치즘이 이처럼 급격하게 세력 확장을 할 수 있었던 일차적 배경은 세계를 휩쓴 경제 위기에서 찾을 수 있다. 경제공황으로 절망 상태에 놓인 프티부르주아층, 퇴역 군인, 계급 탈락 분자 등을 자기 진영으로 끌어들인 나치당은 긴장을 격화해 국민들 사이에 불안과 공포감을 조성함으로써 지지 세력을 확보할 수 있었다.

그러나 경제 위기가 유일한 배경은 아니었다. '민족사회주의독일노동자당'을 앞세운 파시스트는 사회적 민중 선동 방책을 널리 행사해 광포한 배타적 애국주의·반공주의 선동을 펼쳤다. 그들은 노동자들에게 실업 일소와 공정한 임금을 약속했고, 농민들에게는 채무 경감과 토지 경매 중지, 소상인과 수공업자에게는 백화점 폐쇄와 '이자 노예제' 제거 등을 약속했다. 또 나치당은 베르사유조약으로 상처를 입은 독일인의 민족 감정을 이용했고 '공정'과 함께 독일의 군사적 '권위'의 부활을 호소했으며, 인종주의와 반유태주의를 주창했다.

나치당의 이와 같은 정책과 정치 활동에 대해 거대 금융자본가와 산업자본가들이 지지했으며, 제국주의자들은 파시즘에서 예방적 반혁명 수단을 추구함으로써 나치당에 대한 지원 방책을 모색했다(The USSR Academy of Sciences 1985, 308).

한편, 급격한 나치즘의 부상은 나치즘에 반대하는 정치 세력의 결집과 대응이 제대로 이루어지지 못한 데서 그 원인을 찾아야 한다는 주장도 일정한 설득력을 갖는다. 당시 독일에서 나치당에 대항할 수 있는 정치 세력은 독일공산당과 사회민주당뿐이었다. 그러나 이들은 이탈리아 진보 정당들이 파시즘의 대두와 부상을 막는 데 실패한 경험에서 아무것도 배우지 못했다. 다시 말해 독일공산당과 사회민주당이라는 두 진보 정당은 해묵은 이데올로기 갈등을 극복하지 못한 채, 나치즘에 대한 공동전선 형성과 효과적인 투쟁을 전개하지 못했다(김수용 외 2001, 28).

그렇다고 독일공산당과 사회민주당이 속수무책으로 '치명적 수동성'[2]만을 보인 것은 아니었다. 독일공산당은 나치즘 위협이 커지는 조건에서 광범한 반제 전선과 반파시즘 전선 결성 방침을 전면에 제기했다. 이미 1929년

---

2_로버트 팩스턴은 "이탈리아의 파시스트들이 쿠데타를 통해 집권했다는 신화는 또한 독일 좌파를 오도해 1932년 후반부터 1933년 초반에 걸쳐 독일사회민주당과 독일공산당의 치명적인 수동성을 안심하고 지속시키는 데 기여했다"고 설명했다(Paxton 2005, 218~219).

10월 독일공산당 중앙위원회 총회에서 에른스트 텔만은 대자본가가 나치당의 재건을 돕고 있다는 사실을 강조하면서, 나치당을 '가장 위험하고 더러운 금융자본의 도구'라고 규정했다. 독일공산당은 파시스트의 민족주의·보복주의적 강령을 반대하고, 1930년 8월에는 '독일 인민의 민족·사회적 해방을 위한 강령'을 채택했다. 이 강령은 '독일 사회주의'라는 나치당의 민중 선동 실체를 폭로하고, 모든 민주주의 세력이 반파시즘 행동 기반 위에서 단결해 독점자본의 권력을 무너뜨려야 한다고 주장했다. 강령은 또 나치당을 극단적인 반동과 전쟁 정당으로 규정하고 가장 반동적인 금융자본층이 이 당을 지지하고 있다고 밝혔다.

그러나 반파시즘 통일전선을 위한 투쟁은 아주 복잡한 양상을 나타냈으며, 큰 어려움에 부딪쳤다. 그 이유는 우선 공산당 내부에서 사회민주당을 파시즘의 한 분파라는 견해[3]를 고수하는 하인츠 노이만과 좌익 분파주의 그룹이 존재하고 있었고, 한편으로는 바이마르공화국 체제의 옹호에 집착하면서 반파시즘 통일 행동을 거부하는 사회민주당의 정치 노선이 변화되지 않은 상황에서, 반파시즘 통일전선 형성은 사실상 기대하기 어려운 일이었다. 그리고 당시 많은 공산주의자는 사회혁명이 멀지 않다고 믿고 있었는데, 그것도 반파시즘 통일전선 형성을 가로막은 주요한 요인이 되었다.

사회민주당은 그들 자신의 '민주주의 원칙'을 고수하면서 나치당이나 공산당 모두를 사회민주당이 주축이 되어 이룩한 독일 최초의 민주주의를 파괴하려는 반민주적 세력으로 규정했으며, 그래서 나치당과 공산당은 다 같이 사회민주당의 투쟁 대상이 되었다. 사회민주당은 그들의 민주주의 강령

---

**3_** 공산당의 전략가들도 사회민주당의 노선을 '사회파시즘(Sozialfaschismus)'으로, 그리고 민족사회주의 노동당의 전략을 '국가파시즘'(Nationalfaschismus)으로 규정했다.

| 표 2 | 1932년 대통령 선거 결과 | | |
| --- | --- | --- |
| 후보자 명단 | 1차 선거<br>(1932년 3월 13일) | 2차 선거<br>(1932년 4월 10일) |
| 힌덴부르크 | 18,652,000 | 19,360,000 |
| 히틀러 | 11,339,000 | 13,418,000 |
| 텔만 | 4,983,000 | 3,707,000 |
| 뒤슈터베르크* | 2,558,000 | - |

*하츠브르크 연합의 수장인 후겐부르크가 내세운 시민극우파 후보다.
주: 표에는 나와 있지만 국가인민당을 대표해 구스타프 아돌프
윈터가 출마했다.
자료: Ruge & Schumann eds(1977, 97); 홍성곤(1998, 130)에서 재인용.

을 내세워 대중들을 설득하면 지지를 확보할 수 있다고 믿고 있었다(김수용 외 2001, 28~29).

이런 가운데서도 독일공산당이 주도해 1930년 가을에 '반파시즘투쟁동맹'이 결성되었으며, 1931년 전반에는 동맹원 수가 10만여 명에 이르렀다. 1932년 1월에는 공산당의 지도로 제1회 전 독일 농민대회가 베를린에서 열렸고, 농민위원회 결성이 논의되었다. 한편, 1932년 봄 독일공산당은 사회민주당에 대해 대통령 선거에서 통일 후보를 내세우자고 제안하면서 프로이센 사회민주당 지도자 오토 브라운을 지지할 용의가 있다고 표명했다. 그러나 독일 사회민주당은 공산당의 제안을 거부하면서 대통령 선거에 후보자를 내지 않는다고 밝혔다. 독일공산당은 텔만을 대통령 후보로 선정했다. 선거 결과는 〈표 2〉에서 보는 바와 같았다.

힌덴부르크는 1차 투표에서 유효 투표의 49.6퍼센트를 획득했으나 과반수 미달로 당선되지 못했으며, 2차 투표에서 53퍼센트를 획득해 당선되었다. 반면, 히틀러는 1차와 2차 투표에서 각각 30.1퍼센트, 36.8퍼센트를 획득했다.

대통령 선거에서 독일공산당은 "힌덴부르크를 지지하는 사람은 히틀러를 지지하는 사람이다"는 논지로 "힌덴부르크나 히틀러를 지지하는 사람은 독일 부르주아의 전쟁 정책을 지지하는 사람과 같다"는 슬로건을 내걸고 선거전에 들어갔다. 이에 반해 사회민주당은 "텔만을 지지하는 사람은 히틀러가 승리하는 것을 돕는다"는 논리로 힌덴부르크를 지지했다(홍성곤 1998, 130).

대통령 선거가 끝난 뒤, 1932년 5월 26일 독일공산당 중앙위원회는 '반파시즘 행동'Antifaschistische Aktion에 관한 호소문을 발표했는데, 여기서 공산당은 노동자계급에 대해 "독일에서 공공연한 파시스트 독재를 수립하고자 원하는 히틀러 파시스트의 피어린 계획을 저지하기 위해 모든 노력을 기울여야 한다"고 호소했다. 이와 함께 호소문은 대중의 자위 대책, 노동자계급을 중심으로 한 반파쇼 세력의 통일전선 결성을 제안했다.

독일공산당은 '반파시스트 행동'이 가지는 전술 측면을 다음과 같이 집약했다. "우리는 처음부터 가장 높은 요구를 제기해서는 안 된다. 노동자들이 기꺼이 투쟁에 참여할 수 있는 요구를 제시해야 한다. 더구나 우리는 주어진 상황에 맞게 그것을 제시해야 한다." 따라서 "통일전선 정책을 결정적으로 전환하는 것이 필요하다. 상투적으로 하는 것이 아니라 구체적인 통일전선 정책을!"(홍선곤 1998, 137).

독일공산당 중앙위원회 총회에서 탤만은 "히틀러 파시즘이 정권에 참가하는 길을 가로막기 위해서는 파시즘에 반대하는 혁명적 대중투쟁의 프롤레타리아 통일전선 수립이 절박하게 요구되고 있다. 지금 문제가 되는 것은 중앙위원회가 이미 잘 알고 있는 방책과 함께 독일에서 새롭고 더욱 대규모적이고 특별한 행동 방식으로 우리가 활동하는 데 성공할 수 있는가, 어떤가에 있다"고 강조했다(The USSR Academy of Sciences 1985, 311).

독일공산당은 '반파시즘 행동' 결정을 계기로 '파시즘이냐, 프롤레타리아혁명이냐'는 방식으로 문제를 제기한 '계급 대 계급' 전략노선을 '수정'했다. 파시스트 세력이 강화되어 가는 상황에서 독일공산당은 '파시스트 독재냐, 파시스트 위협 격퇴냐'라는 문제를 당의 직접적인 과제로 설정했다.

독일공산당의 반파시즘 전략 수정이 뚜렷하게 부각되지 못한 데는 국제적 요인도 함께 작용했다. 즉, 독자적으로 반파시즘 전략 수정을 추진한 독일공산당 지도부도 현실적으로는 코민테른과 스탈린의 견해[4]를 고려해야만 했다. 이런 '현실 정치' 요인 때문에 독일공산당의 전략적 주도권이 분명하게 부각되지는 못했다(홍성곤 1998, 157).

이런 가운데서도 '반파시즘 행동'은 전국으로 확대되었고, 독일공산당 지도부의 헌신적인 노력이 이어졌다. 이와 같은 독일공산당의 노력과 더불어 독일공산당 제안을 거부한 사회민주당 계열 노동자 동조도 점점 커졌다. 1932년 6월 말, 독일노동조합총연맹은 반나치즘 통일전선을 지지한다는 의사를 표명했다. 그러나 1920년 '카프 반란'[5]을 총파업으로 저지한 것과 같은 대규모 투쟁이나 '혁명적 대중투쟁'은 결코 수행하지 않았다.

독일공산당과 사회민주당 양당은 다 같이 나치당이 쿠데타를 일으킬 것이라고 예상했다. 쿠데타에 대항하는 데는 불법성이라는 부담을 지지 않고도 파업을 일으킬 수 있는 기회를 가질 수 있다고 판단했다. 그런 판단 때문에 공산당과 사회민주당은 히틀러에 대항할 적절한 기회를 놓쳐 버리고 말았다(Paxton 2005, 93).

1932년과 1933년의 독일 정치 정세는 음모와 오산誤算으로 뒤덮인 복잡한 과정이 전개되었다. 브뤼닝 내각은 힌덴부르크가 1932년 4월에 실시된 대통령 선거에서 치욕을 겪은 일[6] 때문에 퇴진했다. 그해 여름부터 겨울까

---

4_1932년 8월 27일~9월 15일까지 열린 코민테른 집행위원회 제12차 총회에 참석한 많은 사람은 독일 자본주의의 붕괴와 프롤레타리아혁명이 임박한 것으로 판단했다. 그래서 그들은 파시즘이 혁명에 직면한 부르주아가 마지막으로 행사하는 방어 수단이라고 해석했다. 그러므로 당의 주요 공격 대상은 부르주아의 주요 사회적 지주인 사회민주주의라고 주장했다. 이런 판단이 나오게 된 데는 부분적으로 파펜 쿠데타 당시 사회민주당이 총파업 결행에 대해 부정적인 태도를 보인 것에서도 연유했다.

5_앞에서도 살펴본 바 있거니와, 카프 반란(Kapp Putsch)은 바이마르공화국을 전복하고 우익 독재를 확립하기 위해 볼프강 카프가 일으킨 쿠데타를 가리킨다. 1920년 3월 13일 카프 군대는 베를린을 점령했으나 노동조합의 총파업으로 4일 만에 실패로 끝났다.

지 진행된 음모의 주역은 쿠르트 폰 슐라이허 장군이었다. 슐라이허는 브뤼닝 내각을 퇴진시키고 프란츠 폰 파펜 내각을 출범시켰다.

파펜은 입각하자마자 브뤼닝 정부가 나치의 준군사 조직인 돌격대와 친위대에 내린 금지 조치(돌격대 제복 착용 금지

| 표 3 | 1932년 7월 의회 선거 결과 | | |
|---|---|---|---|
| 정당 | 득표수 | 득표율(%) | 의석수 |
| 나치당 | 13,779,111 | 37.4 | 230 |
| 사회민주당 | 7,959,712 | 21.6 | 133 |
| 중앙당/바이에른인민당 | 5,792,506 | 15.9 | 99 |
| 공산당 | 5,369,698 | 14.6 | 89 |
| 민족국민당 | 2,186,661 | 5.9 | 37 |
| 기타 | - | - | - |

자료: *Geschichte der deutschen Arbeiterbewegung, Chronik, II: 1917~1945*(1966, 296); 홍성곤(1998, 144)에서 재인용.

를 비롯한 여러 조치)들을 1932년 6월 해제했다. 이에 따라 나치의 폭력 사태[7]가 자행되었는데, 몇 주 동안에 103명이 살해되고 수백 명이 다쳤다(Paxton 2005, 95). 파펜은 또 기존 프로이센 주정부를 강제로 퇴진시키고 연방정부가 임명한 주지사로 하여금 주정부를 구성하도록 했다.

1932년 7월 31일 독일 의회 선거가 실시되었는데, 이 선거에서 나치스는 '현기증 나는 성공'을 거두었다. 나치스는 이 선거에서 230석을 획득해 제1당 지위를 차지하게 되었고, 공산당은 89석을 획득했다(풀브룩 2000, 258).

이런 선거 결과에 비추어 본다면, 보수 세력에게 히틀러는 하늘이 내려준 존재와도 같았다. 1932년 7월 이후에는 독일 최대 정당인 나치당 당수인 그가 좌파 세력을 배제한 채 과반수를 구성할 수 있는 가능성을 처음으로 보여 주었기 때문이다.

슐라이허는 선거 이후의 정부 구성을 둘러싼 정치적 구상에서 나치의 입각을 놓고 히틀러와 협상을 벌였으나 결코 성공을 거두지 못했다. 히틀러

---

6_ 힌덴부르크가 히틀러와 겨루어 가까스로 재선에 성공했던 일을 말한다.

7_ 나치당은 이탈리아의 파시스트들이 했던 것과 마찬가지로 위기를 심화시킬 목적으로 대상을 신중히 선택해서 의도적인 폭력 사태를 자주 저질렀다.

는 힌덴부르크 대통령이 마지못해 제안한 부총리직을 거부했다.

1932년 가을, 독일 정치 정세는 대단히 불안정한 양상을 드러냈다. 파펜 정부에 대한 의회의 불심임이 제기되었는가 하면, 우익 보수 진영과 부르주아지, 군대, 그리고 힌덴부르크까지 의회주의 정부를 제거하고 구엘리트를 권좌에 앉히려 했으며, 의회 선거의 헌법적 근거를 없애려는 전략에 부심했다.

이런 가운데 1932년 9월 5일부터 12월까지 약 1,100건의 파업이 발생했다. 대부분의 파업은 성공으로 끝났다. 파업은 주로 중소기업들, 특히 금속산업, 섬유산업, 건설업을 중심으로 발생했다. 이 시기에 발생한 파업의 두드러진 특징은 노동자계급이 처음으로 정부의 긴급명령[8]에 반대하는 투쟁을 전개해 그 시행을 상당한 정도로 막아냈다는 사실이다.

그러나 파업의 물결은 실업운동이 퇴조할 무렵에 일어났다. 그래서 파업투쟁과 실업자 운동이 강력한 노동자계급 투쟁으로 결합되지는 못했다. 더욱이 공산당은 스스로 정치투쟁에 나선 노동자 대중을 조직하고 그들을 확고하게 지도할 만큼 강력하지 못했다.

가을에 시작된 파업투쟁은 11월 3~7일까지 계속된 베를린 운수노동자의 파업에서 절정에 이르렀다. 노동자 22만 명이 참가한 이 파업은 겉으로 보기에는 공산당과 나치당이 파업을 찬성한 반면, 사회민주당과 독일노동조합총연맹 지도부는 파업을 반대했다. 그러나 이것을 '나치당-공산당 통일전선'의 전형적인 사례로 단정하는 견해는 사실을 정확하게 보지 못한 것이라 할 수 있다. 당시 『전진』*L'Avanti*의 편집자 프리드리히 슈탐퍼가 유포한 이런 견해를 히틀러는 다음과 같이 부정했다. "내가 파업 참가를 금지했다

---

8_노동자 조직이 1918년 11월 혁명운동을 통해 획득한 단체교섭권을 사실상 폐지하는 내용을 담은 1932년 9월 4일과 5일의 정부 조치를 말한다.

면, 사람들은 분노했을 것이다. 따라서 나는 우리의 노동자 추종자를 잃어버렸을 것이다. 그것이 독일에 이로운 것이었을까?" 아무튼 노동자들이 벌인 강력한 파업투쟁은 선거에 큰 영향을 끼쳤다.

이와 같은 정세에서 1932년 11월 6일 의회 선거가 실시되었다. 선거에서 나치

| 표 4 | 1932년 11월 의회 선거 결과 |

| 정당 | 득표수 | 득표율(%) | 의석수 |
|------|--------|-----------|--------|
| 나치당 | 11,737,000 | 33.1 | 196 |
| 사회민주당 | 7,248,000 | 20.4 | 121 |
| 공산당 | 5,980,200 | 16.9 | 100 |
| 중앙당 | 4,230,600 | 11.9 | 70 |
| 민족국민당 | 2,959,000 | 8.6 | 52 |
| 바이에른인민당 | 1,094,600 | 3.1 | 20 |
| 기타 | - | - | - |

자료: Geschichte der deutschen Arbeiterbewegung, Chronik, II: 1917~1945(1966, 302); 홍성곤(1998, 148)에서 재인용.

당의 득표는 7월 선거에서보다 200만 표 정도 감소했고, 의석도 196석으로 줄어들었다. 그러나 나치당은 여전히 원내 최대 정당이었다. 나치당 지지율 감소는 공산당의 득세로 나타났는데, 공산당은 이 선거에서 7월 선거에서 보다 70만 표 정도 증가한 540만 표를 획득했으며, 의석은 100석을 차지했다. 사회민주당은 약 725만 표를 획득해 121석을 차지했고, 제2당 위치를 고수했다.

힌덴부르크는 선거 이후 곧 슐라이허를 새 총리로 임명했다. 슐라이허는 짧은 재임 기간(1932년 11월~1933년 1월) 동안 적극적인 고용 창출 계획을 준비하고 여러 계열의 노동조합과도 관계 개선을 시도했다. 그는 의회에서 나치당의 중립성을 확보하려는 의도로 나치당 우두머리이자 당내 반자본주의 세력의 지도자였던 그레고어 슈트라서까지 끌어들이려 했다. 그러나 히틀러는 결코 슈트라서의 '배신'을 결코 잊지도 용서하지도 않았다. 이런 슐라이허의 정책 구상은 가뜩이나 고용 창출 정책과 조세정책 때문에 큰 불만을 갖고 있던 기업가들과 대지주들에게 공포를 불러일으켰다(풀브룩 2000, 259).

1933년 1월 독점자본의 보수적 그룹과 주요 부르주아 정치조직 지도자들은 힌덴부르크에게 히틀러를 새로운 연립내각의 총리로 임명하라는 거센

압력을 행사했다. 이런 압력이 행해지는 가운데 힌덴부르크 대통령은 파펜의 설득으로 1933년 1월 28일 슐라이허를 해임하고, 1월 30일 드디어 히틀러를 총리로 지명했다.

히틀러의 권력 장악은 형식상으로 보면 대통령 중심의 내각과 권위주의적인 통치의 연장에 불과했다. 그러나 그것은 단순한 정권 교체가 아니었고, 과거와 근본적인 단절을 의미했다. 이제 독일을 지배하는 것은 다름 아닌 '신질서', 즉 파시스트 테러 독재였다. 나치의 권력 장악으로 중대한 타격을 받게 된 것은 비단 독일 노동자계급만이 아니고, 바이마르 공화제의 부르주아 민주주의 체제 그것마저 큰 손상을 입었다. 실제로 권력을 획득한 것은 가장 공격적인 독점자본 그룹의 이익을 대변하는 당이며, 이 당의 주요 목적은 독일 제국주의의 세계 지배를 펼치기 위해 새로운 세계전쟁을 준비하는 데 있었다(The USSR Academy of Sciences 1985, 313).

히틀러가 총리로 지명되던 날, 독일공산당 중앙위원회는 사회민주당과 독일노동조합총연맹 앞으로 보낸 호소문에서 광범한 반파시즘 행동을 조직하고, 작업 중지와 대중시위, 그 밖의 단호한 투쟁을 조직해 히틀러의 등장을 막아야 한다고 밝혔다. 그러나 이런 공산당 제안에 대해 사회민주당은 거부 자세를 나타냈는데, 그 이유는 파시즘을 저지하기 위해서는 헌법을 준수하면서 의회주의적 행동에 전력을 집중해야 한다는 것이었다. 그리하여 나치당이 권력의 중심에 들어선 상황에서 반파시즘 세력들은 각기 분산된 행동을 취하게 되었고, 그와 같은 방식으로는 나치에 대항해 위력적인 행동을 취하기에는 전혀 불가능했다.

히틀러가 총리 직위에 오르기는 했지만, 권력을 확고하게 장악하는 데는 일정한 시간이 필요했다. 애초에 히틀러는 동맹 세력으로부터 독립하는 최선의 방법이 선거를 통해 의회 의석의 완전한 과반수를 획득하는 것이라고 믿었다. 그런데 선거를 치르기도 전에 '운 좋은' 사건이 벌어져 우파나 중도파 가운데 어느 쪽의 반대도 없이 사실상 내부로부터 쿠데타를 수행할 수 있는 여건이 마련되었다. 그 운 좋은 사건이란 바로 1933년 2월 27일에 발생한 독일국회의사당방화사건이었다(Paxton 2005, 106~107). 이 방화 사건은 네덜란드의 공산주의자 마리누스 반 데르 루베 단독 범행이었는데, 나치는 이를 공산주의자들의 봉기로 간주했다.[9]

방화 사건이 발생한 그다음 날인 2월 28일 힌덴부르크 대통령은 헌법 제48조에 따라 자신에게 위임된 비상대권을 동원해 '민족과 국가 보호를 위한 긴급명령'을 공포했다. 이 긴급명령은 언론, 집회, 재산, 개인의 자유에 대한 법적 보호를 모두 일시적으로 중지하고, '테러리스트' 다시 말해 공산주의자로 의심되는 자에 대한 임의 체포를 허용하며, 연방정부가 주정부의 경찰력을 인수한다는 것이 주요 내용이었다.

나치가 진보 정당과 유권자들에 대해 탄압과 압제를 감행하는 가운데 3월 5일 제국 의회 선거가 치러졌다. 선거에서 나치당은 43.9퍼센트의 지지를 획득해 의석 288개를 차지했고, 좌파는 30퍼센트의 지지와 사회민주당 128개, 공산당 81개 의석을 획득했다. 자유주의 정당들과 중앙당의 득표율은 합해서도 18퍼센트에 지나지 않았다.

이와 같은 선거 결과가 나왔는데도 히틀러 내각은 나치당의 득표와 연립 정당들의 득표를 모두 합쳐도 의석 3분의 2를 확보할 수는 없었다. 그런

---

**9_**이 사건의 오랜 정설은 나치당이 스스로 불을 지른 뒤, 화재 직후 구내에서 발견된 멍청한 네덜란드 공산주의자의 소행으로 꾸며 대중이 극단적인 반공산주의 조치를 받아들이도록 만들었다는 것이었다. 그러나 오늘날 대부분의 역사가들은 반 데르 루베가 실제로 불을 질렀으며, 이에 놀란 히틀러 일당이 공산주의 쿠데타가 시작된 줄로 알았다고 해석한다(Paxton 2005, 107).

데 헌법 규정에 따라 의회 의원 3분의 2 동의를 얻어야만 '수권법'을 통과시킬 수 있었다. 수권법은 의회나 대통령을 거치지 않고 행정부가 법률을 제정할 수 있는 권한을 위임받는 법률이었다.

히틀러는 3월 21일 포츠담의 주둔군 교회에서 열린 의회 개원식을 극적으로 연출한 뒤, 중앙당과 군소 정당들로 하여금 수권법에 동의하도록 설득했다. 그리고 히틀러는 이틀 뒤인 3월 23일 저녁에 공산당 의원들 전원과 사회민주당 의원 21명에 대해 의회 출입을 봉쇄함으로써 수권법을 통과시킬 수 있었다.

1933년 여름에는 나치당을 제외한 모든 정당이 불법화되거나, 스스로 당을 해체했다. 결국 1933년 7월 14일 '창당 금지법'이 공포됨으로써 독일은 일당 국가가 되었다. 정당을 단일화한 것과 같은 수법의 '통폐합 조정 작업'[10]이 광범위한 영역에서 벌어졌다.

나치는 1933년 4월 7일 '직업 공무원 재건법' 제정으로 나치를 반대하는 관리와 유태인 관리들을 퇴출했다. 또 나치는 1933년 3월에 주정부를 공격해 지방 권력을 장악했다. 같은 해 4월에는 주 총리 자리에 '제국 위임 주지사' 10명을 임명함으로써 주 차원에서 권력을 장악했다.

1933년 5월 2일에는 노동조합이 강제해산되었고, 5월 10일 그 자리에 '독일노동전선'이 들어섰다. 나치가 노동자들을 독일노동전선으로 비교적 쉽게 포섭할 수 있었던 것은 그만한 까닭이 있었다. 즉, 외형상 독일노동전선이 노동자들의 오랜 숙원이었던 통합노조einheitsgewerkschaft 형태를 취하고 있었고, 바이마르공화국 이후 금지되었던 메이데이가 인정됨으로써 노동자

---

10_나치스는 이를 Gleichschaftung라고 표현했는데, 글자 그대로의 뜻은 모든 것을 동일한 기어 장치 속에 집어넣는다는 것이다.

들이 나치의 속셈을 제대로 인식하지 못한 결과로도 보인다(나혜심 1991, 131).

독일노동전선은 노사 통합 조직으로서 노동자뿐만 아니라 사무직 종사자와 자본가까지 구성원으로 포괄하는 '생산하는 모든 독일인의 공동체'였다. 독일노동전선은 나치당의 직속 기구로서 18개의 '제국경영협동체'Reichsbetriebsgemeinschaft 형태로 구성되었다. 이 조직은 나치당을 모방해 지역 차원에서도 설립되었으며, 2,700만 명의 강제 가입자를 포괄하게 되었다(Foster 1956, 358). 독일노동전선 총재에는 로버트 라이가 임명되었다. 농민은 '제국 농업 신분 총회'에 조직되었고, 수공업자와 소상인은 '민족사회주의수공업·상업총연합회'에 포괄되었다.

히틀러는 독일노동전선을 더욱 체계 있는 통제 기구로 전환하기 위해 1934년 10월 24일 '노동전선의 본질과 목표'를 발표했다. 이것은 독일노동전선이 나치당의 명령에 따라 노동조건, 임금 문제, 노후 문제, 질병 문제, 주거 문제, 가격 형성 등 노동자들의 모든 생활 문제에 걸쳐 광범하고 그리고 합법적으로 개입하기 위한 제도적 장치였다.

나치는 독일노동전선의 역할과 관련해 다음과 같은 노동정책을 제도화해 시행했다.

첫째, 노동수탁제Treuhänder der Arbeit는 1933년 5월 19일 제정된 법령에 따라 국가관리가 임금 협약과 노동조건의 결정에 개입할 수 있도록 한 것이다. 수탁자인 국가공무원은 임금에 대한 개입 말고도 노동자들에게 대량 해고를 통보하는 일, 조정위원회[11]를 결성하게 하는 일, 각 기업의 정보를 정

---

11_조정위원회(Vertrauensrat)는 나치가 바이마르 시기의 노동자 권익 기관이었던 경영협의제를 폐지하고 외형상 그것과 유사한 단체로 기업 내에 설치했던 조직이었다.

부에 제공하는 일, 그리고 명예 재판소 분쟁 때 기소를 담당하는 일을 수행했다.

둘째, 국민노동법Gesetz zur Ordnung der Nationalen Arbeit은 1934년 1월에 제정된 법으로서, 법 제1조는 "공장에서 기업가는 기업 지도자로서, 봉급생활자와 노동자는 복종인으로서 기업의 목표와 민족·국가의 공동이익을 위해 함께 힘쓴다"고 규정했다. 이 법의 제정 목적은 기업주와 노동자 사이에 지도자 원리를 도입해 가부장적 형태의 기업 구조를 형성하는 것이었다. 국민노동법 제정에 따라 기존 경영협의제는 폐지되고 그 대신 조정위원회가 설치되었는데, 조정위원회제는 종업원 20명 이상을 고용하는 기업 경영주가 조정위원을 두고 노동규율을 정하도록 하는 제도였다.

셋째, 명예재판제도Ehrengerichtbarkeit는 국민노동법 제도가 규정한 것으로 기업 운영에 방해되는 일을 방지하기 위해 노동 수탁자가 있는 전 지역에 설치되었다. 국민노동법은 기업 지도자가 피고용인의 노동을 착취하는 경우, 피고용인이 산업 평화를 위태롭게 하는 경우, 기업 구성원이 수탁자의 결정에 대해 부당하게 불만을 표시하는 경우, 기업 구성원이 기업의 비밀이나 기술적인 문제와 비밀스런 정보를 누설할 경우 등에 대해 명예 재판이 열리도록 되어 있었다.

넷째, 즐거움을 통한 힘Kraft durch Freude은 1933년 11월 27일에 설립된 기구로서, 이 기구의 사업 내용은 노동자들에게 여행을 권유하고 스포츠 활동을 장려하며 각종 연극 상연이나 강연 행사를 개최하는 일이었다. 이와 같은 조직화된 여가 사업의 목적은 히틀러에 대한 충성심 고양과 노동 의욕 고취, 그리고 궁극적으로는 생산성 향상에 있었고, 나아가 노동자들에 대한 정치적 통제와 교육, 나치당의 선전에도 그 목적이 있었다(나혜심 1991 133~139).

나치는 '민족공동체'Volksgemeinschaft에 대한 독일인의 동의와 지지를 얻기 위한 시도도 빠뜨리지 않았고, 고용 창출 정책(고속도로 건설을 비롯한 다양한 건설 사업, 재무장과 연관된 각종 프로젝트 등)을 통한 경기회복을 추진했으며 민간 신문과 라디오방송국을 공영화하고 교육 체제를 나치 사회화의 수단으로 전환했다.

히틀러가 총리로 임명된 지 만 1년이 지난 시점인 1934년 1월 30일에는 연방 참의원제를 폐지함으로써 독일의 연방의회제 구조가 해체되었다. 그리고 마지막 헌정 변화는 1934년 8월 2일 힌덴부르크 대통령이 죽었을 때 나타났다. 힌덴부르크가 죽자, 히틀러는 대통령직과 총리직을 히틀러 개인 직함인 총통Führer직에 통합하고 군 통수권을 개인이 장악했다(풀브룩 2000, 265~266).

군대가 히틀러 개인에게 충성 선서를 하기에 이른 이유는, 히틀러가 군대와 돌격대 사이의 갈등을 군대의 요구대로 해결했기 때문이었다. 에른스트 룀이 지휘하던 돌격대는 친위대와 정규군에 대한 경쟁 세력으로 부각된 지 오래였고, 더욱이 다루기 힘든 존재가 되었다. 히틀러는 팽창주의적인 대외정책을 추진하기 위해서는 군대의 충성이 필수적이라는 사실을 잘 알고 있었다. 드디어 히틀러는 1934년 6월 30일 '긴 칼의 밤'을 연출했다. 친위대가 군대의 도움을 받아 룀을 비롯한 돌격대 지도부와 부총리인 파펜의 측근 몇 명을 포함해 완강하게 반항하던 보수주의자들, 그리고 슈트라서, 슐라이허 장군 부부, 1923년 히틀러의 앞길을 막았던 바이에른의 보수 진영 지도자 구스타프 폰 카르와 의원 13명을 모두 살해했다. 희생자는 모두 150~200명에 이르렀다. 이 충격적인 사건은 히틀러에게 의구심을 품은 자들에게 입을 다물고 가만히 있으라는 교훈을 안겨 주었다(Paxton 2005,108).

히틀러는 이와 같은 정책과 조치들 말고도 대단히 명료한 목표를 내포한 두 가지 정책 영역을 설정하고 있었다. 인종 정책과 대외정책이 그것이었다. 한편으로 히틀러는 독일을 '순수한' 인종 공동체로 바꾸려 했고, 다른 한편으로는 독일인의 '생활 공간'[12]을 확대함으로써 독일을 유럽 지배 국가로, 그다음에는 세계의 지배 국가로 끌어올리려 했다.

히틀러의 대외정책 구상은 이미 1920년대에 나온 그의 책『나의 투쟁』 *Mein Kampf*에 담겨 있었다. 그는 베르사유조약을 수정해 오스트리아를 통합하고, 체코슬로바키아와 폴란드를 독일의 위성국으로 부속시키며 프랑스와 대결한 뒤 러시아를 정복함으로써 최종적으로 세계를 지배한다는 계획을 설정하고 있었다. 이와 같은 계획은 거의 실제 상황으로 전개되었다.

1930년대 히틀러의 대외 전략은 외교 수단으로 최대한의 성과를 거두는 동시에 재무장을 적극 추진하는 것이었다. 독일은 1920년대 이후 재무장을 비밀스럽게 추진해 왔고, 군부는 나름대로 군대의 규모를 확대할 수 있는 방법을 연구했다. 1933년에는 이른바 '메포 어음'Mefo Bills[13]으로 군수자금을 동원했고, 1933년 7월부터는 독일의 대표적인 군수기업인 크루프사가 '농업용 트랙터 생산계획'이라고 위장한 프로젝트를 통해 탱크를 생산했다. 1934년에 들어서는 폭탄과 전함, 항공기도 생산하기 시작했다.

드디어 독일은 1935년 3월 자국이 공군을 보유하고 있다는 사실과 전면

---

**12**_바이마르공화국 시절부터 나치를 포함한 우익 전반에 확산되어 있던 독일 팽창주의 이데올로기의 한 요소였다. 말하자면 독일 지역은 공간적으로 독일인 모두를 수용하기에는 지나치게 협소하고, 경제적으로는 지나치게 산업화되어 있어서, 동유럽의 광대한 농업 지역을 독일인 거주 지역으로 편입시켜야 한다는 논리였다.

**13**_나치 정부가 자본이 부족한 상황에서도 고용 창출과 군수 생산을 가능하도록 하기 위해 만든 금융 전략으로, 국가의 주문을 받은 사기업이 발행한 어음을 제국은행이 할인할 수 있도록 메포 회사가 인수해주는 체제다. 1934년부터 전쟁 발발 때까지 약 20퍼센트가 메포 어음 방식으로 이루어졌다.

적인 재무장에 돌입했다는 것, 그리고 징병제 도입 계획을 공표했다. 1935년 4월 영국, 프랑스, 이탈리아가 '슈트레자전선'Stresa Front[14]을 결성하게 되었고, 국제연맹도 독일의 재무장을 감시하겠다고 나섰다. 그러나 독일은 1936년 6월 슈트레자전선의 핵심 국가인 영국과 해군 협정을 체결했고, 해군력을 영국의 3분의 1 수준까지 증강할 수 있게 되었다.

독일은 1936년 3월 제1차 세계대전에서 패전한 이후 처음으로 위험한 모험을 감행하게 되었는데, 독일군이 라인란트[15]에 진주했다는 사실이 그것이다. 라인란트에 진군한 독일 군대의 규모는 그리 많지 않았지만, 그 모험은 성공했다(폴브룩 2000, 278~279).

1936년 들어 히틀러는 독일이 4년 안에 전쟁 준비를 완료해야 한다고 선언하고, '4개년 계획'을 괴링의 지휘로 착수했다. 또 1936년 7월 에스파냐 내전이 발발하면서 이탈리아와 독일은 프랑코를 공동으로 지원하게 되었는데, 이것을 계기로 결국 '로마-베를린 축'이 형성되었다. 1938년 2월에는 오스트리아의 정치 정세가 혼란을 겪는 가운데, 독일군이 오스트리아에 밀고 들어가 영토를 병합했다. 그리고 1939년 3월에는 독일군이 체코를 침공해 큰 저항도 받지 않고 프라하에 입성했다. 체코 영토 가운데 보헤미아와 모라비아는 독일 '보호령'이 되었고, 슬로바키아는 독일 위성국이 되었다.

---

**14**_나치 독일이 일반 징집령을 공표하자, 세 나라 정부의 대표들이 슈트레자에서 회의를 갖고 독일 서부 국경을 확정한 로카르노조약의 준수와 오스트리아 독립 유지를 주장했다.

**15**_라인 강 좌안의 독일 영토인 라인란트는 독일과 프랑스의 군사적 대치에서 핵심적인 전략 지역으로, 프랑스는 베르사유조약에 근거해 15년 동안 그곳에 군대를 주둔할 권리를 갖고 있었다. 그러나 바이마르 공화국 슈트레제만의 노력으로 프랑스는 1930년에 군대를 철수시켰고, 그때부터 라인란트는 비무장 지역이 되었다. 독일의 처지에서는 서부 방어의 구멍이라고 할 수 있는 이곳에 군대를 배치하는 것이 군사적으로 급선무였다.

1939년 8월 23일에는 히틀러가 놀랍게도 그토록 오랫동안 나치의 이데올로기적 대적大敵이었던 러시아와 '독일-소련 불가침조약'(히틀러-스탈린 조약)을 체결했다. 조약의 주요 내용은 다음과 같았다. 첫째, 양국은 독립적으로 또는 다른 나라와 연합해서 서로 공격하지 않는다. 둘째, 조약 당사국이 제3국으로부터 공격을 받았을 때 제3국을 돕지 않는다. 셋째, 공동 관심사에 대한 문제점은 서로 접촉해 협의한다. 넷째, 두 국가 가운데 하나를 직접 또는 간접으로 위협하고 있는 국가 집단에 동참하지 않는다. 다섯째, 상호 간의 분쟁은 협상이나 중재로 해결한다(김자동 2010).

독일-소련 불가침조약을 체결한 스탈린의 의도는 동유럽의 지배 지역을 넓힘으로써 국경 수비력을 강화하려는 것이었다. 즉, 소련은 이 조약 체결을 통해 서부 국경이 안전해진 것으로 판단했다. 그러나 1941년 6월에는 조약을 맺은 지 2년도 못되어 독일은 소련에 대한 대규모 전면 공격을 감행했다.

소련이 군수 확대를 위한 시간을 필요로 했다면, 독일은 영국과 소련의 동맹을 저지하고자 했다. 독일과 영국은 양쪽 폴란드를 나누어 가지려 했다. 독일은 1939년 9월 1일 결국 폴란드를 침공했다. 9월 3일 영국과 프랑스는 폴란드와 행한 약속을 지키기 위해 독일에 대해 선전포고를 행했다. 이리하여 독일이 도발한 두 번째 세계대전이 시작되었다(풀브룩 2000, 285).

이와 같이 히틀러를 중심으로 한 나치가 권력을 장악해 이를 공고히 하고, 대외적으로 전쟁 준비를 계획적으로 추진해 나가는 동안에 반나치즘 투쟁은 대단히 어려운 조건에서 진행되었다.

먼저 사회민주당이 전개한 투쟁의 방침과 양상을 살펴본다. 히틀러 정권이 불완전하지만 '합법적'으로 성립했다는 사실이 의회주의와 헌법 옹호를 주장해 왔던 사회민주당으로서는 반파시즘 투쟁 전개에서 딜레마로 작용했다. 더욱이 사회민주당 지도부는 히틀러 정권이 머지않아 붕괴될 것이라고 내다보았기 때문에 시종 합법주의와 대기주의에 머물렀고, 결과적으로는 큰 희생만을 당했다.

나치당을 제외한 모든 정당이 불법화된 뒤, 사회민주당 지도부는 베를린 잔류 그룹과 프라하 망명 그룹으로 나누어지게 되었다. 베를린 잔류 그룹은 프라하 망명 집행위원회와 결별할 것을 성명으로 발표하고 히틀러 정권에 대해 타협책을 제의했지만, 지도자 파울 레베를 비롯한 간부들이 체포됨으로써 사실상 거부된 것과 다름없었다. 프라하 망명 집행위원회는 상황 변화에 따라 일시적으로 혁명적 노선을 택하기도 했으나, 여전히 공산당에 대한 불신을 버리지는 못했다.

사회민주당의 혁명적 노선은 1934년 1월에 발표된 강령 문서 "혁명적 사회주의의 투쟁과 목적"(프라하 선언)에서 분명하게 드러났다. 혁명적 엘리트의 역할을 중시하는 레닌주의적 조직 원칙을 떠올리게 하는 이 문서는 프라하 망명 그룹 내에서 충분히 검토되지 않았을 뿐만 아니라 아무런 실천적 영향력을 발휘하지도 못했다. 그 뒤로 망명 지도부는 민주주의적 국민운동(독일을 파국에서 구하는 운동)으로 노선을 전환했다(광민사편집부 1981, 76~77).

반파시즘 투쟁을 전개하면서 그나마 일관된 방침을 견지한 것은 독일공산당이었다. 공산당은 초기 단계에서 많은 간부가 구속되었는데, 이것은 한편으로는 나치의 탄압이 공산당에 집중된 탓도 있었지만, 다른 한편으로는 공산당이 나치 정권을 단기적인 것으로 판단해 대중적 반대 운동을 벌였기 때문이었다. 공산당 지도 체계는 1933년 3월 2일 탤만이 체포된 뒤, 빌헬름 피크와 발터 울브리히트로 이어졌고, 공산당은 모스크바와 파리에 해외 지도부를 설치했다.

독일공산당 지도부는 변화하는 정세와 계급투쟁의 조건들을 고려해 새로운 정치 방침을 정식화했다. 1935년 10월 파시스트 독재 권력 수립 이후 처음으로 당 전국협의회가 브뤼셀에서 열렸다. 독일공산당 브뤼셀협의회 활동의 기초가 된 내용은 코민테른 제7회 대회 결정들이었다. 당 중앙위원회가 주요 의제로 제출한 사항은 '히틀러 독재의 타도를 목표로 한 공동 투쟁의 새로운 길'이었다. 보고자 피크는 독일공산당 활동의 강점과 약점을 분석하고, 파시스트 독재의 조건에서 실시될 통일전선 정책의 본질과 실천 내용에 관한 문제를 구체적으로 다루었다. 브뤼셀회의는 인민전선의 일반 프로그램에 기초해 독일의 모든 반파시즘 세력의 통합을 위한 슬로건을 제시했다. 이것은 사회주의로 이행하기 위한 중요한 전제로서 새롭고, 자유로우며 민주주의적인 독일 건설을 가장 중요한 투쟁 목표로 설정한 것이었다 (The USSR Academy of Sciences 1985, 316~317).

브뤼셀협의회 결정의 실천을 위해 독일공산당은 사회민주당과 협력 관계를 확립하려고 끈질긴 노력을 기울였다. 1935년 말 공산당 주도로 작가 하인리히 만을 의장으로 한 '독일인민전선준비위원회'가 결성되었다. 이 위원회에는 공산당원과 사회민주당원 그리고 저명한 문화 활동가들이 참가했다.

반나치 정치 세력으로는 사회민주당과 공산당 외에도 사회주의노동당SAP, 혁명적사회주의자RS, 신출발파Neubeginnen, 국제사회주의투쟁동맹 등 독립적인 그룹이 다수 존재했다. 이런 정치조직들은 독일 국내외에서 비합법적인 간행물을 발간하고 지하활동을 조직·지도했다. 노동조합 간부들 가운데 구속되지 않은 사람들은 노르웨이나 덴마크로 망명해 비합법 자유노동조합 재건을 계획했다.

이들 조직의 활동과 관련을 갖거나 또는 독자적으로 전개된 독일 국내의 저항운동은 다양한 형태로 행해졌다. 그러나 독일에서 전개된 저항운동은 프랑스나 이탈리아 등에서 일어난 반파쇼 투쟁에 비해서는 훨씬 규모가 작았고, 운동 형태도 고립·분산되어 행해졌다(광민사편집부 1981, 80).

한편, 프랑코 반란군과 독일·이탈리아 간섭군에 대한 에스파냐 인민의 완강한 저항은 나치즘에 반대하는 독일의 투사들을 포함해 전 세계적으로 열렬한 공감과 연대를 불러일으켰다. 1936년 8월 7일 독일공산당 중앙위원회는 군사교육을 받은 독일의 모든 반파시스트들은 에스파냐공화국의 해방투쟁을 직접 지지하라고 호소했다. 망명지와 독일 본국에서 전사 약 6천 명이 국제여단에 참가했는데, 그 가운데 3천 명은 에스파냐 전장에서 목숨을 잃었다.

독일 국내에서도 반파시스트 활동가들 사이의 접촉이 차츰 확립되었다. 상상을 초월하는 어려움에도 반파시즘 망명 조직과 연결을 갖는 저항의 거점이 형성되었다. 또 베를린, 만하임, 도르트문트와 같은 대공업 중심지에서는 지하에서 활동하는 공산당원과 사회민주당 사이의 공동 투쟁 협정이 성립되기도 했다.

1938년과 1939년에는 매우 광범위한 조직의 하나였던 '붉은 합창단'이 생겨났고, 거의 같은 무렵에 지하활동 조직이 투쟁을 전개하고 있었다. 또 반파시스트 청년 조직들이 지하활동을 계속 전개했다. 한편, 잔인한 테러와 '노동 평화' 선전이 취해졌는데도 파업투쟁은 계속되었다. 1935~1939년 동안 에센의 크루프 군수공장 파업, 베를린의 화학산업노동자와 함부르크의 조선노동자 파업, 오펠 공장노동자 파업 등이 그 대표적인 것이었다.

히틀러가 제2차 세계대전 도발을 준비하고 있던 시기인 1939년 1월 30일~2월 1일 사이에 독일공산당은 베른협의회에서 민주공화국을 위한 투쟁 테제를 정식으로 설정했다. 협의회의 결의는 다음과 같은 내용이었다.

새로운 민주공화국에서는 바이마르공화국에서와는 달리 파시즘의 뿌리는 철저하게 근절될 것이다. 파시스트 독점자본의 소유는 몰수되는 동시에 파시즘은 그 물질적 기초를 잃게 될 것이다. 새로운 공화국에서는 바이마르공화국의 경우와는 달리 군대, 경찰, 행정기관은 국민의 민주적 자유와 민주적 권리의 확실한 옹호자가 될 것이다. 이 새 민주공화국에서는 역시 바이마르공화국과는 달리 대부르주아지 — 그들은 하나의 노동자 정당과 결합한 것 같은 외관을 하고 국민의 정치·경제적 권리를 침해하고 있다 — 가 아니라 노동자계급이, 즉 자기 진영의 분열을 극복하고 농민·프티부르주아지·인텔리겐치아와 더불어 인민전선으로 결합된 노동자계급이 나라의 운명을 장악할 것이다(The USSR Academy of Sciences 1985, 318~319).

이런 결의와 반파시즘 투쟁에도 불구하고, 사회민주당이나 공산당 그리고 노동운동의 반파시즘 투쟁 역량이 나치즘과 전쟁 위협을 물리치기에는 아무래도 역부족이었다. 1936~1938년 동안 대부분의 주요한 노동자 저항 그룹이 게슈타포Gestapo(비밀정치경찰)의 잔인한 탄압으로 활동을 중지당했다. 제2차 세계대전이 발발했을 때 독일인 약 20만 명이 정치적 이유로 수용소에 감금되었는데, 1939년 당시 이들 정치적 수감자들 대부분은 노동운동에 관련된 사람들이었다(그레빙 1984, 221). 그뿐만 아니라 이 무렵 나치즘 반대 투쟁에 가장 앞장섰던 공산당 활동가들도 대부분 구속되거나 수용소에 갇혀 활동을 계속할 수 없는 처지였다.

그러나 히틀러는 결국 독일 국민에게 약속했던 '역사와의 특권적인 관계'를 실행하기 위해 무모하고 앞뒤 가리지 않는 돌진을 거듭하다가 자멸의 길로 들어서게 되었다(Paxton 2005, 171).

## 2. 오스트리아에서 일어난 1930년대 반파시즘 투쟁

1929~1933년 경제공황은 오스트리아 경제에 파국적인 영향을 가져다주었다. 1929년까지는 용광로 다섯 기基가 가동되고 있었는데, 1932년 5월에는 마지막 용광로의 불이 꺼졌다. 1932년 말에는 모든 제철소가 폐쇄되었다. 실업자는 급속하게 늘어나 인구 600만 명 가운데 60만 명이 실업자였다.

오스트리아 지배 세력은 정치적 불안정과 노동운동에 대한 공포를 권위주의적 독재와 외부(이탈리아와 독일의 파시즘)의 원조를 통해 극복하고자했다. 오스트리아 파시스트의 군사부대 — 조국방위대Heimwehr — 의 테러가 해를 거듭할수록 강화되었다. 엥겔베르트 돌푸스 총리를 중심으로 한 집권당 기독교(가톨릭)사회당은 노동자 정당과 노동자 조직을 탄압하고 고립화시켜 해체하려 했다(The USSR Academy of Sciences 1985, 320).

1933년 3월 초부터 오스트리아 반동 세력은 독일 나치의 집권을 계기삼아 적극적인 공세를 취했다. 돌푸스 정부는 대중집회를 금지했으며, 신문에 대한 사전 검열제를 실시하고 대표적인 사회주의 단체인 '공화국방위동맹'Republikanische Schutzbund을 해산시켰으며 공산당의 불법화를 선언했다. 결국은 의회까지 해산시켰다.

같은 해 9월 11일 돌푸스는 이탈리아 파시즘 형태의 '조합주의에 기초한 사회·기독교적 독일 국가' 창설을 선언했다. 그 정치적 주축은 '조국전선'으로서, 여기에는 기독교 사회당, 가톨릭 조직, 조국 방위대가 참여했다. 1934년 1월부터 정부는 모든 주에 독재적 전권을 갖는 통제위원 임명 결정을 채택했으며, 조국 방위대는 각 지방에서 권력 탈취에 착수했다. 파시스트는 경찰과 협력해 노동자 조직의 건물을 습격했으며 공화국 방위동맹 지도자들에 대해서는 감시 조치를 취했다.

이와 같은 부르주아 반동의 공세에 대해 노동자 정당이나 사회주의정당은 어떻게 대응했던가. 먼저 오스트리아사회민주노동당 지도자들은 부르주아지와 그 일당이 원했든 원하지 않았든 간에 순수한 의회 활동을 충실히 수행하고자 했다. 오스트리아 노동자계급의 대부분은 결정적인 시기에는 민주주의와 사회주의를 위해 투쟁의 선두에 설 것으로 생각하고 사회민주노동당 지도에 따랐다. 그러나 그것은 아주 잘못된 판단이었다. 사회민주노동당은 선거와 의회 활동에만 매달렸으며, 부르주아지가 반의회주의로 전환했을 때에야 사회민주당의 정치·사상적 모순이 노골적으로 드러나게 되었다.

오스트리아사회민주노동당은 1933년 10월 당대회를 열고 다음과 같은 결정을 채택했다. 첫째, 정부가 파쇼 헌법을 제정하거나, 둘째, 빈 시의회의 권리 폐지와 빈 시에 대한 정부의 정치위원 제도를 도입하거나, 셋째, 사회민주노동당을 해산시키거나, 넷째, 자유노동조합을 해산시키거나 할 경우, 사회민주당은 노동자들에게 총파업 결행을 호소한다는 것이었다. 이런 사회민주노동당의 전술은 대기待機·수동적인 것으로서 어쩌면 노동자들을 무장해제시킬 수 있는 방책이었다.

파시즘의 직접 공격 대상이 된 오스트리아공산당은 곧바로 대응책을 강구하지 않을 수 없었다. 공산당은 사회민주노동당과 파시즘에 반대하는 조직들에 대해 반파시즘 공동 투쟁을 제안하고, 반파시즘 위원회를 조직했다.

1934년 2월 초 정부는 사회민주노동당원 칼 자이츠를 빈 시장 자리에서 물러나게 하고 공화국 방위동맹 지휘관을 체포했으며, 사실상 헌법 효력을 정지시켰다. 이런 사태를 맞아 공산당은 대중들에게 총파업 개시를 호소했다. 사회민주노동당 지도부는 그들 자신이 선언한 전술 방침과는 달리 이런 호소에 동의하지 않았다. 그러나 많은 도시, 특히 빈에서는 사회민주노동당의 지방조직과 민중들이 파시즘에 대한 맹렬한 반격과 조직적인 무장 저항을 준비했다.

저항의 폭발은 처음에는 지방에서, 다음에는 수도에서 일련의 자연발생적 행동으로 나타났다. 1934년 2월 12일 린츠 시 경찰이 사회민주노동당 건물을 습격했을 때 이 지방의 방위동맹은 중앙의 지령을 기다리지도 않고 투쟁을 결행했다. 린츠에서 벌어진 투쟁 소식은 빈 노동자들의 투쟁을 부추겼다. 바로 가스공장 노동자와 짐머링발전소 노동자, 그리고 많은 사업장의 노동자가 일손을 놓았다. 이와 같은 상황에서 사회민주노동당 집행부는 총파업 결정을 채택했으나, 사실상 실천에 옮기지는 못했다.

같은 해 2월 12일 밤에는 수도 빈에서도 전투 행동이 시작되었다. 빈의 모든 지구를 잠시 동안 봉기자들이 장악했다. 노동자 전투부대의 주축을 이룬 세력은 방위동맹과 공산당 당원들이었다. 빈의 노동자들은 2월 15일까지 용감하게 버티었다. 그러나 힘의 관계가 극히 불리했을 뿐만 아니라 예기했던 총파업도 좌절되고 말았다. 정부군은 지체 없이 저항의 최후 거점을 진압했다(Furnberg 1974, 88; The USSR Academy of Sciences 1985, 323에서 재인용).

이 전투에서 노동자 1,200명이 죽고 약 5천 명이 부상당했으며, 1만 명 이상이 체포되거나 수용소에 갇혔다. 공화국 방위동맹 지휘관 9명이 군사 재판 판결을 받고 총살당했으며, 봉기 주동자도 사형 판결을 받았다. 그리고 모든 노동자 조직의 활동이 금지되었다(The USSR Academy of Sciences 1985, 323).

오스트리아 노동자들의 영웅적인 투쟁이 패배로 끝난 데 대해서는 더트의 분석이 중요한 교훈을 제공하고 있다. "오스트리아 노동자투쟁은 더욱 우세한 붉은 군대의 힘으로 격파된 것이 아니다. 그것은 사회민주주의 지도부의 분열 행위 때문에 격파된 것이다." 더트는 사회민주노동당 지도자 바우어 자신도 확고한 정책만 있었다면 이 결정적으로 중요한 투쟁에서 승리할 수 있었을 것이라고 말했다. "4일 동안의 전쟁이 끝난 뒤 빈의 노동자는 패배했다. 이런 결말은 과연 피할 수 없었을까. 그들이 어쩌다가 승리한 것은 아닐까. 우리는 이 며칠 동안의 경험을 통해서 이렇게 말할 수 있다. 만일 철도 종업원이 수송을 중단했다면, 만일 총파업이 전국으로 확대되었다면, 만일 방위동맹이 전국 노동자 대중을 광범하게 결집시킬 수 있었다면, 정부는 결코 봉기를 진압할 수 없었을 것이다"(Foster 1956, 322에서 재인용).

오스트리아에서 일어난 1934년 2월 노동자투쟁은 국제노동운동 역사에 뚜렷한 발자취를 남겼다. 이 투쟁은 파시즘에 대응해 유럽 노동자계급이 벌인 첫 무장투쟁이었다. 이 투쟁 이후로도 오스트리아 노동운동 지도자와 활동가들은 지하활동의 어려운 조건에서도 공고한 토대를 갖춘 노동자통일전선을 구축하기 위해 전력을 기울였다. 사회민주노동당 내에서도 좌익 반대파들이 '혁명적 사회주의자' 그룹을 형성했다. 이들은 공산당원과 협력해 지하조직 형태의 공화국 방위동맹을 재건했다. 또 이들은 '자유노동조합'의 지지를 받아 민주적 자유의 회복과 함께 절박한 새로운 위협 — 히틀러 독일의 오스트리아 침략 — 에 대항하기 위해 오스트리아 파시즘과 투쟁했다. 그러나 노동운동 세력을 완전히 복원해 독일제국의 오스트리아 합병Anschluss 위협에 맞서기에는 역량이 턱없이 부족했다.

히틀러 독일은 무자비한 테러로 노동운동을 제압했으며, 나아가 부르주아지의 배신과 사회민주노동당의 동요를 이용해 오스트리아에 대한 강제적 합병 작전을 몇 단계로 나누어 실시했다. 1938년 3월 11일 독일군은 드디어 '우리는 같은 민족, 반갑습니다'는 기치를 내걸고 오스트리아를 침입해 3월 13일 국권을 탈취했다.

# 3장
# 프랑스에서 전개된
# 인민전선 운동

인민전선은 수세적인 재조직화였다. ─
파시즘의 확산을 막는 장애물을 세우고,
파시즘이 승리한 곳에서는 저항을 고무하기 위한.
인민전선은 좌파의 공통 지반을 찾음으로써
공산당의 고립을 극복하기 위한 것이었다.
그러나 가장 폭넓은 협력을 구축하기 위해서는
사회주의 원칙보다는 민주주의 원칙이 필요했다.
노동자계급 정당이 혼자 힘으로 승리할 만큼 강하지 못했기 때문이다.
게다가 좌파가 민주적인 신뢰를 확립하기만 하면
연합이 기존의 민주주의를 넘어서
사회주의 이행의 토대로 나아갈 수 있었다.
인민전선 전략은 이러한 또 다른 미래의 차원을 포함하고 있었다.
인민전선 전략은 '일시적인 수세적 전술 이상의.
궁극적으로 패배를 공세로 전환하기 위한 전략이었다.
이것은 또 사회주의로 나아가기 위한 세심하게 고려된 전략이었다.'
_에릭 홉스봄
(Hobsbawm 1985, 240; 일리 2008, 485에서 재인용)

# 1. 극우 반동의 폭동과 노동자계급의 총파업

1930년대는 국내 안정과 강대국으로서 대외적 위치라는 두 가지 믿음에 관해 갖가지 환상이 무너진 가혹한 침체기였다. 이런 위기 국면은 다른 선진 자본주의국가들보다는 프랑스에 늦게 찾아왔다. 1930년에는 프랑스가 오히려 놀랍게도 번영을 구가했다. 레몽 푸앵카레의 안정책, 그 가운데 프랑화 평가절하는 세계시장에서 프랑스 상품의 경쟁력을 강화해 영국 화폐의 평가절하가 시행되었던 1931년 9월까지 경쟁력을 유지할 수 있었다. 이처럼 경제 위기가 파산이나 생산 절감, 그리고 대량 실업 형태로 다가왔을 때도 프랑스는 다른 나라들처럼 심각한 국면을 맞지 않았다. 그러나 위기는 오히려 프랑스에서 더 오래 지속되었다. 프랑스는 공황에서 빠져나오는 데도 느린 편이었다. 1935년 중반까지는 대부분의 자본주의국가들이 회복 추세에 들어섰던 데 비해 프랑스에서 진행된 경기 침체는 1938년까지 계속되었고, 1939년에야 1929년 생산지수 수준을 회복할 수 있었다(프라이스 2001, 299~300).

프랑스의 경우, 1930년대는 끝이 보이지 않던 위기의 10년이었다. 프랑스 공업생산의 일반 지수는 1930년의 108.4 포인트(1928년=100으로 한 지수)에서 1935년 79.5 포인트로 떨어졌다. 1929년과 경기가 최악 상태였던 1935년 봄 사이에 철강 생산과 같은 중화학공업의 핵심 분야는 40퍼센트의 감소를 경험했다. 또 이 기간에 총 화폐가치는 46퍼센트, 주식가치는 60퍼센트나 하락했다.

실업자 통계는 자료에 따라 많은 차이가 있을 뿐만 아니라 대단히 부정확했다. 총실업자 수가 1933년 100만 명을 넘어섰고, 1935년에는 200만 명 이상이었다는 통계(The USSR Academy of Sciences 1985, 324)와 '일자리를 못 구한 노동자'의 수를 1931년 45만3천 명, 1936년 86만4천 명으로 집계되었다는 알프레드 소비의 설명(이용우 1993, 15), 전체 인구의 약 2.6퍼센트가 실업자였다는 통계(프라이스 2001, 300) 등이 그것이다. 아무튼 이런 통계 수치는 전체 노동력에서 노령 노동자와 여성 노동자를 제외했고, 외국인 노동자를 본국으로 송환했기 때문에 수치에 포함되지 않았을 뿐만 아니라, '부분 실업자'도 집계되지 않은 수치였다.

수출은 급격하게 감소했는데, 이것은 프랑스 정부가 국제적으로 진행되던 경쟁적인 평가절하를 되도록 회피하고자 한 데 따른 결과였다. 1929~1935년 사이에 수출은 수량 측면에서는 44퍼센트, 가치 측면에서는 놀랍게도 82퍼센트나 감소했다.

당시 경제 위기가 불러일으킨 파장은 사회집단에 따라 큰 편차를 나타냈다. 가장 큰 타격을 받은 집단은 소농들이었는데, 농업 분야의 실질수입이 32퍼센트나 하락했다. 산업노동자들 대다수는 비록 명목임금 하락과 실업 위협에 시달리고 있었지만, 한편으로 물가 하락에 따른 실질임금의 상승을 경험했다. 기업주들의 순이익은 약 18퍼센트 하락했는데, 그 가운데서도 소규모 제조업자와 상점주들이 가장 많은 피해를 입었다. 정치·사회적 긴장이 점점 심화되었던 이 시기에도 부유층은 대체로 자신들의 특권적 지위를 유지할 수 있었다(프라이스 2001, 300~303).

이와 같은 경제 정세에서도 당시까지는 프랑스의 대부르주아지 사이에서 극심한 위기감이 감돌지는 않았다. 더구나 프랑스 부르주아지는 독일의 지배적 과두정치와는 달리 자신의 계급 이익을 지키기 위해 의회제 민주주의의 메커니즘을 잘 이용하고 있었다. 계급의 이해관계 측면에서 본다면, 프랑스 독점 부르주아지의 유력 집단은 파시즘 조류에 지지를 보낼 수 있었지만, 프티부르주아지의 민족 감정은 파시즘의 대중적 확산을 쉽사리 받아들일 수 없는 처지였다(The USSR Academy of Sciences 1985, 325).

한편, 1930년대 경제 정세는 프랑스공산당으로 하여금 '요구 투쟁'을 강화하도록 촉구했다. 마침 1932년 8월에 열린 제12차 코민테른 집행위원회 확대총회는 요구 투쟁을 특히 강조했다. 이 회의에서 쿠시넨은 프랑스공산당의 1차 과업을 "노동자, 농민대중의 일상 이익을 지키는 데(임금 인하 반대, 사회보험 찬성, 실업자 즉각적 구호 찬성, 과중한 세금 반대) 관심을 돌리는 것"으로 설정했다.

그로부터 3개월 뒤 모리스 토레즈는 노동조합 분야, 실업자 보호, 지방자치 분야, 농민문제 등 대중 정책에 관한 상세한 강령을 작성했으며, 노동자들이 직면한 모든 문제, 즉 사회입법, 산업재해, 질병, 연금 등에 관심을 기울일 것을 당원들에게 촉구했다. 또 다음 해 7월 당 중앙위원회 회의에서 자크 뒤클로는 '우리의 노력을 경제적 불만을 해소하기 위한 투쟁, 특히 철도·광산·금속·섬유 노동자들의 투쟁에 집중하는 것이 당장의 긴급한 문제'라고 주장했다. 이런 요구 투쟁은 1934년 2월 행동 이후에도 계속해서 추진되었다. 즉, 요구 투쟁은 '선행적 변화'[1]에 그친 것이 아니라 1934년의 '통일전선' 성립에서도 강한 영향을 끼쳤다(이용우 1993, 16~18).

경제 위기와 경기 침체가 이어지는 가운데 정치 불안정은 점점 커졌다. 제1차 세계대전과 제2차 세계대전 사이 평화기에 내각은 42번이나 교체되었다. 당시 선거제도는 농촌과 소도시 선거구민에게 불리했다. 이들은 사회 개혁이 주로 도시노동자들에게만 혜택을 주는 것이라고 인식해 대체로 사

---

1_'선행적 변화'라는 표현은 1934년에 일어날 근본적인 변화를 염두에 둔 것이었다. 여기서 말하는 변화란 1934년 2월 6일의 극우파 폭동에 대응해 발생한 2월 12일의 총파업과 대규모 시위에 이르기까지 '2월 행동'이 없었더라면 이루어지지 않았을 변화를 두고 한 표현이다.

회개혁과 필요한 세금 부과에 반대했다. 이들은 '급진당'Parti radical을 지지하는 경향을 보였는데, 그 이유는 급진당이 비록 좌파 정당임을 자처했지만 경제·사회 문제에 대해 사실상 변함없이 보수성을 유지했고, 급진당은 내각 구성에서 주도적 역할을 수행했기 때문이었다.

1932년 5월에 실시한 의회 선거에서도 급진당 157명과 사회당 129명을 포함해 좌파 의원은 334명이나 당선되었으며, 우파는 이보다 적은 230명이 당선되었다. 내각은 프랑스사회당의 입각 거부로 연립을 이루지 못한 채, 급진당 중심 정부가 출범했다. 급진당과 사회당의 정치적 동맹은 대단히 불안정한 상태를 계속했다. 양대 정당은 공황 때문에 발생한 적자 재정 문제를 놓고 심하게 충돌했으며, 이에 따라 1년 반 동안 내각이 네 번이나 바뀌기도 했다. 급진당은 전통적인 금융 관행과 사업 신용 회복을 지지하고 있었으며, 보수파들만큼이나 예산의 균형을 맞추려고 정부 지출을 줄이는 데만 관심을 기울였다. 이에 반해 사회당 측은 국민경제를 활성화해 국고 수입을 늘리자고 주장함으로써 날카로운 의견 대립을 보였다.

잇따른 내각 교체와 정부 재정 정책의 혼선, 빈발하는 금융 부정 사건 등은 '부패한 의회주의'에 대한 깊은 실망을 불러일으켰다. 또 공황의 발생과 이에 대한 잘못된 정부의 대응책은 도시의 중간층과 농민들로 하여금 정부에 대해 등을 돌리게 만들었다. 중간 계층들, 더구나 부유하면서도 영향력 있는 사람들은 지속되는 위기감, 수입과 지위를 상실하게 될지도 모른다는 미래에 대한 공포, 그리고 국제무대에서 프랑스가 점차 약화되고 있다는 인식 때문에 자신감을 크게 잃었으며, 민주주의가 실패했다고까지 생각했다. 많은 사람이 강하고 권위적인 정부만이 문제를 해결할 수 있다고 여겼다. 결국 우익이 부르짖는 '도덕적 질서'의 촉구가 민족주의와 경제적 민주주의, 그리고 반볼셰비즘을 결합하는 결과를 가져왔다.

이런 상황은 일반적으로 '리그'league로 통칭되는 각종 극우 단체들이 날뛸 수 있는 바탕 구실을 했다. 1924년에 피에르 테탱제가 군사력을 기반으로 제복을 입고 가두시위를 벌이는 '애국청년단'Jeunesses patriotes을 결성했는데, 이런 조직체는 10여 년 동안 점점 더 폭넓은 지지를 획득했다. 가장 주목할 만한 극우 단체는 '불의 십자가'였는데, 이 조직은 원래 노병들 조직이었으나 점점 중간 계층 사이에까지 광범하게 확산되어 전성기에는 회원 15만 명을 포섭했다. 이 조직은 철저한 반공주의, 반사회주의를 특징으로 했으며, 전통적인 가톨릭 보수주의와 가까웠고 파시즘의 이상을 지지하지는 않았으나 기존 사회 계급제도를 존중했다. 이런 단체들은 1880년대의 극단적인 민족주의 조직들의 후예로서, 그들의 선배들이 그랬듯이 '비효율적이며 부패하고 무정부주의적'인 공화정을 대체할 권위주의 정부 수립을 주장했다(프라이스 2001, 307~308).

1933년의 사회 상황은 "정부가 더 이상 통치할 수 없고 권력이 거리로 이동했다"고 표현할 정도로 혼란스러웠다. 공무원들은 봉급 인하에 항의해 거리로 몰려나왔고, 소상인은 2월과 5월에 무거운 세금 부과에 대한 항의 표시로 가게 문을 닫고 시위를 벌였다. 같은 해 6월과 그해 말에는 '기아 행진'이 벌어졌고, 1932년 9월~1933년 9월까지 약 30만 명에 이르는 농민들이 농지 차압에 대한 반대 시위를 무려 200여 번이나 벌였다. 몇몇 지역에서는 극우 운동 가운데 프랑스식 파시즘의 특징에 가장 가까운 농촌 운동kergoat으로 '도제르Dorgéres주의' 운동이 번성했다(이용우 1993, 25).

이와 같은 정세에서 '정치적 폭발'l'explosion politique로 표현되는 극심한 위기의 순간이 다가오고 있었다. 앞에서 본 바와 같이 1930년대 경제 위기는 프티부르주아에 대해 심각한 경제적 타격을 안겨 주었고, 그것은 파시즘의 대두를 위해 유리한 사회 조건들을 조성하는 요인이 되었다. 또 국민연합

정부의 맹목적인 디플레이션 정책과 그것에 대한 하원의 반발, 그리고 그와 같은 요인에 따른 내각의 불안정도 극우 세력들이 날뛸 수 있는 유리한 여건을 만들었다.

1934년 초에는 '스타비스키사건'이 발생했다. 이것은 귀화한 우크라이나 출신 유태인의 금융 부정에 정치 지도자들이 연루된 사건으로 공화정 자체에 대한 도덕적 위신을 크게 떨어뜨렸다. 결국 이와 같은 공화정의 타락상은 파시스트 세력들에게 공화정 자체의 전복을 꿈꿀 수 있는 빌미를 제공했다. 극우 운동은 외국인 혐오증, 반유태주의, 반의회주의, 공화정에 대한 증오 등을 표방했다. 1월 들어 '프랑스행동단'l'Action Française, '애국청년단' Jeunesses Patriotes, '프랑스연대단'Solidarité Française, '불의 십자가'les Croix de Feu 등의 파시스트 리그들은 시위를 잇달아 벌였다. 1월 한 달 사이에 가두시위가 10건 정도 발생했는데, 이런 가두시위는 대체로 폭력 행위를 수반했다.

1월 27일 카미유 쇼탕 내각이 사퇴하고 3일 뒤 달라디에가 새 내각을 구성했다. 달라디에 내각이 신임투표를 확보하기 위해서는 사회당의 지지가 필요했는데, 이를 위해 달라디에는 극우파에 대해 우호적이라고 비난받고 있던 파리 경찰국장 장 시아프를 해임했다. 이런 달라디에의 조치는 극우 단체들의 '2월 6일 폭력 행동'을 촉발한 직접적 요인으로 작용했다.

각종 극우 단체들은 새로 구성된 달라디에 내각이 하원의 신임을 묻는 날인 2월 6일, 내각에 반대하는 가두시위를 벌일 것을 촉구했다. 이날 하원 주변에서 시위대와 공권력 사이에 치열한 공방전이 벌어졌고, 경찰 저지선을 뚫다가 시위자 15명이 죽고, 1,435명이 부상당하는 사태가 발생했다. 2월 6일 사건은 파리코뮌 이래 최대의 유혈 사태였다(이용우 1993, 26).

그다음 날 달라디에는 물러나고 그 뒤를 이어 2월 9일 가트통 두메르그 내각이 들어섰다. 두메르그 내각의 각료 20명 가운데 급진당 소속은 6명이었고, 나머지 13명은 우익 인사들이었다. 내각에는 앙드레 타르디외도 포함되어 있었는데, 그는 선임 내각의 일원으로서 우익 동맹 조직들을 지원해 준 인물이었다.

한편, 사회당은 8일 실행하기로 한 시위 계획을 취소했으며, 프랑스노동총동맹은 2월 12일 총파업을 결정하고 사회당, 사회주의공화당, 프롤레타리아통일당, 무정부주의연합, 인권동맹, 노동자·농민연맹, 생산노동자협회 자문회의를 초청했다. 프랑스노동총동맹은 공산당이 달라디에 내각에 반대 투표를 했다는 이유로, 급진당이 두메르그 내각을 지지했다는 이유로 공산당과 급진당을 초청에서 제외했다(Prost 1966, 11~12; Lefranc 1977, 27; 이용우 1993, 32에서 재인용). 공산당은 달라디에 정부로 대표되는 부르주아 민주주의가 파시즘과 본질적으로 다를 바 없으므로, 2월 6일의 시위에서 드러난 적은 파시스트들뿐만 아니라 정부 자신이었다고 규정했다. 그런 이유 때문에 사회주의자들의 공동 행동 제의를 거부했다(이용우 1993, 28).

공산당은 사회당과 프랑스노동총동맹과는 별도로 2월 9일 단독 시위를 계획했다. 공산당은 노동자들에게 의회 해산과 자유의 존중을 요구하기 위해 2월 9일 오후 8시에 공화국 광장에서 시위를 벌일 것을 호소했다. 호소문은 '자본의 유혈 독재 타도! 노동자·농민 정부 만세!'라는 슬로건을 내걸었다. 정부가 금지한 2월 9일의 시위는 파리의 노동자 약 6만 명이 참가한 가운데 진행되었으며, 공화국 광장을 확보하고자 하는 시위대와 이를 막으려는 경찰대 사이에 격렬한 유혈 충돌이 빚어졌다. 이 과정에서 시위 참가자 9명이 사망하고 1천 명 이상이 부상당했고, 이날의 시위는 3일 뒤에 감행된 총파업과 시위를 키우는 요인으로 작용했다.

1934년 2월 12일은 프랑스 정치·사회적으로 중대한 날이었다. 프랑스노동총동맹의 총파업과 시위 계획에 사회당은 물론이고 프랑스공산당과 통일노동총동맹도 적극 합류했다. 프랑스노동총동맹이 주도한 총파업에는 파리 노동자들뿐만 아니라 보르도, 낭트, 리모쥬, 툴루즈 등지의 노동자들이 대거 참가했다. 우편, 가스, 국영기업, 건설 부문 등에서는 거의 전면 파업이 벌어졌다. 운수 부문과 금속 산업에서도 많은 노동자가 파업에 참가했다. 2월 12일 총파업에 참가한 노동자 수는 전국에 걸쳐 450만 명에 이르렀고, 파리에서만도 노동자 100만 명이 총파업에 참가했던 것으로 추산되었다(Kergoat 1986, 41~43; 문선모 1990, 118에서 재인용).

또 이날 전개된 사회당 주도의 시위운동도 큰 호응을 얻었는데, 프랑스 전역에서 100만 명 이상이 참가했고 파리에서도 10만 명 이상이 시위에 참가해 반파쇼 투쟁을 벌였다. 더구나 이날 시위에서는 공산당과 사회당 대열이 자연스럽게 합류했고, 그 대열 속에서 공산당과 사회당의 통합을 요구하는 대중의 열망이 자연스럽게 드러났다. 당시 한 신문은 2월 12일 나시옹 광장의 정경을 다음과 같이 묘사했다.

각기 다른 길로부터 도착한 두 당 — 사회당과 공산당 — 의 시위 대열이 맞닥뜨리게 되었다. 잠시 동안의 침묵과 불안감이 스쳐간 뒤에 이 만남은 각 정당과 노조 지도자들을 경악시킬 만큼 열광적인 감격을 불러일으키고 폭발적인 탄성과 환희를 분출시켰다. …… 박수와 노래, 그리고 "통합!", "통합!"이라는 구호가 이 대중들로부터 터져 나왔다. 인민전선이 우리의 눈앞에서 탄생하고 있었다. 환희와 질서 속에서(Mazauric 1976, 45; 문선모 1990, 121에서 재인용).

이날의 총파업과 시위는 성공적으로 마무리되었다.[2]

지방에서 행해진 파업과 시위에서는 행동 통일[3]의 열기가 더욱 높았다. 파리와 교외를 제외하고 약 346개 지역에서 집회와 시위가 전개되었고, 그 가운데 적어도 161곳에서 행동 통일이 이루어졌다. 이것은 '하층 통일전선'이 '상층 통일전선'을 공고히 하는 계기가 되었다(이용우 1993, 35).

노동자계급이 주도한 '2월 행동'은 아주 중대한 의의를 갖는 것으로 평가되었다. 파시즘의 위협이 격퇴되었고, 국내 반동 세력을 결집하려는 책동이 무산되었다. 프랑스를 파시스트 열강 진영으로 끌어들여 소비에트 사회주의 반대 거점으로 삼고자 했던 제국주의 국가들의 계획은 실패로 돌아갔다. 2월 행동은 인민전선 운동의 출발점이 되었다. 이런 프랑스 노동자계급의 행동은 국제노동운동에도 새로운 활력을 불어넣었다(The USSR Academy of Sciences 1985, 329).

이와 같이 반파시즘 투쟁을 함께 전개하는 가운데 노동조합운동은 하부에서부터 행동 통일을 할 수 있었고, 이런 행동이 1936년 3월 양대 노동조합운동의 통합을 가능하게 했다. 그뿐만 아니라 이런 투쟁 과정에서 노동운동과 정당 사이의 공동 행동이 자주 이루어짐으로써 1935년 7월 대규모 인민전선 시위가 진보 세력이 광범위하게 참여하는 가운데 실행될 수 있었다. 이것은 다음 해 인민전선 정부의 수립으로 이어졌다(박단 1997, 120).

2월 투쟁 이후 프랑스 전역에 걸쳐 수많은 반파쇼(투쟁)위원회가 다양한 형태로 설립되었는데, 1934년 3~5월까지 247개 반파쇼(투쟁)위원회들이 탄생했다. 이런 위원회들 가운데 가장 많은 사람을 포괄했고 또 가장 영향

---

**2**_총파업과 시위가 성공을 거둘 수 있었던 부분적 이유는, 정부가 그날의 계획을 금지하지 않았던 데 있었다. 2월 12일의 파업은 두메르그의 동의(관용) 아래 준비, 실행되었다. 이것은 무력 탄압이 빚을 결과에 대한 우려와 함께 무력으로 진압하기보다는 '2월 6일의 반란자들'에 대한 균형추로서 활용하는 것이 더욱 합리적일 것이라는 정부 측의 계산이 작용했던 것으로 보인다(이용우 1993, 33).

**3**_여기서 말하는 행동 통일은 사회당과 공산당, 프랑스노동총동맹과 통일노동총동맹의 통일된 행동 전개를 일컫는다.

력 있는 형태는 '반파쇼지식인감시위원회'였다. 이 위원회에 참가한 사람들은 대학교수, 작가, 언론인, 노조 간부, 사회당 당원, 공산당 당원 등 광범위한 구성을 나타냈다. 감시위원회 조직과 발전에서 주도 역할을 한 조직은 사회당이었고, 공산당은 '암스테르담-플레이엘 운동'[4]을 반파쇼 세력의 중심축으로 설정했다.

파시즘에 반대하는 대중운동이 위원회의 형태를 통해서만 전개된 것은 아니었다. 반파시즘 운동은 정당을 비롯한 정치단체나 노동단체들의 가두 시위 형태를 취하기도 했다. 1934년 2월 12일~1936년 5월 5일까지 1,063건의 시위, 행진, 소요가 있었다(이용우 1993, 46).

반파시즘 대중운동이 활발하게 진행되는 가운데 극우 단체들은 "집회의 권리와 자유 발언권이 실질적으로 억압되고 있다"고 불평하면서, 두메르그 총리에게 '공화주의자들의 귀중한 권리'를 보호해 줄 것을 호소했다는 사실은 반파쇼 운동이 얼마나 위력적이었는가를 잘 반증해 주고 있다.

1934년 4월 중순에는 공무원들이 공무원 8만5천 명 해고와 27억6천만 프랑 예산 삭감에 항의해 대규모 파업과 시위를 벌였다. 또 4월 5일과 7일에는 파리 전신국 노동자들이 봉급과 연금 인하에 반대하는 파업을 감행했고, 4월 15일에는 프랑스노동총동맹 공무원 연맹이 전국 140개 도시에서 포고령에 반대하는 안건을 행정 관청에 제출하기 위한 집회와 행진을 벌였다.

한편, 몇몇 극우 단체들이 5월 들어 '국민전선'Front National을 구성했고,

---

**4**_1932년 여름 프랑스공산당은 노동단체와 문화·사회 단체의 반전 대회 소집을 제안한 로맹 롤랑과 앙리 바르뷔스의 호소를 지지했다. 1932년 8월에 암스테르담에서 열린 이 대회에서 주로 프랑스공산당과 통일노동총동맹의 대표로 구성된 프랑스 대표단은 전쟁의 위험에 대한 투쟁의 구체적 강령을 제기했고, 대회는 이것을 채택했다. 1934년 2월에는 프랑스 각지에서 이미 650개에 이르는 암스테르담 플레이엘 운동의 하부 위원회가 활동하고 있었다.

그 조직의 첫 번째 사업으로 5월 13일의 잔 다르크 제※ 시위를 대규모로 벌일 것을 계획했다. 극우 단체들의 이런 전면적인 반격은 오히려 인민대중 세력의 '반파시즘' 운동을 더욱 촉진했다(이용우 1993, 49). 연례 행사였던 파리코뮌 희생자 추모 행진(5월 27일)에 제1차 세계대전 종료 이후 가장 많은 사람이 참가했던 것도 그런 사실을 잘 반영한 것으로 보인다.

2월 투쟁 이후 전개된 이와 같은 일련의 투쟁 성과들은 결국 '인민전선'Front Populaire 형성으로 이어졌다. 인민전선은 1935년 7월 25일~8월 20일까지 코민테른 제7회 대회에서 결정된 전술 명칭인 동시에 프랑스에서 실제로 전개되었던 '운동', '정당 사이의 동맹', '정부', 나아가 하나의 '시기'를 가리키는 명칭이기도 하다(이용우 1993, 1).


## 2. 인민전선의 형성

1934년 2월 6일에 일어난 극우 단체들의 폭동에 대한 대응에서도 서로 대립했던 사회당과 공산당이, 같은 해 7월 27일 '통일행동협정'을 맺었고 10월에는 공산당이 이 협정에 새로운 세력을 끌어들이기 위해 급진당 측에 인민전선 참여를 제안했다. 1935년 7월 14일 사회당, 공산당, 급진당, 그 밖의 반파쇼 세력이 결집한 가운데 드디어 인민전선이 출범했다. 인민전선의 형성 과정은 결코 순탄하지만은 않았고, 거기에는 여러 가지 우여곡절과 장애 요소들이 존재했다.

먼저 공산당과 사회당의 대립을 들 수 있다. 공산당은 코민테른의 1928년 노선(계급 대 계급[5])을 엄격하게 적용하면서, 사회당을 부르주아지의 도구이자 '노동자계급에 대항하는 자본가의 공격 수단'이라고 비난했다. 공산당이 규정하는 '사회파시즘'은 파시즘과 그 밖의 부르주아 정치 사이의 구별을 하지 않으면서, 사회주의자들이 자유주의 제도를 옹호하고 개혁주의의 환상을 조장하며 노동자들을 혁명의 진로에서 벗어나게 한다고 공격했다.

사회주의자들은 '통일전선'을 구성해 공동 투쟁을 전개하자는 공산당의 제안에 대해 극도의 의구심을 가지고 있었다. 사회당은 공산당에 대해 악의를 갖고 아무것도 양보하려 하지 않았다. 사회당은 "우리는 결단코 볼셰비키에게 아무것도 요구하지 않을 것이다. 그저 심하게 다룰 것이다"라고 선언했다. 지난날에도 두 정당이 서로 협력하고자 했던 노력은 그때마다 비난과 원망으로 끝나고 말았다(일리 2008, 481~482).

이와 같은 공산당과 사회당의 대립과 갈등은 2월 투쟁을 거치면서 점점 협력 쪽으로 기울게 되었다. 프랑스공산당의 공식적이고 결정적인 노선 변화는 1934년 6월 23~26일까지 파리 교외 이브리에서 열린 전국협의회에서 이루어졌다. 당이 마치 부르주아 민주주의를 파괴하기 위해 투쟁하는 것처럼 말하는 것은 정치적으로 오류이므로 중단해야 한다고 밝혔다. 또 파시즘에 대한 투쟁을 최대 목표로 설정하고, 이를 위해 모든 경향의 노동자와 프티부르주아지, 중간 계층까지도 결합해야 한다는 방침을 채택했다.

당 협의회가 규정한 세 가지 기본 지침은 다음과 같았다.

첫째, 우리는 어떠한 대가를 치르더라도 파시즘에 맞서 사회당계 노동자들과 행동 통일을 실현하기를 원한다.

---

5_당시의 상황을 혁명적 공세기로 규정하고, 노동자계급의 독자 역량으로 사회주의혁명을 이룩하려는 혁명 노선을 말한다.

둘째, 우리는 어떠한 대가를 치르더라도 단일 CGT로 노동조합 통일을 이루기를 원한다.

셋째, …… 우리는 중간 계층을 파시즘의 악 선동으로부터 구해내어 …… 프롤레타리아 편에 끌어들이기를 원한다(이용우 1993, 68~69).

이런 정강과 지침에 따라 프랑스공산당이 해결하지 않으면 안 될 가장 중대한 임무는 프랑스공산당과 프랑스사회당, 프랑스노동총동맹과 통일노동총동맹 사이의 분열과 적대 관계를 극복하는 일이었다(The USSR Academy of Sciences 1985, 330).

그렇다면 인민전선 형성에서 가장 적극적인 역할을 수행했던 공산당의 이런 노선 전환을 가져온 계기는 무엇이었는가. 그것은 1932~1933년의 암스테르담-플레이엘 운동과 코민테른의 기본 노선 전환, 그리고 프랑스공산당의 요구 투쟁 강화에서 찾을 수 있다(*Histoire du Parti Communiste Français, Mauel,* 1964; Chambaz 1961; Willard 1967; 이용우 1993, 4에서 재인용).

암스테르담-플레이엘 운동은 노동자, 지식인 등 광범한 계층을 참여시키고자 의도한 국제적인 반전운동으로서 이 운동을 구상한 사람은 코민테른 간부 빌리 뮌첸베르크였다. 그러나 이 운동을 실제로 발의한 사람은 프랑스 지식인 로맹 롤랑과 앙리 바르뷔스였다. 이들은 1932년 5월 27일 "정치적 소속에 관계없이 모든 남자와 여자, 모든 노동자 조직, 모든 세력과 모든 조직에게" '전쟁에 반대하는 국제대회'에 참가할 것을 촉구하는 공동 호소문을 발표했다. 프랑스에서는 공산당, 인권동맹, 평화와 자유를 위한 여성동맹, 양심적 병역기피자동맹 등의 단체가 호소에 호응했다.

'반전국제대회'는 1932년 8월 27~30일까지 암스테르담에서 열렸다. 대회에는 27개 국가에서 2,196명의 대표가 참가했다. 참가자의 정치적 구성을 보면, 공산주의자 830명, 사회주의자 291명,[6] '무소속과 그 밖의 단체들' 소속 1,041명이 참석했다. 국가별로는 독일이 전체 참가자의 34.56퍼센트로 가장 많았고, 그다음이 프랑스로 26.53퍼센트, 네덜란드 20.85퍼센트, 영국 14.48퍼센트, 체코슬로바키아 2.5퍼센트 등이었다.

암스테르담대회가 발표한 선언문은 각국의 전쟁 준비를 비판하고 자본주의 체제를 전쟁 원인으로 규정했으며, 소련 방위를 위한 모든 피착취자의 단결과 각국의 부르주아지에 맞선 노동자들의 행동 전개를 촉구했다. 대회가 끝날 무렵 '제국주의 전쟁에 맞선 투쟁을 위한 국제위원회'(일명 암스테르담위원회)가 선출되었고, 암스테르담대회를 계기로 프랑스 여러 곳에서 500~600개에 이르는 투쟁위원회가 생겨났다(Prézeau 1984, 88~89; 이용우 1993, 20에서 재인용).

다음 해인 1933년 6월 4~6일까지 '반파쇼 유럽대회'가 파리 플레이엘 회관에서 열렸다. 암스테르담대회 때보다는 적은 수의 국가들의 대표자가 참가했으나 대표자 수는 3,200명으로서 오히려 더 많았다. 프랑스공산당 정치국은 6월 17일 암스테르담 운동과 플레이엘 운동을 결합시킬 것을 결정했고, 국제적 차원에서 행한 결정은 8월 15일에 이루어졌다.

암스테르담-플레이엘 운동이 프랑스공산당의 노선 변화에 어떤 영향을 끼쳤는가를 살펴본다. 첫째, 이 운동은 부분적이나마 사회당원들과 '하층 통일전선'을 가능하게 했다. 둘째, 이 운동을 통해 중간 계층을 비롯한 새로운 계층을 포섭할 수 있었다. 셋째, 반전이라는 투쟁 과제와 반파쇼라는 투쟁 과제를 결합할 수 있었다.

---

6_ '노동자사회주의인터내셔널'(제2인터내셔널)의 반대에도 불구하고 참석한 사람들이다.

다음으로 프랑스공산당의 노선 전환과 인민전선 형성에서 코민테른 역할은 어떠했던가에 대해서는 논쟁의 대상이 될 정도로 복잡하다. 프랑스공산당의 공식 사가들은 노선 변화의 동인動因으로 코민테른과 프랑스공산당 사이의 '동등한 협력 관계'를 강조하거나 프랑스공산당의 주도성을 강조한다. 이에 반해 다른 역사가들의 관점은 '모스크바 지침', 즉 코민테른의 지령이 프랑스공산당의 노선 전환과 인민전선 형성의 주요 추진력이었다고 주장한다. 당시 코민테른은 소련 당과 중국 당 말고는 최대 지부로 부상한 프랑스공산당에 대해 당 전국협의회에서 채택할 방침의 근간이 될 수 있는 지침을 보냈다. 1934년 6월 11일 코민테른 집행위원회 정치위원회는 모스크바 주재 프랑스공산당 대표 앙리 바르베가 참석한 가운데 작성한 서한을 프랑스공산당에 보냈다. 그 서한에서 가장 주목되는 내용은 부르주아 민주주의에 대한 태도 변화였다. 서한은 당이 마치 부르주아 민주주의를 파괴하기 위해 투쟁하는 것처럼 말하는 것은 '정치적 오류'이므로 중단해야 한다고 했다. 또 서한에서는 파시즘에 대한 반대 투쟁이 주요 목표로 설정되었고, 이를 위해 모든 경향의 노동자들을 결집시키며 프티부르주아지의 요구들을 고려하는 반파쇼 전선 구축의 중요성이 강조되었다(이용우 1993, 67).

이런 코민테른의 방침 변화와 지시가 있었지만, 코민테른의 역할이 곧바로 프랑스공산당의 노선 전환을 가져왔다고 단정할 수는 없다. 프랑스공산당의 노선 전환이나 인민전선 형성을 위한 과정은 그동안의 상황 전개와 투쟁 국면을 고려할 때 프랑스공산당의 주체적 역량을 결코 과소평가할 수 없기 때문이다.

그리고 프랑스공산당의 노선 전환을 가져온 계기의 하나가 된 '대중 사업과 요구 투쟁'에 대해서는 앞에서도 살펴본 바 있거니와, 이것은 단순히 '선행적 변화'에 그친 것이 아니라 1934년 상반기의 '통일전선' 형성·강화에도 큰 영향을 끼쳤다.

이와 같은 계기들을 통해 형성된 인민전선 형성의 실제적 과정을 살펴본다. 1934년 7월 27일 공산당과 사회당은 '통일행동협정'을 체결했는데, 이것은 파시즘과 전쟁의 위험에 반대하는 투쟁을 통일적으로 전개하기 위해 양당의 공동 행동을 규정한 것이었다. 양당의 통일행동협정은 프랑스노동총동맹과 통일노동총동맹의 합동을 위한 길을 터놓았다. 1년이 넘는 긴 시간에 걸친 교섭을 거쳐 1935년 9월 프랑스노동총동맹과 통일노동총동맹의 대회는 각각 통합에 관한 결정을 채택했다.[7] 1936년 3월 툴루즈에서 통합대회가 열렸다. 타협의 기초 위에서 만들어진 통일노동조합운동 헌장에는 여러 가지 한계가 있었으나, 특히 통일된 노동조합운동의 계급적 성격이 강조되었다. 툴루즈 대회는 반파시즘 세력의 동맹에 대한 지지를 표명했다. 이런 과정을 거쳐 노동조합운동이 통일을 이룩한 뒤로 노동조합 조직률은 급격하게 증가했다. 통합 당시 두 노동조합 센터의 조합원 수는 약 90만 명이었으나 1년 뒤 통일 프랑스노동총동맹의 노동조합원은 이미 400만 명에 이르렀다.

프랑스 노동운동의 통일 실현이 갖는 의의는 실로 중대하면서도 크다. 오랫동안의 반목과 충돌을 겪은 끝에 비로소 공산주의자와 사회주의자가 공통의 적인 파시즘에 반대하는 투쟁의 기초 위에서 민주주의 실현, 국민의 영예와 존엄, 그리고 노동자의 긴요한 이익 옹호를 위한 행동 통일에 합의

---

**7**_1921년 12월 프랑스노동총동맹은 릴 전체 대의원 대회에서 프랑스노동총동맹과 통일노동총동맹으로 분열되었다가 15년 만에 통합을 이루었다. 대부분의 역사가들은 코민테른의 노선 전환에 따른 프랑스공산당의 정책 전환을 통합의 계기로 설명하고 있다. 그 밖에 조르주 르프랑은 파시스트의 위협과 국가 방위의 문제를 강조하고, 앙투안 프로는 통일노동총동맹의 노동조합원 급격한 감소를 그 원인으로 제시한다 (박단 1996, 94)

한 사실이 그렇다. 또 통일된 노동전선 형성은 프랑스 정치 영역에서 갖는 노동자계급의 역할을 증대했을 뿐만 아니라 노동자계급과 중간 계층 사이의 동맹을 위한 중요한 여건을 창출했다(The USSR Academy of Sciences 1985, 331).

1934년 10월 공산당은 공산당-사회당의 행동 통일협정에 새로운 세력을 참여시키기 위해 '자유, 노동, 평화를 위한 인민전선'의 결성을 제안했다. 이 제안은 반파시즘 투쟁 전선 바깥에 남아 있는 도시와 농촌의 프롤레타리아트와 프티부르주아지의 기본 부분을 인민전선으로 끌어들이기 위한 것이었다.

도시와 농촌의 프티부르주아지가 지지하고 있는 급진당이 인민전선에 참여할지를 결정하는 문제는 좌파와 협력하는 것을 반대하는 측과 이른바 '젊은 말썽꾸러기'로 불리는 집단 사이의 역학 관계에 달려 있었다. 젊은 말썽꾸러기 집단은 우익 정당들과 협력 관계를 갖는 데 대해 점점 회의적인 태도를 드러내는 분위기 속에서 세력을 강화했다. 한편, 반파쇼와 반전 슬로건을 앞세운 노동자투쟁은 공산당원, 사회당원, 급진당원의 전투적 협력을 더욱 강화하는 결과를 낳았다(프라이스 2001, 312).

프랑스 반파시즘 인민전선이 최종으로 창설된 것은 1935년 7월 14일 공화국 옹호를 위한 대규모 시위행동을 통해서였다. 공산당, 사회당, 급진당은 약 50만 명이 참가한 파리 집회를 공동으로 개최했다. 집회에서는 전국에서 모인 반파시즘 조직의 대표들이 인민전선 선서를 채택했다. 시위행진의 선두에는 인민전선의 주요 정당 지도자들 — 공산당 토레즈, 사회당 블룸, 급진당 달라디에 — 이 앞장섰다. 이날의 대중시위는 광범한 대중들에게 정치적 민주주의와 반파시즘, 그리고 반전투쟁의 중요성을 일깨웠다.

1936년 1월 12일에는 공산당, 사회당, 급진당이 공동으로 작성한 인민전선 강령을 발표했다. 인민전선 강령의 주요 내용은 이러했다.

첫째, 정치적 요구: 전체 대상자 대사면, 준군사 단체(파시스트 단체)의 무장해
제와 해산, 국회의원 겸직 금지, 언론 자유를 제한하는 법률과 긴급명령 폐지.
신문의 개혁, 정보의 정확성과 정치단체·사회단체의 평등한 방송권 보장을 위
한 국영 라디오방송 창설, 모든 사람에게 노동조합 가입권의 적용과 존중, 근로
여성의 권리 존중, 의무교육 연한을 14세까지 연장, 중등교육에 대한 무료교육
보완, 학교 교육의 중립성, 교사의 비종교성과 공민권 존중, 해외 프랑스령의
정치·경제·도덕적 상태에 대한 국회조사위원회 설치, 평화의 유지와 조직화를
위해 인민의 협력을 호소할 것, 침략자를 명확히 정의하고 침략이 행해지는 경
우에는 자동적이고 연대적인 제재를 적용. 무장 평화에서 비무장 평화로 이행
하기 위해 노력할 것, 군수산업 국유화, 비밀외교 방기, 프랑스·소련 조약(1935
년 5월 2일 체결)의 원칙에 따라 모든 국가에 열려진 조약체계를 적용할 것.

둘째, 경제적 요구: 국가 실업기금 제정, 임금 저하를 수반하지 않는 주당 노동
시간 단축, 연금제도 제정, 대규모 공공사업 계획 실시, 농산물 가격 재평가, 각
직종연합의 전국 곡물공사 신설, 농업협동조합에 대한 원조, 농지 임대료 인하,
긴급명령이 가져다준 폐해의 시정, 프랑스은행 국영화, 소주주 이익에 대한 보
장조치 강구.

셋째, 재계의 정화: 군수산업 국유화와 관련해 무기 거래를 재검토할 것, 군인
연금금고 설치, 민주적인 세제 개혁과 대자산가에게 부담을 지우는 방책으로
재원을 창출할 것, 자본 유출 통제와 외국에 은닉 되어 있는 자산 몰수, 이와 동
일한 가격에 상당하는 국내 자산 몰수 등 엄격한 조치로 자본 도피를 억제(동녘
편집부 1989b, 171~175).

세 정당이 동의하기 어려웠던 주요 쟁점은 사회개혁을 재정적으로 지원하는 방법, 국유화 규모, 그리고 프랑화 평가절하 문제를 다루는 경제정책 등이었다. 타협 과정은 온건한 편이었다. 그것은 인민전선의 핵심 목적이 공화제를 방어하는 데 있음을 명백히 보여 주는 반증이었다. 좌파 연합이 경제와 사회를 근본적으로 개혁할 것이라고 기대한 사람들에게는 실망스러운 일이었을지는 모른다. 협력 관계에 들어간 정당들 사이의 상호 불신이 깊은 상황에서, 반파시즘과 반전투쟁을 통일적으로 추진하는 일이야말로 인민전선의 최대 목표가 될 수밖에 없었다(프라이스 2001, 312).

반파시즘 인민전선 형성과 더불어 인민전선 전국위원회와 각 부문별 그리고 지역 단위 인민전선이 설치되었는데, 이것은 대중적 반파시즘 운동의 전개를 위한 조직적 기초를 구성하는 것이었다. 그러나 사회당과 급진당의 반대로 노동자의 독립적인 비정당적 대중조직 기구 구성은 이루어지지 못했다. 사회당과 급진당은 인민전선 기관들은 정당대표제에 기초해 구성되어야 한다고 주장했으며, 공산당이 제안한 선출제 기관 구성에는 동의하지 않았기 때문이었다. 정당 대표제 원칙은 그 후 인민전선 조직 구조가 갖는 취약성의 주요한 요소가 되었다(The USSR Academy of Sciences 1985, 334).


## 3. 인민전선 정권의 탄생

인민전선의 활동이 추진되는 가운데, 1936년 4월에 의회 선거가 치러졌다. 인민전선을 구성한 주요 3당은 선거 블록을 형성해 공통 강령을 제시했다. 전 세계가 당면한 고질적인 문제를 해결하는 방책으로서 소련이 실험하고 있는 계획경제를 강조했다. 강령은 '신성동맹'에 대해 압력을 가하고, 공화제를 수호하는 제안을 포함했다. 또 강령은 기존 디플레이션 정책을 비판하면서 실업을 줄이고 노동자계급 삶의 질을 개선하기 위한 공공사업 계획, 실업수당 인상, 노동시간 단축과 같은 정책을 내놓았다. 강령은 농산물 시장에 대해 정부가 개입해 가격을 인상하는 방법도 제안했다. 그리고 무기산업과 프랑스은행 국유화를 공약으로 내세웠는데, 이것은 핵심 보수파 압력 집단의 영향력을 견제하기 위한 것이었다. 이런 강령은 사회개혁을 실천하는 동시에 급진당 지지자들인 프티부르주아지를 보호해 주기 위한 정책들이었다.

이와 같은 좌파 정당들의 강령에 대해 보수파의 '공포정치' 공세도 만만치 않았다.

만약 인민전선이 승리한다면
자본의 해외유출이 뒤따를 것이고
평가절하는 완전 파산으로 이끌 것이며
무정부 상태가 오면서
전쟁이 발발할 것인데,
이는 인민전선 배후에 모스크바의 그림자가 숨어 있기 때문이다(프라이스 2001, 313~314).

1936년 4월, 1차 선거 결과는 좌파 연합에게 그다지 만족스러운 것은 아니었다. 인민전선은 542만 표를 획득했는데, 이것은 1932년에 획득했던 것보다 불과 30만 표 더 많을 뿐이었다. 5월 3일 치러지는 2차 투표에서는 당선 가능성이 가장 높은 단일 후보에게 표를 던지도록 유도하는 것이 효과적인 방법이었다. 그 결과 인민전선은 의석 367개를 확보했고 우익 정당들은 222석을 획득하는 데 그쳤다. 인민전선은 노동자계급의 지지를 공고히 하는 것에서 더 나아가 중간계급 하층, 특히 남부와 농촌에서 많은 표를 획득했다. 비록 유권자의 선택이 인민전선 쪽으로 이동함으로써 공산주의자와 사회주의자 대표를 의회에서 각각 10명과 97명에서 72명과 146명으로 늘렸지만, 이것은 부분적으로 그들의 연합 세력인 급진파를 희생시킨 대가(159명에서 116명으로 감소)였다(프라이스 2001, 314~315).

드디어 1936년 6월 4일 레옹 블룸을 수반으로 하는 최초의 인민전선 정권이 탄생했다. 내각은 사회당과 급진당만으로 구성되었으며, 공산주의자들은 정부 밖에 남아 적극 지지를 보내기로 약속했다.[8]

그런데 제1차 인민전선 정부의 출범을 바로 눈앞에 두었던 시점인 1936년 5월 중순, 공장점거를 수반한 전례 없는 대규모 파업운동이 일어났다. 1936년 1~5월까지는 매월 평균 파업 건수는 약 45건 정도였고, 파업 참가자 수는 9천 명에서 많게는 1만4천 명 정도였다. 6월 들어 파업 건수는 1만 2,142건, 파업 참가자 수는 183만938명이었고 공장점거 파업 건수는 8,941건(전체 파업 건수의 74퍼센트)으로 크게 증가했다. 7월의 파업 건수는 1,751건이었고, 파업 참가자 수는 18만1,471명이었다(Danos 1970, 152~153; 문선모 1990, 123~124; 150에서 재인용).

인민전선 정부 출범을 앞 둔 시점에서 노동자계급이 대규모 파업을 제기하게 된 배경은 무엇이었던가. 1920년대의 '제2차 산업혁명' 과정 속에서

---

8_그러나 실제로는 프랑스공산당이 곧바로 방침을 바꾸어 인민전선이 아주 곤란한 처지에 놓인 시기에 정부 책임을 나누어 가질 용의가 있음을 표명했으나, 사회당과 급진당이 이를 거부했다는 주장도 있다(*Histoire du Parti Communiste Français, Mauel, 1964*).

기업집중, 기계화, '노동의 과학적 조직' 등에 따른 누적된 불만, 대공황에 따른 더욱 심화된 경제적 고통, 1934년 2월의 정치 위기를 계기로 분출했던 진보 세력의 반파쇼 투쟁, 인민전선의 성립과 노동조합운동의 통합, 1936년 하원 선거에서 획득한 인민전선의 승리 등이 파업운동의 주요 배경이었다. 더구나 노동자들은 이제 자신들의 파업에 대해 더 이상 이전과 같이 물리력을 동원한 진압은 없을 것이라는 기대를 품게 되었고, 그런 전망이 노동자계급으로 하여금 파업이라는 직접행동으로 나서게 했던 추동력으로 작용했다(문선모 1990, 124, 143).

1936년 5~6월 파업은 몇 가지 주요 특징을 나타냈다. 5~6월 파업운동은 역사상 유례없는 폭발성을 드러냈고, '근대적 공장 프롤레타리아트'가 파업 참가자의 주류를 이루었으며 공장점거라는 새로운 투쟁 형태를 취했다. 파업운동에서 제기된 요구는 경제적 요구와 노동조합 권리에 집중되었지만, 대규모 파업투쟁은 어차피 정치적 성격을 지닐 수밖에 없었다.

5~6월 파업투쟁은 괄목할 만한 성과를 가져다주었다. 노동조합과 기업주 단체 사이에 체결된 마티뇽 협정은 임금 인상을 비롯한 노동조건 개선과 노동조합의 기본 권리를 보장했다. 뒤이어 인민전선 정부는 주 40시간 노동일제와 유급휴가제, 단체교섭권 보장과 단체협약 효력확장제도 도입, 사회보험제도의 개선을 위한 입법화를 추진했다. 그리고 5~6월 파업운동은 인민전선 정부나 노동자계급에 대해 조금도 양보의 의사가 없었던 기업가들을 굴복시킴으로써 블룸 정부가 경제·사회 개혁을 추진할 수 있는 바탕을 마련해 주었다(Lefranc 1974, 310; 문선모 1990, 200에서 재인용). 이 밖에도 5~6월 파업투쟁 과정에서 노동자계급은 의식 향상과 조직 확대·강화를 이룩할 수 있었고, 사회당과 공산당의 조직 역량이 신장된 것도 파업운동의 성과로 지적할 수 있을 것이다.

# 4. 마티뇽 협정의 체결

5~6월 파업이 진행되는 가운데, 1936년 6월 7~8일에 걸쳐 정부의 중재로 프랑스노동총동맹과 프랑스생산총연맹은 오텔마티뇽Hôtel Matignon(파리의 총리 공관)에서 '마티뇽 협정'을 체결했다. 협정은 7개항으로 되어 있으며, 그 주된 내용은 다음과 같다. 첫째, 단체협약 즉시 체결, 둘째, 노동조합 가입의 자유의사와 권리 인정, 셋째, 임금 인상은 노동자들의 임금수준에 따라 7~15퍼센트 내에서 결정하고 각 공장은 총 12퍼센트를 넘지 않을 것, 그리고 지역별 또는 범주별로 최저임금 선을 정해 '비정상적으로 낮은 임금'을 재조정할 것, 넷째, 종업원 10인 이상 공장에서는 노동대표제를 확립해 노동조건에 대한 노동자들의 개별 요구 사항들을 수시로 기업가에게 전달하도록 하는 한편, 각종 노동관계 법령의 준수 여부를 감시하도록 할 것, 다섯째, 파업권을 인정할 것, 여섯째, 프랑스노동총동맹 대표위원회는 위 협정들을 인정하고 그 적용을 위한 개별 협상에 들어가는 시점부터 노동자들에게 조업 재개를 명할 의무를 질 것 등이다.

마티뇽 협정은 1918~1919년에 유럽 노동조합운동이 획득했던 중대 성과를 떠올리게 하는 보기 드문 노동자계급의 승리였다. 이 협정은 한꺼번에 노동조합 전국 중앙 조직의 영향력을 크게 신장시켰으며 작업장 대표를 제도화했고 인민전선 정부로 하여금 사회개혁을 서둘도록 이끌었다.

그것은 새로운 출발일 수도 있었다. 이 새로운 출발에는 세 가지 계기를 수반했다. 첫째, 프랑스 노동조합운동의 약진이었다. 노동조합 전국 중앙 조직은 국가적 차원에서 정당한 발언권을 획득했다. 또 노동조합 조합원 수도 1년 만에 전례 없는 규모로 확대되어 파업 시작 당시 약 77만8천 명이던 것이 1937년 3월에는 400만 명에 이르렀다. 둘째, 인민전선 정부가 사회개혁에 대한 정치적 의지를 나타냈다. 우익 집단을 불법화했고, 애초에 내세운 강령을 바로 실천에 옮겼다. 셋째, 노동자계급과 진보 정치 세력이 정치·사회적으로 크게 진출했다. 1936년 7월 14일 열린 집회에서는 100만 명이 운집한 가운데 거리 행진을 거행했고, 유급휴가제도에 따라 지방과 해변으로 몰려가게 된 노동자들은 기존 사회적 특권 지형을 흔들어 놓았다(일리 2008, 492~493).

마티뇽 협정을 체결했지만, 5~6월 파업운동은 쉽사리 진정되지 않았다. 마티뇽 협정이 곧바로 효력을 갖고 전국 모든 기업들에서 다 같이 시행될 수 있는, 법령과도 같은 것이 결코 아니었기 때문이었다. 결국 파업운동은 노동 관련 법안들이 국회를 통과하고 금속 산업의 단체협약이 채결되었던 6월 12일을 고비로 빠르게 진정 국면에 들어갔다(문선모 1990, 191).

인민전선 정부는 마티뇽 협정을 기초해 국정 개혁 프로그램을 6월 20일 국회에서 통과시켰다. 유급휴가(연 2주간)에 관한 법률, 주 40시간 노동법, 의무적 단체협약법이 채택되었고, 고령자와 상이군인의 연금 보장이 개선되었으며, 공공사업비가 증액되었고 실업보험제도가 개선되었다.

프티부르주아지의 이해관계에 맞는 법률도 제정되었다. 농민·소상인·수공업자에 대해서는 특별융자제도가 도입되었고, 이들에게는 납세 유예가 인정되었다. 농민들을 위해서는 농산물 매입 가격이 인상되었다. 프랑스은행의 개혁이 법률화되었는데, '200 가족'의 권리가 제한되었고 새로 창설된 은행 이사회에 정부와 경제 그리고 사회단체의 대표가 참여할 수 있게 되었다. 군수산업 가운데 최대 기업을 국유화하는 법률이 제정되었다. 그리고 6월 18일 정부는 이전에 공포했던 파시스트 단체 금지에 관한 법률을 재확인했다(The USSR Academy of Sciences 1985, 335).

인민전선 정부의 권력 장악과 5~6월 총파업, 그리고 마티뇽 협정 체결

등은 인민대중의 정치 역량 성장을 촉진하는 동시에 노동운동에 대해서는 새롭고도 복잡한 임무를 제기했다. 그것은 극좌주의와 개량주의 편향을 극복하는 일이었다.

더욱이 1936년 5~6월에 결행된 총파업 승리는 일부 노동자들 사이에 '이제 무엇이든 가능하다'는 극좌적인 선동에 영향을 받는 위험스러운 인식을 낳게 했다. 이런 선동은 노동자계급을 노동자계급이 아닌 동맹자들로부터 고립하고, 결국에는 패배를 안겨 주게 될 뿐이었다. 프랑스공산당은 마티뇽 협정 체결 후 노동자들에게 파업 중지를 호소했다.

한편, 대중투쟁을 개량주의적으로 과소평가하는 경향도 극복 대상이었다. 인민전선 정부의 성립과 최초의 성공은 노동자들 일부 사이에 이 정부의 권력 장악에 따라 마치 대중투쟁이 불필요하게 된 것처럼 인식하는 개량주의적 환상을 낳기도 했다. 인민전선 정권 체제에서도 노동운동을 비롯한 대중투쟁은 자기 책무를 이행하지 않으면 안 되었다.

인민전선 정권의 집권과 정책 시행이 진행되는 가운데, 인민전선 내부의 노선 대립과 복잡한 국제 정세는 인민전선 활동을 대단히 어렵게 만들었다. 더구나 인민전선 정부의 경제정책과 대외정책에 관한 문제 해결이 중대 과제로 떠올랐다. 경제적으로 환換관리가 구비되지 않은 상황에서 방대한 자본이 해외로 유출되었고, 마티뇽 협정의 영향을 최소화하기 위한 기업주들의 노력은 사회적 긴장을 증대시킴과 동시에 국제경쟁력 약화를 가져와 국내에서 인플레이션을 유발했다. 9월에 정부가 막겠다고 약속한 프랑화 평가절하(약 30퍼센트)는 피할 수 없는 일이 되었다.

또 제2차 세계대전 직전의 복잡한 국제 정세, 에스파냐 내전과 이탈리아·독일의 프랑코에 대한 군사지원을 둘러싸고 인민전선을 구성한 각 정당 사이의 의견 불일치는 인민전선 활동을 혼란 상태에 빠트렸다. 더구나 에스파냐 내전 — 1936년 2월 15일 선거를 통해 출범한 에스파냐 인민전선 정부에 대항해 1936년 7월 17~18일에 일어난 프랑코 쿠데타로 시작되었다 — 은 인민전선 정부의 내부 분열을 키웠다.

프랑스와 에스파냐에서 인민전선이 선거에서 승리를 거둔 것은 국가 사이의 동맹을 이룰 수 있는 절호의 기회였다. 에스파냐에서 일어난 쿠데타는 유럽 민주주의국가들 사이에서 반파시즘 연대를 가져오기도 했다. 에스파냐 인민전선 정권에 대한 지원이야말로 블룸 정부가 추구해야 할 우선 과제였다.

그런데도 블룸은 프랑스와 에스파냐 사이의 군사계약을 존중하기보다는 프랑스 외무부와 영국 정부, 행정부 내 급진당 인사, 우익 언론 등의 압력에 굴복해 군사원조를 중단하고, 그 대신 이탈리아와 독일이 프랑코를 지원하는 것을 막기 위해 국제적인 '불간섭 조약'을 내세웠다. 이런 결정은 에스파냐 공화국에 대해서는 재앙과도 같은 것이었다. 동시에 이 결정은 프랑스 인민전선의 토대를 뒤흔들었다. 이 결정은 공산당과 진보 단체들의 심한 비판을 불러일으켰다(일리 2008, 496).

인민전선 내부의 대립은 인민전선 정부의 경제정책을 둘러싸고도 발생했다. 블룸 정부는 신용을 회복하고 급진당 협력자들과 조성된 긴장을 완화하기 위한 노력으로 1937년 1월 정부의 사회개혁 계획을 '잠시 중단'한다고 선언했다. 블룸은 계속되는 재정 상태의 악화를 해결하기 위해 비상 권력을 요청했다. 블룸의 요청은 하원에서는 통과되었으나 상원에서 결국 부결되었다. 그리하여 블룸은 1937년 6월 20일 사임했다(프라이스 2001, 317~318).

## 5. 인민전선 정권의 와해

블룸 사임 이후 상황은 걷잡을 수 없이 악화되었다. 1937년 12월에는 대규모 파업들이 일어났다. 굿리치 타이어 공장에서 파업이 발생했고, 센 지방에서는 공공서비스 부문에서 파업이 벌어졌다. 1938년 3~4월에는 파리 금속노동자 15만 명이 파업을 벌였다. 1938년 11월에는 주 40시간 노동을 연장하려는 기업주의 방침에 대항하는 파업이 발생했고, 11월 30일에는 총파업이 시도되기도 했으나 결코 성공하지는 못했다(일리 2008, 494).

블룸이 물러난 뒤에도 얼마 동안은 인민전선이 의회의 다수파를 유지하고 있었다. 블룸 내각의 뒤를 이은 카미유 쇼탕 급진당 내각은 인민전선 정책을 계속 시행하려 하지 않았다. 사회주의자들은 의회정치의 규범에 따라 행정부를 구성해야 한다고 주장했다. 블룸은 전쟁에 대비하기 위해 '국민통일 정부'를 구성하자고 제안했다. 인민전선 해체를 노리던 보수파들은 이를 즉각 반대했다. 블룸이 세운 제2차 인민전선 정부는 벌써 출발에서부터 오래 유지될 것 같지 않았다. 반파시스트 전선을 유지하기 위해 노력한 좌파연합 정당들은 새 내각에 대한 신임투표를 통과시켰지만, 알베르 프랑수아 르브룅 대통령은 급진파 지도자 에두아르 달라디에에게 사회주의자 대표를 포함시키지 않는 정부 구성을 요청했다.

1938년 9월 29일 달라디에는 프랑스 정부 이름으로 뮌헨 협정[9]에 서명

---

9_1938년 3월 오스트리아를 점령한 나치스 독일이 다음의 침략 목표를 체코슬로바키아로 지목해 그해 9월 체코슬로바키아에 대해 독일계 주민이 많은 수데텐란트를 할양할 것을 요구했다. 이에 대해 영국은 체코슬로바키아 정부에 타협을 권고했고, 프랑스와 함께 9월 27일 히틀러에게 그 요구를 받아들이는 타협안을 제시했다. 9월 28일 이탈리아 총리 무솔리니에게 열국 회담 개최를 의뢰해 9월 29일 뮌헨회담이 열렸는데, 여기에는 독일, 영국, 이탈리아, 프랑스가 참가했으나 당사국인 체코슬로바키아와 그 동맹국인

했다. 뮌헨 협정은 영국과 프랑스가 체코슬로바키아 수데텐란트를 독일에 직접 할양하고 폴란드와 헝가리에도 일부 영토를 할양하면서, 나머지 지역을 무방비 상태로 남겨 놓는 방식으로 히틀러의 침략을 방조하게 되었다.

사회당과 급진당은 뮌헨 협정 체결에 동의했지만, 공산당은 반파시즘 통일 사상의 본질을 왜곡하는 것이라 해 협정 체결에 반대했다. 1936년 의회 다수파는 해체되기에 이르렀고, 공산당은 야당의 처지로 돌아섰다. 급진당은 1938년 10월 마르세유 대회에서 인민전선과 결별한다는 결정을 채택했다. 이것은 프랑스의 국내정책과 대외정책에서 반공주의 경향의 성장을 의미했다.

이런 상황에서 '방독면'이라는 이름으로 더욱 잘 알려진 '혁명행동비밀위원회'에 속한 일단의 군 장교들이 쿠데타를 계획했으나 정부 당국은 보고조차 받지 못했다. 또 반공주의 운동의 또 다른 움직임은 새로운 극우 정당 창설이었다. 1936년 6월 다른 우익 동맹들과 발맞추어 결성되었던 '불의 십자가'는 '프랑스사회당'Parti social français으로 명칭을 바꾸어 당원 60~80만 명을 확보하고 '강력한 정부'를 요구했다. 더한층 명백하게 파시스트의 특성을 갖는 '프랑스인민당'Parti populaire français은 당원 약 20만 명을 포괄했으며, 이 단체는 한때 공산주의자였던 자크 도리오가 창설했다(프라이스 2001, 319~320).

이와 같은 국내 정치 정세의 불안과 계속적인 경기 침체, 그리고 국제적

소련은 초청되지 않았다. 회담 결과 수데텐란트를 독일에 할양하고 그 밖의 소수민족 지방을 폴란드와 헝가리에 할양하기로 하고 다른 분쟁 지역의 앞날에 대해서는 국제위원회가 결정하기로 하는 뮌헨 협정이 체결되었다. 이에 따라 독일은 전략상 유리한 발판을 얻게 되었고, 프랑스·소련·체코슬로바키아 3국의 상호원조조약 체제는 붕괴되었다.

인 정세 악화는 인민전선의 부흥을 불가능하게 했을 뿐만 아니라 전쟁의 위험을 점점 증대시켰다. 더구나 1939년 8월 23일 독일과 소련이 불가침조약을 체결하면서 폴란드가 분할되었고, 에스토니아와 라트비아는 소련 영향권에, 리투아니아는 독일 영향권에 들어갔다. 두 전선에서 동시에 전쟁을 치르는 사태를 피하게 된 히틀러는 1939년 9월 1일 폴란드를 침공했다. 영국은 폴란드에 대한 안전보장 약속을 실천에 옮겼다. 드디어 9월 3일 유럽 전쟁이 시작되었다.

급격한 국내외적인 정세 변화는 프랑스 인민전선을 붕괴시켰다. 프랑스에서 형성·발전된 인민전선 승리는 길지 않은 기간에 걸쳐 유지되었지만, 아주 중대한 의의를 갖는 것으로 평가되었다. 프랑스 국내에서 전개된 인민전선 운동은 프랑스 정치 정세의 변화를 주도함으로써 파시스트 독재 체제를 수립하려 시도한 극우 반동 세력의 기도를 저지했을 뿐만 아니라 노동자계급과 중간층의 동맹을 성취해 민주주의 제도를 지켜냈다. 또 부르주아 제도에서도 인민전선 정부는 노동자계급과 인민대중의 노동·생활 조건과 기본 권리의 개선·신장에서 큰 성과를 이룩했다. 이와 더불어 프랑스 인민전선 운동은 국제적으로도 각국에서 행해진 반파시즘 운동에 중요한 경험과 교훈을 제공했다. 그리고 인민전선의 경험과 전통은 프랑스 노동운동과 진보 정당의 성장·발전에도 크게 기여할 수 있었다(The USSR Academy of Sciences 1985, 338~339).

# 4장
# 에스파냐 제2공화정의 출범과 국내 전쟁

금요일. 음산하고 비가 내리는 아침, 우리는 병영 안마당에 모여 탄약
주머니에 총알을 채워 넣고 기관총과 권총, 소총을 점검하고 있었다. 갑자기
이제 막 소년티를 벗은 우리 대원 하나가 노래를 부르기 시작했다. ……
우리는 빌바오를 통과하였다. 기차 정류장에는 우리 에스파냐 동지들의
누이, 애인, 어머니들이 서있었다. 그 가운데 어떤 사람은 울고 있었다.
그리고 국제여단 소속 우리 이탈리아인, 프랑스인, 불가리아인은 여기에
없는 우리 어머니, 애인, 누이들을 생각하였다. 에스파냐 여인들이 나를
둘러쌌다. 그들은 나에게 빵과 오렌지를 건네주었다. 그들은 무척이나
부드러운 목소리로 나에게 말했다. "젊은이여, 당신에게 키스하며
안녕이라고 말해줄 가족이 여기에는 없군요."
기차 안에서 동료 한 사람이 아무렇지도 않게 죽음을 이야기 했다. "죽는
것은 아무것도 아니야. 중요한 일은 싸움에서 이기는 거지. ……" 우리는
〈카르마뇰〉(프랑스혁명 때 공화파들이 부르던 노래)을 부르기 시작했다.
이어서 우리는 에스파냐어로 〈젊은 근위병〉이라는 노래를 불렀다. 일순간
우리가 불사신처럼 보였다. 우리 가운데 누구도 머리나 가슴에 총알을
맞아도 결코 죽지 않을 것 같은 생각이 들었다.

_국제여단 소속 프랑스 출신 공산당원 지원병, 피에르 보쇼 기록
(Beevor 2006, 204)

# 1. 제2공화정 출범과 노동자의 총파업

에스파냐에서는 1930년 리베라 군사독재 체제가 무너진 뒤, 군주제 몰락과 더불어 제2공화국이 선포된 것은 1931년 4월 14일이었다. 노동조합 총파업이 예고된 상태에서 4월 12일 치러진 의회 선거 결과 공화파가 압도적인 승리를 거두었다. 4월 14일, 알폰소 13세는 망명길에 올랐다. 이때부터 1936년 7월 18일 군부 반란이 있기까지 임시 정권, 사회주의 정권, 우익 동맹의 급진주의 정부, 인민전선 정권을 거치는 과정은 대단히 복잡하면서도 대립과 갈등으로 점철된 격변의 시기였다.

이 시기에 양립한 두 진영이 날카로운 대립 양상을 드러냈다. 한쪽은 노동자계급, 농민의 일부, 민주주의 성향의 인텔리겐치아, 프티부르주아지, 국가의 변경邊境에 살고 있는 주민(바스크인, 카탈루냐, 갈리시아인)들로 진영을 이루었다. 다른 한쪽은 부르주아지와 지주의 동맹을 필두로 한 친파시스트 군부, 왕당파, 전통주의자, 성직자, 농민 가운데 가장 후진적인 층, 민족주의·교권주의적 선전망에 얽혀 있는 중간층 등 에스파냐 사회의 모든 반동적 요소들로 진영을 형성하고 있었다(Pozharskaya 1971, 20~28; The USSR Academy of Sciences 1985, 339에서 재인용).

홉스봄은 당시의 상황을 다음과 같이 설명한다.

한쪽에는 민주주의와 사회혁명 진영 — 에스파냐는 사회혁명이 곧 폭발할 수 있는 유일한 유럽 국가였다 — 이 있었고, 다른 한쪽에는 마르틴 루터 이래 세상에서 일어난 모든 것을 거부하는 가톨릭교회가 열성적으로 고취한 유례없이 비타협적인 반혁명 또는 반동 진영이 버티고 있었다(Hobsbawm 1996, 157).

1930년대 초에는 세계 대공황으로 전통적 수출품이 창출하던 가치는 반 토막이 나 있었다. 생활수준의 저하와 사회불안이 불러일으킨 인민의 저항은 러시아혁명에 이어 또 다른 혁명이 일어나지 않을까 하는 두려움을 자아냈다. 이 두려움은 여러 나라에서 독재나 권위주의 체제를 용인하는 분위기를 조성하고 키웠다(Beevor 2006, 21).

제2공화국 정부는 국가 지출 프로젝트 때문에 발생한 막대한 부채, 화폐 가치 하락, 세금 인상과 국가경제 악화 전망에 따른 대규모 외국자본 철수, 자본가와 지주들의 투자 기피 등으로 많은 어려움을 겪게 되었다. 이와 같은 난관에 직면하고 있었지만, 6개 정당 연합체였던 새 정부는 여러 가지 개혁 정책을 실행했다.

정부는 먼저 제2공화국의 헌법 초안을 마련하는 절차를 밟았으며, 1931년 4~6월 사이에 토지개혁에 관한 법령을 잇달아 공포했다. 이 법령들은 지주들이 소작농을 내쫓는다든지, 또는 일용 노동자들을 해당 행정구역 밖에서 고용하는 것을 금지하는 규정을 담고 있었다. 또 하루 8시간 노동을 포함해 산업부문에서 합의한 고용의 권리를 농업노동자에게까지 확대했다.

5월 말에는 전쟁부 장관 마누엘 아사냐가 기형적 구조인 군대 편제를 개혁하는 데 착수했다. 아사냐는 급료를 다 지불하는 조건으로 장군과 장교들에게 전역을 종용했다. 또 16개 관구사령부를 8개의 유기적 사단으로 축소 조정하고, 중장 계급을 없앴으며 병사들의 의무 복무 기간을 1년으로 단축하고 육군사관학교를 폐쇄했다. 당시 육군사관학교 교장은 다름 아닌 프란시스코 프랑코 장군이었다.

카탈루냐 자치권도 빼놓을 수 없는 중요한 문제였다. 1931년 4월에 시행된 선거에서 카탈루냐 좌파 정당 '카탈루냐공화좌파'가 승리를 거두었고, 4월 21일 프란세스코 마시아가 카탈루냐 헤네랄리타트[1]의 수장으로 선출되었다.

공화정과 가톨릭교회 사이의 관계도 1851년 정교 협약²이 아직 유효했기 때문에 그리 간단한 문제는 아니었다. 공화국이 출범한 지 채 보름이 지나지 않아서 에스파냐 교회의 가장 중요한 인물인 수좌 대주교 페드로 세구라 추기경이 교서를 발표해 신앙의 자유를 확립하고 교회와 국가를 분리하려는 새 정부의 방침을 비난하고 나서자, 공화국 정부는 세구라 추기경과 또 다른 사제인 비토리아의 주교 마테오 무히카를 국외로 추방했다. 6월 3일 에스파냐 주교들은 교회와 국가의 분리를 비난하고, 학교에서 종교교육을 의무화한 제도를 폐지하는 것에 항의했다(Beevor 2006, 22~23).

1931년 6월 28일 실시한 의회 선거에서는 사회주의자, 급진주의자, 자유주의 공화파들이 승리했고, 7월 14일 의회가 소집되었다. 의회가 처리해야 할 주요 과제는 새로운 헌법 제정과 임시정부의 법률 승인, 그리고 카탈루냐 법령 검토 등이었다.

헌법 심의 과정에서 가장 큰 논란의 대상이 되었던 것은 종교단체 해산이었다. 격렬한 논의 끝에 예수회만 해산하고 그 재산을 국고에 귀속하는 것으로 결말이 났다. 교회는 이제 '교회는 곧 에스파냐'라는 전통 개념을 부정하는 행정부를 상대하지 않을 수 없게 되었다.

또 토지개혁을 둘러싸고도 큰 논쟁이 벌어졌는데, 주요 쟁점은 토지 없는 농민들에게 경작하지 않는 농지를 나누어 주는 내용이었다. 중도파와 우파는 그런 조치들이 가져올 결과에 대해 크게 우려했다. 그런 상황에서 12

---

1_헤네랄리타트는 중세시대 카랄루냐가 독립왕국이었을 때부터 그 지역을 지배하는 카탈루냐 지역 정부를 가리키는데, 독자적인 의회와 내각을 갖추고 있었다.

2_보통 종교문제에 관해 교황청과 한 국가 사이에 체결하는 협약을 가리킨다.

월 9일 결국 국회에서 헌법 초안이 통과되었고, 니세토 알칼라 사모라가 공화국 대통령으로 선출되었다. 12월 15일 아사냐는 총리로서 새 정부를 구성했다.

임시정부가 개혁 정책을 시행하고 새 정부의 헌법이 제정되는 과정에서도 보수 진영뿐만 아니라 민중 진영에서도 공화국 정부에 대한 압박을 강화했다. 7월 6일 아나르코생디칼리스트들이 이끄는 전국노동연합은 전국 전화국 노동자 파업을 선언했고, 그 결과 바르셀로나와 세비야의 통신이 마비되었다. 또 전국노동연합은 리베라 독재 정부가 미국의 'ITT'International Telephone & Telegraph Corporation에 매각해 미국인 소유가 된 '텔레포니카 네트워크'에 대해서도 사보타주 행위를 이끌었다. 미국 대사는 에스파냐 정부에 대해 경계 부대 배치를 요구했고, 마드리드 정부는 파업을 주도한 노동조합 간부들을 구속했다.

정부 조치에 대한 대응으로 전국노동연합은 총파업을 선언한 가운데, 세비야에서는 치안 경찰대가 파업 파괴자들이 살해한 한 노동자 장례식을 해산시키는 일이 벌어졌다. 이 과정에서 노동자 측과 경찰대 사이에 전투가 벌어져 치안대원 3명을 포함해 7명이 사망했다. 마드리드 정부는 7월 22일 전시 상태를 선언했다. 이에 노동자들은 항의 시위를 감행했고, 군대와 경찰은 '도망자의 법칙'(도망치는 포로들에게는 발포할 수 있다는 원칙)에 따라 무기를 사용해 시위를 진압했다. 그 결과 사망자 30명과 부상자 200명이 발생했고 수백 명이 구속되었다. 공화국 정부에 큰 희망을 걸었던 에스파냐 노동자들은 공화정부가 왕정 못지않게 억압적이라고 평가했다. 전국노동연합은 공화정에 대해 전면전을 선언하기도 했다(Beevor 2006, 24).

1930년대 초 에스파냐의 도시 프롤레타리아트는 약 200만 명이었고, 그 대부분은 마드리드를 비롯해 카탈루냐, 바스크, 아스투리아스를 포함한 항만도시, 남부 광산업 중심지에 집중해 있었다. 농업노동자를 포함해 노동자 총수는 약 400~450만 명으로 추산되었다. 노동자들은 사회주의 또는 아나르코생디칼리즘 경향의 노동조합에 조직되어 있었다(The USSR Academy of Sciences 1985, 339).

노동조합운동은 1930년대 초 투쟁 과정을 통해 급속한 성장을 이룩할 수 있었다. 노동총동맹UGT은 비록 빠르게 성장하고는 있었지만, 그 세력이 전국노동연합에는 미치지 못했다. 그것은 전국노동연합이 그 전년에 다시 합법 단체가 되면서 빠른 세력 확장을 할 수 있었기 때문이었다. 정부 통계에 따르면, 1934년 현재, 노동총동맹 조합원은 144만 명이었고, 전국노동연합 조합원은 158만 명이었다(Beevor 2006, 24).

제2공화정의 출범과 새로운 헌법 채택, 국가와 종교의 분리, 개혁 정책 실시 등이 단행되었지만, 한편으로 지주제 토지소유와 금융과두의 경제력, 국가기구와 군대 내 반동 세력의 지위는 완강하게 잔존하고 있었다.

이런 상황에서 1933년 초 독일에서 파시즘 체제가 설립됨으로써 에스파냐의 반동 세력은 점점 친 파시스트 경향을 띠게 되었다. 1933년 2~3월에는 우익 가톨릭 그룹이 사회주의와 마르크스주의, 그리고 프리메이슨[3]을 근절해야 할 악이라고 선언하고 '에스파냐자치우익연합'을 설립했다. 1933년 10월 말에는 파시스트 정당 '팔랑헤당'이 결성되었다. 우익 세력들은 공화정이 이룩한 성과들에 대해 매몰찬 공격을 가했다.

---

**3_** 프리메이슨(Freemason)은 18세기 초 영국에서 시작된 세계시민주의, 인도주의적 우애를 목적으로 한 단체다. 프랑스혁명이나 19세기 여러 가지 정치적 사건과 연루되기도 했으나, 그 역할이 과장 되어 전해지는 경향이 있다. 세계동포주의, 인도주의, 개인주의, 합리주의, 자유주의 등의 이념을 바탕으로 상호 친선, 사회사업, 박애 사업 따위를 벌이는 민간단체를 말한다.

1933년 11월 9일에 실시한 국회의원 선거에서 우익 정당은 혁명을 통해 실질적인 이익을 획득하지 못한 농민층의 불만을 교묘히 이용해 많은 의석을 차지할 수 있었다. 사모라 대통령은 알레한드로 레룩스에게 내각 구성을 맡겼다. 레룩스는 내각을 모두 급진 공화당 소속 사람들로 구성했지만, 의회에서는 자치우익연합의 지지를 필요로 했다. 자치우익연합은 사안에 따라 협력하는 대신, 교회 관련 조치나 농업개혁, 그리고 노동입법 같은 임시정부가 실행한 개혁을 되돌리는 정책을 주장하고 요구했다. 이와 같은 과정을 통해 우익 정당들은 정부 권력을 장악할 수 있었고, 이에 따라 '암흑의 2년'이 시작되었다. 이 기간에 사회·정치 세력 사이의 대립이 첨예하게 확대되었고, 계급 사이의 대립과 투쟁이 격화되었다.

1933년 초부터는 이런 위기 국면을 타개하고 민주주의를 실현하기 위한 인민대중의 투쟁이 강도 높게 전개되었다. 정부 통계에 따르면, 1933년에 1,172건의 파업이 발생했고, 파업 참가자 수가 84만3천 명에 이르렀으며 노동손실일수는 1,450만 일을 기록했다(*International Press Correspondence* vol. 13, no. 4, 26 January 1933; The USSR Academy of Sciences 1985, 342에서 재인용).

대중투쟁이 전개되는 가운데 에스파냐사회주의노동당은 점점 과격 노선을 취하면서, 코르테스(의회)보다는 '노동연합'Alianza Obrera과 같은 외곽 조직의 활동을 더 중시했다. 1934년 1월 3일자 "엘 소시알리스타"El Socialista(사회주의자)는 이렇게 선언했다. "조화라고? 천만에! 계급투쟁이다! 범죄자 부르주아에 대한 증오를 총동원해 그들을 끝장내는 것이다."

그로부터 10일 후인 1월 13일에는 사회주의노동당 집행위원회가 새로운 프로그램을 만들었는데, 그 내용은 매우 충격적인 것이었다.

토지를 국유화한다.

모든 종교 교단들을 해산하고 그들의 재산을 몰수한다.

군대를 해산하고 민주적인 수비대로 대체한다.

치안대를 해체한다(Payne 2004, 46; Beevor 2006, 28에서 재인용).

2월 3일에는 사회주의노동당이 정부에 대항해 반란을 일으키기 위한 '혁명위원회'를 설립했으며, 반란은 '내전 성격'을 띠게 될 것이라고 선언했다. 당내 일부에서는 '헛되고 유아적인 환상'이라는 비판이 일기도 했다. 마누엘 아사냐는 폭동을 일으키는 것은 군부가 다시 정치에 개입해 노동자들을 압살할 구실을 제공할 뿐이라고 사회주의자들에게 경고했다. 이런 비판에도 라르고 프란시스코 라르고 카바예로는 별로 개의하지 않았다(Beevor 2006, 28).

이런 논쟁이 당내에서 격화되는 가운데, 젊은 사회주의자들을 중심으로 무장 준비와 군사훈련이 은밀하게 시작되었다. 우파는 우파대로 북동부의 카를로스파[4]와 아직은 소수에 지나지 않는 팔랑헤당원들도 비슷한 움직임을 보였다. 레룩스 정부는 토지개혁을 중단하고 5월에는 에스파냐 대귀족들의 토지를 몰수한 사회주의 정부의 조치를 취소했다. 또 농업노동자도 산업노동자와 마찬가지로 보호한다는 노동관계법 조항을 무효화했다.

이런 가운데 사회주의노동당은 만일 우익 보수 정치 세력이 권력을 장악한다면, 여기에 대응해 혁명적 총파업을 조직할 것이라고 선언했다. 공화국을 반동 세력이 장악하는 것을 두려워한 좌파와 중도좌파 정당들도 필요

---

4_왕위 계승을 주장하는 이사벨의 숙부 돈 카를로스 지지자를 가리킨다.

할 경우, 불법으로 규정된 행동도 불사할 것이라고 밝혔다. 정부는 총파업을 불법행위로 규정하고, 에스파냐 전역에 전시 상태를 선포했다.

1934년 10월 자치우익연합이 내각에 참여하게 된 것을 계기로 해 전국에 걸쳐 광범위한 항의행동이 일어났다. 그것은 총파업 형태를 취하기도 했고, 몇몇 지역에서는 무장봉기 양상을 나타냈다. 지역에 따라 총파업 형태와 양상은 다양했다.

노동총동맹UGT은 수도 마드리드에서 총파업을 선언했다. 파업 참가자들은 내무부 청사와 몇몇 군 시설물을 점거하려 시도했고, 그 가운데 일부는 총을 쏘며 공격하기도 했으나 곧바로 치안유지군이 이들을 체포했다. 10월 8일에 이르러 혁명위원회 구성원 대부분이 체포되었다.

카탈루냐에서는 전국노동연합이 나서지 않은 상태에서 총파업이 일어났다. 전국노동연합 지도자들은 사회주의자들과 공화주의자들이 시작한 혁명에 힘을 보탤 생각이 없었다. 이에 반해 카탈루냐 좌파는 마드리드 정부가 카탈루냐 자치법을 처리한 데 대한 불만이 고조되어 있는 상태에서 총파업을 계기로 카탈루냐 독립에 박차를 가할 수 있다는 판단에 따라 파업을 주도했다. 10월 7일 아침 일찍 총파업 주동자들은 체포되었다. 당시 우연하게 바르셀로나에 머물고 있던 아사냐도 함께 체포되었다.

에스파냐 북부에서는 혁명적 총파업이 레온 광산지대, 산탄데르, 비스카야 등지로 빠르게 확산되었다. 빌바오에서는 대엿새 동안 치안유지군과 파업 참가자들이 충돌했으며, 에이바르와 몬드라곤에서는 파업 노동자 40명이 사망하는 일이 벌어졌다. 군대가 출동하고 공군이 광산지대에 폭탄을 떨어뜨린 뒤에야 총파업은 종료되었다.

10월 총파업에서 가장 치열했던 지역은 아스투리아스였다. 이 지역은 우익에게는 성지와도 같은 곳이면서도, 공산주의자들이 상당한 지지 기반

을 마련한 곳이기도 했다. 10월 5일 새벽에 노동자들은 치안대 초소와 공공
건물을 공격하는 것으로 봉기를 시작했다. 봉기에 참가한 무장 노동자는 1
만5천~3만 명 사이였던 것으로 추산되었다. 그들이 무장한 소총은 대부분
당시 사회주의노동당에서 가장 온건한 인물로 꼽히던 인달레시오 프리에토
가 주선해 보내온 것이었다. 다른 무기는 노동자들이 점령한 지역의 무기
공장들에서 넘겨받은 것이었다. 광산노동자들은 자신들이 갖고 있던 다이
너마이트를 이용했는데, 이것을 '혁명 대포'라고 불렀다.

노동자들은 첫날 미에레스, 히혼, 아빌레스와 광산지대 몇 군데를 장악
했다. 다음 날 그들은 수비대원 1천 명 정도가 지키고 있던 오비에도로 이
동해 치열한 시가전 끝에 도시를 점령했다. 혁명 세력은 코뮌(노농 정부)을
구성하고 화폐를 위원회가 발행하는 쿠폰으로 대체했다. 또 기차와 운송 수
단을 징발하고 건물을 접수했다. 그 과정에서 약 40명이 살해되었는데, 그
가운데 많은 사람이 부자와 성직자들이었다. 봉기는 비록 아스투리아스 한
지역에 국한되었지만, 완전한 내전 양상을 띠었다(Beevor 2006, 31).

전국에 걸쳐 계엄령이 선포된 가운데 전쟁부 장관은 프랑코 장군에게
반란 진압을 명령했다. 10월 7일 에두아르도 로페스-오초아 장군이 원정군
을 거느리고 루고를 출발했다. 다음 날에는 순양함 리베르타드Libertad(자유)
호가 두 척의 포함을 이끌고 히혼에 도착했고, 그들은 바다에 머물면서 해
안 지역에 있는 광산노동자들을 향해 발포했다. 공중에서는 비행기가 탄전
지대와 오비에도에 폭탄을 떨어뜨렸다. 10월 8일 프랑코는 에스파냐 외인
군단 2개 중대와 모로코인 정규군 2개 대대를 파견했다. 10월 12일에는 오
초아 장군이 오비에도 전역을 장악했다. 그리하여 정부가 동원한 군인과 치
안대는 총파업을 진압했고, 그 뒤로 노동자들과 진보 세력에 대한 잔혹한
탄압이 행해졌다.

아스투리아스 혁명은 2주 남짓 지속되었지만, 1천 명가량의 인명이 희생되었고 노동자 수천 명이 봉기에 가담했다는 이유로 직장에서 쫓겨났으며 수천 명이 구속되었다. 봉기 주동자 20명에게 사형이 선고되었으나 실제로 사형이 집행된 사람은 두 사람이었다.

아스투리아스 프롤레타리아트의 투쟁은 전국 규모에 걸친 노동자계급의 통일이 이루어지지 않았고 노동자와 농민이 결합되지 못했으며, 그리고 봉기의 기술적 준비가 불충분했기 때문에 패배했다는 지적이 있다(Teper 1965; The USSR Academy of Sciences 1985, 343에서 재인용).

우익·반동 세력의 승리는 그리 오래 가지 못했으며, 1935년에는 새로운 혁명 열기가 되살아났다. 권력이 휘두르는 테러 반대와 희생자 구제, 그리고 정치범의 대사면을 요구하는 정치적 행동이 확대되었다. 1935년 6월에는 광범한 인민의 요구에 따라 정부는 계엄령을 해제했으며, 노동자 조직에 대해서도 약간의 자유를 허용했다.

1935년 말 자치우익연합과 레룩스가 이끄는 급진 공화당 연합 세력은 정치적 추문으로 물러나게 되었고, 대통령은 호아킨 차파프리에타에게 새 정부를 구성하게 했다. 그러나 그다음 달 또 한번 추문[5]이 터졌고, 그 일은 급진 공화당 전체에 대한 마지막 타격이 되었다.

대통령 사모라는 자신이 신뢰하던 전임 카탈루냐 주장관 마누엘 포르텔라 바야다레스에게 정부 구성을 위임했다. 새 정부 수반이 된 바야다레스는 1936년 1월 1일 국무회의를 소집했다. 이때 그는 이미 코르테스(의회)를 해산한다는 칙령을 손안에 쥐고 있었다. 새로운 총선거는 2월 16일에 실시하

---

5_이 추문은 사업가 안토니오 타야가 뇌물을 써서 정부 발주 계약을 따낸 사건이다.

기로 결정했다. 이 선거를 마지막으로 그 뒤 무려 40년 동안이나 자유선거가 실시되지 못했다.


## 2. 인민전선

1936년 1월 7일 선거 일정이 공표되었고, 선거운동은 과열 현상을 나타냈다. 이전에 치렀던 선거 결과를 놓고 보면, 정치적으로 연합을 이룬 쪽이 유리한 고지를 차지했다. 더구나 1934년 10월 총파업에서 보였던 좌파의 혁명적 투쟁과 군대·치안대의 잔인했던 탄압은 우파와 좌파의 타협을 어렵게 했다.

우파는 자치우익연합, 국민 블록 내 왕정 지지자들, 그리고 카를로스파의 연합 세력이었다. 자치우익연합 지도자 호세 마리아 힐 로블레스는 우파 연합체를 '전국 반反혁명전선'이라고 불렀다. 우파 연합체는 시민들에게 배포한 팸플릿에서 만약 좌파가 선거에서 승리한다면 '군중이 무장하고, 은행과 집들이 불타고, 재산과 토지가 분할되고 약탈당할 것이며, 당신의 부인을 남과 공유하는 일이 일어날 것'이라고 선전했다. 우파의 선거운동 비용은 지주, 대기업가, 가톨릭교회에서 조달되었다. 가톨릭교회는 우파에 투표하는 것은 곧 그리스도에 투표하는 것이라면서 우파 연합을 적극 지지했다(Beevor 2006, 34~35).

좌파는 '인민전선'을 구축해 선거에 대비하려 했다. 1936년 1월 15일 사회주의노동당, 에스파냐공산당, 공화좌파, 공화연합, 노동총동맹, 마르크스주의통합노동자당, 생디칼리스트당, 사회주의청년단 대표들이 인민전선 협약을 체결했다. 협약의 주요 내용은 이러했다.

첫째, 1933년 11월 이후 발생한 정치·사회적 범죄[6]에 대해서는 설령 재판에서는 그렇게 인정되지 않더라도 법률로서 대사면을 내린다.

둘째, 공화제 국가와 입헌제도의 기본적 사명으로서 자유와 정의를 수호하기 위해 협정을 맺은 각 당은 다음 사항을 실천한다. 헌법 효력 부활, 지방법과 자치체법 공포, 공안법 개정, 사법제도 재편성, 반동적 조건에서 일어났던 경찰관 폭행 사건 조사, 관리 복무 규율 개정.

셋째, 농업정책 개선: 직접 경작자에 대한 원조(공조공과: 公租公課) 경감, 고리대 억제, 부당한 소작료 인하 등 농업생산 조건 개선, 토지소유 개혁(현행 소작법 폐지, 새 차지법(借地法) 공포, 협동조합 형태 촉진, 귀족에 대한 농지 반환과 보상을 인정한 법률 폐기).

넷째, 산업정책 개선: 산업보호에 관한 법률 공포, 경제·기술 조사기관 설치, 소규모 상공업 특별 보호, 기간산업 활동 진흥.

다섯째, 공공사업계획 실시: 도시·농촌의 주택 건설, 협동조합과 자치체의 공익사업, 항만·도로·관개사업, 토지개량을 위한 대규모 계획 실시.

여섯째, 금융제도 개선: 국립은행의 신용 규제 기능 강화, 민간은행의 본래 규정 준수, 저축은행의 기능 개선, 재정 개혁 실시.

일곱째, 노동자의 정신·물질적 조건 향상: 사회입법의 타당한 원칙 부활, 노동재판을 독립적인 조건으로 개편, 최저임금 제정·농촌 임금의 저하 시정, 직업안정소 설치, 공공구호·자선·보건제도 개선.

여덟째, 학교 교육제도 개선: 초등교육을 위한 학교설립·보조 교육 시설 설립, 중등·직업 교육 시설 설립, 대학·고등교육의 집중 육성.

---

6_1933년 11월 레룩스 정부가 성립된 이후 '암흑의 2년' 동안 정부의 탄압 법령에 따라 처벌받은 정치·사회적 행위를 가리킨다.

이 밖에도 헌법에 명기된 자치의 원칙을 발전시키고, 국제정책은 국제연맹의 원리와 방법을 지지하는 방향에서 결정한다고 밝혔다(동녘편집부 1989b, 192~202).

인민전선 강령은 비교적 온건한 편이었는데, 은행 국유화나 토지개혁, 그리고 실업자 원조 등은 강령에 들지 않았다. 이런 타협적 강령은 인민대중 세력의 통일 사업에 도움이 된다는 판단에서 채택된 것으로 보인다(The USSR Academy of Sciences 1985, 343~344).

사회주의자들과 좌파 공화주의자들이 주도한 선거 협약은 아스트리아스 봉기 과정에서 만들어졌다. 인민전선 강령 설정은 공산당이 주도했는데, 강령은 코민테른 제7회 대회가 설정한 의제와 결의를 기본 토대로 했다.

코민테른 제7회 대회는 1935년 7월 25일~8월 20일까지 열렸다. 주요 의제 가운데 하나가 '파시즘의 공세와 파시즘에 반대하고 노동자계급의 통일을 지향하는 투쟁에서의 코민테른 임무'(보고자는 게오르기 디미트로프)였다.

디미트로프는 파시즘의 권력 장악은 하나의 부르주아 정부와 다른 부르주아 정부의 일상적 교체가 아니라, 부르주아계급 지배의 한 국가형태인 부르주아 민주주의와 또 하나의 형태인 공공연한 테러 독재의 교체라는 것, 자본주의국가의 노동 대중에게 있어 지금 절박한 문제는 프롤레타리아독재냐 부르주아 민주주의냐의 선택이 아니라, 부르주아 민주주의냐 파시즘이냐의 선택이라는 점을 지적했다.

또 디미트로프는 반파시즘을 위한 노동자계급의 행동 통일에서 제기되는 유일한 조건은 "파시즘에 대해, 자본의 공세에 대해, 전쟁 위협에 대해, 계급의 적에 대해 적대하는 방침을 취하는 것"이었다. 그리고 그는 인민전선 정책의 기본적인 문제들을 규명했는데, 프롤레타리아가 인민전선에서 지도적 역할을 수행하는 것은 일반 민주주의적인 임무 해결을 통해 대중을 사회주의를 위한 투쟁 국면으로 이끌어 가는 것을 보장하는 것이라고 지적했다(동녘편집부 1989b, 132~133).

코민테른 제7회 대회는 인민전선 정책이 추구하는 사상을 다음과 같이 규정했다.

> 일반 민주주의 요구들을 위한 투쟁을 통해 광범위한 근로자층을 결집하고, 파시즘을 타도하며 자본 권력을 제한하고, 사회주의를 지향하는 투쟁을 위한 유리한 기초 조건을 만들어 낼 수 있는 사상이다(김성윤 1986, 119에서 재인용).

이와 같은 이데올로기적 근거와 배경을 지니고 창립된 인민전선은 1936년 2월 16일 치러진 총선거에서 승리했다. 인민전선은 의회 의석 263석을 획득했고, 우파와 중도파는 210석을 차지했다. 2월 19일 아사냐가 정부 수반으로 임명되었으며, 4월 4일 의회가 소집되자 아사냐는 입법 계획과 농지개혁안을 제출했다. 4월 7일에는 사모라가 공화국 대통령직을 아사냐에게 인계했다.

도시와 농촌에서 대중행동이 전개되는 가운데 정치범이 석방되고 호세 산후르호 쿠데타에 연루된 귀족 토지가 몰수되었으며, 그리고 10월 혁명에 참가했다는 이유로 직장을 잃은 모든 노동자 복직이 결정되었다. 1936년 4월에 정부는 에스파냐에 살고 있는 모든 민족들은 자치권을 갖는다고 선언했다.

이처럼 인민전선 정책이 시동 단계에 들어선 시기에 왕당파와 동맹한 군사 음모 조직자들은 은밀하게 반란을 준비했는데, 그 중심에 팔랑헤당이 있었다. 팔랑헤당은 여러 곳에서 자금을 지원받았으며, '국민행동청년단' 단원들이 당에 합류하면서 빠르게 성장했다. 1936년 봄에 청년 단원 1만5천 명이 합류함으로써 팔랑헤당의 당원은 거의 두 배로 늘어 3만여 명에 이르렀다(Junod 1951, 40에서 재인용). 한편, 카를로스파는 피레네산맥에서 의용군인 레케테requeté를 훈련시키기 시작했다.

1936년 봄에는 카를로스파 최고군사위원회를 비롯해 우익 장교들의 비밀결사체인 '에스파냐군사동맹', 알폰소 13세를 지지하는 왕당파, 그리고 팔랑헤당 등이 함께 반란을 모의하기 시작했다. 이때까지만 해도 아사냐 정부는 이런 일련의 움직임을 막연한 소문으로만 듣고 있었다(Beevor 2006, 43).


## 3. 에스파냐 내전

1936년 7월 17일에 일어난 군사 반란은 원래는 7월 12일부터 모로코의 황야에서 실시되는 야전 훈련이 끝나는 날, 그 부대를 아프리카 봉기군으로 삼아 7월 18일 쿠데타를 결행하기로 계획되어 있었다. 그런데 7월 13일 우익의 유력한 지도자 가운데 한 사람인 혁신당 당수 레오폴도 칼보-소텔로 의원이 공화주의 돌격대 공격으로 사망함으로써 쿠데타는 하루 앞당겨 7월 17일 결행되었다.

이날 모로코 멜리야에서 시작된 군사 반란[7]은 곧바로 세우타 보호령에 있던 모든 군부 세력이 합세함으로써 크게 확대되었다. 라스팔마스에 있던 프랑코 장군은 아프리카 주둔군을 지휘해 군사 반란이 일어난 지 이틀 뒤에

---

[7]_1936년 무렵 에스파냐 군대는 병력이 약 10만 명 규모였고, 그 가운데 4만 명이 모로코에 주둔하고 있었다. 그래서 반란군이 모로코를 탈취하는 것은 매우 용이한 일이었다(Beevor 2006, 49).

비행기로 테투안에 도착했다. 군사 반란은 다음 날인 7월 18일 전국으로 확대되어 세비야, 사라고사, 바야돌리드, 부르고스, 팜플로나, 오비에도, 그라나다, 라꼬르냐 등에서 군부 세력이 합세했다. 그러나 마드리드, 바르셀로나, 빌바오 등에서는 쿠데타 시도가 실패했고, 발렌시아, 무르시아 등은 계속해 공화정부 지배권에 남아 있었다. 이처럼 군사 반란 초기에 에스파냐는 공화정부 진영과 반란군 진영('국민 진영')으로 대결하는 양상을 나타냈다.

8월 초 무렵, 반란군 진영은 이베리아 반도에서 약 23만5천 제곱킬로미터의 땅과 1,100만 명의 인구를, 그리고 공화정부 진영은 27만 제곱킬로미터에 이르는 지역과 인구 1,400만 명의 인구를 장악하고 있었다(Beevor 2006, 459).

1936년 7월에 일어난 쿠데타는 첫 주가 지나면서 실패한 것으로 드러났다. 군사 반란 2~3일 뒤에 마드리드와 그 밖의 주요 도시들을 점령함으로써 한꺼번에 정권을 장악하려던 반란군 수뇌부의 계획은 무산되고 말았다. 그러나 공화정부 역시 전쟁에서 가장 중요한 48시간 이내 반란군을 진압하는 데는 실패했다.

군사 반란이 일어난 그다음 날인 7월 18일 오후 3시 총리인 산티아고 카사레스 키로가는 공화정부를 지원하겠다는 노동총동맹UGT과 전국노동연합의 제의를 단호하게 거부하고, '국가의 군사력 신뢰'를 촉구했다. 그날 밤 노동총동맹과 전국노동연합은 총파업을 선언했다. 공업 중심 도시에서는 노동자들이 민병대를 조직해 반란군의 수비대를 공격했다. 노동자들은 1934년 10월 아스투리아스 사건 때 사용하고 나서 땅에 묻어 두었던 무기를 다시 꺼내들었다. 8월 초순 무렵에는 노동자들이 중심이 되어 전국적으로 약 30만 명이 무장했다(Maidanik 1960, 99; The USSR Academy of Sciences 1985, 345에서 재인용). 노동자들은 곳곳에서 바리케이드를 설치하고 반란군들에 대항해 저항하다 학살되었으며, 주지사에서 현지 노동조합 간부에 이르기까지 많은 사람이 희생되었다.

공화정부의 상황 판단 잘못은 치명적이었다. 키로가는 노동총동맹과 전국노동연합의 무장을 두려워했다. 그는 노동자와 의용군에게 제때에 무기를 내주지 않음으로써 반란군을 선제공격 하거나 신속하게 역공할 기회를 놓쳐 버렸다.

조지 오웰도 전쟁 초기 상황에서 노동자들이 행한 역할에 대해 비교적 생생하게 설명하고 있다.

전쟁 초기 몇 달 동안 프랑코의 실질적인 적은 인민전선 정부라기보다는 노동조합들이었다. 프랑코가 반란을 일으키자, 도시의 조직화된 노동자들은 총파업으로 대응했다. 이어 공공 무기고에 가서 무기를 달라고 요구했다. 그리고 투쟁 끝에 얻어 냈다. 만일 그들이 자발적으로, 그리고 다소간 독립적으로 행동에 나서지 않았다면, 프랑코는 아무런 저항에 부딪히지 않았을지도 모른다(오웰 2001, 69).

공화정부 측의 의심과 혼란은 반란군 측에 유리하게 작용했다. 만일 지역 수비대가 자극받아 반란에 가담하는 것을 두려워했던 정부 당국자들의 판단과는 달리 노동자들이 곧바로 행동에 나섰더라면 쿠데타 세력의 반란은 실패로 끝났을지도 모른다. 노동자들은 후에 망설임의 대가를 자신들의 목숨으로 갚아야만 했다. 노동자들이 처음부터 병영 공격 준비가 되었다는 사실을 보여 주었더라면 준군사 단체 대부분도 노동자들에게 합류했을 것이고, 그렇게 되었을 경우 반란에 가담한 수비대는 얼마 버티지 못하고 항복했을 것이다(Beevor 2006, 55).

결국 에스파냐 내전은 프랑스와 영국이 '불간섭위원회'[8] 결성에 실패함으로써 반란군 진영은 이탈리아에서 전투부대를, 그리고 독일에서 주로 공군 부대를 지원받을 수 있었다. 공화정부 측은 소련에서 무기를, 그리고 많은 국가에서 온 지원병들의 국제여단 도움을 받음으로써 에스파냐 내전은 길고도 처절한 국제전 양상을 띠게 되었다.

에스파냐 내전은 공화정부 진영과 반란군 진영 사이의 군사 대결이면서, 한편으로는 '전쟁 이념'의 대결이기도 했다. 먼저 반란군 측이 내세운 쿠데타 명분부터 살펴본다. 프랑코 장군은 카나리아제도를 떠나기에 앞서 행한 라디오방송 성명에서 질서 회복과 혁명 진압을 언급했다. 그는 에스파냐에 만연한 무정부상태를 지적하면서 자신의 행동을 정당화하려 했다. 프랑코는 "위정자들에게 맹목적인 순종을 하느라 절망에 빠져 공공질서를 갈망하는 사람들에게 기쁨을 안겨 주고자 봉기를 일으킨다"고 밝혔다. 또 "소련의 사주를 받은 자들이 대중을 기만하고 악용하고 있으며, 혁명을 기도하는 무리는 외국 지도부가 내리는 지령을 따르고 있다"고 했다. 그리고 그는 "국민에게 진정한 우애와 자유, 그리고 평등을 제공하기 위해 무장봉기를 했다"고 밝혔다.

1936년 7월 25일 군사위원회는 관보를 통해 봉기의 기본 목적을 이렇게 표명했다. "볼셰비키의 노력으로 탈취한 코르테스, 전복과 계급투쟁 그리고 범죄 두목들로 이루어진, 해로운 마르크스주의에서 생겨난 정부"를 무너뜨

---

8_1936년 9월 영국, 프랑스, 독일, 이탈리아가 에스파냐 내전에 대해 불간섭 정책을 취하기 위해 불간섭위원회를 조직했으나, 독일과 이탈리아는 에스파냐 반란군에 대해 원조를 강화했고 에스파냐 공화정부는 곤경에 빠졌다. 소련은 이를 부당하다고 판단해 공화진영에 무기 원조를 시작했다. 결국 불간섭위원회는 본래의 사명을 상실하게 되었다.

리고 "법과 정의, 공덕公德 회복 운동"을 펼쳐야 한다고 주장했다. 그리고 외쳤다. "이제 마르크스주의에 맞서자, 에스파냐이여!"(황보영조 2001, 129~130).

공화정부와 이를 지지하는 정당 지도자들은 군사 반란을 합법적 정권에 대한 도전으로 규정했다. 아사냐 대통령은 "조국의 가슴을 찢는 엄청난 죄악을 범하고 있다"고 비난했다. 코르테스 의장 디에고 마르티네스 바리오는 "군사 반란은 마르크스주의 정부에 맞선 것도, 마르크스주의 국가에 맞선 것도 아니다"면서 "전 국민의 일반 의지를 한 사회계층의 특권을 영속화하려는 의지로 대체하려 하고 있다"고 비판했다. 그리고 공산당 지도자 돌로레스 이바루리는 "인민이 자유로이 만들어 낸 체제에 반기를 들고 일어선 자들은 보수 반동 세력과 파시스트 세력"이라고 단정 지었다(황보영조 2001, 133).

에스파냐 내전은 1936년 7월부터 시작해 1939년 4월 1일 끝났는데, 연도별 진행 상황을 살펴본다.

## 1936년

군사 반란이 일어난 지 이틀 뒤인 7월 19일 키로가가 공화정부 총리직을 사임했으며, 대통령 아사냐는 코르테스 의장인 바리오에게 정부 구성을 요청했다. 바리오는 공화주의 정당에 속한 사람들만으로 내각을 구성했고, 인민전선 연합 내 좌파 세력은 의도적으로 배제했다. 그런 조치는 우파와 화해를 모색하려는 새 총리의 의도가 반영된 것이었다. 이 위기의 순간에 자유주의적 인민전선 정부와 좌파 세력 사이에 심각한 분열 양상이 드러나게 되었다. 바리오는 총리 취임 뒤 반란군 측 에밀리오 몰라 장군에게 전화를 걸어 평화를 제의했다가 바로 거절당했다(Beevor 2006, 62). 이런 사실이 알려지면서 대규모 시위대들이 정부에 항의하는 사태가 벌어졌고, 이에 따라 바리오 정부는 곧바로 붕괴되었다. 아사냐는 다시 호세 히랄에게 정부 구성을 요청했다. 그는 자유주의 정치가였다.

공화정부의 내각 구성이 혼란을 보이고 있는 가운데서도 히혼, 에이바르, 산세바스티안 등 몇몇 지역에서는 무장한 노동자들이 반란군 진입을 저지했다. 그리고 쿠데타 주동자들이 바르셀로나를 가장 확실한 점령 대상 지역으로 지목했지만, 노동자 조직이 결사항전으로 대응했고 여기에 치안대 대원들까지 맞섰다(Beevor 2006, 66~67).

반란군 진영에서는 7월 20일 사령관이었던 산후르호가 비행기 추락 사고로 사망하자, 지휘 체계가 양분되었다. 북방에서는 에밀리오 몰라가, 남방에서는 프랑코가 지휘권을 행사했다.

7월 21일 반란군은 에스파냐 해군의 기항 페롤을 점령했고, 몰라 장군은 중앙 산맥 통로와 이룬을 점령해 프랑스 쪽 국경을 차단하고 산세바스티안을 장악했다. 몰라 휘하에 있던 베오르귀 카네 대령은 7~9월까지 북부의 기푸스코아 주를 점령했다. 공화국 정부군은 9월 말까지 비즈카야에서 저항했다.

남부에서는 프랑코가 아프리카 지원군을 소수의 함정과 비행기에 태워 이베리아 반도로 이동시켜 과달키비르 강 유역을 장악하고, 4만5천 명의 병사들에게 에스파냐-포르투갈 국경 봉쇄와 남북 사이의 반란군 연결, 그리고 신속한 마드리드 탈환 등 세 가지 임무를 부여했다.

8월 초에 이르자 각 진영의 실체가 분명해지고 전선이 확실하게 구분되기 시작했다. 반란군은 서쪽 갈리시아와 레온에서부터 동쪽 나바라와 북부 아라곤까지 좌우로 넓게 퍼져 있는 띠 모양의 땅을 차지했다. 이 띠 모양의 지역이 반란군의 공격을 효과적으로 막아 내고 있었던 아스투리아스, 산탄데르, 바스크 등 북부 해안 지역을 에워싸고 있는 형국이었다. 남쪽과 서쪽에서 반란군이 장악한 지역은 안달루시아의 작은 부분에 지나지 않았다(Beevor 2006, 79).

이 무렵 양 진영의 군사력을 비교하면, 반란군 진영 쪽이 어느 정도 우세한 편이었다. 반란군 진영은 전투 경험이 풍부한 아프리카 주둔군 4만 명에다 본토 대도시 주둔 병력 5만 명 정도를 확보했다. 여기에 장군 17명과 장교 1만 명이 반란군에 동조했다. 반란군은 또 케이포의 카라비네로(국경수비대) 가운데 3분의 2, 돌격대 40퍼센트, 치안대 60퍼센트가량을 자기편으로 끌어들였다. 이것은 세 개의 준군사 단체 병력 가운데 약 3만 명이 반란군에 편입되었음을 의미했다. 이들을 모두 합치면 장교와 병사 13만 명이 반란군 진영에 속했다.

공화정부는 히랄이 군대 해산령을 발표할 무렵에 준군사 조직 병력 약 3만3천 명, 병사 5만 명, 장군 22명, 장교 7천 명을 확보하고 있었는데, 이것은 숫자상으로는 모두 9만 명의 병력에 해당했다(Vilar 1986, 66; Beevor 2006, 79에서 재인용).

전쟁이 장기화할 것을 고려한다면, 공화정부의 상황이 유리해 보였다. 공화정부는 산업 시설과 인적 자원을 보유한 대도시, 광산지대, 함선과 상선 대부분, 본토 총면적의 3분의 2, 국가가 보유한 금, 국가 최대 수입원인 감귤류 생산지인 발렌시아를 지배하고 있었다.

반란군 진영은 공화정부에 비해 훨씬 불리해 보였으나, 이런 불리한 상황은 외국으로부터 끌어낸 지원과 주요 농업 지대 장악으로 충분히 극복할 수 있었다. 히틀러와 무솔리니는 반란군 진영에 육해공군과 전략·기술 지원을, 미국과 영국의 자본가들은 전쟁에 필수적인 신용 대부와 석유를 제공했다.

에스파냐 내전에서 양 진영 모두 필요한 무기를 외국에서 지원받지 않으면 안 되었다. 7월 30일 무솔리니는 프랑코에게 사보이아 마르체타 81 폭격기와 수송기 2대, 연료와 탄약을 실은 선박 한 척을 모나코로 보냈다. 폭격기 가운데 3대가 가는 도중에 추락했는데, 그 가운데 1대가 알제리에 떨어짐으로써 이탈리아가 군사적 개입을 하고 있다는 사실을 부정하기 어렵게 되었다. 나머지 비행기들은 8월 5일 지브롤터해협을 건너는 첫 번째 반란군 호송선들을 공중 엄호하는 역할을 수행했다.

이어서 8월 7일에는 사보이아기에 27대의 피아트 CR 32 전투기, 5대의 피아트-안살도 경전차, 야포 12문, 다량의 실탄과 다수의 훈련 병력이 프랑코 측에 수송되었다. 그러고 나서 6일 뒤에는 수상비행기 3대, 그리고 8월 19일에 다시 6대의 전투기가 인계되었다(Coverdale 1979; Beevor 2006, 136에서 재인용).

무솔리니는 지중해에 파시스트 국가가 하나 더 들어서기를 기대했고, 더욱이 자신에게 빚을 진 국가가 들어선다면 더 바랄 것이 없었다. 그의 야심은 영국에 맞먹는 해군력을 보유하는 것과 북아프리카에서 프랑스를 능가하는 힘을 지니는 것이었다. 그런 점에서 '동맹국' 에스파냐는 지브롤터를 장악해 해협을 통제하고, 발레아레스제도에 기지를 설치할 수 있는 가능성을 열어 주는 것이었다(Beevor 2006, 135).

한편, 히틀러는 7월 말에 공군부에 설치된 특별 기구로 하여금 융커 폭격기 52기, 하인켈 51 전투폭격기 6대, 대공포 20문, 그 밖의 다른 전쟁 물자를 에스파냐에 보내기로 결정했다. 독일은 전쟁 참여라는 사업 전체에 대해 이탈리아보다 더 실용적으로 접근했다. 그들은 최고의 장비와 인원을 보냈으며, 비록 이념상의 동맹이기는 하지만 프랑코에게 지원 대가를 동광과 철광으로 지불해 줄 것을 요구했다.

독일이 약속한 무기의 1차 인도분이 8월 1일 에스파냐에 도착했고, 그 뒤를 이어 카디스로 직접 들어오거나 리스본을 거쳐 들어오는 방식으로 계속 무기가 인도되었다. 거기에는 판저 마르크Panzer Mark 1전차, 20밀리미터와 88밀리미터 대공포도 포함되었다. 그러나 독일 참전이 확정된 것은 그해 11월 프랑코의 마드리드 점령이 실패한 뒤 콘도르 군단이 창설되고 나서였다.

히틀러가 프랑코를 지원한 이유는 전략과 관련되어 있었다. 에스파냐에 파시스트 정권이 들어서면 프랑스의 배후를 위협할 수 있고, 또 수에즈운하로 가는 영국의 해상 루트에도 중대한 위협이 될 것이기 때문이었다. 그리고 대서양 해안에 U보트 기지를 건설할 수 있는 가능성도 기대할 수 있었다 (에스파냐 항구도시 비고, 엘페롤, 카디스, 라스팔마스는 실제로 제2차 세계대전 중에 독일군 기지로 사용되었다). 그뿐만 아니라 에스파냐 내전은 중유럽에 대한 히틀러의 전략이 유럽 각국의 관심에서 멀어지게 해주고, 반면에 독일의 인적 자원을 훈련하고 장비와 전술을 시험해 볼 수 있는 기회가 되었다 (Beevor 2006, 137).

이와 같이 군사 반란이 일어난 지 보름이 지나지 않아 반란군 진영은 독일과 이탈리아로부터 군사원조를 받게 된 반면, 공화정부군은 다른 나라들로부터 무기를 제공받을 수 없다는 사실이 드러났다. 영국이나 프랑스 등 파시스트 국가가 아닌 나라들과 기업가 집단으로부터 외면당한 공화정부는 오로지 소련과 멕시코의 지원에 매달릴 수밖에 없었다. 스탈린은 에스파냐 공화정부에 대해 도움을 제공하되, 꼭 필요한 정도만 하기로 결정했다. 그렇게 함으로써 동맹 세력이라고 여겼던 영국 정부를 놀라게 하지도, 독일을 자극하지도 않을 것이라고 판단했다. 공장노동자들이 모금한 기부금과 정부가 제공하는 비군사물자 1차 인도분이 10월 4일에야 카르타헤나 항에 도착했다.

또 하나의 공화정부 지지국가인 멕시코는 모제르 소총 2만 정, 실탄 2천만 발, 그리고 식량을 공화정부에 제공했다. 멕시코로부터 제공된 소총은 마드리드로 진격해 오던 아프리카 군대에 맞서 싸울 의용군을 무장시키는 데 사용되었다(Beevor 2006, 139).

공화정부는 소련과 멕시코의 군사 지원 말고도 '국제여단'의 참전이라는 국제적 지원을 받았다. 국제여단이라는 개념이 정확히 언제, 어떻게 해서 생겨났는지는 아직 잘 알려지지 않고 있다. 그러나 이 군사 기구는 에스파냐 공화정부가 국제 사회의 지지를 요구한 데서 출발한 것은 분명하다.

에스파냐에서는 벌써 많은 외국인 지원병이 활동하고 있었다. 대부분은 반란이 일어났을 당시 바르셀로나에서 열릴 예정이던 '인민 올림픽'[9]에 참석하러 와있던 사람들이었다. 그들 가운데 많은 사람은 자원해 국제여단의 첫 번째 핵심 부대인 켄투리아 탤만의 부대원이 되었는데, 이 부대는 당시 카탈루냐공산당에 속해 있었다.

에스파냐 내전 기간에 통틀어 53개 국가에서 온 3만2천~3만5천 명에 이르는 사람들이 국제여단 병사로 복무했다.[10] 그 밖에도 5천여 명의 외국

---

**9**_1936년 '인민전선'의 국제주의자들이 바르셀로나에서 나치의 베를린 올림픽에 반대하는 의미로 '인민 올림픽'을 계획했던 것을 가리킨다.

**10**_정확하지는 않지만, 그래도 가장 신뢰할 만한 각국별 참전 인원수는 다음과 같다. 프랑스 8,962명, 폴란드 3,113명, 이탈리아 3,002명, 미국 2,341명, 독일 2,217명, 발칸반도 국가들 2,095명, 영국 1,843명, 벨기에 1,722명, 체코슬로바키아 1,066명, 발틱 국가들 892명, 오스트리아 872명, 스칸디나비아 국가들 799명, 네덜란드 628명, 헝가리 528명, 캐나다 512명, 스위스 408명, 포르투갈 134명, 기타 1,122명이었다(Michel & Rémi 2003, 16; Beevor 2006, 468~469에서 재인용). 소련에서 파견된 내전 참전 인원수는 연인원 최대 2,150명이고 그 가운데 600여 명은 통역을 비롯해 비전투 요원이었다. 유형별로 보면, 본부

인이 외곽에서 봉사했는데, 주로 전국노동연합이나 마르크스주의통합노동자당과 관련을 가진 사람들이었다.

국제여단은 자원병, 민주주의자, 반파시스트 등 다양한 부류의 사람들로 이루어졌으며, 대부분은 이 전쟁이 진정 무엇을 의미하는지를 모르는 사람들이었다. 그러나 국제여단 소속 병사들은 파시즘을 국제적 위협으로 보았고, 국제여단이 거기에 맞서 싸우는 것이 최선의 방법이라고 믿었다. 또 에스파냐를 세계의 미래를 결정짓는 전장으로 생각했다. 이 믿음은 그 뒤로도 오랫동안 유지되었으며, 오늘날까지도 만일 공화 진영이 승리했다면, 제2차 세계대전은 결코 일어나지 않았을 것이라고 주장하는 사람들도 있다.

전쟁 상황을 보면, 반란군 진영은 9월 이후에도 계속 공세를 펼쳤다. 9월 2일, 야구에는 타호(타구스) 강 계곡에 이른 뒤에 마드리드 동쪽으로 진로를 선회했다. 야구에는 이미 아센시오 부대와 카스테혼 부대에게 강 남쪽에 있는 높은 언덕을 지나 나발모렐라다마타 쪽으로 진격하도록 지시해 놓은 상태였다. 그들은 중간에 프랑스 작가 앙드레 말로가 조직한 국제 비행단 공격을 받았으나 큰 피해는 입지 않았고, 얼마 가지 않아 호세 비알바 리켈메 장군이 이끄는 8천 명 규모의 의용군[11]과 맞닥뜨렸다. 그러나 식민지 군대의 신속한 병력 배치는 의용군의 허를 찔러 그들을 혼란에 빠뜨렸다.

---

에 파견된 붉은 군대 고문 외에 비행기 조종사 772명, 전차병 351명, 대포병 100명, 선원 77명, 신호 전문가 166명, 공병요원과 기술요원 141명, 통역관 204명이었다. 군사 고문은 1937년 150명, 1938년 250명, 1939년 84명이 에스파냐에 있었다(RGVA 35082/1/15, 47~49; Beevor 2006, 469에서 재인용).

11_의용군은 대부분 전국노동연합과 노동총동맹 조합원들로 구성되었고, 그 밖에 좌파 공화주의자, 공화 좌파, 마르크스주의통합노동자당, 공산주의자들로 구성된 부대도 있었다. 의용군들은 처음에는 자신이 속한 지역 조직으로부터 뒤에는 정부로부터 10페세타의 일당을 받았다. 이 액수는 당시 숙련노동자의 임금수준이었는데, 이것은 공화정부 경제에 무거운 부담이 되었다.

무어인의 전술적 움직임은 기습 효과를 가져와 전투 경험이 없는 도시 의용군들을 공황 상태에 몰아넣었다. 그러나 게릴라전 방식으로 식민지 군대를 공격하고 괴롭힌 독립 집단들도 있었다(Beevor 2006, 120~121).

공화정부 진영에서는 9월 4일 히랄 정부가 물러났다. 히랄 정부는 정세를 주도적으로 이끌 만큼 지지를 받지 못하는 것은 고사하고, 현실을 제대로 반영할 능력도 지니지 못했다. 당시로서는 혁명위원회의 신임을 얻을 수 있는 사람은 카바예로뿐이라는 것을 거의 모든 정당이 인정했다. 카바예로가 이끄는 새 정부는 자유주의적 중도파와 혁명 지향의 좌파를 하나로 통합한 것이었기 때문에 공동의 적에 맞선 통합의 상징처럼 보였다. 자유주의자, 사회민주주의자, 공산주의자들이 중앙집권적 권력 국가를 확립한 것처럼 보이기는 했으나, 각 정파 사이의 이해 대립과 내부 갈등은 극복되기 어려웠다.

반란군 진영에서는 프랑코가 9월 18일 론다를 점령한 뒤, 톨레도 사수에 온 힘을 기울였다. 톨레도 알카사르 성채 수호는 반란군 진영의 선전전에서 강력한 자산이 되었다. 프랑코는 '알카사르의 구세주'가 됨으로써 그의 지위는 반란군 진영 내부에서 이제 어느 누구도 넘볼 수 없게 되었다. 9월 27일 톨레도 전투에서 승리한 프랑코군은 10월 들어 마드리드를 공격하기 시작했다. 10월 1일 프랑코는 부르고스에서 반란군 진영의 지도자(카우디요)로 추대되어 미겔 카바네야스 페레르 장군으로부터 권력을 이양받았다.

반란군 진영은 10월 한 달 동안 최정예 부대를 편성해 반도 남서부에서 수도 마드리드로 진격하는 새로운 공격을 시작했다. 그러나 마드리드를 지키는 일은 유럽 전역에서 급속한 '국제 파시즘' 성장을 두려워하고 증오하는 모든 사람들에게 하나의 중대 목표가 되었다. "마드리드는 파시즘의 무덤이 될 것이다"는 공산주의자들의 슬로건은 수많은 사람에게 큰 감동을 안겨 주었고, 마드리드를 지키는 싸움은 공산당의 힘을 키우는 계기가 되었다. 1936년 봄 공산당의 당원 수는 3만8천 명이었는데, 그해 말에는 20만 명으로 늘어났고 1937년 3월에는 30만 명에 이르게 되었다(Joan 2000, 132~135; Beevor 2006, 150에서 재인용).

11월 초에 반란군은 9일 동안에 걸쳐 마드리드 포위전을 전개했다. 11월 6일 공화정부는 전투를 피해 발렌시아로 옮겨 갔으며, 주요 전투는 11월 8일에 시작되었다. 공화정부가 발렌시아로 옮겨 간 효과는 상당히 컸다. 아나키스트들의 태도는 곧바로 '정부 없는 마드리드 만세!'로 바뀌었고, 그들의 외침에 화답하는 사람들이 많아졌다. 식민지 군대가 마드리드 시민들에게 불러일으킨 공포와 혐오가 시민들의 공황 상태를 저항정신으로 바꾸는 데 이바지했다.

노동자들도 마드리드 사수에 앞장섰다. 금속노동자들은 '모든 노동조합을 의용군 부대로 조직하고 모든 노동조합원은 의용군에 가입하자'는 슬로건을 내걸었다. 노동총동맹과 전국노동연합 산하 조직들은 스스로 철도원 대대, 이발사 대대, 양복제조노동자 대대 등으로 재편했고, 교사 대대와 그래픽 미술가 대대도 있었다.

10월 들어 국가가 보유한 금으로 사들인 러시아 원조 물자가 도착했다. 고속 폭격기 대대가 공습을 시작했고, 전투기들이 마드리드 상공을 날아다녔다. 세계는 진보와 반동 사이의, 혹은 문명과 붉은 야만 사이의 '결정적인 한판 대결' 결과가 어떻게 나타날지 각자의 관점에 따라 예의주시했다. 모든 지역의 자유주의자들과 좌파 세력은 유럽이 전체주의 빙하 시대로 전락하기 전에 국제 파시즘을 마드리드에서 격퇴해야 한다고 믿었다. 반면에, 보수주의자들은 마드리드에서 벌어지는 일전을 거센 공산주의 파도를 저지할 수 있는 기회라고 여겼다(Beevor 2006, 176~177).

반란군은 11월 19일에 중포병 부대 지원을 등에 업고 공화군을 공격했고, 양 진영 사이에 치열한 전투가 벌어졌다. 이날 반란군이 적진을 돌파하는 데 실패하자 프랑코는 전략을 바꾸었다. 그는 신속한 승리가 이전보다 어렵게 된 상황에서 실속 없는 공격으로 최정예 부대를 더는 희생시킬 수 없다고 판단했다. 그래서 프랑코는 역사상 처음으로 한 도시에 대포 공격과 비행기 공중 폭격이라는 양면 공격을 하게 되었다.

　　프랑코군의 무차별 폭격이 자행되었는데도, 마드리드 시민들은 공포에 떨기보다는 오히려 저항 의지를 키웠다. 노동총동맹은 마드리드의 가장 중요한 산업 시설물들을 당시 사용하지 않던 지하철 터널 안으로 이송하는 작업을 수행했다.

　　프랑코 반란군은 11월 27일까지 국제여단 전사 3천여 명이 지키고 있는 마드리드를 향해 맹렬한 공격을 가했으나, 마드리드 점령에는 실패했다. 반란군은 11월 29일과 12월 16일에 마드리드에 대한 집중 공격을 감행했다. 양측에서 많은 희생자가 났으며, 공격은 일시 중단되었다.

　　프랑코는 전략을 바꾸어 마드리드를 포위해 고립시키고, 전투기를 동원해 폭격했다. 마드리드 전선은 그 뒤로도 교착상태에서 3년 동안이나 지속되었다(강석영·최영수 2005, 323~324).

　　프랑코 진영이 지배하는 지역에서는 그 지역을 점령하는 것과 동시에 탄압이 시작되었다. 전선에서 체포된 사람들은 대개 현장에서 살해되었으며, 노동조합 지도자와 공화정부의 관리인 주지사와 시장, 이전부터 공화정부에 충성을 해온 관리들이 먼저 살해되었다. 공화정부에 충성을 다한 장교들은 총살당하거나 구속되었다(Beevor 2006, 88).

## 1937년

1937년 1월과 2월에 걸쳐 반란군은 마드리드를 점령하기 위해 또다시 공격을 감행했으나 실패했다. 이 과정에서 양측은 각각 1만5천 명 정도의 희생자를 냈다. 2월 8일에는 반란군이 말라가를 함락시켰다. 말라가에서 벌어진 프랑코 진영의 보복 살인은 아마도 에스파냐 내전에서 가장 참혹한 일에 해당할 것이다. 영국 영사의 보고에 따르면, 1937~1944년 동안 이곳에서만 2만 명 정도가 처형된 것으로 기록되었다(Beevor 2006, 201).

반란군은 이탈리아에 이어 독일에서도 무기와 병력을 본격 지원받았다. 2월 21일 국제연맹의 불간섭 조약이 발효되면서 파시스트 측 지원을 위한 외국 병력 참전은 불법 교전으로 간주되었다. 그런데도 나치 독일은 의용군이라는 명목으로 콘도르 사단을 파병하고, '하인켈 HE 51' 전투폭격기를 에스파냐에 투입했다.

무솔리니가 파견한 이탈리아군은 마드리드 동북부에 있는 과달라하라 작전에 참전했으나 패배했다. 이에 따라 반란군 진영의 프랑코는 3월부터 전략과 경제적 중요성을 고려해 군의 주력을 북부의 칸타브리아 지역에 투입했다.

북부 지역은 카바예로 정부가 수행한 중앙집권화 정책의 영향을 거의 받지 않았다. 바스크인은 자신들을 마드리드 공화정부의 자치적 동맹 세력 정도로 여기고 있었다. 바스크 지역 정부 수장은 바스크 민족주의당 지도자 호세 안토니오 아기레였다. 아기레는 바스크 민족주의당에서 네 사람, 사회주의자 세 사람, 공화주의자 두 사람, 공산주의자 한 사람, 사회민주주의를 지향하는 '바스크행동'에서 한 사람으로 정부 내각을 구성했다.

1937년 봄 바스크 민족주의자들과 좌파 동맹 세력은 북부전선에서 약 46개 대대를 보유하고 있었는데, 그 가운데 절반은 바스크 의용군이었고 나머지는 노동총동맹, 전국노동연합, 공산주의자와 공화주의자들의 부대였다. 좌파 병력은 아스투리아스와 산탄데르에서 구성된 10개 대대가 합류하면서 보강되었다.

좌파 병력이 사용할 무기는 외국에서 구입하거나 훔친 것을 어선을 이용해 국민군의 봉쇄를 뚫고 몰래 들어오거나, 영국 국적의 배를 이용해 들여왔다. 1936년 가을, 공화국 전함 '하이메 1세'가 그 지역에 있다가 다른 곳으로 이동했지만, 그 후로도 상당히 큰 선박들이 반란군 군함의 봉쇄를 뚫고 바스크 해역으로 들어올 수 있었다.

칸타브리아 해안에 주둔 중인 반란군 해군은 전함 에스파냐호를 비롯해 순양함과 구축함을 보유하고 있었다. 그것에 비해 바스크인이 보유한 것은 대단히 빈약했는데, 겨우 구식 구축함 한 척과 사용이 거의 불가능한 잠수함 두 척을 가지고 있었을 뿐이었다.

3월 중순 반란군 지휘관 에밀리오 몰라 장군이 북부 지역 전투를 위한 예비 명령을 내렸다. 반란군 공세는 3월 31일, 1936년에 바스크인에게 탈취당한 알베르티아, 마로토, 하린토 산을 공격하는 것에서 시작되었다. 이 공격으로 가장 먼저 인구 1만 명의 두랑고 시가 점령되었다.

4월 6일 반란군은 칸타브리아 해안의 공화군 지역 내 항구들에 대해 해상 봉쇄를 선언했다. 4월 20일 빌바오에서 전투가 벌어졌다. 공화군 측이 여러 가지로 불리해 거의 붕괴 지경에 이르렀다. 4월 25일 하루 동안 많은 피난민이 마르키나를 떠나 게르니카로 들어갔다. 당시 게르니카는 전선에서 10킬로미터쯤 떨어져 있었다.

반란군 진영은 교착 상태에 빠진 북부전선에서 공화정부군 진영에 공포를 심어 주고 강력한 공군력을 바탕으로 해 제공권을 장악함으로써 바스크 지역 전투에서 승리를 가져올 수 있을 것으로 판단했다. 그리하여 반란군 진영은 게르니카에 대한 공격을 계획하게 되었고, 독일군의 만프레드 폰 리히트호펜 대령이 이끄는 공군 타격부대 콘도르 군단이 직접 공격을 수행했다. 콘도르 군단은 융커 52 폭격기 3개 대대, 하인켈 3 중형 폭격기 1개 시험대대, 하인켈 51 전투기 3개 대대, 메서슈미트 109기 2개 중대로 구성되어 있었다. 여기에 이탈리아 지원군의 비행군단 또한 사보이아 마르체티 81기 79기, 피아트 CR 32 전투기들을 동원해 독일 공격 부대를 지원하는 작전에 참여했다.

4월 26일 오후 게르니카에 대한 반란군을 지원하는 독일 공군 폭격이 시작되었다. 콘도르 군단의 시험 비행대에 속한 하인켈 III 폭격기 한 대가 도시 상공에 나타나 중심가에 폭탄을 떨어뜨리고는 바로 사라졌다. 그 뒤 15분쯤 지나 이번에는 완전히 대형을 갖춘 비행대대가 날아와서 다양한 크기의 폭탄을 떨어뜨렸다. 하인켈 51 전투기들은 남녀노소를 가리지 않고, 심지어 병원에서 나온 수녀들과 가축들까지 쫓아가면서 기총소사를 하고 수류탄을 떨어뜨렸다.

곧이어 부르고스에서 출발한 3개 비행대대(융커 52 폭격기)가 두 시간 반에 걸쳐 20분 간격으로 게르니카 시에 융단폭격을 가했다. 융커 52기들이 투하한 폭탄은 소형과 중형 폭탄, 250킬로그램 폭탄, 대인용<sub>對人用</sub> 20파운드 폭탄, 소이탄 등이었다. 목격자들은 폭격으로 도시에 펼쳐진 참상을 '지옥', 또는 '세상 종말'로 표현했다. 바스크 정부 발표에 따르면, 반란군 폭격으로 게르니카 시민의 약 3분의 1이 죽거나 부상을 당했다(사망 1,654명, 부상 889명). 폭격이 있은 지 이틀 뒤에 게르니카는 반란군이 장악했다(Beevor 2006, 232).

바스크 지역 정부 수장 아기레는 게르니카 폭격을 두고 다음과 같이 말했다.

에스파냐 반란자들을 돕고 있는 독일 비행기들이 게르니카를 폭격해 모든 바스크인이 성스럽게 여기는, 역사와 전통을 자랑하는 이 도시를 불바다로 만들었다(Viñas, 122; Beevor 2006, 232에서 재인용).

이 무렵 반란군 진영 내에서는 프랑코가 최고 권력의 지위에 올랐다. 쿠데타의 주력부대였던 아프리카 군대 사령관이었던 프랑코는 다른 사람들보다 유리한 위치에서 권력을 장악할 수 있었다. 프랑코는 두 번의 단계(1936년 9월과 1937년 4월)를 거쳐 최고 권력을 손에 쥐었다. 두 번째 단계에서는 모든 잠재적 반대 세력을 제압함으로써 사실상 독재자가 되었다(Beevor 2006, 256).

권력투쟁은 1936년 겨울과 1937년 봄 사이에 공화정부 진영 내에서도 치열하게 전개되었다. 그것은 공산주의자를 한 축으로 하고, 아나키스트 진영의 전국노동연합과 마르크스주의통합노동자당을 다른 한 축으로 하는 두 정치 세력 사이의 반목과 충돌이었다.

공화정부 진영 내의 권력투쟁은 코민테른의 에스파냐 내전에 대한 방침을 둘러싸고 본격화되었다. 에스파냐에 파견된 코민테른 요원들은 상부로부터 단일 지휘부를 가진, 규율이 선 군대를 만들고 군수산업을 발전시키며 모든 정치집단들 사이의 행동 통일을 이끌어 내라는 지시를 받고 있었다. 이런 방침에 따라 공산당은 정부 부처 장관들을 비롯해 군대의 지휘부를 장악하기 위해 여러 가지 조치를 취했으며, 그다음으로 경찰학교 입학 자격을 공산당 당원으로 제한했다. 1937년 봄 무렵 마드리드에서는 공산주의자들이 지배하는 경찰과 아나키스트 의용군 사이의 충돌이 점점 격렬해졌다.

한편, 중도 경향의 공화 연합과 공화 좌파는 바스크와 카탈루냐 분리주의에 반대하고, 아나키스트들의 혁명적 집단농장에 반대했다는 점에서 온건 사회주의자들과 비슷한 노선을 취했다. 또 당시 아나키즘 운동도 정부와 협력하기를 지지하는 개혁주의적 지도부가 한편이 되고, 바르셀로나의 전사들과 의용군 부대 전투원들이 다른 한편으로 갈라져 생긴 내분으로 어려움을 겪고 있었다. 그리고 또 다른 한편에서는 한때 가톨릭교도이자 분리주의자였던 하이메 발루스가 '두루티의 친구들'이라는 과격 집단을 이끌고 있었다. 3월 이후 부에나벤투라 두루티의 친구들은 팸플릿과 자체 내 간행물을 통해 '스탈린의 반혁명'과 전국노동연합 지도부의 '이적 행위'를 비난했다.

1936년 겨울부터 카탈루냐에서는 아나키스트들과 마르크스주의통합노동자당이 위협을 느낄 만한 중요한 조치들이 취해졌다. 카탈루냐공산당이 카탈루냐 지역 정부에서 통합노동자당을 몰아내는 작업을 벌였다. 그때까지만 해도 공산주의자와 통합노동자당 사이의 다툼을 단순히 마르크스주의 라이벌끼리의 갈등으로 여겼던 아나키스트들은 그 다툼의 결과가 자신들에게도 중대한 영향을 끼칠 수 있다는 사실을 깨닫기 시작했다. 헤네랄리타트 정부는 1937년 3월 4일 아나키스트 연합이 장악하고 있던 순찰대와 치안위원회를 해산한다는 법령을 발표했다. 이 법령은 또 개인이 소지한 무기를 지역 정부에 인도할 것을 요구하기도 했다(Beevor 2006, 261).

4월 말쯤 바르셀로나에서 발생한 일련의 사태 진전과 사건들은 공산주의자들과 그 반대 측 사이의 긴장을 더욱 팽팽하게 만들었다. 4월 16일 헤네랄리타트 수장 유이스 콤파니스는 개각을 단행했는데, 카탈루냐공산당 지도자 호안 코모레라를 지역 정부 법무 장관에 임명했다. 4월 25일에는 후안 네그린이 파견한 카라비네로carabineros[12]들이 그때까지 전국노동연합 의

---

12_19세기에 창설된 에스파냐의 경찰 조직. 주로 피레네 국경 지역을 담당했다.

용군 수중에 있던 피레네 국경 초소들을 장악했다. 그들은 벨베르데세르다냐 아나키스트들과 충돌해 여러 명을 살해했다. 같은 날 바르셀로나에서는 공산주의자이자 노동총동맹 지도자인 롤단 코르타다가 바르셀로나의 몰린스 데 레이에서 암살당했다. 이 사건은 아나키스트 쪽 소행으로 추정되었고, 이에 따라 아나키스트 본거지에 대한 조사가 착수되었다.

이런 상황에서 노동총동맹과 전국노동연합은 메이데이를 맞아 바르셀로나 시가지에서 전면 충돌이 일어날 것을 우려해 양 조직의 합의에 따라 메이데이 행사를 모두 취소했다. 그다음 날인 5월 3일 헤네랄리타트는 1936년 7월 19일 이후 잃어버린 모든 권력을 되찾을 작정을 하고, 카탈루냐 광장에 있는 전신전화국(텔레포니카) 건물을 점령했다. 이 전화국은 비록 전국노동연합과 노동총동맹이 함께 참여하는 한 합동위원회가 운영하고는 있었으나 아나키스트들이 1936년 7월에 점령한 이후 자신들의 소유물로 여기고 있었다. 아나키스트들은 전화국에서 바르셀로나와 다른 지역 사이에 오가는 모든 대화 내용을 엿들을 수 있었다.

전화국 점령을 둘러싸고 총격전이 벌어졌다. 한쪽에서는 정부군, 카탈루냐공산당, 통합사회주의청년단, 에스타트 카탈라당에서 온 사람들이 집결했고, 다른 한쪽에는 전국노동연합-아나키스트연합, 절대자유주의청년단, 두루티의 친구들, 마르크스주의통합노동자당, 통합노동당 내 청년 모임인 '이베리아 공산주의청년단'이 집결했다. 파랄렐로 가, 콜론 대로, 팔라우 광장, 철도역들, 그리고 헤네랄리타트 건물 주위에서 전투가 벌어졌다. 전투는 5월 8일까지 계속되었고, 결국에는 공산주의자들의 승리로 끝났다. 5월 사건을 두고 공산주의자들은 이 사건이 '트로츠키주의자-파시스트'들의 도발 때문이라고 주장한 반면, 전국노동연합과 통합노동자당은 카탈루냐공산당이 폭동을 촉발해 경쟁자들을 궤멸할 목적으로 전화국 건물을 공격한 것이라고 비난했다. 아무튼 5월 사건은 전국노동연합과 통합노동자당의 패배로 끝났으나 내부적인 반목과 갈등은 쉽게 극복되지 않았다. 이른바 '내전 속 내전'의 결과로서 5월 17일 카바예로가 총리직에서 물러나고, 아사냐 대통령은 네그린에게 내각 구성을 공식적으로 요청했다. 공화정부의 통치 시스템은 차츰 네그린과 공산주의자들이 주도해 후에 '통제된 민주주의'로 표현되는 체제로 변화해 갔다. 이것은 기본적으로 주요 정당 지도자들이 장관직 배분을 협상하는 방식의 '위로부터 행하는 통치'를 의미했다(Beevor 2006, 271).

게르니카 함락 이후 공화군은 대대적인 반격에 나섰다. 프랑코가 마드리드 함락을 위해 전력을 기울이는 사이에 공화군은 세고비아를 탈환할 수 있었다. 6월에 벌어진 빌바오 전투에서 격전이 벌어졌으나, 바스크 군대는 빌바오 주변에 구축된 '철의 고리'로 후퇴하지 않으면 안 되었다.

공화군은 동원 가능한 전투력을 모두 투입해 마드리드를 포위하고 있던 프랑코군과 대적했다. 두 진영 군대는 마드리드 근교에서 벌어진 브루네테 전투에서 치열한 격전을 치렀다. 이 전투의 결과로서 공화군은 마드리드 포위를 깨뜨릴 수 있었다.

6월 3일 반란군 부사령관이었던 에밀리오 몰라가 비행기 사고로 죽었는데, 다빌라 장군이 그 자리를 이어받았다. 빌바오에서는 바스크 지역 정부 지도자들이 논의를 벌인 끝에 도시를 비우고 떠나기로 결정했다. 지역 정부는 산탄데르 쪽으로 철수했다. 해안을 따라 산탄데르로 후퇴한 공화군 부대 병사들의 사기는 말할 수 없이 저하되어 있었다. 산탄데르와 아스투리아스 함락도 시간문제라는 것을 잘 알고 있었다.

8월 들어 반란군은 아라곤 지방을 공격해 산탄데르를 점령했고, 10월에는 오비에도와 히혼을 함락했다. 프랑코 군대는 여세를 몰아 에스파냐 북부 지역을 공격했다. 공화군은 아스투리아스 산맥으로 들어가 10월 말까지 이

전보다 더 완강하게 저항했으며, 그 뒤로도 약 5개월 동안 맹렬한 게릴라전을 펼쳤다. 1937년 중반 이후 국제여단 소속 병사들의 사기가 최악에 이르렀는데, 그것은 그해 10월 발진티푸스로 병사 2천 명이 죽는 일이 벌어졌기 때문이었다.

11월에는 반란군이 발렌시아로 진격해 들어갔다. 공화국 정부는 수도를 바르셀로나로 옮겨 카탈루냐에서 저항을 강화하려 시도했다. 이에 따라 전투는 아라곤 지역으로 이동했고, 12월 18일에는 공화군 10만 명이 테루엘을 점령했다. 그러나 프랑코를 지원한 독일 콘도르 군단이 테루엘로 밀고 들어갔다. 12월 28일과 29일에 걸쳐 프랑코군은 로페라 전투에서 승리했다(강석영 2005, 325).

이 무렵 에스파냐 내전에서는 역사상 유례없는 규모로 지식인과 예술가들이 전쟁에 개입했다. 그들 가운데 압도적 다수는 공화정부 편이었다. 앙드레 말로, 조지 오웰, 존 코포드 같은 몇몇 작가들은 직접 참전했으며, 어니스트 헤밍웨이, 존 더스 패서스, 파블로 네루다, 위스턴 휴 오든, 생텍쥐페리, 시몬 베유 등이 길고 또는 짧은 시간을 에스파냐에서 보내기는 했지만, 대개는 실제보다는 도덕적 의미를 지닌 참여였다(Beevor 2006, 246).


**1938년**

1938년 들어 프랑코는 군대 전체의 절대적인 지배권을 장악하게 되었고, 그 자신이 (하느님과 역시에만 책임을 지는) '국민운동'의 최고 지도자가 되고 나서, 처음 시기의 '기술위원회'를 정식 정부로 대체할 때가 되었다고 판단했다. 1월 30일 프랑코는 부르고스에서 첫 번째 내각을 구성해 발표하고, 국가중앙행정법을 제정했다. 이 법에 따르면, 국무회의 의장은 국가수반을 겸하게 되어 있고, 장관들은 국가수반과 국가 체제에 충성을 서약해야만 했다. 또 국가수반은 "보편적 성격을 지니는 법률을 제정할 수 있는 최고 권력"까지 갖게 되었다. 그것은 국가수반이 입법·사법·행정 전권의 독점을 의미했다. 국가수반인 총통은 프랑코가 맡았으며 중요 부서인 국방부, 치안부, 외교부 장관직은 모두 장군들이 차지했다. 이들 장관과 부서들은 단순히 총통 휘하 사령부의 연장일 뿐이었다(Beevor 2006, 340). 프랑코는 '집회와 결사의 자유'를 폐지했으며, 노동관계법을 개정해 계급투쟁의 소멸을 규정했고 철저하게 통제된 경제정책을 강요하는 규정들을 설치했다. 또 출판법을 제정해 모든 간행물은 프랑코의 정책에 동의해야 한다고 규정했다.

2월 들어 프랑코군이 독일과 이탈리아 공군의 지원을 받아 테루엘을 무차별 폭격을 한 끝에, 2월 22일 다시 탈환했다. 혹독한 추위에다 시가전까지 벌어졌던 테루엘 전투는 대단히 참혹한 전투였다. 반란군 사상자는 4만 명에 이르렀으며, 그 가운데 4분의 1은 동상 때문이었다. 공화군 측 손실은 이보다 더 심해 약 6만 명의 사상자가 났다(Seidman, *A Ras de suelo*, 243; Beevor 2006, 322에서 재인용).

프랑코군이 테루엘 전투에서 승리함으로써 내전 상황은 파시스트 측에 유리하게 전개되었다. 프랑코군은 3월 9일 지상과 공중 양쪽에서 동시에 폭격을 퍼부으면서 대규모로 공격을 시작했다. 그리하여 반란군은 카스페를 점령하고 아라곤 지역을 공격해 공화군 전선을 갈라놓았다. 반란군은 4월에 레반테 지역으로 공격을 시작해 레리다를 점령했고, 4월 15일 지중해 연안의 바라로스에 진출했다.

한편, 공화 진영에서는 4월 6일 아사냐가 다시 한번 네그린에게 정부 구성을 요청했다. 그 정부는 '전쟁 정부'로 표현되었지만, 실제로는 인민전선을 다시 부활하려는 의도의 '통합 정부'를 지향했다. 새 정부가 겉으로는 정치 통합을 강조했지만, 실제 권력은 공산주의자들이 장악했다.

4월 16일에는 영국과 이탈리아 사이에 조약이 체결되었는데, 이 조약 내용 가운데 에스파냐에 가장 큰 영향을 끼치게 될 조항은 전쟁이 끝날 때까지 이탈리아 군대가 에스파냐에 주둔하는 것을 허용한다는 것이었다. 에스파냐 공화정부는 이 조약 체결에 충격을 받았다. 조약이 체결되고 나서 2주일 뒤 네그린은 외교 공세를 폈으나 별 효과를 거두지는 못했다.

4월 30일, 네그린은 자유선거를 통해 일종의 관리 정부를 설립하기 위한 '13개 조항'을 국무회의에 제출했다. 그것은 '국민에게 알리기 위해, 세계 모든 나라에 고하는 하나의 선언' 형식이었으나, 실제는 평화 협상을 위한 한 가지 방식으로 계획된 것이었다. 13개 조항은 공산당 중앙위원회가 작성한 것으로 그 내용은 다음과 같다.

① 에스파냐의 절대적 독립과 통합 보장.

② 외국 군대로부터 에스파냐 영토 해방.

③ 민주주의 원칙에 기초한 인민의 공화국과 국가의 수호.

④ 종전에 잇따른 국민투표 실시.

⑤ 에스파냐의 통일성을 훼손하지 않으면서 여러 민족의 문화 보호와 장려.

⑥ 시민들의 권리 존중: 양심과 종교 의식의 자유.

⑦ 법적인 재산과 외국자본 존중.

⑧ 지방에서 충실한 농업개혁과 민주주의 시행.

⑨ 노동자 권리 보장을 위한 진보적인 사회입법.

⑩ 국민의 신체·도덕적 문화 개선.

⑪ 군대를 정당에서 독립시키고 인민의 기구로 대체.

⑫ 국가 정책의 한 방편으로 전쟁 포기.

⑬ 모든 에스파냐 사람들에 대한 폭넓은 사면(Beevor 2006, 338~339).

공화정부가 제의한 13개 조항에 대해 프랑코는 "에스파냐에서 타협을 통한 해결에 털끝만큼도 관심이 없다"면서 "에스파냐의 국민 진영 모두는 에스파냐의 운명을 다시 한번 적색분자들이나 민주주의 정부에 맡기느니 차라리 죽음을 택하겠다"고 말했다(*Faupel to Wilhelmstrasse*, 23, May 1937, 294; Beevor 2006, 339에서 재인용).

공화정부의 평화 협상을 거부한 프랑코는 기동군을 카탈루냐 수도를 공격하는 데 투입하는 대신, 바다와 아라곤을 연결하는 회랑 지역을 더 확대하는 데 투입했다. 이와 더불어 반란군에게 남서쪽, 즉 발렌시아 쪽으로 내려가도록 명령했다. 반란군과 공화군 사이에 격전이 벌어졌다. 그러나 반란군의 진격은 결코 용이하지 않았다. 방어선을 확실하게 구축한 공화군 대응을 깨뜨리기는 어려웠다.

6월에는 반란군이 해안선을 따라 서서히 전진했다. 반란군은 6월 13일에는 카스테욘데라플라나를, 그다음 날에는 비야레알을 점령했다. 그러나 공화군이 에스파단 산맥에 진을 치고 완강히 저항하자 국민군은 공격 목표로 삼았던 세르고베-사군토 전선에는 도달하지 못했다.

반란군 지휘관들은 공화군의 강력한 저항과 사상자 증가에 당황하지 않을 수 없었다. 7월 13일부터 프랑코의 지시에 따라 발렌시아 점령을 목표로 집중 공격을 감행했으나 공화군의 완강한 저항으로 끝내 작전은 성공하지 못했다. 그러나 7월 23일 프랑코군은 카스투에라를, 그다음 날에는 돈베니토와 비야누에바데라세레나를 각각 점령했다.

공화군은 봄에 아라곤에서 참패한 뒤, 고립된 동쪽 지역(카탈루냐)으로 후퇴한 잔여 병력으로 부대를 재편성하는 일에 착수했다. 공화군은 또 3~6

월 중순 사이에 프랑스 국경을 통해 들어온 1만8천 톤가량의 전쟁 물자를 보유하고 있었다. 그리고 늦은 봄과 초여름 동안에 내린 징집 명령에 따라 소집된 병력으로 12개 사단을 신설했다. 이와 같은 정황을 배경으로 해 공화 진영은 바다로 통하는 반란군 회랑 지역을 재탈환함으로써 분리된 두 공화군 지역을 다시 연결하려는 전략을 세웠다.

7월 25일 에브로 강 도강 계획에 따라 공화군 6개 사단이 에브로 강을 건너기 시작했다. 강을 건너는 과정에서 반란군 공격을 받아 병사 1,200명이 목숨을 잃었다. 그로부터 8월과 9월에 걸쳐 반란군은 네 번에 걸친 대대적인 공격을 가했고, 9월 19~26일 사이에 산맥의 고지들을 하나하나 점령하기 시작했다. 11월 16일 새벽 4시, 강 연안에 짙은 안개가 깔린 틈을 타 마지막 남은 공화군 병력이 철교를 이용해 에브로 강을 다시 건너갔다. 전투가 시작된 지 꼬박 113일 만이었다. 패잔병들은 자신들이 전투 이전, 그러니까 7월 24일에 속했던 진지로 돌아갔다. 에브로 강 전투에서 프랑코군 사상자는 6만 명 정도였고, 공화군 사상자는 7만5천 명 정도였다. 그 가운데 전사자는 3만 명에 이르렀다(Reverte, *La batalla del Ebro*, 564; Beevor 2006, 358에서 재인용).

에브로 전투가 진행되는 가운데, 1938년 9월 30일에는 뮌헨 협정이 체결되었다. 이 협정은 공화정부에 대해서는 심각한 타격을 안겨 주었다. 유화정책의 표본이라 할 수 있는 이 협정은 에스파냐에 대한 영국의 기존 정책에 아무런 변화가 없음을 확인해 주었고, 스탈린이 히틀러와 화해하는 것이야말로 소련에 이익이 된다는 생각을 굳히게 하는 계기가 되었기 때문이다. 사실 그때까지 영국과 프랑스가 에스파냐 내전에 참전할 것이라고 기대한 것은 공화정부의 착각이었다. 또 에스파냐 공화정부에 대한 소련 지원은 이제 난처한 일이 되고 말았다.

한편, 네그린은 9월 21일 국제연맹에서 국제여단의 무조건 철수를 선언하는 연설을 했다. 1938년 9월 무렵 국제여단에 남아 있던 외국인은 7,102명에 지나지 않았다. 외국인 지원병들이 전선에서 철수하기 시작한 지 7주가 지난 10월 28일, 국제여단 병사들은 바르셀로나 디아고날 거리를 지나는 송별 퍼레이드 행사를 위해 한자리에 모였다. 시가지에는 30만 명의 인파가 운집한 가운데, 라 파시오나리아는 다음과 같은 연설을 했다.

국제여단 동지들이여! 정치적 이유, 국가의 이유, 그리고 당신들이 한없이 고귀한 피를 아낌없이 바쳤던 바로 그 명분을 지키고 유지하기 위해 이제 여러분은 이곳을 떠나야 합니다. 여러분 가운데 어떤 분들은 고국으로 돌아가지만 어떤 분들은 다른 나라로 망명을 떠나야 합니다. 여러분, 자랑스럽게 돌아가십시오. 여러분은 역사입니다. 여러분은 전설입니다. 여러분은 민주주의 세력의 연대와 통일의 영웅적 모범입니다. 우리는 결코 여러분을 잊지 않을 것입니다. 평화의 올리브 나무가 다시 잎을 틔울 때, 그리고 그 잎사귀들이 에스파냐공화국 승리의 월계수와 뒤섞여 하나가 될 때 다시 돌아오십시오!(Thomas, *La guerra civil española*, 916; Beevor 2006, 366에서 재인용).

국제여단 병사들은 9,934명의 주검과 7,686명의 행방불명자를 뒤로하고 떠났으며, 부상자는 3만7,541명에 이르렀다(Castells, *Las Brigadas Internacionales*, 383~384; Beevor 2006, 366에서 재인용). 에스파냐에서 복무한 공산주의자 가운데 상당수가 제2차 세계대전 중 또는 전쟁 후에 자기 나라로 돌아가 중요한 역할을 수행했다. 요시프 브로즈 티토와 발터 울브리히트 등이 그 대표적인 사람이었다.

이 무렵 내전 상황을 보면, 에브로 전투가 끝난 뒤 12월 초 반란군은 공화군이 주둔하고 있는 북동부 지역의 에브로 강과 세그레 강 경계선을 따라 기동군을 재배치했다. 공화군 참모부는 이런 상황을 예상하고 카탈루냐 방어를 준비했고, 반란군은 주의를 분산시키기 위해 서쪽과 남쪽에 대한 공격 계획을 세웠다. 세그레 강 쪽에 반란군 병력이 엄청난 규모로 집결하자 공화군 참모부는 서쪽과 남쪽에 대한 견제 공격을 실행에 옮겼다. 12월 8일 공화군은 코르도바-페냐로야 전선에서 세비야 쪽으로 진격했다.

## 1939년

1939년 1월 3일에는 솔차가의 카를로스파 군대가 진격을 거듭해 에브로 전선에서 후방으로 50킬로미터 떨어진 보르하스블랑카스-몬트블랑크 사이의 도로에 이르렀다. 야구에 군대는 에브로 강을 건너 아스코 맞은편에 교두보를 세웠다. 반란군은 1월 5일 보르하스블랑카스를 함락했고, 같은 날 아르테사를 점령했다. 그다음 날인 1월 6일에는 솔차가 장군의 군대가 비나이샤를 점령했다. 이런 과정을 거쳐 1월 26일 야구에 장군이 바르셀로나를 점령한 뒤 공화군을 추격해 2월 2일 히로나를 점령하고 프랑스 국경에 도달함으로써 카탈루냐 전투는 끝났다.

바르셀로나가 점령되던 날의 광경은 참으로 처참했다.

1월 26일에는 제5열, 즉 2년 동안 숨어 지내던 우익 분자들이 그동안의 원한을 갚으려고 거리에 나타났다. 그들은 도시로 들어오는 국민군 선발대와 뒤섞였다. 선발대, 특히 야구에가 이끄는 모로코인 레굴라르[13]들은 소유자가 우파인지 좌파인지에 상관없이 며칠 동안 도시에 있는 가게나 아파트를 약탈해도 좋다는 허락을 받았다. 그것은 그들이 거두는 '전쟁세'였다. 공화군은 도시가 함락되기

전에 감옥에 갇힌 죄수를 대부분 석방했다. 그러나 국민군과 그들의 지지자들은 도시를 '해방'하고 나서 닷새 동안에 약 1만 명을 살해했다(Cabanellas 1973, 1047; Beevor 2006, 378에서 재인용).

바르셀로나가 점령당한 뒤, 공화군 일부 부대들은 몬체크를 방어하기도 하고, 한쪽 진지에서 다른 진지로 후퇴하면서 저항하기도 했으며, 또는 매복하고 있다가 추격자들을 기습 공격하는 방법으로 전력을 다해 후위 활동을 벌였다.

2월 1일 피게라스 성 마구간에서 코르테스가 소집되었다. 의원 473명 가운데 겨우 64명이 참석했다. 네그린은 개막 연설에서 평화협상을 위한 세 가지 조건을 내놓았다. 첫째, 모든 외세의 개입으로부터 에스파냐를 독립시킨다는 것, 둘째, 에스파냐 국민이 정부 형태를 결정할 수 있도록 국민투표를 실시한다는 것, 셋째, 전쟁이 끝난 뒤 어떤 보복과 정치적 탄압도 하지 않겠다는 것을 약속하는 것이었다. 프랑코는 마지막 두 가지 사항에 대해서는 결코 긍정하는 대답을 하지 않았다.

2월 5일 네그린은 대통령 아사냐 부부, 바리오, 히랄, 콤파니스, 오스민 아기레와 함께 국경선을 넘었다. 이들은 파리에 있는 에스파냐 대사관에 머물기 위해 거기로 갔다. 프랑스 정부는 1월 28일 민간인에 한해 국경을 개방하지 않으면 안 되었다. 2월 5일 프랑스 정부는 인민군 패잔병들의 입국을 허락했다. 1월 28일 이후 모두 50만 명가량이 국경을 넘었다(Beevor 2006, 382).

2월 27일 영국과 프랑스 정부는 부르고스에 있는 프랑코 진영 정부를

---

**13**_에스파냐령 모로코에서 징집한 리프족 용병으로서 이들은 에스파냐 내전에서 놀라울 정도의 잔인성을 보여 주었다.

공식 인정했다. 영국과 프랑스는 무엇보다도 나치 독일의 위협이 점점 가시화되고, 유럽에서 전쟁 가능성이 커지는 상황에서 군대나 무기를 다른 데로 분산할 마음이 전혀 없었기 때문이었다(Beevor 2006, 386).

그다음 날인 2월 28일 아사냐는 공화국 대통령직을 사임하기로 결심했다. 그는 후임자를 선출하기 위한 의회가 소집될 때까지 임시로 그를 계승할 의무가 있는 코르테스 의장 바리오에게 자신의 의사를 전했다.

이처럼 에스파냐 내전이 막바지에 접어든 시점에서 예기치 못한 사건이 일어났다. 세히스문도 카사도 로페스 쿠데타였다. 3월 3일 네그린 총리가 관보에 군대 진급자 명단과 새로 고위직을 맡을 공산주의자들의 명단을 발표하자, 3월 5일 로페스를 비롯한 쿠데타 음모자들이 장교들 조직체인 '국방위원회'를 주축으로 쿠데타를 일으켰다. 이들은 네그린과 공산주의자들이 장악하고 있는 체제보다는 프랑코로부터 더 나은 항복조건을 얻어 낼 수 있을 것으로 판단하고 2월부터 쿠데타 계획을 추진해 왔던 것이다.

3월 12일에는 마드리드 한복판에서 로페스가 이끄는 군대와 공산주의자들 사이에 전투가 벌어졌다. 이 전투는 3월 12일 일요일 시프리아노 메라의 병력이 공산주의자들의 군대를 제압하면서 끝났고, 공산주의자들은 결국 휴전에 동의하지 않을 수 없었다. 3월 13일 로페스는 프랑코에게 전쟁을 끝내기 위한 협상 조건을 제시했다. 로페스는 민간인이든 병사든 아무런 보복도 하지 말 것과 에스파냐를 떠나기를 원하는 사람들에게는 25일의 여유 기간을 줄 것을 요구했다. 프랑코는 엿새 뒤에 날카롭고 차가운 어조로 회답을 보냈다. "협상도, 국민 진영에 붉은 군대 사령관이 주둔하는 것도 인정할 수 없다. 무조건 항복만이 있을 뿐이다"(Marías, *Una vida presente*, 248; Beevor 2006, 394에서 재인용).

3월 26일부터 반란군 부대들이 전 방위에서 마드리드로 진격해 들어갔다. 그다음 날 아침 공화군 전선은 스스로 무너졌다. 반란군 부대들은 주요 항구들을 장악했다. 30일에는 바렌시아와 알리칸데를, 31일에는 알메리아, 무르시아, 카르타헤나를 장악했다. 4월 1일 드디어 프랑코가 부르고스에서 공화국 정부가 항복했음을 선언했다. 이렇게 해서 에스파냐 내전은 끝이 났다.

에스파냐 민족혁명전쟁이라고도 성격 규정을 하는 에스파냐 내전을 어떻게 평가할 것인가. 영국의 전쟁 사학자이자 『에스파냐 내전』의 저자인 앤터니 비버는 그의 저서 끝머리에서 이렇게 서술하고 있다.

> 에스파냐 내전은 무엇보다 인간적 측면에서 가장 잘 기억될 것이다. 즉, 신념의 충돌, 잔인성, 관용과 이기심, 외교관들과 장관들의 위선, 이상의 배신과 정치적 책략, 그리고 무엇보다도 두 진영에서 싸운 사람들의 불굴의 용기와 자기희생 등을 두고 하는 말이다. 그러나 역사는 결코 깔끔하지는 않지만, 언제나 질문으로 끝나야 한다. 결론을 내리는 것은 지나치게 편의적이다(Beevor 2006, 432).

그러나 결론에 해당하는 논의는 언제나 필요하다.

프랑코 진영 반란군은 승리했고, 공화 진영은 패배했다. 공화 진영 패전의 직접적 원인은 전력의 열세에서 찾을 수밖에 없다. 반란군 진영에 대해서는 독일과 이탈리아가 병력과 각종 무기, 그리고 전략·기술 등 대폭적인 군사 지원을 한 반면, 공화국 진영에 대해서는 영국과 프랑스 등 반파시즘 국가들의 군사 지원은 아주 소극적이었기 때문이다. 독일과 이탈리아는 파시스트 블록 형성이라는 명확한 목적이 있었지만, 영국과 프랑스는 그렇지 못했다.

영국 보수주의자들은 에스파냐 공화제를 공산주의의 트로이 목마라고 보았기 때문에 적대적인 태도를 취했다. 반면에, 반란군에 대해서는 그들이 영국의 에스파냐 투자를 잘 보장해 줄 것이라고 보아 호의적인 자세를 보였다. 영국과 프랑스 모두 나치즘과 파시즘이 유럽 민주주의에 미치는 위협의 심각성을 파악하지 못하고 있었다(카 외 2006, 326).

에스파냐 내전에 대한 평가는 관점에 따라 대단히 다양하다. 먼저 일리는 "슬픔과 패배만이 에스파냐 내전의 교훈은 아니었다"면서 에스파냐 내전을 다음과 같이 평가했다. "에스파냐 내전의 상징이 된 게르니카는 잔학 행위의 현장(1937년 4월 26일 독일의 콘도르 비행단이 도시에 폭탄을 퍼부어 폐허로 만들었다)으로서만이 아니라 공화국의 대의를 위한 예술적 창조성의 가장 유명한 사례인 피카소 그림으로서도 상징이 되었다. 진보 세력에게 공화국은 인간적이고 진취적인 가치의 옹호자이자 더 나은, 더 평등한 세계의 미래상을 높이 들어 올릴 수 있는 장소를 상징했다. …… 파시즘 확대에 반대하고 나가서 맞서 싸우지 않으면, 파시즘 범죄를 묵인하고 세력을 확대하도록 내버려두는 죄를 짓는 셈이었다"고 술회했다. 그리고 그는 에스파냐는 고귀한 대의이자 유럽이 파시즘으로 표류하는 사태를 저지할 수 있는 기회였고, 오든의 시 표현처럼 "우리의 생각이 육신을 얻은" 장소이자 "우리의 열기가 위협하는 모양이 명확히 보이고 생생한 것이었다"고 설명했다(일리 2008, 506~507).

코민테른의 표현에 따르면, 에스파냐 내전은 가장 넓은 사회적 기반에 근거한 반파쇼 투쟁의 필수적인 부분이었다. 그것은 인민혁명이었고 민족혁명이었으며 반파쇼 혁명이었다(Hobsbawm 1996, 162~163).

트로츠키의 평가는 코민테른과는 사뭇 다르다.

지난 2년 동안 공화주의 도당에 대한 농민과 노동자의 증대하는 불신과 증오를 목격했다. 절망이나 활력을 잃은 무관심이 차츰 혁명적 열정과 자기희생 정신을 대체했다. 대중은 자기를 속이고 유린한 자들에게서 등을 돌렸다. 이것이 공화국 군대가 패배한 근본적 원인이다. 에스파냐의 혁명적 노동자에 대한 기만과 학살을 고무한 자는 스탈린이었다. 에스파냐 혁명의 패배는 이미 오점 투성이인 크렘린 일당에 지워지지 않는 새로운 오점을 하나 더 추가하는 것이다. 바르셀로나의 붕괴는 세계 노동자계급에게 끔찍한 타격을 가하는 것이지만, 중대한 교훈을 가르쳐주는 것이기도 하다. 피착취 대중에 대한 기만과 배신의 조직적 체계인 에스파냐 인민전선의 메커니즘은 철저하게 폭로되었다(트로츠키 2008, 360~361).

트로츠키는 에스파냐 내전에서 공화 진영이 패배한 원인을 스탈린과 인민전선에 돌렸다.

에스파냐 노동자계급의 반파시즘 투쟁과 새로운 민주주의 실현을 위한 투쟁의 의의는 결코 과소평가할 수는 없을 것이다. 에스파냐 노동자계급은 유래를 찾기 어려운 광범하고도 결의에 찬 국제 연대 운동을 바탕으로 국제 파시즘에 대한 무장저항을 처음으로 결행했다.

에스파냐공산당 지도자 이바루리는 에스파냐의 인민전선 투쟁을 "좀 더 광범한 조직 …… 그것은 모든 민주주의 계층의 통일된 혁명적 의의를 확인한 고전적 사례였다"고 평가했다(*The Comintern and Its Revolutionary Traditions*, 1969, 161; The USSR Academy of Sciences 1985, 350에서 재인용). 에스파냐 노동자계급의 경험은 진보 세력과 인민들이 반파시즘 투쟁과 민주주의혁명을 위한 전략과 전술을 수립하는 데서 중요한 교훈을 제공했다. 또 에스파냐 노동자계급의 경험은 새로운 정치 형태, 즉 '인민적' 또는 '국민전선적' 정부 또는 '새로운 유형의 민주공화제'라는 국가권력의 특수한 성격에 대한 명제를 제기했다(The USSR Academy of Sciences 1985, 350).

## 4. 프랑코의 파시즘 체제

1939년 5월 19일 반란군 진영 에스파냐의 승리를 축하하는 대규모 퍼레이드가 총통 가도로 이름이 바뀐 마드리드 카스테야나 대로에서 열렸다. 프랑코는 이제 스스로 에스파냐의 주인이 되었다.

8월 8일 프랑코는 정치적 권한을 더욱 강화하기 위한 조치로서 '국가수장법'國家首長法을 채택했다. 그것은 국가 비상시 자신이 국무회의 의결 없이 법령이나 포고를 재가할 수 있는 권리를 갖는다는 내용이었다. 이틀 뒤에 프랑코는 두 번째 정부를 발표했는데, 군 장성과 고급장교들을 큰 폭으로 입각하게 했다.

새 정부가 추진한 첫 번째 사업은 토지를 원래 소유주에게 돌려주는 일이었는데, 여기에는 1936년 혁명 기간에 몰수된 토지뿐만 아니라 공화정부가 추진한 토지개혁에서 영향을 받은 토지도 포함되었다. 임금이 동결되었고, 파업은 불법화되었으며 노동시간은 늘어났다. 또 국가는 농산물 판매를 통제했고 가격을 동결했다.

이런 프랑코 정부의 통제 정책이 시행되었는데도 자급 경제체제 수립은 결코 이루어지지 않았다. 그것은 내전 기간에 독일과 이탈리아에 진 부채가 워낙 엄청났기 때문이다. 독일에 진 빚을 갚기 위해 프랑코 정부는 1939~1943년 동안 국가 수입 총액의 12퍼센트 정도를 지출해야 했고, 이탈리아에 대해서도 3퍼센트를 지출했다(Suárez, 119ff; Beevor 2006, 404에서 재인용).

전쟁이 끝나고 나라 전역에 포로수용소가 설치되었다. 임시 수용소를 포함해 190여 개의 수용소가 들어섰고, 36만7천 명에서 50만 명가량의 포로들이 수용되었다. 국제여단에서 복무한 외국인 병사들을 수용하는 미란다데에브로나 산페드로데카르데냐 수용소 등 특별 수용소도 운영되었다

(Rodrigo, *Cautivos*, 209; Beevor 2006, 404에서 재인용).

프랑코 체제가 전시 상태를 벗어나면서 잔혹한 보복 행위가 저질러졌다. 1940년 4월 26일에 제정된 탄압법들은 '1936년 7월 18일 쿠데타 발생 이후 전쟁이 끝날 때까지 적색 지역'에서 발생한 모든 사항에 대해 보복을 요구했다. 법이 규정한 '책임의 귀속'은 '인민전선 내 여러 정당, 노동조합, 프리메이슨 단체 간부들의 물리적 파괴'와 '공화정부를 후원하고 지지한 정치 세력의 절멸'을 목표로 삼았다(Micael Richards, *Un Tiempo de silencio, Richards*, 30; Beevor 2006, 405에서 재인용). 프랑코 정부가 저지른 보복 행위로 얼마나 많은 사람이 희생되었는지는 정확하게는 알 수가 없다. 그러나 지금까지 에스파냐의 여러 주 가운데 약 절반 정도에서 조사한 결과에 따르면, 공식으로 처형된 사람만 적어도 3만5천 명 정도였다.[14] 여기에 비공식적으로 행해진 살인과 전쟁 중에 이루어진 처형, 자살, 굶주림, 옥사한 사람들까지 합치면 사망자 수는 아마도 20만 명에 가까울 것으로 보인다(Beevor 2006, 405).

1940년 이후에는 프랑코가 독재 체제를 더욱 강화했다. 프랑코는 프리메이슨을 지독히 혐오해 1940년에는 '반프리메이슨특별정보부'를 설립했다. 1941년 3월 29일 '국가안보법'이 채택되었는데, 이 법은 불법 선전, 파업 행위 등 범죄를 목적으로 한 결사 행위, 체제에 불리한 소문 유포 등을 '군사 반란'과 같은 행위로 보고 이런 행위의 근절을 목표로 설정했다. 1947

---

**14**_예컨대 발렌시아 주에서 약 5천 명이, 카탈루냐에서 약 4천 명이 처형되었다. 마드리드의 동부 공동 묘지에서는 1945년까지 2,663명이 처형되었고, 하엔에서는 1950년까지 1,280명, 알바세테에서는 1939년부터 1953년까지 1,026명이 처형되었다. 에스파냐 50개 주 가운데 지금까지 조사가 진행된 36개 주에서 신원이 확인된 희생자만 9만2,462명에 이른다(Beevor 2006, 491에서 재인용).

년 4월에 제정된 '산적과 테러 근절을 위한 법'은 개인의 자유를 엄격하게 제한했다.

한편, 고등교육기관에 재학 중인 학생들은 '에스파냐대학연합'에 가입해야만 했다. 친親팔랑헤 노동조합인 '노동조합협의회'Organización Sindical는 막강한 권력을 소유하고 있었지만, 정작 노동자들의 권리 증진을 위해서는 아무런 역할도 하지 않았다. 노동조합은 노동자들이 거의 군사적 규율에 따라 국가에 봉사하도록 하는 데 주력했다.

에스파냐 내전 기간 중(1936~1938년)에도 세 차례에 걸쳐 공화군 19여만 명이 프랑스로 이주했는데,[15] 이들 가운데 대부분은 다시 공화 진영 지역으로 돌아갔고 1938년 무렵에는 4만 명 정도가 프랑스에 그대로 남아 있었다. 1939년 2월 카탈루냐가 함락되면서 공화군 45만 명이 프랑스 국경을 넘었다. 이들 말고도 공화군 1만5천 명이 같은 해 공화 진영이 붕괴될 때 지중해 쪽 항구들을 통해 당시 프랑스 식민지이던 튀니지로 갔다. 전쟁에서 패한 공화 진영 사람들이 수용된 장소는 황량한 해안 지역이 대부분이었다.

1939년 말까지 14만~18만 명 정도가 에스파냐로 돌아가기로 선택했다 (Tusell, *Dictadura franquista y democracia*, 36; Beevor 2006, 412 재인용). 약 30만 명은 프랑스나 다른 유럽 국가 또는 라틴아메리카로 망명을 택했다.

에스파냐 공화 진영에 속했던 망명자들에게는 제2차 세계대전은 고달프고도 격렬한 내전 연장이었다. 전쟁이 시작되자 많은 공화 진영 난민이 공

---

**15_**첫 번째 망명은 1936년 여름 반란군이 이룬과 산세바스티안을 공격했을 때 1만5천 명의 피난민이 바스크에서 프랑스로 이주했고, 두 번째는 1937년 산탄데르와 아스투리아스가 함락될 때 16만 명이 프랑스로 갔으며, 세 번째는 아라곤 전투 후에 피레네산맥 비엘사 골짜기에 고립되었던 제42사단 소속 병사 7천 명을 포함해 1만4천 명이 프랑스로 이주했다(Bannassar 2004, 363; Beevor 2006, 491~492에서 재인용).

동의 적에 대항해 싸우기 위해 군대에 자원입대했다. 소련에서는 공화 진영 망명자들이 붉은 군대에 들어가 싸웠고, 비슷한 수의 사람들이 파르티잔으로 활동했다. 다른 많은 공화 진영 난민은 프랑스 레지스탕스 부대나 프랑스 국내의 독일군에 대항하는 부대에 들어가 싸웠다.

1941년 6월 독일이 소련을 침공하고 나서 에스파냐공산당은 코민테른 지시에 따라 〈에스파냐 독립 라디오〉 방송과 〈툴루즈 라디오〉 방송을 통해 전국노동연합을 포함해 에스파냐의 모든 공화 진영 세력을 반파시즘 전선으로 통합하기 위한 긴급회의를 제안했다. 공산주의자들이 '에스파냐전국연합'이라 부르는 이 조직은 제14게릴라 군단의 주요 정치 부대가 되었다. 그리고 1944년 프랑스가 해방된 뒤 에스파냐공산당은 에스파냐 '재정복'을 위한 본격적인 게릴라 활동을 전개했다.

| 연도 | 월 | 일 | |
|---|---|---|---|
| 1902 | | | 알폰소 13세 즉위. |
| 1909 | 7 | | 바르셀로나에서 '비극의 한 주' 사건 발생. 군부가 일으킨 모로코 전쟁에 반대해 시작된 노동자들의 총파업은 곧 반교회 운동으로 바뀌어 수많은 성당과 수도원이 파괴되고, 군부의 반격으로 120명의 노동자가 살해됨. 1910~1911년 아나르코생디칼리스트 노동조합 조직인 전국노동연합 출범. 1917년 7월 전국노동연합과 노동총동맹 총파업 일어남. |
| 1918~ 1920 | | | '볼셰비즘의 3년'. 전국노동연합이 라카나디엔세 공장노동자들을 파업에 나서도록 부추기는 것으로 시작되어 안달루시아 폭동, 바르셀로나 대규모 노동쟁의가 일어남. 알폰소 13세가 노동조합 지도자 수십 명을 암살하면서 사건이 마무리됨. |
| 1920 | | | 에스파냐 식민지인 모로코 리프족과 전쟁을 치름. 이때 미구엘 프리모 데 리베라가 모로코 반란을 진압하는 데 앞장섬. |
| 1921 | | | 에스파냐공산당 출범. |
| 1923 | 9 | | 프리모 데 리베라가 쿠데타를 단행해 입헌군주제를 무너뜨리고 알폰소 13세로부터 군사독재관으로 승인받음. |
| | 12 | | 프리모 데 리베라가 주도하는 새 내각 구성. 노동자 단체를 통제하기 위해 새 내각에 노동자총동맹 위원장 카바예로를 끌어들임. |
| 1930 | 1 | 28 | 프리모 데 리베라 내각은 군부가 정책에 동의해 주지 않아 권력을 포기하고 외국으로 망명. |
| | 8 | 27 | 사회주의노동당과 노동총동맹, 카탈루냐 공화주의자들이 한데 모여 '공화연합'(republican alliance)을 조직해 알폰소 13세의 퇴위를 요구하는 산세바스티안 협약 체결. |
| 1931 | 2 | 14 | 베렝게르 총리 해임. 해군 제독 후안 바우티스타 아스나르가 후임총리로 임명됨. |
| | 4 | 12 | 지방선거에서 사회주의자들과 자유주의적 공화주의자들이 거의 모든 주에서 승리를 거둠. 카탈루냐에서는 좌파 정당 '카탈루냐공화좌파'가 승리. |
| | | 14 | 사모라를 총리로 하는 혁명위원회가 공화국 임시정부로 전환. 알폰소 13세가 이탈리아로 망명하고 제2공화국 선포됨. 사회주의노동당의 카바예로가 노동부 장관, 공화 좌파 아사냐가 전쟁부 장관으로 임명됨. |
| | 5 | 11 | 생활수준 하락과 사회 소요에 불만을 품은 대중들이 지배층인 왕당파 세력과 교회 세력에 저항. 안달루시아 쪽으로 소요가 확산되자 마드리드 정부가 계엄령을 선포함. |
| | 7 | 6 | 전국노동연합, 총파업 선언. |
| | | 14 | 코르테스(의회) 개회. 카바예로와 프리에토가 서로 협력. |
| | | 22 | 정부, 전시 상태 선언. |
| | 12 | 5 | 사모라가 공화국 대통령으로 공식 선출되고 아사냐가 총리로 임명됨. |
| 1932 | 8 | 12 | 사령관직에서 해임된 호세 산후르호 장군이 마드리드와 세비아에서 쿠데타를 시도했다가 실패해 징역형을 살다가 리스본으로 망명. |
| 1933 | 1 | | 안달루시아 지방에 폭동 빈발. 특히 카디스에서 격렬한 폭력 사태가 벌어짐. |
| | 10 | 12 | 현 정부를 무너뜨릴 수 있다는 가능성에 고무된 모든 우파 집단들이 '우파와 농민의 연합'을 구성함. |
| | | 29 | 호세 안토니오 프리모 데 리베라의 팔랑헤당 출범. |
| | 11 | 19 | 총선에서 우파 승리. 에스파냐공산당은 17만 표를 얻어 처음으로 코르테스 의석을 보유함. |
| 1934 | 2 | 3 | 프리에토와 과격화된 사회주의자들이 '혁명위원회' 구성. |
| | 3 | 14 | 카바예로 암살 미수 사건의 책임을 물어 팔랑헤당을 불법 단체로 선언하고 호세 안토니오 프리모 데 리베라를 불법 무기 소지죄로 체포함. |
| | 10 | 5 | 사회주의노동당 총파업(일명 '10월 혁명') 시작. 아스투리아스와 카탈루냐에서도 혁명적 봉기가 일어남. |
| | | 6 | 카탈루냐 좌파 유이스 콤파니스는 자치법에 대한 마드리드 정부의 처사에 대항해 '에스파냐 연방 공화국 내 카탈루냐 국가' 선언. 이에 총리인 레룩스가 전시 상태를 선언하고 선동 진입을 명령. |

| | | | |
|---|---|---|---|
| | | 8 | 카바에로를 포함한 혁명위원회 구성원 대부분이 체포됨. 전국에 계엄령이 내려진 상태에서 전쟁부 장관 명령으로 프란시스코 프랑코 장군의 야만적인 반란 진압이 2주 동안 자행됨. |
| | | 11 | 카바에로 출옥. |
| 1935 | 1 | | 전시 상태 해제. 구속되었던 노동자 수천 명이 풀려남. |
| | | 9 | 앤드류 닌과 호아킨 마우린이 이끄는 '마르크스주의통합노동자당' 출범. |
| 1936 | 1 | | 5일 2월 총선을 위해 공화좌파, 공화연합, 사회주의노동당, 사회주의청년당, 에스파냐공산당, 마르크스주의통합노동자당, 생디칼리스트당, 노동총동맹이 모여 인민전선을 구성. |
| | 2 | 16 | 총선에서 인민전선 승리. |
| | | 19 | 아사냐를 총리로 하는 인민전선 정부 수립. |
| | 3 | | 카를로스파 최고군사위원회 설치. |
| | 4 | 3 | 정치적 혼란 속에 열린 코르테스에서 프리에토가 발의한 사모라 대통령 탄핵이 가결됨. |
| | | 7 | 사모라 대통령 사임. |
| | 5 | | 공산주의자들은 준군사 조직 '반파시즘노동자농민의용군'(MAOG)을 조직. 카탈루냐 공산주의자들과 사회주의연합과 카탈루냐프롤레타리아당이 '카탈루냐통합사회주의당'으로 통합됨. |
| | | 3 | 아사냐가 대통령으로 선출됨. |
| | | 10 | 사회주의자들을 배제한 내각 구성에 산티아고 카사레스 키로가를 새 총리로 임명함. |
| | 6 | 1 | 노동총동맹과 전국노동연합 주도로 노동자 7만여 명이 파업을 벌임. |
| | | 7 | 이탈리아와 독일이 프랑코에 지지를 표명하고 장군들에게 무기 지원. |
| | | 6 | 팔랑헤당 창시자 호세 안토니오가 공화정부군에 체포됨. |
| | | 13 | 공화국 경찰이 강경 우파 지도자 칼보-소텔로를 암살함. 6일과 13일에 벌어진 두 사건은 군사 반란의 구실을 제공. |
| | | 17~18 | 프랑코 장군 주도로 모로코 지역에서 반정부 군사 반란이 시작되어 본토로 확대됨. 곧 코르도바 점령. |
| | | 19~20 | 총리인 키로가 사의 표명. 자유주의 정치가였던 호세 히랄이 내각 구성. 에스카메스 대령이 이끄는 부대가 갈라시아에서 군사 반란을 일으키고 곧 마드리드를 향해 출발. |
| | | 21 | 반파시즘 의용군중앙위원회 구성. |
| | | 24 | 프랑코 진영 지도부가 '국방위원회'를 구성하고 미구엘 카바네야스 장군을 위원장으로 임명함. 실권은 에밀리오 몰라 장군이 쥠. |
| | | 25 | 반란군이 마카레나, 산훌리안, 산베르나르도, 엘프마레호 점령. |
| | 8 | | 카탈루냐 의용군, 발레아레스제도 침입. 소련, 공화 진영의 지원 요청 거절. |
| | | 2 | 블룸 정부의 '불간섭위원회'에 프랑스, 영국, 독일, 이탈리아 정부 모두 참여. 이후 소련도 가입. |
| | | 26 | 프랑코, 카사레스 시에 본부 설치. |
| | 9 | 2~3 | 반란군, 나발모렐라다마타와 탈라베라데라레 지역 점령. |
| | | 4 | 공화 진영 히랄 정부 퇴진. 카바에로를 총리로 한 새 내각은 좌파 사회주의자, 사회민주주의자, 공화주의 좌파, 공화주의 중도파, 바스크 민족주의자로 구성됨. 아나키스트에게도 정부 참여를 요청했으나 합의 결렬. |
| | | 14 | 프랑코 진영, 산세바스티안 점령. |
| | | 18 | 프랑코 진영, 론다 시 점령. |
| | | 24 | 소련, 스탈린의 결심으로 공화정부에 군사원조 결정. 코민테른의 후원으로 각국에서 조직된 반파시즘 지원군 '국제여단'이 에스파냐로 집결하기 시작. |
| | | 26 | 반파시즘 의용군 중앙위원회가 헤네랄리타트와 합치고 호세프 타라데야스가 카탈루냐 새 정부 수반이 됨. |
| | 10 | 1 | 프랑코 장군이 바스크 지역에 에우스카디 공화국을 세우고 최고 지도자로 취임. |
| | | 19 | 프랑코군, 이에스카스 침탈. |
| | | 27 | 프랑코군, 토레혼데벨라스코, 세세냐, 토레혼데라칼사다, 그리뇬 점령. |

| | 11 | 독일과 이탈리아, 프랑코 정권을 에스파냐 정통 정부로 승인. |
|---|---|---|
| | 6 | 공화정부, 발렌시아로 옮김. 프랑코군, 마드리드 진격. |
| | 8 | 국제여단, 마드리드 전선 도착. |
| | 20 | 공화정부, 호세 안토니오 프리모 데 리베라 처형. 아나키스트 지도부 부에나벤투라 두루티 사망. |
| | 28 | 프랑코와 이탈리아의 살라망카 비밀 협약으로 프랑코군에 이탈리아 원조가 늘어나고 이탈리아 자원군CTV이 조직됨. |
| 1937 2 | | 하라마·말라가 전투에서 프랑코 진영 승리. 이탈리아 함대, 공화군 지역인 바르셀로나에 집중 포격. |
| 4 | 18 | 팔랑헤당, 카를로스파, 에스파냐혁신, 자치우익연합, 국민행동이 '통합팔랑헤당'으로 결합. 프랑코가 수장이 됨. |
| | 26 | 독일군의 게르니카 폭격. 체계적인 융단폭격으로 당시 바스크 정부에서는 게르니카 시민의 약 3분의 1이 사상을 당했다고 발표했으나(1654명 사망, 889명 부상), 한 연구는 사망자 수가 200~300명을 넘지 않았다고 주장하기도 함. |
| 5 | 3 | 5월 사건(일명 '내전 속의 내전') 바르셀로나에서 전국노동연합과 마르크스주의통합노동자당, 공산당 사이에 시가전이 벌어짐. 결국 아나키스트 계열이 패배함. |
| | 17 | 공산당에게 압력을 받던 총리 카바예로가 끝내 사직서를 제출함. 우파 사회주의자인 후안 네그린이 총리 겸 국민회의 의장으로 부임함. |
| | 30 | 독일과 이탈리아가 불간섭위원회에서 탈퇴. |
| 6 | 1 | 공화군, 우에스카 공세를 시작하나 곧 프랑코 진영에 격퇴당함. |
| | 16 | 공화정부가 마르크스주의통합노동자당을 불법 단체로 선언. |
| | 18 | 프랑코군이 빌바오를 함락해 공화군 북부전선 붕괴. |
| 7 | 24 | 공화군, 브루네테 공세 실패. |
| 10 | | 발진티푸스로 국제여단 병사 2천여 명이 떼죽음당함. |
| 12 | 18 | 공화 진영, 무엘라데테루엘 점령. |
| | 21 | 프랑코를 지원한 독일 콘도르 군단이 테루엘로 진격. |
| 1938 1 | 30 | 프랑코 첫 번째 내각 구성, 국가중앙행정법 제정. |
| 3 | | 프랑코 진영은 카스페를 점령하고 아라곤 지역을 공격해 공화군 전선을 흩트려 공화 진영을 둘로 갈라놓음. |
| 4 | 6 | 네그린은 공산당 세력이 주요 장관직을 차지하는 새 정부를 구성하고 자신은 국방 장관직을 겸함. |
| 5 | 21 | 프랑코 정부, 카스티야어를 유일한 에스파냐 공식 언어로 채택. |
| 7 | | 공화군, 에브로 강에서 최후 공격 시도. 공화군 7만5천 명 병력 상실. |
| 1939 2 | 27 | 영국과 프랑스 정부, 바스크 지역 부르고스에 있는 프랑코 진영 정부 공식 인정. |
| 3 | 5 | 공화군 세히스문도 카사도 로페스 장군이 장교들의 권력체인 '국방위원회'를 조직. 네그린과 공산주의자들에 반대해 왔던 로페스는 공화정부에 대항해 군부 쿠데타를 준비하고 반란군과 접촉을 시도함. |
| | 12 | 로페스 장군이 이끄는 군대와 공산주의자들이 마드리드에서 전투를 벌임. 로페스 장군의 쿠데타 성공. |
| | 13 | 로페스 장군, 프랑코와 협상을 시도하나 결렬. |
| | 27 | 프랑코군, 마드리드 점령. |
| 4 | 1 | 프랑코군 승리로 내전 종결. |
| 7 | 18 | 이미 점령한 바르셀로나 시와 카탈루냐 주를 뺀 주변 영토도 에스파냐 국가 주권에 재합병한다는 칙령을 발표. |
| 8 | 8 | 프랑코, 국가 비상시 국무회의 의결 없이 자신이 법령이나 포고문을 인가할 수 있는 권리를 갖는 '국가수장법' 발표. |
| 9 | 1 | 독일군의 폴란드 침략으로 제2차 세계대전 발발. |
| | 4 | 에스파냐 중립국 선언. |

| | | | |
|---|---|---|---|
| 1940 | 4 | 26 | 타안법 제정. 이는 인민전선 내 여러 당, 노조, 프리메이슨 단체 간부들의 물리적 파괴와 공화 정부를 지지한 정치 세력들의 절멸을 목표로 한 법령으로 공식적 처형만 해도 3월 5천 명에 정도에 이름. |
| | 6 | | 에스파냐, 중립국에서 비교전국으로 지위 변경. 주축국 지지. |
| | 10 | 23 | 프랑코와 히틀러, 엔다예에서 회동. 히틀러가 프랑코에게 에스파냐가 독일로부터 무기와 연료, 식량 등을 보급받는 것과 모로코·사하라 사막·기니 해안 지역을 식민지로 받는 조건으로 주축국 편으로 참전할 것을 제안했으나 거절당함. |
| 1941 | 2 | 28 | 알폰소 13세 전 국왕 사망. |
| | 6 | | 독일의 소련 침공 후 전국노동연합을 포함해 에스파냐 모든 공화 진영이 반파시즘 전선을 통합해 '에스파냐전국연합'을 결성. |
| | 7 | 13 | 에스파냐 자원병 사단 '푸른사단'이 독일군에 투입되어 제2차 세계대전에 참전함. |
| 1943 | 10 | 3 | 에스파냐, 비교전국에서 다시 중립국 선언. '푸른사단' 철수. |
| | 11 | | 국외 망명 중이던 프리에토가 멕시코에서 에스파냐사회주의노동당, 공화연합, 카탈루냐 정당들을 하나로 묶어 정치 연합을 결성함. 아나키스트와 공산주의자는 여기서 배제됨. |
| 1944 | | | 에스파냐공산당, 게릴라 부대 활동 전개. |
| 1945 | 5 | | 독일(제3제국) 패망. |
| | 7 | 17 | 프랑코, 에스파냐인의 권리에 대한 칙령 발표. |
| 1947 | | | 카탈루냐공산당이 '게릴라 부대'를 창설했으나 곧 붕괴됨. |
| 1969 | 7 | 22 | 프랑코, 후안 카를로스 왕자를 국가원수 후계자로 공식 지명함. |
| 1974 | 10 | | 펠리페 곤살레스 마르케스, 프랑스에서 개최된 13차 전당대회에서 에스파냐사회주의노동당 당수로 선출됨. 에스파냐사회주의노동당은 국제사회주의계로부터 정통 사회주의정당으로 공인받음. |
| 1975 | 11 | 20 | 프랑코 총통 사망. |
| | | 22 | 후안 카를로스 1세, 국왕 취임. |
| 1976 | 12 | 15 | 모든 정당과 주요 노조를 합법화하고 자유선거를 도입하는 내용이 담긴 정치 개혁법이 투표자의 94퍼센트 찬성으로 국민투표를 통과함. |
| 1977 | 3 | 8 | 선거법 통과, 21세 이상인 자에게 선거권 부여. |
| | 4 | 7 | 프랑코 체제의 유일 정당이던 팔랑헤당 해체. |
| | 6 | 15 | 에스파냐 내전 이후 첫 자유 총선 실시. 총 350석 가운데 에스파냐사회주의노동당은 118석을 획득해 제1야당으로 부상. 중도우파인 민주중도연맹이 165석을 획득해 승리. |

자료: 비버(2009).

# 5장

# 그 밖의 유럽 국가들에서
# 전개된 파시즘의 공세와
# 반동에 대한 투쟁

사회주의국가는 자본주의국가의 제도적 틀 속에서 구현될 수는 없다.
이러한 제도들에 관한 한,
사회주의국가는 근본적으로 새로운 창조물이어야 한다.
자본주의국가의 제도들은
자유로운 경쟁을 촉진시키는 방식으로 조직되어 있다.
단지, 이 기관의 요원들만을 교체하는 것은
그 행위의 방향을 전환시키는 것과는 거리가 멀다.
사회주의국가는 사유재산과 계급들,
그리고 민족적인 경제를 폐지함으로써 경쟁을 폐지하는 것을
그 사명으로 하는 이행기의 국가이다.
이러한 사명은 의회민주주의를 통해서는 달성될 수 없다.
따라서 '국가의 정복'(Conquest of the State)이라는 정식은
'프롤레타리아 계급의 연합적 경험에 바탕을 둔
새로운 유형의 국가에 의하여 의회민주주의적인 국가를 대체'한다는
의미에서 이해되어야 한다.

_안토니오 그람시(앤더슨 외 1995, 181에서 재인용)

# 1. 이탈리아

파시시트가 지배하는 이탈리아의 경우에도 경제활동에 대한 국가의 적극적인 개입이 공황에 따른 경제적인 타격을 해결하기는 어려웠다. 이탈리아 경제가 가장 곤란을 겪었던 해는 1932년이었는데, 이 해 총생산고는 1928년과 비교해 26퍼센트나 낮아졌다. 공식 자료에 따르면, 실업자는 시기에 따라 다르기는 하지만 100만 명을 넘었으며, 사실상 이탈리아 노동자 4명 가운데 1명이 장기에 걸친 완전실업 상태에 놓여 있었다. 여기에 더해 농업노동자 약 100만 명이 실업자였다(*International Press Correspondence* vol. 11 no. 59, 19 November 1931, 1056; The USSR Academy of Sciences 1985, 350에서 재인용).

1920년대 후반에 들어서는 은행들마저 재정적인 어려움을 겪게 되자, 이런 은행들이 투자한 기업들도 도산 위기에 직면했다. 1931년에는 이탈리아 은행까지도 위기에 봉착했다. 이와 같은 상황에서 정부가 나서게 되었는데, 1931년에는 이탈리아 채권공사를 설립했고, 1933년에는 이탈리아 산업부흥공사를 설립해 은행을 위기에서 구제하고자 했다. 정부는 그 대가로 일정 지분을 배당받았다. 이로써 정부는 철강, 조선, 특히 전기 분야 자본의 5분의 1 정도를 통제할 수 있게 되었다.

한편, 정치적으로 무솔리니의 파시스트 체제가 목표로 한 것은 새로운 가치와 행동 양식에 따라 새로운 유형의 이탈리아를 창조하는 것이었다. 이탈리아 파시스트의 목표는 취약한 의회 제도를 신화와 상징, 지도력 숭배, 집단적 희망, 공포, 불안이 결집된 더욱 활력 있는 정권으로 교체하는 것이었다(듀건 2001, 311~314).

이런 목표를 실현하기 위해 파시즘 정권은 진보적인 정치 세력과 노동운동에 대해 국가기관을 총동원해 다양한 형태의 탄압을 자행했다. 가장 주요한 탄압 표적이 된 것은 노동자계급이었다. 그것은 노동자계급의 이해관계와 파시즘의 목적이 정면으로 모순되었기 때문이다.

이탈리아노동총연맹을 비롯한 민주적이고 전투적인 노동조합들이 지하에서 파시즘 정권에 대한 저항 활동을 벌이고 있는 동안, 무솔리니는 파시스트 노조[1]와 백색 노조를 동원해 새로운 운동 원리를 앞세워 강도 높게 통제했다. '코포라티즘'(협동조합주의)[2]이라 부르는 이 원리는 기존 노동운동의 원칙과 목표를 수정해 새로운 파쇼 체제 확립을 위한 목적에 노동운동을 합치시키려는 의도를 내포하고 있었다. 말하자면 코포라티즘에 바탕을 둔 노동운동은 자본주의 체제의 지양이 아니라 자본주의 체제와 질서 유지를 전제로 계급투쟁의 포기와 자본에 대한 종속을 합리화하는 경향을 나타냈다 (김종법 2004, 57).

무솔리니는 기업주와 노동자 그리고 전문가들을 산업과 업종별로 22개 협동체corporation로 조직해 '전국노동조합협동체연맹'(파시스트공동체연맹)이라는 협의체에 참여하게 했다. 이런 상황에서 파시스트 노조들은 국가의 비호를 받으면서 합법 노동조합으로서 세력을 확장했다. 이와 함께 가톨릭계

---

**1**_ 여기서 말하는 파시스트 노조는 생산주의적인 전국 조직체인 이탈리아노동조합(Unione Italiana del Lavoro, UIL)을 일컫는데, 이 조직은 이탈리아의 제1차 세계대전 참전을 찬성하는 그룹이 탈퇴해 1918년에 건설한 노조 연합체다. 이 노조는 계급을 부정하는 것이 아니라 계급을 초월하는 민족 개념을 강조했고, 민족의 번영 속에서 계급의 번영이 가능하다는 이념을 포방했다.

**2**_ 코포라티즘은 1891년 교황 레오 13세가 반포한 레룸노바룸(Rerum Novarum, 노동헌장)에서 계급투쟁에 대한 대응책으로 처음 사용된 용어다. 이것은 사회주의를 비판하고 사유재산제도를 옹호하는 대신, 기존 자본주의 질서를 벗어나지 않는 한도에서 노동자의 단결권과 적정 임금을 받을 권리를 인정하고 이를 위한 국가 입법을 권장했다. 제2차 세계대전 이후 코포라티즘 개념은 많은 변화를 보였는데, 사회 코포라티즘 또는 자유 코포라티즘, 국가 코포라티즘 등이 새롭게 대두했다.

노조도 1918년 교황 레오네 13세 칙령을 근거로 해 백색동맹[3]을 체결하고 합법 노동조합으로서 활동했다.

노동자계급은 파시즘 권력의 극심한 탄압과 통제, 자본 측의 무모한 공격, 그리고 파시스트 노조의 방해와 백색 노조의 개입 등으로 무방비 상태에 놓였다. 그 결과, 노동·생활 조건은 악화되었고 노동강도는 더욱 강화되었으며, 임금은 저하되었다. 더욱이 단결 활동권은 제한되고 대중행동은 금지되어 반노동자 정책에 대한 저항을 조직하는 일이 몹시 어려워졌다.

그러나 이런 파시즘의 노동 탄압이 계속되는 가운데서도, 노동자계급의 투쟁은 이어졌다. 1930년 바라노와 보르지아의 섬유노동자 1만 명이 임금 인하에 반대해 8일 동안 파업을 벌였다. 1931년에는 곡물 수확 일용직 여성 노동자들의 파업이 있었고, 1932년에는 밀라노 금속노동자들이 임금 인하에 항의해 파업을 벌였다. 1933년에는 풀랴 지역 실업자들의 투쟁이 있었고, 1934년에는 이른바 샤를 베도 체계[4]에 반대하는 저항행동이 전개되었다. 연도별 파업투쟁 현황을 보면, 1933년에는 100건, 1934~1937년 사이에는 연평균 약 70건의 파업이 일어났다(The USSR Academy of Sciences 1985, 351).

노동자들은 이런 투쟁을 통해 정치적 경험을 쌓을 수 있었는데, 그것은 반파시즘 저항운동 강화를 위한 계기가 되었다. 반파시즘 투쟁을 전개하는 데서 노동자계급의 지도적 역할을 비롯해 이탈리아 국내에서 전개하는 반

---

**3_**백색동맹(Leghe Bianche)은 가톨릭의 신성과 성스러움을 희색으로 표현해 이를 토대로 연합한다는 의미를 담고 있다.

**4_**1916년 미국인 샤를 베도(1887~1944년)가 고안한 업무 평가, 시간 연구, 그리고 프리미엄 임금 관련 체계로서 1920년대 말까지 미국에서 광범위하게 적용되었다.

파시즘 지하활동의 필요성, 그리고 대중적 반파시즘 대중행동 조직과 반파시즘 통일전선 결성의 필요성 등은 반파시즘 투쟁의 기본 방침으로 널리 인식되었다.

한편, 국외에서 전개되는 반파시즘 투쟁에도 중요한 변화가 있었다. 1927년 프랑스 파리에서 '반파시스트연합'이 창설되었다. 이 조직은 사회주의자들과 공화주의자들이 중심이 되어 설립한 것으로, '정의와 자유' 운동을 통해 이탈리아 내부에서 지하운동을 전개하기 위해 계획한 것이었다(허인 2005, 297).

1930년 7월 프랑스 파리에서 이탈리아사회당(최대 강령파), 통일사회당(개량파), 그리고 마테오티당이 피에트로 넨니와 주세페 사라가트를 지도자로 하는 이탈리아사회당으로 통합을 선언하는 대회가 열렸다. 사회당 신지도부는 공산당과 협력한다는 방침을 채택했다. 1934년 8월에 사회당과 공산당 사이에서 처음으로 통일행동 협정이 체결되었다.

1936년 여름, 프랑스에서 '이탈리아인민동맹'이 결성되었는데, 여기에는 사회당원, 공산당원, 반파시스트 등 5만 명이 참가했으며, 그 뒤로 파시즘에 반대하는 가톨릭교도들도 여기에 합류했다. 같은 시기에 이탈리아노동총연맹과 사회당계 이탈리아노동총연맹 사이에 합동 협정이 체결되었다. 이탈리아인민동맹 창설은 이탈리아 파시즘의 에티오피아 침략에 반대하는 일련의 공동 행동을 조직하는 등 다양한 반파시즘 행동을 전개했다(The USSR Academy of Sciences 1985, 353).

1936년 여름에 시작된 독일-이탈리아의 에스파냐에 대한 간섭과 프랑코 '국민 진영'에 대한 군사 지원은 이탈리아 반파시스트들의 일치된 저항 행동을 불러일으켰다. 이탈리아 반파시스트 약 3,500명이 에스파냐의 공화 진영 측에 참전해 싸웠다. 이탈리아에서 처음으로 모든 반파시스트 좌파 세력이 거의 완전한 행동 통일을 달성하게 되었으며, 이런 공동 투쟁 경험은 반파시즘 투쟁의 통일을 이룩하는 데 매우 바람직한 방향으로 작용했다. 이런 경험을 바탕으로 1937년 7월에는 이탈리아사회당과 공산당이 새로운 행동 통일 협정을 체결했다. 이 협정은 양당이 파시즘 체제를 무너뜨리고 민주공화제를 수립하기 위해서는 인민전선을 창설하고 반파시즘 대중운동을 전개해야 한다고 천명했다.

이처럼 반파시즘 투쟁이 지속적으로 전개되었는데도 에스파냐 내전에서 공화 진영이 패배하면서 파시스트의 테러가 더욱 강화되는 결과를 가져왔다. 1937년에는 10년 넘게 감옥에 갇혀 있었던 그람시가 죽음을 맞이했다. 이탈리아에서 대중투쟁이 침체 상태에 빠져들고 각지에서 반동 세력이 활개를 치게 되었으며, 제2차 세계대전 직전의 반사회주의, 반공산주의 분위기가 고조되면서 이탈리아에서 전개된 반파시즘 운동의 일반적 상황은 점점 침체되었다.

다른 나라들에서도 상황은 비슷했지만, 이탈리아에서 전개되는 반파시즘 운동의 전망은 대단히 불확실했다. 이런 상황을 반영해 국제노동운동에서 주요한 논의 대상으로 떠오른 주제가 전쟁과 평화 문제였다. 이탈리아의 반파시즘 운동 내에서도 이런 논의에 대해서는 첨예한 의견 상이를 드러냈다. 그 결과, 1939년 9월 이탈리아사회당 지도부는 공산당과 체결한 행동 통일 협정을 파기하고 곧이어 이탈리아인민동맹도 해체했다.

그러나 반파시즘의 일반 강령은 그 뒤에도 운동 방침으로서 생명력을 유지했으며, 반파시즘 지하운동 거점들은 분산되어 있었다 할지라도 그 전투력을 보존하기 위한 노력은 제2차 세계대전이 끝날 때까지 끈질기게 지속되었다(The USSR Academy of Sciences 1985, 354).

## 2. 영국

영국 경제가 1929~1933년 세계경제공황에 따른 타격은 미국이나 독일에 비해서는 크지 않았지만, 노동자들의 상태는 1930년대 내내 곤란한 상태에서 벗어나지 못했다. 121만6천 명[5]을 헤아리는 광범한 실업자군은 거의 실제적인 도움도 받지 못한 채, 방치되어 있었다. 실업급여제도는 실업자가 필요로 하는 생활상의 요구 가운데 극히 적은 부분만을 보장할 뿐이었기 때문이다.

경제공황이 진행되는 가운데 1929년 총선거가 시행되었다. 이 선거는 1928년부터 21세 이상 모든 여성들에게 선거권이 부여되면서 처음으로 모든 성인 남녀가 참여한 선거였다. 선거에서 보수당은 여전히 '안전 우선'Safety First이라는 선거공약을 제시한 데 반해, 노동당은 '국가에 호소함'Appeal to the Nation이라는 공약을 내세워 실업 대책의 중요성을 강조했다.

1929년 총선 결과는 노동당의 놀라운 승리였다. 새로운 의회 총의석수는 615석이었는데, 노동당은 287석을 획득했고, 대체로 노동당과 비슷한 공약을 내놓았던 자유당은 59석, 보수당은 260석을 차지했다. 노동당 당수인 제임스 램지 맥도널드가 제2차 노동당 정부를 구성했다.

제2차 노동당 정권은 세계를 뒤흔든 경제공황에 압도되어 거의 별다른 정책을 내놓지 못했다. 제1차 세계대전 이후부터 거의 모든 나라들의 정부가 전통적인 기간산업의 쇠퇴에 따른 문제들과 미국에 대한 전쟁 채권 상환 문제로 고심했다. 그 결과, 거의 모든 나라에서 과잉생산, 신용 추락, 주식

---

**5**_121만6천 명이라는 주장(스펙 2002, 253)도 있으나 300만 명 이상이라는 설명(The USSR Academy of Sciences 1985, 404)도 있다.

급락, 그리고 급격한 실업자의 증가 등과 같은 현상이 나타났다(스펙 2002, 254).

1931년 초반에는 200만 명 이상의 실업자들에게 지급된 실업급여 때문에 예산 적자는 1932년까지 무려 1억2천만 파운드에 다다랐다. 적자 해소 방안을 모색하기 위해 구성된 위원회는 6,700만 파운드의 실업급여 삭감을 포함한 총 9,650만 파운드의 예산 절감을 건의했다. 내각의 경제문제위원회조차 7,850만 파운드 예산 삭감을 건의했다. 더구나 이 가운데 4,300만 파운드는 실업급여와 경찰, 교사와 같은 정부 고용 인력의 임금 삭감으로 이루어질 예정이었다. 내각 각료들의 의견을 고려해 결국에는 5,600만 파운드 삭감으로 결정되었다. 이 액수는 노동조합 총평의회의 처지에서는 너무 높은 것이었지만, 반대파 의회 의원들의 처지에서는 너무 낮은 것이었다(스펙 2002, 255).

경제 불황에 대한 대응 조치의 부적절성과 장관들의 정책 수행 능력 미숙 때문에 해외 신용도 하락에다 파운드화 유출 사태가 벌어지자, 영국은행은 파운드화의 평가절하를 막기 위해 어쩔 수 없이 긴축재정을 요구할 수밖에 없었다. 정부는 실업급여 10퍼센트 삭감을 포함해 총 2천만 파운드 추가 삭감을 논의했다. 이 때문에 내각 자체가 분열되었고, 노동당 내각은 총사퇴했다.

이와 같은 맥도널드 정부 정책은 노동자의 격렬한 분노를 자아냈으며, 영국노동조합회의 총평의회와 노동당 집행위원회는 정부의 긴축정책에 대해 반대 의사를 표명했다. 맥도널드와 몇몇 동조자들은 노동조합과 당의 이와 같은 결정을 거부했고, 맥도널드는 노동당에서 제명당했다. 맥도널드 총리를 계속 지지한 소수의 노동당 의원들은 이제 '거국노동당'으로 행세했고, 맥도널드를 수반으로 하는 거국노동당 내각은 보수당, 자유당, 노동당 의원

13명의 지지를 받아 출범했다(Miliband 1961, 192; The USSR Academy of Sciences 1985, 405에서 재인용).

거국내각은 국왕이 제시한 아이디어였다. 국왕 조지 5세는 맥도널드 총리를 유임시키면서 보수당 당수 볼드윈과 자유당 당수 허버트 새뮤얼에게 내각 참여를 종용했다. 거국내각은 원래 출범할 때의 중대 목표였던 파운드화 안정을 유지하는 데는 실패했다. 거국내각이 앞세운 자신감은 수병들이 1931년 9월 15~17일까지 봉급 삭감에 불만을 품고 인버고든에서 봉기를 일으켰을 때 한순간에 무너졌다. 이 때문에 파운드화 가치가 폭락하자, 정부는 어쩔 수 없이 1931년 9월 21일 금본위제를 포기했다.

이런 상황에서 경제문제 해결 방안을 둘러싸고 내각 안에서 보호무역주의자들과 자유무역주의자들 사이에 치열한 논쟁이 벌어졌다. 결국 총선거를 통해 해결책을 찾아야만 했다. 선거 결과 거국내각 진영이 총 554석을 차지하게 되었는데, 특히 이 가운데 473석을 차지한 보수당은 1832년 이후 단일 정당으로서는 최대 의석을 확보했다. 반대 진영은 단지 61석만을 획득했고, 이 가운데 52석을 노동당이 차지했다(스펙 2002, 256~257).

거국내각에 대한 압도적 지지는 근본적으로 보수당과 연계를 갖게 됨으로써 이루어진 결과였기 때문에, 거국내각이 국가경제의 회복을 위해 보호관세제도를 도입한 것은 당연한 처방이었다. 1932년 물품수입법이 제정되어 천연광물, 식량, 그리고 제국 내 생산품을 제외한 대부분의 수입 물품에 대해 관세가 부과되었다.

1933년 무렵에는 거국내각이라는 개념이 무색할 정도로 보수당이 내각을 주도했다. 맥도널드가 총리직을 사임하고 후임으로 보수당 볼드윈이 총리가 되면서 보수 성향이 더욱 커졌다.

1934년 이후에는 경제 불황이 더욱 심해지면서 노동자계급 투쟁이 더한층 고양되었다. 1934년 1월과 2월에 런던에서 실업자의 '기아 행진'이 벌어졌다. 수도에서 기아 행진이 끝나갈 무렵, '기아, 파시즘 그리고 전쟁에 반대하는 통일과 행동'의 전국 대회가 1934년 2월 24일과 25일에 열렸다(Allen 1937, 253; The USSR Academy of Sciences 1985, 405에서 재인용). 1934년 2월 25일 실업자의 요구를 지지해 결행된 런던 노동자 수십만 명의 시위와 1935년 초 영국 전역에서 일어난 대중적 항의 시위는 정부로 하여금 노동자에게 불리하게 바꾸려던 실업보험법 개정을 유보하게 만들었다. 거국내각은 실업기금 회계의 건전성을 확보하기 위해 실업보험제도가 규정한 급여를 일정 한도 내로 제한하려 했다. 이런 정부의 개정안에 대해 노동자들의 항의 행동이 거세지자, 정부는 그 계획을 철회하고 그 대신 잠정 계획을 내놓았다. 잠정 계획이란 실업급여를 받는 노동자는 당분간 새로운 급여율에 따르든 아니면 낡은 잠정 급여율에 따르든 높은 쪽의 급여를 받도록 한다는 계획이었다(Cole 1947, 442).

실업자 운동을 전개함에 있어 실업자 스스로도 '전국실업노동자운동'이라는 조직을 만들어 조직적으로 행동했다. 이런 실업자 운동이 공산주의자의 영향을 받았다는 이유로 합법적인 노동조합이나 노동당 지도자들은 이를 배격했다(Cole 1947, 441).

영국 노동자계급은 파시즘에 대해서도 단호히 반대했다. 1934년 9월 9일과 1936년 10월 4일 런던 노동자들이 벌인 대규모의 반파시즘 시위는, 영국에서 우익이 날뛸 수 있는 위험이 커지는 것을 결코 용납하지 않겠다는 의지를 드러낸 것이다. 이와 같은 반파시즘 운동은 1932년에 오즈월드 모슬리를 중심으로 설립된 '영국파시스트연합'이 활동을 펴고 있는데도 정부가 국내외의 파시스트 세력에 대해 미온적으로 대처한 데 대한 직접 대응이었다.

1935년 이탈리아가 아프리카 동부 아비시니아 지역을 침공함으로써 국제적 위기감이 고조된 상황에서 의회 총선거가 치러졌다. 선거 결과는 보수당이 388석을 획득했고, 거국내각 참여 자유당이 35석, 그리고 노동당 참여파가 8석을 차지해 정부 측이 총 431석을 확보했다. 노동당이 154석, 자유당 내의 로이드 조지와 허버트 새뮤얼 계파가 19석, 1932년 선거 때 노동당에서 분리해 독자적으로 선거전에 나왔던 독립노동당이 4석, 그리고 공산당을 포함한 그 밖의 정당들이 7석을 차지했다. 결과적으로 거국내각은 반대 세력에 비해 247석이나 많은 의석을 확보했다(스펙 2002, 261~262).

이와 같은 정치 정세의 변화가 진행되는 가운데, 1935년 무렵부터 노동조합운동이 점점 활성화되기 시작했고, 새로운 통일 캠페인이 일어났다. 1935년부터 노동조합의 조합원 수가 증가되기 시작했다. 1936년 11월에는 '기아 행진'이 조직되었고 1936년 말에는 공산당과 독립노동당이 '사회주의 연맹'6과 행동 통일에 대한 교섭을 시작했다. 1937년 1월에 나온 '통일선언'은 자본주의적 착취 반대, 평화, 반전투쟁의 광범한 프로그램을 담았다. 1938~1939년에 결행된 통일 캠페인은 모든 민주주의 세력과 진보 세력의 광범한 연합 행동 형태를 취했다(The USSR Academy of Sciences 1985, 407).

한편, 1937년 국왕 에드워드 8세가 물러나고 5월에 신임 국왕 조지 6세가 왕위에 올랐다. 총리 볼드윈은 조지 6세 대관식 직후 사임했고, 아서 네빌 체임벌린이 후임 총리로 취임했다. 1938년 체임벌린은 뮌헨회담에서 체코슬로바키아의 주데텐란트 지방에 대한 나치 독일의 합병 계획을 인정한

---

6_노동당 내의 정파 그룹으로서 리처드 크립스가 주도했으며, 이 그룹은 파시즘과 전쟁 위협에 반대하는 투쟁에서 모든 좌파 세력의 통일에 대한 필요성을 인정했다.

이른바 '유화정책'을 시행했다. 독일군의 체코슬로바키아 침공은 독일에 대한 영국 정부의 외교정책을 뒤바꿔 놓았다. 이어서 폴란드에 대한 어떤 침략도 영국과 프랑스에 대한 침공으로 간주하겠다는 폴란드에 대한 영토 보장이 선언되었다. 1938년 8월 이와 같은 조치를 무시하고 독일군이 폴란드를 침공했을 때, 영국은 폴란드에서 철수하지 않으면 선전포고를 할 것이라는 최후통첩을 보냈다. 1939년 9월 3일 최후통첩 시한이 지나자, 체임벌린은 독일과 전쟁에 돌입한다는 선전포고를 하게 되었다(스펙 2002, 267).


## 3. 그리스

1929~1933년 세계경제공황은 그리스 경제에 대해서도 심대한 타격을 안겨 주었다. 외국자본에 대한 의존도가 높고, 농산물과 공업원료 공급국으로서 갖는 위치가 크기 때문에 그리스 경제에 대한 공황의 영향은 실로 파국에 가까운 것이었다. 1929~1931년 사이에 그리스 정부는 영국과 미국을 대상으로 1,200만 파운드 이상의 차관에 관한 협정을 대단히 불리한 조건으로 체결했다. 이 때문에 국가 부채가 엄청나게 불어나게 되자, 1932년 5월 1일 정부는 국가파산을 선언했다.

그리스의 부르주아지들은 공황에 따른 부담을 노동자들에게 전가하고자 했다. 전국적으로 8시간 노동시간제에 관한 법률이 실효성을 잃게 되고, 많은 공장에서 10~11시간 노동시간제가 실시되었으며 경우에 따라서는 12~13시간으로 연장되기도 했다. 노동강도가 강화되었으며, 실업이 증가해 노동자 3분의 1이 거리로 내몰렸다. 경제공황은 인구의 67퍼센트를 차지한 농민에게도 큰 타격을 가져다주었다. 도시 중간층의 상태도 악화되었다.

경제공황의 시작과 더불어 그리스에서는 노동자투쟁이 고양되었다. 1929년에는 아테네와 살로니카 노동자들이 대중적 파업을 일으켰으며, 아 그리니온 담배공장 노동자와 라우리온 광산노동자들이 시위를 벌였고 타소 스 섬의 실업자들이 대규모 시위행진을 단행했다. 노동자들은 8시간 노동 일 준수, 사회보장 대책 실시, 실업수당 지급, 노동조합의 자유를 요구했다. 1930년에는 라리사 구두제조노동자와 코린트 건설노동자들이 파업을 일으 켰다. 농민 4만 명 이상이 무거운 세금 부담과 헌병대 사이에서 발생한 충 돌에 항의해 시위를 벌였다. 1931~1932년에는 아테네, 피레아스, 칼라마타 의 제화노동자와 피레아스의 항만노동자, 살로니카·볼로스·파트라의 담배 제조노동자가 파업을 단행했다. 그리고 농민 수만 명이 '도시로 향하는 기 아 행진'에 참가했으며, 고리대업자나 지주의 전횡에 반대하는 투쟁에도 참 가했다. 1932년에는 그리스에서 노동자 8만 명이 참가한 200건의 파업이 발생했으며, 1933년에는 노동자 10만 명 이상이 참가한 470건의 파업이 일 어났다. 1934년에는 노동자 18만4천 명이 파업에 참가했고, 1935년에는 노 동자 22만 명이 파업에 참가했다(The USSR Academy of Sciences 1985, 400).

노동운동과 농민투쟁이 고양되는 가운데, 그리스 공산당은 1934년 1월 에 당 중앙위원회 제6회 총회를 열어 전략 목표와 전술 방침을 결정했다. 총회는 그리스 혁명은 사회주의혁명으로 급속하게 성장·전화할 수 있는 경 향을 지닌 부르주아 민주주의 성격의 혁명이라고 규정했다. 1934년 3월에 열린 그리스공산당 제5회 대회는 "파시즘과 전쟁이 날이 갈수록 점점 더 심 각한 위협이 되고 있다"는 사실을 확인하고, 파시스트 독재 수립을 저지하 기 위해서는 노동자들을 비롯한 인민의 투쟁이 요구된다고 강조했다(*Neos kosmos*, 1968, 15; The USSR Academy of Sciences 1985, 401에서 재인용).

그리스공산당은 제5회 대회 결정을 기본 지침으로 삼고 민족 세력의 반파시즘 통일 정책을 실행하기 위해 반파시즘 투쟁의 조직자로서 행동했다. 1934년 7월 5일에는 '전全그리스반파시즘대표자회의'가 처음으로 열렸다. 같은 해 10월 5일에 그리스공산당, 농민당, 사회당, 사회민주노동당 대표들과 그리스노동총동맹, 그리스통일노동총동맹, 독립노동조합 대표들이 통일 행동 협정을 맺었다. 1934년 11월에는 그리스공산당, 농민당, 사회당이 공동으로 반동의 음모에 대한 통일 행동을 벌일 것을 노동자들에게 호소했는데, 이런 공동 행동은 1935년 2월 4일로 예정했던 파시스트 단체의 행동을 좌절시킬 수 있었다.

반파시스트 운동이 고양되는 상황에서, 반동 진영에서는 왕당파인 인민당과 자유당 사이의 대립이 격화되었다. 1935년 10월 10일, 영국의 적극적인 지지를 받는 왕당파의 지도자인 게오르기오스 콘딜리스 장군이 쿠데타를 감행했다. '군인동맹' 소속 군인이 파나가스 트살다리스 정부를 무너뜨리고 의회를 소집했는데, 의회는 국민투표 실시와 1911년 왕정 헌법의 일시 부활에 관한 의결을 채택했다. 민주주의 세력의 분열은 왕정파가 국민투표에서 승리할 수 있는 조건을 만들어 주었다. 1935년 11월 25일 영국에 있던 전前 국왕 게오르기오스 2세가 그리스로 돌아왔다.

왕정복고에 대항해 공산당은 노동자들에게 총파업 결행을 호소했고, 민주적인 인민정부 수립을 슬로건으로 내세웠다. 1936년 2월 19일 그리스 공산당은 자유당과, 이어서 7월에는 농민당과 공동행동 협정을 맺었다. 그리고 같은 달에 채택된 각각 독립해 있던 세 노동조합이 단일 조직인 그리스노동총동맹으로 결합하는 데 대한 결정도 큰 의의를 갖는 것이었다.

1936년에는 전국에 걸쳐 광범한 반파시즘 운동이 전개되었으며, 노동자계급의 파업투쟁이 강력하게 일어났다. 같은 해 5월 9일과 10일에 살로니카에서 대중적 파업과 시위투쟁이 감행되었는데, 경찰대가 시위대를 향해 총격을 가했다. 그 뒤로 며칠 동안은 인민의 정치적 행동이 다양한 형태로 전개되었다.

이와 같은 반파시즘 투쟁이 전개되었는데도 민주 세력의 역량은 파시스트 독재 수립을 저지할 수 없었다. 1936년 4월 이후 정부를 이끌어 왔던 퇴역장군 이오아니스 메타크사스가 국내 반동 세력과 영국 제국주의자들의 지지를 받아 1936년 8월 4일 군사쿠데타를 일으켜 파시스트 독재 체제를 수립했다. 그리스에 계엄령이 선포되고, 의회는 해산되었으며 민주 정당과 노동조합 활동은 금지 되었다. 노동조합은 국가 통제를 받게 되었고, 독재에 반대하는 세력에 대한 대량 검거가 시작되었으며 반파시스트 운동가들이 투옥되거나 유형에 처해졌다.

그리스의 반파시스트 세력들은 지하에서 투쟁을 계속했다. 1938년 초에는 '전그리스노동자통일전선위원회'가 결성되었다. 1938년 7월 28일에는 파시스트 독재에 반대하는 봉기가 크레타 섬의 카니아에서 일어났다. 그러나 자유주의 정당 지도자들이 왕실 정부와 타협을 벌여 봉기를 깨뜨렸다 (The USSR Academy of Sciences 1985, 403).

독재 체제가 유지되는 가운데, 그리스에서는 외국자본에 대한 의존도가 갈수록 높아져 제국주의 열강에 대한 종속성이 더욱 커졌다. 그리스는 프랑스의 압력을 받아 프랑스의 발칸반도 지배 기구인 발칸반도 연합(그리스, 루마니아, 터키, 유고슬라비아의 동맹)에 참가했다. 그리스를 지배하기 위한 영국과 프랑스의 경쟁이 전개되는 한편, 이탈리아와 독일도 자신들의 이해관계를 위해 그리스를 종속하려는 활동을 전개했다. 메타크사스 독재 기간에 그리스와 히틀러 독일 사이에는 빠른 접근이 이루어졌다. 독일 파시스트는 그리스에 대해 불리한 무역협정을 강요했으며, 그리스 군대에 대한 무기 공급을 떠맡아 사실상 그리스에 대한 지배권을 행사했다(Alexandrov 1986, 311~312).

제2차 세계대전이 발발한 뒤, 1940년 10월 이탈리아 침공과 1941년 4월 독일 히틀러 독일군 점령을 겪게 되면서, 그리스의 반파시즘 투쟁은 본격적으로 전개되었다.


## 4. 동유럽 국가들

### 폴란드

1930년대 초 폴란드 경제는 경제공황에서 미처 벗어나지 못한 채, 오랜 기간 극심한 곤란을 겪었다. 실업은 매우 광범했고, 임금수준은 큰 폭으로 하락한 상태에서 노동자들은 극심한 고통을 당했다. 1935년까지 계속된 농업공황은 농가부채의 증대와 농민의 전반적 궁핍을 가져왔다.

정치적으로는 피우수트스키의 사나치아 정부는 경제문제 해결을 위한 정책 방안을 갖고 있지 못했으며, 경제공황을 타개하기 위해 그 어떤 일도 하지 못했다는 비난을 피할 수 없었다. 이런 처지에서 피우수트스키는 반대파 정치 세력에 대한 본격적인 탄압을 자행했다. 1930년 11월에 시행된 의회 선거는 정부의 노골적인 개입이 행해지는 가운데 치러졌다. 그 결과, 의회의 의석 배분에서는 '초정당 연합 블록'이 55.6퍼센트, 좌파가 14퍼센트, 중도파가 9퍼센트, 우파가 12.9퍼센트, 소수민족이 7.4퍼센트를 각각 차지했다. 이로써 중도파와 좌파가 크게 후퇴해 정부에 대항하기에는 역부족이었다(이정희 2005, 388).

이와 같이 폴란드가 점점 군국주의화와 파시즘화의 길로 접어든 가운데,

노동자계급은 반동 세력의 정면공격에 대응해 강도 높은 투쟁을 전개했다. 가장 먼저 투쟁에 나선 계층은 실업자들이었다. 1930년 3월 6일 국제 실업 반대 투쟁의 날을 맞아 바르샤바, 그루지옹츠, 사노크, 블로츨라베크, 파비아니체, 카토비체 등의 도시에서 집회와 시위가 행해졌는데, 이 과정에서 경찰과 시위대 사이에 충돌이 벌어졌다. 1930~1931년 무렵에는 전국에 걸친 대중시위가 다시 일어났는데, 참가자들은 실업급여 지급, 연료 보장, 주거에서 강제퇴거 중지 따위를 요구했다.

노동자들의 파업투쟁은 1931년 중반부터 증가세를 보였는데, 이런 경향은 거의 7년 동안 계속되었다. 파업투쟁은 종종 사나치아 정치체제에 반대하고, 시민의 자유 제한과 노동자계급이 그동안 획득한 투쟁의 성과들을 무위로 돌리려는 조치에 반대하는 정치적 슬로건도 내세웠지만, 실제로는 경제투쟁 중심이었다.

1930년대 폴란드에서 일어난 파업은 그 규모 면에서 큰 편이었다. 투쟁의 선봉에 선 사람들은 대규모 공업 기업 노동자들이었는데, 파업은 점점 장기적이고 완강한 양상을 나타냈다. 1930년에는 30일 이상 지속된 파업이 8건에 지나지 않았으나, 1932년에는 29건에 이르렀다. 이에 정부는 노동쟁의 해결을 위해 강제조정제도를 도입하는 한편, 파업을 막기 위해 점점 더 엄격한 대책을 시행했다(*100 lat polskiego ruchu robotniczego. Kronika wydarzeń*, 1978, 134; 138; 144; The USSR Academy of Sciences 1985, 363에서 재인용).

1931년에는 유혈 탄압 상황이 전개되면서 군사 법정이 도입되었는데, 폴란드 노동자들은 유혈 탄압을 피하기 위해 기업을 점거하고 며칠 동안, 또 때로는 몇 주 동안에 기업을 관리하면서 파업 노동자 말고는 어떤 사람도 기업 안으로 들어오지 못하게 하는 이른바 '폴란드 방식 파업'을 벌이기도 했다. 공식 자료에 따르면, 1931년에는 점거 파업 4건에 참가 인원 7,200명이었고, 1932년에는 48건, 1933년 137건으로서 참가 인원은 각각 4만 3,300명과 4만5천 명이었다. 파업의 70~80퍼센트는 노동자의 부분적 또는 완전한 승리로 끝났다(*Historia polskiego ruchu robotniczego, 1864~ 1964*, 431; 439; The USSR Academy of Sciences 1985, 364에서 재인용).

이와 같이 파업투쟁이 전개되는 가운데서도 1929~1933년 사이에 조직 노동자 수는 오히려 줄어들었다. 1931년에는 '노동조합 좌파'가 결성되었는데, 이 조직에는 노동자 5만 명 이상이 가입했다. 폴란드사회당이 지도한 '계급노동조합'도 노동자투쟁을 조직하는 데 적극 참여했다.

1932년 3월 16일 정부가 반노동자법(이것은 사회입법과 사회보장제도의 개악과 노동일 연장 등을 규정했다)을 발표하자, 노동단체들은 전국적 항의 파업을 선언했다. 이 파업에는 노동자 30만 명 이상이 참가했으며, 경찰과 충돌을 빚기도 했다. 국회가 반노동자법 채택을 1년 동안 연기했는데, 이로써 노동자투쟁은 일정한 성과를 발휘할 수 있었다.

1933년은 노동자계급 투쟁이 격렬하게 추진된 한 해였다. 로지에서 시작된 섬유노동자의 파업이 주변 지역과 관련 부문에까지 빠르게 확산되었고, 투쟁은 완강했다. 파업이 진행되는 가운데 농민들은 노동자투쟁을 지원했고, 집회와 시위에 참가했다.

이와 같이 공황 이후 5년 동안에 파업운동은 고양되어 1936~1937년에는 절정을 이루었다. 2년 동안의 파업은 4천 건 이상이었고, 파업 참가 노동자 수는 120만 명을 넘어섰다. 노동자계급은 노동조합을 파시즘 방식의 직능조합으로 통합하고자 한 정부의 시도를 무산시켰고, 반노동자법안 특히 노동자의 선거권을 대폭 제한할 것을 의도한 법안에 반대해 완강한 투쟁을 벌였다(*100 lat polskiego ruchu robotniczego*, 1978, 158; The USSR Academy of Sciences 1985, 364에서 재인용).

정부는 노동자투쟁을 억제하는 한편, 테러를 저질러 노동자들을 위협했다. 1931~1937년 사이에 경찰의 총격으로 노동자 250명이 살해당했는데, 이런 가혹행위에 항의해 노동자들이 '점거 파업'을 일으키기도 했다.

한편, 정부가 노동조합의 파쇼화를 기도하자 전투적 노동조합을 비롯한 사회당과과 공산당은 물론이고 우파 성격을 가진 '노동조합동맹'까지도 정부 방침에 강력히 반대함으로써 결국 정부는 노동조합의 파쇼적 통합을 포기해야만 했다.

이런 과정에서 정부의 정책에 반대하는 공동 대응책을 조직하기 위해서는 노동조합의 통일이 필요하다는 대중의 요구가 커졌다. 1935년부터 제기된 파업투쟁에서는 다양한 형태로 노동조합의 통일 행동이 이루어졌다. 1934년에는 '노동조합 좌파'가 우파 성격의 '노동조합동맹'과 통합할 것을 제안했는데, 많은 노동조합 조합원이 찬성했으며 노동조합동맹 지도부도 이를 수용하지 않을 수 없었다.

1935년 9월 폴란드공산당 중앙위원회는 1931년에 결성된 노동조합 좌파 블록을 해산하고 그 소속 조합원은 노동조합동맹 산하 각 부문별 노동조합에 가입하는 결정을 채택했다. 노동조합동맹 산하 조직에 가입한 조합원은 1935년 22만2천 명, 1937년 34만8천 명이었다. 1936년 2월에 열린 공산당 중앙위원회 제6회 총회는 우파 성격의 노동조합에 소속한 노동자들과 통합할 것을 주장했다(*100 lat polskiego ruchu robotniczego*, 1978, 165; The USSR Academy of Sciences 1985, 367에서 재인용).

이와 같이 파업운동이 고양되고 노동조합운동의 통일이 추진되면서 노동자계급의 정치·사회적 영향력도 증대되었다. 이런 상황에서 정부는 강제중재제도의 강화를 통해 파업권을 법적으로 제한하려 한 새로운 기도를 그만두어야만 했다. 1937~1939년에 국회는 단체협약법, 광산에서 시행하는 노동시간 단축과 연장근로수당의 지불에 관한 법률을 채택했다.

한편, 폴란드공산당은 통일전선 구축을 위한 대책을 정력적으로 추진했다. 1933~1934년에 공산당 지도부는 사회당 중앙집행위원회에 반파시즘 투쟁과 폴란드 민주주의 실현을 위한 투쟁에서 상호 협력할 것을 제안했다. 1934년에는 공산당이 인민전선 슬로건을 내걸었다. 폴란드사회당 내에서는 좌파의 처지가 더욱 강화되었다. 우파 지도부의 개량주의를 거부한 좌파 사회당원은 반사나치아 투쟁을 강력히 추진할 것과 이 투쟁에 근로 농민과 함께할 수 있는 방침을 강구해야 한다고 주장했다. 1934년 2월에 열린 폴란드사회당 제23회 대회는 노동자·농민 정부 슬로건을 채택했다(The USSR Academy of Sciences 1985, 367~368).

1934년 여름에는 주요 공업 중심지, 즉 바르샤바, 로지, 상 슐레지엔에서 사회당원과 공산당원 사이의 회합이 열렸고, 협정이 체결되었다. 1935년 2월 17일에는 노동자 7만5천 명을 대표하는 바르샤바 노동자대표회의가 열렸다. 공산당의 협력을 기반으로 사회당원과 '계급' 노동조합들의 간부들이 주축이 되어 조직된 이 회의는 사나치아 정치체제가 밝힌 내외정책 반대를 표명하고, 경제·사회·정치 문제에 대한 노동자계급의 주장을 폈다.

1935년 8월에는 사회당 중앙집행위원회 대표자들과 공산당 중앙위원회 사무총국 대표자들이 회의를 갖고 상호 비난 중지에 합의하고, 민주주의적 자유 옹호와 '계급적' 노동조합의 선전을 위해 공동 캠페인을 벌이기로 했다.

1937년 이후 중부 유럽 정세는 크게 달라졌다. 독일 나치스가 독일 내에서 나치즘의 기반을 닦은 뒤, 대외적으로 팽창정책을 펴기 시작했다. 이에 따라 전 동남부 유럽은 국제적인 전쟁 위기 속으로 말려들었다. 1938년 10월에 독일은 그단스크를 독일에 병합할 것과 폴란드 회랑을 가로지르는 치외법권 인정의 자동차 도로 건설을 요구했다. 이런 가운데서도 정부는 사나치아 권력 독점 체제를 유지하는 데만 온갖 노력을 기울였다.

1939년 9월 1일 드디어 독일군은 폴란드 공격을 시작했다. 폴란드의 항전은 절망적이었다. 그런데도 전쟁은 여러 지역에서, 특히 바르샤바에서 완강하게 지속되었다. 그러나 히틀러의 명령에 따라 실행된 무자비한 공중 폭격으로 폴란드는 무너졌다(이정희 2005, 390~392).

폴란드 노동자계급은 독일 점령 상태에서 거의 6년 동안 농민과 근로 인텔리겐치아와 연대해 민족해방과 혁명적 사회변혁을 수행하기 위해 부단히 저항운동을 전개했다.


## 체코슬로바키아

세계경제공황은 체코슬로바키아 경제에 대해서도 매우 심각한 타격을 가져다주었다. 1933년 수출 실적은 1929년에 행한 수출의 28퍼센트 정도까지 떨어졌고, 공업생산은 61퍼센트로 낮아졌다. 실업자 수는 전 인구의 9퍼센트에 이르렀으나, 슬로바키아의 경우는 30퍼센트 이상 되었다. 이런 상황에서 프란티셰크 우잘 내각이 사퇴하고 얀 말리페트르 내각이 들어서서 공황대책에 온힘을 쏟았다. 국채를 매출하고 통화의 평가절하를 단행했는가 하면, 은행 업무와 농수산물 수출입 등을 국유화했다(이정희 2005, 405).

공황은 경제적 타격뿐만 아니라 계급 사이의 갈등과 민족 모순을 격화시켰다. 독일에서 파시즘이 대두하면서 체코슬로바키아 안에서도 반동 세력이 활발한 움직임을 나타냈고, 부르주아 정당들 안에서도 반동 세력이 강화되었다. 한편, 체코슬로바키아에 살고 있는 독일인은 1933년 10월에 콘라트 헨라인의 지도로 '슈데텐조국전선'(1935년부터는 슈데텐 독일인당으로 불렀다)을 결성해 활동했다. 이 조직은 배타적 애국주의 선전을 열성적으로 전개하면서 많은 독일인에게 영향력을 확대했다. 이와 함께 슬로바키아에서는 자치권 요구 운동이 다시 일어나게 되었다. 그리고 반동적인 국민민주당은 체코인 파시스트 대중조직 — 민족연합 — 의 창설을 기도했다.

1935년 5월에 네 번째 의회 선거가 실시되었다. 이 선거에서 슈데텐 독일인 당은 의석의 14.7퍼센트를 차지해 농민당에 이어 제2당으로 등장했다. 제3당은 12.7퍼센트를 얻은 사회민주노동당이었고 공산당은 10퍼센트를 얻어 제4당이 되었다. 1935년 11월에 말리페트르 내각은 물러나고 밀란 호자를 총리로 하는 제2공화국이 탄생했다. 공화국의 대통령으로는 토마시 마사리크가 사임한 뒤 에드바르트 베네시가 선출되었다(이정희 2005, 406).

이와 같은 정치적 변화를 겪는 가운데 노동자계급의 파업투쟁이 확대되었다. 1931년 11월 프리발도프 채석장 노동자 파업은 경찰이 노동자와 실업자들이 벌이는 시위를 향해 총격을 벌인 뒤, 지역 전체에 걸친 정치적 총파업으로 확대되었다. 1932년 3월에는 체코 북부에서 탄광노동자 파업이 발발했다. 탄광 기업주의 테러와 개량주의 지도부의 미온적 태도에도 불구하고 파업은 전 지역으로 파급되어 총파업으로 확대되었다. 투쟁 규모가 커지면서 구체적인 경제 요구가 일련의 정치 요구와 결합되었다. 노동자들은 파업 과정에서 전국적인 연대 운동을 전개했다. 파업은 노동자들의 요구가 거의 관철되면서 마무리되었다. 코민테른 집행위원회 제12회 총회는 이 파업을 세계경제공황기에 유럽에서 일어난 중요한 파업 가운데 하나로 평가했다(*Kommunistichensky International*, 1832, 3; The USSR Academy of Sciences 1985, 373에서 재인용).

노동자계급의 파업투쟁은 농촌의 근로 농민투쟁과 결합되기도 했다. 슬로바키아에서는 종종 농업노동자들이 파업을 일으켰고, 빈농도 투쟁에 참가했다. 1932년에는 보헤미아와 모라비아에서 체납에 따른 재산의 강제징발에 반대해 농민투쟁이 일어났다. 특히 대중투쟁 형태를 취한 것은 자카르파토스카야 우크라이나의 농민투쟁으로서, 이 투쟁은 실업자·노동자·농민투쟁이 사회·민족적 억압에 반대하는 전 인민적 투쟁으로 전화했다(Král 1978, 55; The USSR Academy of Sciences 1985, 374에서 재인용).

1932년 하반기부터 반동 세력의 공세가 점점 강화되면서 파시즘과 전쟁의 위험에 대한 공동 투쟁이 절실하게 요구되었다. 그러나 사회주의정당들과 공산당의 통일전선 결성은 이루어지지 않았다. 1933년 말에는 공산당이 비합법상태에 들어가게 되었다.

한편, 히틀러는 집권 뒤, 독일에서 나치 체제를 확립하고 대외정책에서 오스트리아 합병에 이어 체코슬로바키아 정복을 위한 정책을 펴기 시작했다. 슈데텐 독일인당은 1937년 9월부터 비밀리에 독일과 교섭을 벌였다. 슈데텐 조국전선 결성을 주도했던 헨라인은 친나치스 정책 채택을 정부에 요구했고, 또 슈데텐 지역의 분리를 요구했다. 체코슬로바키아 정부는 이런 요구를 결코 수용하지 않았으나, 슈데텐 분리 문제는 영국과 프랑스가 여기에 개입함으로써 국제 문제로 떠올랐다. 영국과 프랑스는 체코슬로바키아를 방어할 만한 태세가 되어 있지 못하다고 판단했기 때문에 어떻게 해서라도 독일과는 군사적 충돌을 피하고자 했다. 그리하여 영국 정부는 1938년 9월 21일 체코슬로바키아 정부에 대해 독일 요구를 수용하라고 통고했다. 이렇게 되자 체코슬로바키아 정부는 영국 정부 제안을 수용하지 않은 채, 호자 내각이 그 책임을 지고 물러났다.

1938년 9월 30일에는 체코슬로바키아가 참석하지 않은 가운데 독일, 영국, 프랑스, 이탈리아가 뮌헨 협정을 체결했다. 이로써 베르사유 체제는 사실상 붕괴되었다. 곧이어 중부 유럽에 새로운 국경선이 그어졌다. 같은 해

10월에 독일은 드디어 수데텐 란트를 병합했고, 폴란드는 테첸 지방을 점령했으며 11월에는 헝가리가 헝가리 민족이 거주하는 국경지역을 차지했다.

한편, 체코슬로바키아 붕괴는 내부에서도 일어나고 있었다. 10월 5일 베네시 대통령이 사임한 뒤, 슬로바키아는 독립을 요구했다. 티소가 슬로바키아 정부의 수상으로 임명되었고, 공화국은 이중 체제로 개편되었으며 정당 구도도 재편되었다. 슬로바키아에서는 슬로바키아 인민당이 일당독재를 실행했고, 체코에서는 우파인 민족통일당과 좌파인 민족노동당으로 나뉘어졌다(이정희 2005, 407~408).

1938년 11월에 에밀 하하가 대통령으로 선출되고 수상으로는 루돌프 베란이 지명되었다. 이 정부는 기존 정당들을 거의 전부 여당인 민족통일당으로 통합하는 한편, 사회민주당을 탄압하고 공산당을 해체했다. 뮌헨 협정 조인에서부터 히틀러가 체코슬로바키아를 완전 점령할 때까지 체코슬로바키아는 독일의 종속국가였으며 국내에서는 전체주의 정치체제가 들어서고 있었다.

1939년 3월 15일 독일은 체코슬로바키아를 무력으로 점령해 이를 '보헤미아-모라비아 보호령'으로 선포하는 동시에 슬로바키아에는 파시스트 괴뢰 정권을 수립했다. 보호령 대통령으로는 하하가 그대로 유임되었고, 모든 정당 활동이 금지되었으며 유일한 독재 정치조직인 '민족 협동체'가 결성되었다.

제2공화국이 붕괴된 뒤, 서유럽 각지에 흩어져 있던 체코인과 슬로바키인은 망명 정부를 수립하는 운동을 벌이면서 저항운동을 전개했다. 사임했던 제2공화국 대통령 베네시는 '체코슬로바키아국민위원회'를 조직해 1939년 11월 서유럽 각국으로부터 승인을 받았다. 제2차 세계대전 중 그는 영국 런던에서 대통령으로 추대되어 임시정부를 세웠다. 임시정부는 연합국측에 가담해 체코슬로바키아 해방을 위해 참전했다(이정희 2005, 413).

## 헝가리

헝가리는 다른 자본주의국가들과 마찬가지로 세계경제공황기에 산업생산과 농업생산이 파국에 가까울 정도로 저하되었고, 금융이 혼란을 겪게 되었으며 국내·외의 상업이 크게 위축되었다. 경제공황 이전인 1928년 실업률은 5퍼센트였던 것이 1933년에는 35.9퍼센트로 급증했으며, 산업의 총생산 규모도 5분의 3으로 격감해 '인구 900만 명 국가에 걸인 300만 명이 살고 있다'는 풍자가 등장할 지경이었다(이상협 1996, 250). 노동자를 비롯한 근로인민의 생활은 극도의 곤궁한 상태에 놓였다. 지배계급은 공황에서 탈출하기 위해 노동자에 대한 착취를 강화했고, 미클로시 호르티 정치체제는 전체주의적인 성격을 점점 강화했다.

이런 상황에서 노동자들의 파업투쟁과 농민 행동이 폭발한 것은 예상되는 일이었는데, 여기서 제기된 주요한 요구는 실업 일소, 임금 인상, 토지를 경작자에게 인도할 것 따위였다. 1930년 9월 1일 부다페스트에서 대중시위가 전개되었는데, 노동자와 영세 수공업자 그리고 주변 농촌에 올라온 농민 등 약 10만 명이 시위에 참가했다. 시위대는 '일과 빵을', '실업자에 대한 지원', '자유 만세' 등의 슬로건을 내걸었다. 경찰·군대와 노동자 사이에 유혈 충돌이 일어났다("To the Fortieth Anniversary of the Communist Party of Hungary," 1959, 160; The USSR Academy of Sciences 1985, 385에서 재인용).

지배 세력은 노동자들의 대중행동에 대해 테러와 탄압으로 대응했다. 1930년대 들어 노동자들의 파업투쟁 규모는 더욱 확대되었다. 1935년의 경우 파업 참가자 수는 1만6천 명 이상이었고, 노동손실일수는 11만 일을 넘었는데, 1936년의 경우 파업 참가자 수는 2만1천 명이었고 노동손실일수는 33만2천 일 이상이었다. 노동자들이 내세운 주요한 요구는 임금 인상과 실업자 구제였다. 1936년에 제기된 파업에서 노동자가 완전 승리한 경우가 20퍼센트, 부분 승리한 경우가 55퍼센트, 패배한 경우가 25퍼센트였다.

1937년에 노동자들이 일으킨 파업은 더욱 격렬해졌다. 이와 함께 토지개혁, 보통·비밀 선거의 실시, 민주주의 실현을 요구하는 근로 농민의 반정부 행동도 확대되었다. 그리고 1936년에 노동조건 개선을 요구한 농업노동자들이 파업 39건을 결행했는데, 그 가운데 33퍼센트 정도는 파업 노동자가 승리했다(*The Seventh Comintern Congress and the Fight to Set Up a Popular Front in Central and South: Estern Europe*, 231~232; The USSR Academy of Sciences 1985, 386에서 재인용).

노동자의 파업투쟁이 전개되는 가운데 호르티 정치체제에 반대하고 노동자투쟁을 적극 지원한 정치 세력은 헝가리공산당이었다. 헝가리공산당은 지하에서 활동을 계속했으며, 1930년에 열린 제2회 대회에서 근로인민들의 이익을 위한 강령을 채택했다. 강령에서 특히 강조한 점은 노동자의 실질임금 인상, 국가실업급여제도 도입, 남녀 동일노동에 대한 동일임금 지불, 가장 빈곤한 농민의 납세 면제와 중농에 대한 과세 인하, 언론·출판의 자유, 산업노동자와 농업노동자의 단결 자유였다.

헝가리공산당이 이런 활동을 전개했지만, 공산당 좌파 분파주의의 오류는 사회민주당과 연대를 강화하는 데서나 노동자의 단결을 위한 활동을 전개하는 데서도 큰 제약 조건으로 작용했다. 사회민주당 우파는 공산주의자들을 '좌익 파시스트'라고 불렀고, 또 공산당과 동맹을 주장하는 좌파 사회민주당원들에 대해서도 투쟁을 강화해야 한다고 주장했다. 공산당은 사회민주당 지도자에 대해 사회민주당이 했던 것과 같은 정도의 적대감을 드러냈으며, 이런 행위는 실제로 노동자의 단결을 해치는 결과를 가져왔다. 헝가리공산당은 1933년 여름에 합법적 노동자 조직으로서 노동조합에 대한 전술을 바꾸었는데, 독자적인 비합법 또는 반비합법 적색노동조합의 결성 방침을 포기하고 당 중앙위원회는 '노동조합 속으로'라는 슬로건을 채택했다(The USSR Academy of Sciences 1985, 387).

1936년 1월 공산당은 사회민주당 지도부 앞으로 비공개 서한을 보냈는데, 이것은 공산당과 사회민주당의 협력 관계 수립을 재차 제안한 내용이었다. 공산당은 호르티 정부의 테러에 대한 투쟁과 노동조합의 합법적 활동을 위한 자유, 체포된 혁명가 옹호, 파시스트 독일과 이탈리아에 대한 헝가리의 접근 반대 등을 위한 투쟁을 공동으로 추진하자고 표명했다. 사회민주당은 이런 공산당의 제안을 거부했다.

1938년 독일이 오스트리아를 병합하면서 헝가리 독립 자체에 대한 위협도 점점 커졌다. 이런 상황에서 헝가리 독립을 유지하기 위한 인민전선 또는 민족통일 민주주의 전선의 구축이 주요 과제로 제기되었으나, 진보 정치세력 사이의 이해 대립과 갈등으로 전선은 끝내 형성되지 못했다.

1938~1940년 동안 헝가리는 나치스 독일과 파시스트 이탈리아의 도움으로 체코슬로바키아, 루마니아, 유고슬라비아의 영토 일부를 탈취하게 되었고, 침략적인 독일과 더욱 긴밀한 관계를 맺게 되었다(A History of Hunggary, 1972, 330~345; The USSR Academy of Sciences 1985, 390에서 재인용). 제2차 세계대전이 발발된 1939년 9월에는 정세는 더욱 나빠졌다. 헝가리는 처음에는 직접 참전하지는 않았으나 국내에는 비상사태가 선포되고 경찰의 감시 체제가 확대되는 동시에 강제적 노동의무제가 도입되었다. 정부는 비상사태를 이용해 공산당을 비롯한 진보 세력을 탄압했다. 이런 탄압에도 불구하고 진보적 정치 세력과 대중조직은 조직을 재건하는 동시에 자유·독

립·민주 헝가리를 위한 투쟁을 전개했다.


## 유고슬라비아

유고슬라비아의 경우, 경제공황은 다른 나라에 비해 늦게 시작되었으나 그
영향은 다른 나라보다 훨씬 길게 지속되었다. 유고슬라비아는 여전히 낙후
된 공업과 전근대적인 농업생산을 유지하는 농업국가였고, 저임금과 농업
과잉인구, 광범한 잠재 실업이 존재했다. 게다가 반동적 군주제의 정치적
억압은 근로인민의 비참한 상태를 더하게 만들었다.

이와 같은 상황에서 노동자들이 벌이는 경제투쟁은 격렬한 양상을 띠게
되었다. 1931년부터는 임금 인하와 긴 노동일, 그리고 고용 축소에 반대하
는 노동자의 조직적 행동이 자주 일어났다. 자그레브 철도노동자들이 파업
에 들어갔고, 보스니아에서는 제재製材 노동자들이 대량 해고에 항의해 공장
점거를 시도했다. 1932년에는 세르비아, 보스니아, 달마티아에서 다시 파
업이 일어났다(The USSR Academy of Sciences 1985, 396~397).

유고슬라비아에서 전개된 노동자투쟁이 성공을 거두기 위해서는 농민
투쟁과 결합하는 일이 중요했다. 1933년 후반부터 영세한 토지를 소유한
농민들이나 농업노동자들이 노동자투쟁에 합류한 것이 중요한 의의를 갖는
것도 그런 이유 때문이었다. 근로인민들은 '빵과 일'이라는 슬로건을 내걸고
함께 조직한 정치 시위를 벌였다.

1934년에는 슬로베니아의 트로보블리에 광산노동자와 달마티아의 시
멘트공장 노동자의 대규모 파업이 전국을 떠들썩하게 했다. 때때로 노동자
들의 투쟁은 학생들의 정치 시위와 농민들의 대중 소요와 합류했다. 1934
년과 1935년에는 독재 정치체제에 반대하는 여러 사회 세력이 공동 행동을

벌이기도 했고, 여기서 노동자계급은 주도 세력으로서 정치투쟁의 무대에 등장할 태세를 갖추었다.

1936년은 1920년대 이후 최대 규모 대중 파업이 일어난 해였다. 파업은 개별 기업 차원에서뿐만 아니라 산업 차원에서도 일어났다. 예컨대 베오그라드, 자그레브, 류블랴나의 건축노동자 파업이나 슬로베니아의 57개 방적 공장 노동자 파업이 그러했다. 1937년에는 파업권을 폐지하려는 정부 기도에 반대하는 노동자의 대중행동이 전개되었다. 이 해에는 200건 이상의 파업이 많은 부문에서 일어났는데, 그 특징은 파업이 큰 중심 지역뿐만 아니라 인구가 적은 소도시에서도 일어났다는 사실이다. 노동자들은 단체협약에 규정된 노동자의 권리를 침해하는 지배 체제에 대해 반격을 가했다(The USSR Academy of Sciences 1985, 397).

1938년에는 200건 이상의 파업이 일어났는데, 그 특징은 완강했다는 사실이다. 예컨대 스플리트 건축노동자들의 파업은 2개월에 걸쳐 진행되었다. 1938년 4월에는 노동조합 통일파가 통일노동자노동조합동맹 대회에서 주도권을 잡게 되었다. 대회는 정부의 지지를 받으면서 분열주의와 반공주의 노선을 견지해 온 우파 사회민주당의 방침을 거부했다.

노동자계급의 파업투쟁이 지속적으로 또 완강하게 진행되는 가운데, 1938년에 열린 유고슬라비아공산당 대회는 요시프 브로즈 티토를 사무총장으로 하는 새 지도부를 선출했다. 새 지도부는 분파 활동에 대한 투쟁과 당의 조직과 사상을 강화하기 위한 노력을 기울였다. 1939년 12월 4일에는 베오그라드에서 노동자와 학생 수천 명이 '평화, 빵, 자유를!'이라는 슬로건을 내세우고 시위를 벌였다. 정부 당국은 시위대에 발포 명령을 내렸고, 학생 3명과 노동자 1명이 죽고 수십 명이 부상을 당했다("Naš put. Pola veka revolucionarne borbe Saveza Komunista Jugoslavije," *Komunist*, Belgrade,

1969, 368~369; The USSR Academy of Sciences 1985, 399에서 재인용).

한편, 유고슬라비아는 1934년부터 동맹국들이 점령을 시작한 1941년까지는 '섭정 시기'로서 정치적인 격변을 겪게 되었다. 알렉산더 왕이 1934년 프랑스를 방문하던 중에 마케도니아의 한 폭력 혁명주의자의 테러로 암살당한 뒤, 그의 어린 아들 피터의 섭정인으로 폴이 실권을 장악했다. 그는 각 정당 사이의 극심한 갈등을 조정해 화해를 이루기 위해 전력을 기울였으나 오히려 타협은 점점 더 어려워졌다. 왜냐하면 세르비아에서는 파시스트 정당인 민족당이 창설되어 크로아티아인에게 어떤 양보도 하지 않으려 했고, 크로아티아인 가운데서도 극단 성향의 테러리스트들이 지하운동을 벌이고 있었다.

이런 가운데 새 총리로 임명된 밀란 스토야디노비치는 개인의 권력 유지를 위해 새로운 급진당을 조직했다. 이에 대항해 크로아티아농민당, 농업민주당, 세르비아 급진당 등이 야당 연합 세력을 형성했다. 1938년 히틀러는 오스트리아를 병합하고 나치 분대가 유고슬라비아 북부 국경선까지 진입하게 되었다. 이와 같은 위급한 상황에서도 정부는 세르비아와 크로아티아 사이의 균열을 막지 못했다. 1941년 4월 독일이 유고슬라비아를 침입했을 때 유고슬라비아는 여전히 정치적으로 분열 상태에 놓여 있었다.

독일을 주축으로 하는 추축국[7]은 유고슬라비아를 점령한 후 곧 분할 계획에 착수했다. 북부 슬로베니아는 독일이 점령했고, 남부 슬로베니아는 이

---

7_추축국(樞軸國)이란, 제2차 세계대전에서 미국, 영국, 소련 등의 연합국과 싸웠던 나라들이 맺은 국제 동맹을 가리키는 말로, 히틀러의 나치 독일과 무솔리니의 파시스트 이탈리아가 1936년 10월 25일에 맺은 우호 협정이 기초가 되었다. 무솔리니는 두 나라가 유럽과 세계의 국제 관계에 큰 변화를 일으킬 추축(樞軸, 중심축)이 될 것이라고 선언했고, 여기에서 추축국이라는 말이 비롯되었다.

탈리아가 차지했다. 보이보디나 자치령 역시 분할되어 헝가리가 서부를 차지했고, 불가리아가 마케도니아를 점령했다. 서부 마케도니아와 남서부 세르비아, 즉 코스보 지역은 이탈리아령 알바니아가 차지했으며, 몬테네그로, 보스니아, 헤르체코비나, 달마티아는 이탈리아가 차지했다. 그 밖의 나머지 지역인 크로아티아는 독립 왕국임을 선포했으나, 구축국이 주요 전략지로 이용했다(이정희 2005, 461~462).

## 5. 스칸디나비아 국가들

스칸디나비아 국가들에서는 세계경제공황이 1930년에 시작되었다. 덴마크 트랜스어틀랜틱이나 스웨덴 이바르 크뢰거 콘체른과 같은 대기업 도산은 북유럽이 유지해 온 '번영'의 종말을 상징했다. 공황은 산업생산의 격감을 가져왔다. 1929~1932년 사이의 산업생산은 노르웨이에서는 25퍼센트, 스웨덴에서는 평균 21퍼센트, 덴마크에서는 13퍼센트 감소했다. 또 공황은 대량 실업을 초래했는데, 1932~1933년에는 덴마크 노동조합원의 43.8퍼센트, 노르웨이 노동조합원의 약 42퍼센트, 스웨덴 노동조합원의 20퍼센트가 실업 상태에 놓였다(Bjørn 1977, 166; The USSR Academy of Sciences 1985, 416에서 재인용).

스칸디나비아 국가들에서는 1933년 말쯤 공황은 거의 극복되었고, 경제는 활황 국면에 접어들게 되었다. 이들 국가가 겪은 경제공황은 다른 국가들에 비해 그다지 심각하지도 않았고 길지도 않았기 때문에, 노동자계급의 상태는 다른 자본주의국가들의 경우보다는 나은 편이었다. 또 스칸디나비아 국가들의 사회보장제도는 다른 나라에 비해서는 더한층 충실한 편이었다. 제2차 세계대전 이전 스칸디나비아 국가들의 생활수준은 유럽의 다른 국가들보다는 높았다.

자본주의 세계의 다른 지역과 마찬가지로 스칸디나비아 국가들도 파시스트들이 날뛸 수 있는 무대가 되기는 했으나, 여기서는 파시즘이 충분한 대중적 기반을 갖지는 못했다. 파시즘이 일정 정도 기반을 차지할 수 있었던 곳은 덴마크였는데, 여기서는 독일 파시즘이 직접 영향을 끼쳤다. 1930년에 덴마크에서는 프리츠 클라우센을 당수로 하는 '덴마크국가사회주의노동당'이 결성되었다. 노르웨이에서도 1933년 '민족통일당'이라는 파시스트 정당이 발족했는데, 당수는 국방 장관을 역임했던 비드쿤 크비슬링이었다. 스웨덴에서는 1924년에 이미 파시스트 조직이 생겨났는데, 1920~1930년대를 거치면서 파시스트 경향의 단체가 90개 이상이었고, 이들 단체가 발행하는 신문도 70개가 넘었다(Holger 1972, 199~216; The USSR Academy of Sciences 1985, 416에서 재인용).

새롭게 조성된 상황에서, 스칸디나비아의 가장 유력한 부르주아지 당파는 부르주아 민주주의 제도를 보존하기 위해 경제활동에 대한 국가 개입을 강화하는 방법으로 공황을 극복하려 했다. 사회민주당 지도자들은 이런 방침을 지지했다. 1932년과 1933년에 실시된 선거에서 스웨덴, 덴마크, 노르웨이의 사회민주주의 정당들은 전체 투표의 약 40퍼센트를 획득해 의석수를 크게 늘리는 승리를 거두었다. 1932년 선거 결과, 스웨덴에서는 사회민주당이 44년 동안의 집권 시대를 여는 계기를 마련하게 되었다.

스칸디나비아 국가들의 사회민주당 지도자들은 노동자의 대중투쟁을 누그러뜨리거나 없애려는 부르주아지의 노력에 협력했다. 1934~1936년 동안 덴마크 정부는 강제조정에 관한 특별법 채택으로 노사 분쟁을 해결하려 했다. 노르웨이(1935년)와 스웨덴(1938년)에서는 단체협약 체결 절차를 규정한 노동조합과 사용자단체의 전국 중앙 조직 사이에 협정이 작성되었다. 이 협정은 노동과 자본 사이의 공공연한 투쟁을 어렵게 했을 뿐만 아니라 개량주의적 노동조합 간부들로 하여금 계급투쟁의 원칙을 망각하게 만들었다. 파업이나 보이콧은 협정에서 규정된 복잡한 조정절차를 거쳐야만 비로소 가능했다(The USSR Academy of Sciences 1985, 417).

제2차 세계대전이 발발하기 이전 10년 동안 스칸디나비아 국가들의 노동자계급 투쟁은 두 가지 방향에서 전개되었는데, 그 하나는 공황에 따른 무거운 짐을 노동자에게 전가하려는 부르주아지의 공세에 대한 투쟁이었고, 다른 하나는 파시즘의 위험과 전쟁에 반대하는 투쟁이었다.

가장 첨예한 노동과 자본 사이의 충돌은 1931년 봄 스웨덴의 임업 지역 아달렌에서 일어났다. 노동자들은 새로운 단체협약 조항의 수용을 거부해 파업을 제기했는데, 파업 노동자들을 지원하기 위해 지역 노동자들이 연대 파업을 선언했다. 아달렌 지역의 중심인 크람포르스 시에서 파업 노동자의 평화적인 시위가 벌어졌는데, 군대 병사들이 시위 군중을 향해 총격을 가했다. 남성노동자 4명과 여성노동자 1명이 죽고 약 10명이 부상당했다(Bertil 1968, 21; 24; The USSR Academy of Sciences 1985, 417에서 재인용).

이 비극적인 사건에 관한 소식이 전국으로 전해지면서, 북부와 수도에서 항의 시위와 파업이 일어나 경찰대와 충돌을 빚었다. 5월 19일 스톡홀름에서 전개된 시위에는 15만 명(이 도시 조직노동자의 대부분)이 참가했다. 5월 21일에 거행된 장례일에는 노동조합 지도부가 전국의 노동자들에게 5분 동안의 작업 정지를 호소했다. 노동자 약 10만 명이 하루 종일 파업을 벌였고, 1만 명이 반일 파업을 간행했다. 전국에서 노동자 7만 명이 항의 시위에 참가했다. 아달렌의 파업은 1931년 5월 15~26일까지 계속되었는데, 파업 노동자들의 요구인 군대와 파업 파괴단의 철수는 결국 관철되었다(Fritjof

1956, 72; 94; 95; The USSR Academy of Sciences 1985, 418에서 재인용).

스칸디나비아 노동자계급이 전개한 완강한 투쟁의 성과는 진보적인 사회입법 시행과 1920년대 말에 채택된 반노동자 입법 폐지였다. 덴마크에서는 1933년에 '슈탕인케법'Steincke Law이 채택되었는데, 이 법은 전 국민질병개보험全國民疾病皆保險을 규정한 것이었다. 사회적 급부 금액은 생계비지수와 관련지어 조정했다. 저소득 노동자들은 무료 의료 서비스와 질병 보조금을 받았다. 이와 유사한 사회개혁은 스웨덴이나 노르웨이에서도 실시되었다.

노르웨이에서는 1938년부터 의무적인 실업보험이 실시되었다. 또 같은 해 스칸디나비아 국가들에서는 처음으로 여성이 국가의 모든 직무에 정식으로 취직할 수 있게 되었다. 그리고 1936년부터는 노령연금제(70세부터)가 실시되었다. 스웨덴에서도 1930년대에 연금개혁이 단행되었는데, 이에 따라 수급연금액이 많이 인상되었다.

스칸디나비아 국가 노동자들이 획득한 성과의 하나는 여름철 유급휴가에 관한 법률이었다. 노르웨이에서는 9일간(1938년), 덴마크(1937년)와 스웨덴에서는 12일간이었다. 노르웨이(1936년)와 스웨덴(1938년)의 농업노동자와 해원海員, 상점 판매원은 8시간 노동일을 획득했으며, 몇몇 반노동자법이 폐지되었다(The USSR Academy of Sciences 1985, 418).

스칸디나비아 노동자계급은 파시스트 반동과 군국주의 세력을 억제하기 위한 반파시즘 투쟁과 반전투쟁에 적극 참가했다. 1936~1939년 동안 진행된 에스파냐 내전에서도 공화파에 대한 스칸디나비아 노동자들의 지원은 대단히 적극적이었다. 스웨덴, 덴마크, 노르웨이에서 '에스파냐 공화파에 대한 물질·도덕적 원조위원회'가 설립되었는데, 이 운동은 광범위한 영향력을 갖게 되었고 다양한 주민층이 참가했다.

더구나 스웨덴 노동자들은 통일전선 창설을 위한 투쟁에서 큰 성공을 거두었다. 1936년 10월 예오리 브란팅을 의장으로 하는 '에스파냐 지원 스웨덴 위원회'가 설립되었는데, 1938년 말에는 354개의 지역 지부가 여기에 가입했다. 위원회는『연대』라는 잡지를 발행했으며, 발행 부수는 2만2천 부에 이르렀다. 또 위원회는 3년 동안 430만 크로나를 모금했다(*Arkiv för studier I arbetarrörelsens historia*, 1973, 7~9; The USSR Academy of Sciences 1985, 419에서 재인용).

많은 스칸디나비아인이 에스파냐 공화파를 돕기 위해 에스파냐 내전에 출전했는데, 1938년에는 스칸디나비아 대대가 편성되기도 했다. 내전에 출전한 스웨덴 사람 500명 가운데 164명이 전사했고, 덴마크 사람 600명 가운데 220명이 전사했으며 노르웨이 사람 400명이 전투에 참가했다(Bjørn 1977, 129; The USSR Academy of Sciences 1985, 419에서 재인용).

# 6장

# 미국·캐나다·일본에서 전개된 노동자투쟁

1930년대 중반기에 진을 치는 연좌파업 물결이 전국으로 번져 나갔다.
노동자들은 그들이 주저앉아 공장을 점거하면
생산을 중단시킬 수 있을 뿐만 아니라
파업 파괴자가 그들을 대신해 들어오는 것을
막을 수 있다는 사실을 깨달았다.
다양한 직종에서 일하는 노동자 수만 명이 파업에 참여하였고, 그
들은 주로 더 나은 작업 조건과 '전미자동차노동조합'(UAW)과 같은
새로운 노동조합 인정을 요구하였다.
1937년에 미시건 플린트 공장에서 가장 중요한 연좌파업이 발생하였다.
플린트 공장의 노동자들은 몇 주 동안 파업을 하였고,
제너럴모터스(General Motors)에 대항해 승리하였다.
그 결과 UAW는 공장에서 유일하게 사측과 교섭할 수 있는
노동자 대표로 인정받았다.
_제노라 돌린저(진·아노브 2011, 592에서 재인용)

# 1. 미국

미국 경제는 세계경제공황으로 가장 심각하게 타격을 받았다. 국민소득은 1929년의 874억 달러에서 1932년의 417억 달러로 줄어들었고, 산업생산은 1905~1906년 수준으로 낮아졌다. 1932년 당시 실업자 수는 1,700만 명에 이르러 임금노동자 두 사람 가운데 한 사람은 일자리를 갖지 못한 상태였다(*Labor Fact Book* III, 1936, 49~51; The USSR Academy of Sciences 1985, 422에서 재인용). 인종차별을 조장하는 법률들이 엄격하게 적용되었다. 흑인 노동자들이 가장 먼저 해고당하고 가장 나중에 재취업했다. 더구나 사회보장제도나 실업급여에 대한 기초조차 없는 상태에서 노동자들은 대단히 곤란한 처지에 놓였으며, 때로는 절망적인 상태에 빠져들었다. 1929~1933년 사이의 상황을 두고 윌리엄 포스터는 "지금까지 자본주의 번영을 과시했던 미국이 지금은 기아, 질병, 빈궁, 빈민화의 악몽이 지배하는 나라가 되었다"고 표현했다(Foster 1952, 279; The USSR Academy of Sciences 1985, 422에서 재인용).

이런 상황에서 전개된 미국 노동자계급 투쟁의 주요 형태는 실업 관련 보험제도 도입을 요구하는 대중투쟁, 수백만 명에 이르는 가난한 사람들에게 물질적 지원을 요구하는 투쟁, 정부당국·기업주·집주인의 강제퇴거와 그 밖의 압력에 반대하는 대중투쟁이었다. 특히 실업자들이 벌이는 대중투쟁이 규모나 조직 그리고 목적 측면에서 대단히 큰 정치적 의의를 보였다.

미국에서는 1930년 2월 클리블랜드와 필라델피아, 시카고에서 실업자들이 규모가 큰 시가행진과 시위를 벌였으며, 경찰은 실업자 시위를 저지하기 위해 여러 가지 탄압을 저질렀다. 3월 6일 '국제실업반대투쟁의 날'을 맞아 미국 전역의 주요 도시에서 노동자와 시민 1백만 명이 전국 규모의 시위를 전개했다. 시위는 여름에도 계속되었다. 집회와 시위를 벌이면서 노동자들은 하루 세 끼 식사와 무료 진료, 주당 2갑의 담배 지급, 임대 가옥에서 집회를 열 수 있는 권리 등을 요구했다. 이런 노동자계급 투쟁은 미국공산당 산하 '노동조합통일연맹'과 실업자평의회가 주도했다. 1930년 7월에는 '전국실업자평의회'가 결성되었고, 1930년과 1931년에는 실업자평의회가 집세 분쟁과 강제퇴거에 항의하는 시위를 조직하기도 했다.

공산당은 1931년 12월과 1932년 12월 두 차례에 걸쳐 전국 규모의 '기아 행진'을 벌였다. 국회의사당 앞에서 열린 첫 번째 집회에서는 경찰과 시위 군중들 사이에 무장 충돌까지 일어났다. 1932년 3월에는 디트로이트에서 대규모 시위가 벌어졌는데, 시위자들은 실업자에게 일자리 제공, 실업자에 대한 임금 50퍼센트 지급, 1일 7시간 노동, 노동강화 철회, 휴식 시간 엄수, 흑인에 대한 차별 철폐, 병원 무료 진료 제공, 가족 당 50달러 월동비 지급 등을 요구했다. 경찰은 시위 군중을 향해 발포해 시위자 4명이 죽고 많은 부상자가 발생했다(정종수 2000, 431~433).

1934년에는 여러 산업에서 노동자 150만 명이 파업에 들어갔다. 그해 봄과 여름에 서부 해안 지대 부두노동자들은 해운회사를 상대로 투쟁을 전개하면서 자신들의 노동조합 지도부에 대해서도 반기를 들어 총회를 열고 줄서기shape up(당일 작업할 사람들을 뽑는 일종의 새벽 인력시장) 폐지를 요구했다.

1934년 여름에 일어난 미니애폴리스의 트럭운전 노동자 파업은 다른 산업노동자들의 지지를 받았고, 파업 노동자들이 허용한 우유와 얼음, 석탄 수송 트럭 말고는 어떤 차량도 도시로 들어가지 못했다. 이런 상황에서 경찰이 파업 노동자들에게 총격을 가해 노동자 두 사람이 살해되는 사건이 벌어졌다. 노동자와 시민 5만 명이 참석한 가운데 대규모 장례식이 치러졌다. 시청 앞에서는 큰 규모의 항의 집회와 행진이 거행되었다. 한 달 뒤, 고용주들은 트럭노동자들의 요구를 받아들였다.

같은 해 가을, 미국 남부에서는 섬유노동자 32만5천 명이 참가하는 대규모 파업이 발생했다. 오하이오 주 애크런 고무공장 노동자들은 연좌농성이라는 새로운 형태의 파업을 벌였다. 미시간 주에서는 자동차공장 노동자 2천 명이 1936년 12월부터 40일 동안에 걸친 장기 파업을 벌였다. 이 시기 파업투쟁 형태로서 연좌 파업을 자주 벌였는데, 1936년에는 연좌 파업이 48건 발생했고, 1937년에는 477건이나 일어났다.

1934년과 1935년에는 노동자 수십만 명이 미국노동총연맹 산하 노동조합들에서 이탈해 대량생산 산업 — 자동차, 제철, 화학산업, 전기산업, 그 밖의 기간부문 — 에서 새로운 노동조합 조직을 설립했다. 미국노동총연맹은 그들을 무시할 수 없었다. 1935년 11월에 산업별 노동조합 조직파는 미국노동총연맹 조직 안에서 산업별조직위원회를 설립했다. 1937년 말, 산업별조직위원회의 노동조합원 수는 200만 명에 이르렀다.

산업별 노동조합에 대한 미국노동총연맹 지도부의 적대적 태도와 산업별 노조에 가입한 노조원들의 전투성은 노동조합운동의 분열을 불가피하게 했다. 1938년 11월 피츠버그에서 산업별노동조합대회가 열렸고, 여기서 새로운 노동조합 전국 중앙 조직인 '산업별노동조합회의'가 창립되었다. 완강한 노동자투쟁과 새로운 형태의 조직 결성이 노동관계법의 입법과 새로운 노동정책 수립을 촉진했다(Zinn 2005, 400~401).

이처럼 노동자투쟁이 고양되는 가운데, 1930년대 중반 들어 노동자의 직접행동을 통제하기 위한 두 가지 정교한 방식이 개발되었다. 그 하나는 전국노동관계위원회를 통해 노동조합의 법적 지위를 부여하고 그들의 발언에 귀를 기울이며 고충 사항의 일부를 해결하는 것이었다. 이와 같은 방식으로 전국노동관계위원회는 노동자 반란의 에너지를 노동조합 투표 행위로 전환함으로써 완화시킬 수 있었다.

다른 하나는 노동자 조직 자체를 전환하는 일이었는데, 노동조합의 전투적이고 공격적인 성격이나 노동자들의 반란 에너지를 교섭이나 협의 또는 노동조합의 일상적인 활동 쪽으로 전환하게 함으로써 파업투쟁을 약화시키려 시도했다는 것이다(Zinn 2005, 402).

세계경제공황 극복을 위한 루스벨트 대통령의 뉴딜정책이 지닌 한계와 문제점에도 아랑곳없이 미국공산당은 1936년 선거 직전에 뉴딜에 대한 지지를 표명했다. 1936년 6월에 연 당대회 결의에서 공산당은 공화당, 자유연맹, 반동적 신문을 대표하는 정치 연합, 즉 거대 부르주아지의 가장 보수적인 층을 대표하는 정치 연합에 대응하는 투쟁에서 노동자계급과 그 동맹 세력의 전면적 결합과 집중을 위해 노력해야 한다고 밝혔다.

공산당의 이런 전술은 노동자계급이 아닌 다른 인민 계층으로부터 동조자를 끌어들이고 광범한 일반 민주주의 운동(반전운동, 흑인운동, 학생운동 등)에 적극 참가함으로써 비공식적인 뉴딜의 진보적 연합을 공고히 하기 위해서였다(The USSR Academy of Sciences 1985, 426~427).


## 2. 캐나다

1929~1933년의 세계경제공황은 캐나다 경제에 파국적 결과를 가져다주었다. 당시 이 나라 경제는 미국과 영국에 대한 수출에 크게 의존하고 있었는데, 1933년 초 캐나다 공업생산은 거의 반으로 줄어들었고, 실업은 공식 통계로도 70만 명에 이르러 임금노동자의 3분의 1 정도가 직장을 잃은 상태였다. 직장을 유지한 노동자의 임금은 평균 23퍼센트 정도 삭감되었다

(*Canada Year Book*, 1939, 385; The USSR Academy of Sciences 1985, 428 에서 재인용).

노동자계급이 실업과 빈궁의 고통에서 벗어나지 못하고 있는 가운데, 1929년 말에는 산업별 노동조합의 새로운 전국 중앙 조직으로서 '노동자통일연맹'이 결성되었다. 노동자통일연맹은 몇몇 힘 있는 산업별 노동조합을 설립했으며, 조합원 수는 3만5천 명에 이르렀다. 노동자통일연맹은 캐나다에서 일어난 파업의 75퍼센트를 지도할 정도로 적극적인 활동을 전개했으며, 조직적이고도 대중적인 실업자 운동을 폈다. 당시 노동자들이 제기한 요구는 실업보험제도 도입과 정부 주도 공공사업 시행, 그리고 빈곤층에 대한 효과적인 지원 등이었다.

리처드 베드퍼드 베넷 보수당 정부는 빈곤한 사람들에 대한 지원이나 공공사업 조직에는 매우 적은 재정 지출만을 배정했을 뿐이었고, 노동자 파업이나 실업자 운동에 대해서는 탄압으로 맞섰다. 특히 주요 탄압 대상은 캐나다공산당이었는데, 1931년 8월에는 공산당 지도부가 체포되었으며, 공산당은 비합법단체가 되었다. 그리하여 1936년까지 공산당은 비합법 또는 반합법 상태에서 활동했다(The USSR Academy of Sciences 1985, 428).

정부의 이런 탄압 정책은 노동조합 조직 역량의 결합과 강화를 곤란하게 만들었지만, 결코 이를 저지할 수는 없었다. 노동자통일연맹은 1930년대 후반 들어 산업별 노동조합 결성을 강화하기 위한 토대를 마련했다. 미국의 산업별노동조합회의 활동에 따른 노동조합운동의 진보적 경향은 캐나다의 '캐나다직업·노동회의'의 발전에도 직접적인 영향을 끼쳤다. 그리하여 노동자통일연맹은 해산을 선언하고 모든 산하 조직은 캐나다직업·노동회의에 합류했다. 이것은 산업별 노동조합 건설을 위한 캐나다 노동조합운동의 조직적 혁신과정이었다. 이와 같은 조직 노선은 캐나다직업·노동회의 내의 조직 강화를 촉진했고 노동조합 조직의 성장을 가져왔다. 1935~1938년 사이에 캐나다의 조직노동자 수는 10만 명이 더 증가해 38만2천 명에 이르렀다(*Labour Organizations in Canada, 1970*, 1970, ⅩⅢ; The USSR Academy of Sciences 1985, 429에서 재인용).

캐나다에서는 미국의 경우와는 달리 캐나다직업·노동회의의 통일과 직업별·산업별 회의 내부의 협력이 유지되었다. 그러나 1939년 미국노동총연맹 지도부의 압력에 따라 캐나다직업·노동회의 집행위원회는 수만 명의 조합원을 포괄하고 있던 몇몇 산업별 노동조합을 회의에서 탈퇴시키는 분열주의적 결정을 채택했다. 캐나다직업·노동회의에서 떨어져 나온 노동조합들은 '캐나다산업별노동조합회의'를 결성했고, 1940년에는 '전캐나다노동회의'와 합병해 '캐나다노동회의'로 개편했다.

1930년대에 캐나다에서는 전쟁과 파시즘에 반대하는 대중의 민주주의 투쟁, 도시 중간층과 농민층의 사회적 투쟁이 고양되었고, 제3 정당 건설을 위한 운동이 부활했다. 전통적인 2대 정당 체제 반대를 명분으로 한 새로운 대중 정치운동은 처음부터 다양한 정치조직의 복합 형태를 취했다. 1932년 당시 독립노동당, 사회당, 농민 조직 등이 그러했다. 또 노동자 조직과 농민 조직이 연합해 '협동연방당' 창립을 선언했는데, 협동연방당 제1회 대회가 1933년 7월 19~21일 사이에 리자이나에서 열렸다. 협동연방당의 선언은 대중의 반자본주의·반독점·사회주의 지향을 표명했으며, '협동조합 연방'으로 표현되는 새로운 사회질서의 이상을 내세웠다(*Canada, 1918~1945. History Essay*, 223~247; The USSR Academy of Sciences 1985, 429에서 재인용).

1935년 10월에 실시된 연방 선거는 캐나다 정당정치 제도의 큰 변화를 가져왔다. 보수당이 패배했고, 자유당이 승리해 다수 의석을 차지했다. 협동연방당, 재건당, 공산당, 사회신용당은 합쳐서 25퍼센트 정도밖에 득표하지 못했다.

윌리엄 라이언 매켄지 킹 자유당 신정부는 대중투쟁의 압력을 받아 사회 민주화를 위한 몇 가지 조치, 즉 공산당 합법화, 노동 진영에 대한 국방부의 책임 배제와 폐지, 파업 노동자에 대한 폭력 행사 제한 등을 실시했다.

합법성을 쟁취한 캐나다공산당은 코민테른 제7회 대회의 인민전선에 관한 전략과 전술을 캐나다 특유의 조건에 적용하는 방안을 모색하는 동시에 협동연방당, 노동조합, 농민 단체, 도시 중간층 조직 등으로 구성되는 통일전선을 구축하기 위해 노력했다.

1935년 11월에 열린 공산당 중앙위원회 총회는 "현재 조건에서 통일 인민전선 문제는 노농연방당 창설로서 해결할 수 있다"는 사실과 "협동연방당은 이런 정당으로 전화할 수 있다"는 점을 지적했다.

공산당은 협동연방당의 프티부르주아 지도부가 공산당과 일체 접촉을 거부하고 대중의 반독점 운동에 자신들의 개량주의적 정책을 관철시키려 하고 있으나, 단체 당원 자격으로 협동연방당에 가입할 의향이 있음을 표명했다(*Toward a Canadian People's Front: Report and Speeches at the Ninth Plenum of the Central Committee Communist Party of Canada*, November 1935, 5; 28; The USSR Academy of Sciences 1985, 430에서 재인용).

공산당이 협동연방당과 협력할 것을 당 방침으로 정한 것은 캐나다 민주주의 세력의 통일 행동을 위한 실제 가능성을 고려한 것이었고, 또 협동연방당 강령에 나타난 인민대중의 정치·경제적 요구를 실현하기 위한 행동 통일 원칙을 고려한 결과였다. 협동연방당 지도부가 공산당과 접촉 금지를 방침으로 정했는데도 협동연방당 지방 지부나 노동자당 지부는 공산당과 여러 가지 통일전선 행동, 이를테면 실업자 운동, 탄압법 반대 투쟁, 실업보험 요구 투쟁, 지방과 주 의회 선거 요구 등의 행동에 참가했다.

1930년대 후반에는 평화 옹호, 반파시즘, 반전투쟁 전개에서 민주주의 세력의 협력과 연대가 눈에 띄게 강화되었다. 반전·반파시즘 운동이 일반 민주주의 운동의 중요한 한 가지 형태가 되었는데, 여기에는 노동자계급 말고도 농민층과 광범한 도시 프티부르주아층이 참가했다. 제2차 세계대전이 발발하기 직전에 캐나다 인민의 대부분은 반파시즘에 동조하고 있었고, 평화·민주주의 옹호와 반파시즘 그리고 사회 진보를 목표로 한 민주주의 연합이 힘을 얻고 있었다(The USSR Academy of Sciences 1985, 430).

## 3. 일본

일본의 경우에도 세계경제공황이 가져다준 폐해는 컸다. 1929~1931년까지 일본의 공업생산은 거의 33퍼센트 정도 감소했으며, 실업자와 반실업자는 모두 합쳐 300만 명을 넘었다(井上淸 1955, 121; The USSR Academy of Sciences 1985, 431에서 재인용). 일본의 부르주아지는 공황에 따른 폐해를 노동자들에게 전가하고자 했다. 이에 따라 그나마 노동자들의 낮은 생활수준은 더욱 악화되었고, 노동강화가 시행되어 노동조건은 더한층 열악해졌다. 더욱이 1931년 9월 1일에는 '만주사변'이 시작되어 노동자계급에 대한 자본가의 공세는 '비상시'를 맞아 극심해졌다. 만주사변 발발에서 태평양전쟁 패배에 이르는 '15년 전쟁' 시대는 노동운동으로서는 시련과 고난의 시기였다.

전쟁 확대에 따른 군국주의 강화는 정치적 반동화를 불러왔다. 이 시기에 전쟁 수행자인 군부를 중심으로 한 파시즘 지배권이 확립되기 시작했다. 극우 반동 세력의 공격 대상은 노동자만이 아니라 지배 세력 내부까지 공격의 표적으로 삼았는데, 처음에는 기성 정치 세력의 무능과 부패에 대한 공격이라는 형태로 백색테러가 저질러졌다. 이 무렵 '혈맹단'(血盟團)이라는 직업적인 살인 단체가 생겨나기도 했다. 1930년 11월 하마구치 오사치 총리가 저격을 당했고, 1932년에는 재계의 주요 인사인 이노우에 준노스케와 단다쿠마가 차례로 피살되었다. 그리고 같은 해 5월 15일에는 해군 청년 장교들이 대낮에 총리 관저를 습격해 이누가이 쓰요시 총리를 사살했다. 이른바 5·15 사건이다.

뒤이어 육군 청년 장교들을 중심으로 한 쿠데타 음모가 때때로 계획되기도 했는데, 1936년에는 이른바 '2·26 사건'이 발생했다. 이 사건은 2월 26일 청년 장교들이 군인 1,400명을 이끌고 총리 관저를 비롯해 정계·재계의 주요 인물들을 습격해 부상을 입힌 쿠데타 시도였다. 군인은 한때 경시청과 방송국을 점령하기도 했는데, 군부 독재 정권 수립을 목표로 했던 쿠데타 기도는 결국 실패로 끝났다. 그러나 이 사건을 계기로 군부의 정치적 발언권이 더욱 강해짐으로써 군부독재 정권, 곧 파시즘 권력의 길이 열리게 되었다(시오다 1985, 80~82).

이런 상황에서도 노동자계급의 투쟁은 지속되었다. 노동자투쟁은 파업투쟁뿐만 아니라 대중시위나 집회, 경찰이나 고용된 폭력단에 대한 대응 등의 형태를 취했다. 그리고 실업자 투쟁은 노동자들이 벌이는 파업투쟁이나 반전운동과 밀접히 결합되었다.

일본공산당은 전쟁 초기부터 노동자와 농민의 적극적인 반전투쟁을 조직했다. 공산당이 주도해 각지에서 반전 시위와 비합법 집회가 열렸고, 집회 참가자들은 만주, 조선, 대만으로부터 일본군 즉시 철수를 요구했다. 그러나 1932~1933년에 걸친 대량 검거에서 공산당원, 공산청년동맹원, 일본노동조합전국협의회의 활동가가 3천 명 이상 투옥됨으로써 공산당 활동은 크게 위축되었다. 1935년에 일본공산당 중앙위원회는 공격을 받아 활동 근거를 잃게 되었고, 그 뒤로 1945년까지 공산당의 전국 규모의 조직 활동은 사실상 중단되었다(『日本 共産黨의 60年』1982, 75~76; The USSR Academy of Sciences 1985, 431에서 재인용).

이와는 대조적으로 사회민주주의자들은 전쟁 협력과 '우익 편향' 노선을 취했다. 1932년 1월에 열린 사회민중당 대회는 '3반反강령'을 채택했는데, 이것은 반파쇼·반공산주의·반자유주의를 제창한 것이었다. 이 가운데 강령의 핵심은 반공산주의에 있었고, 반파쇼와 반자유주의는 형식에 지나지 않았다. 또 사회민중당은 '일본이 만주와 몽골에서 싸워서 얻는 이익을 민중에게로 돌려라'라는 슬로건을 내걸었는데, 이것은 사실상 전쟁을 지지하는 방침이었다. 사회민중당의 이런 노선에 불만을 가진 우파 인사들은 탈당해 '일본국가사회당'을 설립했다(The USSR Academy of Sciences 1985, 431~432).

1932년 7월 우파 사회민주주의 정치 세력의 통일체로서 조직된 사회대중당은 1937년에 일어난 중일전쟁을 두고 "일본 민족의 역사적 사명을 달성하기 위한 성전(聖戰)을 적극적으로 지지한다"고 선언했다. 파시스트 반동이 강화되면서 사회대중당 지도부는 군국주의와 배타적 애국주의 경향으로 빠져들었다. 사회대중당과 밀접한 협력 관계를 맺고 있었던 일본노동총동맹은 1937년 10월에 열린 전국 대회에서 중국에 대한 침략 전쟁을 소련의 '적색 제국주의'와 미국과 영국의 '자본주의적 제국주의' 침략으로부터 아시아를 해방하는 '성전'이라고 규정하고, 이 전쟁 기간에 노동쟁의를 중지하고 군수생산에 전력을 다할 것을 선언했다(시오다 1985, 84).

일본공산당은 1935년 이후 패전 때까지 10년 동안 전국·통일적 지도부를 구성할 수 없게 되었으며, 사회민주주의 정치 세력이 전쟁 지지로 돌아선 상황에서도 유럽의 반파시즘 투쟁과 코민테른 제7회 대회의 반파시즘 결의 등에 힘입어 인민전선 운동을 전개했다. 반파시즘 운동을 위한 각종 민주 단체가 여러 곳에서 조직되었으며, 도쿄와 오사카에서는 분열 상태에 놓여 있던 노동조합 조직들이 통합 움직임을 보였다. 1937년 4월에 실시된 총선거에서는 무산정당이 100만 표를 획득해 의원 38명을 당선시키는 획기적인 사건이 벌어졌다.

그러나 인민전선 운동은 일본에서 크게 발전할 수 없었다. 공산당이 합법적인 활동을 펴기 어려웠던 데다, 통일전선 운동의 중심 역할을 할 수 있는 정치 세력이 없었기 때문이다. 일부 진보 세력은 당시 '일본노동조합전국평의회'를 조직하고 또 일본무산당을 결성해 활동을 전개했으나, 인민전선 토대가 될 만한 역량을 미처 갖추지 못했다. 이런 움직임에 대해 지배 권력은 중일전쟁 직후 코민테른 방침에 따라 인민전선 운동을 전개했다는 혐의를 씌워 진보적인 인사들을 대거 투옥했다.

일본 파시스트는 1938년부터 노동조합을 대신해 자본가와 노동자를 하나의 조직인 '산업보국연맹'으로 조직하고, '사업일가'事業一家, '산업보국'産業報國이라는 슬로건을 내세워 노사 협력 체제를 강화하려 했다. 지배 권력은 1940년 7월에 사회대중당과 일본노동총동맹마저 해산했다. 같은 해 가을에는 노동조합 대신 '대정익찬회'大政翼贊會와 '대일본산업보국회'가 설립되었는데, 당시 대일본산업보국회는 회원 550만 명을 포괄했다. 이와 같이 전쟁 체제가 갖추어지는 가운데, 다음 해인 1941년에 드디어 태평양전쟁이 발발하게 되었다(시오다 1985, 89).

# 7장
# 반파시즘 투쟁의
# 전략과 전술

코민테른 제7회 대회는
노동자계급의 통일투쟁 전선을 실현하는 것이
현재 역사 단계에서 국제노동운동이 당면한 주요 임무라고 성명한다.
자본공세에 반대하고, 부르주아의 반동 정책들에 반대하며,
모든 근로자의 최악의 적이며 그 정치적 신념에 관계없이
근로자로부터 모든 권리와 자유를 박탈하고 있는
파시즘에 반대하여 효과적으로 싸우기 위해서는,
노동자계급의 다수자가 자본주의 타도와
프롤레타리아혁명의 승리를 위한
투쟁의 공동강령에 입각하여 단결하기 이전에도,
그 소속 조직에 상관없이
모든 부문 노동자계급의 행동 통일을 이루는 것이 절대로 필요하다.
_코민테른 제7회 대회 결의(동녘편집부 1989b, 139)

# 1. 코민테른 집행위원회 총회(제11~13회)의 결의

세계경제공황으로 자본주의경제가 심각한 경제·사회적 타격을 입었고, 부르주아 민주주의가 크게 흔들리면서 위기 국면을 맞게 되었다. 이와 같은 상황에서 제국주의 반동과 파시즘에 대항해 비타협적인 투쟁을 전개하기 위한 전략과 전술이 국제 차원에서 모색되었다. 1930년대에 코민테른은 집행위원회 총회와 제7회 대회를 통해 파시즘과 전쟁 위협에 대한 투쟁 방침과 결의를 채택했다. 코민테른의 프로그램과 결의는 각국에서 전개된 반파시즘과 반전투쟁에서 중요한 지침 구실을 했다.

　1931년 3~4월에 걸쳐 열린 코민테른집행위원회(IKKI) 제11회 총회는 세계정세를 분석하면서 두 개 체제 — 발전 도상에 있는 사회주의와 파국적인 공황의 타격을 입고 있는 자본주의 — 사이의 대립이 격화하고 있다고 지적했다. 또 부르주아지는 공황에서 오는 부담을 전가하기 위해 노동자계급에 대해서뿐만 아니라 도시와 농촌의 광범한 근로자층에 대해서도 공격을 가하고 있으며, 자신들의 권력을 강고하게 지키기 위해 정치적 반동을 강화하고 있다고 밝혔다. 그리고 부르주아지는 테러리스트와 파시스트 폭력단을 조직해 노동자 조직을 비롯한 모든 혁명적 조직을 파괴하고 있다고 주장했다(*Eleventh Plenum of the Executive Committee of the Communist International Theses, Resolution and Decisions*, 4~5; The USSR Academy of Sciences 1985, 273에서 재인용).

　집행위원회 총회는 반파시즘 투쟁 방침을 수립하면서 파시즘이 자본주의 해체의 한 가지 징후에 지나지 않는다고 보는 견해와 파시스트 독재가 자본주의 제도의 사멸을 앞당기는 불가피한 역사 단계라는 견해에 대해 반대주장을 폈다. 전소연방공산당(볼셰비키) 대표 드미트로 마누일스키는 파시즘은 단지 자본주의의 해체와 위기의 표지標識일 뿐만 아니라 "이 위기 극복의 요소들을 스스로 내포하고 있는 자본 공격의 한 가지 형태다"라고 하면서 "파시즘은 자본의 공세이면서 동시에 방위이다"라고 표명했다.

이런 관점에서 본다면, 파시스트 독재 수립은 프롤레타리아트의 일시적인 패배를 의미하는 것이다. 그러므로 현존하는 파시스트 독재에 반대할 뿐만 아니라 파시즘의 모든 공격 행동에 반대하고 파시즘화에 반대하며, 파시즘에 길을 터준 반동 정부의 모든 정책에 반대해 전력을 다해 투쟁하지 않으면 안 되는 것이다(*The Communist International* vol. 8, Nos. 11~12, 15 June 1931, 342; The USSR Academy of Sciences 1985, 273에서 재인용).

제11회 총회는 노동자들의 일상적인 요구 실현을 위한 투쟁을 중요시하면서 대중 획득을 위해 다음과 같은 결정을 채택했다.

첫째, 자본공세에 반대하고 임금 인하와 대량 해고에 반대하며, 임금 인상·기업가 부담의 사회보험·실업자의 즉각 구제를 위해 투쟁할 것.
둘째, 모든 형태의 부르주아 독재에 반대하고, 기업가와 경찰 테러에 반대하며 혁명적 노동자 조직의 자유를 위해, 파시스트 단체 무장해제와 해산을 위해, 파시스트에 대한 대중적 자위단 설립을 위해, 부르주아 독재의 정치적 반동에 대한 정치·대중적 파업을 준비하기 위해 투쟁할 것.
셋째, 제국주의 전쟁과 반(反)소비에트 군사 간섭의 준비에 반대하고 중국의 혁명기지 구역에 대한 무력간섭에 반대하여 투쟁할 것(김성윤 1986, 43~44).

코민테른은 공황기 경제·사회적 조건과 계급투쟁 전체의 발전이 대단히 복잡하고도 모순에 찬 방식으로 전개된다고 보았다. 또 계급 세력들이 분극화하고 있으며 부르주아지는 점점 파시즘의 길로 빠져들고 있고, 한편으로

부르주아 민주주의적 자유의 옹호자 역할을 자임하고 있는 정당들은 반동과 파시즘의 공세에 대항할 능력을 갖지 못하고 있다고 지적했다.

그리고 근로자들을 빈곤과 무권리 상태에 놓이게 만든 반동적 부르주아 제도에 대해 노동자들은 분노하고 있으며, 선진적인 노동자들 사이에서 자본주의 철폐와 프롤레타리아독재 수립이라는 슬로건이 점점 지지를 얻고 있다고 했다. 그러나 코민테른은 이런 경향이 사회적 투쟁에서 완전히 지배적인 것으로 볼 수는 없으며, 현실과도 합치되지 않는 결론이라고 해석했다. 그런 슬로건이 노동자계급과 그 밖의 근로자들 사이에서 다수 지지를 획득하지 못했기 때문이라고 설명했다.

제국주의 모순이 심화되면서 노동자들이 반파시즘·반독점적 내용을 지닌 일반 민주주의 임무들을 제기하는 상황에서, 코민테른은 자본주의국가들에서 일반 민주주의, 반독점적 투쟁 단계가 불가피하다는 사실을 고려해 새로운 전략 방침을 수립하지 않을 수 없었다고 했다(김성윤 1986, 47).

한편, 코민테른 집행위원회 제11회 총회는 사회민주주의를 '사회파시즘'으로 규정하는 것에 대해서도 오류라는 의견을 제시했다. 코민테른은 이전부터 "사회민주주의의 모든 발전은 파시즘으로 가는 끊임없는 진화 과정이다"라고 하면서 사회민주주의의 역할을 대단히 부정적으로 평가했으며, 사회민주당을 부르주아지의 사회적 지주로 보았다. 우익 사회민주주의 진영의 몇몇 지도자들은 실제로 파시즘화를 원조했고 혁명적 노동자들에 대한 폭력 행사를 주저하지 않았으며, 그들의 이런 태도는 사회민주당이 사회파시즘으로 비난받을 일정한 근거가 되었다. 사회파시즘의 유래는 1929년 베를린에서 행해진 메이데이 시위에서 사회민주당 출신 베를린 시 경찰서장 체르기벨이 시위대를 향해 총격 명령을 내린 데서 비롯되었다.

그런데도 사회민주주의를 사회파시즘으로 보는 평가는 사회민주주의에 대한 공산주의자의 도식·분파적 태도의 결과일 뿐만 아니라 사회민주당 우익 지도자에 대한 혁명적 노동자의 분노에 찬 반응이었다. 노동자 수백만 명을 포괄하고 있는 사회민주당과 개량주의적 노동조합 전체를 사회파시즘으로 규정한 점은 잘못이었다.

제11회 총회는 프로핀테른 제5회 대회(1930년 8월) 결정을 지지했는데, 이것은 자본주의국가들에서 노동조합 내에 존재하는 혁명적 경향의 반대파가 따로 떨어져 나와 혁명적 노동조합을 설립하고, 이런 노동조합이 개량주의적 노동조합에 반대해 프롤레타리아트의 경제투쟁을 지도하고 노동자들을 혁명적 행동으로 나서게 해야 한다는 결정이었다. 그러나 이와 같은 결정은 노동자 대중 속에서 활동하는 사람들의 행동 범위를 제한했을 뿐만 아니라 노동조합의 기본 대중으로부터 혁명적 소수파를 분리시킨 오류를 내포한 것이었다(The USSR Academy of Sciences 1985, 276).

코민테른 제12회 총회는 1932년 8~9월에 걸쳐 열렸는데, 총회의 주요 의제는 자본공세, 파시즘, 반제·반전 투쟁에 대중을 동원하는 문제였다.

쿠시넨은 총회에서 행한 보고에서 사회민주당계 노동자를 획득하는 것은 거의 불가능하다('설득으로 그들의 사고방식을 변화시킬 수 없다')든지, 부분적 요구를 위해 투쟁하는 것은 그다지 중요하지 않다든지 하는 견해에 대해 신랄하게 비판했다. 보고는 공산주의자가 무당파 대중이나 사회민주당, 그리고 생디칼리스트계 노동자와 행하는 접촉을 발전시키고 확대하며 그들의 신뢰를 획득하지 않으면 안 된다고 강조했다. 쿠시넨은 또 행동 통일 제안을 개량주의적 노동조합의 말단 조직에, 나아가 사회민주당의 지방조직에까지 호소할 필요가 있고, 통일전선을 제의할 때 처음부터 개량주의적 노동조합원에게 그들의 지도자와 결별하라고 요구하는 것은 옳지 않다고 지적했다(김성윤 1986, 61).

텔만은 경제적 파업과 실업자 투쟁의 교훈을 분석하면서 부분적 투쟁의 수행을 거부하거나 '개량주의적 노동조합을 분쇄하라'는 슬로건이 내세우는 노동조합 정책의 좌익 분파주의를 비판했다. 그는 개량주의적 노동조합을 '자본주의 학교'라든가 '집단으로서 반동적 대중'으로 보는 것은 오류라고 지적했다.

클레멘트 고트발트도 총회에서 "참된 지도권은 위로부터 강요하거나 선언으로 쟁취되는 것일 수 없다. 지도권은 프롤레타리아 민주주의에 따라 쟁취되어야 한다. 지도권은 프롤레타리아트의 계급적 이익을 끈질기고 참을성 있게 헌신적으로 옹호함으로써 쟁취해야 한다"고 주장했다(김성윤 1986, 62).

12회 총회는 코민테른 각 지부의 주요 임무를 다음과 같이 설정했다. 첫째, 자본공세에 반대하고, 둘째, 파시즘과 반동에 반대하고, 셋째, 다가오는 제국주의 전쟁과 크고 작은 무력간섭에 반대해 구체적인 투쟁을 전개하는 것이 그것이었다.

코민테른 집행위원회 제12회 총회는 이전부터 견지해 온 분파주의적 방침을 재검토하고 파시즘·반동·전쟁에 반대하는 투쟁에 대중을 동원하기 위한 구체적 임무를 규정했다. 그러나 다른 한편으로 총회는 11회 총회에서 결정된 몇몇 일면적인 지침을 계속 유효한 것으로 해석했다. 제국주의 부르주아지와 파시즘 측이 혁명적 노동자계급보다도 빠르게 그 세력을 동원하고 있던 시기에, 제12회 총회는 혁명적 고양이 성숙하고 있는 속도를 과대평가 한다든지, 사회민주당을 주요 타격 대상으로 설정하기도 했다(The USSR Academy of Sciences 1985, 277).

코민테른 집행위원회 제13회 총회는 1933년 말에 열렸는데, 총회는 반파시즘 노동자통일전선 투쟁과 반전투쟁 강화를 주요 의제로 올렸다. 총회는 독일 파시스트 정부가 유럽의 주요 전쟁 방화자이고, 이에 대해 반전투쟁에 주력을 집중해야 한다는 것을 분명히 했다. 총회는 "전쟁이 아직 발발되지 않았을 때에 반대해 극히 광범한 대중을 동원하고, 그렇게 함으로써 자본주의 사멸을 촉진한다"는 임무를 각 지부에 제기했다.

중요한 결론의 하나는 프롤레타리아는 스스로의 투쟁을 통해 "전쟁을 저지하고 전쟁(시작)을 지연시킬 수 있다"는 원칙이었다. 총회는 코민테른의 각 지부가 제국주의 전쟁의 도래를 막는 것은 불가능하다든가, 본격적인 혁명은 새로운 제국주의 전쟁의 결과로서만 시작될 것이라든가 하는 숙명론적인 견해를 배격해야 한다고 강조했다(김성윤 1986, 74).

그러나 제13회 총회는 여전히 주요 결의를 이끌어 내는 데서 새로운 조건들에 합치하지 않은, 낡은 방침을 고수했다. 총회는 혁명적 위기의 성숙 정도를 과대평가했으며, 특히 독일에서 수행된 파시스트의 권력 장악을 두고 '새로운 혁명적 고양이 시작되고 있다'고 진단했다. 또 파시즘의 공세에 따라 정세가 변화했지만 여전히 총회는 파시스트 국가들에서까지도 사회민주주의가 부르주아지의 주요한 사회적 지주라고 평가했다.


## 2. 코민테른 제7회 대회의 결정

코민테른 제7회 대회 개최를 위한 준비위원회 활동이 1934년 5월부터 시작되었다. 코민테른 집행위원회 간부회는 의사일정과 대회 개최 절차를 결정하고 대의원 수를 배정했다. 준비위원회에 참가한 사람들은 전연방공산당(볼셰비키)과 코민테른의 주요 지부 지도자들이었다. 디미트로프, 쿠시넨, 마누일스키, 피코, 톨리아티, 벨라, 슈메랄, 헥케르트, 파트니츠키, 바르가,

로좁스키, 브론코프스키, 마달레나, 왕밍 등이었다.

1934년 6월 14일 대회 의사일정 제1항 준비위원회 1차 회의에서는 발전된 자본주의국가들의 프롤레타리아트가 계급투쟁에서 수행해야 할 기본 임무가 다루어졌다. 전소연방공산당 대표 마누일스키는 노동자계급의 권력을 목표로 한 직접 투쟁이라는 슬로건은 많은 자본주의국가에서 형성된 조건에 합치하지 않는다고 강조했다. 그는 또 운동의 궁극 목표가 사회주의이기는 하지만, "우리는 매우 구체적인 투쟁 강령을 가져야 한다. 즉, 프롤레타리아독재라든가 사회주의가 아니라, 대중을 프롤레타리아독재와 사회주의를 위한 투쟁으로 끌어들일 수 있는 강령을 갖지 않으면 안 된다"고 주장했다. 쿠시넨은 이 회의에서 전술 변경의 필요성에 대해 역설했다(The USSR Academy of Sciences 1985, 280).

디미트로프는 1934년 7월 2일 대회 의사일정 제2항 준비위원회에 제출한 보고에서, 파시즘의 공세와 전쟁의 위험에 반대하는 노동자통일전선 투쟁을 중심 의제로 제기할 필요가 있음을 강조했다. 디미트로프는 또 정세가 변화했으므로 낡은 전술 방침을 재검토할 필요가 있다고 지적하고, 사회민주주의를 모름지기 '사회파시즘'으로 평가하는 것에 대해서도 반대했다. 그리고 그는 혁명적 노동조합과 개량주의적 노동조합의 통합을 제안하면서, 통일전선전술을 '파시즘의 공세에 반대하는 대중투쟁을 전개하기 위한 효과적인 요소'로 바꾸어야 한다고 했다(김성윤 1986, 93~94).

1934년 여름과 가을에는 이미 코민테른과 각 지부들은 노동운동의 주요한 타격을 파시즘 공격에 집중하지 않으면 안 된다는 것, 노동자통일전선 정책을 확대하고 반파시즘 투쟁에서 사회민주주의 정당과 행동 통일을 하지 않으면 안 된다는 것, 혁명적 노동조합과 개량주의적 노동조합을 통합하고 농민과 도시 중간층을 적극적인 반파시즘 투쟁에 끌어들이지 않으면 안

된다는 점을 대체로 인정했다.

코민테른 제7회 대회는 1935년 7월 25일~8월 21일까지 모스크바에서 열렸다. 대회에는 65개 공산당과 11개 국제조직을 대표해 513명의 대의원이 참가했다. 대회 개최 당시 공산당원 수는 자본주의국가들의 공산당원 수 78만5천 명을 포함해 314만 명에 이르렀다.

대회 의사일정에는 다음과 같은 의제들을 포함했다. 코민테른 집행위원회 활동 보고, 국제통제위원회 활동 보고, 파시즘의 공세와 파시즘에 반대하고 노동자계급의 통일을 지향하는 투쟁에서 제기되는 코민테른 임무, 제국주의 전쟁 준비와 코민테른 임무, 소련에서 이루어진 사회주의 건설 성과, 코민테른 지도 기관들의 선거였다.

먼저 '파시즘의 공세와 파시즘에 반대하고 노동자계급의 통일을 지향하는 투쟁에서 제기되는 코민테른 임무(결의)'부터 살펴본다. 이 결의는 의사일정 제2항에 관한 디미트로프의 보고를 듣고 대회가 채택한 것이다. 디미트로프는 보고에서 권력을 장악한 파시즘은 "금융자본의 가장 반동적이고 가장 배외주의적인 분자의 공공연한 테러리스트적 독재다"라는 코민테른 집행위원회 제13회 총회 결론을 재확인했다.

디미트로프는 또 파시즘의 권력 장악은 하나의 부르주아 정부와 다른 부르주아 정부의 일상적인 교체가 아니라, 부르주아계급지배의 한 국가형태인 부르주아 민주주의와 또 하나의 형태인 공공연한 테러 독재의 교체라는 것, 자본주의국가의 근로인민에게 지금 절박한 문제는 프롤레타리아독재냐 부르주아 민주주의냐는 선택이 아니라, 부르주아 민주주의냐 파시즘이냐는 선택이라고 지적했다(동녘편집부 1989b, 132~133).

대회가 세계정세 변화를 분석하면서 국제 정세의 가장 위험한 경향 가운데 하나로서 파시스트 국가를 선두로 한 세계 제국주의 침략 세력의 전쟁 준비와 사회주의국가 소련에 대한 반혁명전쟁 준비라고 규정했다(The USSR Academy of Sciences 1985, 284).

대회는 "모든 자본주의국가에서 파시즘의 위협이 증대하고 있음을 강조하고, 파시즘의 위험을 조금이라도 과소평가하지 않도록 경고한다. 대회는 또 파시즘의 승리는 불가피하다는 숙명론적인 견해도 거부한다"면서 "모든 근로자의 선두에 선 노동자계급의 통일된 혁명적 투쟁만이 파시스트 독재 타도를 가져올 것이라는 점에 주의를 촉구"했다.

대회는 파시즘 이데올로기 — 배타적 애국주의, 인종주의, 인간 증오 이데올로기 — 에 대중이 감염될 위험성이 있음을 지적했다. 복잡한 선전적 데마고기demagogy의 옷차림을 한 파시즘 이데올로기는 가장 흉악한 제국주의적 반동의 유독한 무기이며, 이에 대해서는 충분한 논증과 민족 특수성에 대한 고려에 따라 끊임없는 이데올로기 투쟁을 전개할 필요가 있다고 강조했다(김성윤 1986, 112).

대회는 반파시즘 투쟁에서 가장 중요하게 제기되는 것이 노동자계급 통일전선의 구축이라고 밝혔다. 대회는 "노동자계급의 통일투쟁 전선을 실현하는 것은 현재의 역사 단계에서 국제 노동운동이 당면한 주요 임무"라고 선언했다.

대회는 노동자통일전선이 모든 반파시즘 세력의 결합을 위한 중심이며 그 주도 세력이라고 규정하고, "노동자계급의 당면한 정치·경제적 이익을 수호하며 그들을 파시즘으로부터 방위하는 것이 모든 자본주의국가에서 노동자통일전선의 출발점이며, 그 주요한 내용이 되어야 한다"고 했다. 그리고 대회는 광범위한 대중을 운동에 참여하도록 이끌기 위해서는 "대중의 절실한 필요로부터 생겨나고, 당면 발전 단계에서 대중의 투쟁 능력에 맞는 슬로건을 내걸고 거기에 맞는 투쟁 형태를 적용하는 것이 필요하다"고 지적했다.

노동자통일전선을 확대·강화하기 위해서는 "단기 또는 장기 협정에 바탕을 두고 프롤레타리아트의 적에 반대하는 사회민주당, 개량주의적 노동조합, 그 밖의 노동자 조직들과 공동 행동을 달성하도록 노력하지 않으면 안 된다"고 대회는 밝혔다.

노동자통일전선 결성은 국제 차원에서든 개별 국가 차원에서든 간에, 무엇보다 먼저 공산당과 사회민주당 상호 관계에 따라 규정되는 것이 일반적이었다. 부르주아지와 계급협조를 실행한 사회민주당의 정책은 노동자계급의 분열을 조장하고 심화했으며, 그것이 많은 나라에서 노동자계급의 패배를 가져온 요인이 되기도 했다. 그러나 파시즘의 공세가 강화된 조건에서는 사회민주당 정책도 바뀌기 시작했고, 사회민주당을 지지하는 대중들 사이에서도 반파시즘 분위기가 고조되었다.

대회는 각국의 지부에 대해 모든 수준에서, 즉 기업에서, 도시에서, 일국 차원에서, 국제 차원에서 사회민주당과 반파시즘 통일전선을 구축하기 위해 투쟁하자고 호소했다(김성윤 1986, 113~114).

대회 결의는 사회민주당이나 그 산하 각 조직과 공동 행동을 취하는 것이 부르주아지와 계급협조주의 이데올로기, 그리고 실천에 대한 비판을 방기하는 일은 아니라고 밝혔다. 그러면서 "우익 사회민주주의 지도자가 통일전선에 반대해 내놓은 데마고기 논리의 진의를 대중 앞에 폭로하고 사회민주당의 반동적 부분에 대한 투쟁을 강화하는 한편, 개량주의 정책과 싸우고 있으며 공산당과 함께하는 통일전선에 찬성하는 좌익 사회민주주의 경향의 노동자, 활동가, 조직과 사이에 가장 긴밀한 협력 관계를 세워야 한다"고 주장했다(동녘편집부 1989b, 141~142).

대회는 대중성을 확보한 혁명적 노동조합은 평등한 처지에서 대중적인 개량주의적 노동조합과 결합하기 위해 끈질기고 참을성 있게 노력해야 한다고 강조했다. 그리고 대회는 노동조합 인터내셔널의 통합에 대해서도 찬성한다고 했다.

노동자통일전선과 어쩔 수 없는 관련을 갖는 것이 파시즘에 반대하는 모든 세력의 광범한 계급적 동맹을 창설하는 정책으로서 인민전선이다. 대회는 인민전선을 여러 가지 측면 — 다양한 사회 세력 동맹, 전투적 대중운동, 일정한 조직 형태를 갖는 사회·정치 조직의 연합, 새로운 반파시즘 권력 정체(政體) 또는 그와 같은 정체의 맹아 — 에서 고찰했다. 노동자계급을 비롯한 근로 농민, 수공업자, 도시 프티부르주아지, 사무직원, 인텔리겐치아를 결합한 인민전선은 부르주아지가 주도한 종래의 프티부르주아당과 사회민주당의 블록 형성이나 또는 부르주아지와 맺은 개량주의적 연합정책과는 아무런 공통점을 갖지 않는다. 인민전선은 노동자계급이 주도적 역할을 수행하는 새로운 연합 형태다(The USSR Academy of Sciences 1985, 286). 인민전선 정책은 민주주의를 위한 투쟁과 사회주의를 위한 투쟁의 상호 관련에 대한 깊은 이해에 그 바탕을 두고 있다. 대회는 일반 민주주의적인 요구들을 실현하기 위한 투쟁을 통해 광범한 근로자층을 결집하고 파시즘을 타도하며, 자본 권력을 제한하고 사회주의를 지향하는 투쟁을 전개하는 데서 유리한 기초 조건을 만들어 내는 것은 인민전선 정책에서 가장 중요한 목표라고 밝혔다. 인민전선 정책 채택은 코민테른 제7회 대회의 주요한 성과이자 의의라고 평가할 수 있다.

인민전선 정책은 코민테른 역사에서 특별한 위치를 차지하는 새로운 전략노선이라고 할 수 있다. 그렇다면 이런 노선 전환을 가져온 요인은 무엇이었던가. 케빈 맥더모트와 제레미 애그뉴는 "인민전선의 기원을 각국의 요소와 코민테른 지도부의 내적 동력, 그리고 소비에트 외교가 변화할 필요가 있다는 '삼중 상호작용'(Jackson 1988, 35; 맥더모트·애그뉴 2009, 189에서 재인용)에서 찾아야 한다고 생각한다. 1934년 이 세 가지 요소가 합쳐져서 인민전선 정책이 추구되었다"고 서술했다.

먼저 여기서 말하는 '각국의 요소'는 1936년에 프랑스와 에스파냐에서 인민전선 정권이 들어서고 1938년에 칠레에서 인민전선 정권이 성립된 사실과 그 과정에서 공산당과 사회민주당 사이에 이루어진 결합 등의 정세 변화를 의미한다. 또 '코민테른 지도부의 내적 동력'이란 디미트로프와 스탈린의 관계와 지도부 내부 동향 변화를 말한다. 1936년을 전후한 정세 변화는 불가리아 공산주의자인 디미트로프에게 큰 영향을 끼쳤다. 디미트로프는 코민테른이 사회민주주의를 파시즘의 은밀한 동맹자로 여기는 것과 파시즘을 쇠퇴하고 있는 자본주의의 불가피한 산물로 바라보는 숙명론적인 관점에 대해 문제를 제기했다. 1934년 4월에 스탈린은 디미트로프를 코민테른 총서기로 천거했고, 소련 정치국이 그에게 끊임없는 지원을 약속했다.

그리고 '삼중 상호작용'이라는 논쟁적인 세 번째 요소, 즉 코민테른 전술과 소련 외교정책 사이의 예민한 문제가 제기되었다. 소련은 1933년 12월부터 서유럽 민주주의국가들을 대상으로 집단 안보 정책을 추구했으며, 1935년 5월 프랑스-소련 상호원조조약 체결에서 외교정책의 결실을 보게 되었다. 이런 외교정책의 필요는 코민테른의 인민전선 전략 전환을 촉진했다(맥더모트·애그뉴 2009, 189~200).

코민테른 제7회 대회 결의는 새로운 전략 방침을 설정했다. 현재 단계의 투쟁 목표는 파시즘의 격멸과 반파시즘 민주주의 정부 수립이고, 주요한 계급의 적은 독점자본의 가장 반동적인 그룹이라고 규정했다. 또 계급의 적과 투쟁할 사회 세력의 동맹은 노동자계급, 농민, 프티부르주아지, 인텔리겐치아, 모든 반파시즘 민주주의자로 구성된다고 지적했다. 이 전략은 사회주의

혁명을 위한 투쟁 연기를 의미하는 것이 아니라, 일반 민주주의와 반파시즘을 위한 투쟁 국면을 거쳐 일정한 조건에서 실제로 가능하고 올바르게 사회주의혁명으로 나아갈 수 있는 길을 의미한다고 밝혔다(The USSR Academy of Sciences 1985, 288).

코민테른 제7회 대회는 식민지·종속 국가들에서 반제국주의 통일전선을 구축하는 일이 대단히 중요한 과제라고 규정했다. 대회 결의는 식민지, 반식민지 국가에서 반反제국주의 인민전선 결성을 위해서 "강화되어 가는 제국주의적 착취에 반대하며, 잔인한 노예화에 반대하고, 제국주의자 축출과 국가의 독립을 추구하는 민족해방운동에 가장 광범한 대중을 끌어들이는 것이 필요하다"면서, 이를 위해서는 "민족개량주의자가 지도하는 대중적인 반제국주의 운동에도 적극 참가하며, 구체적인 반제국주의 강령에 바탕을 두고 민족혁명 조직과 민족개량주의 조직의 공동 행동을 달성하는 데 노력할 필요가 있다"고 강조했다(동녘편집부 1989b, 147).

대회는 민족부르주아지를 포함해 제국주의와 투쟁할 능력을 가진 모든 사람들을 통일전선에 결집하는 대담한 정책 방향을 제시했으며, 통일전선 결성에서 특히 중요한 의의를 갖는 것은 프롤레타리아트와 피억압 국가들의 인민들 가운데 대다수를 차지하는 농민과 동맹을 맺는 일이라고 했다. 그리고 대회는 피억압 민족의 민족해방운동과 국제 노동자계급의 동맹이 대단히 중요하다고 지적했다.

코민테른 제7회 대회의 주요 의제 가운데 하나는 평화를 수호하며 새로운 세계전쟁과 반反소비에트 무력간섭 위험에 반대하는 투쟁 문제였다. 대회는 전쟁의 위험을 경고하면서, "중심 슬로건은 평화를 위한 투쟁이라는 슬로건이어야 한다"고 규정했다. 대회는 반전투쟁을 일반 민주주의를 위한 투쟁으로서, 또 동시에 혁명적 노동운동의 계급적 임무에 완전히 합치되는 투쟁으로 설정했다. 대회는 평화 옹호 투쟁에 대한 좌익 기회주의의 과소평가와 전쟁을 혁명의 길을 넓히는 수단으로 보는 좌익모험주의 또는 트로츠키주의 견해에 반대했다.

평화를 수호하는 투쟁을 중심 임무로 제기한 이상, 코민테른은 전쟁을 방지하기 위한 투쟁 전망이 얼마만큼 현실적인 것인가 하는 문제에 응답해야만 했다(김성윤 1986, 128).


## 3. 사회민주주의의 반파시즘 투쟁 노선

1920~1930년대에 걸쳐 국제노동운동의 개량주의적 조류를 대표한 세력은 사회민주주의 당파들이었고, 그 대부분은 '사회주의노동자인터내셔널'LSI에 가입해 있었다. 1931년의 경우, LSI는 36개 정당을 포괄했고 총 당원 수는 620만4,112명이었으며, 의회 선거에서 득표한 수는 2,640만 표였다(*L'Internationle Socialiste*, 23; The USSR Academy of Sciences 1985, 441에서 재인용).

LSI 활동 기간에 대회가 4차례 열렸다. 1923년 5월에 독일 함부르크에서 창립 대회가 열렸다. 1925년 8월 마르세유에서 열린 제2회 대회에서는 대외정책에 관련된 강령이 만들어졌으며, 반동 세력에 반대해 근로자의 일상요구를 지키기 위한 투쟁 결의가 채택되었다. 1928년 8월 브뤼셀에서 열린 제3회 대회에서는 "세계의 근로자들에게!"라는 호소문이 발표되었는데, 여기에는 당면 정치·경제적 문제들에 대한 LSI 방침이 실렸으며 군국주의 반대와 식민지 문제에 대한 투쟁 강령이 채택되었다. 1931년 7월 빈에서 열린 제4회 대회에서는 군축을 위한 투쟁과 유럽에서 민주주의를 옹호하기 위한 투쟁 강령, 그리고 경제공황에 대한 대응책이 발표되었다. 1933년 8월에 파리에서 열린 LSI 협의회에서는 반파시즘 투쟁을 호소하는 결의가 채택되었다. 이 무렵 LSI 활동은 주도적인 사회민주주의 정당들 사이의 의견 불일치로 거의 마비 상태에 들어갔다. 1940년 4월 3일 LSI는 공식으로 그 활동을 끝마쳤다(The USSR Academy of Sciences 1985, 441).

1923~1940년의 활동을 통한 LSI의 두드러진 특징은 부르주아 지배 질서 안에서 자신의 기본 가치들을 실현하고자 노력했다는 데 있다. 그런 점에서 사회민주주의는 부르주아 정당과 상호 협조를 반드시 필요로 한다. 그러나 자본주의의 기본 범주 안에서, 다시 말해 자본주의적 방법으로 자본주의 모순을 극복하고자 하는 사회민주주의적 개량주의가 과연 얼마나 탁월한 능력을 발휘할 수 있는지가 사회민주주의가 안고 있는 딜레마이기도 하다(박호성 2005, 116).

이런 관점에서 본다면, 부르주아 민주주의국가를 사회민주주의 운동의 목적에 종속시킬 수 있다는 사회민주당 지도자들의 기대는 환상이라고 할 수 있다. "사회민주주의는 나라에 따라 정도의 차이는 있으나 부르주아 민주주의의 지주이며, 부르주아 민주주의의 정치·사회 제도의 중요한 구성 요소다"라는 바우어의 주장을 인정한다 하더라도 그러하다(The USSR Academy of Sciences 1985, 458).

파시즘은 따지고 본다면 부르주아 민주주의의 부정이면서 동시에 부르주아 민주주의의 붕괴를 딛고 성립된 것이다. 그런데 부르주아 민주주의 세력은 파시즘에는 반대하지만, 일관해서 투쟁을 벌이지는 않는다. 왜냐하면 그들은 파시즘의 주요 목적, 즉 부르주아 지배 강화를 위한 혁명 세력 탄압을 철두철미하게 거부하지는 않기 때문이다.

한편, 개량주의 전통에 충실하면서 부르주아 지배 질서 안에서 사회민주주의를 실현하고자 하는 사회민주주의 지도자들은 여전히 반파시즘 투쟁에서도 부르주아국가와 제도들을 주요 측면으로 활용하려 했으며 노동자계급이 주도하는 대중투쟁은 부차적인 측면으로 인식했다.

사회민주주의 운동은 1930년대 중심 과제였던 반파시즘 투쟁에서 결코 확고한 전략과 전술을 정립하지 못했다. 예컨대 사회민주당 좌파는 공산당이 제기한 반파시즘 투쟁 전략에 동의했는가 하면, 우파 진영은 오히려 파시스트와 협력할 준비를 갖추고 있었다.

1933년 8월 파리에서 LSI 협의회가 열렸는데, 여기서는 반파시즘 투쟁의 조직 문제를 다루었다. 토론에 참가한 사람들은 서로 다른 견해들을 내놓았다. 결국에는 이 문제에 대한 권고를 정식화하는 일이 불가능했다. 결의안 승인을 요청한 바우어는 그 초안이 어느 누구에게도 만족을 주지 못한다면서, "토론은 여러 정당 사이에서뿐만 아니라 하나의 정당 내부에서도 깊은 의견 상이가 존재하고 있음이 드러났다"고 강조했다. 결의문에서는 파시즘에 대한 격렬한 비난이 묘사되어 있었으나, 실제로는 반파시즘 투쟁의 구체적인 방법과 수단에 대한 권고는 포함되어 있지 않았다(The USSR Academy of Sciences 1985, 472).

1934년 여름, 인터내셔널프랑스지부 지도부는 공산당과 협력을 맺는 통일전선 지지 결의안을 LSI 집행위원회의 토의에 올렸다. 인터내셔널프랑스지부 제안에 대해 에스파냐, 이탈리아, 오스트리아의 사회민주주의 정당이 찬성했다. 그러나 영국, 스웨덴, 네덜란드, 노르웨이, 덴마크, 핀란드, 체코슬로바키아의 사회민주주의 정당은 여기에 반대했다. 이런 상황에서 LSI 집행위원회는 각 정당이 재량으로 결정할 수 있는 권한을 부여하면서, LSI 가맹 정당은 "이 사항과 관련해 각 정당의 완전한 자율성에 따라 자유롭게 행동하게 될 것이다"라고 성명했다(스터름탈 1983, 284; The USSR Academy of Sciences 1985, 472에서 재인용).

1935년 코민테른 제7회 대회는 사회민주주의자와 세계 모든 민주주의 세력에 대해 파시즘과 투쟁하기 위해 단결할 것을 제안했다. 그러나 LSI 지도자들은 이런 코민테른 제안을 거부했는데, 그 구실은 공산주의자들이 견지해 온 혁명투쟁 전략과 전술에 대한 반성 없이 공산당 노선과 조직 활동의 기본 원칙을 고수하고 있다는 것이었다.

반파시즘 투쟁에서 공산주의자와 사회민주주의자가 취했던 행동 양식을 두고 사회민주주의 역사학자 G. D. H. 콜은 다음과 같이 설명했다.

공산주의자는 장기간에 걸쳐 실제로 다만 홀로 전쟁과 자본주의 유지를 추구하는 전 세계 세력과 투쟁한 데 반해, 사회민주주의자는 미사여구만을 늘어놓았을 뿐이다"라고 지적했다. 그는 또 사회민주주의자는 "이탈리아, 독일, 나아가 오스트리아에서 실제로 노동운동을 방어하기 위해서 거의 아무런 타격도 행사하지 않은 채, 항복하고 말았다. …… 공산주의자와 주로 공산주의자의 영향을 받고 있었던 좌파 노동조합운동은 파시즘 체제에서 지하 레지스탕스 운동을 전개하는 데서도 주요한 역할을 수행하지 않을 수 없었다"(Cole 1960, 11; 316; The USSR Academy of Sciences 1985, 473~474에서 재인용).

# 제19부 제2차 세계대전과 반파시즘 투쟁

# 1장

# 제2차 세계대전의 기원

그 가면이 파시즘이라 불리든, 민주주의라 불리든,

아니면 프롤레타리아독재라 불리든,

우리의 최대 적은 여전히 기구 — 관료제, 군대, 경찰 — 이다.

국경이나 전선 너머에서 우리와 맞서고 있는,

우리의 적이라기보다 우리 형제의 적이라고 해야 할 기구가 아니라,

우리의 보호자를 자임하면서

우리를 자신의 노예로 만드는 기구인 것이다.

구체적 상황이 어떠하든 간에

항상 최악의 배신은

우리 자신을 이 기구에 종속시키는 것이며,

그러한 복종을 통해 우리 자신과 다른 사람들의

모든 인간적 가치를 유린하는 것이다.

_시몬느 베이유(Zinn 2005, 420에서 재인용)

# 1. 배경과 원인

제2차 세계대전은 그 규모와 강도, 참가자 수, 병기의 양과 질, 막대한 사람 희생과 물질적 파괴의 측면에서 역사상 유례를 찾을 수 없는 참혹한 사건이었다. 61개 국가가 전쟁에 직접 참가하거나 관련을 갖게 되었는데, 이 국가들의 총인구는 17억 명으로서 세계 인구의 약 4분의 3에 해당했다.

이와 같은 세계적 대재앙이었던 제2차 세계대전의 원인은 과연 무엇이었던가. 미국의 신학자이며 정치사상가인 라인홀트 니부어는 1934년에 저술한 『한 시대의 종언』*Reflections on the End of an Era*에서 전쟁이 불가피한 경우를 두 가지로 들고 있다. 첫째, 예전부터 존재한 집단 폭력, 국가의 대외 지배 지향 등이고, 이것이 제1차 세계대전 후 일시적으로 억제되긴 했지만, 결국 인간의 본성이나 국가의 배타성을 변화시키지는 못했고, 다시 힘에 대한 의지의 시대가 되었다는 인식이다. 둘째, 자본주의경제가 일찍이 겪지 못한 위기에 직면했고, 각국 내에서 계급 대립과 각국 사이의 이해 모순이 격화되었으며, 그 결과 전쟁 가능성이 증대되었다. 각국의 지배계급은 자본주의의 파탄으로부터 스스로를 구하기 위해 극단적인 방법(전체주의)으로 권력을 결집시켜 대외적으로도 힘을 증대시키려 하고 있다. 경제 위기가 심각하면 심각할수록 대외 전쟁은 무리하게 추진되었고, 실제로는 빈곤이 해외 진출에 더한층 박차를 가하게 했다. 해외시장을 독점하고 국내시장에서 외국의 것을 받아들이려 하지 않는다. 이와 같은 경향은 "전쟁의 맹아를 내포하고 있다"는 것이 니부의 결론이었다(이리에 1999, 133).

니부의 전쟁 불가피성에 대한 첫 번째 설명은 전쟁 일반에 관한 것으로서 제2차 세계대전의 원인에 대한 해명으로는 극히 미흡하다. 그러나 두 번째 설명은 제2차 세계대전에 대한 정확한 예견이면서 동시에 전쟁의 필연성에 대한 분석을 통해 그 원인을 규명했다.

제2차 세계대전은 세계 자본주의의 전반적 위기 격화에 따른 제국주의 모순의 폭발이었다. 제국주의 주요 국가들은 대공황 이후 자본주의국가들 사이의 불균등한 정치·경제적 발전이 증대되는 가운데, 자국의 독점적 시장을 바탕으로 국가독점자본주의를 더욱 강화하고 약소국가들에 대한 군사·경제적 침략을 확대하는 한편, 블록권을 형성하는 등 여러 가지 방법으로 영토와 세력권의 새로운 재분할 경쟁에 돌입했다(大阪市立大學經濟研究所 1965, 746).

이와 같은 경쟁과 제국주의 세력들 사이의 모순 증대로 독일, 이탈리아, 일본을 중심으로 하는 블록과 영국, 프랑스, 미국을 중심으로 하는 블록으로 두 개의 적대적 진영이 형성되었다. 독일, 이탈리아, 일본은 베르사유 체제의 형성으로 시장적 기초를 제한당한 국가들로서 이들 국가는 군사적인 파시즘 체제를 구축하고 급격한 팽창정책을 시행했다.

독일은 제1차 세계대전에서 패배함으로써 알자스-로렌 지방을 프랑스에 되돌려 주고 대부분의 식민지를 상실하게 되었으며, 막대한 전쟁배상금 지불 의무를 떠안았다. 이에 따른 무리한 통화팽창정책으로 높은 수준의 인플레이션에 시달리는 처지에 놓이게 되었다. 1933년에 정권을 장악한 히틀러는 파시스트 체제를 구축하고 1935년에는 재군비를 선언했으며, 1936년 3월 라인란트 비무장지대에 진주해 로카르노조약을 파기하는 것과 아울러 베르사유조약을 유명무실하게 만들어 재무장의 길을 선택하게 된다. 1937년 11월 히틀러는 오스트리아와 체코슬로바키아의 합병을 결의하고, 1938년 3월 오스트리아를 병합했으며, 체코슬로바키아를 비롯해 스웨덴을 탈취하는 등 전 유럽을 정복할 것을 목표로 침략 정책을 계속 추진해 왔다.

이탈리아는 로마제국을 재건하고 아프리카, 중동, 발칸반도의 상당한 부분을 종속시키며 지중해를 '이탈리아의 내해內海'로 편입시키려는 노력을 하고 있었다. 일본은 1931년 '만주사변'을 통해 중국 동북 지방을 침탈했으며, 1937년 7월 이후에는 전면적으로 중국을 침략해 중일전쟁을 도발했다.

파시스트 블록의 이와 같은 침략 행위에 대해 영국, 프랑스 블록은 독일, 이탈리아, 일본의 팽창정책에 대해 유화정책을 취하면서 파시스트 진영의 침략적 열망을 소련으로 향하게 해 거기서 전쟁을 벌이도록 유도하는 한편, 전쟁 수행으로 세력이 약화된 경쟁국들을 물리치고 세계 지배를 위한 자신들의 계획을 수행할 수 있을 것으로 기대했다.

그러나 영국과 프랑스는 결국 파시스트 침략의 희생물이 된 여러 국민과 이해관계를 같이하게 되었다. 1940년 히틀러로부터 침략을 당한 결과, 자신들의 제국주의적 음모의 실현을 돌아볼 여지도 없이 오히려 자신들의 민족적 이해를 수호하지 않을 수 없었다. 이와 동시에 영국과 프랑스에서도 반파시스트 해방전쟁을 요구하는 자국 인민대중의 요구를 거스르기 어려웠을 뿐만 아니라 파시스트 침략에 맞서 싸우는 자유 애호 국민의 전쟁에 사실상 합류하게 됨으로써 해방전쟁에 앞장서게 되었다(포노말료프 1992a, 205~206).

한편, 당시 유일한 사회주의국가였던 소련은 몇 차례에 걸친 경제개발계획을 추진함으로써 사회주의 건설에 전력을 기울이고 있었다. 이런 상황에서 소련은 세계대전이 인류에게 엄청난 재앙과 고통을 가져다줄 것으로 판단해 세계전쟁을 저지하는 동시에 자체 방위능력을 강화하고 제국주의 국가들의 소련에 대한 침략과 공격에 적극적으로 대응했다.

제2차 세계대전은 제국주의 전쟁으로 시작되었지만, 전쟁의 배경과 원인에 비추어 보면 이 전쟁은 처음부터 민족해방과 반파시스트적 요소를 내포하고 있었다. 파시스트가 점령한 국가에서 전개되는 인민대중의 투쟁은 민족해방과 반파시스트의 본질을 지닐 수밖에 없었다(Alexandrov 1986, 584).

## 2. 경과

### 유럽과 아프리카 전선

1939년 9월 1일 독일의 히틀러 군대가 폴란드를 침공했다. 제2차 세계대전이 발발한 것이다. 독일은 폴란드에 53개 사단 병력과 탱크 2,500대, 항공기 2천 대를 파견했다. 폴란드 군대는 독일 군대의 공격에 맞설 만큼 방어 태세를 갖추고 있지 못했으며, 20일 동안의 방어전 끝에 폴란드는 결국 패배했다.

폴란드가 공격받을 경우, 안전 보장을 위해 공동 대응하기로 약속했던 영국과 프랑스는 1939년 9월 3일 독일에 선전포고를 했다. 그러나 영국과 프랑스는 전쟁의 진전을 바라지 않은 채, 독일의 공격을 소련 쪽으로 유도해 자신의 안전을 지키려 했으며 어느 편에서도 적극적인 군사행동에 착수하지 않았다. 서부전선에는 독일의 23개 사단에 맞서 프랑스 사단 110개와 영국 사단 5개가 대치하고 있었다. 1939년 9월 12일 열린 '영국·프랑스 최고회의'는 대(對)독일 전쟁에서 수세적인 방어 전술을 사용할 것을 결정했다. 1939년 9월~1940년 5월까지 서부전선에서는 이른바 '가상 전쟁'phoney war 상태가 계속되고 있었다(The USSR Academy of Sciences 1985, 578).

전쟁은 1940년 4월 9일 히틀러가 덴마크, 노르웨이를 침입해 북유럽에서 군사기지를 확보한 이후부터 대(大)전쟁으로 진전되었다. 독일군은 같은 해 5월 10일 벨기에, 네덜란드, 룩셈부르크를 침공하기 시작해 며칠 만에 이들 국가를 점령했다. 프랑스 공격에 나선 독일 군대는 이들 나라의 영토를 가로질러 진군했다. 이로써 '가상 전쟁'의 시기는 사실상 끝이 났다.

전쟁이 발발하자 미국은 중립을 선언했다. 미국의 지배 세력은 현재의 조건을 이용해 국부를 증대시키고 국력을 강화한 다음 미국의 세계 패권을 수립하고자 했다. 그러나 미국은 점점 파시스트 국가들과 일정한 거리를 유지하면서 영국과 프랑스 쪽으로 접근하게 되었다.

한편, 독일 히틀러 군대가 폴란드를 점령하고 소련 국경선을 압박하자, 소련은 1939년 9월 17일 서부 우크라이나와 서부 벨라루스에 붉은 군대를 투입했다. 보통선거를 통해 선출된 인민의회는 해방구에서 소비에트 정권을 천명했으며, 소비에트 우크라이나와 소비에트 벨라루스 통합을 위한 요구안을 소비에트 최고회의에 제출했고, 1939년 11월 요구안은 이루어졌다. 다른 한편, 소련은 1940년 6월 발트삼국, 즉 리투아니아, 라트비아, 에스토니아에서 지배 세력의 타도와 인민정부 수립이라는 정치적 변화를 계기로 발트삼국을 소련에 편입했다.

1939년 11월 30일, 소련과 핀란드 사이에 군사행동이 시작되었다. 미국, 영국, 프랑스, 독일 정부는 핀란드에 대해 반소련 방침의 추구를 강요했다. 그들은 핀란드 영토가 소련을 공격하는 데 좋은 교두보가 된다고 생각했다. 핀란드의 지배 집단은 국경선에 군사력을 강화하고 소비에트 영토를 점령함으로써 '위대한 핀란드' 창설에 대한 구상을 추구했다.

전쟁은 1939년 겨울부터 1940년까지 계속되었다. 이 시기에 영국과 프랑스는 핀란드에 무기와 장비를 지원하고 반소비에트 전선 구축을 시도했다. 미국은 소련에 반대하는 모든 세력을 규합하기 위해 영국·프랑스 블록과 독일 사이에서 일종의 중재자 역할을 했다. 전쟁에서 핀란드 군대가 패배한 뒤, 1940년 3월 12일 소련·핀란드 사이에 평화조약이 체결되었다. 주요 규정은 상호불가침과 다른 쪽에 대해 적대적인 동맹에 참여하지 않을 것에 대한 상호 협정이었다. 이 조약은 핀란드와 소련 사이에 우호적인 관계를 구축했다. 그러나 핀란드의 지배 세력은 반소련 정책을 포기하지 않고, 다른 전쟁을 준비했다(Alexandrov 1986, 586~588).

1940년 6월 10일 이탈리아가 프랑스와 영국에 대해 선전포고를 했고, 프랑스 국경선 지역으로 군대를 이동시키기 시작했다. 6월 14일 파리가 점령되었고, 프랑스 정부는 보르도로 이동했고, 7월 2일에는 비시로 옮겼다. 6월 17일 프랑스 수상 앙리 필리프 페탱은 프랑스의 무조건 항복을 발표했다. 독일군은 북프랑스와 프랑스의 대서양 연안 지역 전체를 점령했다. 프랑스 식민지들은 독일제국의 이해관계에 봉사하게 되었다. 1940년 7월 24일 프랑스는 이탈리아와 체결한 휴전협정 조건에 따라 프랑스의 수많은 지역을 비무장화할 것을 약속했다.

파시스트 독일은 서유럽의 많은 지역을 장악함으로써 파시스트 블록이 세력 면에서 우세한 편이었다. 히틀러 군대는 도하용 바지선을 이용해 해협의 가장 좁은 곳을 건너는 '바다사자sealion 작전'이라는 이름의 영국 침공 계획을 세웠다. 독일은 바다사자 작전을 실행에 옮기기 위해서는 빠른 시일 안에 영국 공군력, 특히 전투기들을 처리할 필요가 있다고 판단해 1940년 9월 7일 전술을 바꾸어 런던에 대한 주간 공습을 시작했다. 런던 폭격은 민간인 희생과 많은 피해를 가져왔다. 9월 15일 독일 공군이 영국 방어력을 압도할 수 있을 정도의 대규모 공습을 실시하자, 다우닝 원수는 제12전투비행단까지 투입하면서 대응했다. 독일은 9월 17일 바다사자 작전을 연기했다(폴리 2008, 47~49).

영국은 아프리카에서 영국 식민지와 그 영향권에 있는 지역을 장악하려는 이탈리아와 대적했다. 이탈리아 군대는 영국령 소말리아, 케냐와 수단의 일부를 점령함으로써 1940년 7월까지 일정한 성공을 거두었다. 이탈리아 군대는 그 여세를 몰아 이집트를 향해 진군했다. 그러나 1940년 12월에 증원군을 받은 영국군은 이탈리아군을 물리칠 수 있었다. 이탈리아는 영국으로부터 탈취한 식민지를 되돌려 주어야 했을 뿐만 아니라 리비아를 제외한 아프리카 내의 거의 모든 식민지를 상실하게 되었다.

이와 같이 군사행동이 확대되면서 두 적대적 진영 내부의 결속이 더욱 강화되었다. 한편에서는 1940년 9월 27일 독일, 이탈리아, 일본이 3국 조약을 체결했다. 이들 국가는 이들 가운데 한 국가가 어떤 다른 세력과 전쟁 상태에 들어갈 경우, 서로 모든 가능한 (정치·경제·군사적) 원조를 하기로 결정했다. 다른 한편에서는 영국과 미국의 접근이 가속화되었다. 전쟁이 확대되면서 미국은 점점 독일을 적대시하면서 영국을 지원했다. 미국은 영국의 식민국가들로부터 큰 이익을 기대했고, 영국은 나치 독일과 그 동맹국들에 대항하기 위해서는 미국에 양보할 각오가 되어 있었다. 이런 이해관계에 따라 영국-미국 블록이 형성되었다. 1940년 9월 2일 양국 사이에 체결된 협정에 따르면, 미국은 영국에 500대의 낡은 구축함을 양도하고, 영국은 여러 개의 섬을 미국에 99일 동안 공군기지용으로 임대해 주었다(Alexandrov 1986, 590~591).

미국은 1941년 3월 11일, 무기대여법Lend-Lease Act[1]을 제정해 미국에 대해 방어상의 의미를 가진 모든 나라에 차관을 주거나 무기를 대여해 주는 권한을 대통령에게 부여했고, 이 법에 따라 영국과 그리스에 대해 즉각적인 군사원조가 이루어졌다. 군수물자의 수송은 영국의 전쟁 수행에서 매우 중요한 일이었고, 무기 생산의 확대는 미국에 막대한 이윤을 안겨 주었다.

영국과 미국 사이에 블록이 형성되고 협정을 실행하는 가운데, 파시스

---

1_유럽에서 제2차 세계대전이 일어나자 미국은 연합국 측의 병기창이 되었으면서도 전쟁에는 직접 참전하지 않았으나, 미국 방위에 필요하다고 인정되는 어떤 나라에도 무기를 대여할 것을 결정해 이 법을 제정했다. 참전 후 무기 대여는 더 활발해졌으며, 1945년까지 이 법률에 따라 약 500억 달러의 군수물자가 연합국 측, 특히 영국(전체의 약 60퍼센트)과 소련(전체의 약 22퍼센트)에 공급되어 연합국 측의 승리로 이끈 일대 원동력이 되었다.

트 블록의 국가들은 새로운 침략 행위를 자행했다. 1940년 10월 28일 이탈리아는 그리스에 대한 군사행동을 시작했다. 그리스 인민들과 군대는 침략자에 대항해 항거했으며, 그들의 영토에서 침략자를 물리쳤다.

독일은 1940년 11월 헝가리, 루마니아, 슬로바키아를 3국 조약에 가입시켰고, 1941년 3월 1일에는 불가리아를 합류시켰다. 1941년 3월 25일 유고슬라비아 정부가 3국 조약에 가담했다. 그러나 유고슬라비아의 인민대중은 정부의 결정에 대해 저항했으며, 정부를 물러나게 했다. 이에 독일은 1941년 4월 6일 유고슬라비아와 그리스에 대해 군사행동을 벌였다. 그리하여 4월 17일 유고슬라비아 정부가 항복문서에 서명했으며, 4월 말에는 그리스가 함락되었다. 리비아로 파병된 독일군은 1941년 3월 31일 이탈리아군과 함께 영국군에 대한 공격을 시작했고, 이집트로 진군했다.

**태평양전쟁의 시작**

일본은 제2차 세계대전 이전인 1937년 이후 중국에서 침략 전쟁을 벌이고 있었다. 1940년 7월에 일본은 '대동아공영권'[2] 창설에 착수했다. 일본은 프랑스와 네덜란드가 전쟁에서 패배함으로써 아시아에 있는 그들의 식민지를 일본이 대신 장악할 수 있다고 믿었다. 1941년 초 프랑스령 인도차이나는 사실상 일본이 장악했으며, 또 일본은 네덜란드령 인도네시아에서도 특권

---

**2_** 대동아공영권(大東亞共榮圈)은 쇼와(昭和) 시대에 제국주의 정부와 군대가 고안해 보급한 개념으로, '일본에 의해 주도되고 서방 세력에서 독립된 아시아 각국의 블록'을 만들려는 계획을 표현한 것이다. 이 것은 실제로 당시의 수상인 고노에 후미마로로 일본, 만주, 중국, 동남아시아 일부로 구성된 대동아의 건설을 추진했다. 일본 제국주의의 주장에 따르면, 아시아 각국의 '공동 번영'을 모색하는 새로운 국제 질서를 확립해 번영과 평화를 공유한다는 것이었다.

을 추구하고 있었다. 일본 정부는 군사행동을 포함한 모든 가능한 수단을 동원해 동남아시아와 오세아니아 국가들을 장악하려는 계획을 수립했다.

독일이 소련을 공격한 이후, 일본은 소련의 극동 지역을 장악하기 위해 국경선 부근에 무장 병력과 병기를 증대했다. 그러나 일본 정부는 그 당시 자신의 당면 과제를 미국에 대한 전쟁 준비라고 판단했다. 1941년 10월 16일 침략적 군사행동 신봉자인 도조 히데키 장군을 수반으로 하는 정부가 수립되었다.

1941년 12월 7일 일본 해군 소속 항공모함에서 출격한 전투기가 하와이의 진주만에 정박 중인 미 태평양 함대를 폭격했다. 일본이 미국을 상대로 전쟁을 시작한 것이다. 그로부터 3일 뒤에는 일본 항공기들이 영국 태평양 함대를 공격했다. 이와 동시에 일본은 동남아시아 영토 점령에 착수했다. 일본군은 6개월 동안에 필리핀, 말레이반도, 미얀마, 인도네시아, 인도차이나, 타이를 차지했고, 오스트레일리아에 접근해 들어갔다.

미국에 대한 일본의 공격은 군사행동의 판도를 바꾸어 놓았다. 많은 국가가 양대 적대적 진영 어느 한편에 가담해 공식적으로 전쟁에 참가했다. 1941년 12월 11일 독일과 이탈리아가 미국에 대해 선전포고를 했고, 이에 대한 대응으로 미국 의회도 독일과 이탈리아에 선전포고를 했다.

이런 정세에서 일본은 소련에 대한 독일의 결정적 승리 이후 만주와 조선으로부터 소련을 침공한다는 계획을 세우고, 극동 소비에트에 대한 공격을 준비했다.


**독일의 소련 침공과 '대조국전쟁'**

히틀러 독일의 최대 목표는 소련 점령에 있었다. 독일 정부와 군사 지도부는 독일-소련 동맹에도 불구하고 오래 전부터 소련 침공 계획을 세웠다. 1940년 방위군 최고사령부 명령 제21호 '바르바로사 작전'[3]이 그것이었다.

1941년 6월 22일 새벽 나치 독일과 그 동맹국들(이탈리아, 루마니아, 헝가리, 핀란드)은 조약을 위반하고 선전포고도 없이 소련을 공격했다. 파시스트 블록은 소련을 상대로 병사 550만 명을 파병했다. 병사들은 190개 사단으로 편성되어 탱크 4,300대, 항공기 5천 대, 대포와 박격포 4만7,200문으로 무장했다(*History of the Second World War, 1939~1945*, 1975, 21; The USSR Academy of Sciences 1985, 583에서 재인용).

독일과 그 동맹국들은 그들의 전쟁 목적을 '볼셰비즘의 위협으로부터 문명을 보호하는 것'이라고 표명했다. 히틀러 독일의 중심 계획은 소련 분쇄와 아르한겔스크-볼가 선까지 영토 확장, 그리고 소련 내 아시아 영토의 일본으로의 양도에 있었다. 나치의 동맹국들은 전쟁에서 승리할 경우, 독일로부터 일정한 영토를 분할받을 것을 보장받았다. 루마니아는 몰다비아와 오데사, 드니에스테르 강의 서부 지역을 보장받았고, 핀란드는 레닌그라드 지역과 동부 카렐리아를, 헝가리는 서부 우크라이나 지역을 보장받았다(Alexandrov 1986, 593).

히틀러 독일과 그 동맹국들이 소련을 침공하자, 이에 맞서 소련 인민들의 '대조국전쟁'이 시작되었다. 대조국전쟁의 초기에는 소련으로서는 극도로 불리한 정세가 조성되었다. 처음 3주 동안 파시스트 군대는 라트비아,

---

3_바르바로사 작전(FALL Barbarossa)은 제2차 세계대전 때 나치 독일이 수립한 소련 기습 공격의 작전 명칭이다. 작전 기간은 1941년 6월 22일부터 12월까지였으며, 작전 이름은 신성로마제국의 프리드리히 1세 별명이었던 '바르바로사'(붉은 수염)에서 유래했다. 바르바로사 작전의 원래 목표는 소련의 유럽 부분 정복이었으나 그것은 실패했다. 이 실패는 히틀러의 전체 전쟁 작전에 차질을 빚었고, 결국에는 나치 독일의 패배로 이어졌다.

리투아니아, 벨라루스, 우크라이나, 몰다비아의 상당 부분을 장악하고, 레닌그라드, 키예프, 스몰렌스크, 오데사에 접근해 갔다. 소련 인민과 군대가 전력을 다해 항거했는데도 키예프, 스몰렌스크, 오데사를 사수하지는 못했다. 스탈린을 수반으로 하는 소련 정부는 가능한 모든 방법을 동원해 소련에 대한 독일의 공격을 지연시키려 했으나, 그와 같은 계획은 여러 차례 실패했다.

이와 같은 전쟁 상황에서도 소련공산당은 군인과 인민들을 동원하고 조직해 대조국전쟁을 수행했다. 특히 산업, 군대, 기업들을 서부에서 동부로 이동시켜 산업생산의 전반적 수준을 유지시켰다. 공장들은 군사작전에 필요한 품목의 생산을 증가시키기도 했다.

그러나 독일군은 병력과 장비 면에서 소련에 비해 월등하게 우세했으며 제공권도 장악하고 있었다. 14개 기갑사단은 '타이푼typhoon 작전'이라는 명칭으로 진격했다. 이제 모스크바 공략은 기후가 어떤가에 달려 있었다. 독일의 모스크바 공격에 따라 제대로 훈련받지 못한 민병대로 구성된 소련군 65만 명이 스몰렌스크와 바지마 사이에서 포위되었고, 나머지는 브란스크 주변에서 포위되었다. 모스크바는 공황 상태에 빠졌고, 결국 주코프 장군은 75퍼센트가 여성인 모스크바 시민들로 축차적인 방어선을 구축했다. 전통적으로 침략자들로부터 러시아 민족을 보호해 주던 날씨는 또다시 그 위력을 발휘했다. 10월 30일까지 내린 폭우는 노면을 진흙탕으로 만들었고, 이 때문에 독일군 승리에 있어 가장 중요한 요소인 기동성은 심각하게 떨어졌다.

11월 말이 되어 겨울바람이 불기 시작하고 지면이 단단해지자 독일군 기갑사단들은 다시 전방으로 진격했다. 그러나 독일군은 소련의 모자이스크 방어선에서 강력한 저항에 부딪혔다. 12월 5일에야 독일군은 모스크바에 거의 다다르기는 했으나, 수도를 완전히 포위하는 데 실패했으며, 동쪽으로부터 모스크바로 끊임없이 지원되는 보급을 차단하지 못했다. 그런 가운데 독일군이 영하 40도까지 내려가는 기후로 심한 어려움에 부딪치자, 히틀러는 드디어 동계 작전을 중지했다.

반면, 소련군은 동계 작전에 대한 준비를 비교적 잘 갖추었다. 겨울 추위로 독일군이 공격을 멈추자, 소련군 최고사령부는 전쟁 주도권을 장악할 수 있는 기회를 얻었다. 1941년 12월 5일 칼리닌 전선의 군대가 공격을 가하자, 모스크바 부근의 파시스트 세력은 물러났고, 1942년 1월 초 소련 군대의 강력한 역공세로 모스크바 근교의 독일군 주력부대는 패배해 후퇴했다. 1942년 2월까지 소련군은 중앙 지역에서 키로프와 데미도프까지 진격했다. 스탈린은 1942년 2월 23일 붉은 군대 창군 기념일 연설에서 소련 인민들에게 승리에 대한 자신감을 표현하면서 올해 안에 침략자들인 히틀러 무리들에게 완벽한 패배를 안겨줄 것이라고 다짐했다(폴리 2008, 75~77).

이렇게 해서 모스크바 점령을 위한 히틀러 독일의 전격전[4] 전략은 실패로 끝났다. 이로써 독일군 불패의 신화는 사라졌다. 소련 인민과 군대의 승리는 유럽의 점령 지역에서 반파시즘 세력의 투쟁을 고무했으며, 그들에게 독일 파시즘도 패배할 수 있다는 확신을 일깨워 주었다(Alexandrov 1986, 599).


## 반파시즘 연합의 형성과 확대

전쟁이 점점 세계대전으로 확대되면서 영국과 미국의 지배 세력은 소련에

---

4_제2차 세계대전 당시 나치군의 작전을 흔히 '전격전'(Blitzkrieg)이라 표현했다. 이것은 전차와 장갑차량 등을 이용해 빠른 속도로 보병을 기습 공격하면서 포병과 항공 세력을 집중하는 전쟁 방식을 가리킨다.

대한 독일의 승리가 세계 지배를 달성하려는 파시스트 진영의 위협을 창출할 것이라는 사실을 깨닫게 되었다. 그리하여 영국과 미국은 독일과 소련의 전쟁에서 독일의 반대편, 즉 소련 편을 들기로 결정했다. 1941년 6월 23일 영국 수상 윈스턴 처칠이, 그리고 6월 24일에는 미국 대통령 프랭클린 루스벨트가 독일-소련 전쟁에서 소련을 지원할 것이라는 결정을 공표했다. 1941년 7월 12일 영국 정부와 소련 정부 사이에 독일을 상대로 하는 전쟁에서 공동 행동에 대한 규정 협정이 체결되었다.

1941년 7월에는 소련 정부와 체코슬로바키아, 폴란드의 망명 정부들 사이에 독일에 대한 공동 투쟁을 내용으로 하는 협정이 체결되었다. 같은 해 소련은 벨기에와 노르웨이의 망명 정부들과도 외교 관계를 회복했다. 1941년 8월 2일 미국 정부는 소련에 대한 경제원조 결정을 소련 정부에 공식 발표했다. 이로써 반파시즘 연합 구축의 토대가 형성되었다.

1941년 8월 초, 루스벨트와 처칠의 회담에서 '대서양헌장'Atlantic Charter으로 알려진 전쟁의 목적에 관한 영국-미국 선언이 체결되었다. 영국과 미국은 그들이 영토 장악을 위해 애쓰지 않을 것과 그 지역 인민들의 동의 없이는 어떤 영토 교환도 옹호하지 않을 것, 정부 형태에 대한 인민의 선택권과 주권의 존중, 침략 위협 국가에 대한 무장해제의 필요성 고려 등을 발표했다. 이 밖에도 선언은 무역과 세계 원산지에 대한 접근에서 모든 국가의 동등성에 대한 요구와 해상의 자유를 포함했다.

1941년 9월 29일~10월 1일까지에 걸쳐 모스크바에서 열린 영국, 미국, 소련의 대표자 회담에서는 상호 군사경제원조가 논의되었고, 군수품에 관한 협정이 이루어졌다. 1941년 11월 7일 미국이 소련에 대해 무기대여법을 적용해 이자 없이 10억 달러의 차관을 제공했다. 이와 같은 반파시즘 연합 구축은 소련 외교의 성과였고, 독일과 그 동맹국에 대항해 싸우는 모든 나라의 이익에 부합하는 것이었다(Alexandrov 1986, 596~598).

1942년 1월 1일 워싱턴에서 국제연합UN 선언이 발표되었다. 이것은 영국, 미국, 중국, 소련의 강대국과 이후 추가해서 서명한 22개국이 전력을 다해 추축국을 무찌르고, 승리를 위해 서로 협력한다는 확고한 결의를 명시했다. 선언에 참가한 관계국들은 추축국과 개별적인 평화협정을 맺지 않는다는 점을 확인했다(폴리 2008, 110).

반파시즘 연합을 강화하는 데서 '히틀러 독일과 유럽 동맹국들에 대항한 전쟁에서의 영-소 동맹조약'과 1942년 5월 26일 런던에서 체결된 '협력과 상호 원조에 관한 조약'은 매우 중요한 것이었다. 영국과 소련 양국은 독일과 그 동맹국들과는 단독 평화협정을 체결하지 않고 침략 저지와 평화를 위해 지속적으로 협력하며, 특히 전후 독일에 관해 서로 대립하는 어떤 동맹에도 참가하지 않으며, 서로 광범위한 정치·경제적 접촉들을 발전시켜야 한다는 의무를 졌다.

1941년 3월 11일, 미국의 무기대여법에 따라 미국과 소련 사이에 맺어진 상호 원조 협정도 중요한 외교문서였다. 이 협정은 미국은 소련에 방어용 무기를 양도하고, 소련은 미국의 방위를 강화하기 위해 방어용 무기, 병력, 보조금과 정보를 미국에 공급해야 하는 의무를 명시했다. 이 협정은 영-소 협정과 함께 결국 반파시즘 연합을 공식화하는 것이었다(Alexandrov 1986, 601~602).


## 제2차 세계대전의 국면 대전환

제2차 세계대전은 1942년 11월 중순부터 1943년까지에 이르는 제3기 들어 반파시즘 연합국들에게 유리한 방향으로 국면 전환이 이루어졌다. 전쟁 초기에 독일과 일본이 거둔 승리는 연합국 측이 미처 대비하지 못한 상태에서 독일과 일본이 미리 준비된 강력한 근대적 군비로 상대방을 제압한 결과였다. 그러나 반구축국들도 급속하게 대규모적인 전시경제 체제를 갖춤으로써 전쟁의 국면을 바꾸어 놓을 수 있었다.

제2차 세계대전의 국면 전환은 소련 군대와 인민의 투쟁으로 독일 침공을 저지하면서 이루어졌다. 파시스트 군대는 모스크바 전방 전투에서 패배한 이후, 1942년 여름 볼가 쪽을 침공해 석유지 바쿠를 장악함으로써 북캅카스와 스탈린그라드(현재 볼고그라드) 측면까지 밀고 들어갔다. 스탈린그라드의 전투는 약 10만 제곱킬로미터의 거대한 규모의 지역에서 행해졌다. 양 진영에서 200만 명 이상의 군인이 전투에 참가했고 탱크와 항공기 수천 수만 대의 대포와 박격포 수만 대가 군사작전에 사용되었다. 독일과 그 동맹국들은 50개 사단, 즉 100만 명 이상의 사병과 장교들을 스탈린그라드 방향으로 결집했다. 스탈린그라드에 대한 독일 공격은 1942년 7월 23일 시작되었다.

소련 최고사령부는 1942년 11월 19일 그동안 수립한 스탈린그라드 반격 작전을 펼쳤다. 스탈린그라드에서 격렬한 시가전이 벌어졌고, 파시스트 침략자들은 치명적인 공격을 당했다. 육군 원수 프리드리히 파울루스 휘하의 제6군 병력 30만 명이 포위당해 탈출할 수가 없었다. 스탈린그라드 전투는 1943년 2월 2일 마지막까지 저항하던 독일군이 항복했고, 장병 9만 명과 부상자 2만 명이 소련군 포로가 되었는데, 이들 가운데 극소수만이 살아남았다. 볼가 강 지역 전투에서 획득한 승리를 통해 소련 군대와 인민은 '대조국전쟁'에서 전략적 주도권을 장악했고, 제2차 세계대전에서 승리를 위한 중대한 전기를 마련했다(폴리 2008, 109).

스탈린그라드 전투는 북아프리카에서 독일과 이탈리아군 패배를 초래한 결정적 계기가 되었다. 독일은 아프리카에 충분한 군대를 주둔시키지 않은 상태에서도 1942년 11월 중순부터 1943년 3월 30일까지 33개 사단과 3개 여단을 서부전선에서 소련 전선으로 이동시켰다. 스탈린그라드 주위에 그 주력부대를 집중시킴으로써 파시스트 진영은 북아프리카 전선을 취약한 상태로 남기게 되었다. 독일 사단 5개와 이탈리아 사단 8개가 그곳에 남아 있었다. 영국군은 탱크, 대포, 항공기 면에서 상당히 우세했다. 연합국들은 북아프리카에서 군사행동을 감행하기로 결정했다. 1942년 10월 23일 영국군은 공격을 감행해 알 알라메인 근처의 전투에서 승리를 거두었다. 연합국들이 북아프리카에서 다시 작전을 활성화한 것은 스탈린그라드 전투가 끝난 지 3개월이 지난 뒤였고, 튀니지에서 영국과 미국의 공세가 있은 바로 뒤, 독일과 이탈리아군은 아프리카에서 분쇄되었다.

1943년 중반에 이르러 독일-소련 전선에서 군사행동의 초점은 쿠르스크-오룔-벨고로트 지역으로 이동했다. 독일 군사령부는 이 지점에서 소련군을 상대로 결전을 벌이로 했다. 독일 군사령부는 이 작전을 위해 50개 사단 소속 장병 90만 명을 배치해 쿠르스크 지역에 대한 공세를 준비했다. 독일 군은 팬더 탱크, 타이거 탱크와 같은 신발명품과 2천 대 이상의 항공기를 포함해 쿠르스크 방면에 야포 대략 1만 대, 탱크와 자주포 2,700대를 배치했다(Alexandrov 1986, 607).

1943년 7~8월에 걸친 쿠르스크 전투는 제2차 세계대전에서 매우 중요한 전투였다. 50일 동안의 격렬한 전투에서 소련군은 탱크 사단 7개를 포함한 30개의 독일 사단을 분쇄했다. 파시스트군은 병사 50만 명 이상, 탱크 1,500여 대, 대포 3천 대, 항공기 수백 대를 상실했다. 소련군의 역공은 파시스트 군에게 다시 한번 심각한 패배를 안겨 주었다. 쿠르스크 전투에서 승리한 소련군은 전략적인 총공세에 들어갔다.

소련에 대한 파시스트 침공 이후, 특히 스탈린그라드와 쿠르스크 전투 이후 파르티잔과 저항운동이 유럽 전역에서 강력히 전개되었다. 소련에서는 대략 100만 명 이상의 인민이 무기를 들고 파르티잔 대열에 참가했다.

1943년 7월 10일 쿠르스크 전투가 한창일 때, 영국군과 미국군이 이탈리아의 시칠리아 섬에 상륙했다. 연합군의 시칠리아 섬 상륙은 무솔리니의 정적들(부르주아 집단)에게 결정적인 힘을 실어주었다. 7월 25일 파시스트 대평의회는 무솔리니의 사임을 요구했고, 그를 체포했다. 피에트로 바돌리오 원수가 총리에 취임해 연합군과 비밀 협상을 시작했고, 9월 3일 바돌리오 정부는 휴전과 무조건 항복에 관한 협정에 조인했다(폴리 2008, 122).

이탈리아가 항복을 하자, 독일군은 이탈리아 북부를 점령하고 이탈리아군 부대들을 무장해제했으며 이탈리아군의 많은 장교와 병사를 강제수용소에 가두었다. 1943년 10월 13일 이탈리아의 신정부는 독일과 전쟁 상태임을 선포했다. 이것이 파시즘 국가 진영이 와해되기 시작한 경위였다. 이탈리아의 항복은 전체 파시스트 진영의 임박한, 그리고 불가피한 붕괴를 예고했다(Alexandrov 1986, 609).

제2차 세계대전 국면이 크게 전환되면서 독일과 그 동맹국들의 완전한 패배를 끌어내기 위한 방책과 전쟁 종료 이후 반파시스트 연합국들이 처리해야 할 중대 과제들이 제기되었다. 이런 문제들을 해결하기 위한 연합국 측 회담이 잇따라 열렸다. 1943년 8월 캐나다 퀘벡에서 미국 대통령 루스벨트와 영국 수상 윈스턴 처칠 사이에 열린 회담에서 1944년 5월에 시작될 연합국의 유럽 공격 문제가 논의되었다. 1943년 10월 19~30일 사이에 모스크바에서 영국, 미국, 소련의 외무부 장관 회의가 열렸다. 회의는 가능한 한 빨리 전쟁을 종결할 것과 전후 독일 문제를 '유럽자문위원회'Europian Advisory Commission의 검토에 맡기기로 결정했다. 또 회담에서 채택된 이탈리아에 관한 선언은 이탈리아에서 파시즘을 일소하고 민주주의를 회복하며 전범 처벌이 필요함을 명시했다. 그리고 오스트리아에 관한 선언은 자유롭고 독립적인 오스트리아 복구를 구상했다.

1943년 11월 28일~12월 1일까지 이란 수도 테헤란에서 열린 처칠, 루스벨트, 스탈린의 회담에서는 영국과 미국의 35개 사단 병력 100만 명을 프랑스 북서부와 남부에 상륙시킨다는 결정이 이루어졌다. 이 시기까지 소련은 연합군의 상륙을 용이하게 하도록 독일-소련 전선에서 강력한 공세를 준비해야 했다. 전후 독일 문제와 관련해서는 몇 개의 독일 국가 수립에 합의했다. 그 밖에도 폴란드 국경선 문제를 비롯해 주요 문제에 관한 합의가 이루어졌다(Alexandrov 1986, 611~612).

### 나치 독일과 그 동맹국 패배, 그리고 제2차 세계대전 종결

제2차 세계대전은 1943년 이후 종결 국면으로 접어들었다. 태평양에서는 1942년 6월의 미드웨이해전과 1943년 2월의 과달카날 패배 이후 일본군의 후퇴가 시작되었고, 소련 전선에서는 앞에서 본 바와 같이 1943년 2월 스탈린그라드 전투와 같은 해 7월 쿠르스크 전투에서 독일군이 패배를 당한 이후, 소련군은 반격에 나섰다. 영국과 미국의 연합군은 1942년 11월 북아프리카에 상륙했고 1943년 9월 이탈리아는 항복했지만, 본격적인 제2전선이 전개된 것은 1944년 6월 이후였다. 소련군은 이 무렵 대부분의 피점령 지역에서 침략군을 축출하고, 동유럽 여러 나라와 중부 유럽 나라들을 파시스트로부터 해방시키는 데 큰 역할을 수행했다.

1944년 들어 소련군은 모든 전선에서 승리를 거두었다. 소련군은 1944년 6~8월에 걸친 공세를 펼친 결과, 1944년 9월 4일 핀란드 정부로 하여금 소련의 휴전 조건을 수락하도록 했다. 또 소련은 폴란드 민족운동가들이 1944년 7월 21일에 설립해 신정권의 모체가 된 '폴란드국민해방위원회'와 우호적인 관계를 수립했다. 그리고 1944년 8월 20일 독일-소련 전선 남부 지역에서 소련군의 강력한 공격이 시작되었다. 독일군과 루마니아군의 대규모 집단이 소련군의 공격을 받아 키시네프에서 멀지 않은 곳에서 포위되었다. 이 패배는 루마니아 반파시즘 세력에게는 유리한 조건을 창출했고, 그 결과 루마니아는 파시스트 진영에서 탈퇴해 소련과 휴전을 맺고 독일과 헝가리와의 전쟁에 참가했다.

1944년 9월 초 소련군은 불가리아에 진주했다. 9월 9일 공산당 주도로 인민대중이 무장봉기를 일으켜 정권을 장악하고, 독일과 헝가리에 대항하는 전쟁에 참가했다.

1944년 10월 11일 헝가리 정부 대표단은 모스크바에서 휴전에 관한 예비협정에 조인했다. 바로 뒤에 곧 독일군은 헝가리를 점령했고, 헝가리를 그들 편에 서서 전쟁을 계속하도록 했다. 1944년 10월에 소련군이 헝가리에 진주했고, 12월 21일에는 독일에 선전포고를 한 애국자들이 임시민족정부를 수립했다.

1943년 12월 12일 소련과 체코슬로바키아 사이에 우호와 상호 원조, 그리고 전후 협력에 관한 조약이 체결되었다. 소련군이 유럽의 서부와 남서부로 진군하면서 유고슬라비아, 알바니아, 그리스에서 독일군을 축출하는 데 유리한 조건을 만들었다. 1945년 4월 11일에는 상호 원조와 전후 협력에 관한 조약이 소련과 유고슬라비아 사이에 체결되었고, 1945년 4월 21일 유사한 조약이 소련과 폴란드 사이에 체결되었다(Alexandrov 1986, 613~615).

세계대전이 막바지에 접어든 1944년 6월 '제2전선'이 구축되었다. 1942년 서부 유럽에서 히틀러 독일에 대항하는 군사작전 전선(이른바 제2전선)의 구축을 약속했던 영국과 미국 정부는, 의무 이행을 지연시키면서 소련이 전쟁 때문에 약화되고 피폐해질 때까지 전선의 개시를 늦추었다. 1944년 6월에 이르러서야 영국과 미국 정부가 소련이 독일 파시즘을 분쇄하고 파시스트의 굴레로부터 유럽의 인민들을 해방시킬 수 있을 것이라는 사실을 확인한 끝에, 프랑스 남서부 노르망디에 군대를 상륙시킴으로써 제2전선의 개시를 결정했다.

1944년 가을에 영국군과 미군은 프랑스 내 레지스탕스 운동 세력의 도움으로 프랑스에서 나치 침략자들을 축출하고 프랑스 대부분의 지역을 해방시켰다. 1944년 8월 파리는 해방되었고, 1944년 말 프랑스, 벨기에, 네덜란드 일부가 파시스트로부터 해방되었다.

영국군과 미군은 중부 유럽으로 신속히 진군해 오스트리아 빈과 몇몇 다른 주요 지점들을 점령한다는 목표를 설정했다. 그런 목표에 따라 독일의 서부 국경선에 도착했으나 독일군의 완강한 방어전에 가로막혀 공격을 중단했다. 독일 군사령부는 12월에 벨기에 아르덴 지역에서 대규모 반격을 감행했다. 이에 1945년 1월 연합국의 지원 요청을 받은 소련군 150개 사단이 독일 파시스트군에 대항하는 공세에 착수했다. 소련군의 공세로 독일군은 서부전선으로부터 동부전선으로 군대를 이동시키지 않을 수 없었으며, 연합국은 그들의 전선을 안정시키고 공격을 감행할 태세를 갖추었다.

독일 패배가 임박한 가운데, 반파시즘 연합국가들이 전쟁 종료와 더불어 제기될 여러 가지 중요한 문제들에 대한 논의를 시작했다. 1944년 8월 21일~9월 28일까지 영국, 미국, 소련 대표들이 워싱턴 근교에 있는 덤바턴오크스에 모여 국제연합 기구 설립에 관해 논의했다.

1945년 2월 4~11일까지 우크라이나 크림반도의 얄타에서 영국, 미국, 소련 정부의 정상회담이 열렸다. 이 회담에서는 전쟁이 종결되는 상황에서 나치 독일에 대해 공동 행동을 취한다는 결정이 채택되었다. 또 독일이 패배할 경우, 독일은 연합국이 점령하고 그 영토는 점령 지구로 나누어진다고 결정되었다. 회담의 핵심적 결과는 독일 파시즘과 군국주의 철폐에 관한 결정이었다. 회담 결과를 담은 문서에는 "독일 군국주의와 나치즘을 파괴하고 독일이 다시는 세계평화를 어지럽히지 못하도록 보장하는 것이 우리의 변경할 수 없는 목적이다"라고 명시되어 있다. 회담은 독일 무장 군대 폐지, 독일 참모집단 제거, 독일 군비 회수와 폐지, 독일 전쟁 산업 통제와 정리, 전범들에 대한 엄격한 처벌, 나치즘과 그 제도들의 근절과 청산 등을 결의했다. 그리고 회담 결정에는 독일은 전쟁에 대항했던 국가들에게 손해배상을 해주어야 한다는 내용도 포함되었다(Alexandrov 1986, 619).

1945년 들어 독일은 패배의 길을 치닫고 있었다. 1945년 1~4월까지 소련군은 발트 해에서 카르파티아산맥에 이르는 전선을 따라 히틀러 독일에 대항한 전쟁의 최종적인 작전들을 수행했다. 1945년 2월 13일 파시스트 군단 180만 명이 부다페스트 근교에서 격파되었다. 1945년 4월 13일 소련군이 오스트리아 수도 빈을 해방시켰다.

1945년 3월 서부전선에서 연합군이 공격을 벌여 루르와 서부 지역의 많은 지방을 접수했다. 4월 중순 영국군과 미군은 베를린에서 100킬로미터 떨어진 거리에 있었다. 4월 후반에는 소련군이 베를린을 공격하기 시작했다. 4월 25일 드디어 베를린이 함락되었다. 5월 1일부터는 독일군이 무더기로 자진 항복했고, 5월 2일 베를린에서 파시스트 독일군은 완전히 패배했다. 1945년 5월 8일에서 9일 밤사이에 독일의 무조건 항복이 베를린에서 조인되었다. 1945년 6월 5일 점령국 대표들은 베를린에서 '독일의 패배와 독일에서의 최고 권력 인수에 관한 선언'에 서명했다.

나치 독일이 패망한 뒤, 반파시즘 연합국들은 전후 평화 정착 문제와 특히 독일에 관한 문제, 그리고 그 밖의 제2차 세계대전 사후 처리와 관련된 문제들에 직면했다. 이와 같은 문제들을 논의하기 위해 1945년 6월 17일~8월 2일까지에 걸쳐 독일의 포츠담에서 영국, 미국, 소련의 정상들이 참석한 회담이 열렸다. 미국 대통령 루스벨트는 전쟁이 끝나기 직전인 1945년 4월 12일 사망해 미국을 대표해서는 새로 선출된 해리 트루먼 대통령이 참석했고, 영국을 대표해서는 6월 28일부터 영국 수상에 새로 선출된 노동당 지도자 클레멘트 애틀리가 참석했다.

포츠담회담에서 논의된 주요 주제는 독일이었다. 독일을 완전무장해제, 비무장화하고 그곳의 모든 군국주의적 조직들을 금지한다는 연합국 결의가 수록된 결정안이 채택되었다. 협정은 독일 산업 가운데 무기 생산에 사용될 수 있는 부분의 일소와 그것에 대한 통제, 국가사회주의당 제거, 모든 파시스트 조직과 제도 해체 등 파시즘이 어떤 형태로도 재생되지 않을 것이라는 보증을 제공했다. 모든 공직으로부터 파시스트들을 제거하고 나치와 군국주의적 원리들을 완전히 근절시킬 것도 결정되었다. 그리고 회담은 군국주의의 위험스러운 온상이었던 독일 카르텔과 콘체른이 제거되어야 한다는 것과 전 산업이 평화적 노선에 따라 운영되어야 한다는 것을 결정했다. 이 밖에도 독일의 민주화와 민주적인 권리 및 자유의 도입, 그리고 노동조합과 다른 민주적 조직들의 발전에 관한 회담의 결정은 매우 중요한 것이었다 (Alexandrov 1986, 626~627).

제2차 세계대전의 최후 단계는 태평양 지역에서 전개된 일본 패배였다. 제국주의 일본은 1943년부터 1945년에 이르는 기간에 태평양에서 자신이 정복했던 많은 지역을 상실했다. 동남아시아에서 반일 민족해방운동이 고양되었다. 그런데도 일본은 여전히 530만 명이 넘는 지상군과 강력한 공군을 보유하고 있었다. 소련은 다른 연합국과 행한 약속에 따라 유럽에서 전쟁이 끝난 3개월 뒤인 1945년 8월 8일 일본에 대해 선전포고했다. 일본 전투력의 67퍼센트가 중국에 진주해 있었으므로 소련의 대일본 공격은 전쟁을 결정짓는 의미가 있었다.

1945년 8월 6일과 9일에 미국은 일본의 히로시마와 나가사키에 원자폭탄을 투하했고, 그 결과 45만 명이 죽거나 심하게 부상당했다. 미군은 8월 13일과 14일 밤에도 도쿄를 폭격했다. 일본 천황은 8월 14일 무조건 항복할 의사가 있음을 선포했고, 마지막 항복문서 조인은 9월 2일 미군 전함 미주리호에서 이루어졌다. 이로써 제2차 세계대전은 마침내 끝이 났다.

## 3. 제2차 세계대전의 결과

1939~1945년에 이르는 6년 동안의 제2차 세계대전은 반파시즘 연합국의 승리로 끝났다. 세계 61개 국가가 전쟁에 참가하거나 관련을 갖게 되었고, 40개국의 영토에서 군사작전이 수행되었다. 전쟁 기간에 1억1천만 명의 군대가 동원되었고, 300만 명 이상의 민간인이 반파시즘 무쟁 투쟁에 참가했다. 5천만 명 이상이 죽었고, 1,200만 명이 파시스트의 집단수용소에서 살해되었으며 9,500만 명이 부상을 당했다. 참전국의 전쟁 비용은 1,170억 달러에 이르렀다(Alexandrov 1986, 692).

제2차 세계대전은 자본주의의 전반적 위기를 더욱 심화시켰다. 전쟁은 자본주의경제에 엄청난 손상을 입혔으며, 자본주의국가들 사이의 세력균형에 큰 변화를 가져왔다. 미국의 독점자본은 전쟁 기간에 막대한 이윤을 축적할 수 있었으며, 미국 제국주의는 경제적인 측면에서뿐만 아니라 자본주의국가의 정치 생활에서도 지배적인 위치를 차지했다.

제2차 세계대전 기간에 소련은 파시스트 침략자들과 대항하는 데서 결정적인 역할을 수행했다. 파시즘과 벌인 격렬한 투쟁에서 소련 인민은 조국의 자유와 독립을 수호했으며, 소련 인민과 군대는 폴란드, 체코슬로바키아, 유고슬라비아, 불가리아, 루마니아, 헝가리, 오스트리아, 노르웨이 등 국가 인민들이 독일 파시스트 침략자들을 격퇴하는 데 큰 도움을 주었다.

제2차 세계대전이 진행되면서 제국주의 식민지 체제 위기는 더욱 첨예화되었고, 민족해방운동은 고양되었다. 또 전쟁은 노동과 자본 사이의 모순을 크게 악화시켰고, 반파시즘 투쟁은 자본주의국가들에서 노동자계급 운동의 발전을 촉진했다.

제2차 세계대전에서 성취한 반파시즘 투쟁의 승리는 반동과 침략 그리고 전쟁 세력을 약화시키고 민주주의와 민족해방, 세계평화를 추구하는 세력을 강화시켰다.

# 2장

# '대조국전쟁' 시기 소련 노동자계급의 역할

전쟁이 시작되고 첫 18개월 동안, 소련은 전례 없는 대재앙에 이어 모스크바와 스탈린그라드에서의 대규모 방위전을 겪었고, 그사이 중간 중간에 반격을 가했었다. 독일군은 모스크바 입구, 볼가 강변, 그리고 카프카스[캅카스] 산맥의 북쪽 경사면까지 다가갔었다. 소련군은 1천만 명에 이르는 인명 손실에 더해 셀 수 없이 많은 민간인 사망자들을 내면서 독일의 전격전을 막아냈고, 끝이 없어 보이던 독일의 군사적 승리를 막아 형세를 역전시켰다. 제2기 12개월 동안은 볼가 강에서 재난에 가까운 독일의 패배로 시작하여, 쿠르스크에서 독일의 패배에 이어 드네프르 진격이라는 소련의 승리로 끝이 났다. 소련군은 실행 가능한 군사 공격 개념으로서의 전격전을 격파했다. 추가로 1천만 명의 인명 손실을 입으면서 소련군은 영토를 수복해 나갔다. 제1기와는 달리, 이 시기 독일과 그 동맹국들은 수십만 명의 인명 손실을 입었다. 독일에게 더 곤혹스러웠던 것은, 이것이 피할 수 없는 완전한 패배를 향해 가속된다는 것을 뒤늦게 깨달았다는 것이다. 이 과정은 제3기에 결실을 보았다. 독일 국방군으로서는 괴롭게도 끝이 없어 보이는 소련의 전략적 승리가 계속 이어졌고, 소련군이 중부 유럽으로 진입하게 되었으며, 나치 독일의 완전한 군사·정치적 패배로 그 절정에 달했다. …… 나치 독일은 전례 없는 폭력과 파괴를 동원한 전쟁의 토대 위에서 권력을 추구하고 제국을 건설하려 했으나, 폭력적인 방법으로 완벽히 무너졌다.

_데이비드 글랜츠(글랜츠 외 2007, 347)

소련 노동자계급과 근로인민은 '대조국전쟁' 시기를 전후해 전력을 다해 사회주의 건설을 추진하고 '조국 방위'를 수행했다. 1939년 3월에 열린 전연방공산당(볼셰비키) 제18회 대회는 기본적인 경제적 임무 — 인구 1인당 생산에서 주요 자본주의국가들을 따라잡거나 앞지르기 — 를 정식화했다. 대회가 결정한 국민경제 발전 제3차 5개년계획(1938~1942년)은 사회주의의 물질·기술 기반 확대와 질적 개선의 필요, 사회주의적 생산관계 발전, 콜호스 제도 강화, 인민 생활수준의 획기적 향상, 그리고 국가 국방력 강화 필요성을 지적했다. 제3차 5개년 계획은 사회주의사회의 국민경제에 관한 최초의 미래 계획이었다. 5년 동안에 전력 생산은 2배, 기계공업은 2.3배, 화학공업은 2.4배로 늘리는 계획이었다(The USSR Academy of Sciences 1985, 578).

소련은 대조국전쟁 직전에 일정한 물질·기술 기반을 갖출 수가 있었다. 1940년에는 석탄 1억6,600만 톤이 채굴되었고, 선철 1,500만 톤, 강철 1,800만 톤 이상이 생산되었다. 발전량은 483억 킬로와트에 이르렀다. 공업 총생산고는 1940년 당시 1913년에 비해 8.5배, 생산수단 생산은 15.5배로 증가했다.

기계제조업, 트랙터공업, 석유공업의 총생산고에서 소련은 유럽에서 1위와 세계 2위를 차지했다. 전력·알루미늄·선철·조강에서는 유럽에서 2위와 세계 3위를 차지했고, 석탄·시멘트에서는 유럽에서 3위와 세계에서 4위를 차지했다.

이런 공업 기반 위에서 소련의 국방력 증강이 진행되었다. 소련은 제2차 세계대전이 일어나기 전 2년 동안 중요한 조치들을 취해 방어 능력을 키웠다. 방위산업의 필요에 따라 상당한 재원이 배분되었고, 새로 개발된 항공기와 탱크, 그 밖의 다른 병기들이 생산되었다. 무장 병력은 1936년 143만 명에서 1941년 420만 명으로 증가되었다(Alexandrov 1986, 594).

당과 정부는 국방공업의 재편성을 위해 중요한 대책들을 실시했고, 군수생산을 크게 증대했다. 이에 따라 병기와 군비가 증강되었으며 군대의 기술적 재장비에 착수하는 것이 가능해졌다. 제3차 5개년 계획 3년 동안에 공업 전체 생산의 연평균 증가율은 13퍼센트였던 데에 비해 국방공업 증가율은 무려 39퍼센트였다. 국방 관계 기업에는 원료·기계설비·연료·전력을 먼저 공급했다. 그러나 전쟁 시작 당시 군대의 재장비는 아직 완료되지 않았다.

또 제국주의 전쟁 위협이 점점 증대되는 정세에서 노동강화를 위한 조치들이 취해졌다. 1일 7시간에서 8시간 노동으로, 1주 7일 노동으로 이행한 것과 기업이나 기관 노동자와 직원 임의 퇴직이 금지된 것이 그것이었다. 국방력 증강이라는 필요에 따라 취해진 이 방책의 시행으로 노동 규율이 더욱 강화되었다(포노말료프 1992a, 213; 216).

제2차 세계대전이 발발하기 직전인 1939년 8월 23일 소련과 독일 사이에 조약이 체결되었다. 독일-소련 조약은 상호 불가침을 목적으로 조인한 것으로서 독일과 소련이 폴란드를 분할 점령하며, 소련이 발트 해 연안 국가들인 에스토니아, 라트비아, 리투아니아를 병합하고 다가올 전쟁에서 소련이 중립적 태도를 취할 것을 약속한다는 것이었다.

소련공산당과 소비에트 정부는 히틀러 정부와 이 조약을 체결하면서도 히틀러가 결코 소련에 대한 침략 전쟁을 포기하지 않았음을 인식하고 있었다. 그런데도 독일 정부가 제안한 불가침조약을 체결하는 '중대한 결정'을 내린 것은 영국과 프랑스, 그리고 폴란드가 히틀러의 침략에 대한 공동 투쟁 협정을 소련과 체결할 의사가 없다는 사실이 완전히 드러나고, 소련의 안전을 보장할 다른 가능성들이 모두 사라진 뒤에 비로소 채택된 것이라고 소련공산당은 해명했다. 소련은 이 조약으로 방위 준비를 위한 약간의 시간을 벌고, 소련에 대해 극히 불리한 정세에서 두 방향에서 전개되는 전쟁에 이끌려 들어갈 위험에서 벗어났다고 판단했다. 당과 정부는 영국과 프랑스, 그리고 미국의 반동적 지배층은 소련을 고립시키고 소련에 대항하는 자본주의 열강의 통일전선을 만들려고 노력했다고 판단했다. 소비에트 정부는 자국 국민에 대해서, 그리고 전 세계의 사회주의를 위해서 뮌헨회의 참가국의 반동적 음모를 분쇄하는 데 독일과 맺은 불가침조약은 그것을 도왔다는 것이다(포노말료프 1992a, 202~203).

이와 같은 소비에트 정부와 소련공산당의 해명에도 불구하고 이 협정 체결은 다른 나라 공산주의자들로 하여금 소련을 혁명 배반자로 보게 했으며, 코민테른 활동을 크게 위축시켰다. 대럴 해머가 지적했듯이 이 조약 체결은 '혁명적' 소련이 '전통적' 권력 정치의 경기와 그리고 '전통적' 국제정치의 주요한 대상인 이른바 세력권 문제를 언제라도 다룰 준비가 되어 있음을 입증했다(김학준 2005, 333). 다른 한편에서는 나치·소비에트 조약이 반파시즘을 무효화하면서 소련의 위선을 드러낸, 말 그대로 인민전선에 대한 배신으로 평가되었지만, 소련이 서유럽과의 겉치레 외교를 버리는 한편, 나치 침략자를 사정거리에 묶어 두면서 시간을 벌기 위한 현명한 노력인 듯 보인다는 평가도 있다. 그러나 확실히 독일-소련 불가침조약은 쉽게 받아들이기 힘든 것이었다(일리 2008, 511).

홉스봄은 스탈린이 독일-소련 불가침조약을 체결하기에 이른 것은 "혼자서 히틀러와 싸우도록 남게 되지 않을까를 우려했기 때문이었다고 설명했다. 또 스탈린은 그 조약을 통해서 소련은 전쟁에 끼어들지 않으면서 독일과 서유럽 열강이 서로 약화되기를 원했다"고 해석했다(Hobsbawm 1996, 151).

독일-소련 불가침조약이 체결되고 1주일 뒤에 제2차 세계대전이 발발했다. 그리고 1941년 6월 22일 히틀러 독일과 그 동맹국들이 190개 사단 병력 550만 명으로 소련 서부 국경선을 침범했을 때, 그곳에는 소련군 장병 270만 명의 병력이 배치되어 있었을 뿐이었다. 더욱이 소련군 병사의 상당한 부분이 필요한 훈련을 받지도 못했고, 군사행동에 대한 경험도 갖지 못했다. 이런 상황에서 독일 군대와 그 동맹국 군대의 침공은 소련으로서는 대단히 갑작스러운 일이었고, 침략군을 방위선에서 저지한다는 것은 불가능한 일이었다.

군사 측면에서 보더라도 제2차 세계대전에서 가장 중요한 전투 상황은 독일군과 소련군 사이에서 벌어진 전투들이었다. 1941년과 1945년 사이에 주로 소련 영토 내에서 벌어진 전투 때문에 2,900만 명[1]에 이르는 소련 주민이 사망했으며, 동시에 전체 독일군 사상자의 80퍼센트 역시 동부전선에서 발생했다. 반면, 유럽에서 벌어진 전쟁에서 미국, 영국, 프랑스의 사망자 수는 100만 명에도 미치지 못했다. 물론 연합군의 전략 폭격작전이 히틀러의 제3제국을 크게 약화시키고 60만 명에 이르는 독일인(대부분 민간인)을 살상한 것은 분명한 사실이지만, 연합국 지상군이 실제로 북서유럽 지역에서 전투를 벌인 기간은 전쟁 막바지의 11개월에 지나지 않았다.

서부유럽에서 연합군과 맞서 싸운 독일군 수는 동부전선에 투입된 독일군 병력의 3분의 1을 넘지 못했다. 나치 정권을 붕괴시키는 데서 소련이 주도적인 역할을 수행하자, 영국과 미국은 1945년 동유럽에서 스탈린의 영향력에 맞서 대응하는 데 큰 어려움을 겪어야만 했다(콜리어 외 2008, 6).

전쟁이 발발하자, 소련공산당과 정부는 파시스트 침략군에 대항하는 전쟁에 인민의 힘을 총동원할 계획을 세웠다. 1941년 6월 22~23일에 정부는

---

1_제2차 세계대전에서 사망한 소련 주민의 수에 대해서는 2천만 명이라는 주장도 있으나, 어느 것이 정확한 지는 입증하기 어렵다.

병력 의무자의 군 입대와 전시 체제화, 탄약 생산 동원 계획을 실시한다는 포고를 내렸다. 1941년 6월 30일에는 스탈린을 의장으로 하는 '국가방위위원회'를 설치했다. 이 위원회는 대조국전쟁 기간에 소련 권력의 비상 전권 최고 기관으로서, 국방정책과 전시경제의 계획화, 군대 창설과 보급 임무를 맡았다. 이 기관은 모든 국가와 군 시설, 당과 노동조합 그리고 공산주의청년동맹 조직의 활동을 총괄했다. 국가방위위원회는 '모든 것을 전선을 위해! 모든 것을 승리를 위해'라는 슬로건으로 노동자계급과 콜호스 농민, 인텔리겐치아들에게 호소했다.

소련공산당은 전시 계획을 실현하면서 국가를 '하나의 전투 진영'으로 바꾸어 내는 거대한 조직적이고 정치적인 활동을 전개했다. 당 중앙위원회는 군에 대한 당의 지도를 강화하고 정치부 기관과 군의 당 조직 역할을 높이기 위해 강력한 조직상의 여러 가지 조치를 취했다. 당기관은 총동원령으로 실시한 징집제 외에도 군사훈련을 받은 당원과 공산주의청년동맹 구성원들을 선발해 전선으로 보냈다. 우선 몇 천 명의 당 간부들 — 주위원회, 시위원회, 지구위원회 간부들 — 이 군에 입대했다. 전쟁 발발 이후 6개월 동안 공산당 당원 100만 명과 공산주의청년동맹 회원 200만 명이 군대에 입대해 참전했다. 1941년 말에는 공산당원 130만 명이 붉은 군대에 소속되어 있었다. 전연방공산당 중앙위원회는 많은 중앙위원, 중앙위원 후보, 그리고 유력한 당 활동가를 군에 파견했다. 전쟁이 진행되는 초기의 반년 동안에 당원 50만 명 이상이 전사했다(포노말료프 1992b, 26; 29).

정규 군대 외에도 각 지역에서 인민의용군, 의용 부대가 편성되어 지역 방위와 여러 가지 보충 역할을 수행했다. 1941년 7월 7일 모스크바에서 인민의용군 112개 사단이 편성되었는데, 그 가운데 10개 사단 구성은 대부분 노동자들이었다. 레닌그라드에도 의용군 10개 사단이 편성되었는데, 그 가운데 7개 사단 구성은 대부분 노동자들이었다. 우크라이나, 벨라루스, 발트 해 연안 지역에서도 인민의용군 저격 대대나 의용대가 편성되었다. 1941년 10월 돈바스 방위에는 마케예프카, 고를로프카, 철강공장, 탄광 등의 당 조직 호소에 따라 17만5천 명의 의용병이 무기를 들고 참가했다.

레닌그라드, 키예프, 오데사, 스몰렌스크, 뱌지마, 브랸스크, 모스크바 등 도시 근교와 돈바스 방위 진지를 구축하는 데도 노동자 수십만 명이 출동했다. 노동자 부대가 도시, 기업, 철도의 대공방위부대를 지원했다. 또 많은 여성노동자가 적십자 그룹에 참가했다.

1941년 여름과 가을의 가장 어려웠던 시기에 인민의용군은 약 60개 사단과 수백 개 의용 부대(병력 총 200만 명), 저격 대대 1,755개(32만8천 명 이상)가 편성되었으며 노동자 약 1천만 명이 방위선 구축에 참가했다. 1941년 말에는 붉은 군대 사격 사단 286개가 새로 편성되었다(*The Soviet Union During the Great Patriotic War 1941~1945*, 1976, 698; The USSR Academy of Sciences 1985, 587에서 재인용). 파시스트 독일 침공 이후 반년 정도 되는 기간에, 전쟁 발발 이전에 소련이 보유했던 병력을 훨씬 상회하는 무장력이 새롭게 창설된 것이다.

한편, 노동자들은 아주 단기간에 모든 기업과 주민 수백만 명을 서부에서 동부로 이동하는 매우 어려운 과제를 해결했다. 1941년 7~11월까지 주민 1천만 명 이상과 기업체 1,360개가 동부로 소개疏開되었다. 전선 지역에서 거의 대부분의 공작기계류와 동력 공급 시설을 반출했다. 국방위원회는 소개 기업의 조업을 재개하기 위한 세밀한 계획서를 승인했다. 소개된 공장들을 다시 배치하고 설비용 기계들을 설치하는 일, 새로 문을 여는 공장에 노동력과 자재를 확보해 주는 일, 공장에 일하러 온 노동자들의 생계를 보장해 주는 일 등의 문제들은 우랄, 서시베리아, 카자흐스탄, 중앙아시아 지방의 당기관들이 처리했다. 그렇게 기업은 3~4주 만에 가동되었다(포노말료프 1992b, 30~31).

대조국전쟁과 전시 계획을 시행하는 데서 노동력을 확보하는 일 또한 매우 중대한 과제였다. 많은 노동자가 군에 소집되었고, 군사행동이 급격하게 전개되어 주민 대부분을 소개할 겨를도 없었기 때문에 더욱 그러했다. 1941년 초에는 노동자가 3,150만 명이었던 것이 같은 해 말에는 1,850만 명으로 크게 줄어들었다. 이런 노동력 부족은 새로운 취로 제도와 새로운 노동자 대량 고용법 시행으로 메워졌다. 노동시간이 연장되고 의무 초과 근무제가 실시되었으며, 정기 휴가나 추가 휴가가 폐지되었다. 방위산업에 종사하는 노동자와 직원은 군에 동원된 사람으로 간주되어 소속 기업에서 이탈할 수 없게 되었다. 그리고 여성과 미성년자들이 공업생산에 광범하게 동원되었다. 1942년 말에는 기업에서 여성 노동력이 차지하는 비율이 52퍼센트에 이르렀다.

노동자들은 리가를 비롯한 많은 도시에서 붉은 군대와 더불어 자기가 살고 있는 도시를 방위했다. 키예프를 방위하는 데는 아스널 공장노동자와 키예프 지역에서 일하는 많은 공장노동자의 기여가 컸다. 노동자들의 노력과 전 시민의 헌신적인 노동으로 보루, 바리케이드, 저항 거점이 설치될 수 있었다. 소련군 병사와 도시 노동자는 73일 동안 수차례에 걸친 공격을 물리치고 도시를 지켰다.

레닌그라드에서는 문자 그대로 전 시민이 방위에 나섰다. 방위선의 최전선에 키로프 공장, 일렉트로실라 공장, 콜피노의 이즈호라 공장이 있었는데, 노동자들은 단 하루도 작업을 중지하지 않았다. 레닌그라드 노동자들은 900일 동안 봉쇄를 당한 조건에서도 붉은 군대와 더불어 혁명 발상지를 지켰다오데사와 세바스토폴 노동자들도 영웅주의적 의지와 자기희생 정신을 발휘해 자신들이 살고 있는 도시를 방위했다. 이런 방위와 다른 도시들에서 행해진 완강한 저항에 힘입어 붉은 군대는 시간을 벌면서 부대의 동원과 배치를 할 수 있었으며, 공장설비와 그 밖의 물적 자원을 멀리 떨어진 곳으로 소개시킴으로써 파시스트의 승리에 대한 희망은 여지없이 무산되었다.

전쟁 진행 과정에서 전환점이 된 것은 모스크바 근교 전투였다. 파시스트 군대는 격전 끝에 패배해 소련 수도에서 구축되었다. 1941년 10월 20일 망치와 낫 공장의 철강노동자들은 "광포한 파시스트 군대가 모스크바에 접근하기 위해 무슨 짓을 한다 해도, 그들은 결코 모스크바를 볼 수 없을 것이다. 파시즘이 모스크바 근교에서 볼 수 있는 것은 자신들의 묘지일 뿐이다. 모든 사람들은 전선을 도와야 한다"고 호소했다. 이런 호소는 모스크바 모든 노동자의 맹세가 되었다(The USSR Academy of Sciences 1985, 587~588).

수만 명의 노동자가 수도 방위를 위해 싸우는 전투 대열에 합류했다. 모스크바 근교에서 벌어진 전투에서 소련 군대는 전략 주도권을 적으로부터 탈환했다. 유럽 지역 전투에서 히틀러 군대가 승리를 거둔 '전격전' 전략이라는 것이 소련에서는 통용될 수 없었다. 독일 파시스트 군대가 받은 패배의 타격은 히틀러 독일 군대가 유지해 온 불패의 신화를 여지없이 깨뜨렸으며, 전체 전쟁 국면 진전에서 급속한 전환을 가져왔다.

일시적으로 독일이 장악하고 있었던 지역에서도 파시스트 점령군에 대한 전 인민적 투쟁이 전개되었다. 노동자들이 도시에서 지하 레지스탕스 그룹 부대를 형성했다. 노동자들은 발트 해 연안 지역, 레닌그라드와 프스코프 지역, 벨라루스, 우크라이나, 모스크바 근교 게릴라 부대에서 대중적 영웅주의를 발휘했다. 1943년 말 당시 파시스트 점령군과 싸웠던 무장 파르티잔 대원은 100만 명을 넘었다. 파르티잔 부대는 여단 규모로 성장했고,

또 여단에서 대병력을 포괄한 파르티잔 병단으로까지 발전하는 경우도 많았다. 30.1퍼센트는 공장노동자들이었고, 40.5퍼센트는 콜호스원들이었으며, 29.4퍼센트는 사무직 노동자들이었다(*History of the Great Patriotic War of the Soviet Union 1941~1945*, 1965, 256; The USSR Academy of Sciences 1985, 589에서 재인용).

파르티잔 운동은 전쟁 국면의 전환점을 만들어 내는 데 큰 역할을 했다. 당은 지하조직을 발판으로 삼아 점령 지역 주민들을 독일 파시스트 침략군에 대한 전 국민적인 투쟁의 장으로 이끌었다. 파르티잔이 점령군에게 입힌 타격은 매우 컸다. 파르티잔 운동 중앙 사령부는 파르티잔 병단과 여단 부대에 적의 통신과 교통, 주요 군사 목표물을 파괴하라는 임무를 하달하기도 했다(포노말료프 1992b, 58; 60).

1942년 여름 남부전선에서 독일군이 새로운 공격을 시작했다. 파시스트군은 스탈린그라드와 북캅카스를 목표로 진격했는데, 볼가 연안 지방의 이 도시들은 어떤 희생을 치르더라도 지키지 않으면 안 될 곳이었다. 스탈린그라드 노동자들은 62군과 64군 장병과 더불어 도시 방위에 나섰다. '붉은 10월' 공장과 '바리카도이' 공장, 트랙터 공장노동자들로 구성된 저격 대대는 보기 드문 완강함을 보여 주었다. 스탈린그라드 대격전은 33만 명에 이르는 독일군을 포위해 격멸함으로써 끝이 났다.

1944년에는 레닌그라드, 우크라이나, 벨라루스, 발트 해 연안, 소련 북부 등에서 소련 군대는 최대 규모의 작전을 폈고, 최대 전과를 올렸다. 같은 해 연말에는 히틀러군은 소련 영토 안에서 축출되었다.

제2차 세계대전 기간에 소련 노동자계급과 인민은 파시스트 침략을 막아 조국을 방위하고 사회주의혁명을 지키며, 제국주의 팽창을 저지하기 위해 영웅주의적 행동을 보였다. 제2차 세계대전은 사회주의국가의 운명만이 아니라 국제노동운동의 운명, 사회 진보와 민주주의의 운명, 많은 국민의 민족적 존재와 그 운명, 그리고 세계 문명의 운명을 결정할 수 있는 계기였다.

제국주의 반동에 대항해 사회주의가 승리하는 데는 큰 대가를 지불해야만 했다. 전쟁 참가국 가운데 러시아가 최대의 인적·물적 손실을 입었다. 전쟁은 2천만 명 이상의 인명 손실을 가져왔으며, 소련군의 반격을 받아 퇴각한 독일 파시스트 군대가 남긴 것은 불탄 촌락과 파괴된 도시, 폭파된 공장과 발전소, 물에 잠긴 광산, 무참한 모습을 한 문화재, 전대미문의 유혈 범죄였다.

파시스트 군대는 소련 영토 안에서 도시와 거주지 1,710개와 촌락 7만 개 이상을 파괴했으며, 주민 2,500만 명이 주거를 잃게 되었다. 공업 기업 3만2천 개와 철도 6만5천 킬로미터가 전부 또는 반쯤 파괴되었으며, 콜호스와 소프호스 수만 개가 약탈당했다. 히틀러 군대가 소련 국민경제에 가져다준 막대한 파괴는 군사비와 피점령 상태에 있었던 공업과 농업의 일시적 소득 상실까지 합하면, 2조5,690억 루블(1941년도 국가가격)에 이르렀다. 소련은 국부의 약 30퍼센트를 잃은 것이다(*60 Years of the Soviet Economy*, 1977, 17; The USSR Academy of Sciences 1985, 613에서 재인용).

이와 같은 엄청난 피해에도 아랑곳없이 대조국전쟁에서 소련 국민, 특히 노동자계급과 인민들은 사회주의 조국을 침공한 적을 물리치고 정치·경제·군사적인 승리를 거두었다. 소련 국민은 사회주의 성과와 그들이 이룩한 사회제도와 국가 제도를 지켜냈으며, 소련에 소속된 여러 민족의 자유와 독립을 지켜냈다. 나아가 소련 국민은 파시스트의 예속을 받고 있던 유럽의 점령된 국가들에서 파시스트 군대를 격퇴하는 데 중요한 역할을 했을 뿐만 아니라 중국을 비롯해 일본 제국주의와 투쟁하는 아시아 여러 민족을 지원해 파시즘의 노예화 위협에서 벗어나게 했다. 이런 승리는 세계 정치와 세계경제, 이데올로기, 그리고 수많은 사람의 의식에 큰 변화를 불러일으키는 계기가 되었다. 소련 인민이 쟁취한 이와 같은 승리는 새로운 혁명 고양을 위한 발판 구실을 했다(The USSR Academy of Sciences 1985, 615).

히틀러 파시스트와 그 동맹 세력에 대항해 소련 국민과 무장 병력이 승리한 힘의 원천은 무엇이었던가. 대조국전쟁을 주도했던 당은 다음과 같이 규명하고 있다. 첫째, 사회주의적인 사회제도와 국가 제도가 가지는 우월성과 소련 사회의 정신·정치적 단결, 둘째, 소련이 가졌던 위력의 계급적 기초, 즉 깨뜨리기 어려운 노동자계급과 농민의 계급적 동맹, 셋째, 사회주의 사회를 방위한다는 명료한 목적을 앞세운 소련 무장 병력의 불패전의 힘, 넷째, 군사 기술면에서 선진적인 군사과학 활용과 경험이 풍부한 지휘관의 존재, 사회주의 제도에 기반을 둔 군사 조직, 다섯째, 전방과 후방의 단결, 군과 국민의 단결, 그리고 소비에트 애국주의, 여섯째, 전 국민적인 파르티잔 운동, 일곱째, 사회주의 이데올로기, 여덟째, 나라의 모든 힘을 동원한 소련공산당 등이 대조국전쟁에서 승리를 거두게 한 결정적인 원동력이었다(포노말료프 1992a, 96~104)는 것이다.

스탈린 비판론자인 리처드 오버리는 소련 승리의 요인을 다음과 같이 설명하고 있다.

그 요인들이란 대중의 애국심과 타고난 인내심, 스탈린의 역할, 계획 수립과 동원의 정치 환경, 그리고 창의성과 노력의 일시적 만개 등이다. 마지막 요인은 대단히 강력해서 대숙청 이후 사회를 괴롭혀 온, 복종할 팔자를 타고났다는 암울한 풍조를 극복하기에 충분했다. 전쟁 수행 노력은 단지 자신들이 속해 사는 체제에 반항하는 사람들 노력으로만 지탱되지 않았지만, 소비에트 국가, 그 지도자, 당의 산물도 아니었다. 두 요소가 상대를 완전히 신뢰하지 않으면서도 독일 공세가 부과한 상호 필요성으로 말미암아 한데 결합되어 불안정하게 공생하면서 작동했다. …… 대가를 더 적게 치르고, 더 인간적으로 덜 억압하고 무수한 사람이 죽지 않고도 승리를 얻을 수 있었다는 데 의심을 품는 사람은 없다. 그러나 바로 그것이 소련이 치른 전쟁의 비극이었다. 고통받은 한 민족의 희생이 승리는 가져왔지만, 해방은 가져오지 못했던 것이다(오버리 2003, 438).

# 3장
# 제2차 세계대전과
# 코민테른

마르크스는 선진적인 노동자를 국제노동자협회(제1인터내셔널) 대열로
단결시켰지만, 머지않아 제1인터내셔널이 유럽과 미국에 노동자당의
발전을 위한 기초를 세우고 그 역사적 임무를 다한 후에는 각국에서
대중적인 노동자당 창설이 당장 필요했던 결과, 그는 이 조직 형태가 이미
필요에 부응할 수 없다는 이유로 제1인터내셔널을 해산했는데,
공산주의자는 이 모범을 상기하는 것이다.
위의 이유에 따라, 또 각 나라 공산당과 그 지도 간부가 성장하고
정치적으로 성숙한 점을 고려하여, 나아가 현재 전쟁 중에 있는 몇몇
지부에서 국제적 노동운동의 지도적 중심으로서 코민테른 해산에 관한
문제가 제기된 것을 고려하여, 코민테른 집행위원회 간부회는 세계대전의
조건에서 코민테른 대회를 소집하는 것이 불가능하기 때문에 코민테른
지부들에게 다음과 같이 제안하고 그 승인을 요구하는 바이다.
국제노동운동의 지도적 중심으로서의 코민테른을 해산하고 모든 코민테른
지부를 코민테른 규약과 대회 결정들에서 생겨난 의무로부터 해방한다.
_코민테른 집행위원회 간부회 결정
(동녘편집부 1989a, 143~144)

제2차 세계대전 발발과 확산에 따라 코민테른과 그 가입 조직인 각국의
공산당으로서는 전쟁의 성격을 옳게 규정하고, 그것에 대한 대응 전략을 결
정하는 일을 중대한 과제로 설정할 수밖에 없었다.

레닌은 전쟁에 대한 성격 규정과 대응 전략의 중요성에 대해 다음과 같
이 설명했다.

전쟁 성격을 해명하는 것은 마르크스주의자에게 있어 전쟁에 대해 어떤 태도를
취할 것인가를 결정하기 위한 빼놓을 수 없는 전제다. 그런데 그 성격을 해명하
기 위해서는 무엇보다도 먼저 전쟁의 객관적 조건과 구체적 상황이 어떤가를
살펴봐야 한다. 전쟁을, 그것이 수행되고 있는 역사적 상황 속에서 고찰하는 것
이 필요하다. 그렇게 할 때에야 비로소 전쟁에 대한 자신의 태도를 결정할 수
있다(김성윤 1986, 189에서 재인용).

제19부 1장에서 살펴본 바와 같이 제2차 세계대전은 제국주의 시대 자
본주의국가들 사이의 불균등한 정치·경제 발전이 증대된 결과로 일어났으
며, 그것은 세계 자본주의의 전반적 위기 격화에 따른 제국주의 모순의 폭
발이었다. 제2차 세계대전은 제1차 세계대전과는 달리 세계 최초 사회주의
국가인 소련이 존재하는 상황에서 일어났다. 제국주의 사이의 모순은 이제
더 이상 세계 정치의 유일한 요소는 아니게 되었다. 제국주의 사이의 모순
은 서로 대립하는 두 개 사회체제 사이의 모순과 상호작용하는 가운데 존재
하고 있다. 한편으로는 제국주의 국가들의 공통 목표는 파시스트 블록이든
영국과 미국 블록이든 간에 소련을 희생양으로 삼아 제국주의 사이의 모순
을 해결하는 것이었다.

제2차 세계대전의 또 하나의 특수성은 제1차 세계대전과 같이 단순한 세

계 분할 전쟁은 아니었다는 사실이다. 히틀러 독일이 주도하는 파시스트 진영은 세계 지배권을 장악해 수많은 인민을 예속하는 것을 목표로 삼았다. 이것은 자본주의 체제의 전반적 위기가 극도로 격화되었음을 반증했다. 그리고 제2차 세계대전은 제1차 세계대전과 달리 갑자기 발발한 것이 아니라 완만하게 진행되었다. 파시스트 이탈리아의 에티오피아 침공, 파시스트 각국의 에스파냐 간섭, 일본의 중국 침략, 히틀러 독일의 오스트리아 점령과 뒤이은 체코슬로바키아 점령 등은 파시스트 국가 침략의 계기적인 단계였고, 세계전쟁은 점진적인 상태로 확대되고 있었다.

이와 같은 성격을 지닌 제2차 세계대전이 발발했을 때 각국의 공산당은 1939년 10월 초에 이 전쟁을 제국주의 전쟁으로 규정하고 자기 나라 정부의 반동·반소비에트 정책을 비난했다.

독일공산당이 설정한 중요한 임무는 제국주의 전쟁에 반대하고 나치스 폭정을 분쇄하기 위해 투쟁하는 것이었다. 1939년 11월 2일 독일, 오스트리아, 체코슬로바키아 3국 공산당이 발표한 공동 성명은 "공산주의자는 독일 노동자계급의 해방 투쟁과 체코인, 슬로바키아인, 오스트리아인, 그리고 폴란드인의 민족해방투쟁을 결합해 독일 제국주의에 반대하는 강고한 통일전선을 수립하는 데 전력을 기울이고 있다"고 표명했다.

프랑스공산당은 전쟁 발발 이전이었던 1939년 8월 25일 독일의 임박한 침략에 대한 당 방침을 결정했다. "파시스트 침략자에 반대하는 진정한 투쟁에서 공산당은 선두에 설 권리를 요구할 것이다"라고 표명했다. 당은 "히틀러 도당의 침략에 대항하는 프랑스 국민의 단결을 호소하고 국가를 방위하기 위해 필요한 모든 조치를 취해야 한다"고 정부에 촉구했다. 당은 또 "인민의 의사를 거부하는 정부는 반드시 패배할 것이다"라고 경고했다(The USSR Academy of Sciences 1985, 617).

영국공산당도 프랑스공산당과 같은 정책을 취했다. "당은 이 전쟁을 진정한 반파시즘 전쟁으로 전화시킴과 동시에 체임벌린의 반동 정책에 반대하는 투쟁을 약화시켜서는 안 된다"고 강조했다. 이런 정책은 전쟁 초기에 다른 나라 공산당도 동일하게 취했던 것인데, 이것은 이들 당이 자기 나라의 민족적 독립과 전 인류에 대해 파시스트 침략이 얼마나 위험한가를 인식하고 있었음을 말해 주는 것이다.

각국의 공산당이 파시즘에 반대하는 움직임을 보이고 있는 가운데, 1939년 11월 코민테른 집행위원회는 성명을 발표했다. 성명은 이 전쟁이 교전 쌍방에서 볼 때 제국주의 전쟁이며, 정의롭지 못한 반동적 전쟁이라고 규정하고, "이 전쟁에 대한 책임은 모든 자본주의 정부, 우선 첫째로 교전국의 지배계급에 있다"고 밝혔다. 코민테른 지도부는 전쟁이 발발함으로써 두 개 자본주의 그룹 사이의 차이는 소멸했다고 보았다. 이런 평가는 무엇보다도 우선 히틀러 독일과 타협해 그 총부리를 소련 쪽으로 돌리려고 기도하던 영국과 프랑스 지배층의 반소비에트 정책을 근거로 한 것이었다(김성윤 1986, 194).

그런데 코민테른의 이와 같은 정책을 갑작스러운 '방향 전환'으로 보는 견해도 있다. 이런 견해는 1939년 8월~1943년 6월까지를 코민테른이 스탈린의 외교 정치적 명령에 가장 종속된 때로 보고, 독일-소련 조약 결과인 1939년 9월의 극적인 '방향 선회'와 독일의 소련 침공 뒤 1941년 6월의 방향 전환, 그리고 1943년 5월 코민테른 해산의 방향 전환을 그 근거로 제시한다(맥더모트·애그뉴 2009, 290; 핼러스 1994, 229).

스탈린은 1939년 8월 23일 히틀러와 불가침조약을 체결했는데, 독일-소련 조약이 체결되고 일주일 뒤에 제2차 세계대전이 발발했다. 9월 1일 독일은 폴란드를 침공했다. 9월 3일 독일은 영국·프랑스와 전쟁을 벌이기 시작했다. 그러나 스탈린은 그가 나치와 맺은 약속을 지켰다. 1940년 봄부터 히틀러 파시스트가 유럽 여러 국가에 대한 점령을 확대하면서 코민테른 활동도 적극 전개되었다.

1940년 봄 히틀러 독일이 덴마크와 노르웨이를 침공하고 이어서 벨기에, 네덜란드, 룩셈부르크를 점령한 것이나 프랑스에 대한 위협이 더욱 중대된 것은 프랑스와 영국 지배층이 취해 온 정책이 잘못된 것이었음을 보여 주었다. 이와 같이 파시스트가 침략을 확대하고 히틀러 독일이 서유럽의 많은 국가를 점령해 거기에서 흉악한 폭력과 약탈 행위를 자행한 것은 세계 인민들의 분노를 자아냈고, 파시즘에 반대하는 사람들로 하여금 침략자에 반대해 단호하고도 맹렬하게 투쟁하고자 하는 의지를 굳히게 했다. 이것은 지배계급에도 영향을 끼쳐 반파시즘 대열에 참가하게 만들었다. 이에 따라 전쟁은 해방전쟁으로서 동기가 강해지고, 전쟁 성격 자체가 점점 변화되었다(김성윤 1986, 194).

1940년 여름, 코민테른 지도부와 네덜란드·덴마크·노르웨이 공산당 지도부는 민족 독립 회복과 근로자의 절실한 이익 옹호를 위한 투쟁을 전개할 것을 제기했다. 프랑스공산당 중앙위원회도 1940년 6월 6일 파리 방위를 위한 다음과 같은 제안을 정부에 전달했다.

공산당은 파리를 파시스트 침략자에게 넘겨주는 행위를 반역으로 간주할 것이다. 당은 파리 방위를 조직함을 국민적 의무의 첫째로 생각한다. 그러기 위해 다음과 같은 조치가 필요하다. 첫째, 전쟁의 성격을 바꾸어 독립과 자유를 지키는 민족전쟁이 되게 할 것, 둘째, 투옥 또는 구금된 공산당 의원과 활동가, 그리고 수만 명에 이르는 노동자를 석방할 것, 셋째, 상·하 양원, 각 성, 참모부 속에까지 침투해 있는 적의 앞잡이를 즉시 체포해 본보기로 형벌을 가할 것, 넷째,

이상의 조치가 취해진다면 인민의 열정이 고양되어 국민총징집을 실시할 수 있게 될 것이다. 이 국민총징집령은 즉시 공포되어야 한다. 다섯째, 인민을 무장시켜 파리를 난공불락의 요새로 만들어야 한다(김성윤 1986, 195).

1940년 후반부터 1941년 전반에 이르는 기간에 코민테른은 반파시즘 통일전선 정책 실천을 위해 노력을 기울였다. 1940년에는 여러 국가에서 반파쇼 통일정부를 위한 투쟁 슬로건이 제기되었고, 다른 경우에는 민족통일정부 또는 국가 방위 정부 수립 슬로건이 부활되었다. 이 슬로건은 히틀러군의 직접적인 공격 위협을 받고 있었던 유고슬라비아의 경우에는 중요한 의미를 지니는 것이었다. 그리스와 유고슬라비아에 대한 파시스트 공격이 시작된 이후에는 공산주의자들은 자기 나라 국민의 독립 방위와 침략자에 대항하는 투쟁 전개를 위해 민족통일을 이룩할 임무를 지게 되었다(The USSR Academy of Sciences 1985, 618).

1940년 코민테른 집행위원회 사무국은 루마니아공산당에 대해 인민전선을 위한 투쟁 프로그램을 작성할 것을 제안했다. 이 프로그램 목표는 '루마니아를 전쟁에 끌어넣는 것에 반대하고 나라가 독일 제국주의 부속물로 전락하는 것에 반대하며, 평화를 위해, 소련과 긴밀한 우호를 위해' 투쟁한다는 것이었다.

1941년 봄에는 유럽의 많은 국가가 파시스트의 침략을 받았다. 파시즘의 흉포함이 점점 분명하게 드러나고 지배 방식의 잔혹함이 노골화되었다. 모든 피점령 지역에서 인민들이 침략자에 대한 비타협적인 투쟁을 전개하기 시작했다.

전쟁 초기 몇 년 동안 반파시즘 투쟁이 이룩한 성과를 총괄하면서, 『공산주의 인터내셔널』Communist International지는 1941년 4월에 노동자계급의 국제주의적 이익과 애국적 이익의 결합을 다음과 같이 강조했다.

공산주의자는 자기 나라 인민을 지키고, 부르주아지의 자기본위적인 이익에 반대해 인민의 이익을 옹호하며 동시에 외국 제국주의자가 자기 나라 인민을 노예화하는 것에 반대해 투쟁함으로써, 또 자기 나라 부르주아지가 다른 나라 인민을 노예화하려는 것에 단호히 대처함으로써 진실로 프롤레타리아 국제주의 대의에 봉사하게 된다. 왜냐하면 그렇게 함으로써 자기 나라 인민에게나 다른 나라 노동자들에게 가장 효과적으로 도움을 줄 수 있기 때문이다(*The Communist International* no. 4, 1941, 12; The USSR Academy of Sciences 1985, 618에서 재인용).

1941년 6월 22일 히틀러 독일이 소련을 침공함으로써 제2차 세계대전은 새로운 단계에 접어들었다. 1941년 여름까지 독일은 유럽 대부분의 국가를 점령하고 예속했다. 오스트리아, 체코슬로바키아, 폴란드, 덴마크, 노르웨이, 벨기에, 네덜란드, 룩셈부르크, 프랑스, 알바니아, 유고슬라비아, 그리스가 파시즘 점령 아래 들어갔고, 침략자는 곳곳에서 잔혹한 테러 지배를 자행했다. 또 핀란드, 헝가리, 루마니아, 불가리아와 같은 나라는 부르주아와 지주 지배층이 파시스트 독일과 동맹을 맺음으로써 사실상 독립을 상실하고 독일 위성국으로 전락했다.

소련 국민이 대조국전쟁을 시작하면서, 침략적인 파시스트 블록에 대항해 싸우는 모든 국민과 국가에 있어서는 제2차 세계대전이 정의로운 해방전쟁으로 전화되었다. 소련이 이 전쟁에 참전함으로써 소련은 이제 파시즘과 그 세계 제패 계획에 대한 투쟁의 주요한 정치·경제·군사 역량이 되었다. 소련 노동자계급과 인민들은 자기 나라의 독립을 위해서뿐만 아니라 다른 나라 인민의 자유, 세계의 미래, 사회 진보를 지키기 위해 침략자에 대항해 영웅적 투쟁을 전개했다(The USSR Academy of Sciences 1985, 619).

1941년 7월 초 코민테른 지도부는 파시스트 침략자의 지배를 받고 있는 국가들의 공산당에 대해 "즉시 민족통일전선 조직화에 착수할 것, 이를 위해서는 파시스트 독일에 반대하는 모든 세력 — 정치적 경향이나 성격에 관계없이 — 과 관계를 수립할 것"을 권고했다. 이것은 반파시즘 투쟁을 적극 전개하기 위한 광범한 민족전선 결성 방침인 것이다. 또 코민테른 집행위원회는 피점령 상태에 있는 국가의 공산당에 대해 조건이 된다면 파르티잔 투쟁을 전개할 것을 지시했다. 그리고 1941년 12월 집행위원회 사무국 확대회의는 '침략자를 축출하고 자기 나라 민족 독립을 획득'하기 위해 전력을 기울일 것을 호소했다.

한편, 파시스트가 점령한 유럽 여러 국가에서 공산당 주도로 레지스탕스 운동이 전개되었고, 저항운동의 대규모 무장 부대가 결성되었다. 1941~1942년에 유고슬라비아와 그리스에서 민족해방군이 창설되었고, 알바니아, 폴란드, 프랑스에서는 저항운동의 무장 조직이 결성되었다. 벨기에, 덴마크, 그 밖의 나라들에서도 파르티잔 부대와 전투 그룹이 활동하고 있었다.

홉스봄은 공산주의자들이 레지스탕스 운동에 몰두했던 이유를 다음과 같이 설명했다.

레닌의 '전위당' 구조가 효율적인 행동을 목표로 하는, 단련되고 헌신적인 간부들의 부대로 창출하도록 고안되었기 때문만이 아니라, 불법 상태, 탄압, 전쟁 같은 극한 상황이 바로 이런 '직업적 혁명가들' 단체를 요구했기 때문이기도 하다. 사실상 공산주의자들만이 레지스탕스 전쟁의 가능성을 예견했다. 이런 점에서 그들은 사회주의 대중정당들과 달랐다(Hobsbawm 1996, 166~167).

코민테른은 파시스트 블록 국가들과 피점령 국가들에 대한 라디오 선전을 조직했다. 대중을 투쟁에 동원하는 강력한 수단 가운데 하나는 반파시즘 선전, 특히 라디오 선전이었다. 소련에서 보내는 라디오방송과 피점령 지역에서 행해지는 비합법 방송은 국제 정세와 전선 상황, 나아가 피점령국과 파시스트 국가의 국내 정세에 대해 정보를 전달하는 가장 중요한 수단이었다. 국가별 방송을 위해 각국의 편성위원회를 설치하고 책임 있는 활동가가 참가했다. 전체적인 지도는 코민테른 집행위원회 사무국이 임명한 중앙 편성부가 담당했다. 1943년에는 국가별 라디오방송이 거의 밤낮을 가리지 않고 18개 언어 ─ 독일어, 폴란드어, 체코어, 슬로바키아어, 불가리아어, 세르비아어, 슬로베니아어, 에스파냐어, 프랑스어, 이탈리아어, 헝가리어 등 ─ 로 행해졌다. 코민테른 집행위원회 사무국은 라디오방송의 경과와 반파시즘 저항운동에서 라디오방송이 맡은 역할에 대해 자주 보고를 들었다(김성윤 1986, 230).

코민테른은 전시라는 조건에서 군사 포로들에 대한 정치 활동에도 큰 주의를 기울였다. 파시스트 국가의 지배층은 병사와 국민에게 인종주의, 배타적 애국주의, 군국주의 사상을 심기 위해 여러 가지 방법을 동원했다. 군사 포로 ─ 독일 파시스트 국방군, 이탈리아군, 헝가리군, 루마니아군, 그 밖의 군대 장병 ─ 의 압도적 다수는 반공주의의 영향을 강하게 받았다. 그래서 포로가 된 장병들에게 파시즘에 반대하고 자기 나라의 민주주의적인 사회제도를 위해 노력하며, 시민으로서 적극성을 발휘하도록 의식을 바꾸는 일이 매우 중요한 과제로 제기되었다. 코민테른 집행위원회는 소비에트 기관들과 협력해 1941년 여름에 요원들을 포로수용소에 파견했다. 독일의 많은 활동가가 활발하게 이 사업에 참여했다(The USSR Academy of Sciences 1985, 622).

1943년 들어 제2차 세계대전이 계속되는 복잡한 상황에서, 코민테른의 역할과 책무에 관한 논의가 심각하게 제기되었다. 각국의 공산당이 점점 성장하는 가운데 반파시즘 투쟁의 구체적인 문제들을 신속하고도 기동력 있게 해결할 필요성이 커지고 있고, 전 민족적 이익을 위한 투쟁에서 차지하는 공산당의 역할이 증대되면서 각국의 공산당에게 최대한의 자립성과 창의성을 발휘할 것이 요구되고 있다는 것이 그런 논의의 배경이었다.

이런 정황을 고려해 코민테른 집행위원회 간부회는 1943년 봄에 코민테른 해산 문제를 제기했다. 1943년 5월 13일 코민테른 집행위원회 간부회가 열렸는데, 이 회의에는 디미트로프, 마누일스키, 빌헬름 피크, 모리스 토레즈, 호세 마르티, 돌로레스 이바루리, 발터 울브리히트 등이 참석했다. 회의 참가자들은 코민테른 해산에 관한 제안과 이 문제에 대한 결정 초안을 토의했다. 회의 결과, 코민테른 집행위원회는 전시 상태에서 코민테른 대회를 소집하기가 불가능했기 때문에 1943년 5월 15일에 각국의 공산당 앞으로 코민테른 해산을 제안하기로 결정했다. 코민테른 집행위원회 간부회는 코민테른 해산 결정에서 다음과 같이 밝혔다.

세계 각국의 역사적 발전경로가 아주 다양하고, 각국의 사회제도 성격이 다양할 뿐만 아니라 서로 모순되기조차 하며 정치·사회적 발전의 수준과 속도가 다양하고, 마지막으로 노동자의 자각과 조직성의 정도가 다양하다는 것, 이것은 각국의 노동자계급이 당면하고 있는 임무가 여러 가지로 다를 수밖에 없는 조건이 되고 있다.

이 25년 동안 사태의 전 과정과 코민테른이 겪은 경험은 코민테른 제1회 대회가 선택했던 노동자의 통합적인 조직 형태가 노동운동 부흥이라는 당초의 요구에 부응하는 것이었지만, 이 운동이 성장하고 각 나라마다 운동의 임무가 복잡해지면서 점점 시대에 뒤처지게 되고, 각국의 노동자당을 더한층 강화하는 데 장애가 되기까지 한다는 것을 설득력 있게 보여 주었다(동녘편집부 1989a, 142).

코민테른 집행위원회 간부회의 제안에 대해 65개 지부 가운데 31개 지부가 찬성 의사를 밝혔다. 이에 코민테른 집행위원회 간부회는 1943년 6월 8일, 코민테른을 해산한다는 제안이 모두에게 승인되었다는 것을 발표했다.

코민테른의 해산 결정을 두고는 여러 가지 해석과 혹심한 비판이 제기되었다. 코민테른의 해산은 스탈린의 결정이고, 스탈린에게 이미 인터내셔널은 거추장스러운 존재이자, 미국과 영국의 동맹국들을 쓸데없이 성가시게 만드는 과거의 유물이 되어 버렸다는 것이다. 코민테른의 해체는 비공산주의자들을 진정시키는 한편, 전후에도 대연합을 지속시키고자 하는 의도에서 나온 행동이었다는 견해도 있다(일리 2008, 519~520).

유고슬라비아의 공산주의자인 밀로반 질라스는 디미트로프가 1940년 초 여름에 제기되었던 코민테른 해산 구상에 대해 이렇게 말했다는 것이다. "히틀러 독일과 우호적인 관계를 유지하기 위한 동기 때문에 스탈린이 대체로 1941년 4월에 코민테른의 해산을 편들어 자기 생각을 표현했다는 것이다."

에스파냐 공산주의자인 클라우딘은 "부르주아에게는 골칫거리였던 코민테른을 제거하는 양보는 소련이 세계혁명의 이데올로기를 특히 서유럽에 적용할 뜻이 없음을 구체적으로 표명하는 것이었을 수도 있다. 그것에 대한 보답으로 미국과 영국은 전후 동유럽에서 소련의 영향권을 인정했을 것이다"고 해석했다.

맥더모트는 "코민테른은 전쟁의 성공적인 수행과 소련의 전후 전망에 대한 긍정적인 장애물이었다"고 주장하면서, 코민테른의 해산은 국제공산주의 운동에 대한 모스크바의 통제가 실질적으로 약해진다는 것을 뜻하지는 않을 것이다"고 강조했다(맥더모트·애그뉴 2009, 310; 313; 315).

그렇다면 코민테른은 25년 동안의 활동을 통해 남긴 유산은 무엇이었는가. 첫째, 세계혁명 과정에서 나타난 여러 가지 국제 연대의 형태를 스스로의 활동 속에서 체현했다. 둘째, 마르크스-레닌주의 이론을 견지하고 발전시켰으며, 새로운 조건에 따라 마르크스-레닌주의와 노동운동을 국제적 규모에서 결합시켰다. 셋째, 10월 혁명 이후 공산당의 전략·전술의 기초를 만들었다. 넷째, 프롤레타리아 국제주의의 전통을 계승·심화하고 그 전통에 새로운 내용을 부여했다. 다섯째, 협조주의와 프티부르주아적 모험주의와 투쟁을 전개하면서 혁명적 행동 원칙을 발전시켰다. 여섯째, 식민지 각국 인민의 민족해방투쟁이 갖는 내용과 그 추진력, 그리고 전망을 규정해 민족·식민지 문제가 세계혁명전략에서 차지하는 위상을 제시했다. 일곱째, 이론·실천적 활동을 통해 평화수호투쟁과 세계혁명 과정의 발전은 불가분의 연관을 지니고 있음을 보여 주었다(김성윤 1986, 256~258).

이런 긍정적인 평가와는 다르게 "코민테른은 그것의 중요한 사명, 즉 세계를 혁명화한다는 데 실패했고, 그 과정에서 스탈린 외교정책의 가엾은 도구가 되었다"는 비판도 있다(Drachkovitch ed. 1966; 맥더모트·애그뉴 2009, 321에서 재인용).

# 4장
# 파시스트 침략자에 대한 유럽 피점령국 인민의 저항 투쟁

아침에 나는 일어났지/ 안녕, 좋은 아침, 안녕, 안녕, 안녕,
아침에 나는 일어났지/ 그리고 나는 침략자를 보았네.

파르티잔아 나를 데려 가다오/ …….
파르티잔아 나를 데려 가다오/ 나는 죽을 것 같아.

그리고 만약 내가 파르티잔으로 죽으면/ …….
그리고 만약 내가 파르티잔으로 죽으면
너는 나를 반드시 땅에 묻어다오.

저 산 위에 나를 묻어다오/ …….
저 산 위에 나를 묻어다오
아름다운 꽃 그늘 아래.

그리고 사람들이 나를 지나가겠지/ …….
그리고 사람들이 나를 지나가겠지
아름다운 꽃이라고 나에게 말하겠지.

이것은 파르티잔의 꽃이야/ …….
이것은 파르티잔의 꽃이야
자유를 위해 죽은
_〈벨라차오〉(Bella ciao)

제2차 세계대전 초기에 파시스트 국가 블록은 거의 유럽 전역을 지배했다. 1941년 여름에는 유럽의 서부, 남부, 북부를 제압했다. 히틀러 독일군은 덴마크, 노르웨이, 벨기에, 네덜란드, 룩셈부르크, 프랑스를 점령했으며, 오스트리아는 이미 전쟁 발발 이전에 '제3제국'에 강제 병합되었다. 형식상으로는 중립을 지키고 있었던 국가들도 침략자들에게 공공연하게 공감을 나타내면서 그들을 원조하거나 또는 히틀러 독일과 그 동맹국들의 행동을 묵인했다.

피점령 국가들에서는 몹시 곤란하고도 복잡한 조건에서 여러 가지 형태의 반파시즘 운동이 전개되었으며, 특히 반파시즘 무장투쟁이 대중적 성격을 띠면서 전개되었다. 피점령 국가들에서 전개된 반파시즘 투쟁에서는 노동자계급과 공산당이 가장 적극적인 세력으로 등장했다. 노동자의 반파시즘 투쟁이 확대되면서 사회민주당, 기독교계 노동조합, 좌익 기독교도 조직 사이에서 반파시즘 투쟁에 동조하고 직접 참가하는 조직이 늘어났다. 유럽의 여러 나라에서는 사회민주당원과 기독교도 노동자들이 지하 그룹을 만들어 반파시즘 운동을 벌였다. 많은 나라에서는 지식인 조직이 적극적으로 활동했다. 그리고 몇몇 피점령 국가들에서는 부르주아 애국파들이 저항운동을 전개하면서 주로 망명 정부나 망명 조직과 연락을 취하면서 활동했다.

반파시즘 투쟁 과정에서는 매우 다양한 방법이 구사되었다. 점령군 당국의 명령을 거부한다든지, 반파시즘 선전과 애국적 시위행동을 전개한다든지, 정치적 목적을 포함한 노동자계급의 독자적 투쟁 수단을 행사한다든지, 그리고 게릴라전을 편다든지 하는 것이 투쟁 수단으로 사용되었다. 광범한 인민대중이 저항운동에 참가했을 경우에는 점령군 부대와 충돌까지 빚는 강력한 시위가 강행되었다. 1942~1943년에는 사보타주 행위와 파괴 공작이 큰 규모로 행해졌다. 독일 국방군은 보고에 따르면, 히틀러 '서부' 군단 점령 지역에서 1943년 한 해 동안에 3,454건의 철도 파괴가 있었다고 보고했다. 이런 습격은 연료 창고나 탄약고, 비행장, 발전소, 군수공장 등이 주요한 표적이 되었다(Kühnrich 1965, 424; The USSR Academy of Sciences 1985, 656에서 재인용).


## 1. 프랑스

유럽의 피점령국 가운데 침략자 히틀러에 대한 완강한 저항을 했던 세력은 우선 프랑스공산당을 비롯한 진보 세력과 프롤레타리아트를 들 수 있다.

1940년 6월 22일 페탱 정부는 파시스트 독일과 휴전협정을 체결했는데, 이것은 사실상 프랑스의 항복이었다. 국토의 3분의 2가 독일군 점령에 놓이게 되었고, 나머지 3분의 1 지역에는 친파시스트 비시 정권이 수립되었다. 그러나 1942년 11월에는 히틀러 파시스트가 이 지역마저 점령했다.

프랑스 지배층은 히틀러 파시스트가 프랑스를 점령하기 전부터 적의 격퇴를 조직화하기보다는 오히려 프랑스를 친파시스트 방향으로 몰아가기 시작했으며, 반공 정책을 서둘러 시행했다. 1939년 9월 26일 공산당을 불법화한다는 법령이 발표되었고, 이에 따라 공산당 지도자들은 지하로 숨어들었다. 곧이어 공산당 국회의원들이 체포되었고, 공산당 당원 8천 명이 체포되었다. 그 밖의 다른 진보적인 조직들도 탄압을 받았고, 노동조합 조직 620여 개가 해산되었고, 수백 개의 다른 공공 조직들의 활동도 금지되었다(Alexandrov 1986, 658).

이와 같은 상황에서 프랑스공산당은 노동자계급에게 파시스트 침략자에 반대하는 저항운동에 참여할 것을 호소했다. 1940년 7월 10일 프랑스공산당 중앙위원회는 프랑스 인민에게 선언문을 발표했다. 선언문은 모든 프랑스 애국 세력의 통일전선을 구축하는 길을 제시하고, 저항운동을 조직화해 프랑스 국가를 재건하자는 호소를 담고 있었다. 공산당은 지하 인민위원회를 결성하고 반파시즘 시위, 파업, 태업 등을 조직했다. 1940년 가을에 공산당은 점령군에 대한 무장투쟁을 목적으로 특별한 '전투조직'Combat Organisation, OC을 만들었다. 1940년 8월부터 1941년 6월 말까지 '전투조직'은 29건의 철도 폭파 활동을 감행했다(Ouzoulias 1967, 475; The USSR Academy of Sciences 1985, 657에서 재인용).

거의 같은 시기에, 프랑스 부르주아 그룹은 런던에서 '자유프랑스'(드골 장군이 주도)라는 운동 단체를 조직했다. 1940년 6월 18일 드골은 영국과 프랑스 식민지에 거주하는 모든 프랑스인에게 히틀러 독일에 대항해 투쟁할 것을 호소했다. 1940년 8월 7일, 드골은 영국 내에서 프랑스 의용 부대를 구성해도 좋다는 처칠의 동의를 얻었다. 프랑스 내 드골 지지자들도 조직을 구성하기 시작했다.

한편, 공산당은 프롤레타리아트에 대한 지도적 역할을 확보한다는 방침에 따라 파시스트 침략자와 비시 정권에 반대하는 투쟁을 조직했다. 1941년 5월에 노르와 파드칼레 지역에서 탄광노동자 10만 명 이상이 파업을 벌였는데, 이것은 점령군과 그 협력자에 대항하는 강력한 애국 운동으로 발전했다. 잔혹한 테러에도 불구하고 파업은 1941년 6월 10일까지 계속되었다. 파리, 노르, 파드칼레 노동자들은 프랑스에서 최초로 점령군에 대한 무장투쟁을 개시했다(The USSR Academy of Sciences 1985, 657~658).

1941년 7월 초에는 공산당 주도로 '민족전선'이 결성되었다. 전선에는 공산당, 사회당, 기독민주당, 급진사회당, 그 밖의 프티부르주아 및 부르주아 정당들이 포괄되었다. 전선은 파시스트 침략자들을 축출하고 적과 그 추종자들을 처벌하며, 인민의 권리를 회복하고 민주적인 선거를 보장하는 것을 과제로 설정했다. 전선 결성은 반파시즘 운동을 대중적 규모로 발전시켰다.

또 프랑스공산당은 '의용병과 파르티잔'FTPF이라는 저항운동의 군사 조직에서도 주도적 역할을 했다. '의용병과 파르티잔'의 구성원 대부분은 청년 노동자들이었다. 모든 무장 행동은 공산당 전국군사위원회가 지도했다. '의용병과 파르티잔' 부대들은 점령군을 상대로 활발한 전투를 행했고, 군용열차를 전복하거나 수문을 폭파했으며 적의 소부대나 순찰대를 급습했는가 하면 배반자에 대한 심판을 집행하기도 했다. 1942년 5월, 프랑스공산당은 반파시스트 저항운동 조직 안에서 처음으로 전국적 무장봉기 준비에 착수할 필요를 밝혔다(L'Humanité, 1942; The USSR Academy of Sciences 1985, 658에서 재인용). 그 뒤로 공산당이 지도하는 저격 부대와 파르티잔의 무장 투쟁이 고양되고 확대되었다. 1944년 여름, 저격 부대와 파르티잔 부대는 25만 명에 이르렀다. 파시스트 당국은 야만적인 방법으로 애국 투사들을 탄압했다(Alexandrov 1986, 659).

반파쇼 저항의 부르주아 애국주의 조직은 민족전선보다는 약체이고 인원수도 적었다. 이런 조직의 주요 임무는 비합법 출판물을 배포하고 반파시즘 선전을 행하며, 정찰정보를 모으고 때로는 사보타주를 조직하는 일이었다. 그러나 이들 조직은 점령군에 대한 무장봉기는 시기상조라고 주장했으며, 파업 참가에도 반대하고 대중적 시위 필요성도 부정했다.

소련의 스탈린그라드 전투에서 당한 독일군 패배는 반파시즘 저항운동에 새로운 활력을 불어넣었다. 반파시스트 투쟁이 고양되는 가운데 저항운동 세력들의 통합과 반점령군 투쟁의 강화에 대한 요구가 커졌다. 1942년 11월, 프랑스공산당과 드골 지지자들 사이에 공동 행동에 관한 협정이 체결되었다. 1943년 5월에는 모든 저항운동 조직에 대한 지도를 실시하는 기관으로서 '레지스탕스전국위원회'가 결성되었다. 이 조직에는 레지스탕스 조직 8개가 참가했는데, 공산당, 사회당, 부르주아 정당 4개, 노동조합 조직 (프랑스노동총동맹과 기독교노동조합연맹)이 그것이었다. 레지스탕스전국위원회 결성은 저항운동 조직의 통일을 이룩하는 데 중요한 계기가 되었다. 레지스탕스전국위원회 강령 속에는 점령군에 대한 무장투쟁과 전 인민적 봉기에 관한 방침이 설정되었다. 1943년 6월에는 알제리에서 드골과 앙리 지로가 주도하는 '프랑스민족해방위원회'가 결성되었다(The USSR Academy of Sciences 1985, 659).

반파시즘 저항 세력의 통일이 확대되고 강화되면서, 파시스트 침략자들을 프랑스에서 축출하기 위한 무장 반란이 준비되었다. 1943년 4월 15일 공산당 기관지 『뤼마니테』 L'Hmanite는 인민 봉기 준비를 위한 주요 지침을 발표했다. 1944년 초에는 프랑스 국내 모든 저항운동의 전투부대가 50만 명의 '국내프랑스군'FFI으로 통합되었다. '국내프랑스군'의 주력을 구성한 것은 '의용병과 파르티잔'이었고, 공산당원인 쥬앙비유가 '국내프랑스군'의 전투 행동 전반을 지휘하는 군사행동위원회 의장에 임명되었다(Alexandrov 1986, 660).

독일-소련 전쟁에서 독일군이 패배하고 국내 저항운동 세력이 강대해지면서 전 인민적 무장봉기가 구체적으로 계획되었다. 전국적 무장봉기 방침에 대해 공공연하게 반대하는 세력도 있었으나, 연합국군의 프랑스 상륙과 더불어 독일 점령군에 대한 무장투쟁은 전국적 봉기로 전화되었다.

1944년 여름, 프랑스에서 무장봉기가 감행되어 피점령 지역 거의 절반을 해방시켰다. 저항운동 세력은 6월 6일 연합군의 노르망디 상륙을 도왔으며, 프랑스공산당은 8월 18일 대중봉기 결행을 호소하는 호소문을 발표했다. 이와 동시에 프랑스노동총동맹과 기독교노동조합연맹이 총파업을 선언했으며, 파리 지구 '국내프랑스군' 사령관인 공산당 당원 앙리 롤-탕귀가 파리 해방을 위한 공세 명령을 내렸다. 봉기는 8월 19일에 시작되었고, 마지막 순간에 가장 저항적이었던 경찰이 이를 지지했다. 이에 따라 연합군 총사령관 아이젠하워는 드골파 장군 장 르클레르의 제2 기갑사단을 서둘러 파리로 보내야 했고, 독일군 사령관은 폐허 속에서도 계속 싸우라는 히틀러의 명령을 무시하고 8월 25일 결국 항복했다. 이때 약 3천 명의 레지스탕스 대원과 민간인이 목숨을 잃었다.

전쟁이 끝난 직후 권력의 공백 기간에 독일 점령군 협력자로 추정되는 사람 약 1만 명이 약식으로 처형되었고, 7,037명이 법정에서 사형을 언도받았으나 이들 가운데 767명만이 처형되었다. 독일에 협력한 자 12만6천 명이 투옥되었고, 이들 가운데 3만 명은 재판 회부에 앞서 석방되었다(프라이스 2001, 351~352).

프랑스가 해방된 후, 드골이 주도하는 임시정부가 파리에 도착했고, 임시정부는 레지스탕스 운동 내의 세력 균형을 존중하고 정치적 합의를 이루어 내려는 열망에서 공산주의자들을 포함해 다양한 정치적 배경을 가진 사람들을 포괄했다.


## 2. 유고슬라비아

1941년 4월 12일 독일 침략군과 그 동맹군은 유고슬라비아를 점령하고, 영토 분할 계획에 착수했다. 북부 슬로베니아는 독일의 지배에 들어갔고, 남부 슬로베니아는 이탈리아의 지배로 넘어갔다. 보이보디나 자치령 역시 분할되어 헝가리가 서부를 차지했고, 불가리아가 마케도니아를 점령했다. 서부 마케도니아와 남서부 세르비아, 즉 코소보 지역은 이탈리아령 알바니아에 넘어갔으며, 몬테네그로, 보스니아, 헤르체고비나, 달마티아는 이탈리아가 차지했다. 그 밖의 나머지 지역인 크로아티아는 독립 왕국임을 선포했으나, 구축국이 주요 요새지를 전략지로 이용했다(이정희 2005, 461~462).

유고슬라비아가 점령된 몇 주일 후 드라자 미하일로비치는 파시스트 침략자에 맞서기 위해 체트니크Chetnik라 불리는 민병대를 조직했다. 그러나 미하일로비치는 반크로아티아와 반공산주의 방침을 취하면서, 오히려 반파시즘 인민 세력과 대결했다. 그는 마침내 침략자들과 파르티잔 운동에 반대하는 연합투쟁을 벌이기로 비밀 협정을 체결했다(Alexandrov 1986, 662).

이와는 반대로 유고슬라비아공산당은 파시스트 침략 세력에 반대하는 모든 애국 세력을 '인민전선'이라는 조직에 포괄하는 정책을 채택했다. 유고슬라비아공산당은 유고슬라비아가 점령되기 이전인 1940년 10월 제5차 회의를 개최해 유고슬라비아의 독일 접근에 반대하고, 파시스트 국가로 전환하는 것을 저지하기 위한 통일전선을 구축할 것과 평화와 민주주의를 위해 소련-유고슬라비아 우호 관계 발전을 촉진할 것을 당면 과제로 설정했다. 요시프 브로즈 티토가 당 총서기로 선출되었다.

유고슬라비아가 점령된 뒤 곧바로 공산당은 중앙위원회 산하에 군사위원회를 설치해 지하 반파시즘 전투 집단을 조직했다. 독일이 소련을 공격한 뒤, 유고슬라비아공산당은 인민해방 유격대 총사령관 티토의 지도로 무장투쟁을 전개했다. 1941년 7월 17일부터 세르비아, 크로아티아, 보스니아, 헤르체고비나, 마케도니아에서 무장봉기가 시작되었다.

이와 같은 저항 전쟁에 대한 보복으로 침략군은 세르비아인을 대량 학살했다. 게릴라 부대는 세르비아 평원에서 철수해 산악지대와 보스니아, 헤르체고비나에 새 근거지를 두고 저항을 계속했다. 파르티잔의 저항과 파시스트 침략군의 보복이 되풀이되는 가운데 유고슬라비아 인민들의 희생은 엄청나게 커졌다. 이것은 도리어 많은 유고슬라비아인이 애국적 레지스탕스 운동에 참가하도록 하는 계기가 되었다.

이와 같은 저항운동이 전개되는 가운데 티토가 이끄는 공산주의자 집단이 조직과 훈련의 측면에서 가장 주도적인 역할을 수행했다. 티토가 주도하는 공산주의운동이 광범한 인민의 지지를 획득할 수 있었던 한 가지 요인은 애국적인 슬로건과 모든 민족들에게 자결주의 원칙을 내세운 데 있었다. 이로써 많은 유고슬라비아인을 공산주의 조직에 참여시킬 수 있었다. 또 다른 요인은 농민들을 중심으로 조직된 지방의 '민족해방위원회'를 레지스탕스 운동의 조직 기반으로 삼은 점이었다(이정희 2005, 463~464).

파르티잔 부대는 유고슬라비아의 많은 지역을 해방했고, 우지체 지역에서는 우지체 공화국을 선포했다. 최초의 인민정권이 수립된 것이다. 그러나 1941년 9월 말, 해방구에 대한 파시스트 군대의 공격이 시작되어 파르티잔은 퇴각했다.

1942년 11월에는 인민해방군이 개별 군॥ 단위부터 형성되기 시작했다. 1942년 11월 26일과 27일에 걸쳐 파르티잔이 해방한 비하치에서 '유고슬라비아 반파시즘 민족해방평의회'의 첫 회의가 열렸다. 11월 29일에는 새로운 유고슬라비아 탄생의 기초를 닦은 유고슬라비아 반파시즘민족해방평의회 제2차 회의가 열렸으며, 이 회의에서 유고슬라비아 최초의 인민정권, 즉 티토가 주도하는 '유고슬라비아민족해방위원회'가 구성되었다. 이로써 유고슬라비아 인민의 반파시즘 투쟁은 인민혁명으로 전화했다(Alexandrov 1986, 663).

1943년 9월, 이탈리아 군대가 붕괴하기 시작하자 유고슬라비아 파르티잔은 독일군의 공격을 받아 약화되었던 세력을 다시 회복했고, 슬로베니아,

크로아티아, 달마티아, 마케도니아, 보스니아, 헤르체고비나 등을 차례로 해방했다. 1943년 말부터 티토 파르티잔은 세르비아를 중심으로 집결했다.

1944년 9월에는 소련군이 유고슬라비아의 국경선에 당도했고, 소련 지원군과 합세한 파르티잔은 독일군을 축출해 베오그라드를 탈환했다. 1945년 3월 7일 전쟁이 끝나기 전에 티토를 수반으로 하는 유고슬라비아 민주연방공화국이 수립되었고, 1945년 5월 15일 유고슬라비아의 완전 해방이 이루어졌다(이정희 2005, 464~465).


## 3. 폴란드

1939년 9월 1일 독일의 폴란드 공격과 더불어 제2차 세계대전이 발발되었고, 1939년 8월 23일에 체결된 독일-소련 불가침조약에 따라 폴란드에 대한 영토 분할이 착수되었다. 폴란드인이 거주하는 지역은 독일의 세력 범위 안에 들어가게 되었고, 우크라이나인과 벨라루스인이 많이 거주하는 동부 지역은 소련의 세력 범위에 들었다. 독일은 인구의 61.6퍼센트인 2,120만 명이 거주하는 전 영토의 48.3퍼센트를, 소련은 인구의 38.4퍼센트인 1,320만 명이 거주하는 전 영토의 51.7퍼센트를 각각 차지했다.

소련 점령 지역에서는 곧 국민투표가 실시되어 90퍼센트 이상의 지지로 점령 지역의 소련 편입이 결정되었다. 독일 점령 지역의 경우에는 독일 인접 지역은 '동부 편입 지역'으로 독일 본국에 흡수되고, 나머지 지역은 크라코프에 본거를 두는 총독부 관할에 놓였다. 그러나 제2차 세계대전 중, 독일-소련 전쟁의 결과로 폴란드 전 영토가 독일의 지배에 들게 되었다(이정희 2005, 393).

독일은 폴란드에 대해 잔혹하고도 비인도적인 식민지정책을 시행했다. 모든 폴란드인은 예속민으로서 시민권을 박탈당했고, 극단적인 인종 차별을 받았으며, 수많은 사람이 강제노동에 동원되었을 뿐만 아니라 특히 유대계 시민은 강제수용소에 수용되었다.

1939년 9월 30일 폴란드 마지막 대통령이었던 모시치츠키는 사임하면서 파리에 망명해 있던 라디슬라스 라츠키에비치를 후임으로 지명했다. 라츠키에비치는 1939년 10월에 파리에서 망명 정부를 구성했다. 총리로는 라디슬라스 시콜스키 장군이, 외무부 장관으로는 아우구스트 잘레스키가 각각 임명되어 대내외적으로 인정을 받았다. 이 정부에는 이들뿐만 아니라 전쟁 이전의 야당에 속했던 사회당, 노동당, 농민당, 국민당 등의 대표자들도 참가했다.

또 망명 정부는 망명 의회에 해당하는 국민위원회를 설치했으며, 전후 폴란드를 민주주의 원칙에 따라 재건할 계획을 발표했다. 9월 이후 루마니아와 헝가리를 넘어 피신한 폴란드 군대 일부가 다시 규합되었고, 그 숫자는 10만 명이 넘었다. 이들 폴란드 군대는 프랑스 군대를 도와 독일군과 전투를 벌이기도 했다. 프랑스의 패전은 폴란드인에게는 커다란 타격이었고, 그 후 망명 정부는 1940년 6월에 다시 런던으로 본거지를 옮겨야만 했다(이정희 2005, 394~395).

폴란드 망명 정부는 초기에는 소련에 대해 전쟁을 선포했으나, 독일이 소련을 침공하자 망명 정부는 1941년 2월에 독일에 대항하는 전쟁에서 상호 원조와 지지에 관한 소련-폴란드 협정 조인을 결정했다. 독일-소련 전쟁이 발발한 이후, 폴란드 애국 세력의 투쟁은 더욱 적극적으로 전개되었다. 1941년 9월에는 '폴란드사회당'이 건설되었고, 1942년 1월에는 '폴란드노동자당'이 비합법 형태로 조직되었다. 1942년 5월에는 노동자당이 창설한 그

바르디아 루도바 부대가 파시스트 침략군에 대항하는 무장투쟁을 시작했다.

1942년 들어 전선에서 독일의 패배 가능성이 커지자, 폴란드 애국 세력의 무장투쟁이 더욱 고양되었다. 1943년 4월 바르샤바 빈민구역에서 봉기가 일어났다. 봉기는 2개월 동안 계속되었고, 나치 군대는 이를 진압하지 못했다. 1943년에는 폴란드 제1사단이 소련에서 창설되었고, 같은 해 가을에는 파시스트 군대에 대항하는 전투를 시작했다.

1943년 4월 25일 폴란드 망명정부와 소련 정부는 그동안에 쌓였던 불신과 갈등으로 외교 관계를 단절했다. 1944년 11월 1일, 폴란드노동자당, 좌익 사회당, 그 밖의 다른 민주적인 조직의 대표자들이 인민의 대표 기관으로 '폴란드민족평의회' 수립에 관한 선언문에 서명했다. 1944년 7월 21일 폴란드민족평의회는 노동자·농민의 혁명 권력 집행체로서 '폴란드민족해방위원회'를 수립했다. 7월 22일, 위원회는 민주 변혁에 관한 강령의 윤곽을 담은 선언문을 발표했다.

전쟁의 종료가 임박해 지자, 폴란드 본국에서는 정치 세력들 사이에서 정부 업무를 맡게 될 국민통일 정부 수립 계획이 결정되었다. 이런 계획은 노동자당의 세력 기반이 아직 취약한 상태였기 때문에 공산주의자들로부터 타협적인 양보를 받아 내어 이루어진 것이었다. 임시 국가원수로서 노동자당 출신 볼레스와프 비에루트가 임명되었고, 제1 부총리로는 고무우카가 취임했다. 총리는 런던에서 온 사회주의자였으며, 제2 부총리는 농민당 출신으로 농림부 장관을 겸임했다. 그 밖의 다른 몇몇 각료들 역시 사회당 출신들이었다(이정희 2005, 397).

한편, 망명 정부는 폴란드에서 자신들의 지위를 유지하기 위한 모든 노력을 기울였다. 그들은 1944년 3월 15일 민족평의회에 대립해 '인민통일평의회'를 설립했다. 폴란드 부르주아 망명 집단 대표들은 1944년 8월 1일,

바르샤바 대봉기를 일으켰다. 이 봉기는 충분히 준비되지 않았고, 소련군도 적극적인 원조를 하지 않았다. 독일군은 그들을 진압하기 위해 대규모 군대를 파견했다. 봉기 기간에 폴란드 인민 20만 명이 죽었으며, 바르샤바는 철저하게 파괴되었다. 이로써 망명 정부는 본국 내에서 세력 기반을 상실하게 되었고, 국제적으로도 고립되었다. 1945년 5월 초, 폴란드 전 영토가 침략자들로부터 해방되었고, 1945년 6월 민족해방위원회를 중심으로 한 임시 정부와 망명 집단 대표들이 민족통일 정부 수립에 동의했다(Alexandrov 1986, 665).

## 4. 체코슬로바키아

히틀러 독일은 1939년 3월 15일 체코슬로바키아를 점령한 뒤, '보헤미아-모라비아 보호령'과 '독립 슬로바크' 국가로 분리해 지배했다. 독일 파시스트는 점령 이전의 대통령 에밀 하하를 보호령의 대통령으로 유임하고, 하하를 대표로 하는 독재 정치조직 '민족협동체'를 제외한 모든 정당 활동을 금지했다. 체코슬로바키아 인민은 독일 파시스트에 대항해 투쟁을 시작했으며, 초기 단계의 투쟁 형태는 파업, 시위 그리고 태업이었다.

체코슬로바키아 부르주아지와 지주 일부는 독일 침략자들과 협력을 일삼았으며, 다른 부르주아지 일부는 처음에는 프랑스에, 다음에는 영국에 해외 거점을 설치했다. 1940년 7월, 그들은 런던에 망명 정부와 국가평의회를 구성했다. 독일의 소련 침공 이후인 1941년 7월 18일, 대 독일 전쟁에서 상호 원조와 지원에 관한 소련-체코슬로바키아 협정이 체결되었다. 이 협정에 따라 체코슬로바키아 군대가 소련에서 구성되었고, 1942년 봄에 최초의 게릴라 부대가 체코슬로바키아에 등장했다. 슬로바키아 파르티잔 활동은 특히 전투적이었다(Alexandrov 1986, 666).

1942년 5월 27일, 독일의 보호관 대리 라인하르트 하이드리히 암살 사건 이후 독일 침략자들은 잔혹한 보복 조치를 취했으며, 특히 보헤미아 서부의 촌락 리디체에서 암살자를 숨겨 두었다는 혐의로 14세 이상 민간인 남자들이 사살되었다(이정희 2005, 410~411).

독일-소련 전쟁에서 소련이 승리를 획득하면서 체코슬로바키아 망명정부는 소련과의 관계를 강화하기 위해 1943년 12월 12일 소련과 체코슬로바키아 사이에 우호와 상호 원조, 전후 협력에 관한 조약을 모스크바에서 체결했다.

이와 같은 정세에서 파르티잔 운동은 더욱 고양되었다. 1944년 8월 들어 파르티잔은 동부 슬로바키아와 중부 슬로바키아 전 지역을 통제했다. 이에 대응하기 위해 독일은 슬로바키아에 군대를 출동시켰다. 1944년 8월 29일에는 독일군에 대항해 무장봉기가 일어났으며, 여기에 슬로바키아 군대의 반파시즘 세력과 파르티잔이 참여했다. 반란은 2개월 동안 계속되었으며, 반파시즘 투쟁은 나치 독일군에 대해 큰 손실을 안겨 주었다. 반란이 진압된 뒤에도 파르티잔 투쟁은 계속되었다.

소련 군대가 체코슬로바키아에 진주하면서, 권력은 차츰 민족위원회로 이양되었다. 1945년 3월, 망명정부 대표와 '체코슬로바키아공산당' 대표는 모스크바에서 체코와 슬로바키아 민족전선 수립에 관한 협정을 체결했다. 민족전선 정부는 즈데네크 피에르링게르를 수반으로 해 공산당, 사회민주당, 민족사회당, 인민당 그리고 슬로바키아 민족평의회 대표들로 구성되었다. 1945년 5월 5일 혁명적 봉기가 일어났고, 5월 9일 봉기는 성공했다. 체코슬로바키아는 독립과 자유를 되찾게 되었다(Alexandrov 1986, 667).

## 5. 그리스

제2차 세계대전 발발과 더불어 그리스 정부는 중립 정책을 선언한 후, 이탈리아의 침략에 대비해 북쪽 국경을 강화했다. 이탈리아는 1940년 10월 28일 그리스에 대한 군사작전을 시작했다. 이탈리아 침략군은 그리스 인민의 완강한 저항에 부딪쳐 1940년 11월 마침내 그리스 영토에서 퇴각했다.

그러나 1941년 4월 6일 히틀러의 독일 군대가 그리스를 침공해 6월 2일에 이르러 전 영토를 점령했다. 그리스 왕과 정부는 이집트로 망명을 했고, 그리스 인민들은 파시스트 점령군에 대항해 해방 투쟁을 전개했다.

1941년 9월 27일 공산당, 농민당, 사회당, 인민민주주의연합, 노동조합, 청년 조직, 사무직 노동자 조직 등의 대표들이 '민족해방전선'을 결성했다. 1941년 12월에는 전선의 지도부가 '전국인민해방군' 창설을 결정했다. 인민해방군의 투쟁은 많은 지역을 해방했고, 해방된 지역들에서는 최초의 인민민주 정권의 기관들이 설치되었다. 1944년 3월 10일 민족해방전선과 다른 조직들이 민족해방정치위원회를 결성했고, 이 위원회는 임시정부의 기능을 수행했다. 이 위원회는 국회 구성을 위한 총선거를 실시했다. 1944년 5월에 열린 정기국회에서 인민민주주의적 국가 체제가 수립되었다.

1944년 10월 파시스트 침략자들은 그리스에서 축출되었고, 망명정부가 귀국했으며 영국 군대가 그리스에 진입했다. 1944년 12월 1일 인민해방군의 해체에 관한 명령이 발표되었다. 이에 따라 영국(나중에는 미국)의 지원을 받던 정부군과 인민해방군 사이에 그리스 내전이 벌어졌다. 내전은 거의 1948년까지 계속되었고, 인민해방군은 끝내 해체되었다. 내전으로 그리스 정치는 양극단을 달리게 되었으며, 그리스 정부는 미국과 동맹을 맺고 북대서양조약기구NATO에 가입했다(Alexandrov 1986, 669).

# 6. 벨기에

1940년 5월 10일, 벨기에는 히틀러 독일의 침략을 받고 아주 짧은 기간에 저항을 한 뒤 항복했다. 점령군 당국은 여러 가지 억압정책을 시행했는데, 민주적인 조직들은 해산당했으며 경제는 독일의 이익을 위해 종속되었다. 벨기에 국왕 레오폴드 3세는 나치에 협력하기로 방침을 정했다. 독일 점령 기간에 벨기에 파시스트 조직들은 더욱 활발하게 활동을 폈으며, 국가기구와 지방행정의 주요 자리를 차지했다.

노동자들은 공장, 광산, 철도에서 노동자투쟁위원회를 결성했다. 벨기에 반파시스트 노동자들은 군수생산을 사보타주했고, 강제노동을 위해 독일로 이동하는 것을 기피했으며 점령군과 협력하는 것을 거부했다(The USSR Academy of Sciences 1985, 660~661).

1940년 5월 10일 불법화된 공산당은 반파시즘 투쟁을 주도하면서 5만 명에 이르는 파르티잔 부대를 창설했다. 히틀러 독일의 벨기에 침공 1주년이 되는 날인 1941년 5월 10일, 콕커릴에서 항의 파업이 일어났는데, 철강노동자 10만 명이 이 파업에 참가했다.

벨기에공산당은 반파시스트 세력을 결합하기 위해 일관되게 노력했다. 1941년 11월, '벨기에독립전선'이 결성되었는데, 여기에는 광범한 인민 계층 대표들이 참가했다. 1944년 9월 3일 브뤼셀이 점령군으로부터 해방되었고, 9월 8일에는 정부가 런던에서 귀환했다. 1945년 2월 벨기에 전 영토가 독일군으로부터 완전히 해방되었다. 반파시즘과 민주주의 운동이 급격하게 고양되면서 폴-앙리 스파크 정부의 개조가 이루어졌다. 공산당 당원 2명과 독립전선 대표 1명이 입각했다. 그러나 벨기에 개혁과 민주화를 위한 진보 세력의 요구는 제대로 관철되지는 않았다(Alexandrov 1986, 671).

# 7. 노르웨이

제2차 세계대전이 발발했을 때, 노르웨이는 중립을 선포했다. 그러나 독일 파시스트 군대는 1940년 4월 9일 노르웨이를 침략했다. 6월 10일 노르웨이 정부는 항복문서에 조인했다. 노르웨이 국왕 하콘 7세와 요한 뉘고르스볼 정부는 런던으로 망명해 독일에 대한 투쟁을 계속할 것을 밝혔다. 이런 가운데 독일은 노르웨이 국회 특별회의를 소집하도록 해 1940년 9월 왕위의 양위와 망명정부의 사임을 표결하게 했다. 비드쿤 크비슬링이 이끄는 파시스트 당 말고는 모든 정당이 해체되었다.

독일이 노르웨이를 침공한 목적은 이러했다. 첫째, 스웨덴 북부 지방의 풍부한 철광석이 독일 전쟁 물자 생산에 중요한 역할을 할 수 있을 것으로 판단했다. 둘째, 이를 이용하기 위해 스웨덴에 군사력을 투입할 경우, 철광석 운반에 편리한 노르웨이의 부동항 나르비크를 확보할 수 있다. 셋째, 대서양 상에서 연합군을 상대로 대 잠수함 작전을 수행하는 데 필요한 기지로 노르웨이 해안을 확보해야만 했다. 넷째, 독일군의 공격이 시작된 4월 9일 이전에 영국은 노르웨이 해안에 기뢰를 깔았으나 아무런 저항을 받지 않았으므로 노르웨이는 대외적으로 중립을 유지할 능력이 없는 나라로 비쳐졌다(변광수 2006, 330).

파시스트 침략군에 대한 저항운동은 1940년 후반에 조직되었다. 노르웨이 저항운동의 전투적 중핵은 노르웨이공산당을 선두로 노동자계급이었다. 1940년 8월에는 노동자계급의 통일을 호소하는 노르웨이공산당 중앙위원회의 호소문이 발표되었다.

독일군의 노르웨이 침공 1주년이 되는 1941년 4월 9일, 모든 기업의 노동자들이 30분 동안의 작업 중지를 단행했다. 1941년 오슬로에서 행해진 메이데이 시위는 반파시즘의 성격을 띠었다. 1941년 9월에는 노동자 2만5천 명이 참가한 파업이 일어났는데, 독일 점령군은 오슬로를 비롯한 여러 도시에 계엄령을 선포하고 야전 군사재판소를 설치했다.

점령 기간 중에 저항운동에 참가한 노르웨이인 2천 명 이상이 살해되었다. 또 많은 노동조합 간부와 노르웨이노동당과 노르웨이공산당의 당원들이 탄압을 받아 희생당했으며, 공산주의 지도자와 공산청년동맹 간부들이 처형되었다(*Norsk militaert tidsçkrift*, 1971, 531; *Norges historie*, 1979, 393; The USSR Academy of Sciences 1985, 662에서 재인용).

이와 같은 극심한 탄압에도 불구하고 노르웨이 인민들의 저항운동은 굽힘 없이 계속되었다. 노르웨이에 '협동조합형' 파시스트 국가를 창설하고자 했던 나치스의 계획은 실현되지 못했다. 노동자, 농민, 진보적 지식인은 파시스트의 통제를 받는 노동조합을 배척하고 여기에 대항해 1942년에는 비합법 상태의 노동조합 조직을 결성하기 시작했다. 공산당 당원들은 지하 노동조합 센터에 참가했으며, 이런 노동조합 조직이 노동자계급의 통일 강화와 전투적 정신의 고양을 촉진했다. 이와 함께 지하 출판물도 대량으로 발간되었는데, 약 300개 신문의 약 200만 부가 발행되었다(Lorenz 1975, 90; The USSR Academy of Sciences 1985, 663에서 재인용).

1943년 말에는 전국 각지에서 점령군 당국과 그 괴뢰 정권에 대항하는 파르티잔 부대가 편성되었다. 이와 같은 전투부대는 점령군에 대한 일련의 공격을 감행했다. 1944년 초에는 노르웨이 저항운동 세력의 공동 노력으로 노르웨이 청년들을 동부전선으로 동원하기로 했던 점령군의 계획이 저지되었다. 1944년 10월에는 소련의 붉은 군대가 북부 노르웨이를 해방하는 것을 북부 노르웨이의 파르티잔 부대가 도왔다.

전쟁 종결 몇 개월 전에 공산당의 전투 그룹은 부르주아지의 군사 조직

'밀로그'Milorg와 통합했으며, 그 뒤로 히틀러 독일군에 대한 파르티잔의 투쟁은 더한층 강화되었다. 1945년 봄, 대규모 철도 사보타주에 따라 북부 노르웨이로부터 다른 전선으로 독일군을 이송하려던 계획은 큰 폭의 차질을 빚었다. 1945년 당시 노르웨이의 지하 군대는 약 4만 명을 헤아렸다(Kan 1980, 229; The USSR Academy of Sciences 1985, 663에서 재인용).

1945년 5월 8일 노르웨이 주둔 독일 군대가 항복했고, 같은 해 6월 노르웨이 정부가 수립되었다. 이 정부에는 공산당원 2명을 포함해 저항운동 참가자들이 입각했다(The USSR Academy of Sciences 1985, 664).


## 8. 덴마크

1940년 4월 9일, 덴마크 정부가 전쟁 이전에 선포했던 중립 정책은 독일의 침략으로 무참하게 깨어졌다. 덴마크 정부는 침략자에 대해 어떤 저항도 하지 않았으며, 인민들에게도 자신들과 일치된 행동을 해줄 것을 호소했다. 모든 부르주아 정당들과 사회민주당은 독일 점령을 기정사실로 받아들였다.

1940년 말부터 1941년 초에 걸쳐 최초의 비합법 그룹인 '학습 서클'이 활동을 시작했는데, 여기에는 공산당을 비롯해 사회민주당, 보수당의 대표들이 참가했다. 1941년 6월부터 지하활동에 들어간 공산당이 점령군에 대항하는 투쟁의 선두에 나섰다. 1941년 가을에 공산당은 최초의 전투 그룹을 편성했다. 1942년 2월에는 개별 무장 그룹이 대규모 전투조직인 '공산주의자파르티잔'이라는 단일 조직으로 통합되었다. 이 조직의 참가자와 조직자는 이전에 에스파냐 내전에 참가했던 노동자 공산주의자들이었다.

1942년 말부터 1943년 초 사이에 '시민파르티잔'BOPA이라 부르는 통합

전투조직이 결성되었는데, 이 무장 조직의 전투원 가운데 다수는 노동자들이었다. 반파시즘 성향을 지닌 학생과 지식인도 시민파르티잔에 참가했다. 히틀러 독일군이 스탈린그라드에서 패배한 뒤에는 저항운동 세력의 활동, 특히 시민파르티잔 무장 그룹의 파괴 공작이 활발하게 전개되었다(The USSR Academy of Sciences 1985, 664).

1943년 8월 29일, 독일 침략군은 저항운동을 막기 위해 국가비상사태를 선포했으며, 덴마크의 전체 권력을 직접 장악했다. 그러나 이런 사태로 국내 정세가 변화했고, 저항운동이 점령군에 대항하는 대중운동으로 전화했다. 1943년 9월 16일 전국 저항운동 통일 지도 기관으로서 '자유평의회'가 결성되었다. 여기에는 공산당원, 사회민주당원, 반파시스트의 부르주아지 대표가 참가했다.

1943년 11월에는 저항운동에 덴마크군이 합류했으며, 자유평의회 산하에 군사위원회가 설치되었다. 저항운동의 지하 군대는 1944년 가을에는 약 2만3천 명에 이르렀고, 다음 해인 1945년 봄 당시에는 4만2천 명 이상이었다. 1943년에 일어난 공업 기업의 사보타주 건수는 점령당한 뒤 최초의 3년 동안에 비해 약 6배 증가했으며, 1943년 한 해 동안의 총 사보타주 건수는 969건(1940~1942년의 경우에는 151건)이었다(Kudrina 1975; The USSR Academy of Sciences 1985, 665에서 재인용).

1944년 6월 30일~7월 4일까지 코펜하겐에서 총파업이 일어났는데, 파업은 다른 도시에까지 파급되었다. 이 총파업은 광범한 주민층의 지지를 받았다. 1944년 8월 15일에는 코펜하겐에서 다시 총파업이 결행되었다. 이 파업은 저항운동의 투사였던 인질 11명을 나치스가 살해한 데 항의해 일어난 것이다. 항의 투쟁은 덴마크의 다른 도시에까지 확대되었으며, 파르티잔 부대의 행동도 활발하게 전개되어 발전소와 철도, 그리고 연료 창고가 폭파되기도 했다. 1944년에는 철도 폭파가 300건을 넘었으며, 1945년 초 4개월 동안에는 1,300건으로 크게 증가되었다(Kan 1980, 233; The USSR Academy of Sciences 1985, 665에서 재인용). 1945년 5월 5일 덴마크에 주둔했던 독일 군대는 항복했고, 전쟁은 종결되었다.

# 5장
# 파시스트 블록 국가들에서
# 전개된 반파시즘 운동

모든 독일 국민이 자기 자신이 아닌
다른 누군가가 시작하기를 기다린다면
그들의 만행은 멈추지 않을 것이다.
우리는 히틀러에 대항해서 투쟁해야 한다.
너무 늦기 전에 저항해야 한다.
우리의 마지막 도시가 부서지기 전에 ······
우리의 마지막 젊은이가 피를 흘리기 전에 ······,
이 전쟁 기계가 전진하는 것을
멈추게 해야 한다.

_잉에 숄(숄 2003, 51~52)

# 1. 독일

독일은 1936년부터 전시경제 체제에 돌입해 단기전에 대비하고 있었다. 그러나 1941년까지 유리하게 전개되던 전쟁 상황이 뒤바뀌어 장기화하면서 독일은 단기전에 대비한 경제체제를 포기하고 장기적인 총력전에 대응한 체제로 전환했다. 독일은 1942년에 중앙경제계획청을 설치해 전시경제 체제를 더욱 강화했다(김종현 2007, 526).

전쟁 기간에 독일 경제는 점점 군국주의화되었으며, 파시스트 국가가 경제에 더욱 큰 지배력을 행사했다. 거대 독점기업과 파시스트 국가가 국가독점적 경제체제로 전환되었다. 전쟁 초기에 독일이 획득한 손쉬운 승리는 독일 인민들에게 민족주의적이고 광신적인 국수주의 사상을 펴게 만들었다. 이와 같은 정치·경제적 조건들은 반파시즘 운동을 매우 곤란한 지경에 놓이게 했다.

독일에서 전개된 반파시즘 운동은 제2차 세계대전이 시작될 무렵에는 극심한 탄압 때문에 취약한 상태에 있었다. 그러다가 전쟁 기간에는 반파시스트 활동가 20만 명이 나치스가 저지른 테러로 크고 작은 희생을 당했다. 독일공산당 당원 30만 명 가운데 15만 명이 박해를 받거나 검거되고, 강제 수용소에 보내졌다. 심지어 공산당 당원 수만 명이 살해당했다(*Geschichte der deutschen Arbeiterbewegung*, 1966, 436; The USSR Academy of Sciences 1985, 671에서 재인용).

반파시즘 저항운동의 주된 임무는 침략 전쟁의 중지와 히틀러 정권 타도를 위한 투쟁이 될 수밖에 없었다. 1939년 12월 30일에 채택한 '독일공산당 정치 강령'은 이런 목적 달성을 위한 방침을 담고 있다. 독일공산당은 평화, 독일 국민의 민주적 자유, 그리고 사회적 요구를 실현하고 파시스트 독재와 독점자본에 반대하며 자유롭고 민주적이며 평화 애호의 독일을 위한 투쟁에서 노동운동의 통일과 광범한 인민전선의 결성을 강조했다.

대중적 반파시즘 운동의 전개 방침을 결정한 공산당은 당 조직을 재건하고 반파시즘 지하운동을 전개하는 데서, 히틀러 체제에 반대하는 세력들의 결합과 저항운동의 통일적 지도 중심 설치를 위해 연락 체계를 조정하고 선전 활동을 널리 전개했다. 1940년에는 독일 국내에서 비합법 당 활동의 실천적 지도부를 재건했다(The USSR Academy of Sciences 1985, 671).

한편, 독일사회민주당 내에서는 전쟁 반대와 반파시즘 투쟁에 대한 의견들이 통일을 이루지 못하고 있었다. 사회민주당 해외 집행부 기관지『데르 노이에 폴벨츠』*Der Neue Vorwärts*는 1939년 9월 10일자에서 "세계와 인류에 대한 극악무도한 범죄의 모든 책임은 히틀러와 그 체제에 있다. …… 따라서 우리의 목표는 유럽의 모든 민주 세력과 함께 히틀러를 타도하는 것이다"라고 사회민주당의 주장을 실었다(Grasma 1975, 33~34; The USSR Academy of Sciences 1985, 671에서 재인용). 그러나 반공주의와 반소련주의를 취했던 사회민주당 우파는 실제로 독일 국내에서 저항운동을 조직하지는 않았다.

사회민주당 지도부의 소극적인 태도에도 아랑곳없이 많은 사회민주당원은 반파시즘 투쟁에 참가했다. 당 활동가 일부는 군사 음모에 기대를 걸고 있던 부르주아 반대파에 합류했다. 다른 한편으로는 사회민주당 지하조직이 독일 국내에서 활동하고 있었다. 사회민주당의 적극적 저항운동 세력은 독일공산당이 지도했던 반파시즘 조직과 점점 긴밀하게 협력했으며, 때로는 공산당과 합류했다.

반파시스트 저항운동의 중핵을 이룬 것은 혁명적 전위의 지도를 받는 노동자계급이었다. 1940~1945년 사이에 브란덴부르크 감옥에서 정치범으로 처형된 807명 가운데 773명이 노동자와 수공업자였다(그레빙 1985, 221).

전쟁 발발 이후 며칠 동안 도르트문트 노동자들은 '천천히 일하자'는 슬로건을 내걸었는데, 이것은 군수산업에서 전개된 투쟁의 주요 슬로건이 되었다(Peukert 1976, 266~267; The USSR Academy of Sciences 1985, 672에서 재인용). 노동자들은 시간외노동 거부를 비롯해 건강을 이유로 한 결근, 사보타주, 불량품 생산 등의 투쟁 수단을 사용했다. 1943년 전반기에만 해도 노동규율 위반을 이유로 독일 노동자 1만4천 명이 처벌을 받았다. 전쟁 기간에 경제·사회적 성격을 띤 단시간 파업이 빈번하게 발생했다. 1943년 1~9월 사이에 파업 참가를 이유로 노동자 1만8,900명이 체포되었다(*Faschismusforschung, Positionen, Probleme, Polemik*, 1980, 344; The USSR Academy of Sciences 1985, 672에서 재인용).

파시즘과 전쟁에 반대하는 투쟁에서 가장 중요한 문제로 제기된 노동운동의 통일이 이루어지는 추세를 보였다. 루르, 베를린, 뉘른베르크, 그 밖의 여러 도시에서 반파시스트 그룹이 활동하고 있었는데, 여기서는 공산당원과 사회민주당원이 함께 투쟁했다. 기업들에서도 통일전선위원회나 사회민주당원과 공산당원의 행동위원회가 설치되기도 했다.

독일 반파시스트 운동가들은 군사 포로, 강제수용소에 수용된 사람, 그리고 외국인 노동자들을 상대로 벌인 활동에 대해 큰 의의를 두었다. 부헨발트, 아이슈비츠, 다하우, 마우트하우젠, 노이엔감, 라벤스브뤼크, 작센하우젠 등의 수용소에서는 지하국제위원회가 설치되어 있었다.

독일공산당이 채택한 노동전선 통일정책과 광범한 인민전선 결성 방침에 따라 이미 1942년 말쯤에 대규모 지역 차원에서는 당 활동과 반파시즘 투쟁 센터가 구성되어 있었다. 베를린에는 로버트 유리히 조직, 술체-보이젠·하르네크 조직이 있었고, 포메라니아에는 베른하르트 베스트라인 조직, 프란츠 야콥 조직, 로베르트 아브샤겐 조직이 있었으며, 라이프치히에는 게오르크 슈만 조직, 옷토 엥거트 조직, 쿨트 크레세 조직이 있었다. 투링기아에는 테오도르 노이바우어 조직, 마그누스 포셀 조직이 있었고, 만하임에는 게오르크 레흐라이트 조직이 그와 같은 역할을 담당했다. 이런 조직들이 수행한 활동은 인민전선이 전쟁 종결, 파시스트 독재 권력 타도, 민족 구제를 위해서 노동자통일전선의 기초 위에서 실제로 투쟁했던 사례를 만들어 냈다(The USSR Academy of Sciences 1985, 673).

1943년 7월에는 소련 내의 독일 망명자들과 독일인 포로들이 히틀러 체제 전복과 전쟁 종결을 목표로 하는 '자유독일전국위원회'를 구성했다. 자유독일전국위원회의 의장에는 프롤레타리아 시인인 에리히 바이너트가 선출되었고, 위원에는 독일공산당 중앙위원회 의장 빌헬름 피크, 당 중앙위원 안톤 아커만, 발터 울브리히트, V. 프롤린이었다. 창립회의에서 채택된 '독일 국방군과 독일 국민에게 보내는 자유 독일 전국위원회의 선언'은 주요 정치적 임무로서 반파시즘 민주제도의 수립을 설정했다(*Geschichte der deutschen Arbeiterbewegung*, 1966, 575~578; The USSR Academy of Sciences 1985, 673에서 재인용). 위원회는 '자유 독일'이라는 방송국을 운영해 독일을 향해 체계적인 방송을 실시했고, 전선과 독일 내에서 유인물, 소책자, 그 밖의 다른 반파시즘 인쇄물을 출판하고 배포했다(Alexandrov 1986, 646~647).

잔혹한 파시스트 테러와 배외주의적 열광에도 불구하고 독일 국내에서 전개된 반파시스트 운동은 점점 성장했다. 1944년 봄에는 독일공산당의 실제적인 지도부는 브란덴부르크 지역 30개 이상의 도시와 촌락, 작센과 작센안할트의 18개 도시, 튀링겐의 37개 도시에 조직과 적극적 행동을 위한 거점을 확보하고 있었다. 이와 같은 지도부의 직접적 지도를 받는 반파시스트 활동가 약 1만 명이 활동하고 있었다(*Deutsche Geschichte*, 1968, 364; The USSR Academy of Sciences 1985, 673~674에서 재인용).

1944년 7월, 슈타우펜베르크 대령의 히틀러 암살 사건이 있은 뒤에 독일공산당과 '자유 독일' 조직, 그리고 많은 도시의 반파시즘 조직에 대한 극심한 공격이 행해졌다. 반파시즘 조직의 지도자들인 안톤 새프코우, 베른하르트 베스트라인, 프란츠 야콥, 테오도르 노이바우어, 게오르크 슈만 등이 처형되었다. 1944년 8월 18일에는 공산당 지도자 에른스트 탤만이 부헨발트 집단수용소에서 처형되었다(풀브룩 2000, 299).

1944년 10월 소련군이 독일에 진주했다. 나치 정부는 주민 총동원을 더욱 강화하기 위한 새로운 조치들을 강구했다. 그러나 이런 조치도 이제 나치 독일을 패배에서 벗어나게 할 수는 없었다. 1945년 4월 30일 히틀러는 자살했고, 5월 2일 베를린이 함락되었으며 5월 8일 독일 최고사령부의 대표들은 독일의 무조건 항복 문서에 조인했다.

독일 히틀러 파시스트 체제에서 수행된 반파시즘 저항운동은 극도의 고난 속에서 그 치열성과 높은 희생정신을 나타냈지만, 프랑스와 이탈리아 등에서 전개된 반파시즘 투쟁에 견주어서는 그 규모도 훨씬 작았고, 투쟁 양상도 고립·분산되어 있었다. 독일에서는 피점령 국가들에서 볼 수 있는 바와 같이 인민대중이 직접 무장을 갖추어 나치스 권력에 대항해 투쟁을 전개하기에는 거의 불가능한 상황이 전개되었다. 그럼에도 독일 인민의 반파시즘 투쟁은 그와 같은 상황과 조건에 비추어서 결코 과소평가될 수는 없는 것이었다(광민사편집부 1981, 80~81).


## 2. 이탈리아

이탈리아와 독일은 에스파냐 내전 때 프랑코 진영을 지원하면서 1936년 11

월 '로마-베를린 추축'Rome-Berlin axis[1]을 체결함으로써 동맹 관계를 맺고 있었다. 그러나 1939년 전쟁이 발발하자, 이탈리아 지배자 무솔리니는 이탈리아는 '전혀 호전적이지 않은' 국가라고 선언했다. 이탈리아는 전쟁을 수행할 만한 아무런 준비도 갖추지 못했고, 전쟁 결과에 대해서도 확고한 판단을 하지 못하고 있었다.

이탈리아 군대는 장비와 훈련 모두가 부족한 상태에 있었고, 파시스트 정권은 전쟁에 대비할 전략마저 세우지 못하고 있었다. 1939년 당시 군대는 단지 1,500대의 탱크만을 보유하고 있었으며 그것도 대부분 경무장 탱크였다. 해군은 전투함대와 잠수함대를 보유하고 있었지만, 정작 항공모함은 보유하고 있지 못했다. 그리고 공군은 장거리 폭격기를 충분히 보유하지 못했고, 전투기들의 속도는 아주 느린 편이었다. 게다가 운송수단 마저 부족한 상태였다(듀건 2001, 334).

그러나 1940년 5월, 덴마크, 노르웨이, 벨기에, 네덜란드에 이어 프랑스까지 독일의 침공을 당하자, 같은 해 6월 10일 이탈리아는 영국과 프랑스에 선전포고를 했다. 이탈리아는 프랑스에서 상당한 영토를 점령했다. 그러나 그리스를 확보하려던 시도는 실패로 끝났다. 1940년 10월 무솔리니는 그리스를 침공했다. 이탈리아 군단은 알바니아 영토에서 그리스를 공격했으나 전세는 악화되었고, 그리스는 반격해 알바니아 영토의 3분의 1을 점령했다. 그렇게 해 무솔리니는 독일 측에 도움을 청해야만 했다(허인 2005, 303).

이탈리아에서는 전쟁 시작과 더불어 국내 반파시즘 지하조직과 파리에 있었던 해외 센터 사이의 연결이 중단되었고, 반파시즘 정당과 그룹의 지하

---

1_1937년에는 일본이 이에 가담해 3국 사이에 반공 협정을 체결했다.

망이 일시적으로 파괴되었다. 1941년이 되어서야 반파시즘 정당의 지하 구조가 재건되기 시작했다. 1941년 7월에는 이탈리아공산당은 가장 먼저 지하조직을 재건했으며, 1942년 여름 이후에는 비합법 신문 『단결』*L'Unita*을 재발간했다. 1942년 봄에는 이탈리아사회당도 지하조직망을 재건했으며, 당의 비합법신문 『전진』*L'Avanti*을 발행하기 시작했다. 반파시즘 운동에서 또 하나의 큰 세력을 이룬 것은 프티부르주아 그룹인 '정의와 자유'였는데, 이 조직은 1942년 말에 '행동당'으로 개편되었으며, 당원 대다수는 지식인과 학생들이었다.

1941년 이후 반파시즘 세력의 결합 과정이 재건되었다. 1941년 가을에는 파리에서 '애국세력통일행동위원회'가 설립되었으며, 여기에는 공산당과 사회당, 그리고 정의와 자유 그룹이 참가했다. 1942년에는 토리노에서 '국민전선위원회'가 결성되었고, 이어서 로마와 밀라노에서도 결성되었다. 여기에는 행동위원회에 참가한 조직 이외에도 부르주아 정당 대표가 참가했다. 1943년 초에는 이탈리아 국내의 지하 지도센터의 활동이 시작되었으며, 이 센터는 당시 이탈리아공산당 대표로서 모스크바에 있었던 팔미로 톨리아티와 정기적인 연락을 갖고 있었다. 반파시즘 저항운동에 참가한 부르주아 정당은 인민 봉기 방식을 거부했고 기업 내에서 벌이는 대중투쟁도 반대했을 뿐만 아니라 정부 내 상층의 인사 변경과 영국군과 미국군의 지지에 기대를 걸었다(The USSR Academy of Sciences 1985, 667~668).

1941년 봄 이탈리아는 아프리카에서 소말리아와 에티오피아를 상실했다. 같은 해 무솔리니는 독일 편에서 군대를 소련 공격에 투입했는데, 초기에 패배했다. 1943년 5월 연합국 군대는 북아프리카의 엘 알라메인 전투 승리를 계기로 리비아를 양도받았다. 1943년 7월이 되자 연합국 군대는 이탈리아 영토를 점령하기 시작했으며, 무솔리니 파시스트 체제는 전면적 붕괴를 맞았다.

전쟁 기간에 이탈리아는 엄청난 경제적 폐해를 겪게 되었으며, 독일에 대한 경제적 의존이 커졌다. 인민들의 생활은 피폐해졌으며, 반파시즘 분위기는 점점 확산되었다. 1942년 봄부터 노동자들의 파업투쟁이 고조되었다. 1943년 3월 토리노와 밀라노의 무기 공장에서 노동자 30만 명이 파업을 벌였고, 노동자투쟁은 점점 북부의 다른 도시들로 확산되었다. 노동자들의 파업투쟁은 반파시즘과 반전의 정치적 성격을 띠었다. 이런 저항은 많은 공장에서 비밀리에 활동하고 있던 공산당 당원들이 조직한 경우가 많았다. 3월 파업은 이탈리아 파시즘을 정치적으로 약화시키는 데 중요한 요소로 작용했다. 파시스트 정권은 해외에서뿐만 아니라 국내에서도 붕괴되고 있었다 (듀건 2001, 337).

전쟁에서 겪은 이탈리아 군대의 실패와 정치·경제적 상황 악화 때문에 독점자본과 왕실은 무솔리니를 물러나게 했다. 1943년 7월 25일 이른바 '궁전 쿠데타'[2]로 무솔리니는 체포되었고, 바돌리오 장군이 정부 수반이 되었다. 정부는 파시스트 정당과 관련 조직들을 불법화했다.

1943년 8월 7일 연합군은 시칠리아 점령을 끝냈고, 같은 해 9월 3일 이탈리아 정부는 시칠리아 카시빌레에서 연합군과 휴전협정을 체결했다. 전쟁 상황이 이처럼 급변하는 가운데 1943년 9월 8일과 9일에 걸쳐 나치 독일은 이탈리아 영토의 상당 부분을 점령했고, 9월 12일에는 독일군 나치 친

---

[2]_1943년 7월 24일 저녁 파시스트 국민당의 주요 행정 기구인 대평의회가 소집되었다. 당에서 연장 자격인 디노 그란디는 왕이 완전한 헌법적 권한을 회복할 것을 요구하는 제안서를 제출했다. 이것이야말로 준비된 계략이었다. 무솔리니를 해임하고 그 후임자를 선택할 수 있는 권한은 왕에게 있었다. 이 제안서는 오랜 논쟁 끝에 승인되었다. 그다음 날 무솔리니는 왕을 방문했다가 그 자리에서 체포되었다. 파시즘은 드디어 최후를 맞게 되었다.

위대가 그란 사소에 수감되어 있었던 무솔리니를 구출했다. 독일로 호송된 무솔리니는 곧바로 파시스트 공화당Partito Fascista Repubblicano을 결성하고, '이탈리아 사회 공화국'Repubblica Sociale Italiana 탄생을 선포했다(허인 2005, 305).

이 무렵, 이탈리아 인민들은 나치 침략자에 대항해 민족해방과 반파시즘 무장투쟁을 전개했다. 반파시즘 투쟁이 새로운 국면에 들어간 것이다. 이탈리아공산당이 주도해 루이지 롱고를 지휘관으로 하는 파르티잔 부대 가리발디 연대가 구성되었다(*Le brigate Garibaldi nella Resistenza*, 1979; The USSR Academy of Sciences 1985, 668에서 재인용). 1944년 6월에는 모든 파르티잔 부대가 파르티잔군 — 통일 사령부를 갖는 자유의용군 — 으로 통합되었다. 1945년 3월에는 자유의용군 수가 15만 명에 이르렀다(Longo 1947 385; The USSR Academy of Sciences 1985, 668~669에서 재인용).

이탈리아에서 전개된 반파시즘 투쟁에는 공산당 말고도 많은 정당 세력이 참가했다. 노동자 일부와 지식인 일부를 포괄한 사회당, 혁명 지향 지식인과 프티부르주아지의 지지를 받는 행동당, 1943년부터 가톨릭교회의 지지를 받고 대두해 농민과 프티부르주아지, 그리고 노동자 일부에 대해 영향력을 갖고 있는 기독교민주당, 부르주아 지식인의 지지를 받고 있는 자유당, 그 밖에 민주노동당이 참가 단체였다. 이들 정당 대표들은 반파시즘 투쟁 과정에서 '북이탈리아민족해방위원회'를 결성했다(Alexandrov 1986, 650).

이탈리아에서 전개된 저항운동은 노동자, 농민, 지식인, 도시 중간층 등 여러 사회층을 포괄하는 광범한 반파시즘 운동이었다. 저항운동에서 중심 역할을 수행한 것은 노동자계급이었다. 저항운동의 중요한 한 가지는 조직적 성격을 띤 파업운동이었다. 노동자투쟁을 지도한 것은 이탈리아노동총연맹 조직 내에 결합된 지하 노동조합 세포와 공장 단위 행동위원회였다.

1944년 3월, 노동자계급 총파업이 이탈리아 전국을 휩쓸었다. 노동자

100만 명 이상이 참가했고, 파르티잔 2만 명 이상이 파업 노동자들을 지지했으며 파업의 효과는 놀라울 정도였다. 파업은 무솔리니 파시스트 정권 붕괴의 전주곡이 되었고, 전국적 봉기의 정치적 조건을 만들었다. 파업은 이탈리아 남부의 정치투쟁에도 큰 영향을 끼쳤으며, 1944년 4월에는 살레르노에서 사회당과 공산당이 참여한 바돌리오 정부 ― 최초의 반파시즘 연합 정부 ― 가 수립되었다.

국민전선의 광범한 정치적 노선을 반영한 바돌리오 정부 수립에서 중요한 역할을 한 사람은 이탈리아공산당 서기장 톨리아티였다. 톨리아티는 1944년 3월 말에 망명지인 모스크바에서 이탈리아로 돌아온 뒤 모든 반파시즘 세력에 대해 파시즘을 무너뜨리기 위해 우선 단결해야 하고 국가 구성 문제는 전쟁 종결 때까지 미루기로 하며, 그 후에 제헌의회를 소집함으로써 해결할 것을 제안하면서 바돌리오 정부에 참여할 것을 촉구했다.

이와 같은 톨리아티 제안은 노동자계급 대표가 참가하는 민주연합 정부 수립의 길과 민주연합 정부와 민족해방위원회 사이에 협력을 구축하는 길을 열게 되었다. 파르티잔 전쟁을 널리 발전시켰고 전국적 봉기를 준비하기 위한 정치적 전제가 마련되었다. 저항운동에 참가한 부르주아 정당도 전국적 봉기 구상에 연대하지 않을 이유가 없었다(The USSR Academy of Sciences 1985, 667~668).

1944년 6월 로마가 해방된 이후, 저항운동을 전개했던 주요 정당 지도자들은 바돌리오를 물러나게 했고, 민주노동당 대표인 이바노에 보노미를 중심으로 연합을 결성했다. 이것은 사실상 쿠데타나 다름없었다. 그리고 그것은 반파시스트 세력의 자신감을 나타내는 것이기도 했다(듀건 2001, 343~344).

이탈리아에서 거행된 반파시즘 봉기 구상은 처음에는 국지적 성격을 갖는 일련의 봉기로 실현되었고, 이어진 저항운동의 종결 단계에서는 전국적 규모의 봉기로 실현되었다. 파르티잔과 애국행동그룹GAP, 애국행동대SAP가 봉기를 성공으로 이끌었고, 1944년 여름과 가을 토스카나와 에밀리아 일부의 해방에 크게 이바지했다. 이 무렵, 독일군 점령 지역에 민족해방위원회의 통제를 받는 파르티잔 해방구 — '공화국' — 가 출현했다.

1944년 11월, 이탈리아에 진주한 영국·미국 군사령관은 파르티잔 부대 해산을 요구했으나, 이 요구는 거부되었다. 파르티잔은 부대를 유지한 채, 봉기 준비를 계속했다. 그렇게 전국적 봉기 준비를 위한 최종단계의 강력한 기반이 창출되었으며, 봉기 계획은 구체적으로 수립되었다. 1945년 4월 24일, 정치적 총파업이 시작되었으며, 25일에는 전국적인 봉기로 발전했다. 이 봉기에서 주도적 역할을 수행한 것은 노동자계급이었다. 북부 공업 중심지의 공장들을 노동자들이 점거했고, 그곳은 봉기자들의 거점이 되었다. 무장한 노동자 부대는 나치스에 대항한 시가전에 참가했는데, 노동자들은 파르티잔의 중핵을 이루었다. 봉기가 진전되면서 토리노, 제노바, 밀라노, 볼로냐를 포함한 100개 이상의 도시가 해방되었다. 당시 봉기 행동에 참가한 사람은 25만 명에 이르는 파르티잔 부대였다(Longo 1947, 428; The USSR Academy of Sciences 1985, 670에서 재인용).

봉기가 진행되면서 '사회 공화국'은 타도되었고, 무솔리니는 자유의용군 총사령부의 판결에 따라 총살되었다. 이탈리아 전 국토가 히틀러 군에서 해방되었다. 해방구에서는 권력이 민족해방위원회의 손으로 넘어갔다. 노동자들이 점거한 공장에서는 1945년 4월 25일 북이탈리아 민족해방위원회 포고에 따라 노동자관리평의회가 설치되었다. 행정 기구에서는 파시스트 분자들이 추방되었다. 저항운동의 가장 중요한 정치·사회적 목표인 공화국 선언과 민주헌법 채택은 그 뒤에 이어진 정치투쟁을 통해 이루어졌다(The USSR Academy of Sciences 1985, 670).

# 3. 일본

일본 제국주의는 전쟁을 준비하면서 군국주의 파시스트 정권을 수립했고, 부르주아 민주주의 요소를 폐지했다. 일본 국내에서는 모든 정당과 노동조합의 활동이 불법화되었다. 1940년에는 고노에 내각이 노동조합을 해산시켜 대부분의 노동조합원을 '산업보국회'에 가입하게 만들었다. 산업보국회는 노동자들을 군수생산에 강제로 동원함으로써 자본가의 착취를 담보하는 노예노동 조직이었다(시오다 1985, 89). 모든 정당 — 부르주아 정당인 정우회政友會와 민정당으로부터 사회대중당에 이르기까지 — 은 스스로 해산해 '대정익찬회'大政翼贊會에 참가했다. 천황주의적 파쇼독재가 일본을 지배하게 된 것이다. 1941년에는 태평양전쟁이 발발했다.

대부분의 노동조합 간부는 노동운동 일선에서 물러났으며 일부 활동가들은 투옥되었고, 몇몇 노동조합 지도자들은 '익찬' 운동에 합류했다. 이런 상황에서 노동자들에 대한 착취와 통제가 극심하게 행해졌다.

착취 제도에 대한 노동자의 자연발생적 저항이 계속되었는데, 지각이나 조퇴, 무단결근, 작업 기피, 불량품 생산, 그리고 사보타주 따위가 그것이었다. 일본에서는 1941~1944년까지 노동쟁의가 1,303건 발생했고, 5만3천 명 이상이 참가했다(大原社會問題研究所 1965, 14~15; The USSR Academy of Sciences 1985, 698에서 재인용). 이 시기에 일어난 주요 노동쟁의는 1942년과 1943년의 해군 관리 공장의 이케가이 철공소, 고베의 가와사키 중공업 제철공장, 도쿄의 히다치 제작소 등에서 일어난 것이었다.

1942년 이후 일본은 전선에서 더 이상 진격하지 못했다. 미국과 영국이 차츰 태평양에서 벌어진 군사작전에 참가했다. 일본 침략자에 저항하는 민족해방운동도 더욱 적극적으로 전개되었다. 도조 히데키 총리는 1943년 9

월과 1944년 2월에 두 차례에 걸쳐 내각을 개편했으나 결국 1944년 7월에
는 사임했다. 이전에 해체되었던 주요 정당 대표들로 구성된 고이소 구니아
키 정부가 들어섰다. 일본은 가능한 모든 방법을 동원해 전쟁을 지연시키려
했고, 미국과 그리고 영국과도 평화협정을 체결하려 했다.

1945년 4월 소련이 일본의 고의적인 조약 위반으로 중립국 조약을 폐기
하자, 고이소 구니아키 내각은 사임했고, 그 뒤를 이어 스즈키 간타로 내각
이 들어섰으나 정책에서 어떤 실질적 변화도 가져오지 못했다. 파시스트 독
일이 패배한 이후, 일본과 교전 중이던 열강들이 일본의 무조건 항복을 요구
했으나, 일본 정부는 이를 거절했다. 1945년 8월 9일 일본과 교전에 들어간
소련 군대가 만주에서 일본 관동군을 패배시킨 뒤, 비로소 일본은 군사작전
을 중지하고 1945년 9월 2일 무조건 항복 조약에 서명했다(Alexandrov
1986, 676).


## 4. 헝가리

제2차 세계대전이 발발하기 이전에 헝가리에서는 미클로시 호르티가 섭정
역할을 하는 파시스트 정권이 구축되어 있었다. 헝가리는 파시스트 진영에
가담했다. 1940년 8월, 독일의 도움을 받아 헝가리는 루마니아 영토에 속해
있던 트란실바니아 북부를 할양받게 되었다. 이런 상황을 배경으로 1940년
11월 20일 헝가리는 추축국 협약에 참가했다. 1941년 4월 히틀러가 유고슬
라비아를 침공하자 헝가리도 유고슬라비아를 공격했고, 1941년 6월 헝가
리는 독일에 발맞추어 대소련 전쟁에 참가했다. 전쟁 기간에 헝가리의 파시
스트 정권은 민주주의적 제도와 질서를 무너뜨리고 반파시즘 세력에 대한

강력한 탄압 조치를 시행했다. 반파시즘 세력들은 해체되거나 불법화되었다. 공산당은 '평화당'이라는 이름으로 사실상 존속했다(Alexandrov 1986, 654~655).

그런데도 헝가리에서는 독일 지배에서의 해방과 반파시즘을 위한 저항 운동이 지속되었다. 섭정 호르티는 추축국의 승리에 대해 회의를 갖게 되었고, 서유럽 국가들의 환심을 사기 위한 방편으로 1942년 3월 라슬로 바르도시 내각을 물러나게 했다. 후임 미클로시 칼라이 내각은 2년 동안에 상실한 근거지를 회복하기 위해 독자적인 정책을 시행했다. 유태인 보호 정책, 반히틀러, 반공산당 운동에 대해 자유를 허용하는 정책을 폈다. 서유럽 쪽과 비밀리에 무조건 항복에 동의하는 협정을 체결했다. 그런 가운데 1943년 1월 이미 헝가리는 보로네즈 전투에서 대패해 군대의 절반 이상을 잃게 되었다(이정희 2005, 422).

이와 같은 정세 변화에 따라 반파시즘 운동은 활력을 되찾았다. 헝가리의 부르주아층 내부에서도 파시스트 동맹에서 탈퇴해 영국·미국과 독자적인 협정을 맺으려는 노력이 점점 커졌다.

이런 상황에 직면한 독일군은 1944년 3월 19일 헝가리 정부의 요청이라는 형식을 빌려 헝가리를 점령하고 사회민주당, 연합군에 동조한 정치가, 그리고 반나치스 지도자들을 체포했다. 히틀러 독일군은 유태인 45만 명을 아우슈비츠 강제수용소에 감금했다.

독일군이 헝가리를 점령하고 있는 상황에서도 반파시즘 운동은 계속해서 세력을 넓혀 나갔다. 불법화된 공산당 주도로 1944년 5월 평화당, 사회민주당, 독립소농당, 화살십자연합Arrow Cross Union으로 구성된 '헝가리통일전선'이 결성되었다. 1944년 9월, 평화당은 공산당으로 다시 이름을 바꾸었다.

1944년 8월 동부전선에서 독일이 패배하자, 호르티는 연합국 측에 휴전을 제안했다. 헝가리의 제안에 대해 연합국 측 대답은 한 가지였다. 즉, 헝가리는 이제 국경선 너머 상주해 있는 소련군의 지시에 따라야 한다는 것이었다. 소련군이 헝가리에 진입한 뒤, 파르티잔 부대들이 여러 곳에서 형성되어 파시스트 군대로부터 헝가리를 해방하기 위한 투쟁에 가담했다. 해방된 지역에서는 인민민주주의 세력들이 정권을 장악했다. 1944년 12월 2일에는 공산당을 비롯해 사회민주당, 독립소농당, 부르주아민주주의당, 민족농민당, 그리고 노동조합 등의 대중조직을 포괄하는 '헝가리민족독립전선'이 결성되었다. 1944년 12월 23일 민주 헝가리 임시정부가 수립되었다. 그리하여 헝가리에 인민민주주의 권력을 위한 토대가 구축되었고, 소련, 영국, 미국과 사이에 정전협정이 체결되었다. 1945년 11월 선거를 실시해 연립 정부가 구성되었고, 1946년 2월 1일 국체를 공화국으로 공포했다(Alexandrov 1986, 655).

## 5. 루마니아

1939년 9월 제2차 세계대전이 발발했을 때, 카롤 2세가 처음에는 중립적인 태도를 취했으나 프랑스가 항복하고 난 뒤 루마니아는 나치 독일의 동맹국이 되었다. 카롤 2세는 1940년 대외적으로 독일의 압력에 못 이겨 트란실바니아를 헝가리에, 베사라비아와 북부 부코비나를 러시아에, 남부 도브루자를 불가리아에 각각 이양해야만 했다. 이 때문에 카롤 2세의 위신은 크게 추락했고, 1940년 9월 6일 카롤 2세는 그의 아들 미하이에게 왕위를 물려주고 루마니아를 떠났다. 미하이 황태자가 왕위를 계승했으나 실권은 군부와 이온 안토네스쿠가 장악해 군사 파시스트 독재가 확립되었다. 1940년

11월 23일 루마니아는 베를린-로마-도쿄 3자 협약에 조인했다.

히틀러가 1941년 6월 22일 러시아를 침공했을 때, 루마니아군도 곧이어 소련 영토를 침범했다. 루마니아군은 처음에 베사라비아를 쉽게 탈환했고, 오데사의 큰 항구를 점령했다. 그러나 크리미아 정복과 세바스토폴 요새에 대한 공격에서 루마니아군은 엄청난 희생을 치러야만 했다. 1942년 여름, 스탈린그라드 공격 때 루마니아군이 당한 참패는 매우 큰 피해를 안겼다.

파시스트 체제 탄압이 혹독하게 시행되고 전쟁이 막바지에 접어든 가운데 반파시즘 투쟁은 끈질기게 전개되었다. 1943년 6월, 공산당, 농민전선, 민족농민당, 그리고 그 밖의 조직들로 구성된 반히틀러 애국전선이 설립되었다. 파르티잔 부대도 활동을 전개했다.

1944년 4월 초에 소련군은 루마니아에 진입했다. 1944년 5월 1일, 공산당과 사회민주당 사이에 노동자통일전선 수립에 관한 협정이 이루어졌다. 1944년 6월 20일, 공산당, 사회당, 민족차르당, 민족자유당이 민족민주동맹을 수립하기로 결정했다. 이 무렵, 공산당은 무장봉기를 위한 준비를 거의 마무리하고 있었다. 무장봉기는 1944년 8월 23일 부쿠레슈티에서 시작되었다. 봉기군은 신속하게 수도의 요충 지대를 장악하고 안토네스쿠와 측근들을 체포했다. 루마니아는 파시스트 진영에서 탈퇴하고 반히틀러 연합과 동맹을 맺는다고 발표했다. 1944년 9월 12일 소련과 루마니아 사이의 정전협정이 모스크바에서 조인되었다.

8월에 거행된 무장봉기는 루마니아 인민민주주의혁명의 출발점이었다. 그러나 초기에는 부르주아지가 정부의 구성과 운용을 주도했다. 정부에 참여하고 있던 진보 세력은 부르주아 진영의 반동정치 실체를 폭로하고, 부르주아민주주의혁명 완수를 요구했다. 이에 호응해 인민대중이 인민민주주의 정부 수립을 위해 궐기했다. 시위대는 라데스쿠 부르주아 정부 퇴진과 민족민주전선 정부 수립을 요구했다. 정부는 시위 진압 명령을 내렸고, 경찰이 발포해 많은 사람이 죽거나 다쳤다. 1945년 3월 6일 드디어 농민전선 지도자 페트루 그로자를 수반으로 하는 민족민주전선 정부가 수립되었다. 루마니아에 인민민주주의 정권이 들어섰다(Alexandrov 1986, 653~654).


## 6. 불가리아

1940년 가을 독일군이 불가리아를 점령한 뒤, 유고슬라비아와 그리스를 공격했다. 불가리아 지배층은 독일과 동맹을 맺음으로써 마케도니아와 에게 해로 나가는 출구 지역 영토를 할양받을 수 있을 것이라는 희망을 가졌다. 1941년 3월 1일 불가리아는 파시스트 동맹에 참가했고, 독일군이 불가리아 영토에 진입했다. 불가리아 지배층의 희망과는 달리 독일이 불가리아를 직접 지배하려는 의도를 드러내자, 불가리아 내에서 대중적 무장저항이 본격적으로 시작되었다(이정희 2005, 450).

1941년 6월 24일, 불가리아 노동당은 불가리아 인민들에게 독일 침략자들과 그 앞잡이들에 대한 무장투쟁 전개를 호소했다. 1941년 6월 말, 라즐로그 지역에서 최초의 파르티잔 부대가 출현했다. 곧이어 다른 여러 지역에서 파르티잔 부대들이 형성되었다. 1942년 중반부터 노동당은 '조국전선' 구축에 착수했다.

1942년 7월 17일, 코민테른에서 활동하고 있던 게오르기 디미트로프 주도로 불가리아 노동당 중앙위원회 사무국이 강령을 작성해 발표했다. 강령은 히틀러 지배와 군국주의 파시스트 독재에서 해방 쟁취, 반파시즘 연합에 참가, 인민정부 수립 등을 주요 목표로 내세웠다. 조국전선위원회가 불가리아 여러 곳에서 구성되기 시작했다.

1943년부터 시작된 연합국 군대의 공중 공격이 파르티잔 활동을 크게 도왔다. 1943년 3~4월 사이에 파르티잔 부대들은 총사령부를 설치한 '인민 해방군'에 통합되었다. 불가리아에 군사작전 지역으로 12곳이 설정되었다. 파르티잔 여단 11개와 파르티잔 부대 37개가 작전을 수행했다. 지역 전투부대를 모두 합쳐 파르티잔에 참가한 사람 수는 3만5천 명을 넘었다(Alexandrov 1986, 656).

1943년 8월에는 불가리아 노동당, 사회민주당 좌파, 그리고 정당에 소속되어 있지 않은 인민 대표들을 포괄하는 조국전선이 형성되었다. 조국전선을 중심으로 불가리아의 모든 반파시즘 세력의 통일은 큰 진전을 보게 되었다. 1944년 여름, 소련군이 발칸반도에 진입하고 연합군이 합동 공격을 펴자, 불가리아 파시스트 정부는 연합국 측에 평화조약 체결을 선언했다. 그러나 1944년 9월 5일 소련은 불가리아에 대해 선전포고를 하고 불가리아 국경을 넘어 진군했다.

1944년 9월 8일 밤, 무장봉기가 소피아에서 시작되었으며, 9월 9일에는 조국전선 정부가 수립되었다. 임시정부는 쥬웨노 인민연맹의 키몬 게오르기에프를 수반으로 해 노동당 4명, 농민동맹 4명, 쥬웨노 인민연맹 4명, 사회민주당 2명, 무소속 2명으로 내각을 구성했다.

정부는 모든 영역에서 광범위한 민주개혁을 추진했다. 1944년 9월 28일 정부는 모스크바에서 소련·영국·미국과 사이에 정전협정에 조인했다. 불가리아 인민은 반파시즘 투쟁을 통해 파시스트 진영을 패배시키는 데 큰 기여를 했다(Alexandrov 1986, 657).

# 6장

# 반파시즘 연합국가와
# 유럽 중립국의
# 노동자계급 저항 투쟁

전쟁 기간 중 미국이 보인 행동 ― 해외에서 벌인 군사행동,

자국의 소수자들에 대한 처우 ― 은 '인민의 전쟁'에 부합하는 것이었을까?

이 나라의 전시 정책은 생명과 자유와 행복의 추구라는

전 세계 보통 사람들의 권리를 존중한 것일까?

또 전후의 미국은 국내와 해외 정책에서

이른바 이 전쟁이 지키기 위해 싸웠던 가치들을 몸소 보여 주었을까?

이러한 질문들은 생각해 볼 만하다.

제2차 세계대전 당시에는 전쟁의 열기로 가득 찬 분위기 때문에

이러한 질문을 던질 수 없었다.

_하워드 진(Zinn 2005, 408)

## 1. 반파시즘 연합국가 노동자계급의 저항과 투쟁

제2차 세계대전이 진행되는 과정에서 미국과 영국은 소련과 연합하지 않을 수 없었다. 미국과 영국은 소련과 함께 공통의 위험한 적과 맞서 있었고, 이 싸움에서 이기기 위해서는 소련 군대의 참가를 필요로 했기 때문이었다. 그러나 자국의 이익에 충실하면서 반공주의를 견지해 온 자본주의 열강의 지배층은 파시스트 블록 국가들에 대한 적극적인 행동을 취하지 않은 채, 전쟁 말기까지 힘을 비축하고자 했다. 왜냐하면 그들은 소련과 독일이 전쟁에서 모든 역량을 소진하게 됨으로써 전후 세계 재편성에서 자신들의 구상을 실현할 수 있을 것으로 보았기 때문이었다.

전쟁 시기 영국과 미국에서는 노동·자본 관계에 대한 엄격한 국가의 규제조치가 채택되었다. 1940년 6월, 영국에서는 사용자단체와 노동조합 대표가 참가하는 전국합동자문위원회가 설치되었는데, 이 위원회는 교섭을 통한 분쟁해결 협정을 작성했다. 교섭이 성공하지 못했을 경우에는 분쟁이 신설되는 전국중재재판소로 넘겨지게 되었다. 이와 함께 1305호 정령政令이 발표되었는데, 이에 따라 파업과 직장폐쇄는 위법으로 규정되었다(Calder 1969, 115~116; The USSR Academy of Sciences 1985, 680에서 재인용).

미국에서는 1941년 12월 17~23일 워싱턴에서 열린 노동조합 대표와 사용자 대표의 전국회의에서 양측의 상호 의무가 채택되었다. 즉, 노동자는 스스로 파업을 피해야 하며 사용자는 직장폐쇄를 선언하지 않고, 발생하는 분쟁은 교섭으로 해결한다는 것이었다. 1942년 1월 12일에는 전시노동관리국이 설치되었고, 이 기관에 강제중재 기능이 부과되었다.

이런 대책들은 반히틀러 연합국가들의 군사력 증강을 촉진했다. 기업가들은 국가의 발주에 따라 보장되는 군수경기를 이용해 막대한 이익을 획득할 수 있었다. 미국의 경우, 1940~1945년의 연평균 이윤(세금 공제 후)은 약 87억 달러였다(1936~1939년의 연평균 이윤은 33억 달러)(*The Economic Almanac 1960*, 1960, 418; The USSR Academy of Sciences 1985, 681에서 재인용).

## 영국

제2차 세계대전 초기에 영국에서는 파시스트 독일에 대해 유화정책을 폈던 체임벌린 보수당 정부가 집권하고 있었다. 그래서 영국 정부는 파시스트 침략자와 싸우기 위한 적극적인 군사 조치를 취하지 않았다.

전쟁이 발발했을 때, 영국 노동자계급은 파시스트 침략자에 대항해 벌이는 공통의 투쟁에 영국군도 함께 참가할 것을 촉구했으며, 체임벌린 정부의 퇴진을 호소했다.

1940년 5월 11일, 보수당의 처칠을 수반으로 하는 신정부가 구성되었는데, 내각에는 자유당과 노동당 소속 사람들도 포함되었다. 처칠은 독일이 프랑스를 점령하기만 하면, 그다음으로 영국에 대해 공격을 가할 것이라고 판단했다. 이런 판단에 따라 영국 정부는 1940년 5월 의회에서 비상대권에 관한 법률을 채택했고, 국가 방위대의 구성에 착수했다. 또 경제를 전시체제로 개편하고 병력을 증강하는 조치를 취했다(Alexandrov 1986, 635).

영국 노동자계급은 독일 파시스트에 대항하기 위한 병력 동원 방침에 찬성했고, 히틀러의 음모에 지지를 보냈던 반동적 정치인의 축출을 요구했다. 또 '뮌헨 협정 지지자들은 물러가라'는 슬로건을 앞세웠다.

일반 국민들 사이에서 반파시즘 투쟁을 지지하는 분위기가 고조되면서 독일 침략이 영국에 대해서도 위협을 초래하고 있다는 인식이 지배층 사이에서도 팽배해지자 영국 정부는 파시스트 독일과 그 동맹국들에 대한 투쟁에서 소련과 협력하지 않을 수 없게 되었다. 1941년 6월 22일 파시스트 군대가 소련을 공격하던 날, 처칠은 영국은 독일에 대응하는 전쟁에서 소련과 협력한다고 발표했다. 그다음 날인 6월 23일에는 런던, 맨체스터, 브리스틀 등에서 집회가 열렸는데, 이 집회에서는 영국공산당과 사회단체 대표들이 파시즘의 완전한 폐절을 달성하려면 영국과 소련 사이에 밀접한 동맹을 체결해야 한다고 강조했다. 이와 같은 정황을 배경으로 1941년 10월에는 영국과 소련의 노동조합 사이에서 '영국-소련노동조합위원회'가 설립되었다.

독일과 소련 전쟁에서 소련을 돕는 가장 효과적인 방법은 영국과 미국이 군사작전에 전면적으로 참가하는 일이었다. 소련에 대한 지원은 명백하게 성문화된 합의였음에도 불구하고, 실제로는 1942년에도 1943년에도 실현되지 않았다. 스탈린그라드 전투가 행해진 뒤에는 처칠이 1942년 10월에 작성한 비밀 각서에서 '러시아 야만성'에 대항하는 통일 유럽 건설에 관한 구상을 제시했다. 이런 가운데 런던을 비롯한 여러 도시에서 제2전선[1] 개설을 요구하는 대중집회가 열렸다. 노동조합 활동가, 현장위원, 노동조합 하부 조직들이 각지에서 제2전선 개설 요구를 지지했다. 그러나 정부와 의회는 동맹국으로서 의무 이행을 하지 않았다. 더욱이 영국-소련노동조합위원회의 영국 대표들도 조속한 제2전선 개설을 촉구하는 결의안 채택을 거부했다(Alexandrov 1986, 637~638).

이와 같은 상황에서도 제2전선 개설과 소련에 대한 원조 강화를 요구하

---

1_제2차 세계대전에서 1941년 6월 독일군의 전격전에 직면한 소련군이 강력한 독일군의 세력을 분산시키기 위해 미국과 영국 측에 대해 유럽에 제2전선을 펴줄 것을 요구했다. 미국과 영국은 다른 지역의 작전 때문에 그것을 즉시 실행하지 못했다. 그러나 1944년 6월에는 노르망디에 상륙함으로써 유럽에 제2전선을 설치하게 되었고, 동부전선의 소련군과 협동해 독일을 협공했다.

는 노동자와 인민대중의 활발한 투쟁은 지배층에 대해 강력한 압력으로 작용했다. 또 소련군이 획득한 승리는 광범한 대중들 사이에서 소련에 대한 관심과 공감을 불러일으켰으며, 영국 노동운동과 진보 세력의 권위를 높였다. 영국 정부는 1942년 8월에 영국공산당 기관지『데일리 워커』*The Daily Worker*에 대한 정간 조치를 철회했다. 당시 이 신문의 발행 부수는 대략 10만 부였다. 1943년에는 영국노동조합회의 총평의회도 공산당원이 노동조합의 지도적 지위에 선출되는 것을 금지한 결정을 철회했다(The USSR Academy of Sciences 1985, 682).

1944년 10월에 열린 영국공산당 제7회 대회는 광범한 민주주의적 개혁에 관한 강령을 제기했고, 또 노동당, 자유당, 협동조합, 공산당, 그리고 그 밖의 다른 진보적인 조직들로 구성되는 단일한 통일전선을 구축해 차기 의회 선거에서 보수당을 누르고 승리를 이룩하자고 제안했다. 이런 강령은 노동자와 근로인민 계층의 광범한 공감을 불러일으켰다. 그러나 노동당의 우익 지도자들은 이와 같은 강령과 제안을 받아들이지 않았다.

1945년 7월 선거에서 노동당은 무려 394개 의석을 획득해 압도적인 승리를 거두었고, 클레멘트 애틀리를 정부 수반으로 하는 내각을 구성했다. 노동당 정부는 잉글랜드 은행, 유·무선 통신 조직, 민간항공, 석탄 광산을 사회화했다. 또 국내 주요 운수산업과 전력 공급의 사회화 법안을 제출했으며, 가스와 그 밖의 산업에 관한 법안들을 공포했고, 철강업의 사회화는 연기되기는 했으나 제외된 것은 아니었다. 그리고 정부는 자본주의 방식으로 경영하는 많은 산업에 대해 여러 가지 형태의 통제를 수행하는 관청을 설치했다. 그뿐만 아니라 농업의 통제와 개발, 도시와 지방의 개발 계획에 관한 포괄적인 법안들을 제출했고, 국민보건 업무를 확립하는 주요 법안을 채택했다(Cole 1947, 465~466).

## 미국

미국의 인민대중도 파시스트 진영과 맞서는 전쟁에 미국이 적극적으로 참여하기를 기대했다. 사실상 미국의 지배층은 전쟁 참여의 불가피성을 분명하게 인식하고 있었으나, 단지 유럽 열강들의 군사적인 충돌로부터 최대 이익을 획득하기 위해 그 시기를 저울질하고 있었을 따름이었다. 전쟁이 발발한 뒤로 미국 독점기업들은 무기와 전쟁 물자의 무역을 통해 막대한 이익을 얻을 수 있었다. 그 결과, 미국의 산업과 농업은 빠르게 발달해 장기에 걸친 공황과 불경기에서 벗어날 수 있었다. 생산과 자본이 더욱 집적·집중되었고, 국가독점자본주의의 경제적 토대는 점점 더 강화되었다(Alexandrov 1986, 638~639).

1940년 12월 5일에 실시된 대통령 선거에서 프랭클린 루스벨트가 당선되었는데, 그는 1933년 이후 계속 대통령직을 유지해 왔다. 세 번째 대통령에 취임한 그가 취한 조치 가운데 하나는 1941년 3월 11일 의회가 승인한 무기대여법 시행이었다. 이에 따라 미국은 상당한 양의 군수물자를 연합국측에 공급했다.

1941년 6월 23일, 미국공산당은 소련의 독일 파시스트에 대한 전쟁 참여로 제2차 세계대전은 정당한 반파시즘 전쟁으로 전화되었다고 선언하고, 무기대여법을 소련에까지 확대할 것을 요구했다. 그다음 날인 6월 24일 루스벨트 대통령은 소련의 대독일 전쟁을 지원하겠다고 밝혔다.

한편, 전국의 여러 도시에서 소련과 연대를 요구하는 집회가 열렸다. 10월 27일 뉴욕에서 열린 집회에는 시민 6만 명이 참가했다. 또 많은 전국 단위 노동조합은 소련에 대한 무기 원조를 찬성한다고 표명했다. 1941년 12월 7일 드디어 무기대여법이 소련에까지 확대되었다.

1941년 말과 1942년에는 제2전선의 즉시 개설을 요구하는 운동이 큰 규모로 일어났다. 서유럽에서 군사행동의 개시를 요구하는 결의가 채택된데 영향을 받아, 미국에서도 많은 도시의 노동조합 협의회와 몇몇 산업별 노동조합들이 제2전선 개설을 요구했다. 노동조합원 50만 명을 포괄하는 전국자동차산업노동조합은 제2전선 개설을 미국과 영국 정부에 호소했다(The USSR Academy of Sciences 1985, 683).

1941년 12월 7일 일본이 진주만 공습을 감행하고, 이에 대응해 미국이 제2차 세계대전에 본격적으로 참가하면서 일반 징집령이 발표되었고, 군수산업 발전을 위한 조치가 취해졌다. 1940~1945년까지 전쟁 물자 조달에 2,921억 달러가 배정되었다. 군수산업이 크게 확장됨으로써 미국 내에서 산업 붐이 일기 시작했다. 이와 같은 경기 호황은 독점체에 거대한 이익을 가져다주었다.

미국은 1940년 봄부터 군사력 증강을 급속도로 추진했으며, 전쟁이 가장 치열했던 시기에 미국의 육군은 1,500만 명, 공군 240만 명, 해군 340만 명에 이르렀다. 제2차 세계대전을 치루는 동안에 미국은 대략 비행기 30만대, 탱크 8만6천 대, 대포와 기관총 270만 문, 상륙용 주정 6만5천 척, 상선 5,400척, 군함 6,500척을 생산했다. 또 미국은 강력한 공군과 해군을 지원하기 위해 육군 89개 사단을 전선에 투입했다(시바쵸프·냐츠코프 1989, 161)

이런 상황에서 미국 내에서는 애국심과 전쟁 승리를 위한 전면적 헌신분위기가 한껏 고조되고 있었으며, 미국노동총연맹과 산업별노동조합회의가 무파업 선언을 한 상태에서도 노동자들의 파업은 결코 멈추지 않았다. 전쟁 기간에 1만4천 건의 파업이 일어나 노동자 677만 명이 파업에 참가했는데, 이와 같은 파업 실태는 미국 역사상 어떤 시기보다 많은 수치였다. 1944년에만도 광산, 철강, 자동차, 운송설비 산업에서 노동자 100만 명이 파업을 벌였다(Zinn 2005, 417).

미국 의회는 파업운동이 고양되는 것을 방지하기 위해 '전시 중 노사 분쟁 규제에 관한 법률'(스미스-코넬리 법Smith-Connally Act)을 채택했다. 이 법안은 대통령에게 모든 종류의 파업이나 공장폐쇄를 금지시킬 권한을 부여했다.

1944년 12월에 미국에서 대통령 선거와 의회 선거가 실시되었는데, 루스벨트가 네 번째로 대통령에 당선되었다. 루스벨트의 선출은 미국 인민의 광범위한 층이 파시스트 침략자들을 패퇴시키려는 그의 정책을 승인했다는 사실을 반증하는 것이었다. 1945년 4월, 루스벨트 대통령이 사망한 후 부통령 해리 트루먼이 대통령 직위를 계승했다.

전쟁 기간에 미국공산당은 반파시즘 동맹 세력을 결집하고 제2차 세계대전에서 연합국 측 참전을 촉구하는 투쟁을 주도했다. 그러나 당시 미국공산당 사무총장 얼 브로더는 자본주의의 '특유성' 논리를 내세우며 공개적으로 마르크스-레닌주의의 수정을 주장했다. 그는 이런 주장에서 출발해 프롤레타리아트의 혁명적 계급 조직으로서 미국공산당은 해산되어야 한다고 제안했다. 1944년 5월에 제12차 당대회에서 브로더와 그의 지지자들은 공산당 해산을 결정했다. 그러나 1945년 7월 제13차 임시총회에서 공산당은 재건되었다. 재건된 공산당은 윌리엄 포스터와 유진 데니스가 이끌게 되었다 (Alexandrov 1986, 641).


## 캐나다

1939년 9월 10일, 영국연방 캐나다는 영국과 그 동맹국 측에 서서 제2차 세계대전에 참가했다. 당시 캐나다는 맥킨지 킹을 수반으로 한 자유당 정부가 집권하고 있었는데, 그다음 해인 1940년 3월에 실시된 선거에서도 승리를 거두어 계속 집권하게 되었다. 전쟁 초기부터 캐나다는 영국에 원료, 식료품, 무기, 지원병 따위를 제공했고, 무기와 군수품에 대한 수요는 캐나다 경제의 급속한 성장을 가져왔다.

전쟁 기간에 캐나다에서 차지하는 영국 자본의 위상은 상당히 약화되었고, 이와 동시에 미국 자본의 투자는 증가되었다. 1945년 당시 캐나다에 대한 미국의 투자액은 모든 외국자본의 70.2퍼센트에 이르렀다. 대외정책에서도 미국에 대한 의존도가 점점 더 커졌다. 1940년에 캐나다는 미국과 북아메리카 공동방위에 관한 협정을 체결했고, 1941년에는 경제협력에 관한 협정을 체결했다(Alexandrov 1986, 642).

노동조합운동은 캐나다의 참전에 동의했는데, 이것은 캐나다에서 조성된 반파시즘 분위기에 따른 방침이었다. 노동조합은 스스로 파업을 자제할 것을 선언했으며, 노동자는 파시즘에 대한 승리를 위해 일정한 희생을 치를 수 있다고 밝혔다. 그러나 이것은 제1차 세계대전 시기와 같이 전쟁 투기자나 기업가의 개인 이익을 위한 것이 결코 아니라는 사실을 강조했다.

노동조합으로서는 정부가 단결권, 단체교섭권, 단체행동권에 대한 노동조합의 요구를 충분히 고려하고, 기업가들은 노동조합 활동에 개입한다든지 어용 노동조합을 만든다든지 하는 행위를 하지 않기를 기대했다. 이와 함께 노동운동은 사회보장 실시 요구를 내세웠다. 그러나 캐나다의 지배 세력과 기업가들은 노동자들의 애국적 감정에만 호소하면서 노동조합의 요구에 대해서는 큰 관심을 보이지 않았다(The USSR Academy of Sciences 1985, 684).

정부는 엄격한 임금통제 정책을 시행했는데, 이것은 노동자계급의 강한 반발을 불러일으켰다. 노동조합은 정부의 반노동자 정책에 대항하기 위해서는 파업에 호소하지 않을 수 없었다. 1940~1945년 사이에 파업은 1,300건 이상 발생했다. 그러나 노동자들은 파업을 벌이기는 했으나, 작업 중단을 최소화하기 위해 노력했다. 파업이 가장 활발하게 일어났던 1942~1943년의 경우에 파업의 약 80퍼센트는 5일 이내의 단기간에 마무리되었다(*Canada, 1918~1945*, 1976, 420; The USSR Academy of Sciences 1985, 684에서 재인용).

노동조합운동이 고양(1945년에 이르러 노동조합원의 수는 72만4천 명으로 증가했다)되고 노동자투쟁이 공격적 성격을 띠게 되면서, 정부는 1944년 2월 '전시 노동관계법'을 채택했다. 이 법률은 노동조합 결성에 관한 권리를 명기했고, 단체협약 제도를 인정했다. 전쟁 기간에 캐나다 노동자의 계급·정치적 의식은 높아졌다. 노동조합운동은 캐나다의 전통인 '비정치주의'를 폐기하는 중대한 변화를 나타냈다. 노동운동의 정치 세력화는 사회민주주의 노선을 표방하는 '협동연방당'의 영향력 증대를 가져왔다.

1942년 '캐나다노동회의' 대회는 물질적 원조를 포함해 협동연방당을 지지하기로 선언했다. 협동연방당은 정당들 가운데 제3당의 위치를 확보했으며, 1944년의 서스캐처원 주 선거에서 큰 승리를 거두어 북아메리카에서 처음으로 사회민주주의 정부를 구성했다. 1945년의 총선거에서는 협동연방당이 총투표의 15퍼센트를 획득해 연방의회에서도 지위를 강화했다(The USSR Academy of Sciences 1985, 685).

한편, 캐나다공산당은 캐나다의 군사행동을 지지했으며, '총력전에 캐나다를 동원하자'는 슬로건을 내걸었다. 그러나 공산당이 두 교전 집단의 제국주의적인 계획을 비판하자, 캐나다 정부는 공산당과 다른 진보적인 조직들을 불법화했다. 1940년 6월 4일, 많은 공산당원과 노동조합 간부가 체포되어 수용소에 수감되었다. 그런 가운데서도 공산당은 비합법 상태에서 활동을 계속하다가, 1943년 8월에는 '노동진보당'이라는 새로운 명칭으로 합법적인 활동을 전개했다. 1945년에 치러진 연방의회 선거에서는 공산당이

11만 표를 획득했으며, 의회에 처음으로 의석을 확보했다(The USSR Academy of Sciences 1985, 685).


## 오스트레일리아

오스트레일리아는 캐나다와 마찬가지로 영국연방에 속한 반파시즘 동맹의 한 구성이었다. 1939년 9월 3일 오스트레일리아 정부는 독일에 선전포고를 했다. 오스트레일리아의 소규모 무장 부대는 유럽, 중동, 지중해에 파견되어 영국군으로 참가했다. 그러나 태평양에서 전쟁이 발발한 이후, 오스트레일리아는 일본의 침략 위협을 받게 되었고, 이에 따라 오스트레일리아 군대와 항공기들은 싱가포르와 말레시아 지역의 군사작전에 참가했다. 전쟁은 오스트레일리아의 괄목할 만한 경제성장을 가져왔고 영국에 대한 종속을 약화시켰으며, 미국의 영향력 증대를 촉진했다. 독점자본주의가 강화되면서 차츰 국가독점자본주의로 전환했다(Alexandrov 1986, 643~644).

전쟁 초기부터 오스트레일리아의 정치권력은 통일당(1944년에 자유당으로 이름을 바꾸었다)이 장악하고 있었다. 통일당은 대지주, 목장주, 농민당과 협력 체계를 구성했다. 1940년 3월 통일당과 농민당은 연립정부를 구성해 로버트 멘지스를 정부 수반으로 앉혔다. 멘지스 정부는 1940년 6월에 오스트레일리아 공산당의 활동을 금지하기로 결정했다. 노동조합을 비롯해 '전쟁과 파시즘을 반대하는 운동'과 '소비에트연방 우호회' 등이 탄압을 받았다. 공산당은 비합법 상태에서도 다양한 형태의 활동을 전개했다.

1941년 10월 7일, 노동당이 선거에서 승리를 거두어 권력을 장악했다. 노동당 정부는 1942년 12월, 공산당의 활동 금지 조치를 철회했다. 그러나 노동당은 전형적인 개량주의 정책을 추진했으며, 경제에 대한 엄격한 통제를 실시했고 전쟁에 필요한 물자들을 동원했다.

노동자계급은 파시즘에 대항하는 전쟁에서 승리하기 위해 파업투쟁을 자제했다. 공산당은 반동 세력에 대응하기 위해 인민통일전선을 결성하려 했으며, 멘지스 정부의 반민주적인 정책을 비판했다. 이 과정에서 공산당 세력은 강화되었는데, 1940년 당시의 공산당원은 5천 명이었는데, 전쟁 말 기에는 2만 명으로 증가했다. 1943년 3월에 열린 제13차 공산당 대회는 오 스트레일리아 독립의 보존이 국제 파시즘과 국내 반동에 대한 투쟁과 직접 연계되어 있다고 지적했다. 전체적으로 볼 때, 오스트레일리아 인민, 노동 자계급, 공산당을 포함한 진보적 정치 세력은 파시스트 침략자들을 물리친 다는 공동 목적에 이바지했다(Alexandrov 1986, 644).


## 2. 중립국 노동자계급의 저항과 투쟁

### 스웨덴

제2차 세계대전 초기에 스웨덴은 중립을 선언했지만, 부분적으로 징집을 실시했다. 스웨덴의 중립은 전쟁 전반前半에 친독일적인 경향을 보였다. 스 웨덴은 식량, 의류, 전략 물자, 자금, 그리고 항코 반도와 레닌그라드 전선 에 지원병을 파견하는 형태로 독일의 동맹국인 핀란드에 물자와 군수 경제 를 원조했다. 전쟁이 새로운 국면에 접어들면서 스웨덴은 영국, 미국과 관 계를 회복하기 위해 노력했다. 1943년 8월 스웨덴은 독일과 맺은 이행 협정 을 폐기했고, 9월에는 영국, 미국과 각각 무역협정을 체결했다. 그러나 1944년 9월까지 스웨덴은 독일과 무역을 계속했다(Alexandrov 1986, 673).

제2차 세계대전이 진행되는 동안, 스웨덴의 정치 상황을 보면, 파시스트의 활동은 활발히 전개되고 반대로 공산당을 비롯한 진보 세력들에 대한 탄압은 강화되는 특징을 나타냈다. 스웨덴에서는 1939년 12월에 사회민주당과 농민연합당으로 구성되었던 종전의 연립내각 대신, 공산당을 제외한 모든 정당의 대표들로 구성된 '거국' 내각이 수립되었다. 수상에는 사회민주당의 페르 알빈 한손이 유임되었다.

이 정부는 민주적 자유를 제한하는 일련의 비상 법률을 채택했으며, 공산주의자가 노동조합의 지도적 직위에 취임하거나 국가기관에 근무하는 것을 금지했다. 이와는 대조적으로 정부는 파시스트 단체의 활동을 방임했으며, 파시스트의 집회나 회합이 경찰의 보호를 받아가며 열렸다.

스웨덴 정부는 중립 정책을 표방하기는 했으나 독일의 강압적 위협에 밀려 중립 정책을 완화할 수밖에 없었다. 스웨덴은 1940년 여름, 노르웨이 전투가 끝나면서 독일의 제한된 전쟁 물자와 비무장 군인을 수송하는 데 스웨덴 철도를 이용하도록 허가했다. 1941년 독일-소련 전쟁이 발발하자, 스웨덴은 독일의 1개 사단 병력을 노르웨이로부터 북부 스웨덴을 통해 핀란드로 수송하는 것을 허용했다. 정부의 이와 같은 중립 포기 행위는 국민의 강한 반발을 불러일으켰다(변광수 2006, 333).

1942년 가을 이후에는 스웨덴의 철도를 독일군 수송을 위해 사용하는 것에 반대하는 항의 운동이 일어났다. 독일-소련 전쟁 상황이 독일 측에 불리하게 전개되자, 스웨덴 국내에서 반파시즘 여론이 점점 커졌다. 이런 상황에서 정부는 1943년부터 스웨덴 영내에서 노르웨이와 덴마크 저항운동세력을 위한 부대 훈련을 허가했으며, 1944년에는 스칸디나비아 인접 국가들의 저항운동을 위한 무기가 스웨덴을 경유해 비밀리에 수송되었다. 전쟁 기간에 약 20만 명의 외국인이 스웨덴에 망명했는데, 그 가운데는 파시스트 점령군 당국의 잔혹 행위를 피해 온 노르웨이인 4만3천 명과 덴마크인 1만

8천 명도 포함되어 있었다(Torell 1973, 36; The USSR Academy of Sciences 1985, 676에서 재인용).

스웨덴의 사회민주당과 스웨덴노동조합총연맹이 파업 자제 노력을 기울였는데도 스웨덴에서는 전쟁 기간에도 파업운동이 멈추지 않았다. 1939~1944년 사이에 파업과 직장폐쇄에 따라 연평균 약 9만4,800노동일의 노동일의 손실이 발생했다. 1945년 2월에는 노동자 약 13만 명이 참가한 금속노동자 파업이 일어났는데, 이 파업은 약 5개월 동안 전개되었다.

독일-소련 전쟁에서 소련이 우세한 양상을 보이고, 스웨덴 국내에서 반파시즘 운동이 고조됨으로써 1944년 선거에서 공산당은 득표수(31만8,500표, 10.3퍼센트)와 의석수(3석에서 15석으로 증가)에서 큰 증가세를 나타냈다. 이것은 스웨덴 정부의 대내외 정책에 대한 노동자들의 불만을 반영한 결과였다(The USSR Academy of Sciences 1985, 676).


## 스위스

제2차 세계대전이 발발하기 전에 스위스는 이미 중립을 선언했다. 그러나 스위스 정부 당국은 '히틀러를 자극하지 않는다'는 구실을 내세워 스위스 인민들의 법적인 권리들을 제한하는 일련의 조치들을 시행했다. 비상법률이 채택되었고 검열제도가 시행되었으며, 집회와 회합이 금지되는 동시에 정치경찰이 설치되었다. 1940년 11월에는 스위스공산당 활동이 완전 금지되었으며, 공산당원은 자치체 기관에서 축출되었다. 1939년 사회당 좌파가 결성한 '사회주의연맹'은 1941년 해산당했다.

스위스는 국제무대에서 파시스트 진영과 연합국 진영 사이에서 실리를 좇아 책략을 부렸다. 오랫동안 스위스의 지배 집단은 친독일 경향을 보였다. 스위스 기업들은 무기, 전쟁 물자, 자동차, 그 밖의 산업물자들을 독일에 공급했다. 독일은 전력과 100억 프랑 이상의 차관을 스위스로부터 제공받았고, 군대와 물자를 이탈리아까지 또는 이탈리아에서 독일까지 수송하기 위해 스위스 철도를 이용했다. 독일, 이탈리아, 미국, 영국 등의 정보기관이 스위스 영토에서 활동했으며, 전쟁이 끝났을 때, 스위스는 파시스트 전범들의 은신처가 되었다.

1944년 이후에는 스위스 정부가 반파시즘 연합국들과 밀접한 관계를 맺기 시작했다. 1944년 10월, 스위스 정부는 소련에 외교 관계 회복을 제안했으나 거부당했다. 소련과 스위스의 외교 관계는 스위스 정부가 이전의 외교 관계 과오를 인정하고, 스위스에서 파시스트의 포로로 억류되었다가 풀려난 소비에트 시민의 본국 송환에 대한 소련 요구를 수용한 이후인 1946년에야 회복되었다(Alexandrov 1986, 674).

전쟁 기간에 노동자계급을 비롯한 광범한 인민의 불만이 증대되고 제2차 세계대전의 전쟁 국면이 전환됨으로써 스위스의 지배 세력은 정책을 수정하지 않을 수 없었다. 1944년 10월, 공산당과 사회주의연맹의 활동 금지령이 해제되고 반파시즘 운동에 대한 차별과 탄압 조치가 철폐되었다. 1944년 8월 14~15일 사이에 취리히에서 스위스노동당 창립 대회가 열렸는데, 이 당의 주요 핵심을 이룬 세력은 공산당원과 사회당 좌파에 속한 사람들이었다. 스위스 국내 정치 생활에서 일어난 이런 변화는 전쟁 이후 노동운동의 고양을 위한 조건을 형성하게 되었다(The USSR Academy of Sciences 1985, 677).

## 아일랜드

제2차 세계대전 기간에 아일랜드 정부는 중립 정책을 표방했다. 피아나 페일당Fianna Fail(공화당) 지도자들은 아일랜드가 중립 정책을 채택한 이유를 아일랜드 분열의 원흉인 영국이 세계대전에 참전한 것에 대한 아일랜드 국민의 거부에서 제시한다. 이와 같은 정책은 민족적 전통과 직접 관련된 것이고 반反영국의 국민감정을 고려한 것이기는 하지만 제2차 세계대전이 갖는 반파시즘 성격을 무시하는 일이어서, 그것은 아일랜드를 반파시즘 투쟁의 국외자로 만들었다.

이런 가운데서도 전쟁 기간에 아일랜드 노동자계급은 저항 행동을 보였다. 이것은 노동자계급의 경제 상태 악화, 정부의 임금 규제 조치, 노동조합 활동에 대한 국가 개입 등에서 비롯되었다. 1941년에 채택된 임금동결 결정, 노동조합의 강제적 대형화와 등록 의무를 규정한 노동조합법이 노동자 대중의 강한 불만을 불러일으켰다. 더블린과 그 밖의 도시들에서는 가두행진과 집회가 열렸다. 1941년에 열린 아일랜드노동조합회의 특별협의회와 1942년의 연차대회는 정부의 조치에 반대하는 결의를 발표했다.

아일랜드노동당의 정책에서는 기회주의적 경향이 강하게 드러났다. 1940년, 이 당의 지도부는 아일랜드 노동운동의 주요 슬로건이었던 '노동자 공화국'이라는 용어를 삭제했다. 또 노동당과 노동조합 상층 간부들은 중립 준수를 구실로 독일 파시즘 비난 결의 채택을 거부했다.

1945년에는 '순 아일랜드계系' 노동조합 10개가 새로운 영국노동조합회의 창립을 결정했다. 1945년의 노동조합운동 분열은 노동운동의 통일에 큰 타격을 가져왔다. 새로 결성된 아일랜드노동조합회의는 곧바로 정부 정책 지지를 표명했다(*Irish Times*, 1945; The USSR Academy of Sciences 1985, 676에서 재인용).

# 7장
# 아시아 국가 인민의
# 해방 투쟁

중국 인민 앞에는 두 개의 길, 즉 광명의 길과 암흑의 길이 가로놓여 있다. 중국에는 두 개의 운명, 즉 광명의 중국 운명과 암흑의 중국 운명이 있다. 지금 일본 제국주의를 격퇴한다 하더라도 여전히 다음과 같은 두 개의 전도(前途)가 있다. 즉 독립·자유·민주·통일·부강 상태의 중국, 다시 말하면 광명의 중국, 중국인민이 해방된 새로운 중국이냐, 그렇지 않으면 또 하나의 중국, 반식민지·반봉건적인 분열되고 빈약한 중국, 다시 말하면 낡은 중국이냐 하는 것이다. …… 우리는 지금 전국의 인민을 결집시켜 일본 침략자들을 이기기 위해, 또 장차 전국의 인민을 결집시켜 신민주주의 국가를 건설하기 위해 겸손하고 신중하며, 교만함을 경계하고 조급함을 경계하며 성심 성의껏 중국인을 위해 봉사해야 한다. 우리가 이렇게 하기만 하면, 우리에게 올바른 정책이 있기만 하면, 우리가 일치단결해서 노력하기만 하면, 우리의 임무는 반드시 달성될 수 있을 것이다.

_마오쩌둥(마오쩌둥 2007, 271~272)

제2차 세계대전 기간에 아시아의 식민지·종속 국가 인민들은 제국주의적인 착취와 억압으로 혹독한 희생을 치러야만 했다. 제국주의 지배에 대한 저항운동의 전개는 필연적인 것이었다.

아시아에서 파시스트 블록의 주요한 돌격 부대 역할을 담당했던 국가는 일본이었다. 일본군은 중국 동북부, 필리핀, 인도차이나, 말레이시아, 버마, 인도네시아를 점령했고, 침략을 확대해 끊임없이 다른 아시아 국가들을 위협했다. 조선은 1910년 이후 이미 일본 제국주의 강점 상태에 있었고, 인도는 1757년 이후 오랜 기간에 걸쳐 영국의 식민지였다.

식민지·종속 국가 인민들이 전개한 저항운동은 민족해방운동의 성격을 취했으며, 운동의 주요 목표는 제국주의와 점령군을 몰아내고 민족의 독립을 이룩하는 일이었다. 민족 내부에 비록 계급 모순이 존재했다 하더라도, 민족해방운동의 기본 방침은 모든 민족·애국·반제국주의적 세력의 통일전선을 결성하고 강화하는 것이었다. 아시아 국가 인민들의 해방 투쟁 전개를 국가별로 살펴본다.


# 1. 중국

## 산시성山西省총공회, 제5전구戰區총공회 설립과 항일운동

1937년 '7·7 사변' 이후 일본군은 화베이를 침범했고, 산시山西는 항일 전쟁의 전초기지가 되었다. 중국공산당 산시 성 직공운동위원회는 '산시 노동자들은 무장하고, 산시 항전을 고수하라'는 슬로건을 내세웠다. 1937년 10월 12일 산시 성 제1차 노동자대표대회가 열렸으며, 거기서 '산시성총공회'가 결성되었다.

산시성총공회는 세 가지 사업을 주요 목표로 설정했다. 첫째, 노동자 무장 병력을 창설하는 일, 둘째, 기층 노조 조직을 건설하는 일, 셋째, 합법적인 경제투쟁을 전개해 자본가들에게 체불임금과 퇴직금 지불 등을 요구하도록 지도하는 일이 그것이었다. 이와 같은 노동자 조직 건설과 사업 목표 설정에 따라 조직도 확대되고 노동운동도 점점 고양되었다.

산시성총공회는 간부들을 각지에 파견해 경제투쟁을 지도했고, 노동자들을 조직해 많은 공장 단위 노조를 결성했다. 1939년 6월 당시 산시 성 서북, 동남, 서남 등지에 현縣 노조 37개, 구區 노조 96개, 탄광과 요업 노조 22개, 산업별 노조 5개를 조직했다. 전체 노동조합 간부는 3,779명이었고, 노동조합원은 1만6,803명이었다(중화전국총공회 1999, 278~279).

항일 전쟁이 시작되면서 장쑤 성과 산둥 성의 노동자들은 광범한 대중적인 항일 무장투쟁을 전개했다. 당시 쉬저우를 지키고 있던 국민당 제5전구戰區사령관 겸 민중총동원위원회 주임 리쭝런은 공산당과 더불어 항일통일전선을 구축하기로 했다. 이런 방침에 따라 1937년 11월 말, 총동원위원회는 리쭝런의 동의를 얻어 '제5전구 노조 주비처'를 설치했다. 1938년 2월 19일에는 '제5전구직공항일연합총회'를 결성했다.

제5전구 노조는 철도와 광산 지역에 13개 분회를 조직했고, 각 분회는 2만여 명의 회원을 확보해 총 1천 여정을 보유한 무장 병력을 조직했다. 1938년 3월 하순 타이얼좡臺兒莊 전투가 벌어지자 제5전구 노동조합원은 철로와 도로를 파괴해 일본군의 증원과 보급을 저지함으로써 항일부대의 작전을 도울 수 있었다.

제5전구 노조는 산둥 성 전체 노동운동의 통일을 촉진하기 위해 통일전선 사업을 전개했으나, 국민당과 공산당은 노동운동에 대한 주도권을 놓고 다툼을 벌여 노동운동의 통일은 결코 달성되지 못했다. 그리하여 1940년 8

월에 제5전구 노조는 국민당 산둥성총공회와 공산당 산둥성총공회로 분리되었다.


## 산시陳西-간쑤-닝샤 변구 노동자대표대회

항일 전쟁 시기 산시-간쑤-닝샤 변구와 산시 성에 위치한 옌안은 공산당 중앙위원회가 팔로군과 신사군을 이끌면서 적 후방 항전을 고수하고, 각지의 항일 근거지와 전국 인민의 항일 투쟁을 추진했던 정치·군사적 중심이었다.

1937년 6월 19일 전국총공회 서북 집행국은 간부 연석회의를 열어 산시·간쑤·닝샤 변구총공회 임시 집행부를 발족했다. 1938년 4월 17~23일까지 산시·간쑤·닝샤 변구 제1차 노동자대표대회가 옌안에서 열렸다. 대회에서는 '산시·간쑤·닝샤 변구총공회'가 결성되었다. 대회는 변구와 전국의 노동자들이 항일민족통일전선의 총 목표에 따라 각종 항전 활동에 적극 참가할 것을 호소했다. 대회는 변구노조가 항전 역량을 강화하기 위해 전국 노동운동의 통일에 찬성하고 이를 지원할 것이며, 아울러 전 세계 노동자들이 평화와 민주주의를 지키고 침략 전쟁에 반대하는 통일전선을 지지한다고 밝혔다(중화전국총공회 1999, 283).


## 항일 전쟁 초기 화베이 노동자들의 항일 무장투쟁

7·7사변 이후 베이징, 톈진, 타이위안, 지난, 칭다오 등 화베이 지구의 도시들이 대부분 차례로 함락되고, 그와 함께 각 철로 간선과 교통 요지를 일본군이 점령했다. 1937년 8월 공산당 중앙위원회는 적 후방에서 독자적인 유격 전쟁을 벌이고, 항일 근거지를 세우는 전략 방침을 확정했다. 그 뒤, 공

산당이 지도하는 팔로군은 화베이의 적 후방으로 이동해 당의 지방조직과 함께 광범한 인민대중을 동원·무장시키고 항일 유격 전쟁을 전개했다. 회복된 영토에는 항일 근거지를 설치했다. 이 시기, 화베이 각지의 공산당 조직과 노조 활동가들은 철로, 광산, 그리고 일부 도시와 농촌의 노동자들을 널리 동원해 유격대를 조직하거나 직접 팔로군에 참가하게 하고, 항일 근거지 회복을 위한 팔로군의 투쟁을 적극적으로 지원했다.

핑한平漢철도 북단 노동자들은 1939년 봄, 핑한철도노동자 유격대를 조직했는데, 초기에는 대원이 20명이었는데 얼마 지나지 않아 수백 명으로 늘어났다. 이들은 철로를 수백 차례 파괴했고, 이 때문에 일본군 기차가 30차례 탈선하고 기관차 13량이 훼손되었다.

1938년 7월에는 탕산에 있는 5개 탄광노동자 3만여 명이 처우 개선을 위한 파업을 벌여 승리했다. 파업 승리에 힘입어 광산노동자 3천여 명이 반일 무장봉기를 일으켜 경찰서를 점령했다. 그러나 이들은 작전 경험이 부족하고 팔로군 주력부대의 지원을 받지 못해 일본군과 벌인 격렬한 전투에서 패배하고 말았다. 살아남은 광산노동자 500여 명은 탕산노동자 특수부대를 조직해 화베이 동부 인민 항일 연합군에 편입되었다.

이 밖에도 산시에서는 타이위안 노동자 자위대가 유격전을 폈으며, 산둥에서도 칭다오의 방직공장 노동자들로 조직된 유격대들이 일본군에 대항해 투쟁을 전개했다. 1940년의 통계(불완전한 통계이지만)에 따르면, 항일 전쟁 초기 화베이 각지에서 조직된 항일유격대는 규모가 큰 것이 모두 26개 이상이었다. 직접 팔로군이나 산시 신군 등 항일 부대에 참가했던 노동자 수는 1만9천 명이었다(중화전국총공회 1999, 285~287).

## 적 후방 항일 근거지 노동운동

1937년 항일 전쟁이 발발한 뒤, 중국공산당이 지도하는 팔로군과 신사군, 그리고 인민무장유격대는 화베이, 산시, 산둥, 허난 등에서 항일 근거지를 마련했다. 공산당은 이 근거지들 안에서 인민대중을 광범하게 조직해 무장하게 하고, 항일 민주 정권을 수립해 새로운 정책을 실시함으로써 이들 근거지는 공고한 적 후방 항전의 보루가 되었다. 1940년 당시 팔로군은 40만 명에 이르렀고, 화베이의 적 후방에서 4천만 인민을 해방시켰다. 신사군은 10만 명을 포괄했고, 화중의 적 후방에서 1,300만 인민을 해방했다. 전국의 모든 항일 근거지 인구(유격구의 인구를 포함해)는 약 1억 명에 이르렀다(중화전국총공회 1999, 288).

항일 근거지의 설치와 민주 정권의 건설에 따라 각 근거지의 노조 조직도 차츰 확대되었다. 항일 근거지들에서 총공회가 설립될 경우, 총공회는 사업 프로그램을 발표하고 근거지에서 실행할 임무들을 규정했다. 주요 내용은 항일 무장투쟁에 노동자들을 동원하는 일, 국방공업과 각종 건설사업을 발전시키는 일, 노동자의 생활을 개선하고 실업자를 구제하는 일, 노동자교육을 강화하는 일, 노동조합 조직을 발전·공고화하는 일 등을 포함했다.

이런 규정들을 기초로 항일 근거지의 노동조합 조직들은 다음과 같은 사업을 전개했다. 첫째, 노동자들을 동원해 항일 전쟁에 참여하도록 하거나 항일 무장투쟁을 전개했다. 둘째, 생산의 증강을 촉진하고 근거지에서 군용과 민용 공업을 설치했다. 셋째, 노동자들의 생활 개선을 도왔다. 넷째, 대중들에 대한 문맹퇴치운동을 벌이고, 노동자들의 교양교육과 정치교육을 결합해 진행했다.

## 일본군의 소탕 작전에 대항한 투쟁

1938년 10월 일본군이 광저우와 우한을 점령한 뒤, 항일 전쟁은 전략적인 대치 단계로 접어들었다. 일본은 국민당에 대한 정면 대결 전략을 의미하는 공격을 중지하는 한편, 주력부대를 차츰 후방 전쟁으로 전환해 공산당이 지도하는 팔로군과 신사군, 그리고 항일 근거지에 대한 공격을 더한층 강화했다. 대치 단계에 들어선 상황에 대비해 중국공산당은 1939년 7월 '항전견지 투항반대, 단결견지 분열반대, 전진견지 후퇴반대'라는 슬로건을 내세웠다.

1941년부터 적 후방의 항일 근거지는 대단히 곤란한 상태에 놓았다. 일본은 군사적으로 항일 근거지에 대해 병력을 집중해 잔혹한 소탕 작전을 펴 '모조리 불사르고'燒光 '모조리 죽이고'殺光 '모조리 빼앗는'搶光 이른바 삼광정책을 실시했다. 이에 근거지 노조들은 현지 공산당의 지도를 받아 많은 노동자 대중을 적극적으로 조직해 한편으로 생산하고 한편으로 항일 투쟁을 벌이면서 일본군의 소탕 작전에 대항하는 투쟁에 참가하도록 했다. 그들은 적이 습격해 오면 유격전을 벌이고, 적을 물리치면 생산을 시작했다. 투쟁 전술과 관련해 노동조합은 일본군의 '삼광정책'에 대응해 각 공장의 노동자들을 조직해 '남김없이 운반하고'搬空 '남김없이 숨기고'藏空 '남김없이 피하는'躲空 이른바 삼공정책을 실행했다. 그래서 근거지 인민들은 그들을 '생산 유격대'라 불렀다.

## '정풍운동' 참가와 항일 근거지 노조 활동의 수정

1942년 2월부터 중국공산당은 주관주의·종파주의·형식주의에 대한 반대를 주요 내용으로 하는 '정풍운동'을 당 전체에 걸쳐 벌였다.

1942년 4월 21일, 당 중앙위원회는 "5·1절에 관한 지시"에서 노동운동에도 주관주의·종파주의·형식주의 사상과 행동 풍조가 존재한다고 했다. '지시'는 "주관주의는 주로 오늘날 근거지 노동운동의 환경을 따지지 않고 …… 산업도시에서 행하던 노동운동 방식을 기계적으로 근거지에 옮기려는 것에서 나타난다. 아울러 종파주의는 주로 몇몇 노조에서 공산당원이 노조 일을 독점하려는 것으로 표현되며, 형식주의는 사업 계획과 교육 선전이 현실에 부합하지 못하고 특히 교육에서 …… 대상을 불문하고 허풍을 떠는 것"으로 지적했다. 항일 근거지 노조들은 이 '지시'에 따라 주관주의와 종파주의 그리고 형식주의를 극복하기 위해 정풍운동을 폈다.

중국공산당의 정풍운동을 두고 소련 측에서는 비판적 견해를 제기했다. '마르크스주의의 중국화'와 당의 통일 강화를 구실로 전개한 이른바 '정풍운동'은 테러리스트 방식으로 시행한 정치 캠페인이며, 그 실제 목적은 마오쩌둥 개인 독재의 확립이었다는 것이다. 또 여러 차례의 정풍운동 전개 과정에서 많은 공산주의 국제주의자가 공공연하게 불명예를 당했고, 국제공산주의운동의 경험이 경시되었으며 소련과 소련공산당(볼셰비키)에 대한 소외와 불신이 확대되었다는 것이 비판의 논거다(The USSR Academy of Sciences 1985, 690).

한편, 항일 전쟁이 대치 단계에 접어들면서 일본군은 근거지에 대한 경제봉쇄를 강화했다. 게다가 국민당은 소극적인 항일 정책과 적극적인 반공 정책을 실시함으로써 항일 근거지들은 재정과 경제 측면에서 점점 더 큰 어려움을 겪게 되었다. 이런 상황에서 공산당 중앙위원회는 1939년 2월 2일 옌안에서 생산운동대회를 소집했고, 1941년에는 공산당 중앙위원회가 항일 근거지 군인과 민간인에게 대★생산 운동을 벌일 것을 호소했다. 이에 각급 노조들은 노동자 대중을 동원해 이 운동에 적극적으로 참여하도록 했다. 또 노조들은 노동규율을 유지하고 생산 효율을 높이며 기업 전체 노동자들을 단결시켜 생산계획을 실현하기 위해 활동을 벌였다.

## 국민당 통치 지구에서 전개된 노동자투쟁

항일 전쟁 대치 단계에서 국민당이 통치한 지역은 주로 충칭을 중심으로 한 서남과 서북 지역 등 10개의 성 전체와 후베이·안후이·저장·장시·허난·광둥·푸젠 성 등에서 점령되지 않은 부분이었다. 면적으로는 전국의 2분의 1 이상이었고, 인구는 약 2억 명에 이르렀다. 항일 전쟁이 대치 단계로 접어든 뒤, 국민당 강경파는 국민당 통치 지구에서 인민의 항일 민주 운동을 억압했으며, 특히 노동자 조직을 통제하고 노동자들의 항일 투쟁을 억제하기 위해 법령과 조례들을 공포했다.

국민당의 이런 정책에 대해 중국공산당은 전국 노동자들과 각 계층의 인민을 조직해 국민당의 반공·투항 활동을 저지하기 위해 투쟁을 벌였다. 1940년 5월 4일, 마오쩌둥은 '대담하게 항일 역량을 발전시키고 반공 강경파의 공격에 저항하라'는 지시를 발표했다. 이 지시에서 그는 "국민당 통치 지구에서 행하는 사업 방침은 전쟁 구역이나 적 후방 구역에서 하는 것과는 다르다. 그곳에서는 핵심의 은폐, 장기 매복, 역량 축적의 방식으로 때를 기다리며, 조급함과 노출은 피해야 한다. 강경파에 대한 투쟁 전략은 이치에 맞고, 이익이 있으며 절제가 있어야 한다는 원칙에 따라 국민당의 모든 이용 가능한 법률과 법령, 그리고 사회적 관습이 허용하는 범위 안에서 침착하게 투쟁을 벌이고 역량을 축적해야 한다"고 지적했다. 이런 방침을 실천에 옮기는 전술은 공개 사업과 비밀 사업, 합법 투쟁과 비합법 투쟁의 결합을 올바로 장악하는 데 있었다(중화전국총공회 1999, 311~312).

## 점령 지역에서 전개된 노동운동

1938년 10월까지 16개월에 걸친 전쟁을 거치면서 일본군은 화베이, 화둥, 화난의 해안과 강, 그리고 철도선 주변의 대도시와 공업 집중 지역을 거의 모두 점령했다. 일본군은 중국 근대 공업의 70퍼센트를 점령했고, 산업노동 자 약 2백만 명을 지배하고 있었다. 일본군은 자금과 물자, 그리고 병력 부 족에 따른 어려움이 점점 커지자, 더 이상의 진격을 멈추었다. 이런 여건에 서 일본 침략자는 강점, 징용, 조세 부과 등의 방식으로 공공 재산과 개인 재산을 직접 약탈하는 것 말고도 공장과 광산에서 일하는 중국인 노동자들 을 잔혹하게 착취하고 억압했다.

이에 따라 중국인 노동자들은 극심한 착취와 억압에 반대해 완강한 투 쟁을 전개했으나, 대부분의 경우 투쟁은 일본 침략자의 탄압으로 실패했다. 이와 같은 상황에서 1941년 4월, 중국공산당 중앙위원회 도시공작위원회 는 "적 후방 대도시의 대중 사업에 관한 지시"를 발표했다.

'지시'는 첫째, 은폐 정책을 올바로 이해해야 한다고 강조하면서, 이 정 책을 실현할 때 대중으로부터 이탈해 당을 고립시켜서는 안 되며, 적절한 방법으로 광범한 통일전선을 구축해 당 조직이 사회의 엄호를 얻어 대중 속 에 숨을 수 있도록 해야 한다고 설명했다. 둘째, 교묘한 방식과 적당한 형식 을 이용해 노동자 대중을 조직해야 한다고 강조했다. 셋째, 대중투쟁을 지 도할 때 주동해서 투쟁을 조직하지 않는다는 원칙을 준수해야 한다고 지적 했다. 이것은 대중투쟁을 조직함에 있어 '조직을 노출시키지 않고 장기 매 복을 해치지 않으며, 이치에 맞고 이익이 있으며 절제가 있어야 한다'는 것 을 원칙으로 해 전체 대중을 동원함으로써 고립되거나 노출되지 않도록 해 야 한다고 밝혔다(중화전국총공회 1999, 320~321).

이와 같은 방침에 따라 여러 점령 지역에서 노동자계급의 조직과 투쟁이 갖가지 난관 속에서 전개되었다. 상하이 점령 지역에서는 1939년 말부터 1940년 2월까지 50여 일에 걸친 백화점 노동자의 대규모 파업과 태업, 1940년 2월과 9월에 영국인 버스회사 노동자 2천여 명이 벌인 파업투쟁, 1940년 9~10월 사이에 전개된 프랑스인 수력·전기회사 노동자의 파업, 그리고 1942년 초부터 1943년 중반까지 세 차례에 걸친 상하이 전력회사 노동자 파업 등이 발생했다.

화베이 점령 지역에서도 노동자들의 조직과 투쟁이 전개되었다. 화베이 지역은 지리상의 위치나 풍부한 자원 때문에 일본의 억압 통치와 경제적 약탈의 중심지였다. 화베이 각지의 노동자들도 여러 가지 형태의 투쟁을 계속했다. 일본군이 톈진을 점령한 뒤 전력 부문 노동자들은 일본인의 회사 접수와 관리를 거부하는 투쟁을 벌였다. 1937년 말 유대방적공장 노동자들은 창고를 부수고 원면을 불살랐으며, 1944년 동아모방공장 노동자들은 식량 배급과 임금 인상 등을 요구하는 파업을 벌였다.

화베이 정형탄광에서는 1937년 11월에 비밀 항일 노조가 결성되었으며, 1938년 1월에는 노동자 유격대가 조직되었다. 철도의 파괴와 습격도 화베이 무장 노동자들의 투쟁 방식 가운데 하나였다. 철도 주변에는 각종 유격대가 활동했다.

일본 점령 지역에서 노동자들은 파업이나 태업, 그리고 무장 습격 등의 수단으로 일본의 약탈 계획을 제약했고, 다른 한편으로는 여러 가지 방법으로 항일 근거지에 각종 필수 물자를 보냈다.

화베이 일본 점령 지역 노동자들이 매우 어려운 조건에서 벌였던 완강한 투쟁은 일본의 경제 약탈 계획에 손상을 입혔고, 일본의 통치를 방해했으며 적 후방 근거지의 항일 투쟁을 강력하게 지원했다.

## 항일 전쟁 최후 승리를 위한 투쟁

제2차 세계대전에서 파시스트 진영의 패배가 점점 기정사실로 굳어지면서, 중국 인민의 무장 역량은 더욱 강화되어 일본군에 대한 부분적인 반격을 시작했다. 1944년 한 해 동안 해방구에서 항일 무장 부대와 일본군이 벌인 크고 작은 전투는 1만1천 회에 이르렀다(중화전국총공회 1999, 331).

1941~1945년에 소련 인민이 조국 방위전쟁에서 수행한 투쟁은 중국 인민의 항일 전쟁을 유리하게 이끈 한 요인으로 작용했다. 소련군이 일본 관동군을 격퇴함으로써 중국 인민군은 더욱 많은 지역을 해방할 수 있었다(Alexandrov 1986, 679).

항일 전쟁이 최후의 승리를 거두기 직전인 1945년 4월 23일~6월 11일까지 중국공산당은 옌안에서 제7차 전국대표대회를 소집했다. 대회는 해방구와 국민당 통치 지구, 그리고 일본 점령 구역의 특징에 근거해 구체적인 노동운동의 전술과 임무를 규정했다.

대회의 결의는 해방구에서 노동자계급은 신민주주의의 강령을 바탕으로 해 모든 항일 민주 역량과 단결·합작해 해방구를 확대하고 점령 지역을 축소하며, 항일 역량을 공고화·확대하고 항일 전쟁에서 승리를 앞당기기 위해 투쟁해야 한다고 했다. 또 결의는 해방구 노동자들에게 호소해 해방구 군대·유격대·민병·자위대 등의 활동에 적극적으로 참여하도록 해야 한다고 밝혔다.

국민당 통치 지구 노동운동의 주요 임무는 곧 노동자들의 직접적인 이익을 보호하는 투쟁과 함께 벌임으로써 해방 투쟁에 노동자 대중을 동원해 참여하도록 하는 것이라고 대회 결의는 강조했다. 그리고 결의는 일본 점령 구역에서 노동자계급은 자신의 역량을 각종 단체로 조직화해 무장봉기를 준비하고 기회를 기다려 외부에서 진입하는 군대와 협력해 일본 침략자를 소멸해야 한다고 지적했다(중화전국총공회 1999, 332~333).

한편, 1944년 5월, 산시-간쑤-닝샤 변구에서는 공영 공장 직공대표회의가 회의를 열어 해방구 노조의 생산 운동과 신노동자 운동을 벌이기로 결정했다. 회의는 2년 안에 변구 내 공업 필수품을 전면 자급화하는 임무를 완수하기로 했다. 이를 위해서는 생산품의 품질을 높이고 생산기술을 향상하며 공장의 경영관리를 더욱 개선하고 기구를 간소화하며 엄격한 경제 채산제도를 도입해야 한다고 강조했다. 이와 함께 새로운 노동 태도의 형성, 노동생산성 향상을 비롯해 노동자들의 노동 소질과 노동 기술을 중시하는 신노동자운동의 추진을 결의했다.

항일 전쟁 시기 중국 노동운동이 특수한 조건에서 다양한 양상으로 전개되는 가운데, 1945년 8월 일본이 항복을 선포함으로써 중국의 노동자계급과 인민은 일본에 대해 전면적인 반격에 들어갔다. 8년 동안의 항일 전쟁 시기 중국의 노동운동은 시대적인 주요 특징을 보이면서 전개되었다. 이를테면, 해방구에서는 노동자들이 대人생산 운동과 신노동자 운동을 비롯해 공영 공장의 민주적 관리, 당·행정·노조 삼위일체의 사업 방식 특징을 드러냈다. 국민당 통치 지구와 일본 점령 구역에서는 항일 민주 운동, 공개와 비공개를 결합한 투쟁 전술, 그리고 노조 정풍운동 등이 노동운동의 특징적 양상이었다. 이와 같은 노동운동의 특징과 경험들은 이후 노동운동 발전을 위한 바탕과 계기가 되었다(중화전국총공회 1999, 342).


## 2. 인도

제2차 세계대전이 발발한 직후, 린리스고 인도 총독은 인도의 정당들과 아무런 사전 상의도 없이 인도가 독일과 전쟁 상태에 돌입했다고 선포했다. 영국 식민지 당국의 이런 행태는 인도 국민의 강한 분노를 불러일으켰다.

1939년 9월 14일, 인도국민회의는 특별 결의를 채택했다. 결의는 영국 정부가 인도 자결권 승인, 선거를 통해 구성된 인도 국민의 대표 기구에 대해 책임지는 정부의 즉각 수립, 제헌의회 소집 등을 약속한다면 영국의 전쟁 노력을 지지할 것이라는 내용이었다(Nehru, 432~434; The USSR Academy of Sciences 1985, 697에서 재인용). 영국이 인도국민회의의 요구에 대해 구체적인 해답을 하지 않자, 인도의 민족 세력은 1940년 10월에 마하트마 간디의 호소로 새로운 불복종운동을 시작했다. 식민지 권력은 거의 모든 지도부를 포함해 2만 명 이상의 국민회의 회원을 체포했다(The USSR Academy of Sciences 1985, 697).

이와 같은 상황에서 인도무슬림연맹은 1940년 3월 라호르에서 회의를 열어 '파키스탄 결의'를 채택하고 인도 무슬림의 분립을 요구했다. 이런 요구는 인도국민회의와 무슬림연맹의 단일 전선 수립을 제약했다.

한편, 인도공산당은 전쟁을 인민의 민족해방 전쟁으로 전환할 것, 영국의 전쟁 노력을 지지할 것, 그리고 파시즘과 일본 군국주의에 대항하는 투쟁에 참여할 것을 인도 인민에게 호소했다. 그 뒤, 1942년 7월에 공산당의 활동을 금지한 조례가 철폐되어 인도공산당은 합법화되었다. 인도공산당은 합법적인 활동을 통해 인도의 독립된 민족정부를 수립하기 위해 모든 민족 세력의 단일 전선을 이룩하려고 노력했다(Alexandrov 1986, 681).

일본이 전쟁에 본격적으로 참전함으로써 영국군은 불리한 상태에 놓이게 되었으며, 이에 따라 영국 정부는 인도국민회의와 주요 현안에 대한 합의 달성을 위해 노력하지 않을 수 없었다. 1942년 3월 영국 전시 내각의 한 사람인 스태퍼드 크립스가 인도 정당들의 지도자들과 교섭을 벌이기 위해 인도를 방문했다. 이 무렵 인도국민회의 지도자들은 감옥에서 석방되었다.

영국은 인도에 영국연방의 자치령 지위를 부여하는 데 동의했으며, 자치령 지위를 원하지 않는 주州나 공국公國은 영국과 이전의 관계를 유지할 수 있었고, 그렇지 않은 경우에는 독립된 자치령을 형성할 수 있었다. 인도국민회의는 이런 영국 측 제안을 거부했으며, 1942년 8월에는 만일 영국이 전 인도 단일 정부를 창설하려 한다면 비폭력의 불복종운동을 벌이기로 결정했다. 여기에 대한 응답으로서 식민지 권력은 간디를 포함해 국민회의 지도자들을 다시 체포했다.

영국 식민지 당국의 이와 같은 탄압 조치가 취해지자, 인도에서는 자연발생적인 반영 행동이 전개되었다. 이를 두고 '8월 혁명'으로 표현했다. 투쟁 과정에서 농민들은 지주의 집을 불 지르고 경찰서와 우체국을 습격했다. 주로 국민회의의 좌파나 공산주의자들의 지도를 받는 청년 그룹은 교량, 선로, 통신선을 파괴했다. 여러 지역에서는 봉기자들이 파르티잔 행동을 취했다. 영국군과 경찰대는 이런 행동을 진압했는데, 이 과정에서 2천 명이 살해되고 6만 명 이상이 체포되었다(Antonoya & Bongard-Levin & Kotovsky 1979, 463; The USSR Academy of Sciences 1985, 697에서 재인용).

1943~1945년에 전개된 민족해방투쟁은 파업, 농민 봉기, 그 밖의 다른 형태를 취했는데, 이런 투쟁에서는 경제적 요구와 정치적 요구가 결합되어 있었다. 민족해방투쟁을 조직한 정당과 단체들도 투쟁 과정 속에서 세력을 증대했다. 인도공산당 당원은 1942년 당시 4천 명에서 1945년에는 3만 명으로 증가했다. 전인도노동조합회의 조합원은 33만 명에서 50만9천 명으로 증가했으며, 농민동맹 구성원은 22만5천 명에서 82만5천 명으로 늘어났고 공산당 의용대는 2만5천 명에 이르렀다(*Recent History of India*, 1959, 417~419; The USSR Academy of Sciences 1985, 698에서 재인용). 그리하여

인도 민족해방운동 세력이 영국 제국주의와 결정적인 투쟁을 전개할 무렵에는 조직된 노동운동과 농민운동은 유력한 정치 세력으로 전화해 있었다.

## 3. 인도차이나

제2차 세계대전의 발발과 더불어 인도차이나 민족해방투쟁은 새로운 전략 목표와 전술 방침을 설정해야만 했다. 1939년 11월 인도차이나공산당 제6회 중앙위원회는 인도차이나 반제 민족통일전선의 결성을 결정하고, 반제·반봉건 혁명의 발전과 인도차이나 민주공화국 수립을 주요 목표로 하는 노선을 추구했다.

베트남에서 이와 같은 투쟁 노선에 따른 민족해방운동이 전개되는 가운데, 1940년 6월 프랑스는 나치 독일의 침략을 받아 점령되었다. 베트남에서는 같은 해 9월 22일 일본군이 '평화 진주'라는 명목으로 중국 광시 성으로부터 국경을 넘어 베트남 북부 랑선 지방으로 진격했다.

프랑스군은 패배해 박 썬 지방을 지나 타이응우옌 방면으로 물러났다. 9월 27일 박 썬 지역 인민들은 '프랑스-일본 제국주의에 반대한다'는 슬로건을 내걸고 무장봉기를 감행했다. 그러나 1940년 8월 말에 프랑스의 괴뢰정권인 비시 정부는 일본과 조약을 체결해 동아시아에서 일본의 군사적 우위를 인정한 바 있고, 9월 22일에는 일본군 주둔과 비행장 사용에 관한 협약을 체결한 상태에서, 프랑스군은 일본 측의 동의를 얻어 베트남 인민의 무장봉기를 진압했다. 무장봉기는 결국 1개월 만에 패배했다.

박 썬 봉기가 실패한 바로 뒤인 11월에는 남부에서 폭동이 일어났다. 쩌런을 비롯한 8개 지역에서 노동자·농민·병사들이 폭동에 참가했는데, 이때 처음으로 붉은 바탕에 황색별이 새겨진, 오늘날의 베트남 사회주의공화국 국기가 나부꼈다. 프랑스 식민지 권력은 비행기와 기갑부대까지 동원해 인민의 저항을 진압했다. 이 사건으로 8천여 명이 체포되고 100여 명이 처형되었다(유인선 2002, 354~355).

봉기는 실패했지만, 인도차이나 인민의 민족해방투쟁에서 차지하는 투쟁의 의의를 높게 평가하면서, 『노동당사』[1]는 무장봉기의 교훈을 다음과 같이 집약했다.

첫째, 봉기가 성공해 권력을 획득하기 위해서는 올바른 시기 선택을 하지 않으면 안 된다. 여기서 말하는 올바른 시기란 혁명의 조건이 갖추어진 시기로 다음과 같은 경우다. 즉, 적의 진영이 혼란에 빠지고 그 갈등이 극에 달해 적이 곤란에 직면했지만 전혀 방법을 찾지 못해 곤란을 극복하지 못하고 있는 경우, 중간층이 적을 증오해 혁명 세력에 접근하거나 혁명에 동조해 전위대를 따르는 경우, 전위대가 희생을 각오하고 적을 무찔러 자기민족을 해방하기 위해 전체 인민을 하나로 결집해 최후까지 싸우기로 결의한 경우다.

둘째, 베트남과 같이 농업국이면서 식민지인 경우, 무장봉기로서 권력을 획득하기 위한 노선은 봉기군이 농촌에서 적의 가장 취약한 지점을 공략·점령해 거기에 근거지를 만들고, 차츰 확대해 조건이 성숙하면 도시에서 봉기를 일으켜 적의 지도 기관을 파괴하고 전국을 회복하는 것이다.

셋째, 봉기를 성공으로 이끄는 데는 우리의 대의에 따르는 붉은 군대 병사의 힘만을 믿어서는 안 된다. 우리는 주로 대중, 특히 노동자와 농민대중

---

1_1930년에 결성된 '인도차이나공산당'은 1951년 제2차 당대회에서 '베트남노동당'으로 이름이 바뀌었고, 1976년 제4차 당대회에서 '베트남공산당'으로 다시 이름이 바뀌었다.

에 의존해야 한다. 마찬가지로 우리는 붉은 군대 병사에게 선전해 혁명군대를 향해 발포하지 않도록 또는 혁명 군대에 투항하도록 그들을 일깨우도록 하는 노력을 해야 한다. 우리는 적의 총을 사용해 적을 격퇴하지 않으면 안 된다. 광범한 대중이 후방에서 혁명을 적극적으로 지지하고 혁명에 따르는 경우에만 군대의 반란은 혁명에서 현실적인 효과를 가질 것이다(마호 1986, 55~56에서 재인용).

박 썬 봉기와 남부에서 일어난 폭동이 프랑스 식민군의 진압으로 실패한 뒤, 인도차이나공산당은 1941년 5월 10~19일까지 중국·베트남 국경 지방에서 인도차이나공산당 제8회 중앙위원회를 개최했다. 회의는 "현재 당의 주된 슬로건은 무엇보다 일본과 프랑스의 굴레로부터 인도차이나 인민을 해방하는 것이다. 이런 임무를 달성하기 위해서는 인도차이나 인민의 역량을 결집하지 않으면 안 된다. 조국을 사랑하는 모든 사람은 전선에 집결해 민족의 독립과 자유를 획득하기 위한 투쟁, 그리고 프랑스와 일본 침략자를 타도하는 데 동참해야 할 것이다. 각 계급과 당파, 애국 그룹, 종교 단체, 그리고 일본과 투쟁하고 있는 전 인민을 조직하는 것이 우리 당의 기본 임무"라고 규정했다(마호 1986, 70).

당 중앙위원회는 프랑스와 일본 파시스트를 타도하는 투쟁에 각계각층의 인민과 각 민족[2]의 혁명 세력을 결집하기 위한 '베트남독립동맹' 결성을 결의했다. 베트민Việt Minh, 越盟으로 불리는 이 조직은 베트남노동자구국회, 농민구국회, 학생구국회 등 14개 조직을 하부 조직으로 배치했다. 베트민

---

2_ 인도차이나에는 베트남족, 라오족, 크메르족 등 3대 다수 민족 외에 약 40여 개에 가까운 소수민족이 베트남, 라오스, 캄보디아의 국경 산악 지대에 정착해 살고 있다. 그리하여 베트남의 모이족이 라오스에서는 카족으로, 캄보디아에서는 프놈족 — 모두 산악 주민이라는 뜻임 — 으로 불린다.

창설로 인도차이나 각지에 존재하던 구국 조직이 민족해방이라는 구체적 목표를 향해 급속히 발전했다. 이제 모든 활동과 투쟁은 베트민이 주도하게 되었다.

제2차 세계대전 기간에 베트민은 프랑스의 식민지 권력과 일본을 공동의 적으로 설정해 민족해방투쟁을 전개하는 중심 세력으로 대두했다. 1942년 8월 응우옌 아이 꾸옥은 연합군과 협력을 모색하기 위해 호치민이라는 가명을 사용해 국경을 넘어가 중국 국민당 계열의 군벌인 장파쿠이에게 접근했다(호치민이라는 이름은 이때부터 사용했다). 그러나 호치민은 오히려 그에게 체포되어 1943년 9월까지 감금되었다(유인선 2002, 354~358).

1940년대 중반에는 베트남에서 혁명적 정세가 조성되기 시작했다. 프랑스 식민지 행정 기구와 일본 점령군 사이의 갈등이 격화되고, 경제 위기가 도래해 인민대중의 고통은 더욱 심화되었다. 베트민은 몇몇 농촌 지역, 특히 고무 농원 노동자 사이에서 형세를 강화하고 도시에서는 조직된 운동을 구축해 인원수는 그다지 많지는 않지만 해방을 위한 아주 적극적인 전사들로 구성한 군대를 편성했다(The USSR Academy of Sciences 1985, 691).

혁명적 정세의 성숙에서 대단히 큰 의의를 갖는 것은 제2차 세계대전의 전세戰勢였다. 1942년 말과 1943년 초, 유럽 동부전선에서 소련군이 스탈린그라드의 포위를 무너뜨려 승리를 거두었고, 이런 전쟁 상황 변화는 독일군이 점령하고 있는 프랑스와 프랑스의 해외 식민지에 대해 곧바로 영향을 끼쳤다. 1944년 9월 호치민이 베트남으로 돌아왔을 때, 베트민 중앙위원회는 전국에 무장봉기를 지시하고 이를 실천에 옮기려 했다. 그런 계획을 세우게 된 것은 베트민이 북부 산악 지대에 해방구 설치에 성공했으며, 연합군이 프랑스를 탈환하고 일본 해군기지에 대한 폭격을 감행하는 등 전세가 연합군에 유리한 쪽으로 급변했기 때문이었다.

그러나 호치민은 봉기의 무원칙성과 혁명 분위기의 미성숙을 들어 무장봉기 계획을 연기하도록 하고, 그 대신 1944년 12월 22일에 '베트남해방군선전대'를 창설했다. 베트남해방군선전대는 총 34명으로 구성되었으며, 보응우옌 잡이 지휘했고 주된 목적은 무장투쟁의 준비였다. 이 부대는 정치 활동을 군사행동보다 중시하면서, 각 지방의 무장 조직 간부를 지도하고 그들의 훈련을 지원하며 가능한 한 무기를 공급해 무장 조직의 발전을 지원하는 것을 주요 임무로 설정했다. 전술 선택에서는 게릴라전을 적용하고 은밀성·신속성·적극성을 활동 원칙으로 했다. 호치민은 베트남해방군선전대를 "베트남 최초의 군대이며, 불모지 상태에서 조직된 군대의 희망이다"라고 표현했다(마호 1986, 78).

베트남에서 또 한 차례 정치·사회적 격변이 일어난 것은 1945년 3월이었다. 당시 베트남에 주둔한 일본 군대는 3월 9일 쿠데타를 일으켜 프랑스 총독을 비롯해 식민지 행정부, 그리고 군사 지도자들을 체포해 연금했다. 그리하여 베트남에서는 80여 년 동안의 프랑스 식민 통치가 끝나고 일본군 사령관이 지배하는 군정이 시작되었다. 필리핀에 상륙한 미군이 인도차이나에 진격하거나 중국군이 윈난과 광시에서 공격해 올 경우, 베트남에서 프랑스 군대가 호응할 것을 두려워한 나머지 일본은 쿠데타를 감행하게 된 것이다.

일본군이 군사행동을 벌인 그날 밤, 하노이 시 인근 박닌 성 한 촌락에서 열린 인도차이나공산당 제10회 중앙위원회 정치국 확대회의는 인도차이나에서 일본군과 베트남 인민 사이의 모순이 급속하게 심화되었으며, 그것이 더욱 심각한 정치적 위기의 성숙을 재촉하고 있다고 정세 분석을 하고, 무장봉기의 유리한 조건에 대해 다음과 같이 지적했다. 첫째, 정치적 위기가 심화되고 적은 고립되어 혁명에 대항할 수 없게 되었다. 둘째, 기근이 점점 극심해져 침략자에 대한 대중의 증오가 극에 이르고 있다. 셋째, 세계전쟁은 일본 파시스트의 운명을 가르는 결정적 단계로 이행하고 있다.

3월 9~12일까지 계속된 정치국 확대회의는 '프랑스와 일본의 충돌에 대한 우리의 전술'을 결정했다. 전술은 당면한 유일한 적을 일본 파시스트로 규정하고, 일본 군대에 협력하는 바오 다이 대리 권력에 대한 격렬한 정치 공세를 전개했다. 또 200만 명에 이르는 아사자를 낳은 기근을 해결하기 위해 '쌀과 의복을', '비축미를 분배하고 기근을 몰아내자', '혁명 권력을 인민에게로' 등의 슬로건을 채택했다. 그리고 침략자에 대한 대중의 증오를 조직화하고 각지에서 인민을 무장시켜 비축미 창고를 습격하게 하는 등의 인민 봉기를 준비했다(마호 1986, 84~85).

3월 16일 베트민은 전국적인 무장투쟁을 인민들에게 호소했고, 3월 말부터 파르티잔 부대가 프랑스군 병사들로부터 빼앗은 무기로 무장해 일본군의 소규모 단위 부대를 습격하는 동시에 교통·통신망을 파괴하고 창고를 폭파했다.

한편, 일본은 프랑스 식민 정권을 대체할 권력으로서 응우옌 왕조의 마지막 황제 바오 다이에게 황제의 지위를 그대로 인정했다. 바오 다이 황제는 중부와 북부만으로 베트남의 독립을 선언하고 4월 17일에는 쩐 쫑 낌 내각을 구성했다. 그러나 이 꼭두각시 내각은 명목상의 정부에 지나지 않았으며, 치안·국방·외교·통신 등과 같은 주요 행정을 관리할 아무런 권한을 갖지 못했을 뿐만 아니라 일본군의 화폐 남발을 통제할 수도 없었다(유인선 2002, 360).

이런 정세의 급격한 변화에 대응하기 위해 4월 15~20일까지 열린 정치국 회의는 베트남 북부 혁명군사회의를 소집하고, 베트남 구국군과 베트남 해방군 선전대를 중심으로 해 각종 무장 조직을 '베트남북부해방군'으로 통일할 것을 결정했다. 같은 시기에 열린 베트민 중앙회의도 각종 지방 기관과 기업 조직에서 해방위원회를 조직할 것을 지시했는데, 이것은 전국 규모의 전ᴤ베트남민족해방위원회(임시 중앙정부)의 각급 임시 행정기관의 형태를 띤 것이었다. 이들 기관이 무장봉기와 동시에 혁명 권력을 수립하고 각급 인민혁명위원회로 이행하는 과정을 밟았다. 혁명군사 조직이 강력한 북부에서는 1945년 6월 들어 까오방, 박장, 랑선, 타이응우옌, 뚜옌꽝, 하장 등의 6개 성을 포괄하는 '해방구'가 정식으로 발족되었고, 거기에는 각급 인민혁명위원회가 설치되었다(마호 1986, 86).

1945년 8월 6일 미국이 일본 히로시마에 원자폭탄을 투하하고 이틀 뒤 소련이 일본에 선전포고를 함으로써 일본 항복이 임박해졌다. 민족해방투쟁 전개의 조건이 근본적으로 유리해진 상황에서 8월 13~16일까지 열린 인도차이나공산당 전국대표자회의는 군사행동에 관한 결정과 아울러 베트민의 10대 정책을 채택했다. 군사행동으로는 일제 봉기를 결정했고, 봉기와 관련해서는 거점으로 병력 집중, 군사행동과 정치 공작의 통일, 항복을 호소하면서 적을 혼란에 빠뜨림으로써 싸우지 않고 승리하는 것을 원칙으로 제시했다.

베트민이 채택한 10대 정책은 다음과 같다. ① 정치권력을 획득해 완전한 독립의 기초 위에 베트남민주공화국을 건설한다. ② 인민의 무장으로 베트남 해방군을 확대한다. ③ 침략자와 반역자의 재산을 몰수해 각각의 처지에 따라 공유화하거나 빈민에게 분배한다. ④ 프랑스와 일본 통치 기간에 실시한 가혹한 세제를 폐지하고, 새로 개정한 합리적 세제를 시행한다. ⑤ 인민의 기본권리: ⅰ 인신권, ⅱ 재산권(소유권), ⅲ 공민권─보통선거권, 민주적 자유권(신앙의 자유, 사상·언론·집회·이동의 자유 등), 민족평등권, 남녀평등권 등을 공포한다. ⑥ 공유지(공전, 공토)를 공평하게 분배해 빈궁한 농민대중이 경작할 토지를 소유하게 한다. 조세 감면을 실행하고, 채무상환을 완화하며 이재민을 구제한다. ⑦ 8시간 노동일제를 규정하고 최저임금 기준을 개정하며, 사회보장제를 실행하는 노동법을 공포한다. ⑧ 국민경제를 건설하고 농업을 발전시키며 국립은행을 개설한다. ⑨ 국민교육을 확립한다. 문맹을 일소하고 초등 의무교육을 보급하며, 새로운 시대에 맞는 문화를 창조한다. ⑩ 연합국(제2차 세계대전 중의)과 약소 민족국가들과 국교를 맺고 우호를 강화해 그들의 동조와 지원을 획득한다.

일제 봉기는 8월 19일 하노이 시를 시작으로 해 전국으로 파급되었다. 8월 16일 일본 항복이 일반 대중들에게 알려지면서 대중행동이 격렬해지기 시작했고, 8월 19일에는 하노이와 인접 지역 주민 10만 명이 집결한 가운데 대중집회가 개최되었고, 여기에 참가한 인민대중이 하노이 시의 행정기관을 점령해 권력을 장악했다. 8월 22일에는 중부 지역 후에에서 군사혁명위원회가 결성되었고, 그다음 날에는 위원회가 바오 다이 황제로부터 정권을 인수했다. 사이공에서는 8월 25일 80만 명이 넘는 대중집회가 열렸으며, 인민대중은 대규모 시위를 통해 사이공의 권력을 장악했다(마호 1986, 89, 93).

이와 같은 전국적인 혁명 정세를 배경으로 해 드디어 호치민을 수반으로 하는 임시정부가 수립되었는데, 이 정부는 1945년 9월 2일 '베트남민주공화국' 수립을 선언했다. 이와 같은 8월에 이루어진 인민 봉기를 두고 인도차이나공산당은 '8월 혁명'으로 표현했다. 8월 혁명의 승리는 단지 1940~1945년에 전개된 민족해방운동의 결과일 뿐만 아니라, 1930~1931년과 1936~1939년 두 번에 걸친 투쟁을 통해서 성숙된 혁명적 과정의 결과이기도 했다. 8월 혁명 승리의 원인에 대해 『노동당사』는 다음과 같이 지적하고 있다. 첫째, 치밀한 준비를 한 점, 둘째, 정확하게 기회를 포착한 점, 셋째, 전 인민의 혁명 역량을 성공적으로 고양시킨 점, 넷째, 무장투쟁과 정치투쟁을 적절히 결합시킨 점, 다섯째, 적의 내부 모순을 이용해 주요한 적에 대해 타격을 집중한 점 등이 그것이다(『노동당사』, 116~121; 마호 1986, 97에서 재인용).

베트남은 1945년 9월 이후에도 제2차 세계대전의 종결과 프랑스의 재침략, 제네바협정과 남북 분단, 미국의 개입에 따른 베트남전쟁 확대, 민족해방투쟁의 승리와 민족통일의 실현, 사회주의 건설과 경제 발전이라는 길고도 험난한 과정을 겪게 되었다.


## 4. 필리핀

필리핀은 1898년부터 미국 식민지로서 장기적인 억압과 수탈을 당해 왔다.[3] 제1차 세계대전이 끝난 뒤에는 농민운동이 발전해 '전국소작농·노동자동맹'이 결성되었고, 1923년에는 민다나오 섬에서 대규모 농민 봉기가 일어났다. 노동자들도 정치투쟁에 참여했고, 1920~1922년 동안 129건의 파업이 발생했다. 1924년에는 공산당의 전신인 '필리핀노동당'이 출현했다. 1913년에 결성된 '필리핀노동자회의'에서는 혁명 분파가 세력을 강화하고 있었다. 노동자회의는 파업을 비롯한 노동자투쟁을 주도했다.

세계경제공황 기간에는 노동운동과 농민운동이 고양되었고, 1930년 11

---

3_필리핀은 1565~1898년까지 에스파냐의 지배를 받아 오다가, 1898년 에스파냐·미국 전쟁에서 에스파냐가 패배해 그 뒤로 미국의 식민지가 되었다. 미국의 식민지 지배 시기는 통치의 성격에 따라 크게 네 시기로 구분할 수 있다. 1898~1902년: 식민 지배 준비기, 1902~1916년: 식민 지배 확립기, 1916~1934년: 식민지 자치 확대, 1935~1946년: 독립 과도정부의 공화 체제기가 그것이다(양승윤 외 2007, 41).

월에는 '필리핀공산당'이 창립되었다. 1931년 대회에서 채택된 당 강령은 미국 지배에서 해방 쟁취와 반제·반봉건 투쟁의 전개를 주요 과제로 설정했다. 미국 식민지 권력은 공산당을 불법화하고 많은 당원을 체포했다.

1934년 3월에는 미국이 필리핀 독립청원사절단의 요구를 받아들여 조건부 필리핀 독립을 허용하는 타이딩스-맥더피법안을 채택했다. 이 법안에 따르면, 필리핀은 10년 동안의 과도 체제를 조건부로 설정해 미국으로부터 독립을 인정받도록 하고 그동안에는 자치 정부 수립을 허용했다. 1935년 2월 8일 필리핀 제헌의회는 헌법을 제정했고, 같은 해 11월 15일 독립 과도 정부가 출범했다(양승윤 외 2007, 58).

자치 정부 통치 기간에 노동자의 파업투쟁이 고양되었고, 농민 봉기가 발생했다. 1937년 지하에서 자기 모습을 드러낸 필리핀공산당은 반제국주의 통일전선 구축을 주요 과제로 제시했다. 공산당은 1938년 중반에 결성되어 혁명적 노선을 표방한 '집단노동운동'에 대해 적극적인 영향력을 행사했다. 1938년 10월 공산당과 사회당은 마르크스-레닌주의 노선을 따르는 필리핀공산당으로 통합했다(Alexandrov 1986, 391~392).

필리핀 자치 정부 통치 기간이라 할 수 있는 1941년 12월 7일, 일본군은 미국의 진주만 기습 공격을 감행한 지 4시간 뒤에 필리핀 여러 지역을 공습했다. 1942년 1월 2일 일본군은 필리핀 수도 마닐라를 점령했다. 일본은 이른바 대동아공영권 구도에 따라 필리핀을 포함해 새롭게 병합된 영토에 자신들의 정치·경제·이데올로기적 헤게모니를 구축하고자 했다. 필리핀은 이제 일본 제국주의의 식민지 체제로 편입되었다.

일본 점령군 당국은 1942년 1월 말부터 군사·경찰 기구와 현지 협력 그룹을 동원해 공산주의자들을 비롯한 필리핀 사회의 애국자들을 탄압했다. 1942년 1월에는 루손 섬의 중부 지역에서 최초의 파르티잔 부대가 활동을 벌였다. 1942년 2월 16일에는 노동단체와 농민 조직의 대표자들이 회의를 열어 '전국반일통일전선' 결성을 선언했다. 1942년 3월에는 후크발라합 Hukbalahap(항일인민군)을 편성했는데, 여기에는 공산당이 지도한 파르티잔 부대와 농촌에서 자연발생적으로 생긴 자위 부대가 참가했다. 후크발라합은 현지 주민들의 넓은 지지를 받았으며, 전투 능력 있는 부대로 성장했다. 1942년 말, 후크발라합은 루손 섬 중부 몇 개 지역을 해방하고 민주적 자치 기관을 설치했다(Lachica 1971, 114~115; The USSR Academy of Sciences 1985, 693에서 재인용).

태평양전쟁이 끝날 무렵, 후크발라합은 전사 1만 명과 예비병 약 3만 명을 포괄했다. 후크발라합은 미국군의 루손 섬 진격(1945년 1~2월)에 지원군으로서 적극적인 역할을 수행했다. 그러나 필리핀 군도에서 일본군을 격퇴한 미국군은 필리핀의 애국·민주 세력에 대해 탄압을 가했다. 미국은 필리핀에서 그들의 지배를 회복하고자 했던 것이다. 그러나 필리핀의 인민대중은 미국의 지배와 억압에 저항했다. 제2차 세계대전이 종결된 지 1년 뒤에 필리핀은 마침내 독립을 이룩했다(The USSR Academy of Sciences 1985, 694).


## 5. 인도네시아

1942년 1월 일본군이 인도네시아를 침공한 뒤, 같은 해 8월부터는 일본 총독(군사령관)이 관장하는 행정부가 인도네시아를 지배하게 되었다. 일본 식민지 권력은 이른바 '3A 운동'을 자와 전 지역에 실행했다. 3A 운동은 일본이 아시아의 지도자이며 아시아의 보호자인 동시에 아시아의 빛이라는 그들의 슬로건에서 따온 것이었다. 일본은 3A 운동을 통해 식민 통치의 기반을 세우지는 못했다. 인도네시아인 관리들이 협조하지 않았고, 민족주의자들이 이를 도외시해 아무도 참여하지 않았기 때문이었다(양승윤 2005, 354~355).

일본이 실시한 식민지 체제와 테러, 착취의 강화, 생활 상태의 곤궁, 일본의 '해방자 사명'에 대한 거부 등은 인도네시아 인민의 민족해방투쟁 고양을 촉진했다. 인도네시아 군도의 여러 지역에서 강제 공출, 징발, 노역의무 등에 반대하는 노동자투쟁과 농민의 자연발생적 행동이 일어났다.

1942년 후반부터 반파시즘 인민 운동 조직과 그 밖의 다른 조직 활동이 활발해졌으며, 항일운동 조직의 지하활동도 넓게 전개되었다. 최초로 만들어진 지하조직은 네덜란드 통치 시기의 저명한 운동가 아미르 샤리푸딘의 그룹이었다. 일본군은 1943년 1월, 샤리푸딘과 그룹 활동가 53명을 체포하고 조직을 깨뜨렸다.

한편, 민족주의 그룹은 일본군과 일정한 협력을 취하면서 일본 통치 상황에서 합법 조직을 통해 자신들의 영향력을 확대하고자 했다. 민족주의 운동에서 주도적 역할을 했던 무하마드 하타는 전면에 나서 일본에 동조하면서 일본 식민 통치의 가혹함을 완화시키고자 했다. 민족주의 운동 지도자 가운데 한 사람인 수탄 샤리르는 해체된 신인도네시아국민당의 당원들로 구성된 지하조직을 결성해 연합군과 연락을 갖고 일본에 대항해 무력 저항을 감행하려 했다. 하타와 샤흐리르는 1942년 7월 초순에 수카르노와 합류했고, 수카르노는 일본에 압력을 가해 대중정치 기구 창설을 지속적으로 시도했다(양승윤 2005, 355~356).

전쟁 말기에 인도네시아 저항운동은 더욱 강화되었다. 저항운동의 여러 갈래 — 농민과 도시빈민의 행동, 변경에서 일어난 봉기, 일본군이 편성한 '조국방위의용군' 내의 소동, 지하조직 활동, 점령군의 양보와 술책에 불만을 품은 민족 부르주아지의 요구 — 는 인도네시아 혁명 정세를 조성했고, 1945년 8월 일본 패배는 인도네시아 혁명의 승리를 가능하게 했다(The USSR Academy of Sciences 1985, 696).


## 6. 조선

일본에서는 1932년 3월 군부 내각이 등장하고, 1936년 2월 26일에는 일본 육군의 황도파 장교들이 쿠데타를 일으킨 사건을 계기로 해 파시즘 체제가 강화되었다. 일본은 1931년 만주 침략과 1937년 중일전쟁, 그리고 1941년의 태평양전쟁을 거치면서 침략 전쟁을 본격화했다. 일본 제국주의는 식민지 조선을 종래의 식량 공급과 상품 판매 시장으로서 역할뿐만 아니라 더 나아가 과잉자본 투자와 전쟁 수행을 위한 군수물자를 보급하는 대륙 침략의 병참기지로 만들었다.

일본 제국주의가 조선에서 시행한 전시 노동정책은 조선인을 전쟁 노동력으로 최대한 동원하고, 동원된 노동력에 대해서는 노동 능률을 향상시켜 군수물자를 효율적으로 생산하도록 하는 데 그 목표를 두었다. 전시체제 시기 일제의 노동력 동원 정책은 '국가총동원법'[4]을 조선에 적용해 법령의 틀

---

**4**_일본 제국주의가 1938년 4월 공포해 5월부터 시행한 일본의 전시 통제법으로서, 전쟁에 전력을 집중하기 위해 인적·물적 자원을 마음대로 동원·통제할 목적으로 만든 법이다. 이 법에 따라 전시에는 정부가 노동력, 물자, 자금, 시설, 사업, 물가, 출판 등을 완전 통제하고, 평상시에는 직업 능력 조사, 기능자 양성, 물자 비축 등을 지시했다. 이 법은 일본 본토는 물론, 일제강점기 조선과 타이완, 괴뢰 정권인 만주국에도 적용되어 강제 징용·징병(징병은 1943년에 시행),식량 공출 등 전시 통제 체제가 시행되었다. 이 법은 일제가 패망 한 이후 1946년에야 완전 폐지되었다.

을 갖추고, 노동력 동원 규모를 파악하기 위한 노동력 조사를 토대로 직간접적인 노동력 동원을 추진했다. 즉, 노동이동의 제한과 숙련노동자 양성 등 간접적인 노동력 동원 정책을 실행하기도 했고, 이와 함께 모집·알선·징용, '근로보국대' 등을 통한 직접적인 방식을 병행했다(김경일 2004, 374).

국가총동원법 제4조는 "정부는 전시에 국가총동원 상 필요할 때는 칙령勅令이 정하는 바에 따라 제국帝國 신민臣民을 징용해서 총동원업무에 종사할 수 있다"고 규정했다. 이 법에 근거해 일제는 1939년 7월 국민 징용령을 제정했다. 이런 법령에 따라 1944년 11월 말까지 일제가 조선 내에서 노동력을 징용해 일을 시킨 공장·광산은 144개소, 종업원은 15만3,580명이었다. 또 노동력 강제 동원 범주의 하나인 근로보국대가 1941년 12월부터 시행되었는데, 1945년까지 조선 내에서 약 460만 명이 동원되었다. 그리고 일본, 사할린, 태평양 군도 등지로 강제 동원된 조선인은 일본 자료에 따르더라도 1939~1945년까지 76만7천 명에 이른다. 이 시기 강제 동원된 조선인 수는 150만 명에 이르는 것으로 추정된다(박경식 1965, 60; 김경일 2004, 382~385).

일본 제국주의는 전쟁 시기에 노동력 강제 동원과 더불어 노동자계급에 대한 통제·억압·착취를 더욱 강화했다. 이와 같은 조건에서 노동자투쟁은 이전과는 다른 양상을 나타내면서 전개되었다. 중일전쟁 직후인 1938~1941년까지의 파업 동향은 〈표 1〉에서 보는 바와 같다.

노동자 파업 추이를 보면, 1936년 이전에 비해서는 파업 건수가 두드러지게 감소했다. 조선총독부는 1940년 이후 노동자파업 감소의 원인을 임금 임시조치령(1939년 10월) 시행에 따라 공정임금이 적용되어 모든 업종에서 조선인 노동자에 대한 임금, 대우 등의 차별이 없어졌다는 점, 둘째, 노동자층의 '시국 인식'이 철저해졌다는 점, 셋째, 기업주 측 '자각'이 뒤따랐다는 점 등을 지적하고 있다. 그러나 일제의 군수산업 기반이 집중되어 있던 북

| 표 1 | 1938~1941년의 파업 추이 | | | | | | | 단위: 명, 건수 |
|---|---|---|---|---|---|---|---|---|
| 연도 | 건수 | 참가 인원 | 원인 | | | 결과 | | |
| | | | 임금 | 대우 | 기타 | 성공 | 실패 | 타협 |
| 1938 | 90 | 6,929 | | | | | | |
| 1939 | 146 | 10,129 | | | | | | |
| 1940 | 96 | 4,045 | 75 | 5 | 16 | 33 | 22 | 41 |
| 1941 | 56 | 1,799 | 38 | 2 | 16 | 15 | 16 | 25 |

주: 1941년은 9월까지임.

자료: 조선총독부 경무국(1941).

부 지방을 중심으로 한 노동자들의 반제·반전 투쟁은 지속적으로 전개되었다(김경일 2004, 399).

전시 동원 체제에서 노동자들은 일제 통치 반대나 전쟁 반대를 공개적이고도 전면적으로 제기하기는 어려웠다. 그런데도 이 시기 노동자들은 일제의 침략 전쟁에 반대하는 파업·시위·폭동을 시도했으며, 노동자들의 저항 투쟁은 파업을 비롯해 태업, 집단 탈주, 기계 파괴 등으로 나타났다. 1940년대 들어 전국 각지의 노동자들은 일제의 전시 정책을 파탄내기 위한 각종 형태의 반일·반전 운동에 적극 참여했다. 예컨대 1940~1943년 동안 문평제련소 노동자들은 여러 가지 방법으로 일제의 전시 생산을 방해하는 투쟁을 전개했다.

이와 아울러 노동자들 사이에서는 일제의 패망이 가까워졌다는 정세 판단에 따라 무장봉기를 계획하고 투쟁을 벌이는 움직임도 있었다. 일제의 비밀 문건에 따르면, 평양 철공노동자들은 1941년 1월에 비밀리에 자치 철공소를 설치하고 무기를 제작해 결정적 시기에 무장 폭동을 일으키기로 계획했으며, 함경북도 계림 탄광노동자들도 비밀 근거지를 두고 무장투쟁을 통한 반일 운동을 준비했다.

1943~1944년 동안 청진 지역에서 전개된 혁명적 노동자투쟁도 무장투쟁을 계획한 전형적인 사례다. 청진 지역에는 일본 제철, 미쓰비시제강소, 일본 방적, 조선지유脂油회사 등 일제의 군수공업과 군사시설이 집중되어 있었다. 청진의 중요 공장과 기업소 내 선진적 노동자들은 노동자 대중을 혁명적인 지하조직으로 결속하기 위해 노력을 기울이는 한편, 반일 무장 폭동을 조직하기 위한 준비 사업으로 준비회를 결성했다. 운동이 진전되면서 이들은 준비회를 해산하고 주요한 공장에 지구위원회를 조직했으며, 그 아래에 소조小組를 두어 운동을 통일적으로 지도하고자 했다. 이와 같이 노동자들 사이에서 반일·반전 의식이 고양되면서 노동자들은 일제에 대항할 구체적인 투쟁 방법으로 반일 무장봉기와 함께 항일 유격대와 연계를 가질 것을 계획했다(김경일 2004, 406~407).

제2차 세계대전 시기 노동자계급의 반제·반일 투쟁 말고도 농민운동, 학생운동, 민족주의 운동이 일제의 파쇼적 탄압 속에서도 비록 지하에서 극히 침체된 양상으로나마 지속적으로 전개되었다. 중국 동북 지역에서는 1936년 5월에 결성된 '조국광복회'[5]가 중심이 되어 항일 무장투쟁을 계속적으로 전개했다. 인민혁명군 부대는 일제의 격렬한 '토벌 작전'에 저항하면서 1941년부터 소규모 군사작전을 전개했고, 인민들 사이에서 정치 사업을 전개했다(사회과학원역사연구소 1988, 283; 331).

---

5_ 조국광복회는 개인 자격으로 구성된 반일 민족통일전선체로서 김일성을 중심으로 한 조선인민혁명군의 정치조직이다. 조국광복회는 "조선 민족을 총동원해 광범한 반일통일전선을 실현함으로써 강도 일본제국주의 통치를 전복시키고 진정한 조선인민정부를 수립할 것"을 10대 강령의 하나로 제시했다.

# 8장

# 라틴아메리카 국가들에서 전개된 전쟁 반대와 반파시즘 해방 투쟁

며칠 전까지만 해도 반공의 기치 아래
인류와 도시들과 논밭과 마을들과 사람들과 문화를 학살하고, 파괴하고,
더럽히고, 모독하고, 침략하고, 살해한 미치광이가 존재했습니다.
이 인간은 엄청난 세력을 규합하고 이끌어
인류 역사상 가장 거대한 증오와 폭력의 격류를 만들어 냈습니다.
오늘 그는 파멸한 나라의 폐허 옆에서
자신이 무덤으로 끌고 간 수백만의 죽은 자들에 둘러싸인 채,
불에 타서 바싹 마른 고깃덩이처럼 뒤틀린 채
개인 요새의 잔해 아래 이름 없이 묻혀 있습니다.
지금 그 요새 위에는 별과 망치와 낫이 그려진
영광스러운 붉은 깃발이 나부끼고 있습니다.
그리고 이 깃발은 승리를 상징하는 다른 것들과 더불어
평화와 모욕당한 우리의 인간적 존엄성 재건을 의미합니다.

_파블로 네루다(펜스타인 2005, 300에서 재인용)

라틴아메리카 대륙 국가들은 제2차 세계대전에 직접 참가하지는 않았다. 그래서 라틴아메리카 국가의 국민은 유럽이나 아시아의 많은 국민이 당했던 것과 같은 피해를 체험하지는 않았다. 전투에 참가한 경우는 브라질인(이탈리아에서 싸웠던 약 2만 명의 원정병단)과 멕시코인(미국 군대 내의 항공 대대)뿐이었다. 그렇다 하더라도 전쟁은 라틴아메리카 사람들에게 중대한 정치적 문제였다.

제2차 세계대전 기간에 라틴아메리카에서 영향력을 증강하기 위한 제국주의 열강의 투쟁은 치열했다. 독일, 이탈리아, 일본, 영국이 라틴아메리카 국가들을 자신의 영향권에 두거나 기득권을 유지하기 위해 온갖 노력을 기울였다. 미국은 이런 상황을 이용해 서반구(경도 0선을 기준으로 해 서쪽을 지칭, 여기서는 미주 지역을 일컫는다) 전역에 걸쳐 자신의 독점적 지배를 확립하고자 했다. 제2차 세계대전 기간에 라틴아메리카 대부분의 국가에서 지배 세력이 우려한 것은 반파시즘 투쟁이 권위주의적 정치체제를 무너뜨리지나 않을까 하는 것이었다. 그래서 지배층은 국내 정치에서 반동적 방침을 포기하지 않았으며, 미국은 이와 같은 정책을 전폭으로 지지했다. 지배 세력이 펴는 선전의 핵심은 민족주의로서, 그것은 때로 '반제국주의 투쟁'이라는 민중 선동적 슬로건으로 사용되었다. 일부 민족개량주의 활동가들은 미국 제국주의에 반대하는 일체의 활동을 중지해야 한다는 것을 노동자들에게 강조했다(The USSR Academy of Sciences 1985, 704).

미국은 전쟁을 구실 삼아 라틴아메리카 국가들에 대해 경제적인 종속을 강화하고자 했으며, 이와 같은 경제적 종속 체제는 정치 협정이나 군사 협정을 통해 보완되었다. 미국은 지배 체제를 강화하기 위해 외무부 장관 회의를 정기적으로 개최했고, 첫 회의는 1939년 9~10월에 파나마에서 열렸다. 이 회의는 아메리카 공화국들의 중립에 관한 일반 선언과 파나마선언을 채택했다.

미국은 제2차 세계대전에 참가하면서 라틴아메리카 국가들을 전쟁에 끌어들이려 시도했다. 1941년 1월 미국은 임대차Lend Lease 협정을 체결해 일부 라틴아메리카 국가들에 군대를 주둔시켰다. 1941년 12월 서인도제도와 중앙아메리카 국가들은 파시스트 진영에 대해 선전포고를 했고, 이어서 멕시코, 브라질, 볼리비아, 콜롬비아와 여러 라틴아메리카 국가들도 추축국들에 선전포고를 했다. 칠레와 아르헨티나는 1945년 초에 파시스트 국가에 선전포고를 했다.

이런 과정에서 미국은 라틴아메리카 국가들에 대한 자본투자를 늘렸으며, 무역을 확대했다. 미국은 또 라틴아메리카에서 전략 물자와 식량을 획득했으며, 정치적 영향력을 증대했다. 1945년 2월에는 '전쟁과 평화 문제에 관한 범아메리카회의'가 멕시코에서 열렸다. 이 회의에서 미국은 라틴아메리카 국가들의 경제를 미국에 완전히 예속시키는 클레이턴 계획Clayton Plan을 승인받고자 했다. 이와 동시에 차풀테펙Chapultepec 법안을 통과했는데, 이것은 아메리카 대륙 인민의 연대와 주권에 대한 권리 등에 관련해 선동적인 슬로건을 내세운 가운데 미국을 위한 아메리카 국가들의 정치·군사적 블록 구축의 길을 열어 놓았다(Alexandrov 1986, 687).

이런 정세에서 라틴아메리카 국가들의 진보적인 대중 단체들은 반파시즘 투쟁 참가에 대한 광범한 캠페인을 전개했다. 라틴아메리카노동총동맹 중앙위원회는 이미 1940년 6월에 결의를 채택했다. 결의는 "사회적 이데올로기로서 파시즘에 반대하고, 정치·경제·문화 등의 분야에서 파시즘의 모든 표현에도 반대하며 아메리카 대륙에 존재하는 독재 정권과 파시스트 정권에 대항하기 위한 공동전선 결성을 위해 궐기할 것을 라틴아메리카 대륙 노동자들에게 호소했다"(CTAL 1948, 27~28; The USSR Academy of Sciences

1985, 705에서 재인용).

라틴아메리카 국가들에서 전개된 전쟁과 파시즘에 반대한 인민들의 투쟁을 각 국가별로 살펴본다.


## 1. 아르헨티나

제2차 세계대전이 발발한 뒤, 아르헨티나는 범아메리카 방위동맹 참가에 대한 미국의 제안을 거부하고 1939년 9월 4일 중립을 선언했다. 아르헨티나 지배층이 취한 이런 방침은 양대 교전 집단들과 무역을 확대함으로써 막대한 이익을 획득하려는 의도에서 나온 것이었다. 그러나 1940년 독일이 프랑스를 점령하고 영국이 해상 봉쇄를 단행하자, 아르헨티나는 수출 상품의 85퍼센트를 받아들이는 유럽 시장을 상실하게 되었다.

아르헨티나 정부는 미국과 긴밀한 협력을 통해 경제 위기를 타개하고자 했다. 그러나 미국은 아르헨티나 농산물이 자국의 농업 불황을 가중시킬 것을 우려해 높은 관세장벽을 설치했다. 더욱이 제2차 세계대전이 발발한 이후 아르헨티나가 중립을 표방하자, 대對미국 관계는 더한층 악화되었다. 범아메리카 연대를 표방하면서 라틴아메리카를 연합국 측에 끌어들이려 했던 미국으로서는 중립을 고수하는 아르헨티나가 걸림돌이었다.

1940~1943년은 정치적으로도 대단히 불안정한 시기였다. 1940년 의회 선거에서 급진당이 다수파가 되었고, 1942년 부정선거를 통해 정권을 장악한 카스티요는 계엄을 선포하고 비상대권에 의지해 통치권을 유지했다. 한편, 미국은 1941년 무기대여법 제정 이후, 몇몇 라틴아메리카 국가들, 특히 브라질에 무기를 공급했으나 아르헨티나에 대해서는 무기 수출을 금지했

다. 경제적 위기를 타개하지 못한 카스티요 정부의 무능력과 일본의 진주만 공격 이후 계속된 계엄 상태, 그리고 대외정책 실패 등으로 정부에 대한 국민의 반발은 점점 커졌다(Ruiz-Guifíazú 1942; 이계현 1996, 70에서 재인용).

1942년 1월 브라질의 리우데자네이루에서 열린 범아메리카회의 이후에도 아르헨티나는 중립 정책을 고수했다. 이와 같은 아르헨티나의 외교 방침에 대해 미국은 적극적인 반대 의사를 나타내면서 압력을 행사했고, 카스티요 정부를 파시스트 정권으로 치부했다.

이와 같은 상황에서 1941년 8월에는 노동총동맹CGT이 파시즘에 대항해 투쟁하는 국민과 연대해 단기간의 총파업을 결행하겠다고 선언했다. 또 아르헨티나의 진보적 지식인이 파시즘에 반대해 투쟁하고 있는 국민을 원조하기 위해 '민주위원회'를 조직했다(The USSR Academy of Sciences 1985, 705).

이런 정세에서 대통령 선거가 임박해진 시점인 1943년 6월 4일 '연합장교단'[1]이 쿠데타를 감행했다. 이들은 반공주의와 경제적 독립을 주장했으며, 민주주의를 위해 투쟁해 왔던 많은 사람을 투옥시키거나 집단수용소로 보냈다(강석영 1996b, 56).

쿠데타 이후 군부는 국민과 정치 세력의 지지를 쉽게 획득하지 못했다. 카스티요를 축출한 것은 보수주의자들의 분노를 사게 되었고, 정권을 장악한 페드로 라미레스가 의회를 해산한 것은 급진당을 비롯한 정당의 강한 반

---

1_ 연합장교단이 쿠데타의 주도 세력이었다고 알려져 있지만, 사실상 연합장교단은 쿠데타 세력 가운데 하나였을 뿐이라는 주장이 설득력을 갖는다. 연합장교단이 공식 조직으로 등장한 것은 1943년 3월이었고 구성원도 대부분 대령과 중령급 군인으로서 쿠데타를 일으킬 만한 군대를 장악하고 있지도 못했다는 것이다(이계현 1996, 71).

발을 낳게 되었다. 그리고 정부는 노동운동에 대해서도 탄압 조치를 취했으며, 노동조직에 대해 분열을 획책했다.

1944년 1월, 아르헨티나는 미국과 국교단절을 선언했다. 이런 상황에서 아르헨티나 군부는 선거제도를 폐지하고 에델미로 파렐을 대통령으로 추대했다. 1944년 중반에 이르러 큰 정치 변화가 일어났다. 파렐은 여전히 대통령직을 유지하고는 있었으나, 실제 권력은 그의 부관인 후안 도밍고 페론 대령이 장악했다.

여기서 아르헨티나의 노동운동과 페로니즘Peronism에 관해 구체적으로 살펴본다. 페론은 정권의 지지 기반을 넓히기 위해 각계각층과 접촉했다. 우선 자본가들의 협력을 얻기 위해 노력했으나, 자본가 측은 군사정권이 그리 오래 유지되지는 못할 것으로 판단하고 급진당을 지지했다. 다음으로 급진당에 접근해 지지를 구했으나, 거부당했다. 그런 가운데 파렐 정권에 대한 반발은 더 커졌으며, 1943년 하반기에는 크고 작은 파업이 빈번하게 발생했다. 1930년대 후반에 진행된 노동운동 고양과 성장이 이를 뒷받침했다. 이제 페론은 노동자계급의 지지를 획득하기 위해 구체적인 행동 프로그램을 정하고, 이를 실행했다.

그는 노동조합 지도자들을 만나 그들의 요구 해결을 약속했고, 노동복지부 설치 계획을 밝혔다. 페론은 1943년 10월 내각 개편에서 노동부 장관으로 임명되었고, 1943년 11월에는 노동부가 노동사회복지부로 개편되었다. 그가 노동복지부 장관으로 재직했던 1945년까지 의료보험과 연금보험을 포함한 사회보장 확대와 사용자의 해고 제한을 비롯한 노동관계법 제정이 이루어졌다. 노동관계법과 사회입법이 제정될 때마다 페론의 이름이 서명되었고, 주요한 노사 교섭이 타결되는 곳에 그가 있었다.

페론은 단체교섭에 대한 적극적인 개입이나 사회보장 정책의 확충을 위해 노력했지만,[2] 무엇보다 그가 중요시했던 것은 노동자 조직 확대와 안정화였다. 그는 노동총동맹의 정상적인 활동을 보장하고 '철도노동조합'Unión Ferroviaria, UF[3]을 비롯한 기존 노동운동 세력에 접근해 정부에 대한 협력을 호소했다. 그 결과 1941년 당시 노조 수는 356개였으나 1945년 말에는 969개로 크게 증가했다. 그러나 노동조합원 수는 44만 명에서 53만 명으로 19.7퍼센트밖에 늘어나지 않았다(이계현 1999, 77~78).

이와 같이 노동조합 조직은 확대되었는데도 1930년대부터 활동했던 노동운동 지도자들이 여전히 핵심 노조에 대한 지도력을 유지하고 있었고, 철도노조를 비롯한 몇몇 핵심 노조가 노동총동맹과 노동운동 주도권을 장악하고 있었다. 이들 노동운동 지도자들은 페론과 협력함으로써 빠른 시일 안에 조직을 확대하고 노동자계급 사이에서 자신들의 입지를 강화하고자 했다. 노동운동 내부의 이와 같은 상황을 반영해, 1945년 이후에는 노동총동맹 내에서도 반反페론 세력이 생겨났고, 철도노조 내부에서도 페론에 반대하는 세력은 친親페론 경향의 노동총동맹 지도부가 페론에게 설득당해 자신들의 진정한 계급의식을 포기하고 있다고 비판했다(이계현 1999, 82).

페론은 1944년 6월에 노동복지 장관이자 전쟁부 장관, 그리고 부통령까지 겸직하게 되어 막강한 권력을 행사할 수 있게 되었다. 그러나 페론에 반대하는 세력도 점점 확대되었다. 우선 연합장교단을 사조직화하고 있다는 구실로 군부 내에서 반대파가 형성되었고, 노동정책이나 사회정책 시행으

---

**2**_1944년 한 해 동안에만 1천 건의 단체교섭이 노동복지부의 중재에 따라 타결되었고, 그 이듬해에는 전례가 없을 정도로 많은 파업이 노동 측에 유리하게 마무리되었다. 그리고 페론이 노동복지부 장관으로 있는 동안 사회보험의 혜택을 받는 사람이 40만 명에서 200만 명으로 증가했다(이계현 1999, 77).

**3**_철도노동조합은 1922년에 기존 철도노동조합에 속하지 않은 철도노동자들을 대표하는 기구로 조직되었다.

로 자본가 측 불만은 일찍부터 극심한 편이었다.

노동운동 내부에서도 반페론 세력이 일정 정도 존재하고 있었으며, 몬테비데오나 우루과이로 망명한 노동운동 지도자들은 '독립노동조합운동노동위원회'를 조직해 페론 정권에 대항하는 투쟁을 전개했다(Troncoso & Burnet 1962, 55). 대외적으로는 미국이 군사정부의 막강한 실력자로 떠오른 페론을 주된 공격 대상으로 삼았다.

페론에 반대하는 직접적인 행동은 역시 자본가 측에서 촉발되었다. 1945년 6월 16일, 아르헨티나산업연맹과 상업회의Cámara de Comercio에 소속된 300여 개의 사용자단체들은 성명을 내고 사회개혁 프로그램을 반대하고 나섰다. 9월 19일에는 부에노스아이레스에서 '헌법과 자유의 행진'이라는 대규모 시위가 거행되었다.[4] 시위 참가자들은 페론과 파렐 정부 퇴진을 요구하면서, 권력을 최고법원에 이양하고 빠른 시일 안에 선거 실시를 주장했다.

자본가 측의 이런 행동에 대해 노동총동맹과 몇몇 노동조합들은 반대성명을 발표했다. 성명 표제는 '노동복지부를 통해 노동자들이 얻은 성과를 지키기 위해'였다. 그러나 노동조합의 이런 성명이 전적으로 페론을 지지한데서 나온 것이라는 근거는 되지 않는다.

군부 내 반페론파는 자본가들이나 노동자들보다 더욱 강력한 반대 세력을 형성하고 있었다. 보수적인 장교 집단은 노동자계급과 연대를 공고히 함으로써 정권의 대중적 기반을 마련하려는 페론의 시도를 처음부터 못마땅하게 인식하고 있었다. 1945년 10월 8일 저녁 반페론 장교 집단이 회합을 갖고 페론 해임을 대통령에게 요구했으며, 파렐 대통령은 10월 9일 오후 페

---

**4_**시위의 규모에 대해 『타임스』(1945년 9월 20일자)는 50만 명이라고 보도했고, 학자들은 40만 명 또는 25만 명으로 추산했으며 페론주의자들은 시위 군중을 6만5천 명이라고 발표했다.

론의 해임을 공식 발표했고 10월 12일 페론은 구속되었다.

10월 13일부터 노동자들의 시위가 산발적으로 진행되었다. 페론 석방과 복귀를 요구하는 시위대는 점점 불어났고, 10월 16일에는 부에노스아이레스 집결을 시도했으며 10월 17일에는 오월 광장에서 절정을 이루었다. 부에노스아이레스로 향하는 철도와 도로는 봉쇄되었고 모든 냉동 창고는 문을 닫았다. 그날 오후 수도 중심부인 오월 광장과 대통령궁 주변에 군중 수십만 명이 몰려들었다. 정부는 시위대의 위세에 굴복해 밤늦게 페론을 석방했다. 시위대가 승리한 것이다(이계현 1999, 83).

파렐 대통령은 1946년 2월 24일에 대통령과 부통령, 국회의원, 그리고 지방자치단체 장들을 뽑는 선거를 치르겠다고 발표했다. 페론은 그를 지지하는 노동조합 지도자들을 주축으로 해 '노동당'을 창설했다. 2월 24일 치러진 대통령 선거에서 페론은 총 273만4,396표 가운데 152만7,231표를 획득해 대통령에 당선되었다. 의회(상원과 하원) 선거와 지방정부 선거에서도 노동당이 다수를 차지했다.

페론 정권이 출범한 이후, 노동관계법 개정에 따라 '정당한 이유 없는' 해고는 금지되었으며 임금은 이전에 비해서는 높은 수준으로 인상되었고 부가급부도 증가했다. 노동조합의 조직 확대가 급속하게 이루어졌다. 1945년 당시 노동조합원은 53만 명이던 것이 1947년에는 150만 명으로, 1950년에는 200만 명으로 증가했다. 노동조합 구조면에서도 산업별 노조 체계가 확산되었다(이계현 1999, 90).

페론은 1948년에 계급화해와 사회통합을 목표로 하는 '정의주의'Justicialismo를 내세웠다. 이른바 페론주의가 자리를 잡게 된 것이다. 노동운동은 페론주의 대두와 확산에 따라 경제적 이해와 노동조합의 기본 권리를 일정 정도 확보할 수 있었다. 그러나 노동운동은 권력의 양보와 시혜에 지나치게 의존한 나머지 노동운동 본래의 주체성과 투쟁성을 상실하게 되었고, 계급적 독자성을 확보하지 못했다. 오히려 국가의 통제에 종속되는 양상을 나타냈다. 노동자들은 제도적으로 자유로운 단결권, 정부의 간섭 없는 단체교섭권, 그리고 법적 제약 없는 단체행동권을 보장받지 못했던 사실이 그와 같은 상황을 반증한다(Troncoso & Burnet 1962, 54).

더욱이 노동총동맹이 창설되었는데도 조직 내부의 이데올로기적 분열과 분파주의 때문에 노동운동이 강력한 사회 세력으로 성장하지 못했고, 노동자계급의 조직적인 힘이 정치 세력으로 발전하지 못했다.

1955년 9월 페론 체제가 붕괴된 뒤, 페론 지배에 반대해 온 노동운동 세력은 자유로운 전국 중앙 조직의 재조직을 통해 노동운동 발전을 위해 단결하자고 호소했다.


## 2. 칠레

1938년 10월 25일에 실시된 대통령 선거에서 급진당, 민주당, 사회당, 공산당, 칠레노동총연맹이 창설한 프랑스 모델의 인민전선 후보인 페드로 아기레 세르다가 당선되었다.

인민전선이 내세운 프로그램은 민주주의적 기본 권리 보장, 경제의 계획적 운용, 독점기업 횡포 시정, 사회보장제도 개선, 실업 대책 강구, 토지 개혁 실시 등을 목표로 설정했다. 세르다 정부의 정책은 노동자들의 절실한 요구를 수렴하고자 했다. 출판과 집회 자유가 부활되었고, 주요 식료품 가격이 인하되었으며 몇몇 분야의 노동자 임금이 인상되었다. 산업개발처와 같은 계획 기관이 설치되었다. 그리고 농민을 위한 은행신용이 개설되고,

보건과 교육 분야에서도 개혁이 이루어졌다(The USSR Academy of Sciences 1985, 568~569).

1939년 1월에는 탈카와 비오비오 사이의 가장 비옥한 6개 주를 폐허로 만든 대지진이 발생했다. 콘셉시온, 발디비아, 치얀 등의 도시들이 파괴되어 사상자가 3만 명 이상이나 발생했고, 농산물을 비롯한 엄청난 재산 피해가 생겼다. 같은 해 9월에는 제2차 세계대전이 발발했다.

칠레 정부는 지진 피해 복구를 위해 재건지원처와 산업진흥청을 설치해 긴급 대책을 실시하는 한편, 아르헨티나를 비롯한 인접국과 미국, 유럽 국가들의 지원으로 긴급 복구 작업을 전개했다. 이 과정에서 인민전선 정부를 뒷받침하고 있던 급진당과 사회당 사이에 노선 갈등이 일어났다. 그러나 세르다는 1939년 의회 선거 이후 약간 의석이 많은 다수파와 제휴할 수 있었다.

한편, 세르다는 '정치는 교육이다'는 기치를 내걸며 학교 1천 개를 세우고 교사 3천 명을 증원했다. 또 대학교육을 개혁해 과학교육을 강화했다. 그리고 세르다는 지진 피해 복구와 방대한 산업화 계획을 추진하기 위해 미국의 수출입은행으로부터 차관을 1,200만 달러 도입했고, 남극 대륙에서 국가 경계를 남위 55도와 서경 90도로 확정하는 법령을 공포해 영토 125만 제곱킬로미터를 확장했다.

세르다 정부는 종업원들의 임금 일부를 적립해 기업의 자본금으로 흡수하는 정책을 수립했으며, 이와 동시에 사회구제 사업, 국민보건과 사회보장 제도를 확충했고 최저임금제를 도입했다. 그리고 노동자들을 위한 주택 건설 사업을 시행했으며, 토지 분배법에 근거해 농업 단지 형태로 새로이 조성된 농지 1만5천 헥타르를 농민 4천 명에게 분배했다.

1941년 3월 2일에 실시한 의회 선거에서는 좌파가 승리해 다수파가 되었다. 선거에서 급진파 42명, 사회주의자 17명, 공산당원 16명, 민주주의자

9명, 급진사회파 1명이 선출되었다. 우파 측에서는 보수주의자 32명, 자유주의자 21명, 농민파 3명이 당선되었다. 한편, 국민팔랑헤당은 3명, 반정부 인민사회주의 전위 정당은 2명이 선출되었으나 곧바로 당이 해산되었다.

선거가 끝난 직후 좌파 진영 내부에서 분열이 발생했다. 사회당 내부에서 극단적 성향의 집단이 대두하면서 사회당은 이들을 배제시킨 채, '노동사회당'을 결성했다. 이어 1941년에는 사회주의 지도자 오스카르 슈네이크 베르가라가 공산주의자들을 배제하고 좌익 블록을 결성하자고 제안했으나 급진당은 이런 제안을 수락하지 않았다. 공산당은 행정부와 공직에서 물러나 대중조직과 더불어 투쟁 전선을 구축함으로써 인민전선은 와해되었다 (강석영 2003, 290~292).

1941년 11월 세르다 대통령이 사망한 뒤, 1942년 2월 1일에 실시된 대통령 선거에서 급진당 출신 후안 안토니오 리오스가 당선되었다. 리오스 내각에는 급진주의, 사회주의, 민주주의, 자유주의자들이 참여했다. 리오스 정부는 1943년 1월 20일 독일, 이탈리아, 일본과 외교 관계를 단절했고, 1945년 4월 13일에는 일본에 대해 전쟁을 선포했다. 리오스 정부는 세르다 정부가 추진했던 수력발전소 건설, 제철산업 육성, 석유탐사와 농업 부흥 정책을 계속 시행했다.

1946년 6월 27일 리오스가 사망하고, 같은 해 9월 4일 실시된 대통령 선거에서 가브리엘 곤살레스 비델라가 우세했으나 과반수 득표를 하지 못해, 10월 24일 실시된 의회의 결선투표에서 당선되었다. 비델라는 내각 구성에서 급진주의자 3명, 자유주의자 3명, 공산주의자 3명을 참여시켰다. 공산당 출신 장관들은 공공 행정 분야를 맡았다. 한편, 공산당은 1947년 4월 6일에 실시될 지방선거에 대비해 노동자들의 파업과 시위를 주도했다. 이에 우익 세력들은 이른바 '반공칠레운동'이라는 조직을 결성했다.

1947년 7월 중순에는 산티아고에서 버스 파업의 발생을 계기로 대통령과 공산당 관계가 단절되었다. 비델라 정부는 1948년 2월 급진파, 자유주의, 민주주의, 그리고 전통적 보수파 인사들로 거국내각을 구성했다. 비델라 정부는 '민주주의 수호를 위한 법률'을 제정해 공산당을 불법화하고 공산당원 수천 명에 대해 선거권을 박탈하는 동시에 공산주의자들이 노동조합 간부직을 맡는 것을 금지했다. 그리하여 4~5만 명의 공산주의자들이 지하로 숨어드는 상황이 되었다. 비델라 정부는 칠레에서 공산주의를 분쇄하기 위해 여러 가지 방법을 동원했으며 공산주의 노동운동가들을 체포 또는 국외로 추방했다. 결국 비델라 정권은 집권 초기에는 공산당과 협력해 직무를 시작했으나 임기 말에는 반공주의자가 되었다(강석영 1996b, 197~198).

이와 같은 정부의 혹심한 탄압에도 아랑곳없이 공산주의 세력의 영향력은 그대로 존속했다. 그들의 강력한 힘은 탄광, 질산광산, 건설업, 제빵공장, 항만 그리고 몇몇 산업에서 발휘되고 있었다. 그러나 공산주의자들은 합법적인 활동을 전개하지 못하는 상태에서 지도 역량의 한계를 보일 수밖에 없었다.

한편, 사회주의자들은 철도, 구리 광산, 섬유산업, 화학산업, 목재산업 등의 노동조합 대부분에 대해 영향력을 끼쳤다. 그러나 불행하게도 사회주의자들은 심각한 파벌 투쟁과 지도 역량의 취약으로 노동운동에 대한 영향력은 점점 약화되었다. 또 사회주의자들이 노동자들의 절실한 요구 해결을 위한 노력을 여러 차례 포기함으로써 권위를 상실하게 되었다.

노동운동에 대한 정치 세력의 영향력이 약화된 상태에서, 노동조합운동은 새로운 전국 중앙 조직 건설에 대한 관심이 커졌다. 1952년에는 '노동자 단결위원회'가 구성되었고, 1953년 2월에는 칠레노동자의 단일 중앙 조직을 위한 전국대의원총회가 열렸다. 이 총회에서 '칠레노동중앙본부'가 결성되었다(Troncoso & Burnet 1962, 66).


## 3. 브라질

브라질의 제툴리우 도르넬레스 바르가스 정부는 제2차 세계대전이 발발하자, 1939년 9월 2일에 중립을 선언했다. 그러나 1942년 1월 제2차 범아메리카 외무부 장관 회의 이후에는 브라질이 추축국과 관계를 단절했다. 독일은 이에 대한 보복으로 곧바로 브라질 선박을 공격했다. 같은 해 8월 22일, 브라질은 독일과 이탈리아에 선전포고를 하고, 대서양 방어를 위해 해군 병력을 강화했다. 1944년에는 이탈리아 전선에 소규모의 공군과 2만5천 명의 군대를 파견했다. 또 브라질은 연합국 진영에 전략물자를 제공하는 한편, 브라질 북부와 동북부 지역에 미국 해군·공군 기지 설치를 허용했다(강석영 1996b, 135).

　　1943년부터 바르가스 정부는 국내에서 민주화와 선거 실시에 대한 강력한 요구에 직면하게 되었고, 인민의 저항에 부딪쳤다. 그러나 바르가스는 전쟁 시기이므로 선거 실시는 어렵다고 선언했다. 1944년 들어 자유주의자들이 '민족민주연합'을 결성해 바르가스 체제에 대항했다. 1945년 2월 민주화 운동의 압력을 받아 바르가스는 마침내 그의 전제적 권한을 포기하고 의회 제도를 부활하기로 약속했다(Alexandrov 1986, 690).

　　이와 같은 정세 변화와 더불어 노동자들의 파업투쟁이 활발하게 전개되었고, 노동운동도 크게 고양되었다. 파업이 최고조에 이르렀던 때는 1945년 5월이었는데, 한 달 동안에 파업이 36건이나 발생했고, 그 가운데 많은 경우가 노동자 측 승리로 끝났다(Koval 1968, 307; The USSR Academy of

Sciences 1985, 707에서 재인용). 브라질의 노동자계급은 경제적 요구와 함께 독재 체제 폐지, 민주주의 질서 회복 등 정치적 요구도 제기했다(The USSR Academy of Sciences 1985, 707).

한편, 1945년 12월 선거를 앞두고 새로운 정당들이 창설되었다. 먼저 바르가스 지지자들과 인민주의자들이 '브라질노동당'을 결성했다. 자유 부르주아 집단은 민족민주연합을 강화했고 부르주아지와 중간 계층 그리고 구 관료 집단은 '민주사회당'을 결성했으며, '브라질공산당'이 재건되었다.

1945년 12월 선거에서 브라질노동당이 바르가스 정권에서 국방부 장관을 역임한 민주사회당 후보 에우리쿠 가스파르 두트라를 지지해 민족민주연합 후보 에두아르두 고메스를 물리치고 당선되었다.

두트라 정권은 헌법 개정을 위해 제헌의회를 소집해 화해 정책을 추구했다. 의회 선거에서 민주사회당은 상원 42석 가운데 26석을, 하원 286석 가운데 151석을 차지해 다수당이 되었다. 공산당은 하원 의원 14명과 상원 의원 1명을 배출해 제4당의 지위를 확보했고, 상파울루에서는 공산당이 민족민주연합에 앞서 제3당의 위치를 차지했다. 공산당은 1947년에 실시된 지방의회 선거에서도 약진했다.

'브라질공산당'의 정치적 기반과 역량이 갈수록 커지면서 이에 위협을 느낀 부르주아지와 군부의 반동파, 그리고 과두 세력 등이 공산당의 합법성에 대해 이의를 제기했다. 결국 두트라 정권은 1947년 10월에 미국과 외교 관계를 강화하기 위해 소련과 외교 관계를 단절하는 한편, 공산당과 노동조합에 대한 강력한 탄압을 시행했다. 1948년 1월에는 두트라 정권이 공산당을 해산시키고 공산당 출신 의원들의 정치 활동을 금지했다. 공산당과 노동운동 세력은 지하에서 활동을 전개하지 않을 수 없었다(강석영 1996b, 138).

# 4. 멕시코

제2차 세계대전 초기 라사로 카르데나스 정부는 외국인 소유 석유산업을 국유화하고 국유화법을 제정해 방대한 규모의 토지를 농민들에게 분배했으며, 노동자의 기본 권리를 보장하는 등 개혁적인 정책을 추진했다. 1939년 9월 4일 카르데나스 정부는 전쟁에서 멕시코 중립을 선언했다(Alexandrov 1986, 688).

1940년 8월에 실시된 대통령 선거에서 마누엘 아빌라 카마초가 당선되어 카르데나스의 뒤를 이었다. 카마초 정부는 카르데나스 정권이 수행해 왔던 기존 정책을 유지하면서 제2차 6개년 계획을 추진했다. 카마초 정부는 국민 단결unidad nacional을 강조했고, 사회보장제 확충과 최저임금제를 실시하면서 문민화civilismo를 슬로건으로 내세웠다.

1941년 6월, 멕시코는 국유화법을 개정하고 전쟁에서 중립을 포기하는 한편, 일본의 진주만 공습을 비난하면서 미국과 상호방위조약을 체결했다. 1942년에는 5월에는 독일 잠수함의 어뢰 공격으로 멕시코 상선이 격침되자, 추축국에 대항해 선전포고를 했다. 멕시코는 미국에 거주하는 멕시코인의 미군 입대를 승인해 멕시코인 5천여 명이 입대했고, 또 미국과 브라세로 협정을 체결해 멕시코인 20만 명이 미국의 농장과 철도 등에서 작업을 할 수 있도록 했다. 제2차 세계대전 시기에도 카마초 정부는 도로 건설과 관개 수리 사업뿐만 아니라 중요 산업의 기반을 확충했다(강석영 1996b, 154~155).

카마초 정부는 노동자들의 경제적 요구 실현을 명분으로 사회안전법을 제정했으나, 실제로는 노동자들의 파업권을 제한했으며 폭력을 수반하는 쟁의행위에 대해서는 엄격한 처벌을 가할 수 있도록 규정했다. 카마초 정부는 전쟁 시기에 경제적 안정을 도모한다는 구실로 파업을 강제로 해산했다.

노동조합운동에 대한 통제가 강화되는 상황에서, 멕시코노동총연맹 내부에서 분열이 발생해 멕시코노동총연맹의 유능한 활동가들이 조직을 이탈했다. 결국 멕시코노동총연맹은 정부의 막강한 보호막이 없어지자, 멕시코지역노동자총연맹과 같은 노동조직뿐만 아니라 1942년에 결성된 멕시코노동자·농민총연맹과 같은 새로운 조직들로부터 도전을 받게 되었다. 이와 같이 노동조직이 분열되었는데도 노동자투쟁은 거세게 전개되었는데, 1944년 한 해 동안에 파업이 887건이나 일어났다(Troncoso & Burnet 1962, 103~104).

카마초 정부는 강력한 지지 세력을 확보하지 못한 상태에서 의회 안에서 지지 집단을 만들고 멕시코혁명당을 통해 '대중조직전국연맹'을 결성해 국민 통합 정책의 유력한 발판으로 활용했다. 1945년 12월에는 헌법을 개정하는 동시에 선거법을 개정해 중앙집권화를 꾀했다. 1946년 1월에는 멕시코혁명당을 '제도혁명당'으로 개편해 미겔 알레만 발데스를 차기 대통령 후보로 지명했다.

발데스는 1946년 7월에 실시된 대통령 선거에서 당선되었다. 그는 세계대전이 종료된 이후에 집권해 정치적으로는 자유민주주의 체제를 수립하기 위해 정치 개혁을 추진하고 경제적으로 산업성장을 이룩해야 하는 과제를 안게 되었다(강석영 1996b, 156).


## 5. 쿠바

1933년 9월 3일, 풀헨시오 바티스타 살디바르는 이른바 '중사들의 반란'이라 불리는 쿠데타를 일으켜 성공했으나, 그는 권력의 전면에 나서지는 않은 상태에서 1940년까지 7년 동안 7명의 허수아비 대통령을 내세워 사실상 통치자 역할을 수행했다.

1940년 쿠바 정부는 신헌법을 공포하고 같은 해 대통령 선거를 치렀는데, 바티스타는 그동안 닦아 놓은 기반과 여러 가지 공약을 내세워 대통령에 당선되었다. 바티스타 정권 통치 시기에도 역시 부정부패는 만연했고, 인민의 생활 상태는 대단히 곤궁했으며 반독재 운동은 끊이지 않았다(천샤오추에 2007, 140~141).

바티스타 정부는 도로 확장, 공공기업 설립, 공무원의 체질 개선, 교육제도 확충 등을 과감하게 추진했다. 그 결과, 도로와 교량 및 전력 시설이 크게 확대되었다. 바티스타 정부는 언론 자유도 어느 정도 허용했으며, 제당산업의 수익금 일부를 국가재정에 충당하기도 했다. 바티스타는 이 과정에서 막대한 부를 축적했다.

바티스타가 실제로 통치자 역할을 했던 기간의 초기에 노동운동은 정부의 통제와 탄압을 심하게 받았다. 지나친 정부 간섭으로 쿠바전국노동자총연맹이 해체되었고, 많은 노동조합이 제대로 기능하지 못했다. 1935년 3월에 일어난 격렬했던 파업도 철저히 분쇄되고 모든 노동 활동이 전반적으로 퇴조하는 형세를 보였다.

1938년 이후에는 노동운동이 큰 변화를 겪게 되었다. 바티스타는 노동운동을 육성함으로써 공산주의자들의 헤게모니를 제거하고자 했다. 조직노동자의 수는 22만 명으로 증가했고, 노동조합 활동도 활발하게 추진되었다. 1939년에는 노동조합 700개 조합원 40만 명을 대표하는 1,500명 대표자들이 아바나에서 회의를 열어 쿠바노동자총연맹을 결성했다. 이 새로운 전국 중앙 조직은 마르크스주의를 신봉했다. 쿠바노동자총연맹 지도부는 전국

각 지역 단위 산업별 지부에서 오직 하나의 노동조합만이 기능을 발휘하는 데 동의했다. 그것이 경영자 측과 단체교섭을 체결하는 데서 그들의 지위를 강화하게 될 것으로 믿었다.

1940년 제2차 전국 대회가 열렸을 때, 쿠바노동자총연맹은 50만 명에 가까운 조합원 수를 과시했다. 대회는 모든 노동자에게 적용되는 사회보장과 산업재해에 대비할 수 있는 기금 조성, 최저임금 규모를 책정하기 위한 합동위원회 설치, 집단적 노사 분쟁을 해결하기 위한 각 지역 단위 조정·중재위원회 설치 등의 요구 사항을 결정했다. 이와 함께 쿠바노동자총연맹은 14~18세 아동노동자에 대한 8시간 노동일제, 주 44시간 노동에 주 48시간에 해당하는 임금 지불, 동일노동 동일임금, 통화 이외의 임금 지급 금지, 노동자를 위한 주택 건설, 주 1일 유급 휴일 보장, 11개월 노동에 1개월 휴가 제공 등을 청원했다(Troncoso & Burnet 1962, 109~110).

제2차 세계대전이 발발하자, 저임금과 곤궁한 생활 등으로 고통을 겪게 된 쿠바 노동자들은 제국주의 전쟁을 중지할 것을 양 교전국들에게 통고했다. 전쟁 시기에 노동자들의 요구는 특별법 제정으로 구체화되었다. 도시와 농촌 노동자에 대한 최저임금제, 노동조합 지도자 보호, 컨테이너의 최대 적재 중량 규제, 설탕 재배지와 제당 정제소에서 일어나고 있는 박해와 고통의 실상을 밝혀낼 조사단 지명, 전화국과 항공기 산업 및 전기 관련 업체 노동자들의 임금 인상, 제빵과 공공 부문 노동자의 임금 인상, 그리고 쿠바 산업의 실태를 분석하기 위한 전국위원회 설치 등이 실현되었다.

1944년에는 바티스타가 물러나고 라몬 그라우 산 마르틴이 대통령으로 당선되었다. 마르틴이 집권한 뒤, 공산주의자들에 대한 온건 정책을 시행했다 해 미국으로부터 지지를 잃게 되었고, 국내에서도 반동 세력의 반발을 샀다. 1948년에는 카를로스 프리오 소카라스가 집권했다.

1952년 3월에는 바티스타가 다시 쿠데타를 일으켜 정권을 장악했고, 그는 재집권 이후 언론 탄압을 비롯한 의회 폐쇄, 계엄령 발동으로 저항 세력에 대한 군법 적용 등을 단행해 독재 체제를 구축했다(강석영 1996b, 327).

# 9장

# 아프리카 국가의
# 인민 저항과 해방 투쟁

우리 대표들은 평화를 믿는다.
아프리카 인민이 몇 세기 동안에
폭력과 노예제라는 희생을 치러 왔기 때문에
평화를 믿는 것 말고는 다른 방법을 찾을 수 있겠는가.
그러나 만일 서방세계가 여전히 폭력으로 인류를 지배하고자 한다면,
그때에는 아프리카인은 어쩔 수 없이 자유를 획득하기 위한
노력으로써 폭력을 행사할 수밖에 없다.
…… 우리는 세계의 고된 일을 하면서 더 이상 굶주리지는 않을 것이다.
우리는 우리의 빈곤과 무지를 통해서 잘못된 귀족 정치와
폐기해야 할 제국주의를 지탱하는 일은 더 이상 용납하지 않을 것이다.
…… 우리는 전 세계가 우리의 실상에 대해 귀 기울이게 할 것이다.
우리는 자유, 민주주의, 그리고 사회개혁을 위해
가능한 모든 방법을 동원해 투쟁할 것이다.

_제5차 범아프리카회의 "식민지 영유 열강에 대한 선언"
(Woddis 1961, 27~28)

제2차 세계대전은 자본주의 전반에 걸친 위기를 더욱 심화시켰다. 전쟁은 자본주의의 위상을 상대적으로 약화시켰으며, 자본주의국가들 사이의 세력 균형에 결정적인 변화를 가져왔다. 그뿐만 아니라 제국주의 식민지 체제 위기는 더한층 첨예화되었고 민족해방운동은 고양되었다.

아프리카 대륙 국가들은 거의 대부분 식민지·종속 국가 상태에서 제2차 세계대전의 직접적인 영향을 받았고, 제국주의 열강의 직접적인 침략을 받았거나 전쟁 물자 조달 또는 병력 동원을 강요받아야만 했다.

1940년 9월 이탈리아군이 리비아 국경을 넘어 이집트에 침입했고, 1941년 3월에는 독일이 이탈리아를 지원하기 위해 에르빈 롬멜 장군의 전차병단을 리비아에 투입했던 것은 파시스트 진영이 아프리카 국가를 직접 침략했던 사례였다.

아프리카 국가들이 독일과 이탈리아 파시즘에 대항하는 전쟁에 참가하는 데는 대체로 두 가지 형태를 취했다. 첫째로 전쟁에 필요한 물자 조달이었는데, 이것은 영국과 미국이 폭넓게 이용했다. 아프리카는 철광석, 망간, 크롬, 우라늄, 코발트광, 구리, 주석, 보크사이트, 다이아몬드, 그리고 그 밖의 귀중한 자원을 공급했다. 둘째로, 아프리카 인민 수십만 명이 파시스트 블록 국가들에 대항하는 전쟁에 프랑스군과 영국군으로 참가했다는 사실이다. 프랑스령 서아프리카에서만 1943~1945년 동안 아프리카 병사 10만 명이 프랑스군에 파견되었다(Trofimovf 1979, 185~195; The USSR Academy of Sciences 1985, 702에서 재인용). 또 영국령 동아프리카군(이른바 국왕의 아프리카인 저격병)은 아프리카, 중근동, 동남아시아 군사작전에 참가했다. 탕가니카[1]와 잔지바르의 영국군 부대에는 케냐와 우간다인 병사 약 30만 명이 속해 있었다. 독일·이탈리아·일본 등 파시스트 진영과 싸우는 전쟁에 참가한 아프리카인 군인 총수는 거의 100만 명에 이르렀다(The USSR

Academy of Sciences 1985, 707).

파시스트 침략이 확대되고 피정복 국가에서 이른바 '신질서'라는 것이 확립되면서(그것은 피점령 국가들에 대한 침략과 대중 탄압을 가져왔다) 식민지·종속 국가 인민들 사이에는 파시즘이 인류에게 초래한 위협과 잔인함에 대한 자각이 높아지게 되었고, 반제국주의와 반파시즘 그리고 전쟁 반대를 목표로 한 민족해방운동이 고양되었다. 제2차 세계대전 시기 아프리카 중요 국가들에서 전개된 인민의 저항과 해방 투쟁을 살펴본다.


## 1. 북부 아프리카

### 이집트

이집트 정부는 1939년 9월에 독일과 외교 관계를 단절한다고 선언했다. 당시 이집트에서는 양 교전 집단에 대한 서로 다른 주장이 대립하고 있었다. 국왕을 중심으로 하는 궁전 측은 영국과 협력할 준비가 되어 있음을 천명했지만, 실제로는 추축국에 공감했다. 한편, 이집트에는 '청년 이집트'로 부르는 파시스트 정당이 존재하고 있었는데, 이 당 당원들은 독일과 이탈리아 비밀첩보 기관들로부터 임무를 부여받아 스파이 행위와 파괴 공작을 벌였다. 자유당 내의 유력한 사람들도 추축국 쪽으로 기울어져 있었다. 와프드 당 주위에 결집된 다른 부르주아지 그룹은 영국과 적극 협력할 것을 주장하면서 추축국에 대한 선전포고를 요구했다.

---

1_아프리카 중동부에 위치한 옛 영국령으로서 1964년 잔지바르와 합병해 탄자니아가 되었다.

1940년 9월, 이탈리아군 25만 명은 리비아 국경을 넘어 이집트에 침입했다. 그러나 영국군은 증원부대 지원으로 이탈리아군을 다시 리비아로 물리쳤다. 1941년 3월 독일은 이탈리아를 지원하기 위해 롬멜 장군의 전차병단을 리비아에 투입했다. 이런 가운데 이집트에서는 파시스트 활동이 활발해졌으며 몇몇 이집트인 비밀조직은 롬멜 장군 사령부나 독일 첩보 기관과 직접 연락을 취하고 있었다. 또 어떤 정당들은 폭넓은 반反영국 선전을 행했다. 궁전 측은 이런 사실을 좋은 기회라고 판단해 친파시스트 쿠데타 준비에 착수했다. 영국 대사관은 이집트 안에서 행해지고 있는 파시스트의 첩보 활동 중지를 요구했다.

1942년 2월에 영국의 요청에 따라 와프드당 나하스 파샤를 수반으로 하는 정부가 성립되었다. 나하스 앙굴라 정부는 아랍 세계의 단결에 적극적이었으며, 파시스트 세력에 대해서는 맹렬한 투쟁을 벌였다.

한편, 정당 활동 말고도 정치단체의 활동이 활발하게 추진되었다. 1928년에 결성된 무슬림형제단의 활동은 정당 조직 못지않게 수많은 지지자를 확보하고 있었다. 무슬림형제단은 제국주의 지배와 고통스런 삶을 이슬람 정신으로 극복할 수 있다고 주장하면서, 사상·종교 활동뿐만 아니라 교육 활동, 의료, 복지 등의 사회활동, 이슬람 경제사회 건설 시도로서 기업의 설립과 경영 등의 경제활동을 폭넓게 실시했다. 1940년대 후반에는 단원이 50만 명에 이르렀고, 동조자 50만 명을 포함하면 이집트 최대의 정치·사회 집단이었다

무슬림형제단과 모든 점에서 대조적인 것이 자유장교단이었다. 자유장교단은 1939년 사다트가 주도하고 극소수 청년 사관들이 중심이 되어 설립된 비밀조직으로서, 1940년대 후반부터 가말 압델 나세르를 중심으로 조직 활동을 전개해 활동 폭을 넓혔다. 자유장교단은 다른 반정부 조직과 연락망

을 확립하고 전제 체제 청산을 위해 활동을 폈다(山口直彦 2006, 285~287).

제2차 세계대전 기간에도 나하스 정부는 인민대중의 요구를 실현하기 위해 일련의 사회개혁과 경제개혁을 실시했다. 영세 토지소유자에 대한 감세 법률, 노동자의 고용과 관련한 개인별 계약에 대한 법률, 산업재해에 대한 의무적 보험 법률 등이 제정되었다. 1942년 9월에는 노동조합이 제도적으로 합법화되었다(The USSR Academy of Sciences 1985, 700~701).

1943년 5월에는 북아프리카 전체 영토가 연합군의 힘으로 해방되었다. 이를 계기로 와프드당이 이끄는 해방운동이 점점 범위를 확대했다. 해방운동의 주요한 요구는 1936년에 체결한 이집트·영국 조약 폐기, 나일 강 계곡으로부터 영국군의 철수, 이집트와 수단의 통일이었다. 1944년 8월 26일, 나하스는 이집트 인민의 기본적 요구를 공식화한 연설을 했는데, 이 연설은 영국 당국의 강한 불만을 자아냈으며, 이 때문에 1944년 10월 8일 나하스 내각은 물러나게 되었다.

그 뒤를 이어 사아드 당 지도자 알리 마히르를 수반으로 하는 우익 정당들의 연립내각이 구성되었다. 연립내각을 구성한 잡다한 정치 세력의 공통점은 와프드당과 나하스에 대한 증오였다. 새 정부가 취한 첫 조치는 전시중에 체포된 반동적 정치가들의 석방이었다. 마히르 정부는 곧이어 노동자, 민주주의파, 와프드당에 대한 탄압을 단행했다. 1945년 2월 26일, 이집트 정부는 영국과 미국 압력에 못 이겨 창설 과정에 있는 유엔에 가맹할 의사를 표명하는 동시에 독일에 선전포고를 했다.

1948년 5월에는 이스라엘이 건국을 선포하자, 이집트는 이라크, 시리아, 요르단과 합세해 군사행동을 벌였으나, 실패로 끝나고 말았다. 이 때문에 파루크 왕이 행사해 왔던 권위는 추락하게 되었고, 엄격한 계율을 주장하는 종교 단체인 '무슬림형제단'이 위협적인 존재로 대두했다. 이 무렵 '이집트공산당'도 정치적 영향력을 키웠다(공일주·전완경 1998, 349).


## 알제리

제2차 세계대전 시작과 더불어 알제리에서는 모든 민족적 정당과 조직의 합법 활동이 정지되었다. 알제리공산당 지도자 몇 사람은 옥사했고, 당 중 앙위원 몇 사람이 지하로 들어가 비합법 활동을 벌였다. 알제리인민당 지도 자도 투옥되었다.

프랑스가 전쟁에서 패배한 뒤, 알제리는 비시 괴뢰정부의 지배를 받게 되었고, 파시스트 국가 진영은 알제리의 자원을 활용했다. 그러나 알제리의 반파시즘 애국 세력은 새로운 지배자에 대항해 투쟁을 전개했다. 알제리공 산당은 저항 세력의 모든 역량을 결집하기 위한 '자유통일전선' 결성을 주장 했다(Duclos 1955, 6; The USSR Academy of Sciences 1985, 699에서 재인용).

비합법 상태에 놓여 있었던 인민당도 반파시즘 저항운동에서 적극적인 역할을 수행했다. 1940년 말 인민당 새 지도부는 주로 학생, 청년 지식인, 농민들로 이루어지는 지하 세포망을 전국에 걸쳐 배치했다. 당이 재건되었 으며, 세 가지 신문 발행이 궤도에 올랐고 이전보다는 훨씬 엄격한 입당 절 차가 시행되었다. 인민당이 벌인 주요 활동은 알제리 독립을 위한 선동, '알 제리는 알제리인에게'라는 슬로건의 선전, 그리고 식민지 당국의 범죄와 인 민당에 대한 탄압 폭로 등이었다(*Réalités algériennes*, 1953, 126; The USSR Academy of Sciences 1985, 699에서 재인용).

1942년 11월, 영국과 미국 연합군이 알제리에 진주했고, 이에 따라 민주 주의 운동이 고양되었다. 1943년 봄, 수천 명의 공산당원과 민주주의자들 이 감옥과 강제노동수용소에서 석방되었고, 비시 정권이 제정한 법률은 폐지되었으며 당국은 알제리공산당과 민족주의자의 합법 활동 보장을 고려하지 않을 수 없었다(The USSR Academy of Sciences 1985, 699).

1943년 3월 10일, 민족주의 조직 지도자 56명이 '알제리 인민 선언'을 발표했다. 그들은 선언에서 '알제리 이슬람교도들이 국가의 통치에 곧바로 그리고 실효성 있게 참가'할 것과 전후 알제리에 '자치 국가'를 창설할 것을 요구했다(*Du Manifeste á la République Algérienne*, 1948, 41; The USSR Academy of Sciences 1985, 699~700에서 재인용). 그러나 식민지 당국은 프랑스 시민권을 봉건영주, 부르주아지, 관리, 지식인에게만 주었고, 그 밖의 알제리 사람들에게는 자치기관과 평의기관 의원 5분의 2를 선출할 수 있는 제한선거권만 주었다. 이와 같은 식민지 당국의 조치에 반대한 자유주의파, 알제리 이슬람승僧협회, 지하 인민당이 '선언과 자유의 친구' 협회를 설립하고, 해방된 프랑스와 자치령 알제리 사이의 연방 창설을 제안했다. 협회 회원은 약 50만 명에 이르렀다. 식민지 당국은 이런 움직임에 대해 탄압으로 대응했다.

1945년 5월 8일, 세티프와 겔마 두 도시에서 대규모 시위가 일어났는데, 경찰이 시위대를 향해 도발적으로 발포를 했다. 이 사건이 발단이 되어 전국에 걸친 반식민지 봉기가 시작되었다. 1주일 동안의 전투 끝에 봉기는 처참하게 진압되었다. 애국자 4만 명이 죽고, 대부분의 협회 지도자를 포함해 약 5천 명이 체포되었다. 1945년 5월 반식민지 봉기는 1947년 '민주자유승리운동'의 무장봉기와 혁명정부 수립을 목표로 하는 투쟁으로 이어졌고, 나아가 1954년 '민족해방전선'이 주도한 무장 해방운동의 발판이 되었다.

## 튀니지

제2차 세계대전이 발발했을 때, 튀니지의 여론은 프랑스를 지지하는 편이었다. 이탈리아가 참전하자, 튀니지 거주 이탈리아인이 억류되었다. 그러나 1942년 11월 독일군과 이탈리아군이 튀니지를 점령했고, 튀니지는 리비아에 주둔하는 독일과 이탈리아군의 무기 공급 통로로 이용되었다. 튀니지의 민족주의 세력과 공산주의자들은 민족해방투쟁을 적극 전개했다. 1943년 연합국이 전쟁에서 승리함으로써 파시스트 군대는 튀니지에서 물러났고, 드골 정부가 그곳에서 지배권을 확립했다(Alexandrov 1986, 685).

한편, 프랑스는 튀니지에서 국무회의를 재조직하고 권한을 확대하는 등의 정치 개혁을 구상했으나, 이것은 민족주의자들이 만족할 만한 조치는 아니었다. 민족주의자들은 1946년에 열린 민족대회에서 완전한 독립을 요구했다. 온건 성향의 지도자들이 내각에 참여했으나, 헌법당[2]과 신헌법당[3]은 모두 국정 참여를 거부했다.

1950년 4월, 신헌법당은 튀니지 주권과 행정관리를 튀니지인에게 이양할 것을 제안하면서, 튀니지 내 프랑스인의 이익은 시의회가 보호하며, 튀니지는 동등한 조건으로 프랑스와 협력하겠다고 밝혔다. 이와 같은 제안들은 프랑스로부터 긍정적인 답변을 얻었고, 결국 1950년 8월에 프랑스인과

---

2_1920년에 결성되었고, '청년튀니지운동'(Young Tunisian Movement, 1908년 결성) 창설자 가운데 한 사람이었던 쉐이크 압둘 아지즈 알 사알리비가 당의 지도자였다. 헌법당은 프랑스 입법의회와 함께 자치 정부 수립을 요구했다. 이에 대해 프랑스는 튀니지인을 대표로 참여시키는 경제위원회를 구성하는 한편, 행정 개혁을 통해 여론을 잠재우려 했다.

3_1934년 알-하비브 부르기바가 주도해 결성된 정당으로, 이 당은 광범위한 정치적 선동 방법을 채택했으며, 이 때문에 부르기바는 해외로 추방되었다. 1936년 프랑스에서 인민전선 정권이 수립되면서 부르기바는 귀국했다.

튀니지인 각각 동수의 각료로 구성되는 정부가 수립되었다. 새 정부의 목표는 프랑스와 협조해 튀니지의 주권을 단계적으로 회복하는 일이었다(공일주·전완경 1998, 349).

## 2. 중부 아프리카

중부 아프리카 국가들은 제2차 세계대전 기간에 군사작전의 영향을 크게 받지는 않았다. 그러나 전쟁 기간에 제국주의 열강, 특히 영국은 아프리카 국가들로부터 천연자원과 식량을 대량으로 수탈했다. 이와 동시에 파시스트 진영은 아프리카 국가들에 진출하려고 노력했고, 미국 역시 아프리카에 침투하기 위해 여러 가지 방책을 동원했다. 미국 독점체들은 아프리카의 수많은 나라, 특히 벨기에령 콩고에 진출했으며, 군부대까지 파견했다. 영국은 이탈리아의 식민지와 에티오피아 영토 일부에 군대를 파견했다.

에티오피아 인민들의 반파시즘 투쟁은 이 시기에 전개된 아프리카인의 저항 투쟁 가운데 가장 특별한 사례였다. 에티오피아는 세계의 독립국가 가운데 유럽 파시즘의 침략을 받은 첫 국가였다. 1935년 10월 3일 이탈리아 파시스트는 에티오피아에 대한 침략 전쟁을 시작했다. 에티오피아의 애국 세력은 5년 이상의 기간에 우세한 장비를 갖춘 이탈리아 파시스트군과 용감하게 싸웠다.

에티오피아의 저항운동은 광범한 농민대중과 도시노동자들을 주축으로 해 전개되었다. 1941년 4월, 영국의 해외 원정군을 비롯한 프랑스와 벨기에 부대의 지원을 받은 에티오피아 인민의 대중적 무장투쟁은 이탈리아 군대에 패배를 안겨 주었고, 아디스아바바를 위시한 에티오피아 전체를 해방시

컸다. 에티오피아 인민이 이탈리아 파시스트에 대항해 벌인 투쟁에서 희생당한 사람 총수는 75만 명 이상이었다(Trofimovf 1979, 185~195; The USSR Academy of Sciences 1985, 702에서 재인용).

에티오피아 애국 세력이 이탈리아 침략군에 대항해 벌인 과감하면서도 맹렬한 투쟁과 파시스트 지배에서 조국의 해방을 쟁취한 일은 다른 나라 인민들의 반파시즘 투쟁에 대해 크게 공헌한 것으로 평가될 수 있다.

한편, 제2차 세계대전 기간에 교전국들의 전쟁 물자에 대한 수요는 아프리카 국가들의 경제개발을 촉진했다. 비철금속의 생산을 비롯해 크롬광석, 망간, 구리광석, 다이아몬드 등의 채굴이 크게 증가했다. 제조업 분야도 급속하게 발전했다. 이와 더불어 농업 분야에서도 식량 작물 생산과 목축이 확대되었다. 식민지 당국은 아프리카 국가들로부터 천연자원과 식량을 값싸게 획득했고, 아프리카 인민들은 경제개발의 혜택을 누리지 못한 채 여전히 곤궁한 상태를 벗어나지 못했다(Alexandrov 1986, 685).

경제개발과 산업 발전은 노동자계급의 성장을 촉진했으며, 도시 거주 인구를 증가시켰고 봉건적 또는 반봉건적 제도 변화를 가져왔다. 이와 함께 민족부르주아지가 형성되기 시작했다. 많은 아프리카인이 군대에 복무하거나 유럽에 노동력으로 송출되었다. 이와 같은 정황들은 아프리카 노동자들의 계급의식을 향상시켰다.

제2차 세계대전 시기에 노동자, 농민, 민족부르주아지의 저항은 점점 더 강화되었다. 케냐, 북로디지아(현재 잠비아), 탕가니카(현재 탄자니아), 우간다 등에서 파업이 발생했다.

케냐에서는 1939년과 1944년, 그리고 1947년에 몸바사 항港에서 총파업이 발생했다. 1947년에 일어난 파업은 임금 인상과 집세 인하를 요구한 것이었다. 이 파업은 '아프리카노동자연맹'과 '아프리카철도직원노동조합'

이 주도했고, 여기에 호텔과 상점에서 종사하는 노동자들도 동참했다. 식민지 당국은 군대와 경찰을 동원해 파업을 깨뜨렸다.

1940년 3월, 북로디지아의 광산지대에서 아프리카인 노동자 파업이 일어났다. 노동자들은 생활비 상승에 따른 임금 인상과 주택 개량, 그리고 주택 구역의 위생 설비 개선을 요구했다. 아프리카인 광산노동자들의 파업이 발생하기 이틀 전, 유럽인 광산노동자들의 파업이 광산회사 측의 양보로 요구의 대부분이 수용됨으로써 마무리되었다. 그러나 광산회사는 아프리카인 광산노동자들에 대해서는 요구 조건의 수용 대신, 무자비한 탄압으로 대응했다. 파업 진압 과정에서 아프리카인 노동자 17명이 죽고 69명이 부상당했다. 파업이 끝난 뒤, 임금과 복지 설비에 대한 약간의 개선 조치가 시행되었으나 회사와 정부는 아프리카인 노동자 조직과 대표권 문제에 대해서는 전혀 고려하지 않았다(Woddis 1961, 106; 118).

이와 같은 노동자투쟁이 전개되는 과정에서 노동자 조직이 생겨났으며, 결국은 골드코스트(현재 가나), 나이지리아, 시에라리온, 케냐 등에서 노동조합이 출현했다. 노동자의 파업투쟁과 조직 결성을 배경으로 해 아프리카 여러 나라에서 노동조합 활동을 합법화하는 법률이 잇따라 제정되었다. 1939년에 나이지리아에서 노동조합법Trade Union Ordinance이 채택되었고, 노동조합 관련 법률이 1940년에 시에라리온에서, 1941년에 골드코스트에서 각각 시행되었으며 그리고 같은 해, 탕가니카에서 노동조합이 법적으로 승인되었다. 1943년에는 케냐에서 노동조합이 합법으로 인정되었다. 그러나 식민지 당국은 법 승인을 뒷받침으로 한 노동조합운동 발전을 저지하기 위해 법률상 '만일' 또는 '그러나'라는 제한들을 수없이 설치했다(Woddis 1961, 46).

이와 같은 상황에서 노동조합운동은 고양기를 맞게 되었고, 노동자계급이 전개해 온 경제투쟁은 정치적 독립과 민족해방을 목표로 하는 정치투쟁으로 점점 전화하기 시작했다(Alexandrov 1986, 686).


## 3. 남아프리카연방

제2차 세계대전 기간에 남아프리카 군대는 연합국 측에 가담해 동아프리카와 북아프리카에서 싸웠으며, 나중에는 유럽, 주로 이탈리아 전투에 참전했다. 종전 무렵, 남아프리카 군인은 총 21만8,259명이었는데, 그 가운데 13만5,171명이 백인 남성이었고, 1만2,878명이 백인 여성이었으며, 2만7,583명이 유색인[4] 남성이었고 4만2,627명이 흑인 남성이었다. 유색인과 아프리카인은 무기를 지니지 못하고 예비군과 보조 부대로서 백인의 분견대에 배치되었다. 그러나 이들이 실제로 전투에 참가했다는 사실은 제2차 세계대전에서 전사한 남아프리카인 5,500명 가운데 그 절반이 흑인이었다는 데서 확인된다(Grundy, *Soldiers without Politics*, 63~89; Thompson 1995(일본어판), 313에서 재인용).

남아프리카는 또 연합국에 대해 전략면에서나 경제 영역에서 큰 공헌을 수행했다. 1941년 추축국이 지중해에서 연합국의 해운을 가로막고 있는 상태이어서, 아시아와 북아프리카에 연합군을 이송하는 데서 희망봉 주위의

---

**4**_유색인(Coloured)이란 명칭은 동아프리카와 중앙아프리카에서 들여온 노예, 당시 희망봉 주변에 살던 원주민인 코이산족, 원주민인 아프리카 흑인, 네덜란드인·아프리카너인과 영국인을 비롯한 백인, 자바인, 말레이인, 인도인, 마다가스카르인, 그 밖의 포르투갈인과 버마인을 비롯한 여러 유럽·아시아인 등 다양한 집단이 혼혈된 후손을 이르는데, 지금도 사용되고 있다. 대부분 아프리칸스어를 쓴다. 또 더 최근에 들어온 유색인 집단도 있는데, 옛 로디지아와 나미비아에서 들어온 유색인과 인도와 버마에서 인도와 버마의 독립 이후 희망봉을 찾아온 영국인-인도인, 영국인-버마인 혼혈인이다.

해로가 결정적으로 중요했다. 그리고 남아프리카는 연합국에 대해 군수품, 식량, 의류, 담배 등을 제공했으며, 전략물자인 광물 공급원이었다.

제2차 세계대전 동안에 남아프리카연방의 경제와 사회는 19세기 금과 다이아몬드를 발견한 것과 마찬가지로 중대한 전환점을 맞았다. 1941년 이후부터 금광업이 어느 정도 후퇴한 반면, 탄광업과 제조업은 1932년부터 시작되었던 급속한 확장세가 계속되었다. 1938~1939년부터 1945~1946년까지 탄광업에 종사하는 노동자 수는 50퍼센트 증가해 5만1,643명에 이르렀고 제조업에 종사하는 노동자 수는 60퍼센트 증가해 37만9,022명이었다. 제조업 가운데 의류산업에는 노동자 6만856명이 고용되어 있었다. 그런데도 금광업은 당시까지도 남아프리카연방 최대 산업이었다. 1946년 당시 금광업에는 37만959만 명(백인 4만2,624명과 흑인 32만8,335명)이 일하고 있었다(Dummett 1985, 381~481; Thompson 1995(일본어판), 314에서 재인용).

경제의 확장에 따라 산업 노동력에 대한 수요가 크게 증가했고, 도시화가 급속하게 진행되었다. 1946년 당시 백인의 76퍼센트, 인도인의 70퍼센트, 유색인종의 62퍼센트, 아프리카인의 24퍼센트가 도시에 살고 있었다. 도시에 살고 있는 아프리카인 절대수는 백인을 상회했다(Thompson 1995 (일본어판), 314).

이와 같은 경제·사회적인 격변이 진행되는 가운데, 남아프리카 정치 정세는 아주 불안정한 양상을 드러냈다. 먼저 아프리카너[5] 민족주의자들의

---

5_아프리카너(Afrikaner)는 남아프리카공화국에 거주하는 백인 가운데 케이프 식민지를 형성한 네덜란드 이민자를 중심으로, 프랑스의 위그노, 독일계 개신교도 같은 종교적 자유를 찾아 유럽에서 아프리카 남부에 정착한 개신교도가 합류해 형성된 민족 집단이다. 아파르트헤이트 시대의 정확한 정의는 네덜란드계(위그노 등을 포함)이며, 아프리칸스어를 모국어로 하고, 네덜란드 개혁교회의 신도로서 이 세 가지를 만족하는 것이 '아프리카너'의 조건이었다.

분열은 연합당 붕괴로 나타났고, 그것은 '형제 사이의 다툼'broedertwis으로 표현될 정도로 심각한 형국을 보였다.

이런 가운데 파시스트 조직이 출현해 정치적인 혼돈을 불러일으켰다. 남아프리카연방이 연합군 편에 서서 참전하게 되자, 나치의 영향을 받은 준군사 집단 오제바브란트바흐ossewabrandwag가 군사시설에 대해 사보타주운동을 벌이기 시작했다. 이 조직은 나치 돌격대의 조직 방침에 따라 구성원을 모집하고 훈련시켰다. 그러다가 1942년 초에 오세바브랜드바그 구성원들은 국민당에서 축출당했다.

1943년 5월, 북아프리카에서 전개된 전투는 연합국 측 승리로 끝났다. 같은 해 7월에 시행된 의회 선거에서 노동당과 나탈의 지배당과 연합을 벌였던 연합당이 승리했고, 국민당은 소수 의석밖에 획득하지 못했지만 아프리카 민족주의를 추구하는 당 지위를 확보했다(김윤진 2006, 255).

얀 스뫼츠 정권은 '원주민대표법'(1936년), '원주민신탁토지법'(1936년), '원주민법수정법'(1937년) 등으로 정비된 인종격리정책을 그대로 유지했다. 그러나 나라 안팎에서 개혁을 요구하는 압력이 더욱 강화되었다. 정부와 민간 기업은 개혁의 요구를 부분적으로 수용해 아프리카인을 위한 직업훈련 시설을 확장하고, 흑인의 임금을 백인의 임금보다 높은 비율로 인상했으며 고령자 연금과 장애인 연금을 아프리카인도 신청할 수 있도록 했다. 그러나 이런 개혁 정책은 일시적인 것에 지나지 않았다. 스뫼츠는 아프리카인은 열등한 인간이라는 신념을 결코 굽히려 하지 않았다(Thompson 1995(일본어판), 321).

이와 같이 아프리카인의 기대와 현실 사이의 괴리가 확대되는 정황에 직면해 새로운 세대의 흑인 지도자들은 더한층 효과적인 저항 수단을 추구하지 않을 수 없었다. 1940년 12월 알프레드 슈마가 아프리카민족회의 의장으로 선출되었고, 그는 곧바로 조직 재정비에 착수했다. 1943년에는 아프리카민족회의 대회가 열렸는데, 거기서 "남아프리카에서 아프리카인의 요구"African Claims in South Africa라는 성명이 채택되었다. 성명은 대서양헌장이 밝힌 주요 내용들을 인용했고, 이와 함께 차별을 규정한 모든 법률 폐기, 토지 재분배, 단체교섭 과정에 아프리카인 참가, 그리고 성인의 보통선거권 보장 등 기본 인권에 관한 선언을 담았다. 전문직에 종사하고 있는 젊은 아프리카인은 아프리카인의 자력갱생과 통일의 필요성을 강조하면서 아프리카민족회의 내부에 청년연맹을 결성했다. 청년연맹은 아프리카민족회의 내에서 정치적으로 급진적인 노선을 견지했으며, 그 구성원들 대부분은 젊은 아프리카인 교사와 대학생들이었다(김윤진 2006, 256; Thompson 1995(일본어판), 321).

전쟁 기간에 남아프리카공산당은 정부 당국의 박해가 혹심한 상황에서도 활동을 활발하게 전개했다. 1941~1943년까지 당원 수는 네 배가량 증가했고, 당원 두 사람이 케이프타운에서, 또 한 사람이 요하네스버그에서 시의원으로 당선되었다. 공산당은 당 신문 『자유』Inkululeko를 발행했고, 1942년에는 '남아프리카를 지키자'라는 캠페인을 전개했다. 그리고 공산당은 군에 입대하는 아프리카인에게 무기를 지급할 것과 공업 기업에서 인종차별 정책을 철폐할 것, 그리고 국방의무를 이행하는 피억압대중에게 시민권을 부여할 것 등을 요구했다(The USSR Academy of Sciences 1985, 703).

제2차 세계대전 동안 남아프리카 노동자들은 임금 인상과 단결권 보장을 요구하며 투쟁을 전개했다. 공식 자료에 따르면, 1939~1945년 동안 304건의 파업이 발생했다. 1941년 11월에는 '비유럽인노동조합평의회'가 결성되었고, 1945년 당시 119개 노동조합이 가입했으며 조합원은 15만8천 명이었다. 이 수치는 상업과 제조업에 종사하는 아프리카인 노동자 수의 약

40퍼센트에 해당했다(Lodge 1983, 18; Thompson 1995(일본어판), 317에서 재인용). 비유럽인노동조합평의회를 지도한 사람은 후일에 남아프리카공산당 의장을 역임한 존 마크스였다.

1939~1945년 사이에 남아프리카에서는 대중의 적극성이 고양되었고 노동운동이 강화되었으며, 민족해방 세력과 노동자계급 사이의 통일 실현을 위한 중요한 계기가 창출되었다. 아프리카인이 제2차 세계대전에서 반파시즘 투쟁에 참가한 것은 아프리카 민족들의 민족의식 향상과 아프리카인 프롤레타리아트의 조직성과 계급의식 성장을 촉진하고, 식민지반대와 민족해방을 위한 투쟁을 더욱 적극적으로 전개하기 위한 조건들을 만들었다(The USSR Academy of Sciences 1985, 704).

## 4. 아프리카 민족운동 연대

아프리카 대륙에서 전개된 민족운동과 노동운동의 발전을 파악하는 데서 빼놓을 수 없는 것은 각국의 사회운동과 민족운동 지도자들이 추진했던 연대 운동이다. 아프리카인 지도자들이 세계적 규모에서 회합을 열어 자신들의 경험을 교환하고 공통 문제를 토의하며 요구와 정책을 구체화하는 일은 매우 중요한 사업이었기 때문이다. 전全 아프리카 연대는 다양한 형태로 전개되었으나, 그 대표적인 것은 '범아프리카연맹' 활동이었다. 1919년부터 1945년까지 이르는 기간의 활동을 살펴본다(Woddis 1961, 22~28을 참조).

제1차 회의는 베르사유 강화회의가 열린 1919년에 57명의 대표가 참석한 가운데 파리에서 열렸다. 회의는 토지, 노동, 교육, 자본, 국가 문제를 다루었으며, 이 밖에도 지방·부족에 대한 행정 참여에서 출발해 아프리카인의 정부 참여권을 선언했다. 이와 같이 회의 초기부터 아프리카인의 완전한 정치적 권리에 관한 원칙이 채택되었다.

제2차 회의는 1921년 런던과 브뤼셀에서 열렸다. 대표는 113명으로서 파리 회의 참가자보다 훨씬 많았다. 참가한 대표 가운데 아프리카에서 온 사람이 41명, 미국에서 온 사람이 35명, 유럽에서 온 흑인 대표가 24명, 서인도제도에서 온 사람이 7명이었다. 그 밖의 대표가 6명이었다. 회의는 피압박 인민의 정치결사의 설립을 호소한 '세계에 고하는 선언'을 채택했다. 이 선언은 '완전 자치'를 목표로 한 '후진 그룹의 지방자치'를 요구했다. 또 선언은 토지와 자연 자원을 흑인에게 돌려주고, 투하자본의 무제한적 탐욕에 대한 방위 조치를 취할 것을 요구했다.

제3차 회의는 1923년 포르투갈 리스본과 런던에서 열렸다. 제3차 회의는 제2차 회의보다 규모는 작았지만, 여러 가지 중요한 결의를 채택했다. 자국의 정부에 대한 아프리카인의 발언권 보장, 유럽인의 이윤을 위해서만이 아니라 아프리카인을 위한 아프리카의 개발, 그리고 자본과 노동의 주요 목적을 소수자의 치부를 위해서가 아니라 다수자의 복지를 위한 상공업의 조직 등을 요구했다. 또 한 가지 중요한 결의는 전 세계 군축과 전쟁 억제였다. 그리고 회의는 아프리카 인민의 실상과 그들이 당하고 있는 압박과 차별을 고려해 아프리카인이 자신들을 방위하기 위한 무기 보유 권리를 요구했다.

제4차 회의는 아프리카 대륙에서, 즉 튀니지에서 열릴 계획이었으나 프랑스 정부 당국이 이를 거부함으로써 열리지 못하고 1927년 미국 뉴욕에서 개최되었다. 대표 208명이 회의에 참가했는데, 미국 국내에서 온 참가자가 많았다. 제4차 회의 이후에는 세계경제공황의 영향으로 범아프리카회의의 자금이 크게 감소했다. 더욱이 제2차 세계대전 발발로 세계적 규모의 범아프리카회의 개최를 비롯한 활동은 크게 위축되었다.

1944년 범아프리카연맹은 영국에 거점을 설치하고 있는 다른 아프리카인 단체들과 함께 케냐의 키쿠유중앙연맹, 아프리카청년동맹 시에라리온 지부, 골드코스트아프리카인자유친구회와 공동으로 맨체스터에서 회의를 열었다. 이 회의는 아프리카 인민과 전 세계 아프리카계 인민의 단결, 아프리카 인민과 그 밖의 종속국가 인민의 자결과 독립, 권리의 평등, 모든 형태의 인종차별 철폐를 선언했다.

제2차 세계대전이 파시즘의 패배로 끝난 뒤, 아프리카 각국의 독립과 자유를 위한 투쟁에는 새로운 국면이 전개되었다. 1945~1960년 시기에는 노동조합에 조직된 노동자계급이 민족운동의 중심 세력으로 대두했다. 인민들은 제국주의 지배의 결과에 대한 부분적인 항의요구에서 출발해 민족 독립, 식민지 지배 폐지, 아프리카인의 정치권력 장악에 대한 요구를 점점 중심 문제로 제기했다.

아프리카의 민족운동이 새로운 단계를 맞은 시점인 1945년, 제5차 범아프리카회의가 열렸다. 이 회의 실제 준비는 1945년 2월 런던에서 개최된 제1회 세계노동자대회와 일치했다. 세계노동자대회에는 아프리카나 서인도 제도에서 상당히 많은 노동조합 지도자가 참석했는데, 이것은 같은 해 후반에 열릴 예정이었던 범아프리카회의에 대해서는 새로운 대표권의 원천이 되었다. 그리하여 1945년 3월, 맨체스터에서 열린 예비 대표자 회의에서 영국에 거주하고 있는 아프리카인·서인도인 단체들 대표, 새로 결성된 세계노동조합연맹을 지지하는 식민지 노동조합 대표 등이 제5차 범아프리카회의를 위한 잠정 강령과 가假의제를 기초했다.

1945년 10월에 맨체스터에서 열린 이 회의에는 성장 단계에 있는 아프리카의 대중 단체 ─ 정당, 노동조합, 농민 단체 ─ 와 또 일시적으로 유럽에 살고 있는 애국 학생, 지식인까지 참가했다. 이와 같이 참가 범위가 확대되었으나, 제5차 회의에서 지배적인 영향력을 지니고 있는 쪽은 대중조직, 그 가운데서도 노동조합의 영향력이 가장 큰 편이었다.

회의는 아프리카 인민의 가장 절실한 필요와 요구 ― 민주주의, 경제자원, 공업화, 토지, 노동조합과 협동조합 권리, 광업에 대한 외국의 지배, 유럽 대ㅅ무역업자가 자행하는 수탈, 단일경작, 인종차별, 언론·결사·집회 자유, 조세, 교육, 선거권, 보건의료시설, 강제노동, 동일노동 동일임금 등 ― 에 주목했다.

1945년 회의는 이전 회의에 비해 한 걸음 발전된 반식민주의 회의였으며, 국제주의 정신을 존중하고 반제국주의 투쟁을 강조한 회의였다. 이런 회의의 성격은 "식민지 인민에 대한 선언"이라는 특별 선언에서 잘 나타나고 있다.

우리는 모든 식민지 인민이 자기 자신의 운명을 지배할 권리를 갖고 있음을 확인한다. 모든 식민지는 정치적이든 경제적이든 외국제국주의 지배에서 자유롭게 되지 않으면 안 된다. 식민지 인민은 외국 열강의 지배를 받지 아니하고, 자기 자신의 정부를 선택할 권리를 갖지 않으면 안 된다. 우리는 식민지 인민들에게 이러한 목적을 위해 가능한, 그리고 모든 수단을 사용해 투쟁하지 않으면 안 된다는 것을 호소한다.

제국주의 열강의 목적은 착취하는 것에 있다. 식민지 인민이 자기 자신을 통치할 권리를 행사함으로써 이 목적은 패배하고 말 것이다. 그러므로 식민지·종속국가 인민이 정치권력 쟁취를 목표로 벌이는 투쟁은 완전한 경제·사회적 해방을 위한 첫걸음이며, 필요한 전제다. …… 식민지 국가의 노동자는 제국주의에 반대하는 투쟁의 최전선에 서지 않으면 안 된다. …… 오늘날 효과적인 행동을 수행할 수 있는 길은 단 한 가지 — 대중의 조직화가 그것이다. 그리하여 식민지 인민의 지식분자는 이 조직화 사업에 참가해야 한다. 전 세계 식민지·종속국가 인민이여 단결하자(Woddis 1961, 28에서 재인용).

이와 같은 아프리카 인민의 연대 활동은 제2차 세계대전이 종료된 뒤, 각국의 민족해방투쟁과 계급투쟁에서 구체적이고 실제적인 영향력을 끼쳤다.

# 참고문헌

갈레아노, 에두아르도. 2005.『불의 기억 3: 바람의 세기』. 박병규 옮김. 따님.

강기용. 1995. "정치체제 변화로서 파시즘 생성요인: 독일의 경우를 중심으로." 경북대학교 박사 학위 논문.

강동진. 1977. "일제 지배하의 한국노동자의 생활상." 윤병석·신용하·안병직.『한국근대사론 Ⅲ』. 지식산업사.

강병식. 1992. "파시즘체제의 성립조건." 성균관대학교 석사 학위 논문.

강석영. 1996a.『라틴아메리카사』제1권. 대한교과서주식회사.

_____. 1996b.『라틴아메리카사』제2권. 대한교과서주식회사.

_____. 2003.『칠레사』. 한국외국어대학교출판부.

강석영·최영수. 2005.『스페인·포르투갈사』. 대한교과서주식회사.

공일주·전완경. 1998.『북아프리카사』. 대한교과서주식회사.

광민사편집부. 1981.『독일 노동운동사』. 광민사.

권영욱. 1984. "일본제국주의하의 조선의 노동사정: 1930년대를 중심으로." 거름편집부.『1930년대 민족해방
운동』. 거름.

그람시, 안토니오. 1986.『그람시의 옥중수고 1: 정치편』. 이상훈 옮김. 거름.

그레빙, 헬가. 1985.『독일 노동운동사』. 박경서 옮김. 한벗.

글랜츠, 데이비드 M & 조너선 M. 하우스. 2007.『독소 전쟁사』. 권도승·남창우·윤시원 옮김. 열린책들.

김경일. 2004.『한국노동운동사』제2권. 지식마당.

_____. 2007.『이재유: 나의 시대 나의 혁명』. 푸른역사.

김기원. 1984. "공황이론의 현대적 전개와 스태그플레이션." 이대근·정운영.『세계자본주의론』. 까치.

김성윤. 1986.『코민테른과 세계혁명』제1권. 거름.

김세균. 1987.『자본주의 위기와 파시즘』. 동녘.

김수용 외. 2001.『유럽의 파시즘』』. 서울대학교출판부.

김신양. 1998.『프랑스의 실업자 운동』. 두리.

김유성. 1997.『노동법 Ⅱ』(전정판). 법문사.

김윤진. 2006.『남아프리카 역사』. 명지출판사.

김윤환. 1982.『한국노동운동사』제1권. 청사.

김인걸. 1964.『1920년대 맑스-레닌주의의 보급과 노동운동의 발전』. 북한: 조선노동당출판사.

김자동. 2010. "임정의 품 안에서."『한겨레』2월 24일자.

김종법. 2004.『이탈리아 노동운동의 이해』. 한국노동사회연구소.

김종현. 2007.『경제사』. 경문사.

김준호. 1982.『경제사 입문』. 백산서당.

김학준. 2005.『러시아사』. 대한교과서주식회사.

나혜심. 1991. "독일 제3제국의 노동정책에 관한 일 고찰: 1933~1938년까지의 독일 노동전선을 중심으로." 수선사학회.『성대사림』7집.

남만주철도경제조사회.『朝鮮人勞働者一般事情』2.

네오클레우스, 마크. 2002.『파시즘』. 전준영 옮김. 이후.

도이처, 아이작. 2007.『비무장의 예언자 트로츠키: 1921~1929』. 필맥.

동녘편집부. 1989a.『코민테른 자료선집』제1권. 동녘.

_____. 1989b.『코민테른 자료선집』제3권. 동녘.

듀건, 크리스토퍼. 2001.『미완의 통일 이탈리아사』. 김정하 옮김. 개마고원.

마루야마 마사오. 1983. "ファシズム의 諸問題."『파시즘 연구』. 서동만 편역. 거름.

마오쩌둥. 1989.『지구전론·신민주주의론』. 이등연 옮김. 두레.

_____. 2001.『모택동 선집』제1권. 김승일 옮김. 범우사.

_____. 2002.『모택동 선집』제2권. 김승일 옮김. 범우사.

_____. 2007.『모택동 선집』제3권. 김승일 옮김. 범우사.

_____. 2008.『모택동 선집』제4권. 김승일 옮김. 범우사.

마츠다 토모오(松田智雄). 1983.『서양경제사 강의』. 장상환 옮김. 한울.

마호 준이치로(眞保潤一郎). 1986.『베트남 현대사』. 조성을 옮김. 미래사.

맥더모트, 케빈 & 제레미 애그뉴. 2009.『코민테른』. 황동하 옮김. 서해문집.

문선모. 1990. "1936년 5~6월 프랑스 대파업운동의 성격" 한국서양사학회.『서양사론』35호

박경식. 1965.『朝鮮人强制連行의の記錄』. 未來社.

박 단. 1996. "프랑스노동총동맹(CGT)의 통합활동(1929.10~1936.3): 철도노조연맹을 중심으로." 한국서양사학회.『서양사론』49호.

_____. 1997. "1930년대 프랑스 노동조합의 반파시즘 투쟁: 단위노조 활동을 중심으로." 역사학회.『역사학보』156집.

박무성. 1979. "뉴딜(New Deal)연구." 고려대학교 박사 학위 논문.

박호성. 2005.『사회민주주의의 역사와 전망』. 책세상.

변광수. 2006.『북유럽사』. 대한교과서주식회사.

비버, 엔터니. 2009.『스페인 내전』. 김원중 옮김. 교양인.

사회과학원역사연구소. 1988.『조선근대혁명운동사』. 한마당.

서동만. 1983.『파시즘 연구』. 거름.

쇼, 브루노. 1986.『중국혁명과 모택동 사상』제1권. 석탑편집부 옮김. 석탑.

솔, 잉에. 2003.『아무도 미워하지 않는 자의 죽음』. 유미영 옮김. 푸른나무.

스위지, 폴 M. 2009.『자본주의 발전의 이론』. 이주명 옮김. 필맥.

스터름탈, 아돌프. 1983.『유럽 노동운동의 비극』. 황인평 옮김. 풀빛.

스펙, W. A. 2002.『진보와 보수의 영국사』. 이내주 옮김. 개마고원.

시바쵸프·냐츠코프. 1989.『아메리카 제국주의사』. 국민도서.

시오다 쇼오베에(鹽田庄兵衞). 1985.『일본 노동운동사』. 우철민 옮김. 동녘.

신용하. 1986. "조선노동공제회의 창립과 노동운동." 한국사회사연구회.『한국의 사회신분과 사회계층』3집. 문학과 지성사.

_____. 1989. "1922년 조선노동연맹회의 창립과 노동운동." 한국사회사연구회.『한국근현대의 민족문제와 노동운동』15집. 문학과 지성사.

아일리프, 존. 2002.『아프리카의 역사』. 이한규·강인황 옮김. 이산.

아히르, 디완 찬드. 2005.『암베드카르』. 이명권 옮김. 에피스테메.

앤더슨, 페리 외. 1995.『안토니오 그람시의 단층들』. 김현우·신진욱·허준석 편역. 갈무리.

야마구치 야스시. 1983. "ファシズム論の諸類型とその位置."『파시즘 연구』. 서동만 편역. 거름.

양동휴. 2006.『20세기 경제사』. 일조각.

양승윤. 2005.『인도네시아사』. 대한교과서주식회사.

양승윤 외. 2007.『필리핀』. 한국외국어대학교출판부.

역사학연구소. 1995.『강좌 한국근현대사』. 풀빛.

오버리, 리처드. 2003.『스탈린과 히틀러의 전쟁』. 류한수 옮김. 지식의 풍경.

오웰, 조지. 2001.『카탈로니아 찬가』. 정영목 옮김. 민음사.

옴베르트, 게일. 2005.『암베드카르 평전』. 이상수 옮김. 필맥.

웨일스, 님. 1981.『중국노동운동사』. 청사편집부 옮김. 청사.

유인선. 2002.『새로 쓴 베트남의 역사』. 이산.

윤여덕. 1991.『한국초기 노동운동연구』. 일조각.

이계현. 1996. "아르헨티나 노동운동과 페로니즘(Peronism)의 기원."『서양사 연구』. 한국서양사연구회.

이리에 아키라. 1999.『20세기의 전쟁과 평화』. 이종국·조진구 옮김. 을유문화사.

이상협. 1996.『헝가리사』. 대한교과서주짓회사.

이성형. 1999.『라틴아메리카의 역사와 사상』. 까치.

이옥순. 2007.『인도 현대사』. 창비.

이용우. 1993. "프랑스 공산당의 변화와 인민전선의 기원" 서울대학교 석사 학위 논문.

이원보. 2005.『한국노동운동사 100년의 기록』. 한국노동사회연구소.

이인호. 1991. "러시아혁명과 노동자."『서양사 연구』. 서울대학교서양사연구회.

이정희. 2005.『동유럽사』. 대한교과서주식회사.

일리, 제프. 2008.『The Left 1848~2000 미완의 기획, 유럽좌파의 역사』. 유강은 옮김. 뿌리와 이파리.

전국경제조사기관연합회. 1939.『朝鮮經濟年報』.

전국불안정철폐연대. 2009. "자본주의 공황과 실업자운동." 인터넷 자료.

정병기. 2000. 『이탈리아 노동운동사』. 현장에서 미래를.

정종수. 1988. "대공황과 뉴딜정책의 경제사적 의의에 관한 연구." 건국대학교 박사 학위 논문.

_____. 2000. "대공황과 노동 및 자본에 대한 영향." 『산업경제연구』 13·14호. 한국산업경제학회.

조길태. 1993. 『인도민족주의운동사』. 신서원.

_____. 2000. 『인도사』. 민음사.

조선경제조사기관연합회 조선지부 편. 1939. 『朝鮮經濟年報』.

조선철도협회. 『朝鮮に於ける勞働者數及其分布狀態』.

조선총독부. 1930. 『朝鮮に於ける鑛夫勞働事情』.

_____. 1938. 『조선총독부 통계연보』.

조선총독부 경무국. 1936. 『最近に於ける朝鮮治安狀況』.

_____. 1938. 『最近に於ける朝鮮治安狀況』.

_____. 1941. 『最近に於ける朝鮮治安狀況』.

조선총독부 내무국. 『會社 及 工場に於ける勞働者の調査』.

조선총독부 식산국. 1939. 『朝鮮鑛業の趨勢』.

조선총독부 학무국 사회과. 1933. 『工場及鑛山に於ける勞働狀況調査』.

중화전국총공회. 1999. 『중국노동조합운동사: 중화전국총공회 70년』. 김영진 옮김. 신서원.

진, 하워드 & 앤서니 아노브. 2011. 『『미국 민중사』를 만든 목소리들』. 황혜성 옮김. 이후.

채린. 1931. "산업별 노동조합의 조직문제에 대하여." 박환·이상일 편. 『태평양노동자』.

천사오추에. 2007. 『쿠바, 잔혹의 역사 매혹의 문화』. 양성희 옮김. 북돋움.

최윤규. 1986. 『조선 근대 및 현대 경제사: 19세기 중엽~1945.8.』. 과학백과사전출판사.

카, 레이몬드 외. 2006. 『스페인사』. 김원중·황보영조 옮김.. 까치.

콜리어, 폴 외. 2008. 『제2차 세계대전』. 강민수 옮김. 플래닛미디어.

톰슨, 존 M. 2004. 『20세기 러시아 현대사』. 김남섭 옮김. 사회평론.

트로츠키, 레온. 1989. 『영구혁명 및 평가와 전망』. 정성진 옮김. 신평론.

_____. 2008. 『레온 트로츠키의 스페인 혁명』. 정민규 옮김. 풀무질.

_____. 2009. 『레닌 이후의 제3인터내셔널』. 정민규 옮김. 풀무질.

파농, 프란츠. 1978. 『자기의 땅에서 유배당한 자들』. 김남주 옮김. 청사.

패스모어, 캐빈. 2007. 『파시즘』. 강유원 옮김. 뿌리와 이파리.

팩스턴, 로버트 O. 2005. 『파시즘: 열정과 광기의 정치혁명』. 손명희·최희영 옮김. 교양인.

펜스타인, 애덤. 2005. 『빠블로 네루다』. 김현균 옮김. 생각의 나무.

포노말료프, B. N. 1992a. 『소련 공산당사』 제4권. 거름편집부 옮김. 거름.

_____. 1992b. 『소련 공산당사』 제5권. 거름편집부 옮김. 거름.

폴라니, 칼. 2009. 『거대한 전환』. 홍기빈 옮김. 길.

폴리, 마틴 H. 2008. 『제2차 세계대전: 지도로 보는 세계전쟁사』 제2권. 박인송·박일송 옮김. 생각의 나무.

푸엔테스, 카를로스. 1997. 『라틴아메리카의 역사』. 서성철 옮김. 까치.

폴란차스, 니코스. 1986. 『정치권력과 사회계급』. 홍순권·조형제 옮김. 풀빛.

풀브룩, 메리. 2000. 『분열과 통일의 독일사』. 김학이 옮김. 개마고원.

프라이스, 로저. 2001. 『혁명과 반동의 프랑스사』. 김경근·서이자 옮김. 개마고원.

한국노동사회연구소. 1995. 『남아프리카 노동운동: 역사와 현황』.

한국노동조합총연맹. 1979. 『한국노동조합운동사』.

한국사연구회. 1989. 『한국사 강의』. 한울.

핼러스, 던컨. 1994. 『우리가 알아야 할 코민테른 역사』. 오현수 옮김. 책갈피.

허  인. 2005. 『이탈리아사』. 대한교과서주식회사.

홍성곤. 1998. "대공황기 독일 공산당의 반파시즘 전략." 동아대학교 박사 학위 논문.

황보영조. 2001. "스페인 내전의 전쟁 이념 분석." 서울대학교 에스파냐중남미연구소. 『이베로아메리카연구』 12집.

황인평. 1986. 『볼셰비키와 러시아 혁명』 제3권. 거름.


Academy of Sciences of the USSR. 1972. *Institute of History*.

Ageron, C. R. 1969. *Histoire de l'Algérie contemporaine*. Paris.

Alexandrov, V. 1986. *A Contemporary World History 1917~1945*. Progress Publisher[『세계현대사』. 홍성곤·박용민 옮김. 태암. 1990].

Antonoya, K. A. & G.M. Bongard-Levin & G. G. Kotovsky. 1979. *History of India*. Moscow.

Bannassar, Bartolomé. 2004. *La guerre d' Espagne et ses lendemains*. Paris.

Beevor, Antony. 2006. *The Battle for Spain*. Penguin Books[『스페인 내전』. 김원중 옮김. 교양인. 2009].

Bureau International Du travail. 1937. *Problemes de Travail en Indochine*. Geneva.

Cabanellas, Guilermo. 1973. *La guerra de dos los mil dias* Vol. II. Barcelona.

Calder, A. 1969. *The People's War. Britain 1939~1945*. London.

Carlsson, Holger. 1972. *Nazismen i Sverige. Ett varningsord*. Stockholm.

Carr, E. H. 2004(first published 1979). *The Russian Revolution from Lenin to Stalin 1917~1929*. New York: Palgrave Macmillan[『러시아혁명: 레닌에서 스탈린까지(1917~1929)』. 나남편집부 옮김. 나남. 1983].

Chambaz, J. 1961. *Le Front Populaire pour le pain, la liberté et la paix*.

Cole, G. D. H. 1947. *A Short History of The British Working-Class Movement, 1789~1947*. London: George Allen & Unwin Ltd.[『영국 노동운동사』 전 2권. 김철수 외 옮김. 광민사. 1980].

_____. 1960. *A History of Socialist Thought Vol. 5: Socialism and Fascism, 1931~1939*. London.

Coverdale. 1979. *La intervención italiana en la guerra civil española*. Madrid.

CTAL. 1948. *Resoluciones de sus asambleas*. Mexico.

Dahlgren, Bertil. 1968. *Skotten I Ådalen*. Stockholm.

Danos, J. & Gibelin. 1970. *juin 36*. Paris: Maspero.

Dobb, Maurice Herbert. 1937. *Political Economy and Capitalism: Some Essays in Economic Tradition*. London: Routledge.

Drachkovitch, M. M. ed. 1966. *The Revolutinary International, 1864~1943*. Stanford.

Duclos, Jacques. 1955. *La France et l'Algérie*. Paris

Dummett, Raymond. 1985. "Africa's Strategic Minerals during the Second World War." *Journal of African History* 26.

Erichsen, Bjørn. 1977. *Om arbejderbevaegelsen: En introduktionsbog till dansk arbejderbevae-gelses historie*. Copenhagen.

Estruch, Joan. 2000. *Historia Oculta del PCE*. Madrid.

Foster, William Z. 1952. *History of the Communist Party of the United States*. New York.

_____. 1956. *Outline History of the World Trade Union Movement*. International Publishers[『세계노동운동사』 전 2권. 정동철 옮김. 백산서당. 1986].

Grasma, P. 1975. *Sozialdemokraten gegen Hitler 1933~1945*. Munich-Vienna.

Harman, Chris. 2008. *A People's History of The World*. Verso[『민중의 세계사』. 천경록 옮김. 책갈피. 2004].

Hobsbawm, Eric. 1985. "Fifty Years of Peoples Front." Jim Fyrth ed. *Britain, Fascism and the Popular Front*. Lawlence and Wishart.

_____. 1996. *The Age of Extremes: A History of The World*. New York: Pantheon Books a Division of Random House, Inc.[『극단의 시대: 20세기 역사』 전 2권. 이용우 옮김. 까치. 1997].

Hutt, Allen. 1937. *The Post-War History of the British Working Class*. London.

ICEM(International Federation of Chemical Energy Mine and General) Asia MNC. 2011. *Summary of Labor Movement in Indonesia*.

The USSR Academy of Sciences, The Institute of The International Working-Class Movement). 1984. *The International Working-Class Movement: Problems of History and Theory* Vol. 4. Moscow: Progress Publishers.

_____. 1985. *The International Working-Class Movement: Problems of History and Theory* Vol. 5. Moscow: Progress Publishers.

Ivnitsky, N. A. 1972. *The Class Struggle in the Villages and the Elimination of the Kulaks as a Class(1929~1932)*. Moscow.

Jackson, J. 1988. *The Popular Front in France: Defending Democracy, 1934~1938*. Cambridge.

Junod, Marcel. 1951. *Warrior without Weapons*. New York.

Kan, A. S. 1980. *A History of the Scandinavian Countries*.

Karnik, V. B. 1960. *Indian Trade Unions. A Survey.* Bombay.

Kavanov, P. I. 1971. *The History of the Cultural Revolution in The USSR.* Moscow.

Kershaw, Ian. 1993. *The Nazi Dictatorship: Prospectives of Interpretation* 3rd edn. London.

Khorkov, V. I. 1977. *The Nanking Kuomintang and the Labour Question, 1927~1932.* Moscow.

Koval, B. I. 1968. *A History of the Brazilian Proletariat(1857~1967).* Moscow.

Král, Václav. 1978. *Historické mezníky ve vývoji Ceskoslovenska.* Plague.

Kudrina, Yu V. 1975. *Denmark in the Years of the Second World.*

Kühnrich, H. 1965. *Der Partisanenkrieg in Europa 1939~1945.*

Lachica, E. 1971. *Huk: Philippine Agrarian Society in Revolt.* Manila.

Lager, Fritjof. 1956. *Ådalen 1931.* Stockholm.

Lefebvre, Michel & Rémi Skoutelsky. 2003. *Las Brigadas Internacionales.* Barcelona.

Lefranc, G. 1974. *histoire du front populaire.* Paris: Payot.

_____. 1977. "Le socialisme en France." J. Droz ed. *Histoire générale du socialisme* t. 3.

Lenin, V. I. 1977. "The New Economic Policy and the Tasks of the Political Education Departments." *Collected Works* Vol. 33.

Lerumo, A. 1980. *Fifty fighiting years: The Communist Party of South Africa, 1921~1971.* Inkululeko, Ind.

Limk, Arthur S. & William B. Catton. 1973. *American Epoch: A History of the United States, Since 1900* Vol. II. New York: Alfred A. Knopf

Lodge, Tom. 1983. *Black Politics in South Africa since 1945.* London and New York.

Longo, L. 1947. *Un popolo alla macchia.* Verona.

Lorenz, E. 1975. *Arbeiderbevegelsens historie 1930~1973.* Oslo

Maidanik, K. L. 1960. *The Spanish Proletariat in National Revolutionary War, 1936~1937.* Moscow.

Mazauric, L. 1976. *Vive la Front populaire* Paris: Plon.

Meshcheryakov, M. T. 1981. *The Spanish Republic and the Comintern.* Moscow.

Nehru, J. 1946. *The Discovery of India.*

Nolte, E. 1968. *Die Krise des liberalen Systems und die faschistischen Bewegungen.* München

Ouzoulias, A. 1967. *Les bataillons de la jeunesse.* Paris.

Overy, R. J. 1996. *The Nazi Economic Recovery, 1932~1938.* 2nd ed. Cambridge University Press.

Pashkova, M. "1935, The Labour Movement in China." *Problemy Kitaya* no. 14.

Paxton, Robert O. 2005. *The Anatomy of Fascism.* New York: Vintage Books a Division of Random House, Inc.[『파시즘: 열정과 광기의 정치혁명』. 손명희·최희영 옮김. 교양인. 2005].

Payne, Stanley G. 1980. *Fascism. Comparison and Definition.*Madison.

_____. 2004. *The Spanish Civil War, the Soviet Union and Communism*. London.

Peukert, D. 1976. *Ruhrarbeiter gegen den Faschismus Dokumentation über den Widerstand im Ruhrgebiet 1933~1945*. Frankfurt/Main.

Poletaev, V. E & S. L. Senyavsky. 1972. *The Working Class: the Leading Force in the Building of Socialism and Communism*. Moscow.

Ponce, Xavier Campos. 1962. *Los Yanquis y Sandino*. Mexico.

Poulantzas, N. 1974. *Fascism and Dictatorship*.

Pozharskaya, S. P. 1971. *Madrid's Sedret Diplomacy*. Moscow.

Prézeau, J. 1984. "Le mouvement Amsterdam-Pleyel (1932~1934): un champ d'essai du Front unique." *CHIRM* n°18.

Prost, A. 1966. "Les manifestation du 12 février 1934 en provence." *Le Mouvement Social* n°54.

Punekar, S. D. 1948. *Trade Unionism in India*. Bombay.

Ralph, Miliband. 1961. *Parliamentary Socialism, A Study in the Politics of Labour*. London.

Ruge & Schumann eds. 1977. *Dokumente zur deutschen Geschichte 1924~1929, 1929~1933*. Frankfurt am Main: Röderberg-Verlag.

Ruiz-Guifíazú, Alejandro. 1942. "How to effect the Revolution We need." *La Argentina ante si misma*.

Sirianni, Carmen. 1982. *Worker's Control and Socialist Democracy: The Siviet Experience*.

Stalin, Joseph. 1940. *Leninism*. London: Allen and Unwin.

Suárez, Luis. *Franco: la historia y sus documentos* IV.

Teper, Y. M. 1965. *Flames Over Oviedo (Asturias Epopee)*. Moscow.

Thompson, Leonard. 1990. *A History of South Africa*. Yale University Press[『南アフリカの歴史』. 宮本正興・吉國恒雄・峯 陽一 옮김. 明石書店. 1995)].

Torell, U. 1973. *Hjälp. till Denmark. Militära och politiska förbindelser, 1943~1945*. Stockholm.

Trapeznikov, S. P. 1981. *Hitorical Experienceof the CPSU in Carrying Out Lenin's Co-operative Plan* Vol. II. Moscow.

Trofimovf, V. A. 1979. *Italian Colonialism and Neocolonialism*. Moscow

Troncoso, Moisés poblete & Ben G. Burnett. 1962. *The Rise of the Latin-America Labor Movement*. New Haven, Conn: College & University Press·Publishers.

Vilar, Pierre. 1986. *La guerra civil española*.

Viñas, Ángel. 2006. *Guerra, dinerodictadura*.

Willard, C. 1967. *Socialisme et Communisme Français*. Paris: Armand Colin.

Winchi, D. 1969. *Economics and Policy*. London: Hodder and Stoughton

Woddis, Jack. 1961. *Africa: The Lion Awakes*. Lawrence Wishert.

Worswick, G. D. N. 1984. "The Sources of Recovery in UK in the 1930s." *National Institute Economic Review*.

Ye Ye, Kuznetsova. 1973. *Latin America: Social Security Probrems*. Moscow.

Zinn, Howard. 2005. *A People's History of the United States*. Harper Perennial Modern Classics [『미국 민중사』 전 2권. 유강은 옮김. 이후. 2008].


大原社會問題硏究所. 1965. "太平洋戰爭下の 勞働運動." 『日本勞働年鑑特輯版』. 東京.

大阪市立大學經濟硏究所. 1965. 『經濟學辭典』. 岩波書店.

山口定. 2006. 『ファシズム』. 岩波書店.

山口直彦. 2006. 『エジプド近現代史』. 明石書店.

水野直樹. 2007. "初期コミンテルン大會における朝鮮代表の再檢討." 初期コミンテルンと東アジア硏究會. 『初期コミンテルンと東アジア』. 不二出版.

井上清. 1955. 『日本現代史』. Moscow.

# 인명 찾아보기

# 조직명 찾아보기

부록 | 세계노동운동사 연표

| 연도 | 세계사 연표(서구 정치사·자본사) | 유럽·북아메리카 | 아시아·라틴아메리카·아프리카 | 조선 |
|---|---|---|---|---|
| 15세기 | •인클로저운동, 자본 시초 축적 | | | |
| 1492 | •콜럼버스 아메리카 대륙 상륙 | | | |
| 1495 | •영국 헨리 8세 피의 입법: 빈민 강제노동 | | | |
| 1500 | | | •포르투갈, 브라질 발견 | |
| 1514 | | | •에스파냐, 쿠바 정복 | |
| 1516 | | | •에스파냐, 아르헨티나 발견 | |
| 1519 | | | •에스파냐, 멕시코 침공 | |
| 1520 | | | •마젤란, 칠레 발견 | |
| 1524 | | •독일농민전쟁 | | |
| 1526 | | | | |
| 1536 | •영국 헨리 8세 구빈법 제정 | | | |
| 1539 | | •프랑스 리옹 인쇄노동자 파업투쟁 | | |
| 1540 | | | •에스파냐, 칠레 침공 | |
| 1553 | | | •칠레 마푸체의 반란 | |
| 1548 | | | •포르투갈, 브라질에 첫 총독 파견 | |
| 1571 | | | •에스파냐, 필리핀 통합 | |
| 1589 | •편지기 발명 | | | |
| 1601 | •영국 엘리자베스 1세 구빈법 제정 | | | |
| 1602 | | | •네덜란드 인도네시아에 동인도회사 설립 | |
| 1640 | | •영국 청교도혁명 | | |
| 1660 | | | | |
| 1662 | •영국 정주법 제정 | | | |
| 1683 | | | •칠레 노예제 폐지 | |
| 1684 | | •미국 최초 노동자 조직 결성(뉴욕 집마차꾼 조직) | | |
| 1688 | | •영국 명예혁명 | | |
| 1689 | | | | |
| 1698 | •토마스 세이버리 광부의 친구 증기펌프 발명 | | | |
| 1705 | •토마스 뉴커먼 대기압식 증기기관 발명 | | | |
| 1757 | | | •영국 동인도회사 플라시전투 승리: 인도 벵골 지방 진출, 식민 통치 교두보 | |

| 연도 | 주요 사항 |
|---|---|
| 1764 | ●제니 방적기 발명 |
| 1769 | ●제임스 와트 증기기관 개량 / ●아크라이트 수력방적기 발명 |
| 1770 | ●역직기 발명 |
| 1773 | ●영국 인도통치규제법 제정: 총독 통치 시작 |
| 1775 | ●미국 독립전쟁 |
| 1776 | ●아담 스미스 「국부론」 발간 |
| 1778 | ●포인트넷 기계 발명 |
| 1783 | |
| 1784 | ●전신기 발명 |
| 1785 | ●카트라이트 역직기 발명 |
| 1786 | ●미국 뉴욕 제화노동자 파업투쟁 |
| 1789 | ●미국 필라델피아 인쇄노동자 파업투쟁 / ●프랑스혁명 -삼부회의 소집 -국민의회 구성 -바스티유감옥 점령 -루이16세 체포 -인권선언 가결 -프랑스 최초 헌법 제정 |
| 1790 | -국민의회 구성 -프랑스 최초 헌법 제정 / ●프랑스 파리 인쇄노동자클럽 결성 |
| 1791 | ●프랑스 르 샤플리에 법 제정(노동자 단결 및 임금협상 금지) -일번의회 구성 -생퀼로트 운동 -혁명전쟁 / ●프랑스 르 샤플리에 법 반대 파업투쟁 / ●프랑스 목수우애조합, 파리 창만·하역노동자조합 결성 |
| 1792 | -국민공회 성립 -제1공화국 수립 -루이 16세 처형 / ●미국 필라델피아 제화노동자조합, 뉴욕 인쇄노동자조합 결성 |
| 1793 | -자코뱅당 혁명 독재 시작 |
| 1794 | -테르미도르 쿠데타 -로베스피에르 처형 |
| 1797 | ●나폴레옹전쟁 |
| 1799 | ●영국 단결금지법 제정 |

|  | | | |
|---|---|---|---|
| 1802 | ●영국 공장법 제정; 아동노동 금지, 노동시간 제한 등 | ●미국 뉴욕 조선노동자조합 결성 | |
| 1804 | ●프랑스 제1제정 출범; 나폴레옹 1세 즉위 | ●영국 스코틀랜드 수직노동자 파업투쟁 | |
| 1806 | ●프랑스 나폴레옹 대륙봉쇄령 | ●프랑스 건축노동자 파업투쟁 | |
| 1807 | ●풀턴 증기선 발명 | | |
| 1808 | ●나폴레옹 동생 조제프 에스파냐 국왕 옹립 | ●영국 랭커셔 수직노동자 파업투쟁 | |
| 1810 | | | ●아르헨티나 부에노스아이레스 1차 의회 조직<br>●아르헨티나 '남아메리카 합중국' 건국 |
| 1811 | ●영국 러다이트운동 | ●영국 러다이트운동 | |
| 1812 | ●영국 가톨릭교과 사형 벌률 제정 | | 영국 스코틀랜드 수직노동자 파업투쟁 |
| 1814 | ●프랑스 나폴레옹 1세 엘바섬 유배<br>●스티븐슨 증기기관차 발명 | | |
| 1815 | ●프랑스 나폴레옹 1세 세인트헬레나 섬 유배; 제1제정 붕괴, 부르봉 왕정복고 | | ●아르헨티나 '자유연맹' 건국 |
| 1816 | | 프랑스 라다이트운동 | ●아르헨티나 투쿠만 의회, 에스파냐로부터 독립 선언 |
| 1817 | | ●프랑스 리옹 모자제조노동자 파업투쟁 | |
| 1818 | | | ●칠레 독립 선포 |
| 1820 | | | ●아르헨티나 자유연방; 남아메리카 통합추조 귀속 |
| 1821 | | | ●멕시코 독립(코르도바 협정) |
| 1822 | | | ●브라질 독립 선언 및 페드루 1세 즉위(포르투갈) |

| 연도 | | | 황태자 톰 페드루 |
|---|---|---|---|
| 1823 | | •미국 뉴욕 여성 재봉노동자 파업투쟁 | |
| 1824 | 영국 단결금지법 폐지 | •프랑스 솔롱 목면노동자 파업투쟁 | |
| 1825 | | | •인도네시아 자바 전쟁: 마타람 왕조 몽고란 디포네고로 왕자 반란 •볼리비아 독립 선언 |
| 1826 | | | |
| 1828 | | | •아르헨티나-브라질 전쟁: 우루과이 독립 |
| 1830 | | •프랑스 루앙 방직노동자 파업투쟁 •프랑스 7월 혁명 | |
| 1831 | | •프랑스 제1차 리옹 노동자 봉기 | |
| 1832 | | •독일 인민연맹 결성 | |
| 1834 | 영국 신구빈법 제정 프랑스 결사금지법 공포 | •프랑스 제2차 리옹 노동자 봉기 •독일 망여바틸자동맹 결성 •영국 전국노동조합대연합 결성(로버트 오언) | |
| 1835 | | •미국 전국노동조합 결성 •미국 최초 필라델피아 총파업투쟁 •독일 의인동맹 결성 | |
| 1836 | | •영국 런던노동자협회 창설 | |
| 1837 | | •인민헌장 제정 | |
| 1838 | | •제1차 차티스트 대회, 국민 청원 | |
| 1839 | | •제2차 차티스트 대회, 국민 청원 | |
| 1840 | 프랑스 아동노동금지법 제정 | •런던 노동자교육협회 결성 | •이편전쟁(난징 조약) |
| 1841 | | •영국·아일랜드 광산노동조합 결성 | •쿠바 아바나 건축노동자 파업투쟁 |
| 1842 | | •독일 슐레지엔 직조노동자 반란 •마르크스·엥겔스 「신성가족」 비판적 비판에 대한 비판」 집필 •8월 총파업투쟁 •10시간 노동일제 쟁취 •제3차 차티스트 대회, 국민 청원 | |
| 1844 | | •마르크스 「경제학철학 수고」 집필 | |
| 1845 | 러시아 아동노동금지법 제정 | •마르크스·엥겔스 「독일 이데올로기」 집필 엥겔스 「영국 노동계급의 상태」 집필 | |

|  |  |
|---|---|
| 1846 | |
| 1847 | ●멕시코 제2연방 공화국 체제 수립 |
| 1848 | 출간<br>●프랑스 2월 혁명 ●독일<br>-2월 노동자 봉기 부르주아혁명<br>-국민작업장 ●이탈리아<br>-하청법 제정 부르주아혁명<br>-하청제 폐지,<br>노동시간 단축<br>법령 제정<br>-특상부르주아원회<br>설치: 10시간<br>노동일제,<br>노동자 조직<br>-4월 헌법제정<br>국민의회 구성<br>-6월 국민작업장<br>폐쇄<br>-6월 노동자 봉기<br>-12월 나폴레옹 당선<br>●보나파르트 당선<br>부르주아혁명<br>●헝가리 혁명<br>●이탈리아<br>인쇄노조 결성<br>●마르크스·엥겔스<br>『공산당 선언』<br>집필 |
| 1849 | ●칠레 산티아고 봉제노동자 파업투쟁<br>●중국 태평천국운동<br>●스웨덴 구스타프벨크 봉기(도자기공장 파업투쟁)<br>●영국 합동기계공노동조합 결성 |
| 1850 | ●칠레 스몰 세베라 |
| 1851 | ●프랑스 루이 나폴레옹 쿠데타 |

| 연도 | | | 파산노동자 파업투쟁 |
|---|---|---|---|
| 1852 | ●프랑스 제2제정 출범: 나폴레옹 3세 즉위(루이 나폴레옹) | ●미국 인세노동조합 결성 | ●칠레 연방헌법 공포<br>●칠레 발파라이소 제화노동자 파업투쟁<br>●칠레 산티아고 인세노동자조합 결성<br>●브라질 인세노동조합 결성 |
| 1853 | ●프랑스 크레디 모빌리에(투자은행) 설립<br>●크림전쟁 | | |
| 1854 | | ●독일 노조 조직 해산명령 | |
| 1856 | | ●영국 스코틀랜드 대파업투쟁 | |
| 1857 | | ●영국 남 웨일즈 대파업투쟁<br>●마르크스 『정치경제학비판 요강』 출간 | ●중국 점원노동자 협회 결성<br>●인도 세포이 반란<br>●브라질 리우데자네이루 가스노동자 파업투쟁<br>●아르헨티나 부에노스아이레스 인세노동조합 결성 |
| 1858 | | ●영국 건축노동자 장기 파업투쟁: 9시간 노동일제 요구<br>●영국 합동노동자노동자 노동조합연맹 결성 | ●프랑스 항레 베트남 다낭 점령<br>●브라질 인세노동자 연대 파업투쟁<br>●칠레 발파라이소 기계노동자조합 결성 |
| 1859 | ●이탈리아 통일전쟁 | ●마르크스 『정치경제학비판』 출간 | ●프랑스, 베트남 사인 성 공격 |
| 1860 | ●이탈리아 단결금지법 제정<br>●영국·프랑스 통상조약 | ●영국 목수합동노조, 도장공노조 결성<br>●영국 런던노동조합평의회 결성 | |
| 1861 | ●미국 남북전쟁<br>●러시아 농노제 | | ●프랑스 베트남 사이공 |

| 연도 | 주요 사항 | 비고 |
|---|---|---|
| 1862 | 폐지(해방령) <br> • 영국 런던 만국박람회(프랑스 노동자대표 파견) <br> • 독일 라이프치히 인쇄노동자노조 결성 | 점령 <br> • 프랑스 코친차이나 3성 점령: 제1차 <br> 사이공조약 체결 |
| 1863 | • 독일 전독일노동자연맹 결성 <br> • 독일 베를린 인쇄노동자노조, 기계노동자노조 결성 <br> • 영국 제화공노조 결성 | • 프랑스-캄보디아 제1차 조약 <br> • 브라질 바라도피라이 철도노동자 대파업투쟁 <br> • 프랑스-캄보디아 제2차 조약 |
| 1864 | • 영국 광산노동자대표회의: 전국광산노조연맹 결성 <br> • 제1인터내셔널 창립 대회(런던) | |
| 1865 | • 프랑스 60인 선언: 노동자 정치 세력화, 노조 결성 자유 요구 <br> • 영국 합동광산노조연맹 결성 <br> • 독일·벨기에 제1인터내셔널 지부 설립 <br> • 프랑스 파리 제1인터내셔널 지부 설립 | |
| 1866 | • 제1인터내셔널 제1차 대회(제네바) <br> • 영국 런던 봉제노동자 대규모 파업투쟁 <br> • 미국 전국노동연맹 결성: 8시간 노동입제 투쟁 | |
| 1867 | • 프랑스 경제공황 <br> • 제1인터내셔널 제2차 대회(로잔) <br> • 프랑스 파리 고급가구제조노동자노조, 신발제조노동자 노조. 인쇄노동자노조, 금속가공노동자 노조 결성 <br> • 프랑스 파리 청동노동자 파업투쟁 <br> • 미국 전국노동연맹 제2차 대회: 제1인터내셔널 승인 <br> • 마르크스 『자본론』 출간 | |
| 1868 | • 프랑스 언론 검열 폐지, 공공 집회 합법화 <br> • 제1인터내셔널 제3차 대회(브뤼셀) <br> • 스위스 제1인터내셔널 지부 설립 <br> • 영국 영국노동조합회의(TUC) 결성 <br> • 프랑스 파리 기계노동자노조, 피혁제조노동자노조 결성 <br> • 프랑스 파리 노동자조합연합회의 결성 <br> • 바쿠닌 사회민주주의동맹 결성 | • 일본 미구로 은광노동자 파업투쟁 <br> • 쿠바 10년 전쟁(-1878년) |
| 1869 | • 제1인터내셔널 제4차 대회(바젤) <br> • 독일 사회민주노동당 창당 <br> • 프랑스 파리 제봉노동자노조, 건축도장노동자노조, | |

| | | | |
|---|---|---|---|
| 1870 | 프랑스 1870년 헌법: 의회 제정<br>프랑스-프로이센 전쟁: 프랑스 패배, 제2제정 붕괴 | 사무노동자노조 결성<br>•프랑스 카르모 광산노동자 파업투쟁<br>•미국 노동기사단 결성<br>•프랑스 전국노동연맹 여성·흑인 조합원 가입<br>•프랑스 제1인터내셔널 지부 연합평의회 결성<br>•프랑스 모자제조노동자노조 결성<br>•미국 9월 4일 혁명: 제2제정 붕괴<br>•제1인터내셔널 런던협의회 | •알제리군중화협회 창설<br>•알제리 이민노동자·원주민 봉기 |
| 1871 | 독일 통일: 독일제국 창건(빌헬름 1세 즉위), 제국의회 선거에 보통선거권 제도 도입<br>프랑크푸르트조약: 프랑스 50억 프랑 배상금, 알자스-로렌 지방 독일에 할양<br>영국 노동조합법 제정 | •제1인터내셔널 파리코뮌(3.28~5.28) | |
| 1872 | 영국 탄광 및 금속선업법 제정<br>프랑스 뒤포르법 제정: 인터내셔널 금지 | •제1인터내셔널 제5차 대회(헤이그)<br>•이탈리아 인쇄노동조합 결성<br>•이탈리아 노동회의소(지방노동조합평의회) 조직 | •일본 사도 금광노동자 파업투쟁<br>•일본 다카시마 탄광노동자 파업투쟁<br>•일본 인나야 광산노동자 파업투쟁<br>•멕시코노동자를 결성 |
| 1873 | 삼제연맹: 독일, 오스트리아-헝가리제국, 러시아 | | •인도 벵골 퍼브나·대캉 폭동<br>•네덜란드 인도네시아 수마트라 침공: 아체(전쟁)~1904년) |
| 1874 | 프랑스 제3공화제 헌법 | | •베트남 제2차 사이공조약 체결 |
| 1875 | | •제1인터내셔널 대회(플라델피아)<br>•독일 사회주의노동당 창당: 전독일노동자연맹과 사회민주노동당 통합<br>•러시아 남부러시아노동자동맹 결성<br>•미국 펜실베이니아 탄광노동자 파업투쟁<br>•마르크스 「고타 강령 비판」 출간 | |
| 1876 | | •미국 사회주의노동당 창당 | |
| 1877 | 러시아, 대 오스만제국 선전포고 | •러시아 불티모아·오하이오 철도노동자 파업투쟁 | •강화도조약<br>•함경도 조선 광산노동자 파업투쟁 |
| 1878 | 러시아-오스만제국 산스테파노조약:<br>루마니아·세르비아·몬테네그로 독립, 불가리아 러시아 보호국, 러시아 남하 | •러시아 러시아노동자북방동맹 결성 | •인도 봄베이 파드케 폭동<br>•아르헨티나 인쇄노동자 파업<br>•쿠바-에스파냐 선혼 |

| 연도 | 정치·정책 | 노동운동 | 조약 체결: 정치개혁·노예해방 억속 | 기타 |
|---|---|---|---|---|
| 1879 | 정책<br>베를린 조약: 불가리아, 오스트리아 치하로 환수, 영국 키프로스 획득, 러시아 남하 정책 좌절<br>•독일 사회주의자법 제정 | | •태평양전쟁: 칠레 vs 볼리비아·페루 | |
| 1880 | | •에스파냐 사회민주주의노동당 창당<br>•프랑스사회주의노동당연합 출범 | •프랑스, 쿠친차이나 식민지평의회 설립 | |
| 1881 | •러시아 알렉산드르 2세 암살 | •영국 민주연맹 출범<br>•이탈리아 로마냐혁명적사회주의당 창당<br>•미국 미국노동총연맹(AFL) 결성 | | |
| 1882 | •삼국동맹: 독일, 오스트리아-헝가리제국, 이탈리아 | •이탈리아노동당 창당 | •남아프리카 킴벌리 광산노동자 파업투쟁 | |
| 1883 | | •러시아노동해방단 출범 | •일본 미이케 탄광노동자 파업투쟁<br>베트남 제1차 후에조약: 프랑스 보호국 편입 | |
| 1884 | | •영국 민주연맹을 사회민주연맹으로 개편: 사회주의자동맹 분리<br>•엥겔스 『가족, 사유재산 및 국가의 기원』 출간 | | •광무국 설치 |
| 1885 | | | •청 프랑스 톈진조약: 청국 베트남 종주권 상실<br>•베트남 껀브엉운동<br>•인도 국민회의 창당 | |
| 1886 | | •미국 시카고 8시간 노동일제 요구 총파업투쟁: 메이데이 시초 | •일본 스와미세운동 | |
| 1887 | | •노르웨이 노동당 창당<br>•프랑스 노동거래소 최초 설립(파리) | •일본 고후 여성 제사노동자 파업투쟁<br>•인도차이나연방 성립: 베트남·캄보디아<br>•멕시코철도노동조합 결성<br>•아르헨티나 제화노동자 총파업<br>•칠레 민주당 창당<br>•쿠바 제1회 노동자대회<br>•남아프리카 케이프타운 목공노조 결성 | |
| 1888 | | | •브라질 노예제도 폐지 | |

|  | | | |
|---|---|---|---|
| 1889 | •독일 루르 광산 대규모 파업투쟁<br>•스웨덴 사회민주노동당 창당<br>•제2인터내셔널 출범: 프랑스대혁명 100주년 국제노동자대회, 5월 1일 메이데이(노동절) 지정 | •남아프리카 더반 인쇄노동조합 결성<br>•인도 마드라스 기나틱 공장 아동노동자 파업투쟁<br>•브라질 플루미넨시스(수·보호 집단) 무렵 반란으로 왕정 폐지 및 공화제 채택<br>•아르헨티나 철도노동자 파업<br>•독일령 동아프리카 반란<br>•요하네스버그 베일 기계공장 노동자 파업투쟁 | •경인선 개통 |
| 1890 | •독일 사회주의자법 폐지<br>•이탈리아 단결금지법 폐지<br>•독일 사회민주노동당이 사회민주당으로 개편<br>•메이데이 시작 | •브라질 제헌의회 출범 | |
| 1891 | •제2인터내셔널 제2차 대회(브뤼셀)<br>•독일 사회민주당 에르푸르트 강령 채택<br>•독일 노동조합 총무위원회 결성 | •브라질 철도노동자 파업투쟁<br>•아르헨티나사회주의노동자연맹 결성<br>•칠레 임금인상 요구 전국 총파업<br>•쿠바 아바나 연초공장·부두노동자 노조 결성 | |
| 1892 | •이탈리아 노동자당 창당:<br> 루마니아 혁명적사회주의자당 - 이탈리아노동당·밀라노사회주의연맹 통합<br>•프랑스 노동거래소연맹 결성 | •브라질 리우데자네이루 아동노동 규제 법령 제정<br>•칠레 내전: 의회주의 체제 확립<br>•필리핀 카티푸난(민족주의 저항 단체) 설립<br>•브라질 사회노동당 창당<br>•남아프리카 트란스발 광산노동자기계공조합 결성 | |
| 1893 | •프로이센 아동노동금지법 제정<br>•제2인터내셔널 제3차 대회(취리히)<br>•벨기에 노동자 보통선거권 요구 총파업투쟁<br>•영국 독립노동당 창당: 사회민주연맹 온건파<br>•이탈리아 노동조합평의회연맹 결성 | •프랑스-섬 제1차 조약: 라오스 침략<br> 라오스, 인도차이나연방에 편입<br>•아프리카 남로디지아 마타벨레 전쟁 | |
| 1894 | •러시아-프랑스 군사동맹<br>•스웨덴 보통선거권 요구 총파업투쟁 | •청일전쟁<br> (시모노세키조약) | •갑오농민전쟁<br>•갑오개혁 |
| 1895 | •프랑스 드레퓌스사건<br>•프랑스 프랑스노동총동맹(CGT) 결성<br>•러시아 노동자계급해방투쟁동맹 결성 | •인도 봄베이 면방공장 여성노동자 파업투쟁<br>•쿠바 제2차 독립전쟁: 자치정권 수립 | •운산 금광노동자 파업투쟁<br>•경부선 개통 |
| 1896 | •제2인터내셔널 제4차 대회(런던) | •아르헨티나사회노동당 창당<br>•아프리카 미소나 | •경인선 개통 |

|  | | | |
|---|---|---|---|
| 1897 | ●미국 사회민주당 창당 | 마르벨라 반란<br>●에티오피아군 이탈리아 침략군 격파<br>●프랑스, 인도차이나 평의회 설치<br>●인도네시아<br>네덜란드인교사노동조합 결성<br>●일본 노동조합기성회 결성<br>●일본 선요철도 파업투쟁 | ●성진분견부두조합 결성<br>●목포 부두노동자 파업투쟁<br>●강원도 당현 금광노동자 파업투쟁 |
| 1898 | ●러시아사회민주노동당 창당 및 제1차 대회:<br>러시아노동계급해방투쟁동맹 주도 | ●일본 철공조합 결성<br>●일본 철도교정회 결성<br>●중국 인후이 성<br>틴광노동자 파업투쟁<br>●필리핀 카트푸난,<br>독립공화국 선언<br>●미국-에스파냐전쟁:<br>에스파냐 패배로<br>필리핀·쿠바 미국에<br>양도 | |
| 1899 | ●핀란드 사회민주당 창당<br>●베른슈타인 『사회주의의 전제와 사회민주당의 임무』 발간 | ●보어전쟁: 영국<br>남아프리카 지배권<br>획득<br>●필리핀-미국 전쟁:<br>필리핀 패배로 미국<br>식민 통치 시작 | ●일본 활판공조합 결성<br>●필리핀 제1공화국 건국 노동일제<br>●쿠바 8시간 노동투쟁<br>요구 총파업투쟁<br>●이집트<br>이민노동자·원주민노동<br>자 공동 파업투쟁: | ●순신 공동노동조합 결성<br>●평양국두량조합 결성 |

| | | | | |
|---|---|---|---|---|
| 1900 | ●영국 태프 베일 사건: 노동조합에 대한 손해배상 청구 인정 | ●제2인터내셔널 제5차 대회(파리): 3월8일 여성의 날 지정<br>●러시아 노동자신문 『이스크라』(불꽃) 창간<br>●영국 노동자대표위원회(노동당) 창당 | 담배노동자연합조합 결성<br>●광저우, 인도차이나연방에 편입<br>●일본 치안경찰법 제정<br>●중국 의화단운동<br>●'아르헨티나사회노동당'이 '아르헨티나사회당'으로 개편<br>●쿠바 담배노동자 파업투쟁<br>●쿠바 인민당 창당 | ●원산 반선장 투쟁 |
| 1901 | | ●사회혁명당 창당 | ●미국, 필리핀 발령기기<br>●하상 사건<br>●일본 사회민주당 창당<br>●미국, 쿠바에서 플랜트:<br>수정안 헌법 통과:<br>균정 통치 강화<br>●아프리카 남로디지아 광산노동자 파업투쟁 | ●목포 부두노동자 파업투쟁<br>●운산 광산노동자 광업자 승리 투쟁 |
| 1902 | ●영일동맹 | 프랑스 노동거래소·노동총동맹(CGT) 통합 | ●필리핀민주주의노동자 동맹 결성<br>●쿠바 아바나<br>●수란공·도제 파업투쟁<br>●아르헨티나노동총연맹 결성<br>●남아프리카 케이프타운 영국사회민주연맹 지부 설립 | |
| 1903 | | ●핀란드 사회민주당 창당<br>●러시아 즈라트우스트 파업투쟁 | ●브리집 리우데자네이루 기관화부·하역노동자조합 | ●목포 부두노동자 반선장 투쟁 |

| 연도 | | | | |
|---|---|---|---|---|
| 1904 | ●러일전쟁<br>●영국-프랑스 협정 | ●러시아사회민주노동당 제2차 대회: 볼셰비키·멘셰비키 분열<br>●러시아 멘셰비키 이스크라 장악 | | |
| 1905 | ●제1차 러시아혁명<br>독일-프랑스 충돌<br>●제1차 모로코 사건: | ●제2인터내셔널 제6차 대회(암스테르담)<br>●러시아 멘셰비키 당 중앙위원회 장악<br>●러시아 상트페테르부르크 총파업<br><br>●제1차 러시아혁명<br>-상트페테르부르크 '피의 일요일' 사태<br>-러시아사회민주노동당 제3차 대회<br>　-10월 정치총파업<br>-상트페테르부르크 노동자 대표 소비에트 구성<br>　-차르 정부 '10월 17일 선언' 발표<br>-모스크바 노동자 대표 소비에트 구성<br>-병사 대표 소비에트 구성<br>　-12월 모스크바 무장봉기<br>-제4차 대회<br>-러시아사회민주노동당 제5차 대회<br><br>●프랑스 통일사회당 창당<br>●독일 루르 탄광노동자 파업투쟁<br>●헝가리 부다페스트 정치파업<br>●미국 세계산업별노동조합(IWW) 결성 | ●베트남 유신회 결성<br>●프랑스-소련 제2차 조약: 라오스 침략<br>●쿠바 사회노동당 창당 | ●을사보호조약<br>●일본 악수어음 조례 제정<br>●일본 어음조합 조례 제정 |
| 1906 | | ●독일 붉은 수요일(함부르크 노동자 정치파업투쟁)<br>●영국 노동자대표위원회 노동당으로 당명 변경<br>●이탈리아노동총연맹(CGL) 결성 | ●영국 인도 뱅골주 분할조치<br>●인도 '단일한 소망을 가진 미래타 조합' 결성<br>●인데시아 우편국 노동자조합 결성<br>●중국 핑샤양 탄광노동자 파업투쟁<br>●중국 외국 상품 불매운동<br>●중국 상하이 방적공장 노동자 투쟁<br>●아르헨티나 여노동자총연맹 결성<br>●쿠바 대통령 부정선거 저항 봉기<br>●이집트 항만노동조합 결성<br>●인도 동인도 철도노동자 파업투쟁<br>●인도 캘커타 인쇄노동자조합 결성<br>●일본 구레해군공창 노동자 파업투쟁<br>●메시코 자유노동총연맹 결성<br>●메시코 광산노동자 파업투쟁<br>●브라질 화물차기사조합 결성<br>●칠레 노동자 거주법 공포<br>●이집트 연초제조노동조합 은행노동조합 결성 | ●일본 농공은행 설립<br>●일본 통감부 설치<br>●조선노동조합 결성 |

※ 상단 우측 항목: ●브라질 리우데자이루 방적공장 노동자 총파업투쟁 ●칠레 하역노동자 파업투쟁 ●남아프리카 프리토리아 인쇄노동자 파업투쟁

| 연도 | | | | |
|---|---|---|---|---|
| 1907 | •삼국협상: 영국, 프랑스, 러시아 | •제2인터내셔널 제7차 대회(슈투트가르트): 반전 결의문 | •베트남 하노이 동경의숙 설립<br>•인도국민회의 수라트 대회: 급진파 탈퇴<br>•일본 미쓰비시조선소 노동자 파업투쟁<br>•일본 아시오 독동: 아시오 구리광선노동자 파업투쟁<br>•중국 청나라 헌법 제정<br>•필리핀 민간 행정부 출범<br>•칠레 이키케시 총파업투쟁<br>•칠레노동자대연맹 결성<br>•쿠바 담배제조노동자 파업투쟁 | •제정 고문제도 폐지: 일본인 직접 조선 관리 채용<br>•수산조합 결성 |
| 1908 | •오스트리아-헝가리제국 보스니아·헤르체고비나 병합 | •영국 전국광산노동자연맹 창설: 광산노동자 8시간 노동일제<br>•이탈리아 파르마 농업노동자 파업투쟁 | •베트남 하노이 동경의숙<br>•베트남 유신회 반란<br>•베트남 동경의숙 폐쇄<br>•인도 봄베이 정치 총파업투쟁<br>•인도 캘커타페민조합 결성<br>•인도네시아 철도노조 결성<br>•중국 청나라 결사·집회법 제정<br>•멕시코 민주당 창당 | •일본 동양척식주식회사 설치<br>•신칸리노동조합 결성<br>•광업민노동조합 결성 |
| 1909 | •영국 우스문 판결: 노동조합 정치자금 제공 금지 | •독일 옌스펠트 금부 파업투쟁<br>•발칸 사회민주주의 회의: 세르비아 사회민주당과 불가리아 사회민주노동당, 발칸 연방공화국 제창<br>•미국 유에스스틸사 노조 14개월 장기 파업투쟁 | •멕시코 반제선언 참장<br>•이집트 수공업노동조합 결성: 북아프리카 최초<br>아랍인 노동자 독자 노조 | •신화노동조합 결성 |
| 1910 | •제2인터내셔널 제8차 대회(코펜하겐)<br>•영국 웨일스 탄광노동자 파업투쟁 | •멕시코혁명(-1917년)<br>-마데로 '산루이스포토 시 계획' 발표<br>-디아스 대통령 사임<br>-마데로 대통령 선출<br>-사파타 '아얄라 강령' 발표: 토지 재분배 요구<br>-비토리아노 우에르타 | •일본 대역 사건: 사회주의자 검거 및 사형 집행<br>•우루과이 사회당 창당 | •경술국치: 조선·일본 합병조약 체결<br>•선언조합 결성<br>•광남선 개통<br>•토지조사사업 실시<br>•회사령 공포: 일본 자본 조선 진출 용이화 |
| 1911 | •제2차 모로코 사건: 프랑스 모로코 합병 | •영국 철도노동자 전국 파업투쟁(리버풀이 학살) | •중국 신해혁명 | •광산 조사(-1917년) |

| 연도 | | | | | |
|---|---|---|---|---|---|
| 1912 | •발칸전쟁 | •이탈리아 반전 파업투쟁<br>•미국 철도노동자 파업투쟁 | •제2인터내셔널 제9차 대회(바젤)<br>•러시아 3월 총파업<br>•영국 사회당 통합<br>•영국 탄광노동자 총파업투쟁 | •미국 웨스트버지니아 광산노동자 장기 파업투쟁 | •제노 광산노동자 파업투쟁 |

'바르나 엠블' 루데타:
반혁명 정권 수립
-미국 베라크루스 항 점령
-우에르타 정권 붕괴
-혁명 세력 내전 발발
-카란사, 비야파·사파타파 축출
-카란사, 내전 승리
-카란사 대통령 당선: 대의민주주의제, 대통령 중심제, '1917년 헌법'

•중국 제조노동자대동맹회, 중국연해해원공회 결성
•일본 도쿄 시전 노동자 파업투쟁
•베트남광복회 결성: 프랑스 총독 암살 기도
•인도네시아 이슬람동맹 창립
•중국 중화민국 선포: 푸이 황제 퇴위
•멕시코 세계노동자회관 결성
•칠레 사회당 창립
•남아아지리아 철도노동조합 결성
•남아프리카원주민회의 결성
•신노동조합 결성

**1913**
•영국 더블린 파업투쟁: 공화제, 아일랜드 공화국, 노동해방 요구
•콜로라도광산(록펠러재단) 노동자 파업투쟁: 러들로 학살
•이탈리아 토리노 자동차산업 노동자 파업투쟁
•헝가리
•사회민주당 대화: 반전투쟁 포기
•미국 패터슨 파업투쟁
•필리핀노동자회의 결성
•고림포노조 결성
•차호부두노조 결성

**1914**
•제1차 세계대전
-오스트리아-헝가리제국 황태자 암살: 대 세르비아 선전포고
-러시아, 독일에 선전포고
-독일, 러시아·프랑스에 공격
-영국, 프랑스 지원
•독일 칼 리프크네히트 신군사 예산 반대
•영국노동조합회의 선언 강화 체결: 전쟁 종료 시까지 파업 포기
•이탈리아 적색 주간: 전국적 반전 파업투쟁
•인도네시아사회민주연합 결성
•브라질 대중적 반전 시위
•캐나 기니어마 봉기
•후남선·경원선 개통

| 연도 | | | |
|---|---|---|---|
| 1915 | -오스만제국, 러시아 공격<br>-일본, 독일에 선전포고<br>-이탈리아 협상국에 가담<br>-영국 군수 생산법 제정: 노동쟁의 강제조정 및 파업 금지 | ●이탈리아 사회당-노동총동맹 노조연맹 지도 기관 합동 회의: 전쟁 반대, '중립' 결의<br><br>●짐머발트 반전 사회주의자 국제회의: 레닌의 혁명적 계급투쟁 주장 결의안 부결, 국제사회주의위원회 결성<br>●독일 대규모 반전투쟁<br>●프랑스 금속노조연맹 반전 집회<br>●미국노동총연맹 대회: 군주주의 캠페인 동의, 징병제 및 하사 군사훈련 반대 | ●조선 광업령 공포: 일본 자본 조선 광업 지배권 확보<br>●고자노조 결성<br>●독립공사노조 결성<br>●진남포 구원제련소 노동자 파업투쟁<br>●함북 혹연광산노동자 파업투쟁 |
| 1916 | | ●키엔탈 반전 사회주의자 국제회의: 평화주의 넘어선 적극적 반전 요구 체택<br>●독일 스파르타쿠스단 메이데이 대규모 반전투쟁<br>●독일 베를린 노동자 반전 정치파업투쟁<br>●영국 노동당·영국사회당 통합<br>●영국노조총회의 국민개병제 합의<br>●영국 반정병제 운동 전국협의회 결성<br>●프랑스 군수품 노동자 반전파업투쟁 | ●브라질 전브라질 반전대회<br>●아르헨티나지역노동자 연맹 '9차 총회의: '5차 총회의로 분열<br><br>●미국, '존슨법'(밀리판 자치법) 시행<br>●네덜란드, 인도네시아 인민평의회 창설<br>●멕시코지역노동총동맹 결성 |
| 1917 | -러시아 전선 이탈: 러시아혁명<br>-중국 협상국으로 참전<br>-미국, 독일에 선전포고 | ●독일 사회민주주의자독립당 창당(카우츠키)<br>●핀란드 노동자 총파업투쟁: 의회<br>●핀란드 독립 선언<br><br>●러시아혁명<br>-2월 페트로그라드 노동자 전체 티도 및 반전 파업투쟁<br>-노동자·병사 대표 소비에트 결성<br>-3월 내각 총사퇴 및 니콜라이 2세 퇴위: 2월 혁명 성공<br>-제1차 전(全) 러시아 노동자·병사 대표 소비에트 협의회 개최 부르주아 임시정부 수립: 이중권력 시대<br>-4월 레닌 '4월 테제' 발표 | ●평양노조 결성<br>●경주조합 결성<br>●경기도 직산금광 노동자 파업투쟁<br><br>●베트남 타이 응우옌 무장봉기<br>●일본 쌀 소동 사건<br>●브라질 '평화 옹호회'<br>●브라질 첨전 반대 회의<br>●브라질 상파울루 대규모 파업투쟁<br>●칠레노동자연맹(GFOCh), 칠레노동자연맹(FOCH)로 개명<br>●아프리카인선언노동자 결성 |

| 1918 | -러시아-독일 브레스트-리토프스크 강화조약: 동부전선 휴전 -협상국 측 마케도니아 전선 승리 -불가리아군 궤멸 독일 군사 반란, 노동자 총파업투쟁: 왕정 폐지, 사회민주주의 집권 -휴전조약 체결 | ·독일 11월 혁명: 왕정 타도 및 바이마르공화국 출범, 독일공산당 창당 ·네덜란드공산당 창당 ·러시아 헌법제정 회의 해산 ·소비에트 브레스트-리토프스크 강화조약 파기 선언 ·오스트리아 혁명 ·오스트리아공산당 창당 ·체코슬로바키아 공화국 출범 폴란드 혁명: 공산주의노동자당 창당 ·핀란드 혁명: 독일 군사 간섭으로 실패 ·핀란드공산당 창당 ·헝가리 혁명: 헝가리 소비에트 공화국 건립, 루마니아 참공으로 패배 ·헝가리공산당 창당 | ·라오스 인민 봉기 ·인도네시아 이슬람동맹 대회: 민족정부 수립, 노동법 제정 요구 ·인도네시아 급진파연맹 결성 ·인도네시아 공산 부문 노동조합연맹 결성 ·멕시코지역노동자총동맹 결성 ·브라질 리우데자네이루 봉기: 노동자 공화국 선포 ·아르헨티나 사회당 좌파 국제사회당 창당 및 코민테른 가입 ·나이지리아 에그바 봉기 ·아프리카민족회의 트란스발 지부 파업투쟁 ·우간다 청년부간다협회 결성 | ·신흥조합 결성 ·신환포부두노조 결성 ·인철 경성관리국 용산공장 파업투쟁 ·경성전기회사 노동자 파업투쟁 |
| 1919 | ·베르사유 강화 회의: 패전국 배상금 지불, 독일 식민지 포기 및 무장해제 독일 바이마르헌법 선포 ·이탈리아 무솔리니 '전투파쇼' 창당 | ·제3차 인터내셔널(코민테른) 창립 총회 및 제1회 대회 ·불가리아공산당 창당 ·소비에트공화국 제7회 소비에트 대회: 각국의 정부와 개별적 강화조약 체결 요구 ·소비에트공화국 협상군 및 바위군 격퇴 | ·영국 인도통치법 공포: 인도 직접 통치 인화 ·영국 인도 쿨리티법 공포(전시 정부 비상권 연속화): 간디 시민불복종운동 전개 ·인도네시아 노동자운동연합 결성: 사회민주연합·이슬람동맹 단일 중앙 조직 ·중국 5·4운동: 베르사유 강화 회의 조인 거부 | ·3·1운동 ·조선피혁회사 노동자 파업투쟁 ·용산 스텐더드 무역회사 노동자 파업투쟁 |

| 연도 | | | | | |
|---|---|---|---|---|---|
| 1920 | •소비에트-폴란드 전쟁<br>•독일 카프 반란<br>•트리아논 조약: 헝가리 분할 | •코민테른 제2차 대회<br>•사회주의정당 국제활동연합(제2반인터내셔널) 결성<br>•독일독립사회민주당 코민테른 가입 및 공산당과 합당 결의<br>•독일공산주의노동당 창당<br>•소비에트공화국 크론슈타트 수병 반란<br>•영국공산당 창당<br>•이탈리아 '공장 점거' 투쟁; 노동자 산업 통제권 인정<br>•이탈리아 사회당 코민테른 가입<br>•프랑스공산당 창당<br>•프랑스 사회당 코민테른 가입<br>•미국 엘리베이터 탄광노동자 파업투쟁: 오픈숍제도 반대 | •인도 국민회의 정기 대회:<br>사티아그라해(비폭력·비협력·불복종) 운동 채택<br>•인도 전인도노동조합회의 결성<br>•인도 공산당 창당<br>•인도네시아 섬유노동자 총파업투쟁<br>•인도네시아 사회민주연합, 동인도공산주의연합으로 개편<br>•서아프리카민족회의 결성<br>•왜쩨리 청년당 창당<br>•박니사 읻허지야우 청년당 창당<br>•넘어프리카 국제사회주의연맹 코민테른 가입 | •상하이 노동자 총파업투쟁으로 촉발<br>•멕시코 공산당 창당<br>•이른헨티나 '비극의 주간'<br>•이른헨티나 국제사회당 공산당으로 개명<br>•칠레노동자연맹(FOCH), 국제공산주의노동동맹 가입<br>•이짚트 부르주아혁명 | •황해도 흘동금광 노동자 파업투쟁<br>•조선총독부 용산인쇄소 노동자 파업투쟁<br>•경이포 미쓰비시 제철소 노동자 파업투쟁<br>•국제공산주의자회의 첫 참가(모스크바)한인노동자 강성주)<br>•영일노조 결성<br>•신태인노조 결성<br>•일본 총독부 '문화정치'로 전환 |
| 1921 | •소비에트공화국,<br>영국·독일·노르웨이·오스트리아와 통상협정 체결<br>•이탈리아 파시스트무장행동대 테러<br>•이탈리아 전투파쇼 '파시스트국민당'으로 재편 | •코민테른 제3차 대회<br>•혁명적 산업별 노동조합 제1차 국제대회: 적색노동조합 인터내셔널(프로핀테른) 창립<br>•러시아공산당 제10차 대회: 전시공산주의에서 신경제정책으로의 이행 | •코민테른 제3차 대회:<br>•일본 우에예, 일본노동총동맹으로 전환<br>•중국 공산당 창립 대회<br>•중국 공산당 종국노동조합서기부 설치 및 「노동자 주간」 발간<br>•중국 사회주의청년단 결성<br>•이짚트 사회당 창당 | •코민테른 제3차 대회<br>참가(이르쿠츠크<br>공산당)<br>•부산 지역 부두노동자<br>파업투쟁 | |

| 연도 | 세계 노동운동 | 조선 노동운동 |
|---|---|---|
| 1922 | • 소비에트공화국, 스웨덴·체코슬로바키아와 통상협정 체결<br>• 제노바회의: 독일과 리팔로조약 체결<br>• 소비에트사회주의공화국연방 수립<br>• 이탈리아 파시스트당 대회: 로마 진군 요구<br>• 이탈리아 무솔리니 '로마 진격: 무솔리니 집권<br>• 독일독립사회민주당, 공산당과 합당: 독일통일공산당 창당<br>• 독일 공산당, 제 좌파 정당 및 노동조직에 공동 투쟁 제안<br>• 벨기에공산당 창당<br>• 영국 '검은 월요일': 공산당·노동당 공동<br>• 아일랜드공산당 창당<br>• 이탈리아공산당 창당<br>• 체코슬로바키아 사회당 코민테른 가입 및 공산당으로 개칭<br>• 포르투갈공산당 창당<br>• 3개 인터내셔널 집행위원회 대표 회의: 베를린 선언<br>• 베를린 9인 위원회: 공산주의자와 통일 행동 거부<br>• 코민테른 제4회 대회<br>• 프랑스 통일노동총동맹 결성<br>• 프랑스 공산당 '노동통일전선' 결의<br>• 미국 '진보적정치행동회의' 결성<br>• 이집트노동총동맹 결성<br>• 캐나다 하리 두루: 토지 탈취 협의, 임금 인상 요구<br>• 캐나다 '동의프라간협회' 결성<br>• 남아프리카연방 공산당 창립 대회<br>• 일본 공산당 창당<br>• 일본농민조합 결성<br>• 중국 '홍콩 선원 대파업투쟁'<br>• 멕시코노동총대회<br>• 브라질공산당 창당<br>• 칠레 사회주의노동당 ↔ 칠레공산당으로 개명 및 코민테른 가입<br>• 이집트 영국으로부터 독립 쟁취: 술탄 푸아드 1세 즉위<br>• 트란스발 노동자 파업투쟁: 트란스발'식의 붉은 반란' | • 코민테른 제4회 대회 참가<br>• 조선노동연맹회 결성<br>• 경성양화 노동자 파업투쟁 |
| 1923 | • 프랑스·벨기에군 독일 루르 지방 점령<br>• 독일 민족사회주의독일노동자당(나치) 창당<br>• 독일 나치 '비어홀 폭동': 뮌헨 반란 실패로 히틀러 수감<br>• 에스파냐 리베라 쿠데타<br>• 사회주의노동자인터내셔널 창립 대회<br>• 노르웨이 공산당 창당<br>• 독일 대연합 정부 구성(사회민주, 중앙당, 독일민주, 독일인민당)<br>• 독일공산당 전국 총파업 결의<br>• 일본 간토대지진<br>• 인도네시아 인민동맹 결성<br>• 중국 제1차 국공합작: 반제민족통일전선<br>• 아르헨티나노동조합연맹 결성<br>• 이집트 사회당, 공산당으로 개명 및 코민테른 가입<br>• 남아프리카원주민회의, 아프리카민족회의(ANC)로 개명<br>• 이집트 입헌군주제 수립 | • '사상 단체 '혜성사' 결성<br>• 경성고무 여성노동자 파업투쟁<br>• 조선노동연맹회 조선 최초 메이데이 행사 조직 |
| 1924 | • 코민테른 제5회 대회<br>• 독일공산당 적색전선사동맹, 적색청년전위대 창설<br>• 영국·소비에트연방 외교관계 수립<br>• 일본 공산당 해산<br>• 중국 광저우 노동자대표회의 | • 조선노동연맹회 해체: 조선노동총동맹 결성 |

| 연도 | | | | |
|---|---|---|---|---|
| 1925 | ●로카르노조약<br>●독일 히틀러 '국가사회주의독일노동자당' 부활 선언<br>●에스파냐 모로코 침공 | ●영국 노동당 첫 집권: 램지 맥도널드 정권<br>●폴란드 독립농민당 창당<br>●프랑스 좌파 연합 집권<br><br>●사회주의노동자인터내셔널 제2차 대회<br>●프랑스 모로코 전쟁 반대 정치파업투쟁<br>●헝가리 사회주의노동당 창당<br>●미국노동총연맹 '신임금정책' 수용<br>●미국 광산노동자 파업투쟁 | ●중국 노동조합법 공포<br>●쿨리판노동당 창당<br>●ㄴ카라과노동기구 결성<br>●투니지노동총맹 결성<br>●동남아공산주의자연합 '인도네시아공산당'으로 개편<br>●인도 공산당 창당<br>●일본 치안유지법·보통선거법 제정<br>●일본노동조합평의회 결성<br>●중국 제2회 전국노동조합대회: 중화전국총공회 출범<br>●중국 5·30운동<br>●중국 광저우·홍콩 노동자 대파업투쟁<br>●칠레 초석·광산 노동자 파업투쟁<br>●쿠바전국노동자연맹 결성<br>●쿠바 설탕산업 노동자 파업투쟁 | ●조선공산당 창당<br>●고려공산청년동맹 결성<br>●서울 전차승무원 파업투쟁 |
| 1926 | ●독일 '제국부흥동맹' 창설<br>●폴란드 피우수츠키 쿠데타<br>●이탈리아 무솔리니 긴급조치법 공포: 반정부적 창당 및 기관지 금지<br>●포르투갈 파시스트 쿠데타 | ●코민테른 제6회 대회<br>●영국 탄광노동조합 총파업투쟁: 붉은 금요일<br>●이탈리아 공산당 '리옹 테제' 채택 | ●인도네시아 공산당의 무장봉기<br>●일본노동조합동맹 결성<br>●일본 합법적 무산정당 운동: 노동농민당·사회민중당·일본노동당 창당<br>●일본 공산당 재창당<br>●중국 국민당 정권 북벌<br>●이른헨티나노동총연맹 결성<br>●쿠바노동 사회당 창당 | ●조선공산당 코민테른 기입<br>●목포 제유공 파업투쟁 |
| 1927 | ●독일 실업보험법 제정<br>●에스파냐 모로코 점령 | ●노르웨이 노동당, 사회민주당과 통합<br>●이탈리아노동총연맹 해체 선언 및 비합법 노동총동맹 결성<br>●전개나다노동회의 결성<br>●이탈리아 '반파시스트연합' 결성 | ●4·12정변: 제1차 국공합작 와해<br>●베트남혁명동지회 결성<br>●베트남 국민당 창당<br>●인도네시아민족주의자연합 결성: 의장 수카르노<br>●중국 공산당 중앙위원회 8·7긴급회의 결정: 토지 혁명전쟁 | ●조선노동총동맹 분리: 조선노동총동맹, 조선농민총동맹<br>●영흥 흑연광산 노동자 파업투쟁 |

| 연도 | | |
|---|---|---|
| 1928 | •사회주의노동자인터내셔널 제3차 대회 | •인도 사회주의공화국연맹 결성<br>•인도네시아민주주의자연합 인도네시아국민당으로 재편<br>•일본 최초 보통선거 실시<br>•브라질 노동당 창당<br>•페루사회당 창당 |
| 1929 | •세계대공황<br>•영국 제2차 노동당 정권 수립<br>•캐나다 노동자통일연맹 결성 | •원산 총파업투쟁 |
| 1930 | •에스파냐 신세바스티안 협약: 공화국 수립을 위한 통일전선<br>•덴마크 파시스트 '국가사회주의노동당' 창당<br>•아이슬란드공산당 창당<br>•독일공산당 '반파시즘투쟁동맹' 결성<br>•이딸리아 섬유노동자 파업투쟁<br>•이딸리아 사회당, 통일사회당, 마태오띠당 통합: 이딸리아사회당 결성<br>•미국 전국실업자평의회 결성 | •베트남 인도차이나공산당 결성<br>•베트남 인남공산당 결성<br>•인도차이나노동자계급동맹 결성<br>•브라질 전국노동연맹 결성<br>•라틴아메리카노동조합총동맹 결성<br>•베트남 인도차이나공산당 결성<br>•베트남공산당 창당: 인도차이나공산당, 인남공산당, 인도차이나공산주의연맹 통합<br>•베트남 옹에 띤 소비에트 운동<br>•인도 간디 '소금 행진': 적극적 불복종운동<br>•필리핀공산당 창당<br>•인도헨티나 '노동총동맹' 결성<br>•부산 조선방직 노동자 파업투쟁<br>•신흥탄광 노동자 파업투쟁<br>•평양 고무공장 노동자 파업투쟁<br>•태평양노동조합운동 |
| 1931 | •에스파냐 알폰소 13세 퇴위: 제2공화국 선포<br>•영국 금본위제 이탈 및 변동환율제 도입<br>•캐나다 공산당 지도부 체포 및 비합법화<br>•사회주의노동자인터내셔널 제4차 대회<br>•에스파냐 공화국헌법 제정<br>•에스파냐 전국노동연합 전화국노동자 파업투쟁<br>•폴란드 '노동조합' 결성 | •민주사변<br>•인도차이나당 창당<br>•중국 전국 소비에트 대표 대회: 마오쩌둥 주석<br>•임시정부 수립<br>•철레 산티아고 파업투쟁 |
| 1932 | •그리스 마산 선언<br>•로잔 배상회의<br>•독일 나치당 제1당 지위 획득<br>•영국파시스트연합 결성<br>•폴란드 반노동법 제정<br>•미국 긴급구제건설법 제정<br>•전독일농민대회<br>•독일 노동조합총동맹 반나치즘 통일전선 지지 표명<br>•독일 베를린 금수노동자 파업투쟁<br>•이딸리아 금속노동자 파업투쟁<br>•체코슬로바키아 탄광노동자 파업투쟁 | •인도 랑치 맥도날드 결정: 불가족천민 피선거권 부여<br>•일본 5·15 사건: 누가이 다케시 총리 암살<br>•일본 사회대중당 창당: 우파 사회민주주의<br>•브라질 파시스트 '국가통일행동' 결성<br>•철레나치당 창당<br>•제2차<br>•태평양노동조합운동 |
| 1933 | •노르웨이 파시스트 '민족통일당' 창당<br>•독일 히틀러 집권<br>•독일 노동조합 해산 및 독일 노동전선 결성(노사 통합 조직)<br>•오스트리아방위동맹 해산 조치 | •부산 고무공장 노동자 연대 파업투쟁 |

| 연도 | | | | |
|---|---|---|---|---|
| | •독일 제국의회 의사당 방화 사건: 수권법 통과<br>•에스파냐 파시스트 정당 '팔랑헤당' 창당<br>•에스파냐 '에스파냐자치우익연합' 창당<br>•체코슬로바키아 내 독일인 '수데텐조국전선' 결성<br>•미국 루스벨트 집권: 뉴딜정책 | •소비에트연방 국제연맹 가입<br>•영국 기아 행진 시위<br>•영국 대규모 반파시즘 시위<br>•오스트리아 2월봉기(사회민주당 무장봉기)<br>•그리스 공산당, 농민당, 사회당, 사회민주노동당, 노동총동맹 통일노동총동맹, 독립노동조합 통일행동협정 체결<br>•전그리스반대시음대표회의 개최<br>•에스파냐노동총동맹·사회주의노동당 총파업투쟁(10월 혁명)<br>•에스파냐 카탈루냐 노동자 총파업<br>•에스파냐 아스투리아스 공산당 총파업봉기<br>•이탈리아사회당·공산당 2월 행동: 인민전선 단초<br>•프랑스 반파시즘 2월 행동: 인민전선 단초<br>•프랑스 사회당, 공산당 통일 행동 협정<br>•폴란드 노동조합파와 노동조합동맹과 통합 | •오스트리아 공산당 불법화<br>•캐나다 협동연합당 창당 | •제3차 태평양노동조합운동<br>•경성 지방 이재유 그룹의 혁명적 노동조합운동 (1933-1936)<br>•흥남 제련소 노동자 파업투쟁<br>•제4차 태평양노동조합운동 |
| 1934 | •독일 '긴 칼의 밤': 히틀러 돌격대 제거<br>•독일 히틀러 총통 취임<br>•에스파냐 자치우익연합 내각 참여 | | •미국, 타이딩스 맥더피법 제정: 10년 뒤 필리핀 독립 보장<br>•멕시코 라사로 카르데나스 집권: 공산당 합법화, 토지 재분배, 산업 국유화<br>•멕시코, 플랫수정안 폐기: 쿠바 무력 개입 권한 포기 | |
| 1935 | •그리스 왕당파 쿠데타: 왕정복고<br>•독일 뉘른베르크법 통과: 인종차별 합법화<br>•독일 재군비 선언<br>•이탈리아 에티오피아 침공<br>•소비에트연방·프랑스 상호 원조 조약<br>•소비에트연방·체코슬로바키아 상호 원조 조약 | •코민테른 제7회 대회<br>•독일 공산당 전국협의회: 히틀러 독재 타도 요구<br>•독일 인민전선 준비위원회 결성<br>•에스파냐 마르크스주의통합노동자당 창당<br>•폴란드 바르샤바 노동자대표 회의<br>•프랑스 인민전선 결성: 사회당, 공산당, 급진당 | •인도 독립노동당 창당: 불가촉천민 기반<br>•데인도네시아당 창당<br>•필리핀 과도 독립정부 출범<br>•브라질 민족해방동맹 결성<br>•칠레 인민전선위원회 결성<br>•쿠바 노동자 정치 총파업투쟁 | •진남포 제련소 노동자 파업투쟁 |
| 1936 | •그리스 메탁사스 쿠데타: 파시스트 정권 수립<br>•프랑스 5~6월 파업투쟁<br>•노르웨이 노령연금제 실시 | •그리스 공산당, 자유당, 농민당 공동 행동 협정<br>•프랑스 인민전선 정권 수립: 블룸 정권 | •멕시코노동총연맹 결성<br>•칠레 공산당, 사회당 인민전선 수립<br>•칠레노동총연맹 결성 | •일본 조선사상범보호관찰령 제정 |

| 연도 | | | | |
|---|---|---|---|---|
| | ●독일-이탈리아 로마-베를린 추축 결성<br>●독일-일본 반코민테른 협정 체결<br>●소비에트연방-몽골인민공화국 상호 원조 조약<br>●민전세계경제회의 | ●프랑스 마티뇽 협정<br>●에스파냐 인민전선 수립: 공화좌파, 공화연합, 사회주의노동당, 사회주의청년단, 에스파냐공산당·마르크스주의통합노동자당, 생디칼리스트, 노동총동맹<br>●이탈리아인민통일당 결성 | | ●조국광복회 결성 |
| 1937 | ●독일군 에스파냐 게르니카 폭격<br>●독일, 오스트리아·체코슬로바키아 합병 결정<br>●에스파냐 파시스트 '통합팔랑헤당'에 참창 | ●프랑스 인민전선 정권 사퇴<br>●에스파냐 내전 속의 내전: 아나키스트 계열 패배<br>●영국 공산당, 독립노동당, 사회주의연맹 통일행동 선언<br>●이탈리아사회당·공산당 세 통일행동협정 체결: 반파시즘 대중운동 전개 | ●중국 루가오차오 사건(루거우차오): 중국 참공: 제2차 국공합작<br>●중국 선사성총공회 결성<br>●중국 정령탄광 비밀 항일노조 결성<br>●인도네시아인민운동 참창 | |
| 1938 | ●노르웨이 실업보험 의무화<br>●독일, 오스트리아 병합<br>●뮌헨협정: 독일, 체코슬로바키아 서쪽 병합<br>●에스파냐 프랑코 첫 내각 구성<br>●슬로바키아 독립 요구 및 단독 정부 구성 | ●전그리스노동자통일전선전위원회 결성<br>●프랑스 인민전선 해체<br>●독일 '붉은 합창단' 결성<br>●미국 산업별노동조합회의 결성: 미국노동총연맹(AFL)에서 분리 | ●칠레노동총연맹 결성<br>●인도 전인도노동조합전국연맹 통합: 전국노동조합연합 통합<br>●일본 선람노동령 결성: 노사동조직<br>●필리핀공산당·사회당 통합: 필리핀공산당<br>●라틴아메리카노동총연맹 결성<br>●멕시코 국민혁명당, 멕시코혁명당으로 재편<br>●칠레 인민전선 집권<br>●쿠바 공산당 합법화<br>●쿠바노동총연맹 결성 | ●국가총동원법 제정<br>●일본<br>●'국민정신총동원조선연맹' 설립 |
| 1939 | **제2차 세계대전**<br>독일 폴란드 참공<br>-영국, 프랑스, 독일에 선전포고<br>-에스파냐 중립국 선언<br>소련·핀란드 전쟁 | ●코민테른 성명 발표<br>●이탈리아사회당·공산당 인민전선 해체<br>●폴란드 인민정부 구성: 파리<br>●프랑스 공산당 불법화 | ●베트남공산당, 인도차이나공산당으로 개명<br>●인도 국민회의 특별결의 채택: 자결권 승인<br>●인도차이나공산당연맹 참창<br>●인도차이나반제인민통일전선 참창<br>●쿠바노동총연맹 결성 | ●국민징용령 제정 |
| 1940 | 독일, 덴마크·노르웨이·벨기에·네덜란드·룩셈부르크 참공 | ●벨기에 공산당 불법화<br>●벨기에 청강노동자 파업투쟁<br>●영국 전국광산노동자위원회: 노사교섭 및 분쟁해결 협정 작성<br>●프랑스 공산당 '전투 조직' 구성 및 철도독파 투쟁 | ●인도무슬림연맹 파키스탄 결의: 무슬림 분리 요구<br>●일본 베트남 참공<br>●일본 사회대중당·노동총동맹 해산<br>●일본 대동아공영권 구상 통일 | |

| 연도 | | | | | |
|---|---|---|---|---|---|
| 1941 | •네덜란드·노르웨이, 독일에 항복<br>•리투아니아·라트비아·에스토니아 소련 편입<br>•독일군 프랑스 점령: 비시 정권 수립<br>•이탈리아, 프랑스·영국에 선전포고<br>•이탈리아, 그리스 침공<br>•독일, 이탈리아, 일본 삼국 조약 조인<br>•독일, 유고슬라비아·그리스·소련 침공<br>•미국 무기대여법 제정<br>•독소전쟁 시작<br>•일본 진주만 공습<br>•독일·이탈리아, 미국에 선전포고 | •에스파냐 국가인보법 공포 | •그리스 민족해방전선 결성<br>•벨기에 독립전선 결성<br>•영국·소련 노동조합위원회 결성<br>•에스파냐 공화 진영 '에스파냐민족연합' 결성<br>•소련 국가방위위원회 설치: 의장 스탈린<br>•소련-체코슬로바키아 상호 원조 협정<br>•소련-폴란드 상호 원조 협정<br>•유고슬라비아 공산당 무장봉기<br>•이탈리아 애국세력통일행동위원회 결성<br>•폴란드 사회당 창당<br>•프랑스 탄광노동자 파업투쟁: 점령군에 대한 무장투쟁<br>•프랑스 공산당 '민족전선' 결성<br>•덴마크 '시민파르티잔' 전투 조직 결성<br>•유고슬라비아 반파시즘 민족해방위원회 제1차 회의<br>•유고슬라비아 민족해방위원회 정부 구성 | •베트남독립동맹 결성<br>•일본, 필리핀 점령<br>•멕시코-미국 상호방위조약<br>•아르헨티나노동총연맹 반파시즘 총파업투쟁 선언<br>•아르헨티나 연합정교단 쿠데타<br>•칠레 인민전선 와해 | •일본 노동조합 해산: 산업보국회에 강제 가입<br>•캐나다노동회의 결성<br>•캐나다-미국 공동방위협정<br><br>•근로보국대 제도 시행 |
| 1942 | •국제연합 성명 발표: 대 축추국 전력 항전 | | | •인도 공산당 합법화<br>•인도 8월 혁명<br>•일본 인도네시아 침공 | |

714

| 연도 | | | | |
|---|---|---|---|---|
| | -영소 협력 조약<br>일본 미드웨이<br>해전 패배 | •이탈리아 국민진선위원회 결성<br>•폴란드 노동자당 창당<br>•프랑스 공산당-드골 지지 세력 공동 행동 협정<br>•캐나다 노동회의 대회: 협동연방당 지원 결의 | •중국 공산당 '정풍운동'<br>•필리핀 전국반일통일전선 결성<br>•필리핀 후쿠발라합 결성(항일인민군)<br>•멕시코 대 추축국 선전포고<br>•멕시코노동자농민총연맹 결성 | |
| 1943 | -이탈리아 항복 | •코민테른 해산 결정<br>•자유독일전국위원회 결성<br>•유고슬라비아 민주연방공화국 수립<br>•이탈리아 무기공장 노동자 파업투쟁<br>•이탈리아 궁전 쿠데타: 무솔리니 체포<br>•폴란드 바르샤바 인민봉기<br>•프랑스 레지스탕스전국위원회 결성<br>•프랑스 민족해방위원회 결성 | | |
| 1944 | -제2전선 구축<br>연합군 노르망디<br>상륙작전 | •캐나다 공산당 '노동진보당'으로 개명<br>•이탈리아 저항세력 '자유의용군'으로 통합<br>•폴란드 노동자 전국적 총파업투쟁: 반파시즘 연합정부 수립<br>•폴란드민족해방위원회 결성<br>•프랑스 저항 세력 '국내프랑스군'으로 통합<br>•프랑스노동총동맹·기독교노동조합연맹 총파업투쟁<br>•항가리 통일전선 결성<br>•항가리공산당 인민봉기: 정권 교체 및 대 독일전 참전<br>•미국 공산당 해산 | •베트남해방군선전대 창설<br>•이른헨티나 미국과 단교 | |
| 1945 | -알타회담<br>무솔리니 총살<br>-독일 항복<br>-포츠담회담<br>-미국, 일본 원폭<br>투하: 일본 항복 | •체코슬로바키아 망명정부 공산당 민족전선 수립 협정<br>•미국 공산당 재건 | •베트남 저항 세력 '베트남북부해방군'으로 통합<br>•베트남 8월 혁명: 베트남민주공화국 수립<br>•일본 관동군 소련에 패배<br>•일본, 베트남에서 군정 시작<br>•중국 공산당 전국대표대회(제안)<br>•러리질노동당 창당 | •독립 쟁취 |